中華古籍保護計劃

ZHONG HUA GU JI BAO HU JI HUA CHENG GUO

·成 果·

# 廣西壯族自治區圖書館古籍普查登記目録

全國古籍普查登記目録

國家圖書館出版社
National Library of China Publishing House

**圖書在版編目(CIP)數據**

廣西壯族自治區圖書館古籍普查登記目録/廣西壯族自治區圖書館編. --北京:國家圖書館出版社,2017.4

(全國古籍普查登記目録)

ISBN 978-7-5013-6060-4

Ⅰ.①廣… Ⅱ.①廣… Ⅲ.①古籍—圖書館目録—廣西 Ⅳ.①Z838

中國版本圖書館 CIP 數據核字(2017)第 047026 號

**書　　名** 廣西壯族自治區圖書館古籍普查登記目録
**著　　者** 廣西壯族自治區圖書館 編
**責任編輯** 王 雷

---

**出　　版** 國家圖書館出版社(100034 北京市西城區文津街 7 號)
(原書目文獻出版社 北京圖書館出版社)
**發　　行** 010-66114536 66126153 66151313 66175620
66121706(傳真) 66126156(門市部)
**E-mail** nlcpress@nlc.cn(郵購)
**Website** www.nlcpress.com→投稿中心
**經　　銷** 新華書店
**印　　裝** 河北三河弘翰印務有限公司
**版　　次** 2017 年 4 月第 1 版 2017 年 4 月第 1 次印刷

---

**開　　本** 787×1092(毫米) 1/16
**印　　張** 24.5
**字　　數** 509千字

---

**書　　號** ISBN 978-7-5013-6060-4
**定　　價** 260.00圓

# 《全國古籍普查登記目録》

## 工作委員會

**主　任：** 周和平

**副主任：** 張永新　詹福瑞　劉小琴　李致忠　張志清

**委　員**（按姓氏筆畫排序）：

于立仁　王水喬　王　沛　王紅蕾　王筱雯
方自今　尹壽松　包菊香　任　競　全　勤
李西寧　李　彤　李忠昊　李春來　李　培
李曉秋　吴建中　宋志英　努　木　林世田
易向軍　周建文　洪　琰　倪曉建　徐欣禄
徐　蜀　高文華　郭向東　陳荔京　陳紅彦
張　勇　湯旭巖　楊　揚　賈貴榮　趙　嫄
鄭智明　劉洪輝　歷　力　鮑盛華　韓　彬
魏存慶　鍾海珍　謝冬榮　謝　林　應長興

# 《全國古籍普查登記目録》

## 序　言

全國古籍普查登記工作是“中華古籍保護計劃”的首要任務，是全面開展古籍搶救、保護和利用工作的基礎，也是有史以來第一次由政府組織、參加收藏單位最多的全國性古籍普查登記工作。

2007 年國務院辦公廳發佈《關於進一步加强古籍保護工作的意見》（國辦發［2007］6 號），明確了古籍保護工作的首要任務是對全國公共圖書館、博物館和教育、宗教、民族、文物等系統的古籍收藏和保護狀况進行全面普查，建立中華古籍聯合目録和古籍數字資源庫。2011 年 12 月，文化部下發《文化部辦公廳關於加快推進全國古籍普查登記工作的通知》（文辦發［2011］518 號），進一步落實了全國古籍普查登記工作。根據文化部 2011 年 518 號文件精神，國家古籍保護中心擬訂了《全國古籍普查登記工作方案》，進一步規範了古籍普查登記工作的範圍、内容、原則、步驟、辦法、成果和經費。目前進行的全國古籍普查登記工作的中心任務是通過每部古籍的身份證——“古籍普查登記編號”和相關信息，建立古籍總臺賬，全面瞭解全國古籍存藏情况，開展全國古籍保護的基礎性工作，加强各級政府對古籍的管理、保護和利用。

《全國古籍普查登記工作方案》規定了全國古籍普查登記工作的三個主要步驟：一、開展古籍普查登記工作；二、在古籍普查登記基礎上，編纂出版館藏古籍普查登記目録，形成《全國古籍普查登記目録》；三、在古籍普查登記工作基本完成的前提下，由省級古籍保護中心負責編纂出版本省古籍分類聯合目録《中華古籍總目》分省卷，由國家古籍保護中心負責編纂出版《中華古籍總目》統編卷。

在黨和政府領導下，在各地區、各有關部門和全社會共同努力下，古籍普查登記工作得以扎實推進。古籍普查已在除臺、港、澳之外的全國各省級行政區域開展，普查内容除漢文古籍外，還包括各少數民族文字古籍，特别是於 2010 年分别啓動了新疆古籍保護和西藏古籍保護專項，因地制宜，開展古籍普查登記工作；國家古籍保護中心研製的“全國古籍普查登記平臺”已覆蓋到全國各省級古籍保護中心，並進一步研發了“中華古籍索引庫”，爲及時展現古籍普查成果提供有力支持；截至目前，已有 11375 部古籍進入《國家珍貴古籍名録》，浙江、江蘇、山東、河北等省公佈了省級《珍貴古籍名録》,古籍分級保護機制初步形成。

《全國古籍普查登記目録》是古籍普查工作的階段性成果,旨在摸清家底,揭示館藏,反映古籍的基本信息。原則上每申報單位獨立成册,館藏量少不能獨立成册者,則在本省範圍内幾個館目合併成册。無論獨立成册還是合併成册,均編製獨立的書名筆畫索引附於書後。著録的必填基本項目有:古籍普查登記編號、索書號、題名卷數、著者(含著作方式)、版本、册數及存缺卷數。其他擴展項目有:分類、批校題跋、版式、裝幀形式、叢書子目、書影、破損狀况等。有條件的收藏單位多著録的一些擴展項目,也反映在《全國古籍普查登記目録》上。目録編排按古籍普查登記編號排序,内在順序給予各古籍收藏單位較大自由度,可按分類排列古籍普查登記編號,也可按排架號、按同書名等排列古籍普查登記編號,以反映各館特色。

此次全國古籍普查登記工作,克服了古籍數量多、普查人員少、普查難度大等各種困難,也得到了全國古籍保護工作者的極大支持。在古籍普查登記過程中,國家古籍保護中心、各省古籍保護中心爲此舉辦了多期古籍普查、古籍鑒定、古籍普查目録審校等培訓班,全國共1600餘家單位參加了培訓,爲古籍普查登記工作培養了大量人才。同時在古籍普查登記工作中,也鍛煉了普查員的實踐能力,爲將來古籍保護事業發展奠定了良好的基礎。

《全國古籍普查登記目録》的出版,將摸清我國古籍家底,爲古籍保護和利用工作提供依據,也將是古籍保護長期工作的一個里程碑。

國家古籍保護中心
2013年10月

# 《全國古籍普查登記目録》

## 編纂凡例

一、收録範圍爲我國境内各收藏機構或個人所藏，産生於 1912 年以前，具有文物價值、學術價值和藝術價值的文獻典籍，包括漢文古籍和少數民族文字古籍以及甲骨、簡帛、敦煌遺書、碑帖拓本、古地圖等文獻。其中，部分文獻的收録年限適當延伸。

二、以各收藏機構爲分冊依據，篇幅較小者，適當合併出版。

三、一部古籍一條款目，複本亦單獨著録。

四、著録基本要求爲客觀登記、規範描述。

五、著録款目包括古籍普查登記編號、索書號、題名卷數、著者、版本、冊數、存缺卷等。古籍普查登記編號的組成方式是：省級行政區劃代碼—單位代碼—古籍普查登記順序號。

六、以古籍普查登記編號順序排序。

七、編製各館藏目録書名筆畫索引附於書後，以便檢索。

# 《廣西壯族自治區圖書館古籍普查登記目録》

## 編委會

# 《廣西壯族自治區圖書館古籍普查登記目録》

## 前　言

廣西是以壯族爲主體的多民族聚居區，壯、漢、瑶、苗、侗、仫佬、毛南、京、回、彝、水、仡佬 12 個世居民族在長期的歷史發展過程中創造了豐富多彩的民族文化。早在西漢時期，廣西就是“海上絲綢之路”的重要節點，中外文化在這裏交流碰撞，形成了獨具特色的歷史人文傳統。廣西地區留存的古籍，集中反映了這一古老而又獨特的文化底蘊，是歷史的見證，更是各民族文化交融的結晶。

廣西壯族自治區圖書館是廣西主要的古籍收藏機構，其前身是創建於 1931 年的廣西省立第二圖書館。80 多年來，一代代館員前赴後繼，爲搜集、整理和保護珍貴典籍嘔心瀝血：建館之初，曾撥出專門經費在海内外徵集廣西地方古籍；抗戰時期，老一輩圖書館人冒着生命危險，兩次將館藏珍貴文獻轉移至百色等地；1954 年復館之後，又克服重重困難不遺餘力地四處尋訪、搜羅，打造了獨具特色的館藏體系，並基本完成了館藏古籍的編目。

2007 年“中華古籍保護計劃”啓動以來，廣西壯族自治區圖書館充分發揮自治區古籍保護中心的職能，積極策劃、組織各收藏單位開展古籍保護工作。2011 年啓動古籍普查登記工作後，其率先加快普查工作力度，從館内各部門先後抽調 7 名館員投入普查，歷時兩年，終於在 2013 年完成了館藏漢文古籍的普查登記工作。2016 年，又用時近半年，經過認真核對、反復修訂，終於完成了館藏古籍普查登記目録的編纂工作。

這是一次規模大、範圍廣的普查，取得了豐碩的成果：

第一，摸清了“家底”，理清了源流。過去對於館藏古籍的數量、來源，都衹能説個大概，特别是缺乏量化的統計和分析。經過此次普查登記，不僅對各時期的館藏古籍能够進行精確的統計分析，而且通過對鈐印、批校題跋的著録和分析，對藏書來源、遞藏源流也有了更深入的認識。

第二，進一步厘清了館藏古籍的版本，也新發現了不少稀見或有珍貴價值的文獻。在這次普查中，借助全國古籍普查平臺和網絡，系統地對館藏古籍進行了一次全面的版本鑒别，大量原來著録不清的古籍版本得以明晰。特别是在普通古籍庫中，不僅發現了《使韓筆記》一卷（清稿本）等珍稀文獻，還發現了羅爾綱等諸多地方人士的藏書,從而豐富和發展了館藏特色體系。

第三,鍛造了一支團結而且特别能戰鬥的人才隊伍。7 名普查員的年齡跨老中青三代,他們有的從事古籍、編目、文獻開發工作多年,有的剛進圖書館不久;有的專業出身經歷多次古籍培訓,有的却從一張白紙開始……大家邊摸索邊實踐,有問題就互相探討,共同進步,結下了深厚的情誼。古籍庫粉塵比較大,普查登記時間緊任務重,但大家都不計代價、毫無怨言,面對提書、著録、上架等繁重的工作,年復一年日復一日地默默堅守,用生命踐行着新時代圖書館員的責任。

本書是集體智慧的結晶。它通過對索書號、題名卷數、著者、版本、批校題跋、册數、行款、存卷等項目的著録,對廣西壯族自治區圖書館收藏的 4776 部漢文古籍首次進行了系統、全面揭示,彰顯着濃郁的地方特色:

一是所藏古籍版刻風格具有明顯的區域特色,刻書地主要集中在江浙、兩湖、兩廣和福建。特别是兩廣的刻本,具有顯著的地域文化特色。

二是内容全面,其中方志、佛教古籍的收藏極具特點。館藏古籍涵蓋經、史、子、集等各類,内容廣泛,尤以史部爲最,清康熙間編印的《隴州志》八卷首一卷、《海豐縣志》十二卷首一卷等都是當地存世最早的方志。館藏佛教古籍百餘部近千册,明刻《妙法蓮華經》一卷、明天啓刻《楞嚴經證疏廣解》十卷是佛教研究不可多得的重要版本;明萬曆至清乾隆間刊刻的《徑山藏》所收録的經書中,不少品種稀有,且刻印的時間都比較早,尤爲珍貴。

三是突顯廣西特色,特别是地方名士的藏書、著述頗豐。王鵬運、龍啓瑞、陳宏謀、鄭獻甫、張鵬展、蔣冕、封祝唐、蘇時學、鍾毓奇等一大批明清時期祖籍或客籍廣西的人士著述和廣西地方史志典籍,系統地反映了明清以來廣西經濟、社會、文化的發展,構成了館藏古籍的核心體系。

本書的出版,將使更多的人認識和瞭解廣西壯族自治區圖書館古籍文獻的收藏情況,同時能够進一步提升廣西整體的古籍保護、整理與研究水平,是廣西古籍保護工作的又一重要成果。

本書在編纂過程中,得到了各級領導和專家、各兄弟單位同仁們的悉心指導,特别是國家古籍保護中心、南京圖書館等單位的專家,毫無保留地傳經送寶,没有他們的幫助,本書不可能完成。由於我們水平有限,加之時間倉促,疏漏在所難免,不足之處懇請各位專家學者批評指正。

本書編委會<br>2016 年 12 月

# 目　録

450000－2602－0000001　S001
**五經五卷**　明刻本　佚名圈點　十六冊　二十行二十七字上下黑口左右雙邊

450000－2602－0000002　S002
**周禮訓雋二十卷**　(明)陳深撰　明萬曆刻本　八冊　九行十八字小字雙行同白口四周單邊

450000－2602－0000003　S404
**評論出像水滸傳二十卷**　(元)施耐庵撰　(清)金圣嘆　(清)王望如評　**繡像一卷**　清順治十四年(1657)刻本　二十冊　十一行二十四字小字雙行同白口四周單邊

450000－2602－0000004　S004
**檀弓二卷**　(宋)謝枋得批點　(明)楊慎注　明萬曆四十四年(1616)閔氏刻朱墨套印本　二冊　八行十八字白口左右雙邊

450000－2602－0000005　S005
**禮記集說十六卷**　(元)陳澔集說　明正統十二年(1447)司禮監刻五經本　十六冊　八行十四字小字雙行十八字黑口四周雙邊

450000－2602－0000006　S006
**春秋經傳集解三十卷**　(晉)杜預註　明刻本　佚名圈點　十六冊　八行十七字小字雙行同白口四周雙邊

450000－2602－0000007　S007
**春秋左傳十五卷**　(春秋)左丘明撰　(明)孫月峰(孫鑛)批點　明萬曆四十四年(1616)吳興閔齊伋刻朱墨套印本　八冊　九行十九字白口四周單邊

450000－2602－0000008　S008
**春秋四傳三十八卷提要一卷列國東坡圖說一卷春秋二十國年表一卷春秋諸國興廢說一卷**　(宋)胡安國撰　明嘉靖建寧書坊刻本　二十二冊　九行十七字小字雙行同上下黑口四周雙邊

450000－2602－0000009　S009
**四書參十九卷**　(明)李贄批評　(明)楊啟元輯　(明)張明憲參訂　明閔氏刻朱墨套印本　十冊　八行十七字白口四周單邊

450000－2602－0000010　S010
**爾雅註疏十一卷**　(晉)郭璞註　(宋)邢昺疏　(明)周應賓等校刊　明萬曆二十一年(1593)刻本　六冊　九行二十一字小字雙行同白口左右雙邊

450000－2602－0000011　S011
**爾雅註疏十一卷**　(晉)郭璞註　(宋)邢昺疏　(明)周應賓等校刊　明萬曆二十一年(1593)刻本　佚名圈點　四冊　九行二十一字小字雙行同白口左右雙邊

450000－2602－0000012　S012
**爾雅翼三十二卷**　(宋)羅願著　(明)畢效欽校　明刻本　八冊　九行二十四字小字雙行同白口四周單邊

450000－2602－0000013　S013
**埤雅二十卷**　(宋)陸佃撰　明成化十五年(1479)劉廷吉刻本　四冊　十一行二十字上下黑口四周雙邊

450000－2602－0000014　S014
**洪武正韻十六卷**　(明)樂韶鳳等撰　明初刻本　八冊　八行十二字小字雙行二十四字粗黑口四周雙邊

450000－2602－0000015　S015
**史記集解索隱正義一百三十卷**　(漢)司馬遷撰　(南朝宋)裴駰集解　(唐)司馬貞索引　(唐)張守節正義　明萬曆二十六年(1598)南京國子監刻明清遞修本　四十冊　十行二十一字小字雙行同白口左右雙邊

450000－2602－0000016　S016
**史記評林一百三十卷**　(明)凌稚隆輯　明萬曆四年(1576)凌稚隆刻本　二十冊　十行十九字小字雙行同白口左右雙邊

450000－2602－0000017　S017
**史記評林一百三十卷**　(明)凌稚隆輯　明萬曆四年(1576)凌稚隆刻本　二十四冊　十行十九字小字雙行同白口左右雙邊

450000－2602－0000018　S018

**史記評林一百三十卷**　(明)凌稚隆輯　(明)李光縉增補　明萬曆熊氏種德堂刻本　二十八册　十行十九字小字雙行同白口四周單邊

450000－2602－0000019　S019

**史記索隱三十卷**　(唐)司馬貞撰　明末毛氏汲古閣刻本　一册　十四行二十七字小字雙行四十字白口左右雙邊

450000－2602－0000020　S020

**南史八十卷**　(唐)李延壽撰　(清)李慈銘校　明崇禎十三年(1640)毛氏汲古閣刻十七史本　六册　十二行二十五字白口左右雙邊　存二十七卷(一至二十七)

450000－2602－0000021　S021

**北史一百卷**　(唐)李延壽撰　明崇禎十二年(1639)毛氏汲古閣刻十七史本　二十四册　十二行二十五字白口左右雙邊

450000－2602－0000022　02761

**[乾隆]解州全志十八卷圖一卷**　(清)言如泗等纂　清乾隆二十九年(1764)刻本　四册　十行二十一字小字雙行同白口左右雙邊

450000－2602－0000023　S022

**北史一百卷**　(唐)李延壽撰　明崇禎十二年(1639)毛氏汲古閣刻十七史本　二十册　十二行二十五字白口左右雙邊

450000－2602－0000024　S024

**漢書一百卷**　(漢)班固撰　(唐)顏師古注　明崇禎十五年(1642)毛氏汲古閣刻十七史本　佚名圈點　二十六册　十二行二十五字小字雙行不等白口左右雙邊

450000－2602－0000025　S025

**後漢書九十卷**　(南朝宋)范曄撰　(唐)李賢注　**志三十卷**　(晉)司馬彪續志　(南朝梁)劉昭注補　明崇禎十六年(1643)毛氏汲古閣刻十七史本　十六册　十二行二十五字小字雙行不等白口左右雙邊

450000－2602－0000026　S026

**漢書評林一百卷**　(明)凌稚隆輯　明萬曆烏程凌氏刻本　二十四册　十行二十字小字雙行同白口左右雙邊

450000－2602－0000027　S027

**晉書一百三十卷**　(唐)房玄齡等撰　明崇禎元年(1628)毛氏汲古閣刻十七史本　二十二册　十二行二十五字白口左右雙邊　存一百十八卷(一至四十八、五十五至七十五、八十二至一百三十)

450000－2602－0000028　S028

**宋書一百卷**　(南朝梁)沈約撰　明崇禎七年(1634)毛氏汲古閣刻十七史本　十五册　十二行二十五字小字雙行不等白口左右雙邊　存九十三卷(一至六十九、七十七至一百)

450000－2602－0000029　S029

**陳書三十六卷**　(唐)姚思廉撰　明崇禎四年(1631)毛氏刻十七史本　四册　十二行二十五字白口左右雙邊

450000－2602－0000030　S030

**魏書一百十四卷**　(北齊)魏收撰　明崇禎九年(1636)毛氏汲古閣刻十七史本　二十册　十二行二十五字白口左右雙邊　存九十三卷(一至六十、六十七至八十、九十六至一百十四)

450000－2602－0000031　S031

**北齊書五十卷**　(唐)李百藥撰　明崇禎十一年(1638)毛氏汲古閣刻十七史本　四册　十二行二十五字白口左右雙邊

450000－2602－0000032　S032

**隋書八十五卷**　(唐)魏徵撰　明崇禎八年(1635)毛氏刻十七史本　十二册　十二行二十五字小字雙行不等白口左右雙邊

450000－2602－0000033　S033

**唐書二百二十五卷**　(宋)歐陽修等撰　明崇禎二年(1629)毛氏刻十七史本　三十三册　十二行二十五字白口左右雙邊　存一百九十七卷(一至一百三十二、一百五十二至一百六十、一百七十至二百二十五)

450000－2602－0000034　S034

**金史一百三十五卷目錄二卷**　(元)脫脫撰　明嘉靖八年(1529)南京國子監刻清順治、康熙間遞修二十一史本　二十册　十行二十二字白口四周單邊

450000－2602－0000035　S035
**訂正通鑑綱目前編二十五卷**　(宋)金履祥撰　(明)南軒訂正　明刻本　十册　七行十八字小字雙行同白口左右雙邊

450000－2602－0000036　S036
**資治通鑑綱目集覽五十九卷**　(元)王幼學撰　(明)陳濟考證　明内府刻本　佚名圈點　六册　八行十八字小字雙行二十一字上下黑口四周雙邊

450000－2602－0000037　06623
**楊文節公詩集四十二卷**　(宋)楊萬里譔　(清)彭淑校訂　(清)陳霖校　清乾隆六十年(1795)帶經軒刻楊文節公詩文全集本　六册　十行二十四字小字雙行同白口四周單邊　存二十二卷(一至二十二)

450000－2602－0000038　S038
**甲子會紀五卷**　(明)薛應旂編　明末刻本　四册　八行十八字小字雙行同白口四周單邊

450000－2602－0000039　S039
**司馬溫公稽古錄二十卷**　(宋)司馬光撰　明刻本　六册　九行十九字小字雙行十八字白口四周單邊

450000－2602－0000040　S040
**戰國策十二卷**　(明)閔齊伋注　明萬曆四十八年(1620)閔齊伋刻三色套印本　十册　九行十九字小字雙行同白口四周單邊

450000－2602－0000041　S041
**歐陽文忠公五代史抄二十卷**　(明)茅坤輯　明末刻本　十册　九行二十字白口四周單邊

450000－2602－0000042　S042
**歐陽文忠公五代史抄二十卷**　(明)茅坤輯評　明萬曆閔齊伋刻朱墨套印本　八册　八行十八字白口四周單邊　存十六卷(一至二、七至二十)

450000－2602－0000043　S043
**月令廣義二十四卷首一卷**　(明)馮應京輯　(明)戴任增釋　明萬曆陳邦泰刻本　六册　九行二十字小字雙行同白口四周單邊

450000－2602－0000044　S044
**通鑑地理通釋十四卷**　(元)王應麟撰　明末汲古閣刻津逮秘書本　四册　八行十九字小字雙行同白口左右雙邊

450000－2602－0000045　S045
**明州阿育王山志十卷**　(明)郭子章撰　(明)祁承㸁等校　**續志六卷**　(清)釋畹荃輯　明萬曆刻清乾隆續刻本　六册　十行十九字小字雙行同白口四周單邊

450000－2602－0000046　S232
**竹雲題跋四卷虛舟題跋十卷補原三卷**　(清)王澍著　(清)溫純訂　清乾隆五十四年(1789)墨妙樓刻本(虛舟題跋一至五、竹雲題跋一至二補配抄本)　五册　八行十八字小字雙行同白口左右雙邊

450000－2602－0000047　S046
**荀子二十卷**　(戰國)荀況撰　(唐)楊倞注　明刻本　六册　八行十七字小字雙行同白口四周雙邊

450000－2602－0000048　特712.82/2737/1
**退遂齋詩鈔八卷**　(清)倪鴻撰　清光緒七年(1881)泉州刻本　黃華表題記　四册　十行二十一字小字雙行同上下黑口左右雙邊

450000－2602－0000049　S048
**說苑二十卷**　(漢)劉向撰　明嘉靖三十八年(1559)楊美益刻劉氏二書本　五册　十一行十八字細黑口四周雙邊

450000－2602－0000050　S049
**中說十卷**　(隋)王通撰　(宋)阮逸注　明嘉靖十二年(1533)吳郡顧春世德堂刻六子全書本　二册　八行十七字小字雙行同白口四周雙邊

450000－2602－0000051　S050;S056;S057;S061
**六子全書六十卷**　(明)顧春輯　明嘉靖十二

年(1533)吳郡顧氏世德堂刻本　十一冊　八行十七字小字雙行同白口四周雙邊　存四種三十卷

450000－2602－0000052　S051
**二程全書六十五卷**　(宋)程顥　(宋)程頤撰　明弘治十一年(1498)陳宣刻本　佚名朱笔批校　十冊　十行二十一字小字雙行同上下黑口四周單邊

450000－2602－0000053　S052
**四書集注大全三十八卷**　(明)胡廣等輯　明嘉靖十一年(1532)魏氏仁實堂刻本　佚名朱筆點校　二十四冊　十二行二十二字小字雙行同上下黑口四周雙邊

450000－2602－0000054　S053
**四子全書九卷**　(明)董逢元編　明萬曆二十三年(1595)董氏秋聲閣刻本　八冊　九行十八字白口左右雙邊

450000－2602－0000055　S054
**祕冊彙函二十八種**　(明)沈士龍　(明)胡震亨編　明萬曆刻本　佚名批點　二冊　九行十八字白口四周單邊　存二種七卷(道德指歸論六卷、於陵子一卷)

450000－2602－0000056　S055
**沖虛至德真經八卷**　(周)列禦寇撰　(晉)張湛注　(唐)殷敬順釋文　明刻本　四冊　八行十七字小字雙行同白口四周雙邊

450000－2602－0000057　S058
**莊子南華真經十卷**　(戰國)莊周撰　明萬曆三十五年(1607)俞安期翏翏閣刻莊騷合刻本　清許為霖校　民國六年陽筱樓跋　九冊　九行十八字白口左右雙邊

450000－2602－0000058　S059
**莊子南華真經四卷**　(戰國)莊周撰　(明)閔齊伋校　**莊子南華真經音義四卷**　(唐)陸德明音義　明閔齊伋刻朱墨套印三子合刊本　四冊　九行十九字小字雙行同白口四周單邊

450000－2602－0000059　S060
**孫月峰先生批點南華真經八卷**　(明)孫鑛批點　(明)王澍校　明萬曆三十九年(1611)王澍刻本　佚名朱筆批校　八冊　九行十八字白口四周單邊

450000－2602－0000060　S062
**莊子郭註十卷**　(晉)郭象註　(唐)陸德明音義　(明)鄒之嶧校刻　明萬曆三十三年(1605)鄒之嶧刻本　六冊　九行十八字小字雙行同白口四周單邊

450000－2602－0000061　S063
**莊子通義十卷**　(明)朱得之傍註并通義　(明)褚伯秀纂微　(明)王潼錄校刊　明嘉靖浩然齋刻三子通義本　十冊　九行十七字小字雙行同白口四周雙邊

450000－2602－0000062　S064
**類經三十二卷**　(明)張介賓類註　明天啟四年(1624)天德堂刻本(卷九至十三有補配)　十五冊　八行十八字小字雙行同白口四周單邊

450000－2602－0000063　S065
**奇經八脉考一卷瀕湖脉學一卷脉學攷證一卷**　(明)李時珍撰　明刻本　一冊　九行二十字小字雙行同白口四周單邊

450000－2602－0000064　S066
**瀕湖脉學一卷脉學攷證一卷奇經八脉攷一卷**　(明)李時珍撰　明刻本　一冊　九行二十字小字雙行同白口四周單邊

450000－2602－0000065　特991.06/7535
**[廣西容縣]陳氏宗祠一卷**　(清)陳憲中撰　清光緒三十三年(1907)容城楊景雲樓刻本　一冊　八行字不等白口四周雙邊

450000－2602－0000066　S179
**春秋左傳杜注三十卷首一卷**　(清)姚培謙學　清乾隆十一年(1746)刻本　十七冊　九行十九字小字雙行三十字白口左右雙邊

450000－2602－0000067　S068
**傷寒六書六卷**　(明)陶華撰　明刻本　二冊　十行二十字白口四周雙邊

450000－2602－0000068　S069

**女科證治準繩五卷**　（明）王肯堂輯　（明）張綍校　明刻本（有抄配）　五册　十行二十字小字雙行同白口四周單邊

450000－2602－0000069　S070

**宣和畫譜二十卷**　（宋）□□撰　明崇禎毛氏汲古閣刻清初彙印津逮秘書本　三册　八行十九字小字雙行同白口左右雙邊

450000－2602－0000070　S071

**法書要錄十卷**　（唐）張彦遠集　明萬曆至天啟間毛氏汲古閣刻津逮祕書本　四册　八行十九字小字雙行同白口左右雙邊

450000－2602－0000071　S072

**方氏墨譜六卷**　（明）方于魯撰　明萬曆美蔭堂刻本　八册　行字不等白口四周單邊

450000－2602－0000072　S073

**廣文字會寶不分卷**　（明）朱文治輯　（明）董其昌訂補　明萬曆刻本　十册　行字不等白口四周單邊

450000－2602－0000073　S074

**古今印則不分卷**　（明）程遠摹選　（明）項夢原校正　**印旨一卷**　（明）程遠纂述　明萬曆項夢原刻鈐印本　一册　行字不等白口四周單邊

450000－2602－0000074　S075

**重修正文對音捷要真傳琴譜大全十卷**　（明）楊表正撰　明萬曆十三年（1585）金陵富春堂刻本　十册　十行二十四字白口四周雙邊

450000－2602－0000075　S076

**樂律全書十五種四十九卷**　（明）朱載堉撰　明萬曆鄭藩刻增修本　十一册　十二行二十五字上下黑口四周雙邊　存九種二十八卷

450000－2602－0000076　S236

**御纂醫宗金鑑九十卷首一卷**　（清）吳謙等纂修　清乾隆刻本　四十八册　十行二十四字小字雙行同白口四周單邊

450000－2602－0000077　S077

**酒史六卷**　（明）馮時化輯　（明）朱國漢校訂　明隆慶四年（1570）獨醒居士刻本　二册　八行十八字小字雙行十六字白口四周單邊

450000－2602－0000078　S078

**鶡冠子三卷**　（宋）陸佃解　（明）王宇等評　明天啟五年（1625）朱氏花齋刻本　一册　九行二十字小字雙行同白口四周單邊

450000－2602－0000079　S079

**呂氏春秋二十六卷**　（漢）高誘注　明末朱夢龍刻本　四册　九行十八字小字雙行同白口四周單邊

450000－2602－0000080　S080

**呂氏春秋二十六卷**　（漢）高誘注　（宋）陸游評　（明）凌稚隆批點　明萬曆四十八年（1620）凌毓枏刻朱墨套印本　八册　九行十八字白口四週單邊

450000－2602－0000081　S081

**風俗通義十卷**　（漢）應劭撰　明嘉靖刻本　二册　九行十七字白口四周雙邊

450000－2602－0000082　S082

**淮南鴻烈解二十一卷**　（漢）劉安撰　（漢）高誘註　（明）茅坤等評　明刻本　五册　九行二十字小字雙行同白口四周單邊

450000－2602－0000083　S083

**新論十卷**　題　（南朝梁）劉勰著　明萬曆刻本　二册　九行二十字白口左右雙邊

450000－2602－0000084　S084

**容齋隨筆十六卷續筆十六卷三筆十六卷四筆十六卷五筆十卷**　（宋）洪邁撰　明崇禎三年（1630）馬元調刻本　二十四册　九行十八字上下黑口左右雙邊

450000－2602－0000085　S086

**陳眉公重訂野客叢書十二卷附錄一卷**　（宋）王楙輯　明萬曆刻寶顏堂秘笈本　佚名點校　四册　八行十八字白口左右雙邊

450000－2602－0000086　S087

**鶴林玉露十六卷補遺一卷**　（宋）羅大經撰

明刻清補修稗海本　六冊　九行二十字白口四周單邊雙邊兼有

450000－2602－0000087　S088

**新增格古要論十三卷**　（明）曹昭撰　（明）舒敏編校　（明）王佐校增　明黄正位刻清淑躬堂重修本　六冊　十行二十字小字雙行同白口四周單邊

450000－2602－0000088　S089

**湧幢小品三十二卷**　（明）朱國禎輯　明天啓二年（1622）清美堂刻本　十二冊　九行二十字白口左右雙邊

450000－2602－0000089　S090

**大唐新語十三卷**　（唐）劉肅撰　明刻清修補本　三冊　九行二十字白口四周單邊

450000－2602－0000090　S091

**蘇米志林三卷**　（清）毛晉輯　明天啟五年（1625）毛氏綠君亭刻本　一冊　八行十八字白口四周單邊　存二卷（蘇子瞻二卷）

450000－2602－0000091　S092

**癸辛雜識前集一卷後集一卷續集二卷别集二卷**　（宋）周密輯　明崇禎毛氏汲古閣刻津逮秘書本　十二冊　九行十九字白口左右雙邊

450000－2602－0000092　S093

**東軒筆錄十五卷**　（宋）魏泰撰　明刻清補修本　一冊　九行二十字白口四周單邊

450000－2602－0000093　S094

**異苑十卷**　（南朝宋）劉敬叔撰　（明）胡正亨（清）毛晉訂　明崇禎毛氏汲古閣刻津逮秘書本　二冊　九行十八字白口左右雙邊

450000－2602－0000094　S095

**稽神錄六卷**　（宋）徐鉉撰　明崇禎毛氏汲古閣刻津逮秘書本　二冊　八行十九字小字雙行同白口左右雙邊

450000－2602－0000095　S096

**述異記二卷**　（南朝梁）任昉撰　明刻本　一冊　九行二十字白口左右雙邊

450000－2602－0000096　S097

**堪輿十一種十一卷**　（明）李泹修纂輯　明天啟二年（1622）朱汝賢刻本　佚名圈點　六冊　九行二十字白口四周單邊

450000－2602－0000097　S098

**佛說齋經科註一卷**　（三國吳）釋支謙譯　（清）釋智旭科註　明天啟刻本　一冊　九行二十字白口左右雙邊

450000－2602－0000098　S099

**大佛頂如來密因修證了義諸菩薩萬行首楞嚴經十卷**　（唐）釋般剌密諦譯　（明）釋界澄證疏　（明）釋弘沇等會譯　（明）凌弘憲評　明天啟凌弘憲朱墨藍三色套印本　十冊　八行十八字小字雙行同白口四周雙邊四周單邊相混

450000－2602－0000099　S100

**妙法蓮華經一卷**　（晉）釋鳩摩羅什譯　明洪武刻本　一冊　五行十五字

450000－2602－0000100　S101

**佛法金湯編十六卷**　（明）釋心泰編　明萬曆釋如惺刻本　二冊　九行二十字白口左右雙邊　存十一卷（一至十一）

450000－2602－0000101　S102

**龍華懺儀五卷**　（明）釋如惺撰　**大阿羅難提蜜多羅所說法住記一卷**　（唐）釋玄奘譯　明萬曆三十八年（1610）刻本　一冊　十行十九字小字雙行同白口四周單邊

450000－2602－0000102　S103

**正法眼藏二卷**　（宋）釋宗杲集并著語　明刻本　一冊　九行十九字白口左右雙邊　存一卷（二）

450000－2602－0000103　S104

**大佛頂如來密因修證了義諸菩薩萬行首楞嚴經文句十卷**　（唐）釋般剌密諦譯經　（清）釋智旭文句　明崇禎十七年（1644）刻本　四冊　九行二十字白口四周單邊　存八卷（一至二、五至十）

450000－2602－0000104　S105

**林間錄二卷後集一卷**　（宋）釋惠洪撰　明末

刻本　一冊　十行十九字上下黑口左右雙邊

450000－2602－0000105　S106
**指月錄三十二卷**　（明）瞿汝稷集　（明）孫弘祚訂　明刻本　六冊　十一行二十字白口四周單邊　存十八卷（一、三至五、十四至二十三、二十七至三十）

450000－2602－0000106　S107
**閱藏知津四十四卷**　（清）釋智旭彙輯　明刻本　四冊　九行二十字小字雙行同白口四周單邊　存十七卷（九、十三至十六、二十九至三十六、四十一至四十四）

450000－2602－0000107　S111
**六臣注文選六十卷**　（南朝梁）蕭統輯　（唐）李善等注　（明）陳仁子校補　明刻本（卷三十一、四十七、四十八配另一明刻本）　三十冊　十行十八字小字雙行二十三字白口四周單邊

450000－2602－0000108　03357
**海塘新志六卷**　（清）琅玕纂　清刻本　四冊　八行二十一字小字雙行同白口四周雙邊

450000－2602－0000109　S109
**唐類函二百卷目錄二卷**　（明）俞安期彙纂　明萬曆三十一年（1603）自刻本　一冊　十行二十字小字雙行同白口四周單邊　存七卷（一至五、目錄二卷）

450000－2602－0000110　S110
**潛確居類書一百二十卷**　（明）陳仁錫纂輯　明崇禎刻本　四十二冊　十行二十字小字雙行同白口四周單邊

450000－2602－0000111　S196
**續弘簡錄元史類編四十二卷**　（清）邵遠平學　清乾隆刻本　十八冊　十二行二十四字小字雙行同白口四周單邊

450000－2602－0000112　S113
**古詩歸十五卷**　（明）鍾惺　（明）譚元春選定　（明）王錫琛重訂　明末刻本　八冊　八行二十二字小字雙行同白口四周單邊

450000－2602－0000113　15760
**從政遺規二卷訓俗遺規五卷教女遺規三卷**　（清）陳宏謀輯　清文華堂書坊刻本　五冊　十行二十二字小字雙行同白口四周單邊

450000－2602－0000114　S394
**楚辭集注八卷總評一卷**　（宋）朱熹集註　清乾隆五十三年（1788）聽雨齋刻朱墨套印本　四冊　八行二十二字白口左右雙邊

450000－2602－0000115　S360
**詞綜三十卷**　（清）朱彝尊抄撮　（清）汪森增定　（清）柯崇樸編次　（清）周篔辨譌　清康熙十七年（1678）汪氏裘杼樓刻本　佚名批　五冊　十行二十一字小字雙行同上下黑口左右雙邊

450000－2602－0000116　S421
**詞學叢書二十三卷**　（清）秦恩復輯　清嘉慶、道光間秦氏享帚精舍刻本　王鵬運批校　六冊　十行二十字白口左右雙邊

450000－2602－0000117　S238
**醫學源流論二卷**　（清）徐大椿著　清乾隆半松齋刻徐氏醫書六種本　二冊　九行二十二字白口左右雙邊

450000－2602－0000118　S037
**綱鑑正史約三十六卷**　（清）顧錫疇撰　明崇禎刻本　佚名圈點　二十冊　十行二十字小字雙行同白口左右雙邊

450000－2602－0000119　S438
**杜工部集二十卷首一卷**　（唐）杜甫撰　（明）王世貞等評　（清）盧坤輯　清道光十四年（1834）芸葉盦刻六色套印本　八冊　八行二十字小字雙行同上下黑口左右雙邊

450000－2602－0000120　S439
**杜工部集二十卷首一卷**　（唐）杜甫撰　（明）王世貞等評　（清）盧坤輯　清光緒二年（1876）粵東翰墨園刻六色套印本　十冊　八行二十字小字雙行同上下黑口左右雙邊

450000－2602－0000121　特712.82/4471
**帶江園詩草七卷詩餘附草一卷**　（清）黃體正

撰　清刻本　三册　九行十九字小字雙行同上下黑口四周雙邊

450000－2602－0000122　地 60402/15498
**[光緒]北流縣志二十四卷**　(清)徐作梅等修　(清)李士琨等纂　清光緒六年(1880)刻本　十二册　十行二十字小字雙行同白口四周單邊

450000－2602－0000123　S237
**喻氏醫書三種三十四卷**　(清)喻昌著　清乾隆刻本　十八册　十行二十字小字雙行同白口左右雙邊

450000－2602－0000124　S134
**分類補註李太白詩二十五卷**　(唐)李白撰　(宋)楊齋賢集註　(元)蕭士贇補註　(明)許自昌校　**年譜一卷**　(宋)薛仲邕撰　明萬曆許自昌刻本　十二册　九行二十字小字雙行同白口左右雙邊

450000－2602－0000125　S114
**秦漢文鈔六卷**　(明)閔邁德等輯　(明)楊融博等批點　明萬曆四十八年(1620)閔氏朱墨套印本　六册　九行十九字白口四周單邊

450000－2602－0000126　06770
**王臨川全集一百卷目錄二卷**　(宋)王安石著　清光緒九年(1883)聽香館刻本　十册　十一行二十二字小字雙行同上下黑口左右雙邊

450000－2602－0000127　S224
**[乾隆]平湖縣志十卷**　(清)高國楹修　(清)倪藻垣纂　清乾隆十年(1745)刻本　八册　九行二十字小字雙行同白口左右雙邊

450000－2602－0000128　15758
**將兵十法不分卷**　(清)剛毅撰　清光緒二十三年(1897)刻本　一册　八行十七字白口四周雙邊

450000－2602－0000129　S136
**集千家註杜工部詩集二十卷**　(唐)杜甫撰　(宋)黄鶴補注　明嘉靖十五年(1536)玉幾山人刻本(序、卷一補配明刻本)　十二册　八行十七字小字雙行同白口四周雙邊

450000－2602－0000130　S251
**芥子園畫傳五卷**　(清)王槩等輯　清康熙刻彩色套印本　四册　九行二十字小字雙行同白口四周單邊

450000－2602－0000131　S423
**芥子園畫傳二集八卷首一卷**　(清)王槩等輯　清乾隆四十七年(1782)金閶書業堂刻彩色套印本　四册　九行二十字白口四周單邊

450000－2602－0000132　S424
**芥子園畫傳三集四卷**　(清)王槩等輯　清乾隆刻五色套印本　四册　九行二十字白口四周單邊

450000－2602－0000133　S047
**孔叢子三卷**　(漢)孔鮒撰　(明)程榮校　明萬曆二十年(1592)新安程氏刻漢魏叢書本　佚名四色點校　一册　九行二十字白口左右雙邊　存一卷(上)

450000－2602－0000134　S115
**尺牘清裁六十卷補遺一卷**　(明)王世貞編　(明)王世懋校　明隆慶五年(1571)自刻本　十六册　九行十八字小字雙行同白口左右雙邊

450000－2602－0000135　S329
**公是集五十四卷**　(宋)劉敞撰　清乾隆刻武英聚珍版書本　十册　九行二十一字小字雙行同白口四周雙邊

450000－2602－0000136　S116
**四六法海十二卷**　(明)王志堅編　明天啟七年(1627)刻本　清徐松朱筆批點　十二册　九行二十字白口四周單邊

450000－2602－0000137　S118
**唐人選唐詩八種二十三卷**　(清)毛晉輯　明崇禎汲古閣刻本　二册　八行十九字白口左右雙邊　存三種五卷(御覽詩一卷、篋中集一卷、國秀集一至三)

450000－2602－0000138　S382
**欽定天祿琳琅書目十卷**　(清)于敏中等編　清道光二十一年(1841)抄本　立齋昱校　六

册　九行二十一字

450000－2602－0000139　S442
**清代名人書劄珍品一卷**　（清）曾國藩等撰　清末稿本　一册　行字不等

450000－2602－0000140　S443
**清道咸間名人書劄不分卷**　（清）孫階蘭等撰　清末稿本　二册　行字不等

450000－2602－0000141　S286
**文苑英華一千卷**　（宋）李昉等編　清乾隆寫四庫全書本　一册　八行二十一字白口四周雙邊　存三卷（七百三至七百五）

450000－2602－0000142　S126
**三蘇先生文粹七十卷**　（宋）蘇洵等撰　明刻本　二十册　十四行二十六字白口左右雙邊

450000－2602－0000143　S233
**竹雲題跋四卷虚舟題跋十卷補原三卷**　（清）王澍著　（清）溫純訂　清乾隆五十四年（1789）墨妙樓刻本　六册　八行十八字小字雙行同白口左右雙邊

450000－2602－0000144　S119
**谷音二卷**　（元）杜本輯　明末汲古閣刻詩詞雜俎本　佚名朱筆圈點　一册　八行十九字小字雙行同白口左右雙邊

450000－2602－0000145　S320
**司馬文正公集八十二卷首一卷**　（宋）司馬光撰　（清）徐昆　（清）喬人傑重訂　**目錄二卷**　（清）徐昆　（清）喬人傑重訂　清乾隆五十五年（1790）刻本　十六册　九行二十二字小字雙行同白口左右雙邊

450000－2602－0000146　S120
**中州集十卷首一卷中州樂府一卷**　（金）元好問集　明末海虞毛氏汲古閣刻本　二十四册　八行十九字小字雙行同白口左右雙邊

450000－2602－0000147　S121
**中州集十卷首一卷中州樂府一卷**　（金）元好問集　明末海虞毛氏汲古閣刻本　十册　八行十九字小字雙行同白口左右雙邊

450000－2602－0000148　S158
**王文成公全書三十八卷**　（明）王守仁撰　明萬曆二十四年（1596）刻本　二十二册　九行十九字白口四周雙邊

450000－2602－0000149　S112
**文選六十卷**　（南朝梁）蕭統選　明嘉靖刻本（卷四、二十一、四十五抄配）　二十八册　十行二十二字小字雙行同上中下黑口四周雙邊

450000－2602－0000150　S138
**浣花集十卷**　（五代）韋莊撰　（唐）韋靄編　**補遺一卷**　（清）毛晉輯　明末海虞毛氏綠君亭刻本　二册　八行十八字白口四周單邊

450000－2602－0000151　S145
**西山先生真文忠公文章正宗二十四卷**　（宋）真德秀輯　明嘉靖四十三年（1564）李豸、李磐刻本　二十六册　十行十九字小字雙行同白口左右雙邊

450000－2602－0000152　S148
**新刻陶顧二會元類編蘇長公全集四十卷首一卷**　（宋）蘇軾撰　（明）陶望齡類編　（明）顧起元補訂　明末刻本　十二册　九行二十二字小字雙行同白口四周單邊　存十卷（一至十）

450000－2602－0000153　S157
**新刻張太岳先生詩文集四十七卷**　（明）张居正撰　明萬曆四十年（1612）繡谷唐國達刻本　十六册　十行二十字白口四周單邊

450000－2602－0000154　S122
**中州集十卷首一卷中州樂府一卷**　（金）元好問集　明末汲古閣刻清吳門寒松堂印本　十册　八行十九字小字雙行同白口左右雙邊

450000－2602－0000155　S384
**續復古編四卷**　（元）曹本撰　清光緒十二年（1886）姚氏咫進齋刻朱印本　四册　五行字不等小字雙行二十字左右雙邊

450000－2602－0000156　S123
**四六鴛鴦譜十二卷**　（明）陰太乙輯　（明）蘇子蓋輯　（明）王養怡注解　明崇禎刻本　四

册　九行十八字小字雙行同白口四周單邊

450000－2602－0000157　特 991.06/2144
**伍氏族譜三十四卷首七卷**　(清)伍積琛總纂　(清)伍本南撰修　清宣統二年(1910)明輔堂木活字印本　三十八册　行字不等白口四周雙邊

450000－2602－0000158　S125
**元文類七十卷目録三卷**　(元)蘇天爵編　明修德堂刻本　十册　九行二十字白口四周單邊

450000－2602－0000159　S155
**袁中郎十集十六卷**　(明)袁宏道撰　明萬曆刻本　四册　九行二十字白口左右雙邊　存七卷(研齋集三卷、敝篋集二卷、廣陵集一卷、廣莊集一卷)

450000－2602－0000160　S137
**增廣註釋音辯唐柳先生集四十三卷别集二卷外集二卷附録一卷**　(唐)柳宗元撰　(唐)童宗説註釋　(宋)張敦頤音辯　(宋)潘緯音義　明刻本　十六册　九行十八字小字雙行同上下黑口四周雙邊

450000－2602－0000161　特 712.82/8725
**補學軒詩集十二卷**　(清)鄭獻甫撰　清光緒五年(1879)黔南䓁署刻本　四册　十行二十二字小字雙行同白口四周雙邊

450000－2602－0000162　S255
**大還閣琴譜六卷萬峰閣指法閟牋一卷谿山琴况一卷**　(清)徐谼著　(清)夏溥校　**學琴説一卷**　(清)徐愈撰　清康熙大還閣刻本　四册　六行字不等白口四周雙邊

450000－2602－0000163　特 712.81/8725/1
**鄭小谷先生全集六種四十七卷**　(清)鄭獻甫著　清同治、光緒間刻本　二十册　九行二十字小字雙行同白口四周雙邊

450000－2602－0000164　S124
**月泉吟社一卷**　(元)吴渭輯　明末毛氏汲古閣刻詩詞雜俎本　一册　八行十九字小字雙行同白口左右雙邊

450000－2602－0000165　15761
**在官法戒録四卷**　(清)陳宏謀輯　清乾隆八年(1743)刻五種遺規本　二册　十行二十二字小字雙行同白口四周單邊

450000－2602－0000166　06522
**唐柳河東集四十五卷外集五卷諸家評語一卷附録一卷**　(唐)柳宗元撰　(明)蔣之翹輯注　清乾隆五十三年(1788)雙梧居刻嘉慶十三年(1808)修補印本　二十四册　九行十七字小字雙行同白口四周雙邊

450000－2602－0000167　S388
**易傳三卷**　(漢)京房撰　(三國吴)陸績注　清乾隆刻增訂漢魏叢書本　一册　九行二十字小字雙行同白口左右雙邊

450000－2602－0000168　S389
**易箋八卷圖説一卷首一卷**　(清)陳法撰　清乾隆二十七年(1762)刻三十年(1765)敬和堂修本　五册　十二行二十五字白口左右雙邊　存五卷(一至四、圖説一卷)

450000－2602－0000169　S391
**尚書纂注約解二卷書經篇目音字一卷**　(明)洪輔聖等撰　(清)洪文衡增訂　(清)洪正治等編　清刻本　二册　白口左右雙邊

450000－2602－0000170　S381
**西魏書二十四卷**　(清)謝啟昆撰　清乾隆六十年(1795)刻樹經堂集本　孫仲堪批　四册　十一行二十三字白口左右雙邊　存十八卷(一至十八)

450000－2602－0000171　S390
**皇華紀聞四卷**　(清)王士禛撰　清康熙刻王漁洋遺書本　四册　十行十九字上下黑口左右雙邊

450000－2602－0000172　S407
**陸象山先生文集三十六卷**　(宋)陸九淵撰　清雍正二年(1724)刻本　六册　十行二十字白口四周單邊

450000－2602－0000173　S410
**讀杜心解六卷首二卷**　(清)浦起龍講解　清

靜寄東軒刻本　八册　十行二十二字小字雙行三十三字白口左右雙邊

450000－2602－0000174　S393
**楚辭燈四卷**　(清)林雲銘論述　清刻本　二册　八行二十字小字雙行同白口左右雙邊

450000－2602－0000175　S387
**增訂漢魏叢書**　(清)王謨輯　清乾隆五十六年(1791)金谿王氏刻本　一册　九行二十字小字雙行同白口左右雙邊　存四種四卷(周易略例一卷、古三墳一卷、詩傳孔氏傳一卷、詩說一卷)

450000－2602－0000176　S385
**劍俠傳四卷**　(唐)□□撰　(清)汪士漢校　清康熙七年(1668)刻祕書二十一種本　佚名批　二册　十行二十字白口左右雙邊

450000－2602－0000177　S425
**于清端公政書八卷首編一卷外集一卷續集一卷**　(清)于成龍撰　(清)蔡方炳　(清)諸匡鼎編次　清康熙四十六年(1707)刻乾隆二十六年(1761)增刻本　十册　八行二十字白口四周單邊

450000－2602－0000178　S402
**花塢聯吟四卷**　(清)唐仲冕撰　清刻本　二册　十行二十一字白口左右雙邊

450000－2602－0000179　05039
**東塾讀書記二十五卷**　(清)陳澧撰　清刻本　四册　十二行二十四字小字雙行同上下黑口四周單邊　存十五卷(一至十二、十五至十六、二十一)

450000－2602－0000180　S426
**竹窗詞一卷蔬香詞一卷**　(清)高士奇撰　清康熙刻本　一册　十一行二十字小字雙行三十字白口四周單邊

450000－2602－0000181　S427
**閱微草堂筆記二十四卷**　(清)紀昀撰　清嘉慶五年(1800)北平盛氏望益書屋刻本　十册　十行二十一字上下黑口四周雙邊

450000－2602－0000182　S428
**唐詩金粉十卷**　(清)沈炳震纂輯　清冬讀書齋刻本　二册　十一行字不等小字雙行三十三字白口左右雙邊

450000－2602－0000183　S412
**榖詒彙十四卷**　(北齊)顏之推著　(明)陶希皋輯　明崇禎七年(1634)刻本　六册　八行十八字小字雙行同白口四周單邊

450000－2602－0000184　S399
**山谷題跋三卷**　(宋)黃庭堅撰　(清)溫一貞錄　清同治四年(1865)趙伯棠抄本　三册　八行十九字白口四周單邊雙邊兼有

450000－2602－0000185　S430
**東坡題跋二卷**　(宋)蘇軾著　(清)溫一貞錄　清同治四年(1865)趙伯棠抄本　二册　八行十九字白口四周單邊

450000－2602－0000186　S431
**說文解字十五卷標目一卷**　(漢)許慎撰　明末清初毛氏汲古閣刻本　六册　七行字不等白口左右雙邊

450000－2602－0000187　特712.82/1073
**半塘定稾二卷**　(清)王鵬運撰　清光緒三十一年(1905)徐鳳銜刻本　一册　十行十七字小字雙行同上下黑口左右雙邊

450000－2602－0000188　01186
**唐書直筆四卷**　(宋)呂夏卿撰　清刻武英殿聚珍版書本　一册　九行二十一字小字雙行同白口四周雙邊

450000－2602－0000189　S405
**敬業堂集五十卷**　(清)查慎行撰　清康熙五十八年(1719)刻雍正增刻本　十六册　十一行二十一字小字雙行同白口左右雙邊

450000－2602－0000190　08295
**唐文粹補遺二十六卷**　(清)郭麐纂　(清)金勇校　清光緒十一年(1885)江蘇書局刻本　四册　十四行二十五字小字雙行同白口左右雙邊

450000－2602－0000191　S411

**歸愚詩鈔餘集九卷**　(清)沈德潛撰　清乾隆刻本　三冊　十行十九字小字雙行同白口左右雙邊

450000－2602－0000192　S414

**古文翼八卷**　(清)唐德宜編　清乾隆刻本　七冊　九行二十三字小字雙行同白口左右雙邊　存七卷(二至八)

450000－2602－0000193　S403

**第六才子書西廂記八卷**　(元)王實甫撰　(清)金人瑞評　清初刻本　六冊　十一行二十二字小字雙行同白口四周單邊

450000－2602－0000194　S408

**聊齋志異新評十六卷**　(清)蒲松齡著　(清)但明倫新評　清道光二十二年(1842)廣順但氏朱墨套印本　十六冊　九行二十一字小字雙行同白口左右雙邊

450000－2602－0000195　S433

**韓詩外傳十卷**　(漢)韓嬰撰　(明)楊宗震閱　明末刻本　二冊　九行二十字白口左右雙邊

450000－2602－0000196　S400

**任彥升集六卷**　(南朝梁)任昉撰　(明)呂兆禧校　明刻本　一冊　九行二十字白口左右雙邊

450000－2602－0000197　S434

**東萊先生音註唐鑑二十四卷**　(宋)范祖禹撰　(宋)呂祖謙注　明刻本　三冊　九行十八字小字雙行同上下黑口四周雙邊

450000－2602－0000198　S398

**傷寒兼證析義一卷**　(清)張倬著　清康熙刻本　一冊　九行二十字白口四周單邊

450000－2602－0000199　S386

**元詩選二集八卷**　(清)顧嗣立詮次　清康熙四十一年(1702)顧氏秀野草堂刻本　十六冊　十三行二十三字白口左右雙邊

450000－2602－0000200　S383

**庾子山全集十卷**　(北周)庾信撰　(清)吳兆宜箋註　清康熙二十七年(1688)吳郡寶翰樓刻本　十一冊　十行二十字小字雙行同白口左右雙邊

450000－2602－0000201　S406

**外科十法一卷**　(清)程國彭著　清雍正十一年(1733)刻本　一冊　八行二十一字白口四周單邊

450000－2602－0000202　S409

**納書楹曲譜正集四卷續集四卷外集二卷補遺四卷牡丹亭二卷邯鄲記二卷紫釵記二卷南柯記二卷**　(清)葉堂訂譜　(清)王文治參訂　清道光二十八年(1848)刻本　三十二冊　十二行十八字白口四周單邊

450000－2602－0000203　S435

**御選唐宋詩醇四十七卷目錄二卷**　(清)高宗弘曆輯　(清)梁詩正校刊　清乾隆二十五年(1760)紫陽書院刻本　二十冊　九行十九字白口四周單邊

450000－2602－0000204　S392

**廣輿記二十四卷**　(明)陸應陽彙輯　明凝香閣刻本　十六冊　九行二十字白口四周單邊

450000－2602－0000205　S401

**祕書廿一種九十四卷**　(清)汪士漢校　清乾隆七年(1742)新安汪氏補刻文盛堂印本　十六冊　十行二十字小字雙行同白口四周單邊

450000－2602－0000206　S436

**秘書廿一種九十四卷**　(清)汪士漢校　清康熙七年(1668)刻古今逸史本　十二冊　十行二十字小字雙行同白口左右雙邊

450000－2602－0000207　S379

**格致鏡原一百卷**　(清)陳元龍撰　清康熙五十六年(1717)刻雍正十三年(1735)印本　二十冊　十一行二十一字小字雙行同上下黑口左右雙邊　存五十卷(一至五十)

450000－2602－0000208　S378

**切問齋集十六卷**　(清)陸耀著　清刻本　六冊　九行二十字白口左右雙邊

450000－2602－0000209　S373
**聲調前譜一卷後譜一卷續譜一卷談龍録一卷**　（清）趙執信撰　清乾隆三十九年（1774）趙氏因園刻本　一册　十行二十一字白口四周單邊

450000－2602－0000210　S437
**湖海樓叢書續編□□種□□卷**　（清）張之洞編　清刻本　十七册　十行二十字小字雙行同上下黑口左右雙邊　存十一種五十卷

450000－2602－0000211　00109
**皇極經世易知八卷首一卷**　（清）何夢瑤輯釋　清光緒十三年（1887）校經山房刻本　八册　十行二十字白口左右雙邊

450000－2602－0000212　S178
**春秋繁露十七卷**　（漢）董仲舒撰　清刻武英殿聚珍版書本　陳柱題記　二册　十行二十一字小字雙行同白口左右雙邊

450000－2602－0000213　S188
**爾雅音圖三卷**　（晉）郭璞註　清嘉慶六年（1801）南城曾燠藝學軒刻本　三册　十二行二十字小字雙行同上下黑口四周雙邊

450000－2602－0000214　S201
**戰國策三十三卷**　（漢）高誘注　清乾隆二十一年（1756）德州盧氏刻雅雨堂叢書本　清鄧小赤題跋　四册　十行二十一字小字雙行同白口四周單邊

450000－2602－0000215　S205
**列女傳十六卷**　（漢）劉向撰　（明）汪氏增輯　（明）仇英繪圖　明萬曆刻清乾隆四十四年（1779）知不足齋刻本　十六册　十行二十一字白口四周單邊　存十五卷（一至十五）

450000－2602－0000216　S211
**史通通釋二十卷**　（清）浦起龍撰　清乾隆梁溪浦氏求放心齋刻本　曹仲恒批　八册　九行二十二字小字雙行同白口左右雙邊

450000－2602－0000217　S168
**經典釋文三十卷**　（唐）陸德明撰　清康熙通志堂刻本　八册　十一行十七字小字雙行二十四字白口左右雙邊

450000－2602－0000218　00046；00117
**古經解彙函**　（清）鍾謙鈞等輯　清同治十二年（1873）粤東書局刻本　二册　十行二十一字小字雙行同白口左右雙邊　存二種五卷（鄭氏周易注三卷補遺一卷、陸氏周易述一卷）

450000－2602－0000219　00042
**易象意言一卷**　（宋）蔡淵撰　**易學濫觴一卷**　（元）黄澤撰　清刻武英殿聚珍版書本　一册　九行二十一字小字雙行同白口四周雙邊

450000－2602－0000220　00043
**周易口訣義六卷**　（唐）史徵撰　清刻武英殿聚珍版書本　三册　九行二十一字小字雙行同白口四周雙邊

450000－2602－0000221　00044
**吴園周易解九卷附録一卷**　（宋）張根撰　清刻武英殿聚珍版書本　三册　九行二十一字小字雙行同白口四周雙邊

450000－2602－0000222　00038
**周易兼義九卷**　（三國魏）王弼注　（唐）孔穎達正義　**周易音義一卷**　（唐）陸德明撰　清同治十三年（1874）湖南書局刻重刊宋本十三經注疏附校勘記本　五册　九行二十一字小字雙行同白口左右雙邊　存九卷（周易兼義二至九、周易音義一卷）

450000－2602－0000223　00045
**鄭氏周易注三卷補遺一卷**　（元）王應麟撰集　（清）惠棟增補　（清）孫堂重校　清同治十二年（1873）粤東書局刻古經解彙函本　一册　十行二十一字小字雙行同白口左右雙邊　存二卷（一至二）

450000－2602－0000224　00053
**周易本義闡旨八卷首一卷**　（清）胡方著　（清）盧觀恒編　清嘉慶十七年（1812）蘭桂堂刻本　八册　十一行二十三字小字雙行二十三字白口左右雙邊

450000－2602－0000225　00048

**周易傳義音訓八卷首一卷** (宋)程頤傳 (宋)朱熹本義 (宋)呂祖謙音訓 **易學啟蒙一卷** (宋)朱熹撰 清刻本 六冊 九行十八字小字雙行同白口左右雙邊

450000－2602－0000226 00058
**周易程氏傳四卷** (宋)程頤撰 清刻本 四冊 十一行二十二字小字雙行同上下黑口左右雙邊

450000－2602－0000227 00051
**郭氏傳家易說十一卷總論一卷** (宋)郭雍著 清同治十三年(1874)江西書局刻武英殿聚珍版書本 八冊 九行二十一字小字雙行同白口四周雙邊

450000－2602－0000228 S169
**周易傳義合訂十二卷** (清)朱軾撰 清乾隆二年(1737)刻本 六冊 八行二十字小字雙行同白口四周雙邊

450000－2602－0000229 00062
**周易集解十七卷** (唐)李鼎祚輯 清同治十二年(1873)粵東書局刻古經解彙函本 五冊 十行二十一字小字雙行同白口左右雙邊

450000－2602－0000230 00060
**周易恒解五卷首一卷** (清)劉沅註釋 清咸豐十一年(1861)刻本 六冊 十行二十一字小字雙行同白口左右雙邊

450000－2602－0000231 00061
**御纂周易折中二十二卷首一卷** (清)李光地纂 清刻本 十二冊 十一行二十二字小字雙行同白口四周雙邊

450000－2602－0000232 00072
**易憲四卷卦歌一卷圖說一卷** (清)沈泓疏 (清)沈權之等增訂 (清)許王猷 (清)張仕遇校正 清光緒十四年(1888)卓德徵刻本 三冊 十一行二十三字小字雙行同白口左右雙邊

450000－2602－0000233 00083
**周易二閭記三卷** (清)茹敦和著 清光緒十四年(1888)江陰南菁書院刻南菁書院叢書本 一冊 十一行二十四字小字雙行同白口左右雙邊

450000－2602－0000234 00067
**周易觀象十二卷** (清)李光地註 (清)佟景文等校刊 清刻本 震軒識 五冊 十一行二十字小字雙行同白口四周單邊

450000－2602－0000235 00073
**周易輯義初編四卷** (清)盧兆鰲撰 清道光正文堂刻本 四冊 九行二十九字小字雙行同白口四周雙邊

450000－2602－0000236 00068
**周易觀象大指二卷** (清)李光地著 (清)佟景文等校刊 清刻本 一冊 十一行二十字小字雙行同白口四周單邊

450000－2602－0000237 00069;00084;00094;03780;01943;04330
**武英殿聚珍版書** 清同治十三年(1874)江西書局刻本 六冊 九行二十一字小字雙行同白口四周雙邊 存十六種二十六卷(易象意言一卷、易緯乾坤鑿度二卷、易緯通卦驗二卷、乾元序制記一卷、易緯是類謀一卷、易緯坤靈圖一卷、易緯乾坤鑿度二卷、易緯稽覽圖二卷、易緯辨終備一卷、傅子一卷、帝範四卷、漢官舊儀二卷、補遺一卷、鄴中記一卷、孫子算經三卷、海島算經一卷)

450000－2602－0000238 00079
**易說二卷** (清)吳汝綸撰 清光緒三十年(1904)王恩紱等刻桐城吳先生全書本 二冊 九行二十一字小字雙行不等上下黑口左右雙邊

450000－2602－0000239 00080
**周易注疏十三卷附考證** (三國魏)王弼注 (唐)陸德明音義 (唐)孔穎達疏 **周易略例一卷附考證** (三國魏)王弼著 (唐)邢璹注 (唐)陸德明音義 清同治十年(1871)廣東書局刻本 五冊 十行二十一字小字雙行同白口左右雙邊

450000－2602－0000240 00063

**周易集解纂疏三十六卷首一卷**　(清)李道平著　清光緒十七年(1891)思賢講舍刻本　六冊　十一行二十四字小字雙行同上下黑口左右雙邊

450000－2602－0000241　00081

**易經圖釋十二卷**　(明)劉定之著　(明)劉而鉉編輯　清乾隆二十八年(1763)刻本　三冊　九行二十字小字雙行同白口四周單邊

450000－2602－0000242　03689

**說苑二十卷**　(漢)劉向著　清刻本　四冊　九行二十字白口左右雙邊

450000－2602－0000243　00077

**周易注疏校勘記九卷**　(清)阮元撰　清同治十三年(1874)湖南書局刻重刊宋本十三經注疏附校勘記本　一冊　九行二十一字小字雙行同白口左右雙邊

450000－2602－0000244　00070

**易釋四卷**　(清)黄式三撰　清光緒刻廣雅書局叢書本　一冊　十一行二十四字小字雙行同上下黑口四周單邊

450000－2602－0000245　00078

**易說二卷**　(清)吳汝綸撰　清光緒三十年(1904)王恩紱等刻桐城吳先生全書本　二冊　九行二十一字小字雙行不等上下黑口左右雙邊

450000－2602－0000246　00071

**易經音訓不分卷**　(清)楊國楨撰　清光緒三年(1877)湖北崇文書局刻十一經音訓本　二冊　七行二十二字白口四周單邊

450000－2602－0000247　00082

**方氏易學五書五卷**　(清)方申著　清光緒十四年(1888)南菁書院刻南菁書院叢書本　一冊　十一行二十四字小字雙行同白口左右雙邊

450000－2602－0000248　00089

**田間易學不分卷**　(清)錢澄之撰　清康熙斟雉堂刻本　十冊　十行二十三字小字雙行同白口左右雙邊

450000－2602－0000249　00065

**周易虞氏義九卷**　(清)張惠言學　**周易虞氏消息二卷**　(清)張惠言學　清刻本　四冊　十一行二十三字小字雙行同白口左右雙邊

450000－2602－0000250　00090

**易傳撮要一卷**　(明)劉髦著　清桂山堂刻本　一冊　九行二十字小字雙行同白口四周單邊

450000－2602－0000251　00066

**周易析義六卷**　(清)馮繼聰著　清刻本　六冊　八行二十字小字雙行同白口左右雙邊

450000－2602－0000252　01727

**於越先賢像傳贊二卷附圖像**　(清)王齡撰　清咸豐七年(1857)王氏養龢堂刻光緒三年(1877)張氏印本　二冊　八行十八字白口四周單邊

450000－2602－0000253　00101

**易例二卷**　(清)惠棟撰　清刻本　一冊　十一行二十二字小字雙行同上下黑口左右雙邊

450000－2602－0000254　00092

**周易口訣義六卷**　(唐)史徵撰　清同治十二年(1873)粵東書局刻古經解彙函本　一冊　十行二十一字小字雙行同白口左右雙邊

450000－2602－0000255　00097;04332;04331

**武英殿聚珍版書**　清同治十三年(1874)江西書局刻本　三冊　九行二十一字小字雙行同白口四周雙邊　存六種十五卷(易象意言一卷、易緯乾坤鑿度二卷、五曹算經五卷、夏侯陽算經三卷、孫子算經三卷、海島算經一卷)

450000－2602－0000256　03697

**子書二十八種**　(清)育文書局輯　清育文書局石印本　一冊　十八行四十二字小字雙行四十二字白口四周雙邊　存三種十五卷(文子纘義一至十二、鬼谷子一卷、尉繚子上下)

450000－2602－0000257　00096

**古經解彙函**　(清)鍾謙鈞等輯　清同治十二年(1873)粵東書局刻本　一冊　十行二十一字小字雙行同白口左右雙邊　存三種五卷

(易緯乾坤鑿度一至二、易緯乾鑿度一至二、易緯稽覽圖上)

450000－2602－0000258　00093
**易緯八種十二卷**　(漢)鄭康成(鄭玄)注　清同治十二年(1873)粵東書局刻古經解彙函本　二册　十行二十一字小字雙行同白口左右雙邊　存六種九卷

450000－2602－0000259　00105
**周易述四十卷**　(清)惠棟集注并疏　清乾隆二十三年(1758)雅雨堂刻本　四册　十行二十二字小字雙行二十二字白口四周單邊　存二十一卷(一至七、九至二十、二十二至二十三)

450000－2602－0000260　00104
**易學史鏡八卷**　(清)曹為霖撰　清同治十二年(1873)木筆花館刻本　八册　十一行二十二字下黑口四周雙邊

450000－2602－0000261　00106
**易林釋文二卷**　(清)丁晏撰　清光緒十六年(1890)刻廣雅書局叢書本　一册　十一行二十四字上下黑口四周單邊

450000－2602－0000262　00102
**誠齋易傳二十卷**　(宋)楊萬里撰　清刻本　六册　九行二十一字小字雙行同白口四周雙邊

450000－2602－0000263　00118
**易說十二卷**　(清)郝懿行學　**易說便錄一卷**　清光緒八年(1882)東路廳署刻郝氏遺書本　二册　九行二十一字小字雙行同上下黑口左右雙邊

450000－2602－0000264　00088
**周易或問六卷**　(清)文天駿著　清光緒十一年(1885)黔南文氏刻本　六册　九行二十二字下黑口左右雙邊

450000－2602－0000265　02607
**歷代地理沿革圖一卷**　(清)六嚴撰　(清)馬徵麟增輯　清同治十一年(1872)金陵懷甯刻朱墨套印本　一册　十二行二十四字白口左右雙邊

450000－2602－0000266　00091
**易漢學八卷**　(清)惠棟學　清刻本　一册　十一行二十二字小字雙行同上下黑口四周單邊

450000－2602－0000267　00115
**陸堂易學十卷首一卷**　(清)陸奎勳輯　清乾隆元年(1736)刻本　六册　十一行二十四字小字雙行同白口左右雙邊

450000－2602－0000268　00099
**焦氏叢書九種附一種**　(清)焦循撰　清光緒二年(1876)衡陽魏氏刻本　十册　十行二十一字小字雙行同上下黑口左右雙邊　存三種四十五卷

450000－2602－0000269　00121
**泰軒易傳六卷**　(宋)李中正撰　清同治元年(1862)粵雅堂刻粵雅堂叢書本　三册　九行二十一字小字雙行同白口左右雙邊

450000－2602－0000270　00116
**來瞿唐先生易註十五卷首一卷末一卷圖一卷**　(明)來知德注　清刻本　八册　九行二十二字小字雙行同白口四周雙邊

450000－2602－0000271　00119
**易緯八種十二卷**　(漢)鄭康成(鄭玄)注　清道光刻武英殿聚珍版書本　二册　九行二十一字小字雙行同白口四周雙邊

450000－2602－0000272　00138
**書經六卷**　(宋)蔡沈集傳　清光緒十六年(1890)桂垣書局刻本　四册　九行十七字小字雙行同下黑口四周雙邊

450000－2602－0000273　00120
**武英殿聚珍版書**　清同治十三年(1874)江西書局刻本　一册　九行二十一字小字雙行同白口四周雙邊　存三種五卷(易緯乾鑿度二卷、易緯稽覽圖二卷、易緯辨終備一卷)

450000－2602－0000274　00139
**書經六卷**　(宋)蔡沈集傳　清光緒十六年

(1890)桂垣書局刻本　四冊　九行十七字小字雙行同下黑口四周雙邊

450000－2602－0000275　00122

**周易新講義十卷**　(宋)龔原撰　清咸豐十一年(1861)刻粤雅堂叢書本　五冊　九行二十一字小字雙行同上下黑口左右雙邊

450000－2602－0000276　00137

**書經六卷首一卷末一卷**　(宋)蔡沈集傳　清金陵書局刻本　三冊　九行十七字白口左右雙邊　存六卷(二至七)

450000－2602－0000277　00111

**周易姚氏學十六卷首一卷**　(清)姚配中撰　清光緒三年(1877)刻崇文書局彙刻書本　二冊　十二行二十四字小字雙行同上下黑口四周雙邊

450000－2602－0000278　特712.82/4436

**問楳軒詩草偶存八卷**　(清)蔣啟勷撰　清刻本　二冊　九行十九字小字雙行同上下黑口四周單邊

450000－2602－0000279　00112

**象數論六卷**　(清)黄宗羲撰　清光緒廣雅書局刻本　二冊　十二行二十四字小字雙行同上下黑口四周單邊

450000－2602－0000280　00113

**易緯略義三卷**　(清)張惠言撰　清光緒刻廣雅書局叢書本　一冊　十一行二十四字小字雙行同上下黑口四周單邊

450000－2602－0000281　00107

**易林釋文二卷**　(清)丁晏撰　清光緒十六年(1890)刻廣雅書局叢書本　一冊　十一行二十四字上下黑口四周單邊

450000－2602－0000282　00146

**新刻書經備旨善本輯要六卷**　(清)馬大猷輯　清光緒八年(1882)粤東儒林閣書坊刻本　四冊　九行二十四字小字雙行同白口四周單邊

450000－2602－0000283　00147

**書經音訓不分卷**　(清)楊國楨撰　清光緒三年(1877)崇文書局刻十一經音訓本　一冊　七行二十二字小字雙行同白口四周單邊

450000－2602－0000284　00114

**周易解故一卷**　(清)丁晏撰　清光緒十九年(1893)刻廣雅書局叢書本　一冊　十一行二十四字小字雙行同上下黑口四周雙邊

450000－2602－0000285　00149

**融堂書解二十卷**　(宋)錢時撰　清同治十三年(1874)江西書局刻武英殿聚珍版書本　四冊　九行二十一字小字雙行同白口四周雙邊

450000－2602－0000286　00110

**易經詮義十四卷首一卷**　(清)汪烜輯　清同治十二年(1873)曲水書局木活字印重訂汪子遺書本　十五冊　九行二十五字小字雙行同白口四周單邊

450000－2602－0000287　00148

**書經音訓不分卷**　(清)楊國楨撰　清光緒三年(1877)崇文書局刻十一經音訓本　一冊　七行二十二字小字雙行同白口四周單邊

450000－2602－0000288　00144

**書經精華六卷**　(清)薛嘉穎編　清光緒五年(1879)崇文堂刻本　二冊　十二行十五字小字雙行不等白口左右雙邊

450000－2602－0000289　00145

**新刻書經備旨善本輯要六卷**　(清)馬大猷輯　清刻本　五冊　九行二十四字小字雙行同白口四周單邊

450000－2602－0000290　00130

**尚書注疏二十卷**　(唐)陸德明音義　(漢)孔氏傳　(唐)孔穎達疏　清湖南刻本　四冊　九行二十一字小字雙行同白口左右雙邊　存八卷(十三至二十)

450000－2602－0000291　00128

**尚書注疏十九卷附考證**　(漢)孔氏傳　(唐)陸德明音義　(唐)孔穎達疏　清同治十年(1871)廣東書局刻重刊宋本十三經注疏附校勘記本　八冊　十行二十一字小字雙行同白

口左右雙邊

450000－2602－0000292　00129

**尚書注疏十九卷附考證**　(漢)孔氏傳　(唐)陸德明音義　(唐)孔穎達疏　清同治十年(1871)廣東書局刻重刊宋本十三經注疏附校勘記本　八册　十行二十一字小字雙行同白口左右雙邊

450000－2602－0000293　00155

**古文尚書冤詞平議二卷**　(清)皮錫瑞著　清光緒二十二年(1896)思賢書局刻師伏堂叢書本　一册　十一行二十四字上下黑口左右雙邊

450000－2602－0000294　00152

**尚書故三卷**　(清)吳汝綸撰　清光緒三十年(1904)王恩紱刻桐城吳先生全書本　三册　九行二十一字小字雙行不等上下黑口左右雙邊

450000－2602－0000295　00153

**尚書故三卷**　(清)吳汝綸撰　清光緒三十年(1904)王恩紱刻桐城吳先生全書本　三册　九行二十一字小字雙行不等上下黑口左右雙邊

450000－2602－0000296　00156

**寫定尚書不分卷**　(清)吳汝綸注　清光緒十八年(1892)吳氏家塾石印本　陳柱識　一册　八行十七字小字雙行同下黑口四周單邊

450000－2602－0000297　06531

**柳文四十三卷別集二卷外集二卷附錄一卷**　(唐)柳宗元撰　清同治六年(1867)延桂刻七年(1868)補刻本　八册　十一行二十二字小字雙行同白口左右雙邊

450000－2602－0000298　00157

**寫定尚書不分卷**　(清)吳汝綸注　清光緒十八年(1892)吳氏家塾石印本　一册　八行十七字小字雙行同下黑口四周單邊

450000－2602－0000299　00160

**尚書因文六卷首一卷末一卷**　(清)武士選學　清光緒十七年(1891)桂垣書局刻本　二册　十行十九字小字雙行同下黑口左右雙邊

450000－2602－0000300　00161

**書疑九卷**　(宋)王栢著　清通志堂刻本　一册　十一行二十字白口左右雙邊

450000－2602－0000301　00170

**尚書因文六卷首一卷末一卷**　(清)武士選學　清光緒十七年(1891)桂垣書局刻本　二册　十行十九字小字雙行同下黑口左右雙邊

450000－2602－0000302　00164

**尚書大傳四卷**　(漢)伏勝撰　(漢)鄭玄注　**考異一卷補遺一卷續補遺一卷**　(清)盧文弨學　清光緒三年(1877)湖北崇文書局刻崇文書局匯刻書本　一册　十二行二十四字小字雙行同上下黑口四周雙邊

450000－2602－0000303　00169

**尚書因文六卷首一卷末一卷**　(清)武士選學　清光緒十七年(1891)桂垣書局刻本　二册　十行十九字小字雙行同下黑口左右雙邊

450000－2602－0000304　00166

**尚書約注四卷末一卷**　(清)任啟運約注　清光緒十二年(1886)刻本　二册　八行十七字小字雙行同白口左右雙邊

450000－2602－0000305　00167

**尚書約注四卷末一卷**　(清)任啟運約注　清光緒十二年(1886)刻本　二册　八行十七字小字雙行同白口左右雙邊

450000－2602－0000306　00162

**杏溪傅氏禹貢集解二卷**　(宋)傅寅撰　清同治十二年(1873)粵東書局刻通志堂經解本　二册　十一行十八字小字雙行同白口左右雙邊

450000－2602－0000307　00168

**尚書大傳四卷**　(宋)鄭玄注　**考異一卷補遺一卷續補遺一卷**　(清)盧文弨學　清光緒三年(1877)湖北崇文書局刻本　一册　十二行二十四字小字雙行同上下黑口四周雙邊

450000－2602－0000308　00158

**左海全集九種三十七卷**　(清)陳壽祺撰　清嘉慶、道光间刻陳紹墉補刻本　四冊　十行二十字小字雙行同上下黑口左右雙邊　存二種十卷

450000－2602－0000309　00165
**增修東萊書説三十五卷首一卷**　(宋)呂祖謙撰　(宋)時瀾修定　清刻通志堂經解本　六冊　十一行二十字小字雙行同白口左右雙邊

450000－2602－0000310　00196
**屈宋古音義三卷**　(明)陳第著　(明)焦竑閲　(清)徐時作重訂　清光緒六年(1880)武昌張氏刻本　一冊　十行二十一字小字雙行同白口四周雙邊

450000－2602－0000311　00171
**尚書大傳三卷**　(漢)伏勝撰　(漢)鄭玄注　(清)陳壽祺輯　**序錄一卷辨譌一卷**　(清)陳壽祺撰　清同治十二年(1873)粵东書局刻古經解彙函本　二冊　十行二十一字小字雙行同白口左右雙邊

450000－2602－0000312　00197
**屈宋古音義三卷**　(明)陳第著　(明)焦竑閲　(清)徐時作重訂　清光緒六年(1880)武昌張氏刻本　一冊　十行二十一字小字雙行同白口四周雙邊

450000－2602－0000313　00200
**毛詩後箋三十卷**　(清)胡承珙撰　清道光十七年(1837)刻求是堂全集本　十六冊　十行二十二字白口左右雙邊

450000－2602－0000314　00179
**融堂書解二十卷**　(宋)錢時撰　清同治十三年(1874)江西書局刻武英殿聚珍版書本　六冊　九行二十一字小字雙行同白口四周雙邊　存十九卷(一至十九)

450000－2602－0000315　00182
**融堂書解二十卷**　(宋)錢時撰　清同治十三年(1874)江西書局刻武英殿聚珍版書本　六冊　九行二十一字小字雙行同白口四周雙邊

450000－2602－0000316　00180
**尚書集注述疏三十二卷首一卷末一卷**　簡朝亮述　**讀書堂問答一卷**　張子沂編　清光緒三十三年(1907)刻本　二十三冊　十一行二十四字小字雙行同白口左右雙邊

450000－2602－0000317　00177
**欽定書經圖説五十卷**　(清)孫家鼐纂　清光緒三十一年(1905)石印本　十六冊　十行二十四字白口四周雙邊

450000－2602－0000318　00194
**毛詩古音考五卷**　(明)陳第編輯　(明)焦竑訂正　(清)徐時作重訂　清光緒六年(1880)武昌張裕釗刻本　二冊　十行二十字小字雙行同白口四周雙邊

450000－2602－0000319　00173
**尚書大傳三卷**　(漢)伏勝撰　(漢)鄭玄注　(清)陳壽祺輯　**序錄一卷辨譌一卷**　(清)陳壽祺撰　清同治十二年(1873)粵东書局刻古經解彙函本　一冊　十行二十一字小字雙行同白口左右雙邊

450000－2602－0000320　00205
**御纂詩義折中二十卷**　(清)傅恒等纂　清光緒十六年(1890)善成堂刻本　六冊　九行二十字小字雙行同白口左右雙邊

450000－2602－0000321　00198
**毛詩傳箋通釋三十二卷**　(清)馬瑞辰撰　清光緒十四年(1888)刻廣雅書局叢書本　十二冊　十一行二十四字小字雙行同上下黑口四周單邊

450000－2602－0000322　00203
**欽定詩經傳説彙纂二十一卷首二卷詩序二卷**　(清)聖祖玄燁定　(清)王鴻緒　(清)揆敍總裁　清光緒四年(1878)廣州翰墨園刻本　十八冊　八行二十二字小字雙行同白口四周雙邊

450000－2602－0000323　00178
**欽定書經傳説彙纂二十一卷首二卷書序一卷**　(清)王頊齡等撰　清刻本　十冊　八行二十二字小字雙行同白口四周雙邊

450000－2602－0000324　00206

**御纂詩義折中二十卷**　(清)傅恒等撰　清光緒刻文光堂印本　七冊　九行二十字白口四周單邊雙邊兼有　存十八卷(一至十四、十七至二十)

450000－2602－0000325　00199

**毛詩傳箋通釋三十二卷**　(清)馬瑞辰撰　清光緒十四年(1888)刻廣雅書局叢書本　十二冊　十一行二十四字小字雙行同上下黑口四周單邊

450000－2602－0000326　00204

**詩經世本古義二十八卷首一卷後一卷**　(清)何楷撰　清嘉慶二十四年(1819)文林堂刻本　十八冊　九行二十字小字雙行同白口四周雙邊

450000－2602－0000327　00195

**毛詩古音考五卷**　(明)陳第編輯　(明)焦竑訂正　(清)徐時作重訂　清光緒六年(1880)武昌張裕劍刻本　二冊　十行二十字小字雙行同白口四周雙邊

450000－2602－0000328　00207

**詩義鈔八卷**　(清)張學尹撰　清同治師白山房刻本　四冊　十行二十五字小字雙行同白口四周單邊

450000－2602－0000329　00201

**毛詩後箋三十卷**　(清)胡承珙撰　清光緒十六年(1890)刻廣雅書局叢書本　十二冊　十一行二十四字小字雙行同上下黑口四周單邊

450000－2602－0000330　00174

**尚書大傳補注七卷**　(漢)伏勝撰　(漢)鄭玄注　王闓運補注　清光緒刻靈鶼閣叢書本　一冊　十一行二十三字小字雙行同上下黑口左右雙邊

450000－2602－0000331　00233

**田間詩學不分卷**　(清)錢澄之述　清刻本　六冊　十行二十三字小字雙行同白口左右雙邊

450000－2602－0000332　00216

**絜齋毛詩經筵講義四卷**　(宋)袁燮撰　清刻武英殿聚珍版書本　一冊　九行二十一字小字雙行同白口四周雙邊

450000－2602－0000333　00217

**絜齋毛詩經筵講義四卷**　(宋)袁燮撰　清刻武英殿聚珍版書本　一冊　九行二十一字小字雙行同白口四周雙邊

450000－2602－0000334　00193

**毛詩通考三十卷**　(清)伍元薇　(清)伍崇曜輯　清同治二年(1863)南海伍氏粵雅堂刻嶺南遺書本　一冊　十一行二十二字小字雙行同上下黑口左右雙邊　存十九卷(一至十九)

450000－2602－0000335　00192

**毛詩注疏校勘記二十卷**　(清)阮元撰　清同治十三年(1874)湖南書局刻重刊宋本十三經注疏附校勘記本　四冊　九行二十一字小字雙行同白口左右雙邊

450000－2602－0000336　00191

**郝氏遺書二十三種**　(清)郝懿行撰　清嘉慶至光緒間刻彙印本　一冊　九行二十一字小字雙行同上下黑口左右雙邊　存二種三卷(詩說二卷、詩經拾遺一卷)

450000－2602－0000337　00234

**田間詩學不分卷**　(清)錢澄之述　清刻本　十冊　十行二十三字小字雙行同白口左右雙邊

450000－2602－0000338　00209

**新增詩經補注備旨詳解八卷**　(清)鄒梧岡纂輯　清光緒二十三年(1897)刻本　四冊　十行二十字小字雙行同白口四周單邊

450000－2602－0000339　00222

**詩總聞二十卷**　(宋)王質撰　清刻武英殿聚珍版書本　八冊　九行二十一字小字雙行同白口四周雙邊

450000－2602－0000340　00223

**詩總聞二十卷**　(宋)王質撰　清刻武英殿聚珍版書本　八冊　九行二十一字小字雙行同白口四周雙邊

450000－2602－0000341　00224

**詩經繹參四卷**　(清)鄧翔著　清同治六年(1867)刻朱墨套印本　四冊　九行二十三字小字雙行同白口四周雙邊

450000－2602－0000342　00227

**詩緝三十六卷**　(宋)嚴粲述　清光緒三年(1877)嶺南述古堂刻本　十四冊　九行十八字小字雙行同白口四周雙邊

450000－2602－0000343　00237

**續呂氏家塾讀詩記三卷**　(宋)戴溪撰　清刻武英殿聚珍版書本　二冊　九行二十一字小字雙行同白口四周雙邊

450000－2602－0000344　00239

**詩集傳坿釋一卷**　(清)丁晏撰　清光緒二十年(1894)廣雅書局刻本　一冊　十一行二十四字上下黑口四周單邊

450000－2602－0000345　00238

**呂氏家塾讀詩記三十二卷**　(宋)呂祖謙撰　清刻本　十冊　十行二十字小字雙行同白口四周雙邊

450000－2602－0000346　00221

**詩攷一卷**　(元)王應麟撰　清光緒九年(1883)浙江書局刻玉海本　一冊　十行二十字小字雙行同白口左右雙邊

450000－2602－0000347　00241

**詩經音訓不分卷**　(清)楊國楨撰　清光緒三年(1877)湖北崇文書局刻十一經音訓本　二冊　七行二十二字小字雙行字不等白口四周單邊

450000－2602－0000348　00235

**呂氏家塾讀詩記三十二卷**　(宋)呂祖謙撰　清同治十二年(1873)永康胡氏退補齋刻金華叢書本　十一冊　九行二十字小字雙行同白口左右雙邊

450000－2602－0000349　00261

**儀禮鄭注一卷**　(漢)鄭玄注　清廣州時敏書局刻本　一冊　八行十八字小字雙行同白口四周雙邊

450000－2602－0000350　00249

**周禮注疏四十二卷附考證**　(漢)鄭玄注　(唐)陸德明音義　(唐)賈公彥疏　清同治十年(1871)刻本　十二冊　十行二十一字小字雙行同白口左右雙邊　存四十卷(一至十九、二十二至四十二)

450000－2602－0000351　00225

**詩經繹參四卷**　(清)鄧翔著　清同治六年(1867)刻朱墨套印本　四冊　九行二十三字小字雙行同白口四周雙邊

450000－2602－0000352　00486

**鄭志疏證八卷鄭記考證一卷答臨孝存周禮難疏證一卷**　(清)皮錫瑞著　清光緒二十五年(1899)刻師伏堂叢書本　二冊　十一行二十四字小字雙行同上下黑口左右雙邊

450000－2602－0000353　00262

**儀禮鄭注句讀十七卷**　(清)張爾岐句讀　**儀禮監本正誤一卷儀禮石本誤字一卷**　(清)顧炎武撰　清同治七年(1868)金陵書局刻十三經讀本本　四冊　九行二十四字小字雙行同白口左右雙邊

450000－2602－0000354　00226

**詩經繹參四卷**　(清)鄧翔著　清同治六年(1867)刻朱墨套印本　四冊　九行二十三字小字雙行同白口四周雙邊

450000－2602－0000355　00487;02831

**漸西村舍彙刊四十四種**　(清)袁昶輯　清光緒刻本　一冊　存八種十七卷(經籍舉要一卷、中江講院建立經誼治事兩齋章程一卷、家塾課程一卷、吳晴舫學使告示六條一卷、中江講院添設季課示一卷、尊經閣募捐藏書章程一卷、吉林外記十卷、甯古塔記畧一卷)

450000－2602－0000356　00250

**附釋音周禮注疏六卷**　(唐)賈公彥等撰　(唐)陸德明釋文　**周禮注疏校勘記六卷**　(清)阮元撰　(清)盧宣旬摘録　清光緒二十三年(1897)點石齋石印本　三冊　二十行四十六字小字雙行同白口四周雙邊

450000－2602－0000357　00248
**周禮精華六卷**　(清)陳龍標編輯　清翰文堂刻本　五册　七行二十字小字雙行同白口左右雙邊

450000－2602－0000358　00247
**周禮精華六卷**　(清)陳龍標編輯　清同治三年(1864)刻本　六册　七行二十字小字雙行同白口左右雙邊

450000－2602－0000359　00246
**周禮音訓不分卷**　(清)楊國楨撰　清光緒三年(1877)崇文書局刻十一經音訓本　二册　七行二十二字小字雙行同白口四周單邊

450000－2602－0000360　00243
**周禮六卷**　(漢)鄭玄注　(唐)陸德明音義　清清芬閣刻本　六册　十二行二十五字小字雙行三十七字白口左右雙邊

450000－2602－0000361　00254
**周禮注疏校勘記四十二卷**　(清)阮元撰　清同治十三年(1874)湖南書局刻重刊宋本十三經注疏附校勘記本　三册　九行二十一字小字雙行同白口左右雙邊

450000－2602－0000362　00481
**經義正宗不分卷**　(清)范公詒編　清光緒二十四年(1898)佛山翰文堂刻本　二册　九行二十四字上下黑口左右雙邊

450000－2602－0000363　00489
**經咫一卷**　(清)陈祖范撰　清光緒十七年(1891)刻廣雅書局叢書本　一册　十一行二十四字上下黑口四周單邊

450000－2602－0000364　00264
**儀禮注疏十七卷**　(唐)賈公彦疏　清同治十三年(1874)湖南書局刻本　十二册　九行二十一字小字雙同白口左右雙邊

450000－2602－0000365　00495
**經典釋文三十卷**　(唐)陸德明撰　清刻本　十二册　十一行二十二字小字雙行同上下黑口四周雙邊

450000－2602－0000366　00490
**經學歷史一卷**　(清)皮錫瑞撰　清光緒三十二年(1906)思賢書局刻本　一册　十二行二十五字白口左右雙邊

450000－2602－0000367　00491
**左海經辨二卷**　(清)陳壽祺學　清道光三年(1823)三山陳氏刻本　四册　十行二十一字小字雙行同白口左右雙邊

450000－2602－0000368　00478
**經學輯要二十四卷**　(清)吴潁炎輯　清光緒十四年(1888)點石齋石印本　三十册　二十四行五十五字白口四周單邊　存二十三卷(一至十、十二至二十四)

450000－2602－0000369　00244
**周禮十二卷**　(漢)鄭玄注　(唐)陸德明音義　清光緒十九年(1893)桂垣書局刻本　六册　九行十七字小字雙行同下黑口四周雙邊

450000－2602－0000370　00507
**新學僞經考十四卷**　康有為撰　清光緒十七年(1891)南海康氏萬木草堂刻本　五册　十行二十字上下黑口左右雙邊　存十一卷(一至八、十二至十四)

450000－2602－0000371　00502
**經解入門八卷**　(清)江藩纂　清光緒十九年(1893)上海書局石印本　二册　白口四周雙邊

450000－2602－0000372　00511
**四書朱子本義匯条不分卷**　(清)王步青辑　(清)王士韲編　清光緒十二年(1886)鉛印本　十二册　十一行四十三字小字雙行五十七字白口四周雙邊

450000－2602－0000373　00513
**四書經史摘證七卷**　(清)宋繼種著　清光緒五年(1879)儒林閣刻本　五册　六行二十五字小字雙行同白口四周雙邊

450000－2602－0000374　00482
**經字正蒙八卷**　(清)李文沂著　清光緒十一年(1885)羊城聚文堂刻本　八册　十二行字

不等上下黑口四周單邊

450000－2602－0000375　00512

**四書朱子本義匯粲四十三卷首四卷**　(清)王步青辑　(清)王士鼇編　清敦復堂刻本　二十九册　九行二十三字小字雙行同白口左右雙邊

450000－2602－0000376　00514

**四書摭餘說七卷**　(清)曹之升輯　清嘉慶刻本　四册　十行二十四字小字雙行同白口四周雙邊

450000－2602－0000377　00504

**新學僞經考十四卷**　康有為撰　清光緒十七年(1891)武林望雲樓石印本　八册　十行二十字上下黑口左右雙邊

450000－2602－0000378　00508

**連云閣較正監韻分章分節四書正文不分卷**　(宋)朱熹集注　清連元閣刻本　五册　九行十八字小字雙行同白口左右雙邊

450000－2602－0000379　00515

**新刻批點四書讀本十九卷**　(宋)朱熹章句　清光緒二年(1876)朱墨套印本　五册　九行十七字小字雙行同白口左右雙邊　存十五卷(大學章句一卷、中庸章句一卷、孟子集注七卷、論語集注五至十)

450000－2602－0000380　00520

**四書翼注論文十二卷**　(清)鄭獻甫撰　清光緒五年(1879)黔南節署刻本　十一册　九行二十字白口四周雙邊

450000－2602－0000381　00510

**監本四書二十九卷**　(宋)朱熹集注　清同治十三年(1874)江西書局刻本　六册　九行十七字小字雙行同白口四周單邊

450000－2602－0000382　00521

**四書古注九種群義匯解不分卷**　(清)□□撰輯　清石印本　十六册　十四行四十二字小字雙行同白口四周雙邊

450000－2602－0000383　00524

**四書説苑十一卷首一卷補遺一卷續遺一卷**　(清)孫應科輯　清道光刻本　四册　十一行二十二字小字雙行同白口左右雙邊

450000－2602－0000384　00523

**四書恒解十一卷**　(清)劉沅撰　清光緒三十一年(1905)刻槐軒全書本　十册　十行二十字小字雙行同白口四周雙邊

450000－2602－0000385　00499

**古經解彙函**　(清)鍾謙鈞輯　清同治十二年(1873)粵東書局刊本　四十七册　十行二十一字小字雙行同白口左右雙邊　存九種一百九十五卷

450000－2602－0000386　00503

**經苑二十五種二百五十一卷**　(清)錢儀吉輯　清道光、咸豐间大梁书院刻同治七年(1868)王儒行等印本　七十三册　十行二十字白口四周雙邊

450000－2602－0000387　00550

**大學古本質言一卷**　(清)劉沅著　清光緒三十一年(1905)刻槐軒全書本　一册　十一行二十一字上下黑口左右雙邊

450000－2602－0000388　00545

**四書朱子本義匯粲不分卷**　(清)王步青辑　(清)王士鼇編　清光緒十三年(1887)上海廣百宋齋鉛印本　八册　十一行三十三字小字雙行五十九字白口四周雙邊

450000－2602－0000389　00544

**四書味根錄三十七卷**　(清)金澂撰　清道光十七年(1837)刻本　八册　九行三十六字小字雙行同白口四周單邊　存三十三卷(論語一至二十、孟子一至十,中庸一至二,大學一卷)

450000－2602－0000390　00543

**四書味根錄三十七卷**　(清)金澂撰　清同治四年(1865)同文堂刻本　十二册　九行三十六字小字雙行同白口左右雙邊

450000－2602－0000391　00529

**四書集注十九卷**　(宋)朱熹注　清臨桂毓蘭

書屋刻本　六冊　八行十七字小字雙行同白口左右雙邊

450000－2602－0000392　00536
**四書講義萃精十八卷**　(清)黎翔鳳輯　清咸豐十一年(1861)壽經堂刻本　十八冊　九行三十六字小字雙行同白口左右雙邊

450000－2602－0000393　00548
**大學章句質疑一卷**　(清)郭嵩燾著　清光緒十六年(1890)思賢講舍刻學庸質疑本　一冊　十一行二十四字小字雙行同上下黑口左右雙邊

450000－2602－0000394　00531
**四書章句集註便蒙不分卷**　(宋)朱熹章句　(宋)趙順孫纂疏　清江寧敦化堂刻本　十二冊　九行十七字小字雙行同白口左右雙邊

450000－2602－0000395　00566
**論語古訓十卷**　(清)陳鱣述　清光緒九年(1883)浙江書局刻本　二冊　十行二十一字小字雙行同白口左右雙邊

450000－2602－0000396　00589
**增補蘇批孟子二卷[孟軻]年譜一卷**　(宋)蘇洵原本　(清)趙大浣增補　清同治四年(1865)登雲閣刻朱墨套印本　二冊　九行二十字小字雙行四十字白口四周單邊

450000－2602－0000397　00555
**中庸直指不分卷**　(明)史德清述　清光緒十年(1884)金陵刻經處刻本　一冊　十行二十字小字雙行同上下黑口左右雙邊

450000－2602－0000398　00567
**論語集解義疏十卷**　(三國魏)何晏集解　(南朝梁)皇侃義疏　清同治十二年(1873)粵東書局刻古經解彙函本　五冊　十行二十一字小字雙行同白口左右雙邊

450000－2602－0000399　00588
**增補蘇批孟子二卷[孟軻]年譜一卷**　(宋)蘇洵原本　(清)趙大浣增補　清刻朱墨套印本　二冊　九行二十字小字雙行同白口四周單邊

450000－2602－0000400　00558
**中庸章句質疑二卷**　(清)郭嵩燾著　清光緒十六年(1890)思賢講舍刻本　二冊　十一行二十四字小字雙行同上下黑口左右雙邊

450000－2602－0000401　00573
**論語集註十卷**　(宋)朱熹注　清道光七年(1827)高玲愷元堂刻朱墨套印新刻批點四書讀本本　一冊　九行十七字小字雙行同白口四周單邊　存五卷(一至五)

450000－2602－0000402　02006
**樊山政書二十卷**　樊增祥撰　清宣統二年(1910)鉛印本　十冊　十四行三十字小字雙行同白口四周雙邊

450000－2602－0000403　00591
**四書釋文十九卷**　(宋)朱熹撰　(清)何焯訂　清光緒十四年(1888)天津文美齋刻本　八冊　行字不等白口四周單邊

450000－2602－0000404　00485
**鄭志三卷**　(三國魏)鄭小同撰　清同治十三年(1874)江西書局刻武英殿聚珍版書本　一冊　九行二十一字小字雙行同白口四周雙邊

450000－2602－0000405　00140
**書經二十卷**　(漢)孔安國傳　(唐)陸德明音義　明崇禎十二年(1639)永懷堂刻清同治八年(1869)浙江書局校修十三經古注本　三冊　九行二十五字小字雙行同白口左右雙邊

450000－2602－0000406　00577
**孟子十四卷**　(漢)趙岐注　明崇禎十二年(1639)永懷堂刻清同治八年(1869)浙江書局校修印十三經古注本　二冊　九行二十五字小字雙行同白口左右雙邊

450000－2602－0000407　00542
**新訂四書補注備旨十卷**　(明)鄧林著　清嘉慶二十年(1815)翰文堂刻本　六冊　十一行三十二字小字雙行同白口四周單邊

450000－2602－0000408　00569
**論語公羊相通説不分卷**　梁啟超著　清光緒二十四年(1898)萬氏刻本　一冊　九行二十

五字小字雙行同白口左右雙邊

450000－2602－0000409　00551
**大學衍義輯要六卷**　（宋）真德秀撰　（清）陳宏謀纂輯　**大學衍義補輯要十二卷首一卷**　（明）邱濬撰　（清）陳宏謀纂輯　清道光二十二年（1842）寶恕堂刻本　十六册　十行二十一字小字雙行同白口左右雙邊

450000－2602－0000410　00537
**四書講義萃精十八卷**　（清）黎翔鳳輯　清同治六年（1867）金谷園刻本　十八册　九行三十六字小字雙行同白口左右雙邊

450000－2602－0000411　00601
**爾雅注疏十一卷**　（晉）郭璞注　（宋）邢昺疏　清同治十三年（1874）湖南書局刻重刊宋本十三經注疏附校勘記本　三册　九行二十一字小字雙行同白口左右雙邊

450000－2602－0000412　00622
**輶軒使者絕代語釋別國方言十三卷校正補遺一卷**　（漢）楊雄紀　（晉）郭璞注　清同治十二年（1873）粵東書局刻古經解彙函本　一册　十行二十一字小字雙行同白口左右雙邊

450000－2602－0000413　00596
**爾雅三卷**　（晉）郭璞注　（唐）陸德明音義　清同治十三年（1874）湖南書局刻本　三册　十二行二十五字小字雙行三十八字白口左右雙邊

450000－2602－0000414　00597
**爾雅三卷**　（晉）郭璞注　（唐）陸德明音義　清光緒二十一年（1895）金陵書局刻本　三册　十二行二十五字小字雙行三十八字白口左右雙邊

450000－2602－0000415　00605
**爾雅注疏校勘記十一卷**　（清）阮元撰　清同治十三年（1874）湖南書局刻重刊宋本十三經注疏附校勘記本　二册　九行二十一字小字雙行同白口左右雙邊

450000－2602－0000416　00606
**爾雅注疏校勘記十一卷**　（清）阮元撰　清同治十三年（1874）湖南書局刻重刊宋本十三經注疏附校勘記本　二册　九行二十一字小字雙行同白口左右雙邊

450000－2602－0000417　00538
**四書疏註撮言大全三十七卷**　（清）胡蓉芝輯　清光緒十一年（1885）古經閣刻本　二十册　九行三十六字小字雙行同白口四周單邊

450000－2602－0000418　00608
**小爾雅疏證五卷**　（清）葛其仁學　清光緒歸安姚氏刻咫進齋叢書本　一册　十三行二十二字小字雙行同上黑口左右雙邊

450000－2602－0000419　00534
**四書集註校語不分卷**　王祖畬著　清光緒三十年（1904）刻本　一册　十行二十四字小字雙行同上下黑口四周雙邊

450000－2602－0000420　00533
**新訂四書補註備旨十二卷**　（明）鄧林著　清廣東登雲閣刻本　六册　十一行三十二字小字雙行同白口四周雙邊

450000－2602－0000421　00535
**四書考輯要二十卷**　（清）陳宏謀輯　清光緒桂林蔣存遠堂刻本　九册　十行二十字小字雙行同白口四周雙邊　存十八卷（一至八、十一至二十）

450000－2602－0000422　00638
**釋名疏證補八卷附續釋名一卷釋名補遺一卷疏證補坿一卷**　王先謙撰集　清光緒二十二年（1896）刻本　三册　十一行二十四字小字雙行同上下黑口左右雙邊

450000－2602－0000423　00630
**輶軒使者絕代語釋別國方言箋疏十三卷附校勘記一卷**　（清）錢繹撰　（清）何翰章學　清光緒十六年（1890）刻廣雅書局叢書本　四册　十一行二十四字小字雙同上下黑口四周單邊

450000－2602－0000424　00663
**說文解字注三十卷**　（漢）許慎撰　（漢）段玉裁注　**六書音均表五卷**　（清）段玉裁撰　清

光緒十二年(1886)上海點石齋石印本　八册　十八行四十四字小字雙行四十四字白口四周雙邊

450000－2602－0000425　00612
**爾雅音圖三卷**　(晉)郭璞註　清光緒二十四年(1898)上海古香閣石印本　二册　十二行三十一字小字雙行同上下黑口四周雙邊

450000－2602－0000426　00624
**輶軒使者絕代語釋别國方言十三卷首一卷**　(漢)楊雄記　(晉)郭璞注　清光緒十七年(1891)思賢講舍刻本　三册　十一行二十四字小字雙行同上下黑口左右雙邊

450000－2602－0000427　00631
**輶軒使者絕代語釋别國方言箋疏十三卷**　(清)錢繹撰　清光緒十六年(1890)刻廣雅書局叢書本　四册　十一行二十四字小字雙同上下黑口四周單邊

450000－2602－0000428　00632
**輶軒使者絕代語釋别國方言箋疏十三卷附校勘記一卷**　(清)錢繹撰　(清)何翰章學　清光緒十六年(1890)廣雅書局刻廣雅書局叢書本　四册　十一行二十四字小字雙同上下黑口四周單邊

450000－2602－0000429　00633
**輶軒使者絕代語釋别國方言箋疏十三卷附校勘記一卷**　(清)錢繹撰　(清)何翰章學　清光緒十六年(1890)刻廣雅書局叢書本　四册　十一行二十四字小字雙同上下黑口四周單邊

450000－2602－0000430　00615－1
**爾雅直音二卷**　(唐)陸德明纂　(清)孫偘輯　清咸豐十一年(1861)光華堂刻本　二册　五行十五字白口左右雙邊

450000－2602－0000431　00636
**釋名八卷**　(漢)劉熙撰　清同治十二年(1873)粤東書局刻古經解彙函本　一册　十行二十一字小字雙行同白口左右雙邊

450000－2602－0000432　00639
**釋名疏證八卷續一卷補遺一卷**　(清)畢沅撰　**校議一卷**　(清)吳翊寅撰　清光緒二十年(1894)廣雅書局刻廣雅書局叢書本　二册　十一行二十四字小字雙行同上下黑口四周單邊

450000－2602－0000433　00640
**釋名疏證八卷續釋名一卷補遺一卷**　(清)畢沅撰　**校議一卷**　(清)吳翊寅撰　清光緒二十年(1894)廣雅書局刻廣雅書局叢書本　二册　十一行二十四字小字雙行同上下黑口四周單邊

450000－2602－0000434　00615－2
**爾雅直音二卷**　(唐)陸德明纂　(清)孫偘輯　清咸豐十一年(1861)光華堂刻本　二册　五行十五字白口左右雙邊

450000－2602－0000435　00614
**爾雅音義二卷**　(唐)陸德明撰　清刻本　一册　九行二十一字小字雙行同白口左右雙邊

450000－2602－0000436　00650
**駢雅訓纂十六卷首一卷序目一卷駢雅七卷**　(明)朱謀㙔撰　(清)魏茂林訓纂　清光緒七年(1881)成都瀹雅齋刻本　六册　十二行二十五字小字雙行同白口四周雙邊

450000－2602－0000437　00651
**説文解字十五卷**　(漢)許慎記　(宋)徐鉉校定　**説文通檢十四卷首一卷末一卷**　(清)黎永椿編　清同治十二年(1873)刻本　十册　十行不等白口左右雙邊

450000－2602－0000438　00646
**廣雅疏證十卷**　(清)王念孫學　(清)王引之述　**博雅音十卷**　(隋)曹憲撰　(清)王念孫校　清光緒五年(1879)淮南書局刻本　八册　十行二十一字小字雙行同白口左右雙邊

450000－2602－0000439　00660
**説文解字繫傳四十卷附校勘記三卷**　(宋)徐鍇撰　清同治十二年(1873)粤東書局刻古經解彙函本　七册　十行二十二字小字雙行同字白口左右雙邊

450000－2602－0000440　00659
**說文繫傳校録三十卷**　(清)王筠撰　清咸豐七年(1857)刻本　二册　十行字不等小字雙行二十四字白口四周雙邊

450000－2602－0000441　00667
**說文解字義證五十卷**　(清)桂馥學　清同治九年(1870)湖北崇文書局刻本　三十二册　十行二十三字小字雙行同白口四周雙邊

450000－2602－0000442　00666
**說文解字注三十卷附六書音均表二卷汲古閣說文訂一卷**　(清)段玉裁注　清同治十一年(1872)湖北崇文書局刻本　十八册　九行不等白口四周雙邊

450000－2602－0000443　00647
**廣雅疏證十卷**　(清)王念孫學　(清)王引之述　**博雅音十卷**　(隋)曹憲撰　(清)王念孫校　清嘉慶高郵王氏刻本　十二册　十行二十一字小字雙行同白口左右雙邊

450000－2602－0000444　00652
**說文解字十五卷**　(漢)許慎記　(宋)徐鉉校定　**汲古閣說文解字校記一卷**　(清)張行孚撰　清光緒七年(1881)淮南書局刻本　五册　七行字不等上下黑口左右雙邊

450000－2602－0000445　00671
**說文解字句讀三十卷**　(清)王筠撰　清同治四年(1865)刻本　十册　十行二十四字小字雙行同白口四周雙邊

450000－2602－0000446　00771
**廣韻五卷**　(宋)陳彭年等撰　清刻本　一册　十行字不等小字雙行二十七字白口左右雙邊　存二卷(一至二)

450000－2602－0000447　00619
**新方言十一卷附嶺外三州語一卷**　章炳麟學　清宣統三年(1911)文學會社石印本　二册　十五行三十二字小字雙行同上下黑口四周雙邊

450000－2602－0000448　00665
**說文解字注三十卷附六書音均表二卷**　(清)段玉裁注　清同治十一年(1872)湖北崇文書局刻本　十六册　九行字不等白口四周雙邊

450000－2602－0000449　00675
**說文引經考證七卷說文引經互異說一卷**　(清)陳瑑學　清同治十三年(1874)湖北崇文書局刻本　二册　十行二十三字白口四周雙邊

450000－2602－0000450　00668
**說文釋例二十卷**　(清)王筠學　清光緒十三年(1887)上海積山書局石印本　佚名釋文　六册　十七行二十六字小字雙行五十二字白口四周雙邊

450000－2602－0000451　00700
**說文楬原二卷**　(清)張行孚綴　清光緒十年(1884)後知不足齋刻本　二册　七行二十一字上下黑口左右雙邊

450000－2602－0000452　00677
**說文引經考二卷補遺一卷**　(清)吴玉搢著　清光緒歸安姚氏刻咫進齋叢書本　二册　十三行二十二字上黑口左右雙邊

450000－2602－0000453　00670
**說文釋例二十卷**　(清)王筠撰　清同治四年(1865)刻本　八册　十行二十四字小字雙行同白口四周雙邊

450000－2602－0000454　00684
**說文聲讀表七卷**　(清)苗夔纂　清光緒福山王氏刻天壤閣叢書本　三册　九行二十字小字雙行同上下黑口四周單邊

450000－2602－0000455　00678
**說文引經證例二十四卷**　(清)承培元撰　清光緒二十一年(1895)廣雅書局刻廣雅書局叢書本　六册　十一行二十四字小字雙行同上下黑口四周單邊

450000－2602－0000456　00682
**說文新附考六卷續考一卷**　(清)鈕樹玉撰　清嘉慶非石居刻同治七年(1868)碧螺山館補刻本　二册　十行二十字小字雙行同白口左右雙邊

450000－2602－0000457　00690

**説文古籀補十四卷補遺一卷附録一卷**　（清）吴大澂撰　清光緒十二年（1886）點石齋石印本　二册　八行字不等白口四周單邊

450000－2602－0000458　00687

**説文新附考六卷**　（清）鄭珍記　清光緒五年（1879）歸安姚氏刻咫進齋叢書本　二册　十四行二十二字上黑口左右雙邊

450000－2602－0000459　00688

**潛研堂説文答問疏證六卷**　（清）薛傳均撰　清廣雅書局刻本　一册　十一行二十四字小字雙行同上下黑口四周單邊

450000－2602－0000460　00693

**説文古籀疏證六卷原目一卷**　（清）莊述祖撰　清光緒二十年（1894）刻本　四册　九行二十二字上下黑口左右雙邊

450000－2602－0000461　00683

**雷刻四種二十一卷**　（清）雷浚撰　清光緒十年（1884）吴縣雷氏刻本　六册　十行二十一字小字雙行同上下黑口四周雙邊

450000－2602－0000462　00694

**説文逸字二卷**　（清）鄭珍記　**附録一卷**　（清）鄭知同撰　清湖南經濟書堂刻本　二册　十二行十八字小字雙行同上下黑口左右雙邊

450000－2602－0000463　00702

**説文部首歌一卷**　（清）苗夔撰　清宣統三年（1911）枝江時氏刻本　一册　六行十一字小字雙行不等下黑口四周雙邊

450000－2602－0000464　00699

**咫進齋叢書**　（清）姚覲元輯　清光緒歸安姚氏刻咫進齋叢書本　一册　十三行二十二字小字雙行同上黑口左右雙邊　存三種四卷

450000－2602－0000465　00698

**汲古閣説文訂一卷**　（清）段玉裁撰　清光緒歸安姚氏刻咫進齋叢書本　一册　十三行二十二字小字雙行同上黑口左右雙邊

450000－2602－0000466　00697

**説文檢字二卷補遺一卷**　（清）毛謨輯　（清）姚覲元輯　清光緒九年（1883）歸安姚氏刻咫進齋叢書本　一册　十三行二十九字上黑口小字雙行同左右雙邊

450000－2602－0000467　00703

**許氏説文解字雙聲疊韻譜一卷**　（清）鄧廷楨撰　清光緒七年（1881）刻後知不足齋叢書本　一册　九行二十字小字雙行同下黑口左右雙邊

450000－2602－0000468　00689

**説文楬原二卷**　（清）張行孚綴　清光緒十年（1884）後知不足齋刻本　二册　七行二十一字上下黑口左右雙邊

450000－2602－0000469　00711

**説文通訓定聲十八卷分部柬韻一卷説雅一卷古今韻準一卷**　（清）朱駿聲著　清道光二十九年（1849）刻同治九年（1870）補刻本　二十八册　十行十九字小字雙行三十字白口四周雙邊

450000－2602－0000470　00648

**廣漢魏叢書**　（明）何允中輯　明萬曆刻清康熙、雍正間補刻本　一册　九行二十字小字雙行同白口左右雙邊　存二種十一卷（博雅十卷、小爾雅一卷）

450000－2602－0000471　00714

**大廣益會玉篇三十卷**　（南朝梁）顧野王撰　清同治十二年（1873）粤東書局刻古經解彙函本　三册　十行二十一字小字雙行同白口左右雙邊

450000－2602－0000472　00738

**重訂六書通十卷**　（明）閔齊伋撰　（清）畢弘述篆訂　清光緒十九年（1893）平遠書屋石印本　五册　十六行不等小字雙行不等白口四周單邊

450000－2602－0000473　00715

**大廣益會玉篇三十卷**　（南朝梁）顧野王撰　清道光三十年（1850）新化鄧氏東山精舍刻本

三冊　十行二十一字小字雙行同白口左右雙邊

450000－2602－0000474　00717

**急就篇四卷**　(漢)史游撰　(唐)顏師古注　(元)王應麟補注　清同治十二年(1873)粵東書局刻古經解彙函本　二冊　十行二十一字小字雙行同白口左右雙邊

450000－2602－0000475　00701

**廣潛研堂說文答問疏證八卷**　(清)承培元撰　清光緒廣雅書局刻本　一冊　十一行二十四字小字雙行同上下黑口四周單邊

450000－2602－0000476　00704

**說文本經答問二卷**　(清)鄭知同撰　清光緒十六年(1890)廣雅書局刻廣雅書局叢書本　一冊　十一行二十四字小字雙同上下黑口四周單邊

450000－2602－0000477　00718

**急就章考異一卷**　(清)莊世驥撰　清光緒十七年(1891)刻廣雅書局叢書本　一冊　十一行二十四字上下黑口四周單邊

450000－2602－0000478　00746

**班馬字類二卷**　(宋)婁機撰　清光緒九年(1883)刻後知不足齋叢書本　君石識　一冊　九行十七字上下黑口左右雙邊

450000－2602－0000479　00724

**經籍籑詁一百六卷首一卷**　(清)阮元撰　清光緒二十年(1894)上海鴻寶齋石印本　十二冊　三十二行四十三字白口四周雙邊

450000－2602－0000480　00748

**文字蒙求四卷**　(清)王筠著　清光緒十三年(1887)刻本　一冊　六行十一字小字雙行二十二字白口四周單邊

450000－2602－0000481　00739

**重訂六書通十卷**　(明)閔齊伋撰　(清)畢弘述篆訂　清光緒二十一年(1895)上海鴻寶齋石印本　四冊　十六行不等小字雙行不等白口四周雙邊

450000－2602－0000482　00767

**韻詁不分卷補遺不分卷**　(清)方濬頤輯　清光緒四年(1878)淮南書局刻本　六冊　八行十五字小字雙行三十字白口左右雙邊

450000－2602－0000483　00726

**康熙字典十二集三十六卷總目一卷檢字一卷辨似一卷等韻一卷補遺一卷備考一卷**　(清)張玉書等撰　清道光七年(1827)刻本　三十二冊　八行十二字小字雙行二十四字白口四周雙邊

450000－2602－0000484　00749

**金壺精粹不分卷**　清光緒二年(1876)京師松竹齋刻本　一冊　八行十四字小字雙行二十八字白口左右雙邊

450000－2602－0000485　00747

**班馬字類二卷**　(宋)婁機撰　清光緒九年(1883)後知不足齋刻本　一冊　九行十七字上下黑口左右雙邊

450000－2602－0000486　00766

**經字正蒙八卷**　(清)李文沂撰　清刻本　四冊　十二行字不等上下黑口四周單邊

450000－2602－0000487　00768

**韻目表一卷**　(清)錢學嘉編　清光緒歸安錢氏刻本　一冊　十行二十四字上下黑口四周單邊

450000－2602－0000488　00778

**切韻指掌圖一卷**　(宋)司馬光撰　清光緒九年(1883)同文書局石印本　一冊　六行十五字小字雙行十六字白口四周雙邊

450000－2602－0000489　00740

**六書分類十二卷**　(清)傅鸞祥書　(清)傅世垚輯　(清)傅世磊參訂　(清)周呈兆鑒定　(清)周天辰補校　(清)周天健授梓　清康熙三十八年(1699)聽松閣刻本　九冊　八行十二字白口四周單邊　存十卷(一至十)

450000－2602－0000490　00788

**佩文詩韻釋要五卷**　(清)周蓮塘撰　清光緒十八年(1892)浙江書局刻本　一冊　九行二

十七字字雙行同白口四周雙邊

450000－2602－0000491　00745

**汗簡箋正七卷目錄一卷**　（宋）郭忠恕撰　（清）鄭珍箋正　清光緒十五年（1889）廣雅書局刻本　四册　七行字不等上下黑口四周雙邊

450000－2602－0000492　00809

**音學五書四種三十八卷**　（清）顧炎武著　清光緒十一年（1885）四明觀稼樓刻本　十二册　八行十二字小字雙行二十四字白口左右雙邊

450000－2602－0000493　00727

**康熙字典十二集三十六卷總目一卷檢字一卷辨似一卷等韻一卷補遺一卷備考一卷**　（清）張玉書等纂修　清刻本　四十册　八行十二字小字雙行二十四字白口四周雙邊

450000－2602－0000494　00735

**藝文備覽十二集一百二十卷補詳字義十四卷檢字一卷**　（清）沙木集注　清嘉慶十一年（1806）刻本　二十八册　五行八字小字雙行二十四字上下黑口四周雙邊

450000－2602－0000495　00774

**廣韻校刊札記一卷玉篇校刊札記一卷**　（清）鄧顯鶴述　清咸豐刻本　一册　十行二十字小字雙行同白口左右雙邊

450000－2602－0000496　00802

**幼學習字三卷**　（清）黄卓齋撰　**幼學韻對一卷**　（清）黄卓齋聯稿　清同治七年（1868）丹桂堂刻本　一册　九行二十字小字雙行二十五字白口四周雙邊

450000－2602－0000497　00825

**小學考五十卷**　（清）謝啟昆撰　清光緒十五年（1889）石印本　六册　十九行三十八字白口四周雙邊

450000－2602－0000498　00782

**韻義便考六卷**　徐紹楨　（清）龔嘉相撰　清光緒十年（1884）刻本　六册　九行二十字小字雙行字白口四周雙邊

450000－2602－0000499　地 10005/15195

**［道光］南寧府志五十六卷**　（清）蘇士俊纂修　（清）何鯤增修　清宣統元年（1909）羊城澄天閣石印本　十六册　十行二十字小字雙行同白口四周雙邊

450000－2602－0000500　00821

**小學鉤沈十九卷**　（清）任大椿撰　（清）王念孫校正　清光緒十年（1884）龍氏刊本　三册　十行二十二字小字雙行同上下黑口左右雙邊

450000－2602－0000501　00822

**小學初告六卷**　（清）孫文昱撰　清同治五年（1866）湘潭孫氏家塾刻本　四册　十行二十一字白口左右雙邊

450000－2602－0000502　00765

**廣續方言四卷**　程先甲輯　清光緒二十三年（1897）木活字印本　一册　九行二十字小字雙行同上下黑口四周雙邊　存二卷（一至二）

450000－2602－0000503　00762

**匡謬正俗八卷**　（唐）顔師古撰　清同治十二年（1873）粵東書局刻古經解彙函本　一册　十行二十一字小字雙行同白口左右雙邊

450000－2602－0000504　地 10303/15205

**［光緒］武緣縣圖經八卷**　（清）黄君鉅述　黄誠沅編次　清宣統三年（1911）鉛印增補光緒十三年（1887）本　七册　十二行字不等白口四周雙邊　存七卷（一至七）

450000－2602－0000505　00781

**切韻考六卷切韻考外篇三卷**　（清）陳澧撰　清光緒十五年（1889）刻本　三册　十一行二十八字小字雙行同上下黑口左右雙邊

450000－2602－0000506　00775

**正音撮要四卷**　（清）高靜亭撰　清咸豐十年（1860）右文堂刻本　二册　九行十八字小字雙行同白口四周單邊

450000－2602－0000507　00763

**刊謬正俗八卷**　（唐）顔師古撰　**御覽闕史二卷**　（唐）参寥子（高彦修）撰　清光緒三年

(1877)刻崇文書局彙刻書本　一冊　十二行二十四字小字雙行同上下黑口四周雙邊

450000－2602－0000508　00725
**康熙字典十二集十二卷總目一卷檢字一卷辨似一卷等韻一卷備考一卷補遺一卷**　(清)張玉書等撰　清光緒十三年(1887)上海點石齋石印本　十二冊　十六行二十四字小字雙行四十八字白口四周雙邊

450000－2602－0000509　00811
**音學五書四種三十八卷**　(清)顧炎武著　清光緒十一年(1885)四明觀稼樓刻本　十二冊　八行十二字小字雙行二十四字白口左右雙邊

450000－2602－0000510　00784
**詩韻合璧五卷附虚字韻數一卷**　(清)湯文潞撰　清光緒四年(1878)上海淞隱閣鉛印本　五冊　十一行十二字小字雙行同白口四周雙邊

450000－2602－0000511　00813
**四聲切韵表一卷**　(清)江永撰　清咸豐二年(1852)南海伍崇曜刻粤雅堂叢書本　一冊　行字不等上下黑口左右雙邊

450000－2602－0000512　00780
**切韻指掌圖一卷**　(宋)司馬光撰　**檢圖之例一卷**　(明)邵光祖撰　清光緒刻十萬卷樓叢書本　一冊　行字不等上下黑口四周雙邊

450000－2602－0000513　00810
**音學五書四種三十八卷**　(清)顧炎武著　清光緒十一年(1885)四明觀稼樓刻本　十二冊　八行十二字小字雙行二十四字白口左右雙邊

450000－2602－0000514　00812
**韻府約編二十四卷**　(清)鄧愷輯　清綰秀閣刻本　十八冊　八行二十二字小字雙行同白口左右雙邊

450000－2602－0000515　00826
**小學考五十卷**　(清)謝啟昆撰　清光緒十五年(1889)石印本　六冊　十九行三十八字白口四周雙邊

450000－2602－0000516　00841
**資治通鑑二百九十四卷**　(宋)司馬光編集　(元)胡三省音註　清刻本　一百六十二冊　十行二十字小字雙行同上下黑口四周雙邊　存二百卷(九十五至二百九十四)

450000－2602－0000517　00828
**小學考五十卷**　(清)謝啟昆撰　清光緒十四年(1888)浙江書局刻本　二十冊　十一行二十一字白口左右雙邊

450000－2602－0000518　00829
**小學考五十卷**　(清)謝啟昆撰　清光緒十四年(1888)浙江書局刻本　十六冊　十一行二十一字白口左右雙邊

450000－2602－0000519　00712
**説文通訓定聲十八卷分部柬韻一卷説雅一卷古今韻準一卷行述一卷**　(清)朱駿聲著　清道光二十九年(1849)刻同治九年(1870)補刻本　二十四冊　十行十九字小字雙行三十字白口四周雙邊

450000－2602－0000520　00741;00570
**古經解彙函**　(清)鍾謙鈞等輯　清同治十二年(1873)粤東書局刻本　一冊　十行二十一字小字雙行同白口左右雙邊　存五種十卷(干禄字書一卷、五經文字三卷、新加九經字樣一卷、論語筆解二卷、鄭誌三卷)

450000－2602－0000521　00827
**小學考五十卷**　(清)謝啟昆撰　清光緒十四年(1888)浙江書局刻本　二十冊　十一行二十一字白口左右雙邊

450000－2602－0000522　00833
**二十四史文鈔一百九卷**　(清)納蘭常安選評　清光緒二十九年(1903)上海文來書局石印本　十六冊　十六行三十六字白口四周雙邊

450000－2602－0000523　00846
**御批歷代通鑑輯覽一百二十卷**　(清)傅恒等撰　清同治十年(1871)浙江書局刻朱墨套印本　四十八冊　十一行二十二字小字雙行同

白口四周雙邊

450000－2602－0000524　00849

**資治通鑑目録三十卷**　（宋）司馬光編集　清同治八年(1869)江蘇書局刻本　十冊　八行十八字白口左右雙邊

450000－2602－0000525　00830

**廿四史三千二百八十八卷**　清同治八年(1869)嶺南葄古堂刻本　八百五十冊　十行二十一字白口左右雙邊

450000－2602－0000526　00826

**小學考五十卷**　(清)謝啟昆撰　清光緒十五年(1889)石印本　六冊　十九行三十八字白口四周雙邊

450000－2602－0000527　00844

**御批歷代通鑑輯覽一百二十卷**　(清)傅恒等撰　清同治十三年(1874)兩儀堂刻朱墨套印本　五十六冊　十一行二十二字小字雙行同白口四周雙邊

450000－2602－0000528　00843

**續資治通鑑二百二十卷**　(清)畢沅編集　清刻本　六十四冊　十行二十一字小字雙行同白口四周雙邊

450000－2602－0000529　00840

**續資治通鑑二百二十卷**　(清)畢沅編集　清同治八年(1869)江蘇書局刻資治通鑑彙刻本　六十冊　十行二十一字小字雙行同白口四周雙邊

450000－2602－0000530　00863

**鑑略妥註五卷**　(明)李廷機著　(清)鄒聖脈訂　清禅山遠安堂刻本　一冊　十行二十八字小字雙行同白口左右雙邊

450000－2602－0000531　00842

**資治通鑑二百九十四卷**　(宋)司馬光編集　(元)胡三省音註　**釋文辯誤十二卷**　(元)胡三省撰　清同治十年(1871)湖北崇文書局刻本　一百三冊　十行二十字小字雙行同上下黑口四周雙邊　存三百三卷(資治通鑑一至二百九十四，通鑑釋文辯誤一至六、十至十二)

450000－2602－0000532　00854

**歷朝紀事本末**　(清)陳如升　(清)朱記榮輯　清光緒二十二年(1896)慎記書莊石印本　五十冊　十八行三十六字白口四周單邊　存七種五百六十八卷

450000－2602－0000533　00824

**小學答問一卷**　章炳麟著　清宣統元年(1909)刻本　一冊　十行十六字白口左右雙邊

450000－2602－0000534　00860

**通鑑答問五卷**　(元)王應麟撰　清光緒九年(1883)浙江書局刻玉海附刻本　二冊　十行二十字白口左右雙邊

450000－2602－0000535　00861

**史鑑節要便讀六卷**　(清)鮑東里編輯　清光緒二十五年(1899)上海炳記書局石印本　一冊　十行二十字小字雙行不等白口左右雙邊

450000－2602－0000536　00862

**史鑑節要便讀六卷**　(清)鮑東里編輯　清光緒十年(1884)羊城鑄史齋刻本　二冊　九行十九字白口左右雙邊

450000－2602－0000537　00886

**繹史一百六十卷世系圖一卷年表一卷**　(清)馬驌撰　清光緒三十年(1904)浙江書局刻本　四十八冊　十一行二十四字小字雙行三十六字上下黑口四周單邊

450000－2602－0000538　00864

**讀通鑑綱目條記二十卷首一卷**　(清)李述來撰　清嘉慶刻本　六冊　九行二十字小字雙行同上下黑口左右雙邊

450000－2602－0000539　00876

**資治通鑑地理今釋十六卷**　(清)吴熙載饌　清光緒八年(1882)江蘇書局刻本　三冊　十行二十字小字雙行同上下黑口四周雙邊

450000－2602－0000540　00885

**繹史一百六十卷世系圖一卷年表一卷**　(清)

馬驌撰　清同治七年(1868)姑蘇亦西齋刻本　三十六册　十一行二十四字小字雙行三十六字白口左右雙邊

450000－2602－0000541　00954
**十七史商榷一百卷**　(清)王鳴盛述　清乾隆五十二年(1787)洞涇艸堂刻本　一百十八册　十行二十二字小字雙行同白口四周雙邊

450000－2602－0000542　00883
**通志二百卷欽定通志考證三卷**　(宋)鄭樵撰　清光緒二十七年(1901)上海圖書集成局鉛印九通本　六十册　十六行四十三字白口四周單邊

450000－2602－0000543　00865
**通鑑釋文辯誤十二卷**　(元)胡三省輯注　清刻本　四册　十行二十字小字雙行同上下黑口四周雙邊

450000－2602－0000544　00877
**資治通鑑考異三十卷**　(宋)司馬光編集　清光緒十四年(1888)長沙楊氏刻校刊資治通鑑全書本　八册　十二行二十五字小字雙行同上下黑口左右雙邊

450000－2602－0000545　00851
**通鑑紀事本末二百三十九卷**　(宋)袁樞編輯(明)張溥論正　清光緒十三年(1887)廣雅書局刻紀事本末彙刻本　四十八册　十行二十字小字雙行同下黑口四周單邊

450000－2602－0000546　00852
**通鑑紀事本末二百三十九卷**　(宋)袁樞編輯(明)張溥論正　清光緒十三年(1887)廣雅書局刻紀事本末彙刻本　四十八册　十行二十字小字雙行同下黑口四周單邊

450000－2602－0000547　00880
**綱鑑正史約三十六卷**　(清)顧錫疇原編(清)陳宏謀增訂　**甲子紀元歷代建都攷附一卷**　(清)陳宏謀輯　清同治八年(1869)浙江書局刻本　十九册　十一行二十一字小字雙行同白口左右雙邊　存三十五卷(一至六、九至三十六,甲子紀元歷代建都攷附一卷)

450000－2602－0000548　00884
**通志二百卷**　(宋)鄭樵撰　清咸豐九年(1859)崇仁謝氏刻三通本　一百十九册　十行二十一字小字雙行同白口左右雙邊

450000－2602－0000549　00901
**五千年中外交涉史九十七卷**　(清)屯廬主人輯　清光緒二十九年(1903)上海蜚英書局鉛印本　二十册　十五行三十三字上下黑口四周雙邊

450000－2602－0000550　00898
**普通新歷史十章**　(清)普通學書室編　清光緒二十七年(1901)上海普通學書室鉛印本　一册　行字不等白口四周雙邊

450000－2602－0000551　00856
**歷朝紀事本末九種**　(清)陳如升　(清)朱記榮輯　清光緒二十五年(1899)慎記書莊石印本　二十九册　十八行三十六字小字雙行同白口四周單邊　存二種二百九十二卷(左傳紀事本末五十三卷、通鑑紀事本末二百三十九卷)

450000－2602－0000552　00896
**竹書紀年統箋十二卷前編一卷雜述一卷**　(南朝梁)沈約注　(清)徐文靖統箋　(清)馬陽校　(清)崔萬烜校訂　清光緒三年(1877)浙江書局刻二十二子本　四册　九行二十一字小字雙行同白口左右雙邊

450000－2602－0000553　00897
**三通序一卷**　清末宏達堂刻宏達堂叢書本　一册　九行二十二字小字雙行同下黑口四周雙邊

450000－2602－0000554　00855
**歷朝紀事本末九種**　(清)陳如升　(清)朱記榮輯　清光緒二十五年(1899)慎記書莊石印本　四十九册　十八行三十六字小字雙行同白口四周單邊　存九種六百二十五卷

450000－2602－0000555　00913
**李氏蒙求集注八卷**　(唐)李瀚撰　(清)楊迦懌集註　清光緒二十二年(1896)新化三昧堂

刻本　八册　十行二十字小字雙行同白口左右雙邊

450000－2602－0000556　00916
**東萊左氏博議六卷**　（宋）吕祖謙撰　（清）駱根深輯註　清光緒二十九年（1903）刻本　六册　九行二十一字小字雙行同白口四周雙邊

450000－2602－0000557　00907
**歷代史略六卷**　（清）柳詒征撰　清光緒二十八年（1902）江楚書局刻本　八册　十行二十二字小字雙行同上下黑口左右雙邊

450000－2602－0000558　00917
**大事記十二卷通釋三卷解題十二卷**　（宋）吕祖謙撰　清木活字印本　二册　八行二十一字小字雙行同白口左右雙邊

450000－2602－0000559　00911
**韻史二卷**　（清）許遯翁著　**韻史補一卷**　（清）朱玉岑著　清知新書局刻本　二册　八行二十字小字雙行同白口四周雙邊

450000－2602－0000560　00912
**韻史二卷**　（清）許遯翁著　**韻史補一卷**　（清）朱玉岑著　清知新書局刻本　一册　八行二十字小字雙行同白口四周雙邊

450000－2602－0000561　00895
**竹書紀年二卷**　（南朝梁）沈約附註　清刻本　一册　九行二十字小字雙行同白口左右雙邊

450000－2602－0000562　00889
**重訂路史全本四十七卷**　（宋）羅泌輯　（宋）羅苹註　（明）吳弘基訂　清刻本　十五册　八行二十字小字雙行同白口左右雙邊　存四十三卷（前紀一至九、後紀五至十四、國名紀一至八、發揮一至六、餘論一至十）

450000－2602－0000563　00937
**廿一史四譜五十四卷**　（清）沈炳震撰　清同治十年（1871）武林吴氏清來堂刻本　十六册　十行二十二字小字雙行不等白口左右雙邊

450000－2602－0000564　00938
**廿一史四譜五十四卷**　（清）沈炳震撰　清同治十年（1871）武林吴氏清來堂刻本　十六册　十行二十二字小字雙行不等白口左右雙邊

450000－2602－0000565　00951
**嶺南遺書五十九種**　（清）伍元微編　清道光至同治間南海伍氏粤雅堂文字歡娱室刻本　一册　十一行二十二字小字雙行同上下黑口四周單邊　存二種三卷

450000－2602－0000566　00944
**紀元編三卷末一卷**　（清）李兆洛撰　（清）六承如集録　清光緒十八年（1892）長沙草素書局刻本　二册　十行二十四字小字雙行同白口左右雙邊

450000－2602－0000567　00949
**拾遺記十卷**　（晉）王嘉撰　（南朝梁）蕭綺録　清光緒元年（1875）湖北崇文書局刻子書百家本　一册　十二行二十四字小字雙行同上下黑口四周雙邊

450000－2602－0000568　00871
**讀通鑑綱目劄記二十卷**　（清）章邦元著　清光緒二十八年（1902）鑄記書局石印本　三册　十九行四十二字上下黑口四周雙邊

450000－2602－0000569　00874
**通鑑論三卷附稽古録論一卷**　（漢）司馬光著　清光緒二十四年（1898）菁華閣刻本　三册　十行二十二字小字雙行同上下黑口左右雙邊

450000－2602－0000570　00948
**廿一史約編八卷首一卷**　（清）鄭元慶撰　清光緒十三年（1887）上海鴻文書局石印本　四册　十四行三十四字小字雙行不等白口四周雙邊

450000－2602－0000571　00943
**史目表二卷**　（清）洪飴孫撰　清光緒四年（1878）啓秀山房刻本　一册　行字不等白口左右雙邊

450000－2602－0000572　00875
**通鑑地理通釋十四卷**　（元）王應麟撰　清光

緒十年(1884)成都志古堂刻玉海附刻本　四冊　十行二十字小字雙行同白口四周單邊

450000－2602－0000573　00866

**資治通鑑二百九十四卷**　(宋)司馬光編集　(元)胡三省音註　**釋文辯誤十二卷**　(元)胡三省撰　清同治十年(1871)湖北崇文書局刻本　四冊　十行二十字小字雙行同上下黑口四周雙邊　存十二卷(釋文辨誤十二卷)

450000－2602－0000574　00940

**歷代帝王年表不分卷**　(清)齊召南撰　(清)阮福續編　**帝王廟謚年諱譜**　(清)陸費墀撰　清道光四年(1824)小瑯嬛仙館刻本　四冊　八行二十四字小字雙行不等上下黑口左右雙邊

450000－2602－0000575　00946

**新輯分類史論大成十九卷首一卷**　(清)海濱行素生　**續編十六卷目錄一卷**　(清)張士元撰　清光緒二十八年(1902)吴本忠上海醉六堂書林石印本　十四冊　十七行四十字上下黑口四周單邊　存二十七卷(一至十七、首一卷,續編一至四、七至八、十一至十二,目錄一卷)

450000－2602－0000576　00941

**帝王表不分卷**　(清)齊召南編　(清)阮福續　**帝王廟謚年諱譜不分卷**　(清)陸費墀輯　清光緒二十年(1894)桂垣書局刻本　四冊　八行二十四字小字雙行三十六字上下黑口左右雙邊

450000－2602－0000577　00952

**史案二十卷首一卷**　(清)吳裕垂撰　清光緒六年(1880)大成堂刻本(有補配)　三冊　十一行二十二字小字雙行同白口左右雙邊　存十六卷(一至五、十一至二十,首一卷)

450000－2602－0000578　00942

**帝王表不分卷**　(清)齊召南編　(清)阮福續　清刻本　三冊　八行二十四字小字雙行三十六字上下黑口左右雙邊

450000－2602－0000579　00974

**文史通義八卷**　(清)章學誠撰　清光緒三年(1877)貴陽章氏刻章氏遺書本　四冊　十二行二十五字小字雙行同白口四周單邊

450000－2602－0000580　00969

**俞長城史論不分卷**　(清)俞長城撰　清光緒二十四年(1898)九經閣刻本　一冊　十行二十字下黑口左右雙邊

450000－2602－0000581　00973

**文史通義八卷**　(清)章學誠著　清光緒十九年(1893)粵東菁華閣刻本　七冊　十行二十一字小字雙行同上下黑口左右雙邊

450000－2602－0000582　00977

**讀史鏡古編三十二卷**　(清)潘世恩輯　清同治十三年(1874)冶城飛霞閣刻本　六冊　九行二十一字小字雙行同白口四周雙邊

450000－2602－0000583　00966

**歷代史論十二卷附宋史論三卷元史論一卷明史論四卷**　(明)張溥論正　(清)孫琮評點　(清)谷應泰論正　清光緒十一年(1885)粵東文陞閣刻朱墨套印本　七冊　十一行二十一字白口四周單邊

450000－2602－0000584　00996

**讀史兵略四十六卷**　(清)胡林翼撰　清咸豐十一年(1861)武昌節署刻本　二十四冊　十二行二十四字小字雙行同白口左右雙邊

450000－2602－0000585　00994

**讀史兵略四十六卷**　(清)胡林翼撰　清光緒元年(1875)湖北崇文書局刻本　十六冊　十二行二十四字小字雙行同白口四周雙邊

450000－2602－0000586　00995

**讀史兵略四十六卷**　(清)胡林翼撰　清咸豐十一年(1861)武昌節署刻本　十六冊　十二行二十四字小字雙行同白口四周雙邊

450000－2602－0000587　00982

**讀史提要錄十二卷**　(清)夏之蓉編　清光緒二十八年(1902)上海石印書局石印本　二冊　十八行三十六字白口四周雙邊

450000－2602－0000588　00985
**酌古論二卷**　(宋)陳亮撰　清光緒二十四年(1898)九經閣刻本　二冊　十行二十字下黑口四周單邊

450000－2602－0000589　02604
**輿地廣記三十八卷**　(宋)歐陽忞撰　**校勘輿地廣記札記二卷**　(清)黄丕烈撰　清光緒六年(1880)金陵書局刻本　四冊　十三行二十四字小字雙行同白口四周單邊

450000－2602－0000590　00983
**海山仙館叢書五十六種四百八十四卷**　(清)潘仕成輯　清道光、咸豐間番禺潘氏刻光緒中補刻本　一冊　九行二十一字小字雙行同上下黑口左右雙邊　存二種七卷

450000－2602－0000591　00991
**古史輯要六卷首一卷**　(清)□□撰　清道光二十五年(1845)番禺潘氏刻海山仙館叢書本　二冊　九行二十一字小字雙行同上下黑口左右雙邊　存五卷(一至四、首一卷)

450000－2602－0000592　00990
**史論五種十卷**　(清)李祖陶撰　清同治十年(1871)敖陽李氏尚友樓刻本　四冊　九行二十五字白口四周雙邊

450000－2602－0000593　01012
**史記一百三十卷附考證**　(漢)司馬遷撰　(南朝宋)裴駰集解　(唐)司馬貞索隱　(唐)張守節正義　清同治十一年(1872)成都書局刻本　陳柱過錄　二十六冊　十行二十一字小字雙行同白口左右雙邊

450000－2602－0000594　00989
**歷代史論一編四卷**　(明)張溥撰　清光緒十八年(1892)學海堂刻本　一冊　十一行二十一字上下黑口左右雙邊　存二卷(一至二)

450000－2602－0000595　00967
**隨園史論一卷**　(清)袁枚著　清光緒二十四年(1898)廣州萃芳樓刻本　一冊　十行二十一字小字雙行同上下黑口四周單邊

450000－2602－0000596　00963
**史通削繁四卷**　(清)紀昀削繁　清道光十三年(1833)兩廣節署刻朱墨套印本　四冊　十行二十一字小字雙行同白口左右雙邊

450000－2602－0000597　00970
**國朝史論三卷續一卷**　(清)葉大焯原選　(清)黄鴻逵編輯　清光緒二十七年(1901)刻本　三冊　十一行二十二字白口左右雙邊

450000－2602－0000598　00962
**史通削繁四卷**　(清)紀昀削繁　清道光十三年(1833)兩廣節署刻朱墨套印本　四冊　十行二十一字小字雙行同白口左右雙邊

450000－2602－0000599　01015
**史記一百三十卷附考證**　(漢)司馬遷撰　(南朝宋)裴駰集解　(唐)司馬貞索隱　(唐)張守節正義　清同治十一年(1872)成都書局刻本　二十八冊　十行二十一字小字雙行同白口左右雙邊

450000－2602－0000600　00997
**史略六卷**　(宋)高似孫輯　清光緒十年(1884)遵義黎氏日本東京使署刻本　一冊　十行二十字小字雙行同白口左右雙邊

450000－2602－0000601　00968
**歷代史論十二卷宋史論三卷元史論一卷明史論四卷左傳史論二卷**　(明)張溥撰　清刻本　五冊　十一行二十一字小字雙行同上下黑口左右雙邊　存十一卷(歷代史論五至七、宋史論二至三、元史論一卷、明史論二至四、左傳史論二卷)

450000－2602－0000602　01018
**史記一百三十卷**　(漢)司馬遷撰　(南朝宋)裴駰集解　(唐)司馬貞索隱　(唐)張守節正義　清同治九年(1870)楚北崇文書局刻本　二十四冊　十行十八字小字雙行不等白口四周雙邊

450000－2602－0000603　00961
**史通削繁四卷**　(清)紀昀撰　清道光十三年(1833)兩廣節署刻朱墨套印本　四冊　十行二十一字小字雙行同白口左右雙邊

450000－2602－0000604　00975

**文史通義八卷**　(清)章學誠撰　清道光十二年至十三年(1832－1833)章華紱刻章氏遺書本　四冊　十二行二十五字小字雙行同白口四周單邊

450000－2602－0000605　00976

**于文定公讀史漫錄二十卷**　(明)于慎行撰　清道光二十六年(1846)存素齋刻本　四冊　十行二十一字小字雙行同下黑口左右雙邊　存八卷(一至二、九至十、十五至十六、十九至二十)

450000－2602－0000606　00980

**增廣古今人物論三十六卷**　(明)鄭元直(鄭賢)原本　**增廣古今人物論續編十二卷**　(清)葉韻竹鑒定　(清)願學齋同人輯　清光緒二十八年(1902)富文書局石印本　八冊　十八行三十七字白口四周雙邊　存三十二卷(一至三、十二至三十六,續編九至十二)

450000－2602－0000607　00964

**史通削繁四卷**　(清)紀昀削繁　清道光十三年(1833)兩廣節署刻朱墨套印本　四冊　十行二十一字小字雙行同白口左右雙邊

450000－2602－0000608　00965

**史通削繁四卷**　(清)紀昀削繁　清道光十三年(1833)兩廣節署刻朱墨套印本　清佚名題記　清劉芬觀款　四冊　十行二十一字小字雙行同白口左右雙邊

450000－2602－0000609　01016

**史記一百三十卷**　(漢)司馬遷撰　(明)歸有光評點　**方望溪評點史記四卷**　(清)方苞評點　清光緒二年(1876)武昌張氏刻本　二十冊　十一行二十字小字雙行同上下黑口四周雙邊

450000－2602－0000610　01011

**史存三十卷**　(清)劉沅撰　清咸豐六年(1856)致福樓刻本　二十四冊　十行二十字白口四周單邊

450000－2602－0000611　01029

**史記天官書補目一卷**　(清)孫星衍撰　清光緒十三年(1887)廣雅書局刻本　一冊　十一行二十四字小字雙行同上下黑口四周單邊

450000－2602－0000612　03384

**廣雅書局叢書**　(清)廣雅書局輯　清光緒廣雅書局刻本　一冊　十一行二十八字小字雙行同上下黑口四周單邊　存四種九卷(水經注西南諸水攷一至三、弧三角平視法一卷、摹印述一卷、三統術詳說一至四)

450000－2602－0000613　01010

**史存三十卷**　(清)劉沅撰　清咸豐六年(1856)致福樓刻本　二十四冊　十行二十字白口四周單邊

450000－2602－0000614　01717

**豫章羅先生[從彥]年譜一卷延平李先生[侗]年譜一卷紫陽朱先生[熹]年譜一卷**　清刻本　一冊　九行二十字小字雙行同白口四周雙邊

450000－2602－0000615　01027

**史記菁華錄六卷**　(清)姚祖恩輯　清光緒十八年(1892)朱墨套印本　六冊　九行二十字小字雙行同上下黑口左右雙邊

450000－2602－0000616　01031

**史記天官書補目一卷**　(清)孫星衍撰　**補續漢書藝文志一卷**　(清)錢大昭撰　清光緒十三年(1887)廣雅書局刻本　一冊　十一行二十四字小字雙行同上下黑口四周單邊

450000－2602－0000617　01059

**華陽國志十二卷補三州郡縣目錄一卷**　(晉)常璩　(清)廖寅撰　清嘉慶十九年(1814)廖寅題襟館刻本　清佚名識　四冊　十行二十字小字雙行同上下黑口左右雙邊

450000－2602－0000618　01041

**國語二十一卷**　(三國吳)韋昭解　(宋)宋庠補音　清乾隆文盛堂刻本　六冊　十行二十一字小字雙行同白口四周單邊

450000－2602－0000619　01057

**逸周書十卷**　(晉)孔晁注　清刻本　二冊

十行二十字白口左右雙邊

450000－2602－0000620　01063
**越絕書十五卷**　（漢）袁康撰　清康熙刻本　一冊　九行二十字白口左右雙邊

450000－2602－0000621　01049
**戰國策三十三卷**　（漢）高誘注　**重刻剡川姚氏本戰國策札記三卷**　（清）黄丕烈撰　清同治八年（1869）湖北崇文書局刻本　四冊　十一行二十字小字雙行同白口左右雙邊

450000－2602－0000622　02618
**歷代地理志韻編今釋二十卷皇朝輿地韻編二卷**　（清）李兆洛輯　清上海蜚英館石印本　四冊　十三行三十七字小字雙行同白口四周雙邊

450000－2602－0000623　01030
**校刊史記集解索隱正義札記五卷**　（清）張文虎撰　清同治十一年（1872）金陵書局刻本　劍華題記　二冊　十一行二十二字小字雙行同上下黑口四周雙邊

450000－2602－0000624　01019
**史記一百三十卷**　（漢）司馬遷撰　（南朝宋）裴駰集解　（唐）司馬貞索隱　（唐）張守節正義　清同治九年（1870）楚北崇文書局刻本　二十四冊　十行十八字小字雙行不等白口四周雙邊

450000－2602－0000625　01075
**續漢書辨疑九卷**　（清）錢大昭撰　清光緒十四年（1888）刻廣雅書局叢書本　一冊　十一行二十四字上下黑口四周單邊

450000－2602－0000626　01076
**漢志水道疏證四卷**　（清）洪頤煊撰　清光緒十四年（1888）刻心矩齋叢書本　一冊　十一行二十一字小字雙行同上下黑口左右雙邊

450000－2602－0000627　01070
**漢書補注一百卷首一卷**　（漢）班固撰　（唐）顔師古注　王先謙補注　清光緒二十六年（1900）長沙虚受堂刻本　三十二冊　十二行二十七字小字雙行同白口左右雙邊

450000－2602－0000628　01051
**戰國策三十三卷**　（漢）高誘注　**重刻剡川姚氏本戰國策札記三卷**　（清）黄丕烈撰　清同治八年（1869）湖北崇文書局刻本　五冊　十一行二十字小字雙行同白口左右雙邊

450000－2602－0000629　01079
**番禺陳氏東塾叢書**　（清）陳澧撰　清咸豐至光緒間刻本　二冊　十一行二十八字小字雙行同上下黑口左右雙邊　存二種八卷（漢書地理志水道圖説七卷、考正德清胡氏禹貢圖一卷）

450000－2602－0000630　01078
**楚漢諸侯疆域志三卷**　（清）劉文淇撰　清光緒十五年（1889）廣雅書局刻廣雅書局叢書本　一冊　十一行二十四字小字雙行同上下黑口四周單邊

450000－2602－0000631　01082
**史表功比説一卷**　（清）張錫瑜撰　清光緒十四年（1888）廣雅書局刻本　一冊　十一行二十四字小字雙行同上下黑口四周單邊

450000－2602－0000632　01074
**漢書辨疑二十二卷**　（清）錢大昭撰　清光緒十三年（1887）廣雅書局刻本　四冊　十一行二十四字小字雙行同上下黑口四周單邊　存十七卷（一至十七）

450000－2602－0000633　01073
**何宫贊遺書六種十一卷**　（清）何若瑶學　清光緒八年（1882）何云旭刻本　一冊　十一行二十二字小字雙行同白口左右雙邊　存三種三卷（前漢書注考證一卷、后漢書注考證一卷、海陀華館文集一卷）

450000－2602－0000634　01066
**漢書一百卷**　（漢）班固撰　（唐）顔師古注　清同治八年（1869）金陵書局刻二十四史本　十六冊　十二行二十五字小字雙行三十七字白口左右雙邊

450000－2602－0000635　01099
**三國志六十五卷**　（晉）陳壽撰　（南朝宋）裴

松之注　清光緒七年(1881)文雅齋刻本　十二册　十二行二十五字小字雙行三十七字白口左右雙邊

450000－2602－0000636　01042
**春秋大事表五十卷輿圖一卷附録一卷讀春秋偶筆一卷**　(清)顧棟高輯　(清)吳光裕參　清同治十二年(1873)山東尚志堂刻本　二十册　十一行二十四字白口四周雙邊

450000－2602－0000637　01103
**三國志六十五卷**　(晉)陳壽撰　(南朝宋)裴松之注　清同治九年(1870)金陵書局刻二十四史本　八册　十二行二十五字小字雙行三十七字白口左右雙邊

450000－2602－0000638　01085
**後漢書九十卷**　(南朝宋)范曄撰　(唐)李賢注　**續漢書三十卷**　(晉)司馬彪撰　(南朝梁)劉昭補并注　清同治十二年(1873)嶺東使署刻本　十六册　十二行二十五字小字雙行不等白口左右雙邊

450000－2602－0000639　01067
**前漢書一百卷附考證**　(漢)班固撰　(唐)顏師古注　清光緒十四年(1888)上海圖書集成印書局鉛印二十四史附考證本　二十册　十三行四十字小字雙行同白口四周單邊

450000－2602－0000640　01081
**漢書管見四卷**　(清)朱一新撰　清光緒二十二年(1896)順德龍氏葆真堂刻拙盦叢稿本　四册　十二行二十五字小字雙行同上下黑口四周單邊

450000－2602－0000641　01100
**三國志六十五卷**　(晉)陳壽撰　(南朝宋)裴松之注　清光緒七年(1881)文雅齋刻本　十一册　十二行二十五字小字雙行三十七字白口左右雙邊　存五十六卷(一至三十、四十至六十五)

450000－2602－0000642　01086
**後漢書一百卷**　(南朝宋)范曄撰　(唐)李賢注　**續漢志三十卷**　(晉)司馬彪撰　(南朝梁)劉昭補并注　清光緒十三年(1887)金陵書局刻本　十六册　十二行二十五字白口左右雙邊

450000－2602－0000643　01068
**前漢書一百卷**　(漢)班固撰　(唐)顏師古注　清同治十二年(1873)嶺東使署刊本　十六册　十二行二十五字小字雙行三十七字白口四周雙邊

450000－2602－0000644　01101
**三國志六十五卷附考證**　(晉)陳壽撰　(南朝宋)裴松之注　清光緒十八年(1892)竹簡齋石印二十四史附考證本　四册　二十行四十二字小字雙行同白口左右雙邊

450000－2602－0000645　01102
**三國志六十五卷附考證**　(晉)陳壽撰　(南朝宋)裴松之注　清光緒二十八年(1902)竹簡齋石印二十四史附考證本　四册　二十行四十二字小字雙行同白口左右雙邊

450000－2602－0000646　01097
**嶺南遺書五十九種**　(清)伍元薇　(清)伍崇耀輯　清道光至同治間南海伍氏粵雅堂文字歡娛室刻本　三册　十一行二十一字小字雙行同上下黑口四周單邊　存二種八卷

450000－2602－0000647　01026
**史記志疑三十六卷**　(清)梁玉繩撰　清光緒十三年(1887)廣雅書局刻廣雅書局叢書本　十二册　十一行二十四字小字雙行同上下黑口四周單邊　存三十卷(一至十五、二十二至三十六)

450000－2602－0000648　01104
**三國志六十五卷附考證**　(晉)陳壽撰　(南朝宋)裴松之注　清光緒二十年(1894)嶺南培遠堂刻本　十四册　十行二十一字小字雙行同白口左右雙邊

450000－2602－0000649　01095
**後漢書辨疑十一卷**　(清)錢大昕撰　清光緒十四年(1888)刻廣雅書局叢書本　二册　十一行二十四字上下黑口四周單邊

450000－2602－0000650　01105
**三國志六十五卷**　（晉）陳壽撰　（南朝宋）裴松之注　清同治十年（1871）成都書局刻本　十八冊　十行二十一字小字雙行同白口左右雙邊

450000－2602－0000651　01131
**陳書三十六卷附考證**　（唐）姚思廉撰　清光緒十年（1884）上海同文書局石印二十四史附考證本　六冊　十行二十一字小字雙行同白口左右雙邊

450000－2602－0000652　01106
**三國志六十五卷**　（晉）陳壽撰　（南朝宋）裴松之注　清光緒二十五年（1899）桂垣書局刻本　二十冊　十行二十一字小字雙行同下黑口左右雙邊

450000－2602－0000653　01096
**後漢書注又補一卷**　（清）沈銘彝撰　清光緒十四年（1888）刻廣雅書局叢書本　一冊　十一行二十四字小字雙行同上下黑口四周單邊

450000－2602－0000654　01121
**宋書一百卷**　（南朝梁）沈約撰　清同治十一年（1872）金陵書局刻本　十六冊　十二行二十五字白口左右雙邊

450000－2602－0000655　02723
**［乾隆］棲霞縣志十卷**　（清）衛萇纂　清乾隆二十年（1755）刻本　與450000－2602－0001236合冊　九行二十四字小字雙行同白口左右雙邊

450000－2602－0000656　01127
**梁書五十六卷附考證**　（唐）姚思廉撰　清光緒十年（1884）上海同文書局石印二十四史附考證本　八冊　十行二十一字白口左右雙邊

450000－2602－0000657　01112
**三國志旁證三十卷**　（清）梁章鉅撰　清光緒十五年（1889）廣雅書局刻本　六冊　十一行二十四字小字雙行同上下黑口四周單邊

450000－2602－0000658　01126
**南齊書五十九卷附考證**　（南朝梁）蕭子顯撰　清光緒二十八年（1902）武林竹簡齋石印二十四史附考證本　二冊　二十行四十二字小字雙行同白口左右雙邊

450000－2602－0000659　01125
**南齊書五十九卷附考證**　（南朝梁）蕭子顯撰　清光緒十年（1884）上海同文書局石印二十四史附考證本　八冊　十行二十一字小字雙行同白口左右雙邊

450000－2602－0000660　01124
**南齊書五十九卷**　（南朝梁）蕭子顯撰　清同治十三年（1874）金陵書局刻二十四史本　三冊　十二行二十五字小字雙行不等白口左右雙邊　存四十六卷（一至十二、二十六至五十九）

450000－2602－0000661　01137
**魏書一百十四卷**　（北齊）魏收撰　清同治十一年（1872）金陵書局刻二十四史本　二十冊　十二行二十五字白口左右雙邊

450000－2602－0000662　01108
**三國志辨疑三卷**　（清）錢大昭撰　清光緒十五年（1889）廣雅書局刻本　一冊　十一行二十四字小字雙行同上下黑口四周單邊

450000－2602－0000663　01107
**三國志質疑六卷**　徐紹楨撰　清光緒十二年（1886）刻本　二冊　十一行二十一字小字雙行同上下黑口四周雙邊

450000－2602－0000664　01123
**南齊書五十九卷**　（南朝梁）蕭子顯撰　明崇禎十年（1637）毛氏汲古閣刻十七史本　五冊　十二行二十五字小字雙行不等白口左右雙邊　存五十一卷（九至五十九）

450000－2602－0000665　01046
**聖蹟編年一卷**　（清）費崇朱撰　清刻本　一冊　十行十五字小字雙行同上下黑口左右雙邊

450000－2602－0000666　01136
**魏書一百十四卷附考證**　（北齊）魏收撰　清光緒十年（1884）上海同文書局石印二十四史

附考證本　二十四冊　十行二十一字白口左右雙邊

450000－2602－0000667　01047
**戰國策釋地二卷**　（清）張琦撰　清道光刻宛鄰書屋叢書本　一冊　十一行二十三字小字雙行同白口左右雙邊

450000－2602－0000668　01130
**梁書五十六卷附考證**　（唐）姚思廉撰　清光緒十四年（1888）上海圖書集成印書局鉛印二十四史附考證本　四冊　十三行四十字白口四周單邊

450000－2602－0000669　01034
**史記正譌三卷**　（清）王元啟撰　清光緒十四年（1888）廣雅書局刻本　一冊　十一行二十四字小字雙行二十四字上下黑口四周單邊

450000－2602－0000670　01129
**梁書五十六卷**　（唐）姚思廉撰　清同治十三年（1874）金陵書局刻二十四史本　六冊　十二行二十五字小字雙行不等白口左右雙邊

450000－2602－0000671　01115
**晉書校勘記四卷**　（清）周雲撰　清光緒十四年（1888）廣雅書局刻廣雅書局叢書本　一冊　十一行二十四字小字雙行同上下黑口四周單邊

450000－2602－0000672　01118
**宋書一百卷附考證**　（南朝梁）沈約撰　清光緒十年（1884）上海同文書局石印二十四史附考證本　二十四冊　十行二十一字小字雙行同白口左右雙邊

450000－2602－0000673　01110
**三國志攷證八卷**　（清）潘眉撰　清光緒十五年（1889）廣雅書局刻本　二冊　十一行二十四字小字雙行同上下黑口四周單邊

450000－2602－0000674　01111
**三國郡縣表八卷附考證**　（清）吳增僅撰　清光緒二十二年（1896）盱眙吳氏刻本　四冊　十行二十六字小字雙行字不等下黑口左右雙邊

450000－2602－0000675　01116
**晉書一百三十卷附考證**　（唐）太宗李世民撰　**晉書音義三卷**　（唐）何超撰　清光緒二十八年（1902）武林竹簡齋石印二十四史附考證本　六冊　二十行四十二字白口左右雙邊　存一百卷（一至十五、三十一至六十四、八十至一百三十）

450000－2602－0000676　01170
**御覽闕史二卷**　（唐）高彥休撰　清光緒三年（1877）刻崇文書局匯刻書本　一冊　十二行二十四字小字雙行同上下黑口四周雙邊

450000－2602－0000677　01148
**周書五十卷**　（唐）令狐德棻等撰　清同治十三年（1874）金陵書局刻二十四史本　三冊　十二行二十五字白口左右雙邊　存三十六卷（一至三十六）

450000－2602－0000678　01156
**北史一百卷**　（唐）李延壽撰　清同治十一年（1872）金陵書局刻二十四史本　十七冊　十二行二十五字白口左右雙邊　存八十三卷（一至八十三）

450000－2602－0000679　01084
**後漢書九十卷**　（南朝宋）范曄撰　（唐）李賢注　**續漢書志三十卷**　（晉）司馬彪撰　（南朝梁）劉昭補并注　清同治八年（1869）金陵書局刻二十四史本　陳柱過錄　十五冊　十二行二十五字小字雙行三十七字白口左右雙邊　存一百十二卷（帝后紀一至十，列傳一至二十一、三十至八十，志三十卷）

450000－2602－0000680　01154
**南史八十卷**　（唐）李延壽撰　清同治十一年（1872）金陵書局刻二十四史本　十二冊　十二行二十五字小字雙行不等白口左右雙邊

450000－2602－0000681　01161－01162
**南史識小錄十四卷北史識小錄十四卷**　（清）沈名蓀　（清）朱昆田輯　（清）張應昌補正　清同治十年（1871）武林吳氏清來堂刻本　十二冊　十一行二十字小字雙行同白口左右雙邊

450000－2602－0000682　01142

**北齊書五十卷**　(唐)李百藥撰　清同治十三年(1874)金陵書局刻二十四史本　四册　十二行二十五字白口左右雙邊

450000－2602－0000683　01173

**隋書八十五卷**　(唐)魏徵上　清同治十年(1871)淮南書局刻二十四史本　十二册　十二行二十五字白口左右雙邊

450000－2602－0000684　01160

**建康實録二十卷附校勘一卷**　(唐)許嵩撰　(清)甘曾沂撰　清光緒二十八年(1902)江寧甘氏桑泊草堂刻本　六册　十一行二十字小字雙行不等白口左右雙邊

450000－2602－0000685　01159

**北史一百卷附考證**　(唐)李延壽撰　清光緒十年(1884)上海同文書局石印二十四史附考證本　二十二册　十行二十一字小字雙行同白口左右雙邊　存八十八卷(一至五、十一至六十三、七十一至一百)

450000－2602－0000686　01178

**唐書二百二十五卷**　(宋)歐陽修　(宋)宋祁撰　清同治十二年(1873)浙江書局刻二十四史本　二十八册　十二行二十五字白口左右雙邊　存一百五十二卷(一至十六、二十五至二十八、三十四至四十七、五十四至一百二十九、一百三十八至一百六十九、二百十六至二百二十五)

450000－2602－0000687　01143

**北齊書五十卷附考證**　(唐)李百藥撰　清光緒二十九年(1903)五洲同文局石印二十四史附考證本　八册　十行二十一字小字雙行同上下黑口左右雙邊

450000－2602－0000688　01198

**五代史記纂誤續補六卷**　吴光耀撰　清光緒十四年(1888)江夏吴氏刊本　六册　十一行二十一字小字雙行同白口四周雙邊

450000－2602－0000689　01194

**五代史纂誤三卷**　(宋)吴縝撰　清同治十三年(1874)江西書局刻武英殿聚珍版書本　一册　九行二十一字小字雙行同白口四周雙邊

450000－2602－0000690　01145

**周書五十卷附考證**　(唐)令狐德棻撰　清光緒十年(1884)上海同文書局石印二十四史附考證本　八册　十行二十一字小字雙行同白口左右雙邊

450000－2602－0000691　01197

**五代史七十四卷附考證**　(宋)歐陽修撰　(宋)徐無黨注　清光緒十年(1884)上海同文書局影印二十四史附考證本　十册　十行二十一字小字雙行同白口左右雙邊

450000－2602－0000692　01195

**五代史七十四卷**　(宋)歐陽修撰　(宋)徐無黨注　明崇禎三年(1630)毛氏汲古閣刻十七史本　四册　十二行二十五字小字雙行不等白口左右雙邊　存五十五卷(一至五十五)

450000－2602－0000693　01196

**五代史七十四卷**　(宋)歐陽修撰　(宋)徐無黨注　清同治十一年(1872)湖北崇文書局刻二十四史本　八册　十二行二十五字小字雙行不等白口左右雙邊

450000－2602－0000694　01150

**隋書八十五卷附考證**　(唐)魏徵撰　清光緒十年(1884)上海同文書局影印二十四史附考證本　二十四册　十行二十一字小字雙行同白口左右雙邊

450000－2602－0000695　01153

**南史八十卷附考證**　(唐)魏徵撰　清光緒十年(1884)上海同文書局石印二十四史附考證本　二十册　十行二十一字小字雙行同白口左右雙邊

450000－2602－0000696　01189

**舊五代史一百五十卷附攷證目錄二卷**　(宋)薛居正等撰　清光緒十年(1884)上海同文書局影印二十四史附考證本　二十三册　十行二十一字小字雙行同白口左右雙邊　存五十六卷(一至十三、一百十至一百五十,目錄二

卷）

450000－2602－0000697　01192

**五代史記七十四卷**　（宋）歐陽修撰　（宋）徐無黨注　清宣統元年至三年（1909－1911）刻玉海堂景宋叢書本　陳柱題跋　十二册　十二行二十二字小字雙行不等白口左右雙邊

450000－2602－0000698　01140

**北齊書五十卷附考證**　（唐）李百藥撰　清光緒十年（1884）上海同文書局石印二十四史附考證本　八册　十行二十一字小字雙行同白口左右雙邊

450000－2602－0000699　01228

**宋史紀事本末一百九卷**　（明）馮琦撰　（明）陳邦瞻編輯　（明）張溥論正　清光緒二十五年（1899）慎記書莊石印歷朝紀事本末本　六册　十八行三十六字小字雙行同白口四周雙邊　存七十九卷（一至四十二、五十六至九十二）

450000－2602－0000700　01177

**唐書二百二十五卷附考證**　（宋）歐陽修撰　**釋音二十五卷**　（宋）董衝釋音　清光緒二十八年（1902）武林竹簡齋石印二十四史附考證本　十六册　二十行四十二字白口左右雙邊

450000－2602－0000701　01201

**唐史論斷三卷附錄一卷**　（宋）孫甫撰　清光緒二十六年（1900）廣州菁華書屋刻本　三册　十行二十二字上下黑口左右雙邊

450000－2602－0000702　01203

**增訂吴越備史六卷雜考一卷附五代史吴越世家疑辨一卷**　（宋）范坰　（宋）林禹譔　清乾隆六十年（1795）刻本　一册　九行二十字小字雙行同白口四周雙邊　存四卷（一至四）

450000－2602－0000703　01217

**建炎以來繫年要錄二百卷**　（宋）李心傳撰　清光緒仁壽蕭氏刻本　四十册　十行二十二字小字雙行同白口左右雙邊

450000－2602－0000704　01229

**讀宋鑒論三卷**　（清）方宗誠述　清光緒三年（1877）刻柏堂遺書本　一册　十一行二十一字上下黑口左右雙邊

450000－2602－0000705　01216

**西夏紀事本末三十六卷年表一卷**　（清）張鑑著　清光緒十年（1884）江蘇書局刻本　四册　十二行二十五字白口左右雙邊　存三十六卷（一至五、七至三十六，年表一卷）

450000－2602－0000706　01223

**宋史紀事本末一百九卷**　（明）馮琦撰　（明）陳邦瞻增訂　（明）張溥論正　清光緒十三年（1887）廣雅書局刻紀事本末彙刻本　十六册　十行二十字小字雙行同下黑口四周單邊

450000－2602－0000707　01204

**吴越備史四卷補遺一卷**　（宋）范坰　（宋）林禹撰　清刻本　二册　八行二十字小字雙行同白口左右雙邊

450000－2602－0000708　01205

**南漢紀五卷南漢地理志一卷南漢金石志二卷**　（清）吴蘭修撰　清道光十四年（1834）鄭氏淳一堂刻本　二册　十一行二十字小字雙行同上下黑口左右雙邊

450000－2602－0000709　01206

**藤花亭十七種**　（清）梁廷枏撰　清道光八年至十三年（1828－1833）刻本　八册　八行十八字白口四周雙邊　存四種四十二卷（南漢書十八卷、南漢書考異十八卷、南漢叢錄二卷、南漢文字略四卷）

450000－2602－0000710　01224

**宋史紀事本末一百九卷**　（明）馮琦撰　（明）陳邦瞻增訂　（明）張溥論正　清光緒十三年（1887）廣雅書局刻紀事本末彙刻本　十六册　十行二十字小字雙行同下黑口四周單邊

450000－2602－0000711　01199

**欽定續通志六百四十卷**　（清）嵇璜總裁　清光緒二十七年（1901）上海圖書集成局鉛印九通本　六十册　十六行四十三字小字雙行同白口四周單邊

450000－2602－0000712　01179

**唐書二百二十五卷附考證** (宋)歐陽修 (宋)宋祁撰 **唐書釋音二十五卷** (宋)董衝釋音 清光緒十年(1884)上海同文書局影印二十四史附考證本 五十册 十行二十一字小字雙行同白口左右雙邊

450000－2602－0000713 01215
**西夏書事四十二卷** (清)吳廣成纂 清道光六年(1826)小峴山房刻本 八册 九行二十字小字雙行同白口左右雙邊

450000－2602－0000714 01219
**宋史四百九十六卷附考證** (元)脱脱等修 清光緒二十八年(1902)武林竹簡齋影印二十四史附考證本 三十二册 二十行四十二字白口左右雙邊

450000－2602－0000715 01225
**錢塘遺事十卷** (元)劉一清撰 清嘉慶四年(1799)掃葉山房刻本 二册 十行二十字白口左右雙邊

450000－2602－0000716 01211
**貞觀政要十卷** (唐)吳兢類輯 (元)戈直集論 清刻本 四册 十行二十字小字雙行同白口左右雙邊

450000－2602－0000717 01231
**宋朝事實二十卷** (宋)李攸撰 清同治十三年(1874)江西書局刻武英殿聚珍版書本 五册 九行二十一字小字雙行同白口四周雙邊 存十六卷(一至十六)

450000－2602－0000718 01234
**遼史拾遺二十四卷** (清)厲鶚撰 清光緒元年(1875)江蘇書局刻二十四史本 七册 十行二十一字小字雙行同白口左右雙邊 存二十二卷(一至十三、十六至二十四)

450000－2602－0000719 01235
**遼史拾遺二十四卷** (清)厲鶚撰 清光緒元年(1875)江蘇書局刻二十四史本 八册 十行二十一字小字雙行同白口左右雙邊 存二十二卷(一至十三、十六至二十四)

450000－2602－0000720 01230
**宋朝事實二十卷** (宋)李攸撰 清同治十三年(1874)江西書局刻武英殿聚珍版書本 六册 九行二十一字小字雙行同白口四周雙邊

450000－2602－0000721 01222
**通鑑長編紀事本末一百五十卷** (宋)楊仲良撰 清光緒十九年(1893)廣雅書局刻紀事本末彙刻本 二十四册 十一行二十四字小字雙行同下黑口四周單邊

450000－2602－0000722 01243
**金史一百三十五卷附考證** (元)脱脱等修 清光緒十年(1884)上海同文書局影印二十四史附考證本 二十四册 十行二十一字小字雙行同白口左右雙邊

450000－2602－0000723 01244
**金史一百三十五卷附考證** (元)脱脱等修 清光緒二十九年(1903)五洲同文局影印二十四史附考證本 二十四册 十行二十一字小字雙行同上下黑口左右雙邊

450000－2602－0000724 01239
**遼史一百十六卷附考證** (元)脱脱等修 清光緒十年(1884)上海同文書局影印二十四史附考證本 八册 十行二十一字小字雙行同白口左右雙邊

450000－2602－0000725 01238
**遼史一百十六卷附考證** (元)脱脱修 清光緒二十九年(1903)五洲同文書局石印二十四史附考證本 八册 十行二十一字小字雙行同上下黑口左右雙邊

450000－2602－0000726 01237
**遼史一百十五卷** (元)脱脱等修 清同治十二年(1873)江蘇書局刻本 十二册 十二行二十五字小字雙行同白口左右雙邊

450000－2602－0000727 01241
**欽定金史語解十二卷** (清)高宗弘曆敕撰 清光緒四年(1878)江蘇書局刻遼金元三史語解本 二册 十二行二十五字小字雙行同白口左右雙邊

450000－2602－0000728 01113

**三國志旁證三十卷**　(清)梁章鉅撰　清光緒十五年(1889)廣雅書局刻本　六冊　十一行二十四字小字雙行同上下黑口四周單邊

450000－2602－0000729　01236
**遼史拾遺補五卷**　(清)楊復吉撰　清光緒三年(1877)江蘇書局刻本　二冊　十行二十一字小字雙行同白口左右雙邊

450000－2602－0000730　01257
**東都事略一百三十卷**　(宋)王稱撰　清振鷺堂刻本　十二冊　十二行二十四字上下黑口左右雙邊

450000－2602－0000731　01254
**開禧德安守城錄一卷**　(宋)王致遠編　清同治十二年(1873)刻永嘉叢書本　一冊　十三行二十二字上下黑口左右雙邊

450000－2602－0000732　01248
**西夏紀事本末三十六卷首二卷**　(清)張鑑著　清光緒二十八年(1902)上海捷記書局石印歷朝紀事本末本　一冊　二十二行四十四字小字雙行同白口四周雙邊

450000－2602－0000733　01259
**元史紀事本末二十七卷**　(明)陳邦瞻輯　(明)張溥論正　清光緒十三年(1887)廣雅書局刻紀事本末彙刻本　四冊　十行二十字小字雙行同下黑口四周單邊

450000－2602－0000734　01258
**元史氏族表三卷**　(清)錢大昕撰　清同治、光緒間江蘇書局刻二十四史本　二冊　十二行二十五字白口左右雙邊

450000－2602－0000735　01256
**建炎以來朝野雜記甲集二十卷乙集二十卷**　(宋)李心傳撰　清刻本　一冊　十行二十字小字雙行同白口四周單邊　存五卷(甲集一至五)

450000－2602－0000736　01260
**元書一百二卷首一卷**　曾廉撰　清宣統三年(1911)曾氏層漪堂刻本　二十册　十二行二十五字白口左右雙邊

450000－2602－0000737　01261
**元書一百二卷首一卷**　曾廉撰　清宣統三年(1911)曾氏層漪堂刻本　二十册　十二行二十五字白口左右雙邊

450000－2602－0000738　01267
**欽定元史語解二十四卷**　(清)高宗弘曆撰　清光緒四年(1878)江蘇書局刻遼金元三史語解本　六冊　十二行二十五字小字雙行同白口左右雙邊

450000－2602－0000739　01250
**蒙古史二卷**　(日本)河野元三述　歐陽瑞驊譯　清宣統三年(1911)江南圖書館鉛印本　二冊　十一行三十字上下黑口四周雙邊

450000－2602－0000740　01266
**欽定元史語解二十四卷**　(清)高宗弘曆撰　清光緒四年(1878)江蘇書局刻遼金元三史語解本　一冊　十二行二十五字小字雙行同白口左右雙邊　存四卷(九至十二)

450000－2602－0000741　01265
**元史二百十卷附考證**　(明)宋濂撰　清光緒十四年(1888)上海圖書集成印書局鉛印二十四史附考證本　二十四冊　十三行四十字白口四周單邊

450000－2602－0000742　01264
**元史二百十卷附考證**　(明)宋濂撰　清光緒十年(1884)上海同文書局影印二十四史附考證本　五十冊　十行二十一字白口左右雙邊

450000－2602－0000743　01273
**元朝秘史十五卷**　清光緒石印本　四冊　十八行四十字白口左右雙邊

450000－2602－0000744　01263
**元史二百十卷附考證**　(明)宋濂撰　清光緒十年(1884)上海同文書局影印二十四史附考證本　四十四冊　十行二十一字白口左右雙邊　存一百八十三卷(一至九、十五至四十七、五十二至七十二、七十六至九十六、九十九至一百四十二、一百四十九至一百五十七、一百六十二至一百六十四、一百六十八至二

百十）

450000－2602－0000745　01270
**元朝秘史十五卷**　清光緒二十九年(1903)上海文瑞樓石印本　四冊　十三行二十八字小字雙行同白口四周雙邊

450000－2602－0000746　01272
**元史紀事本末二十七卷**　(明)陳邦瞻輯　(明)張溥論正　清光緒二十五年(1899)上海慎記書莊石印歷朝紀事本末本　一冊　十八行三十六字小字雙行同白口四周雙邊

450000－2602－0000747　01286
**明史紀事本末八十卷**　(清)谷應泰撰　清光緒十三年(1887)廣雅書局刻紀事本末彙刻本　十六冊　十行二十字小字雙行同下黑口四周單邊

450000－2602－0000748　01274
**元史譯文證補三十卷**　(清)洪鈞撰　清光緒二十三年(1897)刻本　四冊　十二行二十五字小字雙行三十七字白口左右雙邊　存二十卷(一至六、九至十二、十四至十五、十八、二十二至二十四、二十六至二十七、二十九至三十)

450000－2602－0000749　01282
**明紀六十卷**　(清)陳鶴纂　(清)陳克家參訂　清同治十年(1871)江蘇書局刻本　二十冊　十一行二十四字小字雙行同上下黑口四周雙邊

450000－2602－0000750　01278
**元史紀事本末二十七卷**　(明)陳邦瞻編輯　(明)張溥論正　清光緒十三年(1887)廣雅書局紀事本末彙刻本　三冊　十行二十字小字雙行同下黑口四周單邊

450000－2602－0000751　01279
**元史紀事本末二十七卷**　(明)陳邦瞻編輯　(明)張溥論正　清光緒十四年(1888)廣雅書局刻紀事本末彙刻本　三冊　十行二十字小字雙行同下黑口四周單邊

450000－2602－0000752　01281
**明史三百三十二卷目錄四卷附考證**　(清)張廷玉修　清光緒十年(1884)上海同文書局石印二十四史附考證本　一百二冊　十行二十一字白口左右雙邊　存三百卷(五至九、十六至四十三、四十六、五十至七十三、七十七至一百六十六、一百七十二至二百二十六、二百三十一至二百四十三、二百五十三至三百三十二,目錄四卷)

450000－2602－0000753　01287
**明史紀事本末八十卷**　(清)谷應泰撰　清光緒十三年(1887)廣雅書局刻紀事本末彙刻本　十六冊　十行二十字小字雙行同下黑口四周單邊

450000－2602－0000754　01285
**明史紀事本末八十卷**　(清)谷應泰編輯　清同治十三年(1874)江西書局刻紀事本末五種本　十冊　十行二十字小字雙行同下黑口左右雙邊

450000－2602－0000755　01295
**明季北略二十四卷**　(清)計六奇編輯　清都城琉璃廠半松居士木活字印本　十三冊　九行二十字白口左右雙邊　存二十三卷(一至十八、二十至二十四)

450000－2602－0000756　01299
**明季南畧十八卷**　(清)計六奇編輯　清都城琉璃廠半松居士木活字印本　十冊　九行二十字白口四周單邊

450000－2602－0000757　01290
**欽定明鑑二十四卷首一卷**　(清)胡敬等纂　清同治九年(1870)湖北崇文書局刻本　十冊　八行二十字白口四周雙邊

450000－2602－0000758　01277
**元史氏族表三卷**　(清)錢大昕撰　清同治、光緒間江蘇書局刻二十四史本　二冊　十二行二十五字白口左右雙邊

450000－2602－0000759　01280
**明史三百三十二卷目錄四卷附考證**　(清)張廷玉修　清光緒二十九年(1903)五洲同文書

局石印二十四史附考證本　一百十二冊　十行二十一字上下黑口左右雙邊

450000－2602－0000760　01276
**元史藝文志四卷**　（清）錢大昕補　清同治、光緒間江蘇書局刻二十四史本　一冊　十二行二十五字小字雙行同白口左右雙邊

450000－2602－0000761　01289
**明通鑑九十卷首一卷前編四卷附記六卷**　（清）夏燮編　清光緒二十九年（1903）上海點石齋石印本　十六冊　二十二行四十五字小字雙行同白口四周雙邊

450000－2602－0000762　01293
**明季北略二十四卷**　（清）計六奇編輯　清都城琉璃廠半松居士木活字印本　十四冊　九行二十字白口左右雙邊

450000－2602－0000763　01294
**明季北略二十四卷**　（清）計六奇編輯　清都城琉璃廠半松居士木活字印本　十二冊　九行二十字白口左右雙邊

450000－2602－0000764　01300
**明季南畧十八卷**　（清）計六奇編　清都城琉璃廠半松居士木活字印本　八冊　九行二十字小字雙行同白口左右雙邊

450000－2602－0000765　01296
**明季北略二十四卷**　（清）計六奇編輯　清都城琉璃廠半松居士木活字印本　十六冊　九行二十字白口左右雙邊

450000－2602－0000766　01308
**明季稗史彙編十六種二十七卷**　（清）留雲居士輯　清都城琉璃廠木活字印本　十二冊　九行十九字白口左右雙邊

450000－2602－0000767　01249
**金史紀事本末五十二卷**　（清）李有棠編纂　清光緒二十五年（1899）慎記書莊石印歷朝紀事本末本　二冊　十八行三十六字小字雙行同白口四周雙邊

450000－2602－0000768　01298
**明季南畧十八卷**　（清）計六奇編　清都城琉璃廠半松居士木活字印本　十二冊　九行二十字小字雙行同白口左右雙邊

450000－2602－0000769　01307
**明季稗史彙編十六種二十七卷**　（清）留雲居士輯　清都城琉璃廠木活字印本　十冊　九行十九字白口四周雙邊

450000－2602－0000770　01297
**明季南略十八卷北畧二十四卷**　（清）計六奇編輯　清光緒十三年（1887）上海圖書集成印書局鉛印本　十冊　十三行四十字白口四周單邊

450000－2602－0000771　01269
**元史二百十卷**　（明）宋濂修　清同治十三年（1874）江蘇書局刻二十四史本　二十七冊　十二行二十五字小字雙行同白口左右雙邊　存一百四十六卷（四十八至五十七、六十七至一百八十六、一百九十五至二百十）

450000－2602－0000772　01320
**二申野錄八卷**　（清）孫之騄輯　清光緒二十八年（1902）刻本　八冊　八行二十字上下黑口四周單邊

450000－2602－0000773　01311
**明季稗史彙編十六種二十七卷**　（清）留雲居士輯　清光緒二十二年（1896）上海圖書集成印書局鉛印本　六冊　十三行四十字小字雙行同白口四周單邊

450000－2602－0000774　01322
**海東逸史十八卷**　（清）翁洲老民手稿　（清）楊泰亨校刊　清光緒十年（1884）慈谿楊氏經畲塾刻本　二冊　十二行二十五字小字雙行同下黑口左右雙邊

450000－2602－0000775　01321
**二申野錄八卷**　（清）孫之騄輯　清同治六年（1867）刻本　四冊　八行二十字上下黑口四周單邊

450000－2602－0000776　01348
**小腆紀年坿攷二十卷**　（清）徐鼒撰　清光緒

四年(1878)刻本　十冊　十一行二十三字小字雙行同白口四周雙邊

450000－2602－0000777　01324

**甲申傳信錄十卷**　(清)錢軹著　清道光二十四年(1844)千秋金鑑堂刻本　四冊　九行十七字白口四周單邊

450000－2602－0000778　01347

**小腆紀年坿攷二十卷**　(清)徐鼒撰　清刻本　十二冊　十一行二十三字小字雙行同白口四周雙邊

450000－2602－0000779　01340

**蜀龜鑑七卷首一卷**　(清)劉景伯輯　清宣統三年(1911)裴氏刻本　四冊　九行二十五字白口四周雙邊

450000－2602－0000780　01338

**蜀碧四卷**　(清)彭遵泗編述　清嘉慶三年(1798)石室刻本　二冊　八行二十字小字雙行不等白口四周單邊

450000－2602－0000781　01339

**蜀碧四卷**　(清)彭遵泗編述　清肇經堂刻本　二冊　十行二十八字小字雙行不等白口四周雙邊

450000－2602－0000782　01368

**東華錄三十二卷**　(清)蔣良騏撰　清同治十一年(1872)聚錦堂刻本　十六冊　九行二十二字小字雙行同白口四周雙邊

450000－2602－0000783　01328

**南疆繹史勘本三十卷首二卷**　(清)溫睿臨原本　(清)李瑤勘定　**繹史摭遺十八卷**　(清)李瑤纂　**繹史卹謚攷八卷**　(清)李瑤輯　清都城琉璃廠半松居士木活字印本　十六冊　九行二十字白口左右雙邊

450000－2602－0000784　01365

**東華錄一百九十五卷(天命朝至雍正朝)東華續錄二百三十卷(乾隆朝至道光朝)**　王先謙編　清光緒十三年(1887)上海廣百宋齋鉛印本　七十六冊　十四行四十字小字雙行同白口四周雙邊　存四百十卷(天命朝四卷、天聰朝十一卷、崇德朝八卷、順治朝三十六卷、康熙朝九至一百十、雍正朝二十六卷、乾隆朝一百二十卷、嘉慶朝五十卷、道光朝八至六十)

450000－2602－0000785　01367

**東華續錄一百卷(同治朝)**　王先謙編　清光緒二十七年(1901)煥文書局石印本　二十四冊　二十四行50字白口四周雙邊

450000－2602－0000786　01362

**東華錄一百九十五卷(天命朝至雍正朝)東華續錄三百三十卷(乾隆朝至咸豐朝)**　王先謙　潘頤福編　清光緒十三年(1887)刻本　一百三十九冊　十三行二十五字白口左右雙邊

450000－2602－0000787　01323

**潛菴先生擬明史稿二十卷**　(清)湯斌擬　清刻本　十二冊　十行十九字下黑口四周單邊

450000－2602－0000788　01371

**十一朝東華約錄二百三十卷(天命朝至同治朝)**　(清)王祖顯輯　清光緒二十八年(1902)石印本　二十四冊　二十二行四十四字小字雙行同白口四周雙邊　存二百二十九卷(一至二百二十九)

450000－2602－0000789　01412

**湘軍記二十卷**　(清)王定安撰　清光緒十五年(1889)江南書局刻本　八冊　九行二十二字白口四周雙邊

450000－2602－0000790　01413

**湘軍記二十卷**　(清)王定安撰　清光緒十五年(1889)江南書局刻本　十二冊　九行二十二字白口四周雙邊

450000－2602－0000791　01366

**東華續錄一百卷(咸豐朝)**　王先謙編　(清)陶濬宣校　清光緒十八年(1892)上海圖書集成印書局鉛印本　三十二冊　十三行四十字小字雙行同白口四周單邊

450000－2602－0000792　01363

**東華錄一百六十九卷(天命朝至康熙朝)東華續錄四百五十六卷(乾隆朝至同治朝)**　王先謙　潘頤福編　清光緒二十五年(1899)石印

本　八十六冊　二十四行50字白口四周雙邊

450000－2602－0000793　01415

**湘軍記二十卷**　(清)王定安撰　清光緒十五年(1889)江南書局刻本　八冊　九行二十二字白口四周雙邊

450000－2602－0000794　01364

**東華錄四十五卷(天命朝至雍正朝)東華續錄七十五卷(乾隆朝至道光朝)**　王先謙編　清影印本　六十冊　十七行三十八字白口四周單邊

450000－2602－0000795　01414

**湘軍記二十卷**　(清)王定安撰　清光緒十五年(1889)江南書局刻本　八冊　九行二十二字白口四周雙邊

450000－2602－0000796　01373

**光緒政要三十四卷**　沈桐生輯　清宣統元年(1909)上海崇義堂石印本　三十冊　十五行三十三字白口四周雙邊

450000－2602－0000797　01369

**東華續錄二百二十卷(光緒朝)**　(清)朱壽朋編　清宣統元年(1909)上海集成圖書公司鉛印本　六十四冊　十三行四十字小字雙行同白口四周單邊

450000－2602－0000798　01370

**東華錄詳節二十四卷**　(清)鄔樹庭編　清光緒二十六年(1900)上海東文學堂石印本　十冊　二十一行四十五字小字雙行同下黑口四周單邊

450000－2602－0000799　01417

**湘軍志十六篇**　王闓運撰　清刻本　四冊　十行二十一字白口左右雙邊

450000－2602－0000800　01416

**湘軍志十六篇**　王闓運撰　清刻本　四冊　十行二十一字白口左右雙邊

450000－2602－0000801　01411

**中外交涉類要表一卷光緒通商綜覈表一卷**　(清)錢學嘉編　清光緒二十年(1894)刻本　一冊　十行二十四字上下黑口四周單邊

450000－2602－0000802　01418

**湘軍志十六篇**　王闓運撰　清刻本　四冊　十行二十一字白口左右雙邊

450000－2602－0000803　01419

**湘軍志十六篇**　王闓運撰　清刻本　梁文濬題識　四冊　十行二十一字白口左右雙邊

450000－2602－0000804　01423

**平浙紀略十六卷**　(清)秦緗業輯　(清)陳鐘英輯　清光緒元年(1875)申報館鉛印申報館叢書本　佚名釋文　二冊　十五行二十七字白口上下雙邊

450000－2602－0000805　01445

**吳中平寇記八卷**　(清)錢勖撰　清光緒元年(1875)申報館鉛印申報館叢書本　二冊　十一行二十四字白口四周雙邊

450000－2602－0000806　01426

**平浙紀略十六卷**　(清)秦緗業　(清)陳鍾英撰　清同治十二年(1873)浙江書局刻本　四冊　十行二十三字白口四周雙邊

450000－2602－0000807　01425

**平浙紀略十六卷**　(清)秦緗業　(清)陳鍾英撰　清同治十二年(1873)浙江書局刻本　四冊　十行二十三字白口四周雙邊

450000－2602－0000808　01422

**張公襄理軍務紀略六卷**　清宣統元年(1909)石印本　六冊　十行二十四字白口四周雙邊

450000－2602－0000809　01427

**浙東籌防錄四卷**　(清)薛福成纂輯　清光緒十三年(1887)刻本　四冊　十行二十一字小字雙行同白口左右雙邊

450000－2602－0000810　01446

**綏寇紀略十二卷**　(清)吳偉業纂輯　(清)鄒漪原訂　**綏寇紀略補遺三卷**　(清)吳偉業撰　(清)張海鵬增訂　清光緒三年(1877)申報館鉛印申報館叢書本　八冊　十一行二十七字小字雙行三十四字白口四周雙邊

450000－2602－0000811　01424
**平浙紀略十六卷**　(清)秦緗業　(清)陳鍾英撰　清同治十二年(1873)浙江書局刻本　四册　十行二十三字白口四周雙邊

450000－2602－0000812　01420
**豫軍紀略十二卷**　(清)尹耕雲纂修　清同治十一年(1872)刻本　六册　九行二十字白口四周雙邊

450000－2602－0000813　01431
**平定粤匪紀略十八卷附記四卷**　(清)杜文瀾撰　清同治十年(1871)京都聚珍齋木活字印本　八册　九行二十二字小字雙行同白口四周單邊

450000－2602－0000814　01432
**平定粤匪紀略十八卷附記四卷**　(清)杜文瀾撰　清同治十年(1871)聚珍齋木活字印本　八册　九行二十二字小字雙行同白口四周單邊

450000－2602－0000815　01433
**平定粤匪紀略十八卷附記四卷**　(清)杜文瀾撰　清同治十年(1871)聚珍齋木活字印本　八册　九行二十二字小字雙行同白口四周單邊

450000－2602－0000816　01436
**平定粤匪紀略十八卷附記四卷**　(清)杜文瀾撰　清光緒七年(1881)木活字印本　八册　十二行二十七字白口四周雙邊

450000－2602－0000817　01434
**平定粤匪紀略十八卷附記四卷**　(清)杜文瀾撰　清光緒七年(1881)木活字印本　六册　十二行二十七字白口四周雙邊

450000－2602－0000818　01449
**綏寇紀略十二卷**　(清)吳偉業纂輯　(清)鄒漪原訂　(清)張海鵬重校　**綏寇紀略補遺三卷**　(清)吳偉業撰　(清)張海鵬增訂　清嘉慶張氏照曠閣刻本　八册　九行二十一字上下黑口左右雙邊

450000－2602－0000819　01435
**平定粤匪紀略十八卷附記四卷**　(清)杜文瀾撰　清光緒鉛印申報館叢書本　六册　十二行二十七字白口四周雙邊

450000－2602－0000820　01535
**硃批諭旨不分卷**　(清)鄂爾泰等輯　清光緒十三年(1887)上海點石齋石印本　六十册　十五行三十三字白口四周雙邊

450000－2602－0000821　01453
**征西紀畧四卷**　(清)曾毓瑜撰　清光緒二十年(1894)京師官書局鉛印本　一册　十二行二十六字上下黑口四周雙邊

450000－2602－0000822　01466
**國朝柔遠記二十卷**　(清)王之春編　清光緒十七年(1891)廣雅書局刻本　六册　十一行二十二字小字雙行同上下黑口左右雙邊

450000－2602－0000823　01452
**蒙寇志略一卷**　(清)胡壽昌著　清光緒十六年(1890)成都刻本　一册　十行二十一字上下黑口左右雙邊

450000－2602－0000824　01538
**陸宣公集二十二卷首一卷增輯一卷附錄一卷**　(唐)陸贄撰　清光緒二年(1876)江蘇書局刻本　六册　十行二十字小字雙行同白口四周單邊

450000－2602－0000825　01536
**唐陸宣公奏議讀本四卷首一卷**　(唐)陸贄撰　(清)汪銘謙編輯　(清)馬傳庚評點　清光緒二十六年(1900)會稽馬氏石印本　二册　十二行二十四字白口四周雙邊

450000－2602－0000826　01540
**唐陸宣公集二十二卷**　(唐)陸贄撰　(清)周右　(清)吳紹沅重校　清嘉慶二十三年(1818)春暉堂刻本　六册　九行二十字白口四周單邊

450000－2602－0000827　01459
**守岐公牘彙存一卷**　(清)張兆棟撰　清光緒四年(1878)刻本　一册　七行二十一字白口四周雙邊

450000－2602－0000828　01470

**平臺紀略一卷**　(清)藍鼎元　(清)王霖著　(清)王者輔評　清刻本　一册　十行二十二字小字雙行字不等白口左右雙邊

450000－2602－0000829　01475

**思痛記二卷**　(清)李圭撰　清光緒六年(1880)師一齋刻本　一册　九行二十三字小字雙行同白口四周雙邊

450000－2602－0000830　01460

**鳳翔紀事詩存一卷**　(清)張兆棟撰　清光緒四年(1878)刻本　一册　六行二十字小字雙行同白口四周雙邊

450000－2602－0000831　01488

**拳教析疑説一卷**　(清)桂嵩慶輯　清光緒二十六年(1900)木活字印本　一册　八行二十二字小字雙行同白口四周雙邊

450000－2602－0000832　01503

**蕩平髮逆圖記二十二卷圖一卷**　(清)杜文瀾纂輯　(清)白雲山人繪　清光緒十四年(1888)上海湫六山莊石印本　四册　十六行三十六字白口四周雙邊

450000－2602－0000833　01478

**本朝史講義不分卷**　汪榮寶著　清光緒三十三年(1907)京師學務處官書局鉛印本　二册　十三行三十一字小字雙行同白口四周單邊

450000－2602－0000834　01514;01513;01491

**中東戰紀本末八卷續編四卷**　(美國)林樂知譯　蔡尔康纂輯　(清)廣學會校　**文學興國策二卷**　(美國)林樂知譯　清光緒二十二年(1896)圖書集成局鉛印本　十三册　十三行四十字小字雙行同白口四周單邊

450000－2602－0000835　01501

**十三日備嘗記一卷事略附記一卷**　(清)曹晟撰　清光緒上海申報館鉛印申報館叢書本　一册　十一行二十四字白口四周雙邊

450000－2602－0000836　01469

**聖武紀十四卷**　(清)魏源譔　清道光二十二年(1842)古微堂刻本　十二册　十行二十一字小字雙行同白口四周雙邊

450000－2602－0000837　01500

**十三日備嘗記一卷事略附記一卷**　(清)曹晟撰　清光緒上海申報館鉛印申報館叢書本　一册　十一行二十四字白口四周雙邊

450000－2602－0000838　01544

**林文忠公遺集四種四十一卷**　(清)林則徐撰　清光緒二十四年(1898)天津文德堂石印本　二册　十九行三十八字下黑口四周雙邊

450000－2602－0000839　01502

**普天忠憤全集十四卷首一卷**　(清)孔廣德編定　清光緒二十一年(1895)石印本　十一册　十四行三十四字白口四周雙邊　存十三卷(一至十二、首一卷)

450000－2602－0000840　01545

**林文忠公政書三集三十七卷**　(清)林則徐撰　清光緒十一年(1885)刻本　十六册　九行二十字下黑口四周雙邊

450000－2602－0000841　01546

**林文忠公遺集四種四十一卷**　(清)林則徐撰　清光緒三山林氏刻本　十二册　九行二十字下黑口四周雙邊

450000－2602－0000842　01550

**左恪靖伯奏稿三十八卷**　(清)左宗棠撰　清同治七年(1868)刻本　三十八册　十行二十字上下黑口四周雙邊

450000－2602－0000843　01505

**戊戌變法搉議一卷**　陳衍撰　清光緒二十七年(1901)刻本　一册　十一行二十二字上下黑口左右雙邊

450000－2602－0000844　01490

**道齊正軌二十卷**　(清)鄒鳴鶴纂述　(清)蘇源生編次　清光緒七年(1881)刻本　八册　八行二十二字小字雙行同白口四周雙邊

450000－2602－0000845　01569

**彭剛直公奏稿八卷**　(清)彭玉麟撰　(清)俞樾輯　清末鉛印本　四册　十四行四十字白

口四周單邊

450000－2602－0000846　01568
**彭剛直公奏稿八卷**　（清）彭玉麟撰　（清）俞樾輯　清末鉛印本　四册　十四行四十字白口四周單邊

450000－2602－0000847　01485
**天咫偶聞十卷**　震鈞（唐晏）撰　清光緒三十三年（1907）甘棠轉舍刻本　八册　九行二十一字小字雙行同上下黑口左右雙邊

450000－2602－0000848　01566
**李忠武公書牘二卷奏疏一卷**　（清）李續宾撰　**褒節錄一卷**　清光緒十七年（1891）甌江巡署刻本　四册　八行二十字下黑口左右雙邊

450000－2602－0000849　01570
**彭剛直公奏稿八卷**　（清）彭玉麟撰　（清）俞樾輯　清光緒十七年（1891）刻本　六册　十行二十四字白口左右雙邊

450000－2602－0000850　01561
**郭侍郎奏疏十二卷**　（清）郭嵩燾撰　清光緒十八年（1892）刻本　十二册　十行二十一字小字雙行同上下黑口左右雙邊

450000－2602－0000851　01560
**羅文恪公遺集□□卷**　（清）羅惇衍撰　清刻本　二册　九行二十一字小字雙行同白口左右雙邊　存二卷（奏疏一至二）

450000－2602－0000852　01559
**沈文肅公政書七卷首一卷**　（清）沈葆楨撰　清光緒六年（1880）吳門節署鉛印本　八册　十行二十四字小字雙行同白口四周雙邊

450000－2602－0000853　01563
**曾文正公奏議十卷首一卷末一卷補編四卷**　（清）曾國藩撰　清同治十三年（1874）上海吳氏醉六堂刻本　四册　九行二十一字白口左右雙邊

450000－2602－0000854　01512
**中東戰紀本末八卷**　（美國）林樂知譯　蔡尔康纂輯　（清）廣學會校　清光緒二十二年（1896）圖書集成局鉛印本　八册　十三行四十字小字雙行同白口四周單邊

450000－2602－0000855　01562
**端敏公集奏議二十卷函牘二卷首二卷**　（清）袁甲三撰　清宣統三年（1911）清芬閣鉛印項城袁氏家集本　二十册　十行二十四字下黑口四周雙邊　存二十卷（奏議一至二十）

450000－2602－0000856　01564
**曾文正公全集**　（清）曾國藩撰　清同治、光緒間傳忠書局刻本　三十二册　十行二十四字上下黑口左右雙邊　存一種三十六卷首一卷

450000－2602－0000857　01578
**同治中興京外奏議約編八卷**　（清）陳弢輯　清光緒元年（1875）篋劍囊琴之室刻本　八册　十行二十二字白口左右雙邊

450000－2602－0000858　01579
**同治中興京外奏議約編八卷**　（清）陳弢輯　清光緒元年（1875）篋劍囊琴之室刻本　八册　十行二十二字白口左右雙邊

450000－2602－0000859　01580
**同治中興京外奏議約編八卷**　（清）陳弢輯　清光緒元年（1875）小西山房刻本　八册　十行二十二字白口左右雙邊

450000－2602－0000860　01558
**沈文肅公政書七卷首一卷**　（清）沈葆楨撰　清光緒六年（1880）刻本　十二册　十行二十四字白口四周雙邊

450000－2602－0000861　01565
**李文忠公奏議二十卷**　（清）李鴻章撰　（清）章洪鈞　（清）吳汝綸編輯　清光緒蓮池書院石印本　二十册　十行二十一字白口四周雙邊

450000－2602－0000862　01567
**李文忠公奏議二十卷**　（清）李鴻章撰　（清）章洪鈞　（清）吳汝綸編輯　清光緒蓮池書院石印本　二十册　十行二十一字白口四周雙邊

450000－2602－0000863　01574;01575;01576
**江楚會奏變法摺三卷**　(清)劉坤一　(清)張之洞撰　清光緒二十七年(1901)刻本　三冊　十行二十五字小字雙行同白口四周雙邊

450000－2602－0000864　01483
**皇朝藩部要略十八卷世系表四卷**　(清)祁韻士撰　清道光二十六年(1846)筠淥山房刻本　八冊　十行二十一字小字雙行同白口左右雙邊

450000－2602－0000865　01571
**李肅毅伯奏議□□卷**　(清)李鴻章撰　清光緒石印本　十三冊　十行二十一字白口四周雙邊　存十三卷(一至十三)

450000－2602－0000866　01572
**變法奏議叢鈔不分卷**　(清)欣賞齋主人編　清光緒二十七年(1901)上海書局石印本　四冊　十二行二十六字白口四周雙邊

450000－2602－0000867　01586
**郭給諫疏稿二卷**　(明)郭尚賓撰　清道光二十五年(1845)南海伍氏粵雅堂文字歡娛室刻嶺南遺書本　一冊　十一行二十二字小字雙行同上下黑口四周單邊

450000－2602－0000868　01588
**包孝肅奏議十卷附録一卷**　(宋)包拯撰　清光緒元年(1875)合肥張氏毓秀堂刻廬陽三賢集本　二冊　十行二十一字小字雙行同上下黑口四周雙邊

450000－2602－0000869　01603
**歷代名臣言行錄二十四卷**　(清)朱桓編輯　(清)潘永季校定　清同治刻本　二十三冊　十行二十一字白口左右雙邊　存二十三卷(二至二十四)

450000－2602－0000870　01602
**歷代名臣傳節録三十卷**　(清)蕭培元録訂　清同治九年(1870)完顏崇厚雲蔭堂刻本　十冊　十行二十二字白口四周雙邊

450000－2602－0000871　01598
**歷代名臣傳三十五卷首一卷續編五卷**　(清)朱軾　(清)蔡世遠訂　(清)張江分纂　清雍正刻高安朱文瑞公校輯藏書本　十三冊　九行二十二字白口左右雙邊　存三十六卷(一至三、五至三十一,首一卷,續編五卷)

450000－2602－0000872　01589
**寒松堂全集四卷**　(清)魏象樞著　清光緒二十五年(1899)浙江官書局刻本　四冊　十行二十字下黑口左右雙邊

450000－2602－0000873　01601
**歷代名儒傳八卷首一卷**　(清)朱軾　(清)蔡世遠訂　(清)李清植分纂　清光緒二十三年(1897)刻本　四冊　九行二十一字白口四周單邊

450000－2602－0000874　01593
**錢敏肅公奏疏七卷**　(清)錢鼎銘撰　清光緒六年(1880)存素堂刻本　四冊　十行二十一字上下黑口左右雙邊

450000－2602－0000875　01591
**南海先生戊戌奏稿不分卷**　康有為撰　清宣統三年(1911)鉛印本　一冊　十一行二十三字白口四周單邊

450000－2602－0000876　01592
**南海先生戊戌奏稿不分卷**　康有為撰　清宣統三年(1911)鉛印本　一冊　十一行二十三字白口四周單邊

450000－2602－0000877　01613
**增廣尚友録統編二十二卷**　應祖錫編輯　清光緒二十八年(1902)鴻寶齋石印本　十二冊　十六行二十五字小字雙行50字白口四周雙邊

450000－2602－0000878　01614
**史姓韻編六十四卷**　(清)汪輝祖輯　清光緒十年(1884)中西書局石印本　四冊　十六行字不等白口四周雙邊

450000－2602－0000879　01607
**高士傳三卷圖一卷**　(晉)皇甫謐撰　清咸豐八年(1858)王氏刻光緒三年(1877)印本　二冊　八行十八字白口四周單邊

450000－2602－0000880　01604
**歷代名臣言行錄二十四卷首一卷**　（清）朱桓編輯　（清）潘永季校定　（清）邱與久重校　清光緒二十四年（1898）埽葉山房石印本　五冊　二十二行五十二字白口四周雙邊　存二十一卷（一至十六、二十一至二十四，首一卷）

450000－2602－0000881　01638
**新刻黃掌綸先生評訂神仙鑑二十二卷**　（清）徐衜述　清康熙刻本　二十一冊　十行二十二字小字雙行不等白口左右雙邊

450000－2602－0000882　01627
**增廣古今人物論三十六卷**　（明）鄭元直（鄭賢）原本　**增廣古今人物論續編十二卷**　（清）葉韻竹鑒定　（清）願學齋同人輯　清光緒二十五年（1899）杭州衢尊書局石印本　十二冊　十七行三十五字白口四周雙邊

450000－2602－0000883　01637
**歷代仙史八卷**　（清）王建章纂輯　清光緒七年（1881）常熟抱芳閣刻本　六冊　九行二十字白口左右雙邊

450000－2602－0000884　01636
**文獻徵存錄十卷**　（清）錢林輯　清咸豐八年（1858）有嘉樹軒刻本　十冊　十一行二十一字小字雙行同白口左右雙邊

450000－2602－0000885　01594
**大清宣宗成皇帝聖訓一百三十卷**　清末石印本　五冊　二十一行四十五字白口四周單邊　存三十六卷（一至十四、三十九至四十六、三十一至三十八、六十三至六十八）

450000－2602－0000886　01605
**歷代名臣言行錄二十四卷**　（清）朱桓編輯　（清）潘永季校定　（清）許時庚重校　清光緒十七年（1891）上海廣百宋齋鉛印本　十二冊　十五行四十四字白口四周雙邊

450000－2602－0000887　01606
**歷代名臣言行錄二十四卷**　（清）朱桓編輯　（清）潘永季校定　（清）許時庚重校　清光緒十三年（1887）上海廣百宋齋鉛印本　清夏□題跋　十冊　十五行四十四字白口四周雙邊　存二十卷（一至十二、十五至十六、十九至二十四）

450000－2602－0000888　01654
**古品節錄六卷**　（清）松筠撰　清宣統二年（1910）守政書局刻本　六冊　五行十四字小字雙行二十四字白口四周雙邊

450000－2602－0000889　01653
**列史碧血錄五卷**　（清）莊仲方著論　（清）夏鸞翔繪圖　清光緒八年（1882）上海同文書局石印本　五冊　十一行二十三字小字雙行同白口左右雙邊

450000－2602－0000890　01642
**歷代循吏傳八卷**　（清）朱軾　（清）蔡世遠同訂　（清）張福昶分纂　清刻本　六冊　九行二十二字白口左右雙邊

450000－2602－0000891　01644
**道南源委六卷**　（清）朱衡撰　（清）張伯行重訂　（清）蔡衍鎤校　清同治五年（1866）正誼書院刻正誼堂全書本　四冊　十行二十二字小字雙行同白口左右雙邊

450000－2602－0000892　01645
**道南源委六卷**　（清）朱衡撰　（清）張伯行重訂　（清）蔡衍鎤校　清同治五年（1866）正誼書院刻正誼堂全書本　三冊　十行二十二字小字雙行同白口左右雙邊

450000－2602－0000893　01652
**列史碧血錄五卷**　（清）莊仲方著論　（清）夏鸞翔繪圖　清光緒八年（1882）上海同文書局石印本　五冊　十一行二十三字小字雙行同白口左右雙邊

450000－2602－0000894　01630
**蘭閨寶録六卷**　（清）完顔惲珠輯　（清）伊蘭保校　清道光十一年（1831）紅香館刻本　六冊　九行十九字小字雙行同白口四周單邊

450000－2602－0000895　01646
**古今楹聯彙刻小傳十二卷首一卷**　吳隱輯　清光緒三十二年（1906）上海西泠印社刻本

二冊　九行二十八字白口四周單邊

450000－2602－0000896　01632

**人表攷九卷附録一卷**　(清)梁玉繩撰　清光緒十四年(1888)廣雅書局刻廣雅書局叢書本　六冊　十一行二十四字小字雙行同上下黑口四周單邊

450000－2602－0000897　01577

**江楚會奏變法摺三卷**　(清)劉坤一　(清)張之洞撰　清末鉛印本　一冊　十行二十五字小字雙行同白口四周雙邊

450000－2602－0000898　01621

**百將圖傳二卷**　(清)丁日昌輯　清同治八年(1869)江蘇書局刻本　二冊　十一行二十一字白口左右雙邊

450000－2602－0000899　01625

**外國人物論四卷**　(清)陳伯龍輯　清光緒三十年(1904)新民書局石印本　二冊　十三行二十八字白口四周雙邊　存二卷(一至二)

450000－2602－0000900　01573

**諭摺匯存不分卷**　袁世凱奏　清末鉛印本　六冊　十一行二十二字白口四周單邊

450000－2602－0000901　01671

**中興將帥別傳續編六卷**　朱孔彰撰　清光緒三十二年(1906)江甯刻本　二冊　九行二十字小字雙行同上黑口四周雙邊

450000－2602－0000902　01693

**洛學編四卷**　(清)湯斌輯　(清)湯定祥重校　**續編一卷**　(清)尹會一輯　清同治九年(1870)刻湯文正公全集本　一冊　十行二十字小字雙行同白口左右雙邊

450000－2602－0000903　01694

**蜀學編二卷**　(清)方守道初輯　(清)高賡恩覆輯　清光緒二十七年(1901)錦江書局刻本　一冊　九行二十一字小字雙行同白口左右雙邊

450000－2602－0000904　01676

**國朝書人輯略十一卷首一卷**　震鈞(唐晏)輯　清光緒三十四年(1908)金陵刻本　五冊　九行二十一字小字雙行同上下黑口左右雙邊

450000－2602－0000905　01695

**姑蘇名賢小記二卷**　(清)文震孟論次　清光緒九年(1883)長洲蔣氏刻心矩齋叢書本　一冊　十一行二十一字小字雙行同上下黑口左右雙邊

450000－2602－0000906　01675

**江表忠略二十卷**　陳澹然撰　清光緒二十六年(1900)長沙刻陳澹然三種本　六冊　十二行二十五字小字雙行同上下黑口左右雙邊

450000－2602－0000907　01680

**國朝耆獻類徵初編總目十九卷**　(清)李桓編　清光緒七年(1881)刻本　一冊　十二行二十八字白口四周雙邊

450000－2602－0000908　01664

**國朝先正事略六十卷**　(清)李元度纂　清光緒二十八年(1902)益元書局刻本　三十二冊　十行二十四字白口左右雙邊

450000－2602－0000909　01666

**中興名臣事略八卷**　朱孔彰譔　清光緒二十五年(1899)上海圖書集成印書局鉛印本　四冊　十八行四十四字白口四周單邊

450000－2602－0000910　01678

**國朝詩人徵略初稿六十卷**　(清)張維屏輯　清道光十年(1830)廣東超華齋刻本　十冊　十行二十二字小字雙行同上下黑口左右雙邊

450000－2602－0000911　01739

**左文襄哀挽録不分卷**　(清)楊昌濬輯　清刻本　四冊　十行二十三字白口左右雙邊

450000－2602－0000912　01667

**中興名臣事略八卷**　朱孔彰譔　清光緒二十九年(1903)上海書局石印本　二冊　二十四行五十二字白口四周雙邊

450000－2602－0000913　01657

**教士列傳十卷**　(英國)李提摩太撰　清光緒二十六年(1900)上海廣學會鉛印本　九冊

十三行三十字小字雙行同白口四周雙邊

450000－2602－0000914　01730

**王貞女事實一卷**　(清)□□輯　清光緒三十一年(1905)金陵刻本　一册　九行二十字白口四周雙邊

450000－2602－0000915　01670

**中興將帥别傳三十卷**　朱孔彰譔　清光緒二十三年(1897)江甯刻本　十册　九行二十字上黑口四周雙邊

450000－2602－0000916　01734

**紀慎齋先生崇祀錄一卷**　(清)紀大奎撰　清刻本　一册　八行十九字白口四周雙邊

450000－2602－0000917　01735

**紀慎齋先生崇祀錄一卷**　(清)紀大奎撰　清刻本　一册　八行十九字白口四周雙邊

450000－2602－0000918　01733

**紀慎齋先生崇祀錄一卷**　(清)紀大奎撰　清刻本　一册　八行十九字白口四周雙邊

450000－2602－0000919　01743

**誥授光祿大夫誥授振威將軍太子少保兵部尚書兼都察院右都御史四川總督先考仲良府君行狀一卷**　(清)劉體乾撰　清刻本　一册　六行二十二字白口四周雙邊

450000－2602－0000920　01744

**誥授光祿大夫誥授振威將軍太子少保兵部尚書兼都察院右都御史四川總督先考仲良府君行狀一卷**　(清)劉體乾撰　清刻本　一册　六行二十二字白口四周雙邊

450000－2602－0000921　01712

**晏子春秋八卷**　(春秋)晏嬰撰　清光緒元年(1875)湖北崇文書局刻子書百家本　二册　十二行二十四字小字雙行同上下黑口四周雙邊

450000－2602－0000922　01713

**晏子春秋八卷**　(春秋)晏嬰撰　清光緒元年(1875)湖北崇文書局刻子書百家本　二册　十二行二十四字小字雙行同上下黑口四周雙邊

450000－2602－0000923　01714

**魏鄭公諫續録二卷**　(元)翟思忠撰　清同治十三年(1874)江西書局刻武英殿聚珍版書本　一册　九行二十一字小字雙行同白口四周雙邊

450000－2602－0000924　01626

**增廣古今人物論三十六卷**　(明)鄭元直(鄭賢)原本　**增廣古今人物論續編十二卷**　(清)葉韻竹鑒定　(清)願學齋同人輯　清光緒二十八年(1902)富文書局石印本　十二册　十八行三十七字白口四周雙邊

450000－2602－0000925　01673

**滿洲名臣傳四十八卷**　(清)國史館撰　清京都琉璃廠榮錦書坊刻本　四十八册　九行十七字白口四周單邊

450000－2602－0000926　01672

**咸豐以來功臣别傳三十卷**　朱孔彰撰　清光緒二十四年(1898)漸學廬石印漸學廬叢書本　六册　十三行三十字小字雙行同上下黑口四周單邊

450000－2602－0000927　01665

**國朝先正事畧補編二卷**　(清)李元度輯　清光緒十一年(1885)敦懷書屋刻本　二册　八行十七字上下黑口四周雙邊

450000－2602－0000928　01767

**李忠武公書牘二卷附録一卷**　(清)李續賓撰　清光緒十七年(1891)甌江巡署刻本　二册　八行二十字下黑口左右雙邊

450000－2602－0000929　01778

**曾文正公大事記四卷**　(清)李鴻章　(清)曾國荃審定　(清)王定安著　清光緒三十一年(1905)上海商務印書館鉛印本　一册　十五行三十八字白口四周雙邊

450000－2602－0000930　01756

**求闕齋日記類鈔十卷**　(清)曾國藩隨筆　(清)王啟原校編　清光緒十三年(1887)申報館鉛印本　二册　十一行二十七字小字雙行

同白口四周雙邊

450000－2602－0000931　01757

**求闕齋日記類鈔十卷**　(清)曾國藩隨筆　(清)王啟原校編　清光緒十三年(1887)申報館鉛印本　二册　十一行二十七字小字雙行同白口四周雙邊

450000－2602－0000932　01759

**陸清獻公日記十卷(清康熙五年至六年、八年至九年、十一年、十四年、十六年至十七年、十九年至三十一年)**　(清)陸隴其撰　清道光二十二年(1842)勝溪草堂刻本　四册　十行二十一字小字雙行同白口左右雙邊

450000－2602－0000933　01781

**題江南曾文正公祠百詠不分卷**　朱孔彰稿　清光緒十三年(1887)金陵刻本　二册　八行十七字上下黑口四周雙邊

450000－2602－0000934　01751

**新出張文襄公事略一卷**　(清)聽雨樓主人編　清宣統元年(1909)蔣春記書莊石印本　一册　十六行三十四字白口四周單邊

450000－2602－0000935　01750

**名人書札一卷**　(清)林則徐　(清)陶子霖撰　清光緒十三年(1887)石印本　一册　行字不等白口四周單邊

450000－2602－0000936　01661

**史外八卷**　(清)汪有典著　清光緒三年(1877)刻本　龔維疆題記　八册　九行二十二字小字雙行同白口左右雙邊

450000－2602－0000937　01776

**李文忠公函稿五十六卷**　(清)李鴻章撰　(清)吳汝綸編　清光緒二十八年(1902)蓮池書社鉛印本　二十八册　十二行二十八字小字雙行同上下黑口四周雙邊

450000－2602－0000938　01624

**泰西各國名人言行錄十六卷**　(清)張兆蓉撰　清光緒二十九年(1903)明達聖教會石印本　二册　十八行三十九字小字雙行不等白口四周雙邊

450000－2602－0000939　01834

**羅忠節公[澤南]年譜二卷**　清同治二年(1863)長沙刻羅忠節公遺集本　一册　八行二十四字白口左右雙邊

450000－2602－0000940　01674

**八旗列傳不分卷**　清抄本　十二册　七行十七字白口四周雙邊

450000－2602－0000941　01835

**顧亭林先生[炎武]年譜一卷**　(清)張穆撰　清道光二十四年(1844)刻本　一册　九行二十一字小字雙行同上下黑口四周單邊

450000－2602－0000942　01840

**先聖生卒年月日攷二卷**　(清)孔廣牧述　清光緒十五年(1889)刻廣雅書局叢書本　一册　十一行二十四字小字雙行同上下黑口四周單邊

450000－2602－0000943　01839

**先聖生卒年月日攷二卷**　(清)孔廣牧述　清光緒十九年(1893)浙江書局刻本　一册　十行二十一字小字雙行同上下黑口左右雙邊

450000－2602－0000944　01825

**歷代名人年譜十卷附存疑及生卒年月無考一卷**　(清)吳榮光撰　清光緒元年(1875)刻本　十册　行字不等上下黑口四周雙邊

450000－2602－0000945　01826

**歷代名人年譜十卷附存疑及生卒年月無考一卷**　(清)吳榮光撰　清光緒元年(1875)刻本　十册　行字不等上下黑口四周雙邊

450000－2602－0000946　01812

**向張二公傳忠錄一卷**　(清)□□撰　清梁溪過氏刻本　一册　十行二十二字白口左右雙邊

450000－2602－0000947　01175

**舊唐書二百卷附考證**　(五代)劉昫撰　清光緒十年(1884)上海同文書局石印二十四史附考證本　四十八册　十行二十一字白口左右雙邊

450000－2602－0000948　01872
**大清搢紳全書不分卷**　清光緒七年(1881)榮錄堂刻本　四册　十四行三十二字小字雙行同白口四周雙邊

450000－2602－0000949　01874
**皇朝詞林典故六十四卷**　(清)朱珪等撰　清刻本　三十二册　七行十七字白口四周雙邊

450000－2602－0000950　01870
**欽定歷代職官表七十二卷首一卷**　(清)紀昀等纂　清光緒二十二年(1896)刻廣雅書局叢書本　二十八册　十一行二十四字上下黑口四周單邊

450000－2602－0000951　01881
**明職一卷**　(明)吕坤撰　清湖北刻本　一册　十行二十二字小字雙行同白口四周雙邊

450000－2602－0000952　01877
**胡文忠公政書十四卷**　(清)胡林翼撰　(清)但湘良輯　清光緒二十五年(1899)湖南粮儲道署刻本　十六册　十二行二十五字小字雙行同白口左右雙邊

450000－2602－0000953　01871
**大清搢紳全書不分卷**　清光緒二十九年(1903)榮録堂刻本　一册　十四行三十二字小字雙行同白口四周雙邊

450000－2602－0000954　01882;01883;01884;01885;01885;01887
**入幕須知五種九卷**　(清)张廷驤輯　清光緒十八年(1892)浙江書局刻本　六册　十行二十字白口四周雙邊

450000－2602－0000955　01866
**月令粹編二十四卷圖説一卷**　(清)秦嘉謨編　清嘉慶十七年(1812)江都琳琅仙館刻本　六册　九行二十二字小字雙行同上下黑口四周雙邊

450000－2602－0000956　01896
**欽定續通典一百五十卷**　(清)曹仁虎纂修　清光緒二十七年(1901)上海圖書集成局鉛印九通本　十二册　十六行四十三字小字雙行同白口四周單邊

450000－2602－0000957　01894
**通典二百卷考證一卷**　(唐)杜佑撰　清光緒二十七年(1901)上海圖書集成局鉛印九通本　十六册　十六行四十三字小字雙行同白口四周單邊

450000－2602－0000958　01827
**成山老人自撰年譜六卷**　(清)唐炯撰　清宣統二年(1910)鉛印本　二册　九行二十三字白口四周雙邊

450000－2602－0000959　01865
**月令粹編二十四卷圖説一卷**　(清)秦嘉謨編　清嘉慶十七年(1812)江都琳琅仙館刻本　六册　九行二十二字小字雙行同上下黑口四周雙邊

450000－2602－0000960　01895
**通典二百卷**　(唐)杜佑纂　清咸豐九年(1859)崇仁謝氏刻三通本　四十册　十行二十一字小字雙行同白口左右雙邊

450000－2602－0000961　01892;01893
**學治臆説二卷續説一卷説贅一卷**　(清)汪輝祖篹　清同治七年(1868)湖北崇文書局刻本　二册　十行二十一字白口四周雙邊

450000－2602－0000962　01888
**奏摺譜一卷**　(清)饒旬宣纂　清光緒九年(1883)饒士勝等京都刻本　一册　十三行二十五字白口左右雙邊

450000－2602－0000963　01863
**諏告通書一卷**　清光緒三十年(1904)佛山英文堂機器書局鉛印本　一册　行字不等白口四周雙邊

450000－2602－0000964　01903
**曾文正公批牘六卷**　(清)曾國藩撰　清光緒二年(1876)傳忠書局刻曾文正公全集本　五册　十行二十四字上下黑口左右雙邊　存五卷(一至五)

450000－2602－0000965　01907

**皇朝謚法考五卷** (清)鮑康輯 **續編五卷** (清)王鵬運續輯 清同治三年(1864)刻光緒十七年(1891)續刻本 一冊 十行二十四字小字雙行同白口左右雙邊

450000－2602－0000966 01908;01909
**牧令書二十三卷保甲書四卷** (清)徐棟輯 清道光二十八年(1848)李煒刻本 二十一冊 十行二十五字小字雙行同白口左右雙邊 存二十四卷(牧令書一至三、七至二十三,保甲書四卷)

450000－2602－0000967 01904
**欽定學政全書八十六卷首一卷** (清)童璜總纂 清嘉慶十七年(1812)刻本 十六冊 九行二十字小字雙行同白口四周單邊

450000－2602－0000968 01905
**九通提要十二卷** (清)柴紹炳纂 清光緒二十八年(1902)鴻寶齋石印本 四冊 十四行三十一字小字雙行同白口四周雙邊

450000－2602－0000969 01844
**[廣東南海]九江朱氏家譜十二卷首一卷** (清)朱學懋輯 (清)朱昌瑤 (清)朱宗琦續修 清同治八年(1869)刻本 十二冊 十一行二十四字小字雙行同白口左右雙邊

450000－2602－0000970 01901
**重校元典章六十卷目録一卷附新集不分卷** 清光緒三十四年(1908)修訂法律館刻本 二十三冊 十三行二十三字小字雙行同白口左右雙邊

450000－2602－0000971 01906
**新政真詮六卷** 何啟 胡禮垣撰 清光緒二十七年(1901)吳雲記廣譯書局鉛印本 六冊 十三行二十八字白口四周雙邊 存四卷(一至四)

450000－2602－0000972 01916
**歷代政治類編十二卷** (清)柴紹炳撰 清光緒二十七年(1901)上海自强書局石印本 六冊 十四行三十字小字雙行同下黑口四周雙邊

450000－2602－0000973 01875
**皇朝詞林典故六十四卷** (清)朱珪等撰 清刻本 一冊 八行二十二字白口四周雙邊 存一卷(皇朝詞林典故書成聯句一卷)

450000－2602－0000974 01902
**廣治平畧三十六卷** (清)蔡方炳定本 清小琅環館刻本 八冊 十二行三十字白口四周雙邊

450000－2602－0000975 01917
**中外經濟政治彙攷十六卷** (清)江標輯 清光緒二十七年(1901)上海自强學齋石印本 八冊 十九行四十字上下黑口四周雙邊 存九卷(一至九)

450000－2602－0000976 01914
**吾學録初編二十四卷** (清)吳榮光述 清道光刻本 六冊 九行二十一字小字雙行同下黑口左右雙邊

450000－2602－0000977 01919
**實政録七卷** (明)呂坤撰 清同治十一年(1872)江蘇書局刻本 六冊 十一行二十一字白口左右雙邊

450000－2602－0000978 01910
**東漢會要四十卷** (宋)徐天麟撰 清光緒五年(1879)嶺南學海堂刻本 八冊 十行二十字白口左右雙邊

450000－2602－0000979 01918
**政藝叢書壬寅全書十九種六十二卷附一種一卷** (清)政藝通報社輯 清光緒二十九年(1903)上洋書局石印本 十二冊 十八行四十字小字雙行同白口四周雙邊

450000－2602－0000980 01822
**泰西政治學者列傳一卷** (日本)杉山藤次郎編纂 (清)廣東青年述譯 **德相俾斯麥傳一卷** 上海廣智書局同人編纂 清光緒二十八年(1902)上海廣智書局鉛印本 一冊 十二行三十一字白口四周雙邊

450000－2602－0000981 01932
**皇朝文獻通考三百卷** (清)曹仁虎 (清)嵇

璜纂修　清光緒二十八年(1902)上海鴻寶書局石印九通本　十六冊　二十二行四十八字小字雙行同白口四周單邊

450000－2602－0000982　01821
**意將軍加里波的傳一卷**　上海廣智書局同人編譯　清光緒二十九年(1903)上海廣智書局鉛印傳記小叢書本　一冊　十二行三十一字白口四周雙邊

450000－2602－0000983　01929
**皇朝續文獻通考三百二十卷**　劉錦藻纂　清光緒三十一年(1905)堅匏盦鉛印本　八十八冊　十行二十二字小字雙行同白口四周雙邊

450000－2602－0000984　01921
**政書通輯七卷**　清光緒三十年(1904)鉛印本　一冊　十二行三十五字白口四周雙邊

450000－2602－0000985　01922
**金知事手諭錄述要一卷**　金梁撰　清光緒三十三年(1907)京華印書局鉛印本　一冊　十一行三十五字白口四周單邊

450000－2602－0000986　01923
**德國學校制度一卷**　(日本)加藤駒二著　(清)中國國民叢書社譯　清光緒二十九年(1903)上海商務印書館鉛印本　一冊　十五行三十二字白口四周單邊

450000－2602－0000987　01927
**南省公餘錄八卷**　(清)梁章鉅撰　清光緒二十二年(1896)同文館鉛印本　二冊　九行二十二字小字雙行同白口四周雙邊

450000－2602－0000988　01926
**早開國會問答二卷**　羅傑譔　清光緒三十四年(1908)刻本　清羅傑題記　一冊　十三行三十八字白口四周雙邊

450000－2602－0000989　01911
**西漢會要七十卷**　(宋)徐天麟撰　清光緒十年(1884)江蘇書局刻本　十冊　九行二十一字白口四周雙邊

450000－2602－0000990　01836
**合刻延平四先生年譜不分卷**　(清)毛念恃訂　清福建刻本　二冊　九行二十字小字雙行同白口四周雙邊

450000－2602－0000991　01867
**月令粹編二十四卷圖說一卷**　(清)秦嘉謨編　清嘉慶十七年(1812)江都琳琅仙館刻本　六冊　九行二十二字小字雙行同上下黑口四周雙邊

450000－2602－0000992　01897
**文獻通考三百四十八卷**　(元)馬端臨撰　清咸豐九年(1859)崇仁謝氏刻三通本　一百冊　十行二十一字小字雙行同白口左右雙邊

450000－2602－0000993　01838
**朱子[熹]年譜四卷考異四卷附錄二卷附校刊記三卷存疑一卷**　(清)王懋竑纂訂　清光緒九年(1883)武昌書局刻本　馮振振圈點　四冊　八行二十字小字雙行同白口左右雙邊

450000－2602－0000994　01937
**皇朝通典一百卷**　(清)曹仁虎　(清)嵇璜纂修　清光緒二十八年(1902)上海鴻寶書局石印九通本　四冊　二十二行四十八字小字雙行同白口四周單邊

450000－2602－0000995　01939
**皇朝通志一百二十六卷**　(清)曹仁虎　(清)嵇璜纂修　清光緒二十八年(1902)上海鴻寶書局石印九通本　四冊　二十二行四十八字小字雙行同白口四周單邊

450000－2602－0000996　01920
**欽定學政全書八十六卷首一卷**　(清)童璜總纂　清嘉慶十七年(1812)刻本　十六冊　九行二十字小字雙行同白口四周單邊

450000－2602－0000997　01928；01930；01931；01936；01938
**九通**　(清)□□輯　清光緒二十七年(1901)上海圖書集成局鉛印本　一百三十五冊　十六行四十三字小字雙行不等白口四周單邊
存五種一千八十八卷

450000－2602－0000998　01935

**洋務經濟通考十六卷**　應祖錫纂定　清光緒二十八年(1902)鴻寶齋石印本　六冊　二十行四十四字小字雙行同白口四周雙邊

450000－2602－0000999　01934
**洋務經濟通考十六卷**　應祖錫纂定　清光緒二十四年(1898)上海鴻寶齋石印本　十二冊　二十行四十四字小字雙行同白口四周雙邊

450000－2602－0001000　01933
**文獻通考輯要二十四卷**　湯壽潛編輯　清光緒二十五年(1899)上海圖書集成局鉛印三通考輯要本　十冊　十四行四十二字白口四周單邊

450000－2602－0001001　01940
**欽定大清會典一百卷**　(清)允祹　(清)傅恒總裁　清刻本　十六冊　十行二十字小字雙行同白口四周雙邊

450000－2602－0001002　01957
**親屬記二卷**　(清)鄭珍撰　清光緒十八年(1892)廣雅書局刻本　一冊　十一行二十四字小字雙行同上下黑口四周單邊

450000－2602－0001003　01965
**重刊救荒補遺書二卷**　(宋)董煟編著　(元)張光大新增　(明)朱熊補遺　清同治八年(1869)楚北崇文書局刻本　一冊　十行二十二字白口四周雙邊　存一卷(上)

450000－2602－0001004　01968
**籌濟編三十二卷首一卷**　(清)楊景仁輯　清光緒九年(1883)武昌書局刻本　六冊　九行二十五字白口四周雙邊　存二十三卷(一至十、十七至二十八,首一卷)

450000－2602－0001005　01966
**欽定康濟錄四卷**　(清)倪國璉撰　清同治三年(1864)刻本　三冊　十一行二十四字白口四周單邊

450000－2602－0001006　01969
**籌濟編三十二卷首一卷**　(清)楊景仁輯　清光緒五年(1879)山東書局刻本　八冊　九行二十五字小字雙行字白口四周雙邊

450000－2602－0001007　01941;01942
**欽定大清會典八十卷事例九百二十卷目錄八卷圖一百三十二卷目錄二卷**　(清)托津纂修　清嘉慶刻本　二百十四冊　十行二十字小字雙行同白口四周雙邊　存五百四十六卷(会典一至九、十四、四十九至八十,事例一至三、七至五十九、一百十二至一百十八、一百五十至一百五十一、一百五十五至一百七十二、一百九十二至二百六、二百十四至二百十五、二百十八至二百三十四、二百五十一至二百五十七、二百六十至二百九十三、二百九十九至三百二十七、三百三十一至三百三十五、三百三十八至三百四十、三百七十九至三百九十六、四百三十六至四百四十三、四百六十一至四百八十一、四百八十四至四百八十五、五百三、五百七至五百二十七、五百三十至五百四十四、五百六十一至五百六十三、五百八十二至六百三十七、六百四十一至六百五十二、六百五十五至六百六十、六百六十五至六百七十八、七百三十至七百四十三、七百六十七至七百八十七、七百九十二至八百八、八百十三至八百三十八、八百九十四至八百九十九、九百四至九百十一、九百十四至九百十六,图一至十八、二十三至二十六、五十一至七十一,目录二卷)

450000－2602－0001008　01967
**欽定康濟錄四卷**　(清)倪國璉編纂　清同治八年(1869)楚北崇文書局刻本　四冊　十行二十二字白口四周雙邊

450000－2602－0001009　01964
**富國養民策十六章**　(英國)哲分斯撰　清光緒二十二年(1896)上海著易堂書局鉛印西學啟蒙本　一冊　十三行二十八字白口四周雙邊

450000－2602－0001010　01979
**廣東財政說明書十六卷**　(清)廣東清理財政局編訂　清宣統二年(1910)鉛印本　十二冊　十三行三十二字白口四周雙邊

450000－2602－0001011　01997
**增修籌餉事例條款不分卷增修現行常例一卷**

籌餉事例一卷　清同治刻本　四冊　九行二十一字小字雙行同白口四周雙邊

450000－2602－0001012　01963

新譯列國歲計政要三編　（日本）博文館原本　傅運森譯纂　白作霖譯　張相文譯述　清光緒二十七年（1901）海上譯社鉛印本　十二冊　十二行三十四字小字雙行同白口四周雙邊

450000－2602－0001013　01956

光緒八年壬午科雲南省鄉試錄不分卷　清光緒刻本　一冊　九行二十字白口四周雙邊

450000－2602－0001014　01992

輪船招商局章程及歷年帳略一卷　（清）輪船招商局編　清光緒鉛印本　一冊　十行二十二字白口左右雙邊

450000－2602－0001015　01970

興賢館田畝册二卷　清刻本　一冊　行字不等下黑口四周雙邊　存一卷（二）

450000－2602－0001016　01962

熙朝紀政八卷　（清）王慶雲述　清光緒二十八年（1902）上海書局鉛印本　四冊　十八行三十五字白口四周單邊

450000－2602－0001017　01947

南巡盛典一百二十卷　（清）高晉等撰　清光緒八年（1882）上海點石齋石印本　八冊　十六行三十六字小字雙行三十六字白口四周單邊

450000－2602－0001018　01961

熙朝紀政□□卷　（清）王慶雲述　清光緒二十四年（1898）影印本　六冊　十行二十二字白口左右雙邊

450000－2602－0001019　01977

四川鹽法志四十卷首一卷　（清）丁寶楨纂輯　清光緒八年（1882）刻本　二十冊　十一行二十二字小字雙行同上下黑口左右雙邊

450000－2602－0001020　01972

宿松公產契錄續本不分卷　清同治四年（1865）木活字印本　一冊　十行二十六字小字雙行同白口四周雙邊

450000－2602－0001021　01960

光緒會計表四卷　劉嶽雲編　清光緒二十七年（1901）教育世界社石印本　四冊　十行不等上下黑口四周雙邊

450000－2602－0001022　P03145；P03146；P03147；P03148；P03149；P03150；P03151；P03152；P03153；P03154；P03155

古今說海一百三十五種一百四十二卷　（明）陸楫輯　清宣統元年（1909）上海集成圖書公司鉛印本　十一冊　十三行三十二字白口四周雙邊　存一百二十六種一百三十一卷

450000－2602－0001023　01955

聖廟祀典輯聞十四卷首一卷附先聖年譜考二卷孟子時事考二卷　（清）黄位清輯　清道光二十七年（1847）松風閣刻本　六冊　十一行二十四字白口左右雙邊

450000－2602－0001024　02029

中國歷史戰爭形勢圖說附論二卷　盧彤著　清宣統二年（1910）武昌同倫學社鉛印本　一冊　十三行三十二字小字雙行同白口四周雙邊

450000－2602－0001025　02032

歷代兵制八卷　（宋）陳傅良撰　清道光二十九年（1849）靜觀堂刻本　二冊　八行十八字小字雙行同白口左右雙邊

450000－2602－0001026　02028

乙巳年交涉要覽五卷　（清）北洋洋務局纂輯　清光緒鉛印本　劉善繼題簽　二冊　十三行三十二字小字雙行同下黑口四周單邊　存二卷（上篇二，下篇二）

450000－2602－0001027　02027

廣西諮議局第三次報告書不分卷　（清）廣西諮議局編　清宣統鉛印本　一冊　十二行三十二字白口四周雙邊

450000－2602－0001028　02033

新建陸軍兵略錄存八卷　袁世凱著　清光緒

二十四年(1898)石印本　六册　十行二十五字小字雙行同白口四周雙邊

450000－2602－0001029　02031

**防海新論十八卷**　(德國)希理哈　(英國)傅蘭雅撰　(清)華蘅芳筆述　清同治上海江南製造局刻本　五册　十行二十二字小字雙行同上下黑口左右雙邊

450000－2602－0001030　02034

**自强軍西法類編十八卷**　沈敦和纂輯　(清)洪恩波參訂　清光緒二十四年(1898)上海順成書局石印本　二十册　十行二十字上下黑口四周雙邊

450000－2602－0001031　02018

**奏定陸軍營制餉章一卷**　奕劻等擬定　清光緒三十年(1904)北洋陸軍學堂印書局鉛印本　一册　十二行二十四字白口四周雙邊

450000－2602－0001032　02019

**奏定陸軍營制餉章一卷**　奕劻等擬定　清光緒三十年(1904)鉛印本　一册　十行二十五字白口四周雙邊

450000－2602－0001033　02015

**撫吴公牘五十卷**　(清)丁禹生　(丁日昌)原本　(清)沈幼丹評選　(清)林達泉校刊　清光緒三年(1877)刻本　十册　十二行二十字小字雙行同白口四周雙邊

450000－2602－0001034　02022

**欽定户部軍需則例九卷欽定工部軍需則例續纂一卷欽定兵部軍需則例五卷欽定工部軍需則例一卷**　(清)阿桂等纂　清刻本　二册　九行二十字小字雙行同白口四周雙邊

450000－2602－0001035　02046

**各國交涉公法論初集四卷二集四卷三集八卷**　(英國)費利摩羅巴德著　(英國)傅蘭雅口譯　(清)俞世爵筆述　清光緒二十二年(1896)慎記書莊石印本　八册　二十行四十四字白口四周雙邊

450000－2602－0001036　02038

**大清律例彙輯便覽四十卷督捕則例附纂二卷五軍道里表一卷三流道里表一卷**　清同治十一年(1872)湖北言讞局刻本　三十二册　九行三十四字小字雙行同白口四周雙邊

450000－2602－0001037　02044

**各國交涉公法論三集八卷**　(英國)費利摩羅巴德著　(英國)傅蘭雅口譯　(清)俞世爵筆述　清光緒二十一年(1895)石印本　四册　二十二行二十四字白口四周雙邊

450000－2602－0001038　02045

**各國交涉公法論初集四卷二集四卷**　(英國)費利摩羅巴德著　(英國)傅蘭雅口譯　(清)俞世爵筆述　清光緒二十七年(1901)上海日新社石印本　四册　二十二行二十四字白口四周雙邊

450000－2602－0001039　01915

**聖諭律例八卷**　(清)□□輯　清光緒刻本　八册　十二行二十二字白口四周雙邊

450000－2602－0001040　02040

**公法便覽四卷總論一卷續一卷**　(美國)吳爾璽撰　丁韙良譯　清光緒五年(1879)粤東羊城森寶閣鉛印本　六册　十一行二十七字白口四周雙邊

450000－2602－0001041　02041

**中外約章纂新十卷**　(清)上海時中書局輯　清光緒三十二年(1906)上海時中書局鉛印本　六册　十五行三十二字小字雙行同白口四周雙邊

450000－2602－0001042　02020

**軍需則例一卷**　清刻本　一册　九行二十一字小字雙行同白口四周雙邊

450000－2602－0001043　02042

**通商各國條約二函**　(清)□□輯　清光緒鉛印本　十四册　九行二十三字白口四周雙邊

450000－2602－0001044　02021

**廣西剿匪軍需奏咨章程原稿二卷**　(清)鄭及葉擬　清刻本　二册　九行二十字白口四周雙邊

450000－2602－0001045　02035

**欽定兵部續纂處分則例四卷**　(清)慶源纂修　清道光九年(1829)刻本　四册　九行二十字白口四周雙邊

450000－2602－0001046　02043

**俄國陸路通商章程及續定稅則一卷**　清同治元年(1862)刻本　一册　九行二十四字白口左右雙邊

450000－2602－0001047　01945;01944

**欽定中樞政考三十二卷續纂四卷**　(清)阿桂撰　清道光十二年(1832)刻本　三十四册　九行二十字小字雙行同白口四周雙邊

450000－2602－0001048　02603

**中國礦產志略一卷鐵路簡明表一卷**　(清)曹蘡室輯　清光緒鉛印本　一册　十四行三十二字小字雙行同下黑口四周雙邊

450000－2602－0001049　02036

**兵部武選司現行章程滿營二卷綠營四卷**　(清)□□輯　清光緒鉛印本　六册　十行二十六字白口四周雙邊

450000－2602－0001050　02039

**約章成案滙覽甲篇十卷乙篇四十二卷**　(清)北洋洋務局纂輯　清光緒三十一年(1905)上海點石齋石印本　四十五册　十行二十六字小字雙行同白口四周單邊　存五十一卷(甲篇一至九、乙篇四十二卷)

450000－2602－0001051　02052

**約章成案匯覽甲篇十卷乙篇四十二卷**　(清)北洋洋務局纂輯　清光緒三十一年(1905)上海點石齋石印本　十册　十行二十六字小字雙行同白口四周單邊　存十卷(甲篇十卷)

450000－2602－0001052　02047

**各國交涉公法論初集四卷二集四卷三集八卷**　(英國)費利摩羅巴德著　(英國)傅蘭雅口譯　(清)俞世爵筆述　清光緒二十二年(1896)慎記書莊石印本　八册　二十行四十四字白口四周雙邊

450000－2602－0001053　02048

**和約彙抄六卷**　(清)謝□□輯　清光緒四年(1878)鉛印申報館叢書本　五册　十一行二十七字白口四周雙邊

450000－2602－0001054　02083

**憲政編查館奏城鎮鄉地方自治章程并選舉章程摺不分卷**　奕劻撰　清光緒三十四年(1908)鉛印本　一册　十二行三十字白口四周雙邊

450000－2602－0001055　02108

**秋讞輯要六卷首一卷**　(清)剛毅輯　清光緒十年(1884)刻本　六册　九行二十五字小字雙行同白口四周單邊

450000－2602－0001056　02109

**秋讞輯要六卷**　(清)剛毅輯　清光緒十五年(1889)江蘇書局刻本　八册　十三行二十四字小字雙行同白口左右雙邊

450000－2602－0001057　02065

**萬國公法四卷**　(美國)惠頓撰　(美國)丁韙良譯　清末鉛印本　四册　九行二十一字白口四周雙邊

450000－2602－0001058　02172

**直齋書錄解題二十二卷**　(宋)陳振孫撰　清光緒九年(1883)江蘇書局刻本　六册　十一行二十四字白口四周雙邊

450000－2602－0001059　02166

**金石識別十二卷**　(美國)代那撰　(美國)瑪高温口譯　(清)華蘅芳筆述　清同治十一年(1872)江南製造局刻本　六册　十行二十二字上下黑口左右雙邊

450000－2602－0001060　02170

**昭德先生郡齋讀書志二十卷**　(宋)晁公武撰　(宋)姚應績編　**附志二卷**　(清)趙希弁撰　清光緒十年(1884)長沙王氏刻本　十册　八行二十四字小字雙行同白口四周雙邊

450000－2602－0001061　02169

**昭德先生郡齋讀書志二十卷**　(宋)晁公武撰　**附志二卷**　(宋)趙希弁撰　清光緒十年(1884)長沙王氏刻本　十册　八行二十四字

小字雙行同白口四周雙邊

450000－2602－0001062　02173

**直齋書録解題二十二卷**　（宋）陳振孫撰　清同治十三年（1874）江西書局刻武英殿聚珍版書本　八冊　九行二十一字小字雙行同白口四周雙邊

450000－2602－0001063　02153

**欽定法院編制法不分卷附法官考試任用司法區域分劃及初級暨地方審判廳管轄案件各暫行章程**　奕劻等撰　清宣統鉛印本　一冊　十二行三十二字白口四周雙邊

450000－2602－0001064　02154

**欽定法院編制法不分卷附法官考試任用司法區域分劃及初級暨地方審判廳管轄案件各暫行章程**　奕劻等撰　清宣統鉛印本　一冊　十二行三十二字白口四周雙邊

450000－2602－0001065　02164

**西藝知新十卷**　（英國）諾格德撰　（英國）傅蘭雅口譯　（清）徐壽筆述　清刻本　五冊　十行二十二字白口左右雙邊　存九卷（一至七、九至十）

450000－2602－0001066　02176

**藏書紀事詩六卷**　葉昌熾撰　清光緒二十三年（1897）長沙學使署刻靈鶼閣叢書本　六冊　十一行二十三字小字雙行同上下黑口左右雙邊

450000－2602－0001067　02177

**藏書紀事詩七卷**　葉昌熾撰　清宣統二年（1910）刻本　六冊　十一行二十三字小字雙行同上下黑口左右雙邊

450000－2602－0001068　02161

**墨法集要一卷**　（明）沈繼孫撰　清同治十三年（1874）江西書局刻武英殿聚珍版書本　一冊　九行二十一字小字雙行同白口四周雙邊

450000－2602－0001069　02178

**欽定四庫全書總目二百卷首一卷**　（清）永瑢等修　（清）紀昀等纂　清同治七年（1868）廣東書局刻本　七十九冊　九行二十一字白口左右雙邊　存一百九卷（一至十九、一百十二至二百，首一卷）

450000－2602－0001070　02160

**欽定武英殿聚珍版程式一卷**　（清）金簡撰　清同治十三年（1874））江西書局刻武英殿聚珍版書本　一冊　九行二十一字小字雙行同白口四周雙邊

450000－2602－0001071　02149

**重修名法指掌圖四卷**　（清）徐灝撰　清同治九年（1870）湖北崇文書局刻本　四冊　白口四周雙邊

450000－2602－0001072　02174

**善本書室藏書志四十卷附録一卷**　（清）丁丙輯　清光緒二十七年（1901）錢唐丁氏刻本　十六冊　十三行二十六字白口四周雙邊

450000－2602－0001073　02175

**善本書室藏書志四十卷附録一卷**　（清）丁丙輯　清光緒二十七年（1901）錢唐丁氏刻本　十四冊　十三行二十六字白口四周雙邊　存三十五卷（六至四十）

450000－2602－0001074　02208

**浙江採集遺書總録十卷閏集一卷**　（清）沈初等輯　清乾隆三十九年（1774）刻本　八冊　十行二十字小字雙行同上下黑口四周單邊

450000－2602－0001075　02204

**蕘圃藏書題識十卷附刻書題識一卷**　（清）黄丕烈撰　繆荃孫輯　清刻本　十冊　十四行二十一字小字雙行同上下黑口左右雙邊

450000－2602－0001076　02205

**士禮居藏書題跋記六卷續一卷**　（清）黄丕烈撰　清光緒滂喜齋刻本　十二冊　十一行二十三字小字雙行同上下黑口左右雙邊

450000－2602－0001077　02180

**欽定四庫全書總目二百卷首一卷**　（清）紀昀等纂　清宣統二年（1910）存古叁石印本（卷一百十六至一百二十四補配鉛印本）　三十二冊　十九行四十四字小字雙行同白口左右雙邊

450000－2602－0001078　02247；02248
**欽定天祿琳琅書目十卷**　（清）于敏中等編
**欽定天祿琳琅書目後編二十卷**　（清）彭元瑞等編　清光緒二十年（1894）長沙王氏刻本　十冊　九行二十一字小字雙行同上下黑口左右雙邊

450000－2602－0001079　02185
**西學書目表三卷附一卷讀西學書法一卷**　梁啟超撰　清光緒二十二年（1896）洋務報館刻本　一冊　十三行字不等上下黑口四周單邊

450000－2602－0001080　02142
**修正現行刑律不分卷**　清宣統鉛印本　一冊　十二行二十五字下黑口四周雙邊

450000－2602－0001081　02384
**宋元舊本書經眼錄三卷坿錄二卷**　（清）莫友芝撰　清同治十二年（1873）獨山莫繩孫刻本　一冊　十行二十一字小字雙行同上下黑口左右雙邊

450000－2602－0001082　02144
**核訂現行刑律不分卷**　（清）憲政編查館輯　清宣統元年（1909）鉛印本　二冊　十二行二十五字下黑口四周雙邊

450000－2602－0001083　02237
**古今僞書考一卷**　（清）姚際恒著　清光緒十九年（1893）廣州拾芥書園刻本　一冊　十行十八字小字雙行同白口左右雙邊

450000－2602－0001084　02238
**經籍舉要一卷**　（清）龍啓瑞撰　清光緒十九年（1893）中江講院刻漸西村舍彙刊本　一冊　十一行二十八字小字雙行同上下黑口左右雙邊

450000－2602－0001085　02239
**福省重刻武英殿聚珍版書目不分卷**　（清）潘霨輯　清同治十年（1871）刻本　一冊　十行字不等白口四周雙邊

450000－2602－0001086　02203
**校讎通義三卷**　（清）章學誠著　清光緒刻本　一冊　十二行二十五字白口四周單邊

450000－2602－0001087　02151
**蜀僚問答二卷讀律心得三卷**　（清）劉衡纂　清刻本　一冊　九行二十一字小字雙行同下黑口四周雙邊

450000－2602－0001088　02196
**儀顧堂題跋十六卷續跋十六卷**　（清）陸心源撰　清光緒十六年（1890）刻十八年（1892）續刻本　八冊　十行二十字白口四周雙邊

450000－2602－0001089　02282
**鐵琴銅劍樓藏書目錄二十四卷**　（清）瞿鏞撰　清光緒二十四年（1898）刻鐵琴銅劍樓叢書本　十冊　十行二十二字上下黑口左右雙邊

450000－2602－0001090　02283
**鐵琴銅劍樓藏書目錄二十四卷**　（清）瞿鏞撰　清光緒二十四年（1898）刻鐵琴銅劍樓叢書本　十冊　十行二十二字上下黑口左右雙邊

450000－2602－0001091　02296
**彙刻書目二十卷**　（清）顧修輯　（清）朱學勤增訂　清光緒十二年至十五年（1886－1889）上海福瀛書局刻本　二十冊　十一行二十五字小字雙行同上下黑口左右雙邊

450000－2602－0001092　02297
**彙刻書目初編十卷**　（清）顧修輯　**續編一卷新編一卷補編一卷**　（清）陳光照輯　清光緒元年（1875）長洲陳氏無夢園刻本　十冊　九行二十一字小字雙行同上下黑口左右雙邊

450000－2602－0001093　02298
**彙刻書目初編十卷**　（清）顧修輯　**續編一卷新編一卷補編一卷**　（清）陳光照輯　清光緒元年（1875）長洲陳氏無夢園刻本　十冊　九行二十一字小字雙行同上下黑口左右雙邊

450000－2602－0001094　02301
**武林藏書錄三卷首一卷末一卷**　（清）丁申撰　清光緒二十六年（1900）錢塘丁氏嘉惠堂刻武林掌故叢編本　二冊　十行二十字小字雙行同白口四周雙邊

450000－2602－0001095　02309
**開有益齋讀書志六卷續志一卷金石文字記一**

**卷**　(清)朱緒曾述　清光緒六年(1880)金陵翁氏茹古閣刻本　四冊　十行二十一字白口左右雙邊

450000－2602－0001096　02318
**士禮居藏書題跋記續二卷**　(清)黄丕烈撰　清光緒二十二年(1896)元和江氏刻靈鶼閣叢書本　一冊　十一行二十三字小字雙行同上下黑口左右雙邊　存一卷(上)

450000－2602－0001097　02316
**天一閣書目四卷**　(清)阮元輯　清嘉慶十三年(1808)刻本　八冊　十行二十二字白口左右雙邊

450000－2602－0001098　02321
**日本訪書志十七卷**　楊守敬撰　清光緒二十三年(1897)鄰蘇園刻本　八冊　九行二十字上下黑口左右雙邊

450000－2602－0001099　02358
**補晉書經籍志四卷**　(清)吳士鑑纂　清刻本　一冊　十行二十四字小字雙行同白口四周單邊

450000－2602－0001100　02322
**大清駐日本使署藏書書目表四卷首一卷**　胡維德編　清宣統二年(1910)鉛印本　一冊　十行字不等白口四周雙邊　存三卷(二至四)

450000－2602－0001101　02323
**大清駐日本使署藏書書目表四卷首一卷**　胡維德編　清宣統二年(1910)鉛印本　二冊　十行字不等白口四周雙邊

450000－2602－0001102　02365
**校讎通義三卷**　(清)章學誠著　清光緒十九年(1893)粵東菁華閣刻本　一冊　十行二十一字上下黑口左右雙邊

450000－2602－0001103　02066
**憲法精理二卷**　(清)周逵編譯　清刻本　一冊　十二行三十一字白口四周雙邊

450000－2602－0001104　01312
**痛史**　樂天居士輯　清宣統三年(1911)商務印書館鉛印本　一冊　十行二十七字小字雙行同白口四周雙邊　存三種三卷(淮城紀事一卷、揚州變略一卷、京口變略一卷)

450000－2602－0001105　02366
**校讎通義三卷**　(清)章學誠著　清光緒十九年(1893)粵東菁華閣刻本　一冊　十行二十一字上下黑口左右雙邊

450000－2602－0001106　02324
**初學宜讀諸書要略一卷**　葉瀚著　清光緒二十三年(1897)仁和葉氏刻初學讀書要略本　一冊　九行二十字白口左右雙邊

450000－2602－0001107　02325
**金石書目一卷**　葉銘　葉舟編訂　清宣統二年(1910)西泠印社鉛印葉氏存古叢書本　一冊　八行字不等白口四周單邊

450000－2602－0001108　02367
**校讎通義三卷**　(清)章學誠著　清道光十三年(1833)刻章氏遺書本　一冊　十二行二十五字小字雙行同白口四周單邊

450000－2602－0001109　02360
**徵訪明季遺書目一卷**　劉世瑗撰　清宣統二年(1910)鉛印本　一冊　九行二十二字小字雙行同上下黑口四周單邊

450000－2602－0001110　02361
**楹書隅録五卷續編四卷**　(清)楊紹和撰　清光緒二十年(1894)海源閣刻本　八冊　九行二十一字白口左右雙邊

450000－2602－0001111　02395
**海虞藝文志六卷**　(清)姚福均撰　清光緒二十三年(1897)常熟姚氏慕程齋刻本　二冊　十行二十一字小字雙行同上下黑口左右雙邊

450000－2602－0001112　02359
**廣川書跋十卷**　(宋)董逌著　清光緒十三年(1887)刻行素草堂金石叢書本　四冊　十一行二十一字小字雙行同上下黑口左右雙邊

450000－2602－0001113　02300
**花近樓叢書序跋記二卷**　(清)管庭芬撰　清

宣統三年(1911)上海國學扶輪社鉛印本　一冊　十一行二十九字上下黑口四周雙邊

450000－2602－0001114　02319
**黃蕘圃先生[丕烈]年譜二卷**　(清)江標輯　清刻本　一冊　十一行二十三字小字雙行同上下黑口左右雙邊　存一卷(下)

450000－2602－0001115　02402
**古今僞書考一卷**　(清)姚際恒著　清光緒十九年(1893)廣洲拾芥園刻本　一冊　十行十八字小字雙行同白口左右雙邊

450000－2602－0001116　02111
**函海**　(清)李調元輯　清乾隆錦州李氏萬卷樓刻道光五年(1825)李朝夔補刻本　一冊　十行二十字小字雙行不等白口左右雙邊　存三種三卷(辯誣筆錄一卷、采石瓜州記一卷、家訓筆錄一卷)

450000－2602－0001117　02399
**皕宋樓藏書志一百二十卷續志四卷**　(清)陸心源編　清光緒八年(1882)陸氏十萬卷樓刻本　三十二冊　十行二十字小字雙行同白口四周雙邊

450000－2602－0001118　02409
**藝風藏書記八卷**　繆荃孫撰　清光緒二十六年(1900)刻本　四冊　十一行二十三字上下黑口左右雙邊

450000－2602－0001119　02396
**華延年室題跋三卷**　(清)傅以禮撰　清宣統元年(1909)俞人蔚鉛印本　三冊　十一行二十五字白口四周雙邊

450000－2602－0001120　02408
**藝風藏書記八卷**　繆荃孫撰　清光緒二十六年(1900)刻本　二冊　十一行二十三字上下黑口左右雙邊

450000－2602－0001121　02351
**皇清經解檢目錄要八卷通用表一卷**　(清)蔡啟盛編　清光緒十二年(1886)武林刻本　二冊　十四行三十二字小字雙行同白口四周雙邊

450000－2602－0001122　02352
**大明三藏聖教目錄四卷附大明續入藏諸集一卷**　(清)張心泰輯　清光緒八年(1882)刻本　四冊　十行二十字小字雙行同上下黑口左右雙邊

450000－2602－0001123　02416
**金石錄補二十七卷續跋七卷**　(清)葉奕苞著　清光緒十三年(1887)刻行素草堂金石叢書本　一冊　十一行二十一字小字雙行同上下黑口左右雙邊　存七卷(續跋七卷)

450000－2602－0001124　02423
**蜀碑記十卷**　(宋)王象之撰　清刻本　一冊　十行二十字小字雙行二十三字白口四周雙邊

450000－2602－0001125　02417
**積古齋鐘鼎彝器款識十卷**　(清)阮元編錄　清刻本　四冊　白口四周單邊

450000－2602－0001126　02150
**道光刑部案不分卷**　清抄本　十六冊　九行二十字白口四周雙邊

450000－2602－0001127　02426
**金石續編二十一卷首一卷**　(清)陸耀遹纂　(清)陸增祥校訂　清光緒十九年(1893)上海醉六堂石印本　六冊　二十二行二十一字小字雙行同下黑口四周單邊

450000－2602－0001128　02453
**潛研堂金石文字目録八卷**　(清)錢大昕撰　清光緒長沙龍氏家塾刻嘉定錢氏潛研堂全書本　九冊　十行二十二字小字雙行同上下黑口左右雙邊

450000－2602－0001129　02449
**重定金石契不分卷石鼓文釋存一卷補注一卷**　(清)張燕昌過眼　清光緒二十二年至二十八年(1896－1902)劉氏聚學軒刻本　五冊　十行十六字白口四周單邊

450000－2602－0001130　02428
**靈鶼閣叢書**　(清)江標輯　清光緒元和江氏刻本　一冊　十一行二十三字小字雙行同上

下黑口左右雙邊　存二種三卷（江甯金石待訪目二卷、山左南北朝石刻存目一卷）

450000－2602－0001131　02435

**知不足齋叢書**　清乾隆至道光間長塘鮑氏刻本　一册　九行二十一字上下黑口左右雙邊　存二種三卷（金石史二卷、閑者軒貼考一卷）

450000－2602－0001132　02414

**集古錄目十卷原目一卷**　（宋）歐陽棐撰　繆荃孫校輯　清光緒十年（1884）刻雲自在龕叢書本　二册　十一行二十三字小字雙行同上下黑口左右雙邊

450000－2602－0001133　02431

**金石例十卷**　（元）潘昂霄撰　清刻本　一册　十行二十二字小字雙行三十三字白口左右雙邊

450000－2602－0001134　02425

**金石萃編一百六十卷**　（清）王昶譔　**續編二十一卷**　（清）陸耀遹纂　清光緒十九年（1893）上海醉六堂石印本　二十三册　二十行字不等小字雙行不等下黑口四周單邊　存一百六十九卷（一至八十六、九十九至一百六十，續二十一卷）

450000－2602－0001135　02413

**二銘草堂金石聚十六卷**　（清）張德容著錄　清同治十一年（1872）衢州張氏二銘草堂刻本　十六册　十行二十八字小字雙行同白口四周雙邊

450000－2602－0001136　02498

**漢碑徵經一卷**　（清）朱百度著　清光緒十五年（1889）廣雅書局刻本　一册　十一行二十四字小字雙行同上下黑口四周單邊

450000－2602－0001137　02496

**金石例十卷**　（元）潘昂霄撰　（清）王芑孫評本　清光緒四年（1878）南海馮氏讀有用書齋刻朱墨套印金石三例本　二册　十行二十二字小字雙行同白口左右雙邊

450000－2602－0001138　02467

**寰宇訪碑錄十二卷**　（清）孫星衍　（清）邢澍撰　清光緒九年（1883）江蘇書局刻本　四册　十一行二十一字小字雙行同白口左右雙邊

450000－2602－0001139　02462

**重定金石契不分卷**　（清）張燕昌過眼　清光緒二十二年（1896）貴池劉氏聚學軒劉氏刻本　四册　十行十六字白口四周單邊

450000－2602－0001140　02480

**石墨鐫華八卷**　（明）趙崡撰　清刻本　四册　八行十八字小字雙行同白口四周單邊

450000－2602－0001141　02495

**京畿金石考二卷**　（清）孙星衍撰　清光緒十二年（1886）吳縣朱氏家塾刻槐廬叢書本　一册　十行二十一字上下黑口左右雙邊

450000－2602－0001142　02455

**寶刻叢編二十卷**　（宋）陳思纂　清吳式芬刻本　十四册　十一行十九字小字雙行同白口左右雙邊

450000－2602－0001143　02430

**語石十卷**　葉昌熾撰　清宣統元年（1909）刻本　四册　十一行二十三字上下黑口左右雙邊

450000－2602－0001144　02500

**金石摘十卷**　（清）陳善墀輯　清同治十年至光緒二年（1871－1876）瀏陽縣學不求甚解齋刻本　十册　行字不等白口四周單邊

450000－2602－0001145　02494

**金石文字記六卷韻補正一卷**　（清）顧炎武撰　清刻本　三册　十一行二十字白口左右雙邊　存六卷（二至六、韻補正一卷）

450000－2602－0001146　03002

**［光緒］上虞縣志校續五十卷首一卷末一卷**　（清）儲家藻修　徐致靖纂　清光緒二十五年（1899）刻本　二十册　九行二十二字小字雙行同白口左右雙邊

450000－2602－0001147　02501

**陶齋吉金録八卷**　（清）端方輯　清光緒三十

四年(1908)石印本　八冊　行字不等白口四周單邊

450000－2602－0001148　02502

**陶齋吉金續錄二卷**　(清)端方撰　清宣統元年(1909)石印本　二冊　白口四周單邊

450000－2602－0001149　02506

**兩浙金石志十八卷補遺一卷**　(清)阮元撰　清光緒十六年(1890)浙江書局刻本　十二冊　十一行二十二字小字雙行同白口左右雙邊

450000－2602－0001150　02505

**兩浙金石志十八卷補遺一卷**　(清)阮元撰　清光緒十六年(1890)浙江書局刻本　十二冊　十一行二十二字小字雙行同白口左右雙邊

450000－2602－0001151　02475

**粵東金石略九卷首一卷九曜石考二卷**　(清)翁方綱撰　清光緒十七年(1891)石經堂書局影印本　四冊　十行二十二字小字雙行同白口左右雙邊

450000－2602－0001152　02508

**金石索十二卷首一卷**　(清)馮雲鵬撰　清光緒三十三年(1907)上海文新局石印本　二十四冊　行字不等白口四周單邊

450000－2602－0001153　02469

**重校拜經樓叢書十種**　(清)吳騫輯　(清)朱記榮補輯　清光緒二十年(1894)吳縣朱氏校經堂刻本　一冊　上下黑口左右雙邊　存二種三卷

450000－2602－0001154　02468

**文莫室墓表一卷**　(清)王樹枏撰　清光緒刻本　一冊　十行二十一字上下黑口左右雙邊

450000－2602－0001155　02512

**靈峯草堂叢書**　陳矩輯　清光緒貴陽陳氏刻本　一冊　十行二十二字小字雙行同下黑口左右單邊　存二種二卷(天全石錄一卷、翰林學士集一卷)

450000－2602－0001156　02515

**海源閣藏書目一卷**　(清)楊紹和撰　清光緒十四年(1888)刻江刻書目三種本　一冊　十行二十字白口四周單邊

450000－2602－0001157　02507

**金石索十二卷首一卷**　(清)馮雲鵬撰　清光緒三十二年(1906)上海文新局石印本　二十四冊　行字不等白口四周單邊

450000－2602－0001158　02516

**海源閣藏書目一卷**　(清)楊紹和撰　清光緒十四年(1888)刻江刻書目三種本　一冊　十行二十字白口四周單邊

450000－2602－0001159　02519

**語石十卷**　葉昌熾撰　清宣統元年(1909)刻蘇州振新書社印本　四冊　十一行二十三字小字雙行同上下黑口左右雙邊

450000－2602－0001160　02509

**金石索十二卷首一卷**　(清)馮雲鵬撰　(清)馮雲鵷輯撰　清光緒十九年(1893)上海積山書局石印本　二十四冊　行字不等白口四周單邊

450000－2602－0001161　02521

**兩漢金石記二十二卷**　(清)翁方綱撰　清乾隆五十四年(1789)南昌使院刻蘇齋叢書本　八冊　十行二十字白口左右雙邊

450000－2602－0001162　S445

**越中金石記十卷**　(清)杜春生編錄　清道光十年(1830)詹波館刻稷山叢書本(卷十有補配)　六冊　十二行二十二字白口左右雙邊

450000－2602－0001163　02510

**行素草堂金石叢書**　(清)朱記榮輯　清光緒吳縣朱氏刻十四年(1888)彙印本　三十九冊　十一行二十一字小字雙行同上下黑口左右雙邊　存十六種一百五十二卷

450000－2602－0001164　02525

**碑傳集一百六十卷首二卷末二卷**　(清)錢儀吉纂錄　清光緒十九年(1893)江蘇書局刻本　六十冊　十六行二十七字小字雙行同上下黑口四周單邊

450000－2602－0001165　02744

**[乾隆]鞏縣志二十卷首一卷**　(清)李述武纂修　清乾隆五十四年(1789)刻本　六册　十行二十二字小字雙行同白口左右雙邊

450000－2602－0001166　08908

**明詞綜十二卷**　(清)王昶輯　清同治四年(1865)亦西齋刻本　二册　十行二十一字小字雙行同上下黑口左右雙邊

450000－2602－0001167　02549

**元和郡縣圖志四十卷闕卷逸文一卷補志九卷**　(唐)李吉甫撰　(清)嚴觀輯　清光緒六年至八年(1880－1882)金陵書局刻本　十册　十二行二十四字小字雙行同上下黑口左右雙邊　存四十四卷(一至十八、二十一至二十二、二十五至三十四、三十七至四十,闕卷逸文一卷,補志九卷)

450000－2602－0001168　02550

**元和郡縣圖志四十卷闕卷逸文一卷補志九卷**　(唐)李吉甫撰　(清)嚴觀輯　清光緒六年至八年(1880－1882)金陵書局刻本　十册　十二行二十四字小字雙行同上下黑口左右雙邊　存四十四卷(一至十八、二十一至二十二、二十五至三十四、三十七至四十,闕卷逸文一卷,補志九卷)

450000－2602－0001169　02522

**金石圖説四卷**　(清)牛運震集说　(清)褚峻橅圖　劉世珩編補　清光緒二十二年(1896)貴池劉世珩聚學軒刻本　四册　行字不等白口左右雙邊

450000－2602－0001170　02545

**李氏五種合刊二十九卷**　(清)李兆洛編　清光緒十八年(1892)長沙草素書局刻本　十六册　八行二十二字小字雙行同白口四周雙邊

450000－2602－0001171　02542

**李氏五種二十八卷**　(清)李兆洛編　清同治九年至十一年(1870－1872)李鴻章刻本　十二册　八行二十二字小字雙行同白口四周雙邊　存三種二十五卷

450000－2602－0001172　02543

**李氏五種二十八卷**　(清)李兆洛編　清光緒十四年(1888)上海埽葉山房刊本　十二册　八行二十二字小字雙行同白口四周雙邊

450000－2602－0001173　15747

**集古録目五卷**　(宋)歐陽棐撰　(清)黄本驥輯　清光緒十三年(1887)吴縣朱氏刻行素草堂金石叢書本　一册　十一行二十一字小字雙行同上下黑口左右雙邊　存二卷(一至二)

450000－2602－0001174　15748

**廣川書跋十卷**　(宋)董逌著　清光緒十三年(1887)刻行素草堂金石叢書本　四册　十一行二十一字小字雙行同上下黑口左右雙邊

450000－2602－0001175　02557

**太平寰宇記補闕六卷**　(宋)樂史撰　清光緒九年(1883)遵義黎氏刻古逸叢書本　一册　十一行二十字小字雙行同白口左右雙邊

450000－2602－0001176　02555

**太平寰宇記二百卷目録二卷**　(清)樂史撰　清光緒八年(1882)金陵書局刻本(原缺卷一百十三至一百十九)　十一册　十行二十字小字雙行同白口左右雙邊　存六十一卷(二十至二十三、四十至四十五、五十一至六十一、七十三至一百七、一百八十六至一百九十)

450000－2602－0001177　02551

**元豐九域志十卷**　(宋)王存撰　清光緒八年(1882)金陵書局刻本　四册　十一行二十一字小字雙行同白口左右雙邊

450000－2602－0001178　02552

**元豐九域志十卷**　(宋)王存撰　清光緒八年(1882)金陵書局刻本　三册　十一行二十一字小字雙行同白口左右雙邊　存七卷(一至二、六至十)

450000－2602－0001179　02553

**元豐九域志十卷**　(宋)王存撰　清刻本　五册　十一行二十一字小字雙行同白口左右雙邊

450000－2602－0001180　02560
**皇朝中外壹統輿圖中一卷南十卷北二十卷首一卷**　(清)胡林翼輯　(清)嚴樹森增輯　(清)鄒世詒　(清)晏啟鎮繪　清同治二年(1863)湖北撫署景桓樓刻本　十二册　行字不等下黑口四周雙邊

450000－2602－0001181　02544
**李氏五種二十八卷**　(清)李兆洛編　清光緒二十四年(1898)上海掃葉山房石印本　四册　行字不等白口四周雙邊

450000－2602－0001182　02561
**皇朝中外壹統輿圖中一卷南十卷北二十卷首一卷**　(清)胡林翼輯　(清)嚴樹森增輯　(清)鄒世詒　(清)晏啟鎮繪　清同治二年(1863)湖北撫署景桓樓刻本　胡惟德識　三十一册　行字不等下黑口四周雙邊　存三十一卷(中一卷,南一至八、十,北二十卷,首一卷)

450000－2602－0001183　02548
**乾隆府廳州縣圖志五十卷**　(清)洪亮吉撰　清光緒五年(1879)授經堂刻本　十六册　十二行二十四字小字雙行同上下黑口四周雙邊

450000－2602－0001184　02547
**乾隆府廳州縣圖志五十卷**　(清)洪亮吉撰　清乾隆五十三年至嘉慶八年(1788－1803)刻本　十一册　十二行二十四字小字雙行同上下黑口四周雙邊

450000－2602－0001185　02564
**皇清地理圖不分卷**　(清)董祐誠繪　清同治十年(1871)番禺俞守義刻本　五册　行字不等白口左右雙邊

450000－2602－0001186　02571
**皇朝中外壹統輿圖中一卷南十卷北二十卷首一卷**　(清)胡林翼輯　(清)嚴樹森增輯　(清)鄒世詒　(清)晏啟鎮繪　清同治二年(1863)湖北撫署景桓樓刻本　彭氏識　三十二册　行字不等下黑口四周雙邊

450000－2602－0001187　02569
**欽定五軍道里表十八卷**　(清)明亮等撰　清同治十二年(1873)江蘇書局刻本　十八册　白口左右雙邊

450000－2602－0001188　02570
**欽定五軍道里表十八卷**　(清)明亮等撰　清同治十二年(1873)江蘇書局刻本　十七册　白口左右雙邊　存十六卷(一至十一、十三至十五、十七至十八)

450000－2602－0001189　02568
**皇朝中外壹統輿圖中一卷南十卷北二十卷首一卷**　(清)胡林翼輯　(清)嚴樹森增輯　(清)鄒世詒　(清)晏啟鎮繪　清同治二年(1863)湖北撫署景桓樓刻本　三十一册　行字不等下黑口四周雙邊　存三十一卷(中一卷,南一至九,北二十卷,首一卷)

450000－2602－0001190　02565
**皇朝直省府廳州縣歌括一卷**　(清)蔣升撰　清光緒二十三年(1897)江楚書局刻本　一册　十行二十二字小字雙行同上下黑口左右雙邊

450000－2602－0001191　02566
**皇朝直省地名韻語一卷**　(清)陳樹鏞養　(清)韓銘基補　清光緒十九年(1893)刻本　一册　九行二十二字上下黑口四周單邊

450000－2602－0001192　02567
**皇朝直省地名韻語一卷**　(清)陳樹鏞養　(清)韓銘基補　清光緒十九年(1893)刻本　一册　九行二十二字上下黑口四周單邊

450000－2602－0001193　02526
**續碑傳集八十六卷首二卷**　繆荃孫纂　清宣統二年(1910)江楚編譯書局刻本　二十四册　十六行二十七字上下黑口四周單邊

450000－2602－0001194　02585;02588;02589
**小方壺齋輿地叢鈔十二帙補編十二帙再補編十二帙**　王錫祺輯　清光緒十七年至二十三年(1891－1897)上海著易堂鉛印本　八十四册　十八行四十字白口四周雙邊

450000－2602－0001195　02575

**皇朝藩屬輿地叢書六集二十八種一百四十六卷** （清）浦□輯 清光緒二十九年（1903）金匱浦氏靜寄東軒石印本 九冊 十行二十一字白口左右雙邊 存十四種七十三卷

450000－2602－0001196 02577
**輿地沿革表四十卷** （清）楊丕復著 清光緒十四年（1888）刻本 二十四冊 十行二十一字小字雙行同白口四周雙邊

450000－2602－0001197 02586；02587
**小方壺齋輿地叢鈔十二帙補編十二帙再補編十二帙** 王錫祺輯 清光緒十七年至二十三年（1891－1897）上海著易堂鉛印本 金石聲注 金石聲注 六十八冊 十八行四十字白口四周雙邊

450000－2602－0001198 02590
**讀史方輿紀要一百三十卷輿圖要覽四卷** （清）顧祖禹輯著 （清）彭元瑞校定 清敷文閣刻本 六十冊 十行二十一字小字雙行同白口四周雙邊

450000－2602－0001199 02576
**歷代地理沿革表四十七卷** （清）陳芳績撰 清光緒二十一年（1895）刻廣雅書局叢書本 二十四冊 十一行二十四字小字雙行同白口左右雙邊

450000－2602－0001200 02591
**讀史方輿紀要一百三十卷輿圖要覽四卷** （清）顧祖禹輯著 （清）彭元瑞校定 清嘉慶十七年（1812）成都龍氏敷文閣刻光緒五年（1879）蜀南桐華書屋薛氏家塾補刻本 五十冊 十行二十一字小字雙行同白口四周雙邊

450000－2602－0001201 02562；02563
**大清一統志四百二十四卷** （清）和珅等纂修 清光緒二十八年（1902）上海寶善齋石印本 六十冊 二十行四十二字小字雙行同白口左右雙邊

450000－2602－0001202 02556
**太平寰宇記二百卷補闕八卷目錄二卷** （宋）樂史撰 清同治、光緒間金谿趙氏紅杏山房補刻趙氏藏書本（卷一百十三至一百十九原缺） 十九冊 十行二十字小字雙行同白口左右雙邊 存一百十一卷（一至三、十五至十九、二十七至四十九、五十六至八十、八十八至九十二、一百七至一百十、一百二十三至一百三十七、一百四十六至一百五十二、一百六十一至一百六十四、一百六十七至一百七十二、一百八十八至一百九十二，補闕一至七，目錄二卷）

450000－2602－0001203 02594
**輿地紀勝二百卷首一卷** （宋）王象之編 清咸豐五年（1855）南海伍氏粵雅堂刻本 二十四冊 十二行二十五字小字雙行同白口左右雙邊 存一百八十八卷（一至五十三、五十五至一百三十九、一百四十五至一百六十八、一百七十至一百七十一、一百七十三至一百九十三、一百九十五至一百九十六，首一卷）

450000－2602－0001204 02558
**太平寰宇記二百卷目錄二卷** （宋）樂史撰 清光緒八年（1882）金陵書局刻本（原缺卷一百十三至一百十九） 三十六冊 十行二十字小字雙行同白口左右雙邊 存一百九十五卷

450000－2602－0001205 02596
**讀史方輿紀要十卷** （清）顧祖禹著 **摘錄一卷** （清）朱棠撰 清光緒十五年（1889）長沙傳忠書局刻本 十冊 九行十八字小字雙行同白口左右雙邊

450000－2602－0001206 02600
**輿地學課程不分卷戊戌遊記不分卷** （清）姚炳奎撰 清光緒二十九年（1903）經心書院刻本 八冊 九行二十一字小字雙行同下黑口左右雙邊

450000－2602－0001207 02595
**讀史方輿紀要一百三十卷輿圖要覽四卷** （清）顧祖禹輯著 （清）彭元瑞校定 清光緒二十五年（1899）慎記書莊石印本 十六冊 二十行四十四字小字雙行同白口四周雙邊

450000－2602－0001208 02601

**輿地廣記三十八卷** (宋)歐陽忞撰 **校勘輿地廣記札記二卷** (清)黄丕烈撰 清光緒六年(1880)金陵書局刻本 四冊 十三行二十四字小字雙行同白口四周單邊

450000－2602－0001209 02614
**李氏五種二十八卷** (清)李兆洛輯 清同治九年至十一年(1870－1872)李鴻章刻本 九冊 八行二十二字小字雙行同白口四周雙邊 存四種二十四卷

450000－2602－0001210 02615;02608;02612
**李氏五種二十八卷** (清)李兆洛輯 清同治九年至十一年(1870－1872)李鴻章刻本 九冊 八行二十二字小字雙行同白口四周雙邊 存四種二十四卷

450000－2602－0001211 02962
**[光緒]廬江縣志十六卷首一卷** (清)黄雲總裁 (清)錢鑅主修 (清)盧鈺纂修 清光緒十一年(1885)木活字印本 十六冊 十行二十六字小字雙行同白口四周雙邊

450000－2602－0001212 02999
**[光緒]富陽縣志二十四卷首一卷** (清)汪文炳修 蔣敬時 (清)何鎔纂 清光緒三十二年(1906)刻本 十六冊 十行二十二字小字雙行同白口左右雙邊

450000－2602－0001213 02610
**禹貢説斷四卷** (宋)傅寅撰 清刻武英殿聚珍版書本 四冊 九行二十一字小字雙行同白口四周雙邊

450000－2602－0001214 02611
**支那疆域沿革略說一卷** (日本)重野安繹 (日本)河田羆著 清輿地學會刻本 一冊 十一行二十四字小字雙行同下黑口左右雙邊

450000－2602－0001215 02609
**禹貢指南四卷** (宋)毛晃撰 清同治十三年(1874)江西書局刻武英殿聚珍版書本 一冊 九行二十一字小字雙行同白口四周雙邊

450000－2602－0001216 02554
**太平寰宇記二百卷太平寰宇記補缺一卷** (宋)樂史撰 **大清一統志表不分卷** (清)陳蘭森撰 清刻本(卷一百十三至一百十九原缺) 九冊 十行二十二字小字雙行同上下黑口四周雙邊 存三十四卷(八至十二、十九至二十三、二十九至三十四、九十八至一百五、一百五十一至一百五十七、一百九十九至二百,補缺一卷)

450000－2602－0001217 02625
**天下郡國利病書一百二十卷** (清)顧炎武輯 (清)龍萬育訂 清光緒二十七年(1901)圖書集成局鉛印本 二十七冊 十四行四十二字小字雙行同白口四周單邊 存一百十四卷(一至五十八、六十五至一百二十)

450000－2602－0001218 06859
**范石湖詩集注三卷** (清)沈欽韓撰 清光緒十九年(1893)刻廣雅書局叢書本 二冊 十一行二十四字小字雙行同上下黑口四周單邊

450000－2602－0001219 02624
**天下郡國利病書一百二十卷** (清)顧炎武輯 (清)龍萬育訂 清道光刻光緒五年(1879)桐華書屋薛氏修補印本 七十冊 十行二十一字小字雙行同白口左右雙邊

450000－2602－0001220 02599
**皇朝輿地略一卷** (清)六承如輯 **皇朝内府輿地圖縮摹本一卷** (清)六嚴德只繪 清道光十一年(1831)辨志書塾刻本 三冊 十三行二十四字白口四周單邊

450000－2602－0001221 02626
**三才略一卷** (清)蔣德鈞輯 (清)杜詔撰 清光緒五年(1879)醉經堂刻本 一冊 九行二十字小字雙行同上下黑口左右雙邊

450000－2602－0001222 02632
**兩廣速成師範館地理講義全集一卷** (清)張湘文編 清光緒三十一年(1905)兩廣學務處鉛印本 一冊 十二行三十七字下黑口四周雙邊

450000－2602－0001223 02623

**天下郡國利病書一百二十卷**　（清）顧炎武輯　（清）龍萬育訂　清道光刻光緒五年（1879）桐華書屋薛氏修補印本　五十冊　十行二十一字小字雙行同白口左右雙邊

450000－2602－0001224　02633
**古香齋鑒賞袖珍春明夢餘錄七十卷**　（清）孫承澤著　清光緒八年（1882）孔氏三十有三萬卷堂刻古香齋袖珍十種本　二十四冊　九行二十二字白口四周雙邊

450000－2602－0001225　02638
**宸垣識略十六卷**　（清）吳長元輯　清光緒二年（1876）刻本　八冊　九行二十一字白口左右雙邊

450000－2602－0001226　02631
**地學淺釋三十八卷**　（英國）雷俠兒撰　（美國）瑪高溫口述　（清）華蘅芳筆述　清石印本　一冊　二十行四十四字小字雙行不等白口四周雙邊　存十卷（一至十）

450000－2602－0001227　02634
**古香齋鑒賞袖珍春明夢餘錄七十卷**　（清）孫承澤著　清刻本　二十四冊　九行二十二字小字雙行同白口四周雙邊

450000－2602－0001228　02711
**［同治］黃縣志十四卷首一卷末一卷**　（清）尹繼美修　清同治十年（1871）刻本　四冊　十行二十四字小字雙行同字白口四周雙邊

450000－2602－0001229　02661
**［康熙］靈壽縣志十卷末一卷**　（清）陸隴其纂修　清康熙二十五年（1686）刻本　四冊　十行二十三字小字雙行同白口四周雙邊

450000－2602－0001230　02762
**［道光］趙城縣志三十七卷首一卷**　（清）楊二億等纂　清道光七年（1827）刻本　八冊　九行二十二字小字雙行同白口四周雙邊

450000－2602－0001231　15753
**［同治］黃縣志十四卷首一卷末一卷**　（清）尹繼美修　清同治十年（1871）刻本　四冊　十行二十四字小字雙行同白口四周雙邊

450000－2602－0001232　02759
**［光緒］代州志十二卷首一卷**　俞廉三等纂修　（清）楊篤纂　清光緒八年（1882）代山書院刻本　六冊　行字不等白口四周雙邊

450000－2602－0001233　02712
**［道光］榮成縣志十卷**　（清）李天隲纂修　（清）岳賡廷協纂　清道光二十年（1840）刻本　四冊　九行二十二字小字雙行同白口左右雙邊

450000－2602－0001234　02725
**［康熙］新城縣志十四卷首一卷**　（清）崔懋纂修　清康熙三十二年（1693）刻本　四冊　十行二十一字小字雙行同白口四周雙邊

450000－2602－0001235　02654
**津門雜記三卷**　（清）張燾輯　清光緒十年（1884）游藝山莊刻本　三冊　九行二十字小字雙行同白口左右雙邊

450000－2602－0001236　02723
**［光緒］棲霞縣志十卷首一卷**　（清）黃麗中修　（清）于如川纂　清光緒五年（1879）刻本　八冊　九行二十四字小字雙行同白口四周雙邊

450000－2602－0001237　02655
**津門雜記三卷**　（清）張燾輯　清光緒十年（1884）游藝山莊刻本　一冊　九行二十字小字雙行同白口左右雙邊

450000－2602－0001238　02710
**［同治］即墨縣志十二卷首一卷**　（清）林溥總輯　（清）周翕鐄分輯　清同治十二年（1873）刻本　八冊　十行二十五字小字雙行同白口四周雙邊

450000－2602－0001239　02722
**［乾隆］新泰縣志二十卷首一卷**　（清）江乾達等修　（清）牛士瞻等纂修　清乾隆五十年（1785）刻光緒十七年（1891）徐致愉增刻本　六冊　十行二十字小字雙行同白口四周單邊

450000－2602－0001240　02709
**［同治］即墨縣志十二卷首一卷**　（清）林溥總

輯　(清)周翕鐄分輯　清同治十二年(1873)刻本　八册　十行二十五字小字雙行同白口四周雙邊

450000－2602－0001241　02745

**[光緒]鹿邑縣志十六卷首一卷全圖一卷重訂河渠紀略一卷**　(清)于滄瀾　(清)馬家彦主纂　(清)蔣師轍纂修　清光緒二十二年(1896)刻本　八册　十行二十二字小字雙行同上下黑口左右雙邊

450000－2602－0001242　02698

**[道光]重脩平度州志二十七卷**　(清)保忠總脩　(清)鄒崇孟總脩　(清)吳慈總脩　(清)李圖總纂　(清)王大錀總纂　清道光二十九年(1849)刻本　八册　十行二十四字小字雙行同白口左右雙邊

450000－2602－0001243　02656

**津門雜記三卷**　(清)張燾輯　清光緒十年(1884)游藝山莊刻本　三册　九行二十字小字雙行同白口左右雙邊

450000－2602－0001244　02716

**[光緒]高密縣志十卷首一卷末一卷**　(清)傅賫予總修　清光緒二十二年(1896)刻本　八册　九行二十一字小字雙行同白口左右雙邊

450000－2602－0001245　02699

**[道光]重脩平度州志二十七卷**　(清)保忠總脩　(清)鄒崇孟總脩　(清)吳慈總脩　(清)李圖總纂　(清)王大錀總纂　清道光二十九年(1849)刻本　八册　十行二十四字小字雙行同白口左右雙邊

450000－2602－0001246　02752

**[道光]輝縣志二十卷首一卷末一卷**　(清)周際華等纂修　清道光十五年(1835)百泉書院刻二十一年(1841)補刻光緒十四年(1888)郭藻、二十一年(1895)易釗續補刻本　八册　十一行二十三字小字雙行同白口左右雙邊

450000－2602－0001247　02657

**[乾隆]天津縣志二十四卷**　(清)朱奎揚　(清)張志奇修　(清)吳廷華纂　清乾隆四年(1739)刻本　八册　十行二十一字小字雙行同白口四周雙邊

450000－2602－0001248　特025/7530

**學仕遺規四卷**　(清)陳宏謀輯　清道光十七年(1837)刻培遠堂全集本　二册　十行三十字小字雙行同上下黑口四周雙邊　存二卷(二、四)

450000－2602－0001249　02754

**[道光]汾陽縣志十四卷首一卷**　(清)周貽緩纂修　(清)曹文錦纂修　(清)曹樹穀纂　清咸豐元年(1851)刻本　八册　十行二十一字小字雙行同白口四周雙邊

450000－2602－0001250　02689

**[乾隆]萊州府志十六卷首一卷**　(清)嚴有禧纂修　清乾隆五年(1740)刻本　八册　十行二十四字小字雙行同白口四周雙邊

450000－2602－0001251　02659

**[乾隆]天津縣志二十四卷**　(清)朱奎揚　(清)張志奇修　(清)吳廷華纂　清乾隆四年(1739)刻本　八册　十行二十一字小字雙行同白口四周雙邊

450000－2602－0001252　02755

**[乾隆]汾州府志三十四卷首一卷**　(清)孫和相纂修　清乾隆三十六年(1771)刻本　十六册　十行二十一字小字雙行同白口左右雙邊

450000－2602－0001253　02705

**[乾隆]曲阜縣志一百卷**　(清)潘相等纂修　清乾隆三十九年(1774)刻本　十二册　十一行二十三字小字雙行同白口左右雙邊

450000－2602－0001254　02724

**[光緒]益都縣圖志五十四卷首一卷**　(清)張承燮修　清光緒三十三年(1907)刻本　十六册　十一行二十三字小字雙行同下黑口四周單邊

450000－2602－0001255　02685

**[乾隆]濰縣志六卷首一卷末一卷**　(清)張耀璧修　(清)王誦芬纂　清乾隆二十五年(1760)刻本　六册　九行二十一字小字雙行

同白口左右雙邊

450000－2602－0001256　02757

**[嘉慶]介休縣志十四卷**　(清)徐品山　(清)陸元鏸纂修　清嘉慶二十四年(1819)刻本　八册　十行二十一字小字雙行同白口四周雙邊

450000－2602－0001257　02687

**[乾隆]歷城縣志五十卷首一卷**　(清)胡德琳纂修　(清)李文藻　(清)周永年纂輯　清乾隆三十八年(1773)刻本　十六册　十行二十一字小字雙行同白口左右雙邊

450000－2602－0001258　02701

**長青縣志十六卷首四卷末二卷**　(清)舒化民等修　(清)徐德城等纂　清道光十五年(1835)刻本　六册　十行二十三字小字雙行同白口左右雙邊

450000－2602－0001259　02758

**[嘉慶]介休縣志十四卷**　(清)徐品山　(清)陸元鏸纂修　清嘉慶二十四年(1819)刻本　八册　十行二十一字小字雙行同白口四周雙邊

450000－2602－0001260　02845

**申江勝景圖二卷**　(清)吳猷繪　(清)尊聞閣主人輯　清光緒十年(1884)上海點石齋石印本　二册　行字不等白口四周單邊

450000－2602－0001261　02843

**海上冶遊備覽四卷**　(清)指迷生輯　清光緒十七年(1891)寄月軒刻本　二册　八行十八字上下黑口左右雙邊

450000－2602－0001262　02708

**[宣統]濮州志八卷**　(清)高士英總纂　(清)榮相鼎纂修　清宣統元年(1909)刻本　八册　九行二十字小字雙行同白口四周雙邊

450000－2602－0001263　02707

**[乾隆]曲阜縣志一百卷**　(清)潘相纂修　清乾隆三十九年(1774)刻本　十二册　十一行二十三字小字雙行同白口左右雙邊

450000－2602－0001264　02832

**[宣統]西安縣志略十三卷**　雷飛鵬等修　段盛梓等纂　清宣統三年(1911)石印本　二册　十行二十五字小字雙行同白口四周雙邊

450000－2602－0001265　02820

**漢西域圖考七卷首一卷**　(清)李光廷撰　清同治九年(1870)富文齋刻本　四册　九行二十一字小字雙行同白口四周雙邊

450000－2602－0001266　02848

**[同治]蘇州府志一百五十卷首三卷**　(清)李銘皖　(清)譚鈞培修　(清)馮桂芬纂　清光緒八年(1882)江蘇書局刻本　八十册　十行二十四字小字雙行同白口左右雙邊

450000－2602－0001267　02767

**蒙古游牧記(同治)十六卷**　(清)張穆撰　清光緒二十年(1894)上海復古書局石印本　六册　十行二十二字小字雙行同白口左右雙邊

450000－2602－0001268　02777

**校正朝邑縣志一卷**　(明)王道修　(明)韓邦靖纂　清咸豐六年(1856)番禺陳氏古香書屋刻本　一册　九行十八字白口四周雙邊

450000－2602－0001269　02775

**[光緒]定遠廳志二十六卷首一卷末一卷**　(清)余修鳳纂修　清光緒五年(1879)刻本　六册　十行二十四字小字雙行同白口四周雙邊

450000－2602－0001270　02805

**[道光]敦煌縣志七卷首一卷**　(清)蘇履吉創修　(清)曾誠纂輯　清道光十一年(1831)刻本　四册　九行二十字白口四周雙邊

450000－2602－0001271　02799

**[正德]武功縣志三卷首一卷**　(明)康海撰　(清)孫景烈評注　清乾隆二十六年(1761)刻本　一册　十行二十二字小字雙行同白口四周雙邊

450000－2602－0001272　02776

**[光緒]定遠廳志二十六卷首一卷末一卷**　(清)余修鳳纂修　清光緒五年(1879)刻本

六册　十行二十四字小字雙行同白口四周雙邊

450000－2602－0001273　02822
**靈鶼閣叢書**　(清)江標輯　清光緒元和江氏刻本　一册　十一行二十三字小字雙行同上下黑口左右雙邊　存三種三卷(西遊録注一卷、澳大利亞洲新志譯本一卷、張憶娘簪華圖卷題詠一卷)

450000－2602－0001274　02836
**[同治]上海縣志三十二卷首一卷末一卷附補遺一卷敍録一卷**　(清)應寶時修　(清)俞樾　(清)方宗誠纂　清光緒八年(1882)上海縣儒學洒埽局刻本　十六册　十二行二十三字小字雙行同白口四周雙邊

450000－2602－0001275　02688
**[乾隆]歷城縣志五十卷首一卷**　(清)胡德琳纂修　(清)李文藻　(清)周永年纂輯　清乾隆三十八年(1773)刻本　李元震題跋　十六册　十行二十一字小字雙行同白口左右雙邊

450000－2602－0001276　02798
**[正德]武功縣志三卷首一卷**　(明)康海撰　(清)孫景烈評注　清嘉慶十九年(1814)刻光緒十三年(1887)張世英補刻本　一册　十二行二十五字小字雙行同白口四周雙邊

450000－2602－0001277　02660
**[同治]續天津縣志二十卷首一卷**　(清)吳惠元總修　(清)蔣玉虹　(清)俞樾編輯　清同治九年(1870)刻本　八册　十行二十一字小字雙行同白口四周雙邊

450000－2602－0001278　02802
**[光緒]岐山縣志八卷**　(清)胡昇猷重修　(清)張殿元編次　清光緒十年(1884)刻本　四册　十行二十四字小字雙行同白口四周雙邊

450000－2602－0001279　02800
**[正德]武功縣志三卷首一卷**　(明)康海撰　(清)孫景烈評注　清嘉慶十九年(1814)刻光緒十三年(1887)張世英補刻本　一册　十二行二十五字小字雙行同白口四周雙邊

450000－2602－0001280　02819
**[乾隆]新疆輿圖風土考五卷**　(清)椿園氏撰　清光緒八年(1882)上海點石齋石印本　一册　十六行三十二字白口四周雙邊

450000－2602－0001281　02702
**[同治]重修甯海州志二十八卷**　(清)舒孔安總修　(清)王厚階纂修　清同治三年(1864)刻本　八册　十行二十五字小字雙行同白口左右雙邊

450000－2602－0001282　02797
**[光緒]高陵縣續志八卷**　(清)程維雍重修　(清)白遇道編纂　清光緒十年(1884)刻本　一册　十二行二十六字小字雙行同上下黑口四周單邊　存四卷(一至四)

450000－2602－0001283　02826
**東三省沿革表六卷**　吳廷燮撰　清宣統元年(1909)天津徐氏退耕堂刻本　六册　十行二十四字上下黑口左右雙邊

450000－2602－0001284　02837
**[同治]上海縣志三十二卷首一卷末一卷附補遺一卷敍録一卷**　(清)應寶時修　(清)俞樾　(清)方宗誠纂　清光緒八年(1882)上海縣儒學洒埽局刻本　十六册　十二行二十三字小字雙行同白口四周雙邊　存三十五卷(三十二卷、首一卷、附補遺一卷、敍録一卷)

450000－2602－0001285　01775
**李文忠公事略一卷附傳稿訃文祭文輓詞**　清刻本　一册　十行二十字上下黑口左右雙邊

450000－2602－0001286　02851
**[光緒]江陰縣志三十卷首一卷**　(清)盧思誠主修　(清)季念詒總纂　清光緒四年(1878)刻本　二十册　十行二十二字小字雙行同白口左右雙邊

450000－2602－0001287　02753
**山西志輯要十卷首一卷清涼山志輯要二卷**　(清)雅德修　(清)汪本直纂　清乾隆四十五年(1780)刻本　十二册　九行二十一字小字

雙行同白口四周雙邊

450000－2602－0001288　02852

**[光緒]江陰縣志三十卷首一卷**　(清)盧思誠主修　(清)季念詒總纂　清光緒四年(1878)刻本　二十册　十行二十二字小字雙行同白口左右雙邊

450000－2602－0001289　02880

**[嘉慶]重修揚州府志七十二卷首一卷**　(清)阿克當阿修　(清)姚文田等纂　清嘉慶十五年(1810)刻本　三十二册　十行二十一字白口四周單邊

450000－2602－0001290　02756

**[乾隆]臨汾縣志十卷首一卷末一卷**　(清)高塘纂修　(清)吳士淳纂修　清乾隆四十四年(1779)刻本　七册　九行二十二字小字雙行同白口四周單邊

450000－2602－0001291　02877

**[道光]續增高郵州志不分卷**　(清)左輝春總纂　(清)宋茂初同纂　清道光二十三年(1843)刻本　九册　十行二十字小字雙行同白口左右雙邊

450000－2602－0001292　02778

**[乾隆]朝邑縣志十一卷首一卷**　(清)金嘉琰　(清)朱廷模修　(清)錢坫纂　清乾隆四十五年(1780)刻本　四册　十二行二十四字小字雙行同上下黑口四周單邊

450000－2602－0001293　02858

**[雍正]重刊宜興縣舊志十卷首一卷末一卷**　(清)阮升基等增修　(清)寧楷纂　清光緒八年(1882)刻宜興荊溪舊志五種本　十册　十行二十二字小字雙行同白口左右雙邊

450000－2602－0001294　02859

**[光緒]宜興荆谿縣新志十卷首一卷末一卷**　(清)施惠等修　(清)吴景牆纂　清光緒八年(1882)刻宜興荊溪舊志五種本　八册　十行二十四字小字雙行同白口左右雙邊

450000－2602－0001295　02878

**[光緒]再續高郵州志八卷首一卷**　(清)金元烺初修　(清)龔定瀛總修　(清)夏子鐊總篡　清光緒九年(1883)刻本　九册　十行二十字小字雙行同白口左右雙邊

450000－2602－0001296　02670

**深州風土記二十二卷附表五卷**　(清)吳汝綸修　清光緒二十六年(1900)文瑞書院刻本　八册　十行二十二字黑口四周雙邊

450000－2602－0001297　02808

**[光緒]重纂秦州直隸州新志二十四卷首一卷**　(清)餘澤春修　(清)王權　(清)任其昌纂　清光緒十五年(1889)隴南書院刻本　十六册　九行二十一字小字雙行同白口四周雙邊

450000－2602－0001298　02875

**[光緒]武進陽湖縣志三十卷首一卷**　(清)張球　(清)王其淦鑒定　(清)湯成烈總纂　清光緒五年(1879)刻本　二十册　十行二十五字小字雙行同白口左右雙邊

450000－2602－0001299　02792

**[熙寧]長安志二十卷圖三卷**　(宋)宋敏求撰　(清)畢沅校正　清乾隆四十九年(1784)鎮洋畢氏靈巖山館刻本　四册　十一行二十二字小字雙行同上下黑口四周單邊

450000－2602－0001300　02874

**[道光]武進陽湖縣合志三十六卷首一卷**　(清)黃冕總修　(清)毛夢弼監修　(清)李兆洛總纂　清光緒十二年(1886)木活字印本　三十册　十行二十三字小字雙行同白口左右雙邊

450000－2602－0001301　02860

**[嘉慶]重刊宜興縣志四卷首一卷**　(清)阮升基等增修　(清)寧楷纂　清光緒八年(1882)刻宜興荊溪舊志五種本　二册　十行二十二字小字雙行同白口左右雙邊

450000－2602－0001302　02803

**[乾隆]臯蘭縣志二十卷**　(清)吳鼎新修　(清)黃建中纂　清乾隆四十三年(1778)刻本　四册　九行二十三字小字雙行同白口四周

雙邊

450000－2602－0001303　02793
[康熙]隴州志八卷首一卷　(清)羅彰彝纂修　清康熙五十二年(1713)刻本　四册　九行二十一字小字雙行同白口四周單邊

450000－2602－0001304　02796
[光緒]三原縣新志八卷　(清)焦雲龍重修　(清)賀瑞麟編纂　清光緒六年(1880)刻本　四册　十二行二十四字小字雙行同上下黑口四周單邊

450000－2602－0001305　02807
[光緒]重纂秦州直隸州新志二十四卷首一卷　(清)餘澤春修　(清)王權　(清)任其昌纂　清光緒十五年(1889)隴南書院刻本　二十四册　九行二十一字小字雙行同白口四周雙邊

450000－2602－0001306　02863
[光緒]通州直隸州志十六卷首一卷末一卷　(清)梁悦馨主修　(清)季念詒總纂　(清)沈鍠總纂　清光緒元年(1875)刻本　十六册　十一行二十三字小字雙行同下黑口左右雙邊

450000－2602－0001307　02864
[光緒]六合縣志八卷圖説一卷附録一卷　(清)謝延庚修　(清)賀廷壽纂　清光緒十年(1884)刻本　十册　十二行二十五字小字雙行同白口四周雙邊

450000－2602－0001308　02924
[道光]重刊續纂宜荊縣志十卷首一卷　(清)顧名修　(清)龔潤森修　(清)吳德旋纂　清光緒八年(1882)刻宜興荊溪舊志五種本　四册　十行二十二字小字雙行同白口左右雙邊

450000－2602－0001309　02900
[嘉慶]東臺縣志四十卷　(清)周右總纂　(清)單壯圖協纂　(清)蔡復午分編　清嘉慶二十二年(1817)刻本　十册　十行二十一字小字雙行同白口左右雙邊

450000－2602－0001310　02828
[乾隆]盛京通志四十八卷首一卷　(清)呂耀曾等總裁　(清)魏樞纂修　清乾隆元年(1736)刻本　十九册　十行二十一字小字雙行同白口四周雙邊

450000－2602－0001311　02890
[嘉慶]黎里志十六卷首一卷　(清)徐達源纂輯　清嘉慶十年(1805)吳江徐氏孚遠堂刻本　四册　九行二十字小字雙行同白口左右雙邊

450000－2602－0001312　02920
[光緒]無錫金匱縣志四十卷首一卷　(清)裴大中監修　(清)倪咸生監修　(清)秦緗業總纂　清光緒七年(1881)刻光緒二十九年(1903)重印宣統二年(1910)續印本　二十册　十行二十二字小字雙行同白口左右雙邊

450000－2602－0001313　02922
[嘉慶]重刊宜興縣志四卷首一卷　(清)李先榮修　(清)阮升基增修　清光緒八年(1882)刻宜興荊溪舊志五種本　四册　十行二十二字小字雙行同白口左右雙邊

450000－2602－0001314　02928
[咸豐]重修興化縣志十卷　(清)梁園棣總修　(清)鄭之僑　(清)趙彥俞協修　清咸豐二年(1852)刻本　四册　十行二十一字小字雙行同白口左右雙邊

450000－2602－0001315　02913
[咸豐]邳州志二十卷首一卷　(清)魯一同撰　清咸豐元年(1851)刻本　四册　十行二十一字小字雙行同白口四周雙邊

450000－2602－0001316　02923
[嘉慶]重刊荊溪縣志四卷首一卷　(清)唐仲冕修　清光緒八年(1882)刻宜興荊溪舊志五種本　二册　十行二十二字小字雙行同白口左右雙邊

450000－2602－0001317　02889
[光緒]吳江縣續志四十卷首一卷　(清)金福曾等修　(清)熊其英等纂　清光緒五年(1879)刻本　八册　十二行二十三字小字雙

行同白口四周雙邊

450000－2602－0001318　02905
**[光緒]金山縣志三十卷首一卷**　(清)龔寶琦纂修　(清)崔廷鏞纂修　(清)黄厚本修輯　清光緒四年(1878)刻本　八册　十行二十二字小字雙行同下黑口左右雙邊

450000－2602－0001319　05329
**山海經存九卷首一卷**　(清)汪紱釋　清光緒二十一年(1895)石印本　四册　十行二十二字小字雙行同白口四周雙邊

450000－2602－0001320　02898
**[光緒]婁縣續志二十卷**　(清)汪坤厚　(清)程其玨承修　(清)張雲望纂修　清光緒五年(1879)刻本　六册　十一行二十一字小字雙行同下黑口左右雙邊

450000－2602－0001321　02926
**[光緒]嘉定縣志三十二卷首一卷補遺一卷**　(清)程其玨總修　清光緒八年(1882)刻本　十六册　十一行二十二字小字雙行同白口左右雙邊

450000－2602－0001322　02901
**[光緒]川沙廳志十四卷首一卷末一卷**　(清)陳方瀛主修　(清)黄吟提調　(清)俞樾總纂　清光緒五年(1879)刻本　六册　十二行二十三字小字雙行同白口左右雙邊

450000－2602－0001323　02907
**[咸豐]甘棠小志四卷首一卷末一卷**　(清)董醇著　清咸豐五年(1855)甘棠董氏刻本　四册　九行二十五字小字雙行同白口四周雙邊

450000－2602－0001324　02861
**[嘉慶]重刊荆溪縣志四卷首一卷**　(清)唐仲冕等修　(清)寧楷撰　清光緒八年(1882)刻宜興荊溪舊志五種本　二册　十行二十二字小字雙行同白口左右雙邊

450000－2602－0001325　02862
**[道光]重刊續纂宜荆縣志十卷首一卷**　(清)顧名修　(清)龔潤森修　清光緒八年(1882)刻宜興荊溪舊志五種本　四册　十行二十二字小字雙行同白口左右雙邊

450000－2602－0001326　02896
**[道光]如皋縣續志十二卷**　(清)范仕義主修　(清)汪承基監修　(清)吳鎧纂修　清道光十七年(1837)刻本　二册　十一行二十二字小字雙行同白口左右雙邊

450000－2602－0001327　02872
**[光緒]武進陽湖縣志三十卷首一卷**　(清)張球　(清)王其淦鑒定　(清)湯成烈總纂　清光緒五年(1879)刻本　二十册　十行二十五字小字雙行同白口左右雙邊

450000－2602－0001328　02895
**[嘉慶]如皋縣志二十四卷**　(清)楊受廷主修　(清)秦鼎雲監修　(清)馬汝舟纂修　清嘉慶九年(1804)修十三年(1808)刻本　十册　十一行二十二字小字雙行同白口左右雙邊

450000－2602－0001329　02914
**[光緒]寶山縣志十四卷首一卷**　(清)梁蒲貴　(清)吳康壽主修　(清)朱延射　(清)潘履祥纂修　清光緒八年(1882)學海書院刻本　八册　十一行二十三字小字雙行同白口左右雙邊

450000－2602－0001330　02899
**[光緒]婁縣續志二十卷**　(清)汪坤厚　(清)程其玨承修　(清)張雲望纂修　清光緒五年(1879)刻本　徐宗熙題記　六册　十一行二十一字小字雙行同下黑口左右雙邊

450000－2602－0001331　02881
**[嘉慶]重修揚州府志七十二卷首一卷**　(清)阿克當阿修　(清)姚文田等纂　清嘉慶十五年(1810)刻本　三十二册　十行二十一字小字雙行同白口四周單邊

450000－2602－0001332　02894
**[光緒]常昭合志稿四十八卷首一卷末一卷附校勘記一卷**　(清)張瀛監修　(清)龐鴻文　邵松年纂修　清光緒三十年(1904)木活字印本(卷五有抄配)　十七册　十行二十四字小字雙行同白口四周單邊

450000－2602－0001333　02876
**[嘉慶]高郵州志十二卷首一卷**　(清)楊宜崙修　(清)沈之本纂　(清)范鳳諧督刊　(清)宋茂初總校　清道光二十五年(1845)刻本　二十二册　十行二十字小字雙行同白口左右雙邊

450000－2602－0001334　02897
**[乾隆]婁縣志三十卷首二卷**　(清)謝庭薰承修　(清)陸錫熊纂修　清乾隆五十三年(1788)刻本　六册　十一行二十一字小字雙行同白口四周單邊

450000－2602－0001335　02882
**[同治]續纂揚州府志二十四卷**　(清)方濬頤修　清同治十三年(1874)刻本　八册　十行二十一字小字雙行同白口四周單邊

450000－2602－0001336　02893
**[光緒]常昭合志稿四十八卷首一卷末一卷**　(清)張瀛監修　(清)龐鴻文　邵松年纂修　清光緒三十年(1904)木活字印本　十六册　十行二十四字小字雙行同白口四周單邊

450000－2602－0001337　02883
**揚州畫舫録十八卷**　(清)李斗著　清嘉慶二年(1797)自然盦刻本　八册　十行二十四字小字雙行同白口左右雙邊

450000－2602－0001338　02912
**[乾隆]句容縣志十卷首一卷末一卷**　(清)曹襲先修　清光緒二十六年(1900)楊世沅刻本　八册　十二行二十四字小字雙行同白口左右雙邊

450000－2602－0001339　02866
**[光緒]通州直隸州志十六卷首一卷末一卷訂訛一卷**　(清)梁悅馨修　(清)莫祥芝修　(清)季念詒纂　(清)沈鍠纂　清光緒元年(1875)刻本　九册　十一行二十三字小字雙行同下黑口左右雙邊　存十一卷(一至十、首一卷)

450000－2602－0001340　02910
**[光緒]丹徒縣志六十卷首四卷**　(清)何紹章　(清)馮壽鏡修　(清)呂耀斗纂　清光緒五年(1879)刻本　三十二册　十一行二十一字小字雙行同白口左右雙邊

450000－2602－0001341　02984
**[光緒]皖志便覽六卷**　(清)李應珏纂修　清光緒二十八年(1902)安徽鏤雲閣刻本　二册　八行二十一字小字雙行同白口左右雙邊

450000－2602－0001342　特188/7530/4
**學仕遺規四卷訓俗遺規補四卷**　(清)陳宏謀編　清培遠堂刻本　七册　十行二十字小字雙行同白口四周雙邊

450000－2602－0001343　03000
**[光緒]富陽縣志二十四卷首一卷**　(清)汪文炳修　蔣敬時　(清)何鎔纂　清光緒三十二年(1906)刻本　十六册　十行二十二字小字雙行同白口左右雙邊

450000－2602－0001344　02993
**[同治]江山縣志十二卷首一卷末一卷**　(清)王彬等纂修　(清)陳鶴翔　(清)陶謨分纂　(清)朱鋆等協修　(清)王以鎮等參訂　(清)王振麟等分校　清同治十二年(1873)文溪書院刻本　八册　十行二十二字小字雙行同白口左右雙邊

450000－2602－0001345　03006
**[光緒]梅里志十八卷**　(清)楊謙纂　(清)李富孫補輯　(清)余懋續補　清光緒三年(1877)刻本　六册　十行二十三字小字雙行同上下黑口左右雙邊

450000－2602－0001346　03001
**[光緒]富陽縣志二十四卷首一卷**　(清)汪文炳修　蔣敬時　(清)何鎔纂　清光緒三十二年(1906)刻本　十六册　十行二十二字小字雙行同白口左右雙邊

450000－2602－0001347　02998
**[光緒]富陽縣志二十四卷首一卷**　(清)汪文炳修　蔣敬時　(清)何鎔纂　清光緒三十二年(1906)刻本　十六册　十行二十二字小字雙行同白口左右雙邊

450000－2602－0001348　02941
**江蘇全省輿圖不分卷**　(清)諸可寶署檢　清光緒二十一年(1895)江蘇書局刻本　三冊　十行二十字小字雙行同上下黑口四周單邊

450000－2602－0001349　03005
**[光緒]餘姚縣志二十七卷首一卷末一卷**　(清)周炳麟修　(清)邵友濂　(清)孫德祖纂　清光緒二十五年(1899)刻本　十六冊　十一行二十二字小字雙行同白口四周雙邊

450000－2602－0001350　02939
**[同治]上江兩縣志二十九卷首一卷**　(清)莫祥芝　(清)甘紹盤纂　清同治十三年(1874)刻本　十二冊　十行二十五字小字雙行同上下黑口四周雙邊

450000－2602－0001351　02935
**[嘉慶]溧陽縣志十六卷**　(清)陳鴻壽總修　李景嶧總修　(清)史炳纂修　清光緒二十二年(1896)木活字印本　十冊　十一行二十三字小字雙行同白口左右雙邊

450000－2602－0001352　02936
**[光緒]溧陽縣續志十六卷末一卷**　(清)朱畯等修　清光緒二十五年(1899)木活字印本　八冊　十一行二十三字小字雙行同白口左右雙邊

450000－2602－0001353　02909
**[光緒]丹徒縣志六十卷首四卷**　(清)何紹章　(清)馮壽鏡修　(清)呂耀斗纂　清光緒五年(1879)刻本　三十二冊　十一行二十一字小字雙行同白口左右雙邊

450000－2602－0001354　03003
**[光緒]上虞縣志校續五十卷首一卷末一卷**　(清)儲家藻修　徐致靖纂　清光緒二十五年(1899)刻本　二十冊　九行二十二字小字雙行同白口左右雙邊

450000－2602－0001355　02989
**[同治]嵊縣志二十六卷首一卷末一卷**　(清)嚴思忠　(清)陳仲麟修　(清)蔡以瑩參訂　(清)蔡以瑺纂　清同治九年(1870)刻本　十二冊　十行二十一字小字雙行同白口左右雙邊

450000－2602－0001356　02975
**[淳熙]新安志十卷**　(宋)羅願撰　清光緒十四年(1888)刻本　四冊　九行十九字小字雙行同白口左右雙邊

450000－2602－0001357　02986
**[光緒]烏程縣志三十六卷**　(清)郭式昌等主修　(清)周學濬總纂　(清)汪曰楨纂修　(清)徐有珂等繪圖　(清)周學洙校對　清光緒六年至七年(1880－1881)刻本　十二冊　十一行二十六字小字雙行同白口左右雙邊

450000－2602－0001358　02921
**[雍正]重刊宜興縣舊志十卷首一卷末一卷**　(清)阮升基等增修　(清)寧楷纂　清光緒八年(1882)刻宜興荊溪舊志五種本　十冊　十行二十二字小字雙行同白口左右雙邊

450000－2602－0001359　03007
**[同治]長興縣志三十二卷**　(清)趙定邦主修　(清)丁寶書分纂　清同治十二年至光緒元年(1873－1875)刻十八年(1892)孫德祖增補刻本　十六冊　十行二十一字小字雙行同白口左右雙邊

450000－2602－0001360　特711.83/8330
**[同治六年丁卯科]廣西鄉試錄不分卷**　清同治刻本　一冊　九行二十字小字雙行不等白口四周雙邊

450000－2602－0001361　02933
**[道光]泰州志三十六卷首一卷**　(清)王有慶等纂修　(清)陳世鎔等輯　清道光七年(1827)刻本　九冊　十行二十一字小字雙行同白口左右雙邊

450000－2602－0001362　02934
**[光緒]溧水縣志二十二卷首一卷**　(清)傅觀光纂　(清)丁維誠纂　清光緒九年(1883)刻本　十二冊　十行二十五字小字雙行同白口四周雙邊

450000－2602－0001363　02985

**江南安徽全圖不分卷** (清)劉籌總纂 (清)方賓穆繪圖 清光緒二十二年(1896)點石齋石印本 一冊 行字不等白口四周雙邊

450000－2602－0001364 03007

[光緒]**長興志拾遺二卷首一卷** (清)朱鎮撰 清光緒二十三年(1897)刻本 與450000－2602－0001359合冊 十行二十一字小字雙行同白口左右雙邊

450000－2602－0001365 03041

[萬曆]**錢塘縣志不分卷** (明)聶心湯修 清光緒十九年(1893)錢塘丁氏刻武林掌故叢編本 二冊 十行二十字小字雙行同白口四周雙邊

450000－2602－0001366 03044

[光緒]**平湖縣志二十五卷首一卷末一卷** (清)彭潤章修 (清)姚光宇等修 (清)葉廉鍔等纂 清光緒十二年(1886)刻本 十三冊 十一行二十五字小字雙行同白口四周雙邊

450000－2602－0001367 03042

[光緒]**湻安縣志十六卷首一卷** (清)李詩總纂 (清)陳中元協纂 (清)竺士彥協纂 清光緒十年(1884)湻安縣署刻本 八冊 十行二十二字小字雙行同白口四周雙邊

450000－2602－0001368 03018

[光緒]**奉化縣志四十卷首一卷** (清)李前泮修 張美翊總修 清光緒三十四年(1908)刻本 十二冊 十二行二十五字小字雙行同白口左右雙邊

450000－2602－0001369 03036

[光緒]**永康縣志十六卷首一卷** (清)李汝為 (清)郭文翹修 (清)潘樹棠等纂 清光緒十八年(1892)刻本 十二冊 十行二十二字小字雙行同下黑口四周雙邊

450000－2602－0001370 03043

[光緒]**湻安縣志十六卷首一卷** (清)李詩總纂 (清)陳中元協纂 (清)竺士彥協纂 清光緒十年(1884)湻安縣署刻本 八冊 十行二十二字小字雙行同白口四周雙邊

450000－2602－0001371 03025

[光緒]**分水縣志十卷首一卷末一卷** (清)陳常鏵主修 (清)臧承宣纂修 清光緒三十二年(1906)刻本 六冊 十一行二十三字小字雙行同白口左右雙邊

450000－2602－0001372 03021

[光緒]**桐鄉縣志二十四卷首四卷** (清)嚴辰纂 **楊園淵源錄四卷** (清)沈曰富輯 清光緒十三年(1887)蘇州陶漱藝齋刻本 二十四冊 十行二十三字小字雙行同白口左右雙邊

450000－2602－0001373 03009

[光緒]**慈谿縣志五十六卷附編一卷** (清)楊泰亨提調 (清)馮可鏞總修 清光緒二十五年(1899)刻本 二十四冊 十二行二十五字小字雙行同白口左右雙邊

450000－2602－0001374 03019

[光緒]**蘭谿縣志八卷首一卷附補遺一卷** (清)秦簧修 (清)唐壬森纂修 清光緒十五年(1889)刻本 十冊 十行二十二字小字雙行同下黑口四周雙邊

450000－2602－0001375 03034

[光緒]**永嘉縣志三十八卷首一卷** (清)張寶琳主修 (清)王棻總纂 (清)孫詒讓協纂 清光緒八年(1882)刻本 二十四冊 十行二十二字小字雙行同白口左右雙邊

450000－2602－0001376 03031

[光緒]**海鹽縣志二十二卷首一卷末一卷** (清)王彬重修 (清)徐用儀纂輯 清光緒三年(1877)蔚文書院刻本 十六冊 十行二十二字小字雙行同白口左右雙邊

450000－2602－0001377 03028

[同治]**湖州府志九十六卷首一卷** (清)宗源瀚 (清)郭式昌修 (清)周學濬 (清)陸心源纂 清同治十三年(1874)愛山書院刻本 四十冊 十一行二十六字小字雙行同白口左右雙邊

450000－2602－0001378 03026

**[嘉慶]義烏縣志二十二卷首一卷**　(清)諸自穀主修　(清)程瑜　(清)李錫齡總修　清嘉慶七年(1802)刻本　王鑒注　十冊　十行二十二字小字雙行同白口左右雙邊

450000－2602－0001379　03008
**[雍正]寧波府志三十六卷首一卷**　(清)曹秉仁纂修　(清)萬經纂　清雍正十一年(1733)刻乾隆六年(1741)補刻本　二十冊　九行二十二字小字雙行同白口四周雙邊

450000－2602－0001380　03047
**[光緒]諸暨縣志六十卷首一卷**　陳遹聲纂修　(清)蔣鴻藻纂修　清宣統二年(1910)刻本　十八冊　十二行二十五字小字雙行同白口左右雙邊

450000－2602－0001381　03100
**[同治]公安縣志八卷首一卷**　(清)周承弼　(清)袁鳴珂修　清同治十三年(1874)刻本　十冊　九行二十二字小字雙行同白口四周雙邊

450000－2602－0001382　03099
**[光緒]孝感縣志二十四卷續補志一卷**　(清)朱希白主修　(清)沈用增纂修　清光緒九年(1883)刻本　十二冊　九行二十二字小字雙行同白口四周雙邊

450000－2602－0001383　03096
**[光緒]施南府志續編十卷**　(清)王庭楨　(清)李謙督修　(清)雷春沼　(清)尹壽衡編輯　清光緒十一年(1885)刻本　四冊　九行二十一字小字雙行同白口四周雙邊

450000－2602－0001384　03066
**[同治]鄞縣志七十五卷**　(清)張恕　(清)董沛總修　清光緒三年(1877)刻本　三十五冊　十二行二十五字小字雙行同白口左右雙邊

450000－2602－0001385　03090
**[同治]永新縣志二十六卷首一卷**　(清)蕭玉春　(清)陳恩浩主修　(清)李煒　(清)段夢龍纂修　清同治十三年(1874)刻本　十二冊　十行二十五字小字雙行同白口左右雙邊

450000－2602－0001386　00437
**皇清經解一百七十二種一千四百八卷**　(清)阮元輯　清道光九年(1829)廣東學海堂刻咸豐十一年(1861)補刻本　三百六十冊　十一行二十四字小字雙行同白口左右雙邊

450000－2602－0001387　03076
**龍井見聞錄十卷附宋僧元淨外傳二卷**　(清)汪孟鋗撰　清光緒十年(1884)錢塘丁氏嘉惠堂刻武林掌故叢編本　四冊　十行二十字小字雙行同白口四周雙邊

450000－2602－0001388　03097
**荊州記三卷**　(南朝宋)盛宏之撰　曹元忠輯　清光緒十九年(1893)刻箋經室叢書本　一冊　十行二十一字小字雙行不等白口左右雙邊

450000－2602－0001389　03089
**[同治]清江縣志十卷首一卷**　(清)潘懿　(清)胡湛總修　(清)朱孫詒總纂　清同治九年(1870)刻本　十冊　十行二十三字小字雙行同白口左右雙邊

450000－2602－0001390　03057
**[光緒]重修嘉善縣志三十六卷首一卷**　江峯青修　顧福仁　孫鴻壽纂　清光緒二十年(1894)刻本　佚名題記　十六冊　十一行二十四字小字雙行同白口左右雙邊

450000－2602－0001391　03085
**[雍正]浙江通志二百八十卷首三卷**　(清)嵇曾筠總裁　(清)李衛總裁　(清)沈翼機總修　清光緒二十五年(1899)浙江書局刻本　七十四冊　十行二十二字小字雙行同白口四周雙邊　存一百七十四卷(一、四至二十、二十三至二十四、二十八至二十九、三十三至三十六、三十九至四十五、四十九至五十八、六十二至七十、七十七至八十二、一百十一至一百九十三、二百四至二百五、二百十至二百十三、二百十七至二百四十,首三卷)

450000－2602－0001392　03086

**[光緒]江西通志一百八十卷首五卷**　(清)曾國藩監修　(清)劉繹總纂　(清)趙之謙編輯　清光緒七年(1881)刻本　一百二十册　十二行二十三字小字雙行同上下黑口四周雙邊

450000－2602－0001393　03068
**[同治]鄞縣志七十五卷**　(清)張恕　(清)董沛總修　清光緒三年(1877)刻本　三十四册　十二行二十五字小字雙行同白口左右雙邊

450000－2602－0001394　03075
**[光緒]浙志便覽十卷**　(清)李應珏修　清光緒二十二年(1896)刻本　四册　九行二十二字小字雙行同白口左右雙邊

450000－2602－0001395　03077
**杭女表徵錄十六卷首一卷**　(清)孫樹禮輯　清光緒三十二年(1906)刻本　八册　十一行二十四字小字雙行同白口左右雙邊

450000－2602－0001396　03048
**[光緒]諸暨縣志六十卷首一卷**　陳遹聲纂修　(清)蔣鴻藻纂修　清宣統二年(1910)刻本　十八册　十二行二十五字小字雙行同白口左右雙邊

450000－2602－0001397　03078
**[光緒]杭州藝文志十卷**　吳慶坻編　清光緒三十四年(1908)錢塘吳氏長沙刻本　四册　十二行二十四字小字雙行同白口左右雙邊

450000－2602－0001398　03051
**[光緒]黃巖縣志四十卷首一卷黃巖集三十二卷**　(清)陳寶善　(清)憙修　(清)清王棻纂　(清)陳锺英　(清)鄭錫滜續修　王詠霓續纂　清光緒三年(1877)刻本　十六册　十一行二十二字小字雙行同白口左右雙邊　存四十一卷(志四十卷、首一卷)

450000－2602－0001399　03084
**[雍正]勅修浙江通志二百八十卷首三卷**　(清)嵇曾筠總裁　(清)李衛總裁　(清)沈翼機總修　清乾隆元年(1736)刻嘉慶十七年(1812)校補刻本　一百二十册　十行二十二字小字雙行同白口四周雙邊

450000－2602－0001400　03160
**羊城古鈔八卷首一卷**　(清)仇池石輯　清嘉慶十一年(1806)刻本　四册　十行十九字小字雙行同白口四周雙邊

450000－2602－0001401　03061
**羊城古鈔八卷首一卷**　(清)仇池石輯　清嘉慶十一年(1806)刻本　五册　十行十九字小字雙行同白口四周雙邊

450000－2602－0001402　03158
**[嘉慶]龍川縣志四十卷**　(清)胡瑃修　(清)楊德棠協修　清嘉慶二十三年(1818)刻本　六册　九行二十四字小字雙行同白口四周雙邊

450000－2602－0001403　03164
**[乾隆]潮州府志四十二卷首一卷**　(清)周碩勳撰　清光緒十九年(1893)保安總局刻本　二十五册　十行二十字小字雙行同白口四周雙邊

450000－2602－0001404　03049
**[光緒]歸安縣志五十二卷首一卷**　(清)陸心源總修　(清)郭式昌監修　(清)李昱提調　清光緒八年(1882)刻本　十二册　十行二十一字小字雙行同白口四周雙邊

450000－2602－0001405　03132
**[光緒]新寧縣志二十六卷首一卷**　(清)張葆連修　(清)何福海修　(清)林國賡等纂　清光緒十九年(1893)刻本　八册　十一行二十一字小字雙行同黑口四周雙邊

450000－2602－0001406　03107
**廣湖南考古略三十卷**　(清)同德齋主人輯　清光緒十四年(1888)鴻寶齋石印本　六册　十九行四十字白口四周雙邊

450000－2602－0001407　03112
**[同治]長沙縣志三十六卷首一卷**　(清)劉采邦主修　(清)張延珂纂修　清同治十年(1871)刻本　二十册　十一行二十五字小字雙行同白口左右雙邊

450000－2602－0001408　03167
**[道光]香山縣志八卷首一卷附録一卷**　(清)祝淮主修　(清)黄培芳纂　清道光八年(1828)刻本　十册　十二行二十三字小字雙行同白口四周單邊

450000－2602－0001409　03118
**廣東考古輯要四十六卷**　(清)周廣等輯　清光緒十九年(1893)還讀書屋刻本　十册　十二行二十四字小字雙行同白口四周雙邊

450000－2602－0001410　03126
**廣東海圖説一卷**　(清)張之洞撰　清光緒十五年(1889)廣雅書局刻本　一册　十一行二十四字小字雙行同白口四周單邊

450000－2602－0001411　03050
**[光緒]歸安縣志五十二卷首一卷**　(清)陸心源總修　(清)郭式昌監修　(清)李昱提調　清光緒八年(1882)刻本　十六册　十行二十一字小字雙行同白口四周雙邊

450000－2602－0001412　03177
**[光緒]嘉應州志三十二卷首一卷**　(清)吳宗焯等修　(清)陳崧纂　清光緒二十四年(1898)修二十七年(1901)刻本　十四册　十二行二十四字小字雙行同上下黑口四周雙邊

450000－2602－0001413　03125
**廣東圖二十二卷**　(清)□□撰　清同治五年(1866)刻本　三册

450000－2602－0001414　03121
**[道光]廣東通志三百三十四卷首一卷**　(清)阮元總裁　(清)陳昌齊總纂　清同治三年(1864)刻本　一百二十册　十一行二十一字小字雙行同上下黑口四周雙邊

450000－2602－0001415　03129
**[道光]肇慶府志二十二卷首一卷**　(清)屠英主修　(清)胡森纂修　(清)江藩纂修　清道光十三年(1833)刻本　二十二册　十二行二十三字小字雙行同白口四周雙邊

450000－2602－0001416　03682
**人範六卷**　(清)蔣元輯　清光緒二十七年(1901)廣雅書局刻廣雅書局叢書本　一册　十一行二十四字小字雙行同上下黑口四周單邊

450000－2602－0001417　03233
**[嘉慶]射洪縣志十八卷首一卷**　(清)陳廷鈺　(清)張復修　(清)聶厚盟等纂　清嘉慶二十五年(1820)刻本　八册　十行二十一字小字雙行同白口左右雙邊

450000－2602－0001418　03122
**[道光]廣東通志三百三十四卷首一卷**　(清)阮元總裁　(清)陳昌齊總纂　清道光二年(1822)刻本　一百二十册　十一行二十一字小字雙行同上下黑口四周雙邊

450000－2602－0001419　03242
**[光緒]新修潼川府志三十卷**　(清)阿麟修　(清)王龍勳等纂　清光緒二十三年(1897)刻本　二十四册　十行二十二字小字雙行同上下黑口四周雙邊

450000－2602－0001420　03101
**[光緒]黄岡縣志二十四卷首一卷**　(清)戴昌言編輯　(清)劉恭冕總纂　清光緒八年(1882)刻本　二十四册　十二行二十五字小字雙行同白口四周雙邊

450000－2602－0001421　03108
**湖南全省掌故備攷三十五卷**　王先謙輯　清光緒十四年(1888)長沙刻本　十二册　十行二十六字小字雙行同白口四周雙邊

450000－2602－0001422　03124
**廣東鄉土史教科書二卷**　黄佛頤編輯　清光緒三十二年(1906)刻本　一册　八行二十字小字雙行同下黑口四周雙邊　存一卷(二)

450000－2602－0001423　03053
**[光緒]黄巖縣志四十卷首一卷黄巖集三十二卷**　(清)陳寶善　(清)孫憙修　(清)王棻纂　(清)陳鍾英　(清)鄭錫滜續修　王詠霓續纂　清光緒三年(1877)刻本　十六册　十一行二十二字小字雙行同白口左右雙邊　存四十一卷(志四十卷、首一卷)

450000－2602－0001424　03263

**[光緒]重修彭縣志十三卷首一卷末一卷補遺一卷**　(清)張龍甲等修　(清)呂調陽等纂　清光緒四年(1878)刻本　八册　九行二十四字小字雙行同白口四周雙邊

450000－2602－0001425　03292

**[道光]遵義府志四十八卷首一卷**　(清)平翰創理　(清)鄭珍纂輯　(清)莫友芝纂輯　清道光二十一年(1841)刻光緒十八年(1892)補刻本　關崇階題　二十册　十行二十二字小字雙行同白口左右雙邊

450000－2602－0001426　03264

**[道光]安嶽縣志十六卷首一卷**　(清)濮瑗修　(清)周國頤纂　清道光十六年(1836)刻本　八册　九行二十二字小字雙行同白口四周雙邊

450000－2602－0001427　03120

**廣東考古輯要四十六卷**　(清)周廣等輯　清光緒十九年(1893)還讀書屋刻本　十册　十二行二十四字小字雙行同白口四周雙邊

450000－2602－0001428　03227

**蜀典十二卷**　(清)張澍編輯　清光緒二年(1876)尊經書院刻本　四册　十行二十四字白口左右雙邊

450000－2602－0001429　03046

**[乾隆]紹興府志八十卷首一卷**　(清)李亨特總裁　(清)平恕　(清)徐嵩總修　清乾隆五十七年(1792)刻本　四十六册　十行二十三字小字雙行同白口四周雙邊

450000－2602－0001430　03119

**廣東考古輯要四十六卷**　(清)周廣等輯　清光緒十九年(1893)還讀書屋刻本　七册　十二行二十四字小字雙行同白口四周雙邊　存三十二卷(一至十三、二十二至三十一、三十八至四十六)

450000－2602－0001431　03274

**[嘉慶]峨眉縣志十卷首一卷**　(清)王燮等纂　(清)張希珝編次　清嘉慶十八年(1813)刻本　四册　九行二十一字小字雙行同白口四周雙邊

450000－2602－0001432　03228

**蜀典十二卷**　(清)張澍編輯　清光緒二年(1876)尊經書院刻本　四册　十行二十四字白口左右雙邊

450000－2602－0001433　03291

**[道光]遵義府志四十八卷首一卷**　(清)平翰創理　(清)鄭珍纂輯　(清)莫友芝纂輯　清道光二十一年(1841)刻光緒十八年(1892)補刻本　二十册　十行二十二字小字雙行同白口左右雙邊

450000－2602－0001434　03054

**[咸豐]南潯鎮志四十卷首一卷**　(清)汪日楨修　**蓮漪文鈔八卷**　(清)汪日楨輯　清同治二年(1863)刻本　十二册　十行二十二字小字雙行同上下黑口左右雙邊

450000－2602－0001435　03225

**蜀水攷四卷**　(清)陳登龍述　(清)朱錫穀補注　(清)陳一津疏　清道光五年(1825)刻本　二册　十行二十三字小字雙行同上下黑口四周雙邊

450000－2602－0001436　03232

**四川鹽法志四十卷首一卷**　(清)丁寶楨總纂　(清)羅文彬編輯　清光緒八年(1882)刻本　二十册　十一行二十二字小字雙行同上下黑口左右雙邊

450000－2602－0001437　03226

**蜀典十二卷**　(清)張澍纂　清光緒二年(1876)尊經書院刻本　四册　十行二十四字白口左右雙邊

450000－2602－0001438　03293

**[道光]遵義府志四十八卷首一卷**　(清)平翰創理　(清)鄭珍纂輯　(清)莫友芝纂輯　清道光二十一年(1841)刻光緒十八年(1892)補刻本　二十册　十行二十二字小字雙行同白口左右雙邊

450000－2602－0001439　03339

**［光緒］西藏圖考八卷首一卷**　（清）黄沛翹纂　清光緒二十三年（1897）刻本　六册　十行二十二字小字雙行同黑口左右雙邊

450000－2602－0001440　03302
**［光緒］雲南通志二百四十二卷首四卷忠義録三十二卷忠義備考一卷列女録八卷**　（清）岑毓英總裁　（清）陳燦督辦　清光緒二十年（1894）刻本　二百十九册　十行二十二字小字雙行同白口四周雙邊　存二百八十五卷（一至六十六、六十九至二百四十二，首四卷，忠義録三十二卷，忠義備考一卷，列女録八卷）

450000－2602－0001441　03281
**［嘉慶］夾江縣志十二卷首一卷**　（清）王佐修　（清）涂崧纂　清嘉慶十八年（1813）刻光緒十四年（1888）補刻本　四册　九行二十一字小字雙行同白口四周雙邊

450000－2602－0001442　03348
**畿輔水利議一卷附本傳一卷**　（清）林則徐撰　清光緒二年（1876）三山林氏刻本　一册　九行二十四字白口左右雙邊

450000－2602－0001443　03428
**西湖志四十八卷**　（清）李衛總裁　（清）傅王露總修　清雍正十三年（1735）兩浙鹽驛道庫刻本　二十四册　九行二十一字小字雙行同白口四周雙邊

450000－2602－0001444　03408
**海道圖説十五卷長江圖説一卷**　（英國）金約翰撰　（英國）傅蘭雅口譯　（清）王德均筆述　清光緒二十二年（1896）上海書局石印本　八册　十七行四十字小字雙行同上下黑口四周雙邊

450000－2602－0001445　03295
**黔書二卷**　（清）田雯編　清咸豐十年（1860）刻本　二册　十一行二十四字上下黑口左右雙邊

450000－2602－0001446　03296
**黔書二卷**　（清）田雯編　清嘉慶十三年（1808）刻本　二册　十一行二十四字小字雙行同上下黑口左右雙邊

450000－2602－0001447　03424
**洞庭湖志十四卷**　（清）陶雲汀修　（清）沈筠堂總纂　（清）萬年淳再訂　（清）夏大觀補輯　清道光五年（1825）刻本　八册　十行二十三字小字雙行同白口四周雙邊

450000－2602－0001448　03364
**居濟一得八卷**　（清）張伯行著　（清）張師栻　（清）張師載編次　清同治五年（1866）刻正誼堂全書本　三册　十行二十二字小字雙行同白口左右雙邊

450000－2602－0001449　03240
**［光緒］增修崇慶州志十二卷首一卷**　（清）沈恩培主修　（清）胡麟　（清）徐鼎元纂修　清光緒三年（1877）刻本　八册　十一行二十一字小字雙行同白口四周雙邊

450000－2602－0001450　03297
**黔書二卷**　（清）田雯編　清咸豐十年（1860）刻本　二册　十一行二十四字小字雙行同上下黑口左右雙邊

450000－2602－0001451　03355
**蜀水攷四卷**　（清）陳登龍述　（清）朱錫穀補注　（清）陳一津疏　清光緒四年（1878）刻本　四册　九行二十字小字雙行同上下黑口四周單邊

450000－2602－0001452　03239
**［同治］續修羅江縣志二十四卷**　（清）馬傳業總纂　（清）劉正慧纂修　清同治四年（1865）刻本　佚名批　二册　九行二十一字小字雙行同白口四周雙邊

450000－2602－0001453　03340
**［嘉慶］衛藏通志十六卷首一卷**　（清）和琳撰　**衛藏通志校字記一卷**　（清）袁昶撰　清光緒二十二年（1896）桐廬袁昶漸西村舍刻漸西村舍彙刊本　八册　十行二十一字小字雙行同白口左右雙邊

450000－2602－0001454　03354

**蜀水攷四卷**　(清)陳登龍述　(清)朱錫穀補注　(清)陳一津疏　清刻本　一冊　十二行二十六字小字雙行同白口四周單邊　存二卷(一至二)

450000－2602－0001455　03363
**居濟一得八卷**　(清)張伯行著　(清)張師栻(清)張師載編次　清同治五年(1866)刻正誼堂全書本　三冊　十行二十二字小字雙行同白口左右雙邊

450000－2602－0001456　03298
**黔書二卷**　(清)田雯編　清刻本　一冊　十一行二十四字小字雙行同上下黑口左右雙邊　存一卷(一)

450000－2602－0001457　03358
**江蘇海塘新志八卷首一卷**　(清)蔣師轍編輯(清)李慶雲總纂　(清)曾國荃鑒訂　清光緒十六年(1890)刻本　四冊　十行二十二字小字雙行同白口左右雙邊

450000－2602－0001458　03349
**灌江備考一卷**　(清)李先立編　(清)王廷珏采輯　清刻本　一冊　九行十六字白口四周雙邊

450000－2602－0001459　03368
**太湖備考十六卷首一卷**　(清)金友理纂述(清)金友琯等校　**湖程紀略一卷**　(清)吳曾撰　清乾隆十五年(1750)藝蘭圃刻本　八冊　十行二十一字小字雙行31白口左右雙邊

450000－2602－0001460　03237
**[嘉慶]羅江縣志十卷**　(清)李調元纂修　清嘉慶七年(1802)刻本　二冊　十行二十一字小字雙行同下黑口四周雙邊

450000－2602－0001461　03314
**[光緒]續順寧府志稿三十八卷**　(清)党蒙總纂　(清)周宗洛纂修　(清)張尚志協修　清光緒三十年(1904)刻本　十二冊　十行二十二字小字雙行同下黑口左右雙邊

450000－2602－0001462　03238
**[嘉慶]羅江縣志三十六卷**　(清)李桂林總纂(清)鄧林纂修　清同治四年(1865)刻本佚名批　四冊　九行二十一字小字雙行同白口四周雙邊

450000－2602－0001463　03299
**黔語二卷**　(清)吳振棫纂　清咸豐四年(1854)刻靈峯草堂叢書本　一冊　十二行二十四字小字雙行同上下黑口四周單邊

450000－2602－0001464　03350
**畿輔水利四案四卷補一卷附錄一卷**　(清)潘錫恩輯　清刻本　五冊　十行二十三字白口四周雙邊

450000－2602－0001465　03381
**督河奏疏十卷**　(清)許振禕撰　清光緒元年(1875)廣州刻本　四冊　十行二十一字上下黑口左右雙邊

450000－2602－0001466　03378
**行水金鑑一百七十五卷首一卷**　(清)傅澤洪錄　清雍正三年(1725)淮揚官署刻本　佚名題記　十冊　十一行二十一字小字雙行三十二字上下黑口左右雙邊　存五十卷(四十六至六十、八十一至八十五、一百三十一至一百五十五、一百六十六至一百七十)

450000－2602－0001467　03371
**水經注四十卷附御製文一卷**　(北魏)酈道元撰　清刻武英殿聚珍版書本　十二冊　九行二十一字小字雙行同白口左右雙邊

450000－2602－0001468　03417
**御製熱河全景一卷**　(清)沈錫齡摹　清光緒二十年(1894)石印本　二冊　白口四周單邊雙邊兼有

450000－2602－0001469　03410
**中國江海險要圖誌二十二卷首一卷補編五卷圖五卷**　(英國)海軍海圖官局編　(清)陳壽彭譯　清光緒二十七年(1901)經世文社石印本　十二冊　十四行三十五字小字雙行同白口四周雙邊

450000－2602－0001470　03207
**[康熙]寧化縣志七卷**　(清)祝文郁修

(清)李世熊纂　清同治八年(1869)蔣澤沅刻本　八册　九行二十二字小字雙行同白口四周雙邊

450000－2602－0001471　03418
**御製熱河全景一卷**　(清)沈錫齡摹　清光緒二十年(1894)石印本　二册　白口四周單邊和花紋

450000－2602－0001472　03367
**歷代河防統纂二十八卷**　(清)陳璜輯　清光緒十四年(1888)上海鴻寶齋石印本　四册　十七行四十九字白口四周雙邊

450000－2602－0001473　06479
**杜詩鏡銓二十卷附錄一卷**　(唐)杜甫著　(清)楊倫編輯　清同治十一年(1872)望三益齋刻本　七册　九行二十字小字雙行三十字白口左右雙邊

450000－2602－0001474　03411
**中國江海險要圖誌二十二卷首一卷補編五卷圖五卷**　(英國)海軍海圖官局編　(清)陳壽彭譯　清光緒二十七年(1901)經世文社石印本　十五册　十四行三十五字小字雙行同白口四周雙邊

450000－2602－0001475　03305
**[嘉慶]滇繫四十卷**　(清)師範纂輯　清光緒十三年(1887)雲南通志局刻本　四十册　九行二十四字小字雙行同白口四周雙邊

450000－2602－0001476　03412
**中國江海險要圖誌二十二卷首一卷補編五卷圖五卷**　(英國)海軍海圖官局編　(清)陳壽彭譯　清光緒二十七年(1901)經世文社石印本　十五册　十四行三十五字小字雙行同白口四周雙邊

450000－2602－0001477　03373
**水經注四十卷附御製文一卷**　(北魏)酈道元撰　清刻武英殿聚珍版書本　十六册　九行二十一字小字雙行同白口四周雙邊

450000－2602－0001478　03366
**河防志十二卷**　(清)張希良撰　清刻本　十二册　九行二十字白口四周單邊

450000－2602－0001479　03055
**[光緒]定海廳志三十卷首一卷**　(清)史致馴修　陳重威纂　清光緒十年(1884)刻二十八年(1902)補刻本　八册　十一行二十二字小字雙行同白口左右雙邊

450000－2602－0001480　03352
**畿輔安瀾志五十六卷**　(清)王履泰纂　清木活字印本　四册　八行二十字小字雙行同白口四周雙邊　存三卷(漳河一至三)

450000－2602－0001481　03200
**[乾隆]興化府莆田縣志三十六卷首一卷**　(清)汪大經　(清)王恒掌修　(清)廖必琦　(清)林黌總裁　清乾隆二十三年(1758)刻光緒五年(1879)潘文鳳補刻本　佚名批　十六册　九行二十字小字雙行同白口四周雙邊

450000－2602－0001482　03234
**[乾隆]富順縣志五卷首一卷**　(清)李芝纂修　(清)段玉裁總裁　清光緒八年(1882)刻本　五册　九行二十二字小字雙行同白口左右雙邊

450000－2602－0001483　03235
**[光緒]雙流縣志四卷首一卷**　(清)周廷揆總纂　(清)江懷廷纂修　(清)劉端參訂　清光緒三年(1877)刻本　八册　九行二十一字小字雙行同白口四周雙邊

450000－2602－0001484　03379
**揚州水道記四卷**　(清)劉文淇撰　清道光十七年(1837)欲寡過齋刻同治十一年(1872)淮南書局補刻本　二册　十行二十一字小字雙行同白口左右雙邊

450000－2602－0001485　03353
**峽江圖攷一卷**　□□撰　清刻本　一册　白口四周雙邊

450000－2602－0001486　03380
**上虞縣水利案三卷**　(清)連聲　(清)俞應舉等撰　清光緒枕湖樓刻本　一册　九行二十字上下黑口左右雙邊

450000－2602－0001487　03128

**東粤藩儲攷十二卷**　(清)高崇基總纂　(清)陳坤　(清)李祖榮編輯　清光緒十三年(1887)刻本　十册　十行二十六字小字雙行同白口四周單邊　存十卷(一、三至七、九至十二)

450000－2602－0001488　03374

**水經注四十卷**　(漢)桑欽撰　(北魏)酈道元注　清光緒元年(1875)湖北崇文書局刻崇文書局彙刻書本　十册　十二行二十四字小字雙行同上下黑口四周雙邊

450000－2602－0001489　03383

**歷代都江堰功小傳二卷**　王人文撰　清宣統三年(1911)成都刻本　一册　九行二十字小字雙行同白口左右雙邊

450000－2602－0001490　特712.81/0131

**經德堂文内集四卷外集二卷別集二卷**　(清)龍啟瑞撰　清光緒四年(1878)龍繼棟京師刻經德堂集本　佚名批　三册　十一行二十八字小字雙行同上下黑口左右雙邊　存六卷(内集四卷、外集二卷)

450000－2602－0001491　03382

**水道直指一卷**　(清)張匡學輯　清嘉慶二年(1797)新安張氏上池書屋刻本　一册　九行十八字小字雙行同白口四周單邊

450000－2602－0001492　03426

**西湖游覽志二十四卷志餘二十六卷**　(明)田汝成撰　清光緒二十二年(1896)錢塘丁氏嘉惠堂刻武林掌故叢編本　十六册　十行二十字小字雙行同白口四周雙邊

450000－2602－0001493　03458

**九華山志十卷首一卷末一卷**　(清)謝維喈重修　(清)周贇纂修　清光緒二十六年(1900)刻本　八册　九行二十字小字雙行同白口四周雙邊

450000－2602－0001494　03427

**西湖游覽志二十四卷志餘二十六卷**　(明)田汝成撰　清光緒二十二年(1896)錢塘丁氏嘉惠堂刻武林掌故叢編本　十六册　十行二十字小字雙行同白口四周雙邊

450000－2602－0001495　03457

**太華小志七卷**　(清)馮敏昌撰集　清光緒十二年(1886)欽州汲古齋刻本　一册　十行二十字小字雙行不等上下黑口四周單邊

450000－2602－0001496　03421

**莫愁湖志六卷首一卷**　(清)馬士圖著　清光緒八年(1882)刻本　一册　九行十九字小字雙行同上下黑口左右雙邊　存五卷(一至四、首一卷)

450000－2602－0001497　02932

**[光緒]南滙縣志二十二卷首一卷末一卷**　(清)金福曾領修　(清)張文虎總纂　(清)王蓉生分修　清光緒五年(1879)刻本　十二册　十一行二十二字小字雙行同白口左右雙邊

450000－2602－0001498　03420

**定鄉小識十六卷**　(清)張道纂修　清光緒八年(1882)錢塘丁氏刻武林掌故叢編本　四册　十行二十字小字雙行同白口四周雙邊

450000－2602－0001499　03434

**廬山志十五卷**　(清)毛德琦重訂　清康熙五十九年(1720)順德堂刻乾隆道光同治間遞修本　十六册　九行二十一字小字雙行同白口左右雙邊

450000－2602－0001500　03451

**武夷山志二十四卷首一卷**　(清)董天工編　清道光二十七年(1847)五夫尺木軒刻本　八册　十行二十二字小字雙行同白口四周雙邊

450000－2602－0001501　03493

**靈隱寺志八卷山圖一卷**　(清)孫治初輯　(清)徐增重修　(清)戒顯校訂　清光緒十四年(1888)錢塘丁氏嘉惠堂刻武林掌故叢編本　三册　十行二十字小字雙行同白口四周雙邊

450000－2602－0001502　03462

**寶華山志十五卷首一卷**　(清)釋德基輯

(清)劉名芳纂修　清千華十五世聖性宗刻本　四册　九行二十字小字雙行同白口左右雙邊

450000－2602－0001503　03399
**朔方備乘六十八卷凡例目錄一卷首十二卷**　(清)何秋濤纂輯　清光緒七年(1881)寶善書局石印本　八册　十六行三十九字小字雙行同白口四周單邊

450000－2602－0001504　03111
**湖南全省輿圖說不分卷**　(清)左學呂等述　清光緒二十三年(1897)刻本　二册　十四行二十八字小字雙行同下黑口左右雙邊

450000－2602－0001505　03407
**雲南勘界籌邊記二卷**　姚文棟撰　清光緒刻本　二册　九行二十字小字雙行同白口四周雙邊

450000－2602－0001506　03460
**寶華山志十五卷首一卷**　(清)釋德基輯　(清)劉名芳纂修　(清)釋福恭校　清刻本　四册　九行二十字小字雙行同白口四周單邊

450000－2602－0001507　03461
**西征日記一卷**　(清)汪振聲錄　清光緒二十六年(1900)刻本　一册　十行二十四字小字雙行同白口四周單邊

450000－2602－0001508　03440
**泰山志二十卷**　(清)金棨錄　清嘉慶刻本　十册　十一行二十二字小字雙行同上下黑口左右雙邊

450000－2602－0001509　03449
**金山志十卷**　(清)盧見曾撰　**續金山志二卷**　(清)釋秋崖撰　清光緒二十七年(1901)刻本　六册　十行二十一字小字雙行同白口左右雙邊

450000－2602－0001510　15754
**莫愁湖志六卷首一卷**　(清)馬士圖著　清光緒八年(1882)刻本　一册　九行十九字小字雙行同上下黑口左右雙邊

450000－2602－0001511　03433
**廬山志十五卷**　(清)毛德琦重訂　清康熙五十九年(1720)刻本　十六册　九行二十一字小字雙行同白口左右雙邊

450000－2602－0001512　03448
**金山志十卷**　(清)盧見曾撰　**續金山志二卷**　(清)釋秋崖撰　清光緒二十七年(1901)刻本　四册　十行二十一字小字雙行同白口左右雙邊　存十卷(金山志十卷)

450000－2602－0001513　03419
**峽江圖攷不分卷**　(清)江國璋輯　清光緒十五年(1889)石印本　二册

450000－2602－0001514　03442
**錫山景物畧十卷**　(清)王永積輯　清光緒二十四年(1898)刻本　五册　九行二十四字小字雙行同白口四周單邊

450000－2602－0001515　03269
**[嘉慶]漢州志四十卷首一卷末一卷**　(清)劉長庚纂　清嘉慶刻本　十七册　九行二十六字小字雙行同白口四周雙邊

450000－2602－0001516　03430
**[雍正]西湖志四十八卷**　(清)李衛總裁　(清)傅王露總修　清光緒四年(1878)淛江書局刻本　二十册　九行二十一字小字雙行同白口左右雙邊

450000－2602－0001517　03441
**焦山志二十六卷首一卷**　(清)吳雲輯　清同治四年(1865)刻本　八册　九行二十一字小字雙行同白口左右雙邊

450000－2602－0001518　03429
**[雍正]西湖志四十八卷**　(清)李衛總裁　(清)傅王露總修　清光緒四年(1878)淛江書局刻本　二十册　九行二十一字小字雙行同白口左右雙邊

450000－2602－0001519　03527
**南遊記一卷**　(清)孫嘉淦撰　清嘉慶十年(1805)守意龕朱墨套印本　二册　八行二十字白口四周雙邊

450000－2602－0001520　03468
**武夷山志二十四卷首一卷**　(清)董天工編　清道光二十七年(1847)五夫尺木軒刻本　十冊　十行二十二字小字雙行同白口四周雙邊

450000－2602－0001521　03270
**[同治]續漢州志二十四卷首一卷**　(清)張超等修　清同治八年(1869)刻本　七冊　九行二十一字小字雙行同白口四周雙邊　存二十四卷(一至二十三、首一卷)

450000－2602－0001522　03494
**增修雲林寺志八卷**　(清)厲鶚　(清)張熷紀　**雲林寺續志八卷**　(清)沈鑅彪纂　清光緒十四年(1888)錢塘丁氏嘉惠堂刻武林掌故叢編本　五冊　十行二十字小字雙行同白口四周雙邊

450000－2602－0001523　03530
**林文忠公遺集**　(清)林則徐撰　清光緒三山林氏刻本　一冊　九行二十四字小字雙行同白口左右雙邊　存三種三卷(滇軺紀程一卷、荷戈紀程一卷、政書蒐遺一卷)

450000－2602－0001524　03463
**石鐘山志十六卷首一卷**　(清)李成謀　(清)丁義方輯　(清)方宗誠　(清)胡傳釗校訂　清光緒九年(1883)聽濤眺雨軒刻本　八冊　九行二十一字小字雙行同白口四周雙邊

450000－2602－0001525　03447
**金山志二十卷首二卷**　(清)周伯義編　(清)陳任暘訂　清光緒三十年(1904)刻京口三山志本　十冊　九行二十一字小字雙行同白口左右雙邊

450000－2602－0001526　06704
**后山詩十二卷**　(宋)陳師道撰　(清)任淵注　清同治十三年(1874)江西書局刻武英殿聚珍版書本　四冊　九行二十一字小字雙行同白口四周雙邊

450000－2602－0001527　03528
**滇軺紀程一卷**　(清)林則徐撰　清光緒三年(1877)刻林文忠公遺集本　一冊　九行二十四字小字雙行同白口左右雙邊

450000－2602－0001528　03529
**林文忠公遺集四種四十一卷**　(清)林則徐撰　清光緒刻本　一冊　九行二十四字小字雙行同白口左右雙邊　存二種二卷(荷戈紀程一卷、政書蒐遺一卷)

450000－2602－0001529　03503
**天童寺志十卷首一卷**　(清)釋德介輯　清康熙刻嘉慶增補本　四冊　九行二十字小字雙行同白口四周雙邊

450000－2602－0001530　03492
**靈隱寺志八卷山圖一卷**　(清)孫治初輯　(清)徐增重修　(清)戒顯校訂　清光緒十四年(1888)錢塘丁氏嘉惠堂刻武林掌故叢編本　三冊　十行二十字小字雙行同白口四周雙邊

450000－2602－0001531　03526
**蜀輶日記四卷**　(清)陶澍撰　清光緒七年(1881)刻本　二冊　九行二十一字小字雙行同上下黑口左右雙邊

450000－2602－0001532　03509
**蘇詩查注補正四卷**　(清)沈欽韓撰　清光緒八年(1882)刻心矩齋叢書本　二冊　十一行二十四字小字雙行同上下黑口左右雙邊

450000－2602－0001533　03495
**增修雲林寺志八卷**　(清)厲鶚　(清)張熷紀　**雲林寺續志八卷**　(清)沈鑅彪纂　清光緒十四年(1888)錢塘丁氏嘉惠堂刻武林掌故叢編本　二冊　十行二十字小字雙行同白口四周雙邊

450000－2602－0001534　03487
**洛陽名園記一卷**　(宋)李格非撰　清道光二十六年(1846)刻海山仙館叢書本　一冊　九行二十一字小字雙行同上下黑口左右雙邊

450000－2602－0001535　03496
**大昭慶律寺志十卷**　(清)釋篆玉撰　清光緒八年(1882)錢塘丁氏刻武林掌故叢編本　二冊　十行二十字小字雙行同白口四周雙邊

450000－2602－0001536　03452
**烏石山志九卷首一卷**　(清)郭柏蒼　(清)劉永松纂輯　清光緒九年(1883)刻本　四冊　九行二十一字小字雙行同黑口四周雙邊

450000－2602－0001537　03546
**五洲圖考不分卷**　龔柴撰　(清)徐勱編輯　許彬編譯　清光緒二十八年(1902)上海徐家匯印書館鉛印本　四冊　十行四十字白口四周雙邊

450000－2602－0001538　00438
**皇清經解一百六十五種一千四百卷**　(清)阮元輯　清道光九年(1829)廣東學海堂刻本　清傅昶題記　三百六十冊　十一行二十四字小字雙行同白口左右雙邊

450000－2602－0001539　03438
**廣雁蕩山誌二十八卷首一卷末一卷**　(清)曾唯纂　清乾隆五十五年(1790)曾唯依綠園刻嘉慶十三年(1808)增刻同治八年(1869)補刻本　八冊　九行二十一字小字雙行同白口四周雙邊

450000－2602－0001540　03543
**瀛環志略十卷**　(清)徐繼畬輯著　清光緒二十一年(1895)上海寶文局石印本　一冊　十三行三十六字小字雙行同白口四周雙邊　存五卷(一至五)

450000－2602－0001541　03507
**會稽掇英總集二十卷**　(宋)孔延之編　**校正會稽掇英總集札記一卷**　(清)杜丙杰撰　清道光元年(1821)山陰杜氏浣花宗塾刻本　小隱山人題記　四冊　十行二十字小字雙行同下黑口左右雙邊

450000－2602－0001542　03514
**鴻雪因緣圖記三集**　(清)麟慶著　清道光二十七年(1847)揚州刻本　六冊　十行二十一字小字雙行同白口四周雙邊

450000－2602－0001543　03512
**河海昆侖錄四卷**　裴景福著　清宣統元年(1909)上海文明書局鉛印本　佚名題跋　四冊　十二行三十三字小字雙行同白口四周雙邊

450000－2602－0001544　03484
**平山堂圖志十卷首一卷**　(清)趙之壁編纂　清光緒九年(1883)楚南歐陽利見刻本　四冊　十行二十一字小字雙行同白口左右雙邊

450000－2602－0001545　03485
**平山堂圖志十卷首一卷**　(清)趙之壁編纂　清光緒九年(1883)楚南歐陽利見刻本　四冊　十行二十一字小字雙行同白口左右雙邊

450000－2602－0001546　03432
**廬山志十五卷**　(清)毛德琦重訂　清康熙五十九年(1720)順德堂刻乾隆、道光、同治間遞修本　十二冊　九行二十一字小字雙行同白口左右雙邊

450000－2602－0001547　03506
**曹江孝女廟志八卷首一卷末一卷補遺一卷**　(清)金廷棟編輯　清光緒八年(1882)五社公所刻本　二冊　九行十九字小字雙行同白口四周單邊

450000－2602－0001548　03476
**吳山城隍廟志八卷首一卷**　(清)盧崧修　清光緒二十一年(1895)刻本　四冊　九行二十字小字雙行同白口左右雙邊

450000－2602－0001549　03456
**華嶽志八卷首一卷**　(清)李榕纂輯　清道光十一年(1831)楊翼武清白別墅刻光緒九年(1883)楊昌睿重修本　四冊　十行二十四字小字雙行同白口左右雙邊

450000－2602－0001550　03513
**鴻雪因緣圖記三集**　(清)麟慶著　清光緒五年(1879)上海點石齋石印本　六冊　十七行十九字小字雙行同白口四周單邊

450000－2602－0001551　03470
**北固山志十四卷首一卷**　(清)周伯義編　(清)陈任暘訂　清光緒三十年(1904)刻京口三山志本　六冊　九行二十一字小字雙行同白口左右雙邊

450000－2602－0001552　03486

**湖山便覽十二卷**　（清）翟灝輯　（清）王維翰重訂　清光緒元年（1875）王氏槐蔭堂刻本　六冊　九行二十二字小字雙行同上下黑口左右雙邊

450000－2602－0001553　03515

**霞客遊記十卷補編一卷**　（明）徐宏祖著　（清）葉廷甲輯　清光緒七年（1881）鉛印本　十冊　十行二十三字小字雙行同上下黑口四周單邊

450000－2602－0001554　03532

**辛卯侍行記六卷**　陶保廉撰　清光緒二十三年（1897）養樹山房刻本　六冊　十行二十二字小字雙行同上下黑口左右雙邊

450000－2602－0001555　03520

**秦蜀驛程後記二卷**　（清）王士禎撰　清刻本　二冊　九行二十字小字雙行字不等上下黑口四周雙邊

450000－2602－0001556　03536

**西輶日記四卷**　（清）黃懋材撰　清光緒十二年（1886）刻新陽趙氏叢刊本　一冊　八行二十五字白口左右雙邊

450000－2602－0001557　03571

**西洋史要一卷**　（日本）小川銀次郎著　樊炳清　（清）薩端譯　清光緒二十七年（1901）刻本　二冊　十二行二十八字小字雙行同上下黑口四周雙邊

450000－2602－0001558　03564

**政治泛論四卷**　（美國）威爾遜撰　（日本）高田早苗　商務印書館譯　清光緒二十九年（1903）商務印書館鉛印政學叢書本　二冊　十七行三十七字上下黑口四周單邊

450000－2602－0001559　03563

**政治泛論二卷**　（美國）域魯威爾遜著　麥鼎華譯　清光緒二十九年（1903）上海廣智書局鉛印本　二冊　十三行三十六字黑口四周雙邊

450000－2602－0001560　03572

**西洋史要一卷**　（日本）小川銀次郎著　樊炳清　（清）薩端譯　清光緒二十七年（1901）刻本　二冊　十二行二十八字小字雙行同上下黑口四周雙邊

450000－2602－0001561　03573

**西洋史要一卷**　（日本）小川銀次郎著　樊炳清　（清）薩端譯　清光緒二十七年（1901）刻本　二冊　十二行二十八字小字雙行同上下黑口四周雙邊

450000－2602－0001562　03580

**日本國志四十卷首一卷**　（清）黃遵憲編纂　清光緒二十四年（1898）浙江書局刻本　九冊　十二行二十四字小字雙行同白口四周雙邊

450000－2602－0001563　03558

**海國圖志一百卷首一卷**　（清）魏源撰　清光緒二十一年（1895）上海書局石印本　十四冊　二十行四十四字小字雙行同白口四周雙邊

450000－2602－0001564　03555

**海國圖志一百卷**　（清）魏源撰　清光緒六年（1880）邵陽急當務齋刻本　佚名題　二十四冊　九行二十一字小字雙行同白口四周雙邊

450000－2602－0001565　03557

**海國圖志一百卷首一卷**　（清）魏源撰　**海國圖志續集二十五卷首一卷**　（英國）麥高爾輯　（美國）林樂知　（清）瞿昂來譯　清光緒二十四年（1898）文賢閣石印本　十三冊　二十行四十四字小字雙行同白口四周雙邊　存一百十卷（一至三、七至八十六，首一卷；續集二十五卷、首一卷）

450000－2602－0001566　03566

**十九世紀歐洲文明進化論一卷**　（日本）民友社原著　（清）陳國鏞譯述　**二十年來生計界劇變論一卷**　（日本）田尻稻次郎講義　（清）陳國鐸擇譯　清光緒二十八年（1902）上海廣智書局鉛印本　一冊　十三行三十三字白口四周雙邊

450000－2602－0001567　03565

**蒙學外國歷史教科書四篇**　（清）文明書局編

譯　清光緒三十一年(1905)文明書局鉛印本　一册　九行二十字小字雙行同白口四周雙邊　存三篇(一至三)

450000－2602－0001568　03556
**海國圖志一百卷首一卷**　(清)魏源撰　清光緒二年(1876)平慶涇固道署刻本　三十六册　九行二十一字小字雙行同白口四周雙邊

450000－2602－0001569　03567
**世界文明史三編**　(日本)高山林次郎著　姚槐校訂　清光緒二十九年(1903)鉛印本　一册　十五行三十二字上黑口四周單邊

450000－2602－0001570　03561
**海國公餘輯録六卷**　(清)張煜南輯　清光緒二十四年(1898)刻本　六册　十行二十字小字雙行同白口四周雙邊

450000－2602－0001571　03560
**海國公餘輯録六卷**　(清)張煜南輯　清光緒二十四年(1898)刻本　六册　十行二十字小字雙行同白口四周雙邊

450000－2602－0001572　03568
**世界近世史五編**　(日本)松平康國撰　(清)中國國民叢書社譯　清光緒二十八年(1902)商務印書館鉛印歷史叢書本　一册　十五行三十二字小字雙行同黑口四周單邊

450000－2602－0001573　03554
**海國圖志一百卷首一卷**　(清)魏源撰　清光緒二年(1876)平慶涇固道署刻本　二十四册　九行二十一字小字雙行同白口四周雙邊

450000－2602－0001574　03553
**泰西十八周史攬要十八卷**　(英國)雅各偉德撰　(英國)季理裴成章譯　(清)李鼎星述稿　清光緒二十七年(1901)上海廣學會鉛印本　六册　十一行二十七字小字雙行不等白口四周雙邊

450000－2602－0001575　03559
**海國公餘輯録六卷**　(清)張煜南輯　清光緒二十四年(1898)刻本　六册　十行二十字小字雙行同白口四周雙邊

450000－2602－0001576　03523
**乘查筆記一卷**　(清)斌椿撰　**海國勝遊草一卷天外歸帆草一卷**　(清)襄平等撰　清同治八年(1869)刻本　二册　九行二十一字小字雙行同白口四周雙邊

450000－2602－0001577　03574
**列國歲計政要十二卷首一卷**　(英國)麥丁富得力編纂　(美國)林樂知口譯　(清)鄭昌棪筆述　清光緒江南製造總局刻本　五册　十行二十二字小字雙行同黑口左右雙邊　存十一卷(一至四、七至十二,首一卷)

450000－2602－0001578　03587
**日本維新三十年史十二編附録一編**　(日本)東京博文館編輯　上海廣智書局譯　清光緒二十八年(1902)廣智書局鉛印本　六册　十二行三十五字小字雙行同白口四周雙邊

450000－2602－0001579　03547
**節本泰西新史攬要八卷**　(英國)馬懇西撰　(英國)李提摩太譯　周慶雲節録　清光緒二十七年(1901)烏程周慶雲夢坡室刻本　四册　十二行二十四字上下黑口左右雙邊

450000－2602－0001580　01313
**痛史二十一種附九種**　樂天居士輯　清宣統三年(1911)商務印書館鉛印本　二十八册　十二行三十二字白口四周雙邊　存十九種附九種四十七卷

450000－2602－0001581　03450
**天台山全志十八卷**　(清)張聯元輯　清康熙六十年(1721)刻本　十六册　十行二十一字小字雙行同白口左右雙邊

450000－2602－0001582　03588
**日本維新三十年史十二編附録一編**　(日本)東京博文館編輯　上海廣智書局譯　清光緒二十八年(1902)廣智書局鉛印本　六册　十二行三十五字小字雙行同白口四周雙邊

450000－2602－0001583　03578
**日本國志四十卷首一卷**　(清)黃遵憲編纂　清光緒二十四年(1898)上海圖書集成印書局

鉛印本　五冊　十四行四十字小字雙行同白口四周單邊

450000－2602－0001584　03605
**越南亡國史一卷**　(□)巢南子述　**越南小志一卷**　(清)新民叢報社社員編　**遊臺紀略一卷**　(清)仇君撰　清光緒三十一年(1905)木活字印本　一冊　十行二十五字白口四周單邊

450000－2602－0001585　03552
**萬國史略備覽六卷**　(清)曾紀澤編閱　(清)張斯栒翻譯　**炮概淺説一卷**　**借箸籌防論略一卷**　(德國)遊擊來　(德國)春石泰撰　沈敦和譯述　**德國軍制述要一卷**　(德國)遊擊來　(德國)春石泰述　清光緒刻本　六冊　十一行二十七字小字雙行三十二字上下黑口四周單邊

450000－2602－0001586　03577
**日本國志四十卷首一卷**　(清)黄遵憲編纂　清光緒十六年(1890)羊城富文齋刻本　十四冊　十二行二十四字小字雙行同上下黑口四周雙邊

450000－2602－0001587　03614
**羅馬志略十三卷**　清光緒二十四年(1898)石印本　一冊　十八行字不等白口四周雙邊

450000－2602－0001588　03576
**日本國志四十卷首一卷**　(清)黄遵憲編纂　清光緒十六年(1890)羊城富文齋刻本　十冊　十二行二十四字小字雙行同上下黑口四周雙邊

450000－2602－0001589　03531
**滇行日記二卷**　(清)李澄中著　清康熙刻本　一冊　十一行二十字小字雙行同白口四周單邊

450000－2602－0001590　03617
**英國財政要覽五章**　(清)考察政治大臣撰　清光緒三十四年(1908)政治官報局鉛印本　一冊　十二行三十字白口四周雙邊

450000－2602－0001591　03589
**日遊瑣識不分卷**　李寶淦撰　清光緒三十二年(1906)鉛印本　一冊　十一行三十字小字雙行不等白口四周雙邊

450000－2602－0001592　03601
**俄國西伯利東偏紀要一卷**　曹廷杰撰　清光緒刻振綺堂叢書本　一冊　十行二十一字小字雙行同上下黑口四周單邊

450000－2602－0001593　03548
**泰西新史攬要二十四卷**　(英國)馬懇西撰　(英國)李提摩太譯　蔡爾康述　清光緒二十一年(1895)上海美華館鉛印本　八冊　十二行三十一字白口四周雙邊

450000－2602－0001594　03619
**華盛頓傳八卷七十六章**　(清)蔡國昭　(清)黎汝謙譯　清光緒十二年(1886)鉛印本　八冊　十行二十五字小字雙行同白口四周雙邊

450000－2602－0001595　03592
**使韓筆記一卷**　(清)費芷雲撰　清光緒稿本　一冊　九行字不等上下紅口四周單邊

450000－2602－0001596　03620
**英俄印度交涉書一卷續編一卷**　(英國)馬文撰　(英國)羅亨利　(清)瞿昂來譯　清光緒刻江南製造局叢書本　一冊　十行二十二字上下黑口左右雙邊

450000－2602－0001597　03613
**亞剌伯史不分卷**　(日本)北村三郎編著　趙必振譯　清光緒二十九年(1903)廣智書局鉛印本　一冊　十二行二十七字小字雙行同白口四周雙邊

450000－2602－0001598　03612
**埃及史不分卷**　(日本)北村三郎編著　趙必振譯　清光緒二十九年(1903)廣智書局鉛印本　一冊　十二行二十七字小字雙行同白口四周雙邊

450000－2602－0001599　03611
**腓尼西亞史不分卷**　(日本)北村三郎編著　趙必振譯　清光緒二十九年(1903)廣智書局鉛印本　一冊　十二行二十七字小字雙行同

白口四周雙邊

450000－2602－0001600　03610

**猶太史不分卷**　（日本）北村三郎編著　趙必振譯　清光緒二十八年（1902）廣智書局鉛印史學小叢書本　一册　十二行二十七字小字雙行同白口四周雙邊

450000－2602－0001601　03615

**意大利獨立史不分卷**　（日本）松井廣吉編著　（清）張仁普譯　清光緒二十八年（1902）上海廣智書局鉛印本　一册　十二行三十一字白口四周雙邊

450000－2602－0001602　03556

**海國圖志續集二十五卷首一卷**　（英國）麥高爾輯著　（美國）林樂知　（清）瞿昂來譯　清光緒二十一年（1895）上海書局石印本　四册　九行二十一字小字雙行同白口四周雙邊　存二十五卷（一至二十三、二十五，首一卷）

450000－2602－0001603　03623

**普法戰紀二十卷**　（清）張宗良口譯　（清）王韜撰輯　清光緒二十一年（1895）弢園王氏刻本　十册　十一行二十三字小字雙行同上下黑口四周雙邊

450000－2602－0001604　03579

**日本國志四十卷首一卷**　（清）黄遵憲編纂　清光緒十六年（1890）羊城富文齋刻本　十二册　十二行二十四字小字雙行同上下黑口四周雙邊

450000－2602－0001605　03626

**出使英法義比四國日記六卷**　（清）薛福成撰　清光緒十八年（1892）石印本　三册　十四行三十字上下黑口四周單邊

450000－2602－0001606　03627

**南行日記一卷**　吴廣霈著　清光緒十六年（1890）長洲王韜弢園鉛印本　一册　十三行二十四字小字雙行同白口四周雙邊

450000－2602－0001607　03562

**西政叢書三十二種九十九卷**　梁啟超輯　清光緒二十三年（1897）慎記書莊石印本　三十二册　十八行四十字小字雙行同字白口四周雙邊

450000－2602－0001608　03477

**滄浪小志二卷**　（清）宋犖編　清刻本　佚名批　一册　十行二十一字小字雙行同白口四周單邊

450000－2602－0001609　03625

**普法戰紀十四卷**　（清）張宗良口譯　（清）王韜輯撰　清同治十二年（1873）中華印務總局鉛印本　六册　十行二十一字小字雙行三十二字上下黑口四周雙邊　存十一卷（二至十二）

450000－2602－0001610　03628

**南行日記一卷**　吴廣霈著　清光緒十六年（1890）長洲王韜弢園鉛印本　一册　十三行二十四字小字雙行同白口四周雙邊

450000－2602－0001611　03641

**荀子二十卷**　（戰國）荀況著　（唐）楊倞注　（清）謝墉輯補　清乾隆五十一年（1786）謝墉刻本　十册　十行二十字小字雙行同白口左右雙邊

450000－2602－0001612　03575

**日本學校章程彙編不分卷**　陶森甲編輯　清光緒商務印書館鉛印政學叢書本　一册　十五行三十二字小字雙行同上下黑口四周單邊

450000－2602－0001613　03637

**孔子集語十七卷**　（清）孫星衍輯　清光緒三年（1877）浙江書局刻二十二子本　四册　九行二十一字小字雙行同白口左右雙邊

450000－2602－0001614　03602

**中亞洲俄屬遊記二卷**　（英國）蘭士德撰　（清）莫鎮藩譯　清光緒二十年（1894）上海時務報館石印本　二册　十五行三十字小字雙行同上下黑口四周單邊

450000－2602－0001615　03600

**俄游彙編八卷**　（清）繆祐孫纂　清光緒二十一年（1895）上海江左書局石印本　六册　十六行四十三字小字雙行不等上下黑口左右

雙邊

450000－2602－0001616　03630

**内外教育小史二卷**　(日本)原亮三郎編　沈紘譯　清光緒二十七年(1901)教育世界出版所刻本　一册　十三行二十六字小字雙行同上下黑口左右雙邊

450000－2602－0001617　03616

**鐵血宰相十八章不分卷**　(日本)吉川潤二郎著　丁疇隱錢應清譯　清光緒二十九年(1903)上海文明書局鉛印本　一册　十一行三十一字白口四周單邊

450000－2602－0001618　03622

**孔子家語十卷**　清刻本　二册　十二行二十四字上下黑口四周雙邊

450000－2602－0001619　03673；03680；03679；03730；03731；03738；03739；03740；03741；03742；03743；03751；03752；03753；03760；03701；03771；03800；03801；03802；07372；07373

**正誼堂全書六十八種**　(清)張伯行輯　清同治五年(1866)福州正誼書院刻八年至九年(1869－1870)續刻本　六十册　十行二十二字小字雙行同白口左右雙邊　存二十種二百二十一卷

450000－2602－0001620　03745；03746

**二程全書□□卷**　(宋)程顥　(宋)程頤撰　(宋)朱熹輯　清光緒三十四年(1908)澹雅局刻本　八册　十二行二十二字小字雙行同上下黑口左右雙邊　存三十八卷(河南程氏遺書二十五卷、附録一卷，河南程氏外書十二卷)

450000－2602－0001621　03681

**漢儒通義七卷**　(清)陳澧撰集　清咸豐八年(1858)刻番禺陳氏刻本　二册　十行二十字小字雙行同白口左右雙邊

450000－2602－0001622　03732

**詳注張太史訓子三十篇一卷**　(清)張江撰　清同治二年(1863)維經堂刻本　一册　八行三十字白口左右雙邊

450000－2602－0001623　03648

**荀子補注二卷**　(清)郝懿行學　清道光刻郝氏遺書本　一册　十一行二十四字小字雙行同白口四周雙邊

450000－2602－0001624　03793

**小學集解六卷輯説一卷**　(清)張伯行輯注　清光緒二十七年(1901)廣雅書局刻本　佚名批　四册　十行二十字小字雙行同上下黑口左右雙邊

450000－2602－0001625　03759

**御纂朱子全書六十六卷**　(清)李光地承脩　清光緒江西書局刻本　四十册　九行二十字小字雙行同上下黑口四周單邊

450000－2602－0001626　03754

**二程全書六十七卷**　(宋)程顥　(宋)程頤撰　(宋)朱熹輯　清小嫏嬛山館刻本　十六册　十二行二十二字小字雙行同上下黑口左右雙邊

450000－2602－0001627　03709

**新書十卷**　(漢)賈誼撰　清光緒元年(1875)浙江書局刻子書百家本　二册　九行二十一字小字雙行同白口左右雙邊

450000－2602－0001628　03549

**五大洲政治通考四十八卷**　(清)急先務齋主人等校刊　清光緒二十七年(1901)石印本　十二册　十八行四十字小字雙行同上下黑口四周雙邊

450000－2602－0001629　03674；03747；03766；03767；03774；03789；03792；06632；06927；06753；06872

**正誼堂全書六十八種**　(清)張伯行輯　清同治五年(1866)福州正誼書院刻八年至九年(1869－1870)續刻本　六十册　十行二十二字小字雙行同白口左右雙邊　存二十種一百七十七卷

450000－2602－0001630　03608

**越南輯略二卷**　(清)徐延旭撰　清光緒三年

(1877)梧州郡署刻本　二冊　十二行二十四字小字雙行同上下黑口四周雙邊

450000－2602－0001631　03672
**學蔀通辯四编十二卷首一卷**　(明)陳建著　(清)張伯行重訂　(清)賀瑞麟署檢　清光緒十八年(1892)劉氏傳經堂刻西京清麓叢書本　四冊　十行二十二字小字雙行同下黑口四周單邊

450000－2602－0001632　03647
**荀子二十卷附校勘補遺一卷**　(戰國)荀況撰　(唐)楊倞注　(清)盧文弨　(清)謝墉輯校　清光緒二年(1876)浙江書局刻二十二子本　六冊　九行二十一字小字雙行同白口左右雙邊

450000－2602－0001633　03654
**荀子集解二十卷首一卷**　(戰國)荀況撰　(唐)楊倞注　王先謙集解　清光緒十七年(1891)刻本　六冊　十一行二十四字小字雙行同上下黑口左右雙邊

450000－2602－0001634　03720；03690；03781；03776；03782；03874；05341；06164；11662
**子書百家**　(清)崇文書局輯　清光緒元年(1875)湖北崇文書局刻本　十四冊　十二行二十四字小字雙行同上下黑口四周雙邊　存十六種九十五卷

450000－2602－0001635　03443
**長沙嶽麓書院續志四卷首一卷终一卷補編一卷**　(清)丁善慶纂輯　清同治十二年(1873)刻本　四冊　九行二十一字白口四周單邊

450000－2602－0001636　03758
**朱子語類日鈔五卷**　(清)陈澧編　清光緒二十六年(1900)廣雅書局刻本　一冊　十一行二十四字小字雙行同上下黑口四周單邊

450000－2602－0001637　03719
**揚子法言十三卷**　(漢)揚雄撰　(晉)李軌等注　**音義一卷**　清光緒二年(1876)浙江書局刻二十二子本　一冊　九行二十一字小字雙行同白口左右雙邊

450000－2602－0001638　03794
**小學集解六卷輯說一卷**　(清)張伯行輯注　清光緒二十七年(1901)廣雅書局刻本　佚名批　四冊　十行二十字小字雙行同上下黑口左右雙邊

450000－2602－0001639　03677
**公是弟子記四卷**　(宋)劉敞撰　清同治十三年(1874)江西書局刻武英殿聚珍版書本　一冊　九行二十一字小字雙行同白口四周雙邊

450000－2602－0001640　03655
**荀子集解二十卷首一卷**　(戰國)荀況撰　(唐)楊倞注　王先謙集解　清光緒十七年(1891)刻本　六冊　十一行二十四字小字雙行同上下黑口左右雙邊

450000－2602－0001641　03443
**長沙府嶽麓誌八卷首一卷**　(清)趙寧纂修　清咸豐十一年(1861)刻本　六冊　九行十九字白口四周單邊

450000－2602－0001642　03671
**呻吟語六卷**　(明)吕坤著　(清)吕燕昭校刊　清同治七年(1868)刻本　三冊　十一行二十一字白口左右雙邊

450000－2602－0001643　03795
**大學衍義四十三卷**　(宋)真德秀撰　清光緒二十七年(1901)上海書局石印本　六冊　二十行三十四字小字雙行同上下黑口四周雙邊

450000－2602－0001644　03762
**理學宗傳二十六卷**　(清)孫奇逢輯　清光緒六年(1880)浙江書局刻本　十二冊　九行二十字小字雙行同白口左右雙邊

450000－2602－0001645　03777
**人譜三篇**　(清)劉宗周著　清光緒三年(1877)湖北崇文書局刻崇文書局匯刻書本　一冊　十二行二十四字小字雙行同上下黑口四周雙邊

450000－2602－0001646　03676

**公是弟子記四卷** (宋)劉敞撰　清同治十三年(1874)江西書局刻武英殿聚珍版書本　一冊　九行二十一字小字雙行同白口四周雙邊

450000－2602－0001647　03657

**申鑒五卷** (漢)荀悅著　(清)吳道傳校　清刻本　一冊　九行二十字小字雙行同白口左右雙邊

450000－2602－0001648　03775

**延平李先生師弟子答問一卷後録一卷補録一卷** (宋)朱熹編　清光緒五年(1879)張國正刻本　二冊　九行二十字小字雙行同上下黑口左右雙邊

450000－2602－0001649　03665

**文中子中説十卷** (隋)王通撰　(宋)阮逸注　清光緒二年(1876)浙江書局刻二十二子本　二冊　九行二十一字小字雙行同白口左右雙邊

450000－2602－0001650　03796

**大學衍義四十三卷** (宋)真德秀撰　清光緒二十年(1894)桂垣書局刻本　八冊　十行二十字小字雙行同下黑口左右雙邊

450000－2602－0001651　03651

**荀子集解二十卷首一卷** (戰國)荀況撰　(唐)楊倞注　王先謙集解　清末上海掃葉山房石印本　四冊　十四行二十九字小字雙行三十四字白口四周雙邊

450000－2602－0001652　03783

**浮邱子十二卷** (清)湯鵬著　(清)湯俶昭等輯　清同治四年(1865)刻本　四冊　十二行二十七字白口四周雙邊

450000－2602－0001653　03479

**圓津禪院小志六卷** (清)釋覺銘撰　清嘉慶七年(1802)刻光緒二十二年(1896)補刻本　二冊　十行二十一字小字雙行同白口左右雙邊

450000－2602－0001654　03763

**理學宗傳二十六卷** (清)孫奇逢輯　清粵東芸香堂刻本　十六冊　九行二十字小字雙行同白口四周單邊

450000－2602－0001655　03670

**鹽鐵論十一卷** (漢)桓寬撰　(清)萬廷莘校　清刻本　二冊　九行二十字小字雙行同白口左右雙邊

450000－2602－0001656　03778

**人譜三篇** (清)劉宗周著　清光緒三年(1877)湖北崇文書局刻崇文書局匯刻書本　一冊　十二行二十四字小字雙行同上下黑口四周雙邊

450000－2602－0001657　03779

**人譜三篇** (清)劉宗周著　清光緒三年(1877)湖北崇文書局刻崇文書局匯刻書本　一冊　十二行二十四字小字雙行同上下黑口四周雙邊

450000－2602－0001658　03650

**荀子二十卷校勘補遺一卷** (戰國)荀況撰　(唐)楊倞注　清嘉慶九年(1804)寶慶經綸堂刻十子全書本　七冊　十行二十字小字雙行同白口四周雙邊

450000－2602－0001659　03784

**先正遺規四卷** (清)汪正集録　清光緒十九年(1893)浙江書局刻本　二冊　十一行二十二字小字雙行同上下黑口左右雙邊

450000－2602－0001660　03772

**程氏家塾讀書分年日程三卷綱領一卷** (元)程瑞禮述　清光緒八年(1882)羊城六雅齋刻本　二冊　十行二十二字小字雙行同白口左右雙邊

450000－2602－0001661　03803

**五子近思録發明十四卷** (清)施璜纂注　清光緒六年(1880)雲南書局刻本　八冊　九行二十字小字雙行同下黑口左右雙邊

450000－2602－0001662　地50102/15428

**[同治]蒼梧縣志十八卷首一卷** (清)蒯光煥前等監修　(清)羅勳　(清)嚴寅恭纂修　(清)王棟續纂　清同治十三年(1874)刻本　十二冊　十行二十二字小字雙行同白口四周

雙邊

450000－2602－0001663　03785
**四書補注備旨題竅匯參上孟二卷**　（明）鄧林著　（明）張成參訂　清刻本　一册　十一行三十字小字雙行同白口四周單邊

450000－2602－0001664　03820
**孫子十家注十三卷**　（清）孫星衍　（清）吳人驥校　**孫子遺說一卷**　鄭友賢撰　**孫子敘録一卷**　畢以珣撰　清咸豐五年（1855）淡香齊木活字印本　四册　十二行二十四字小字雙行同上下黑口四周單邊

450000－2602－0001665　03733
**明本釋三卷**　（宋）劉荀撰　清同治十三年（1874）江西書局刻武英殿聚珍版書本　二册　九行二十一字小字雙行同白口四周雙邊

450000－2602－0001666　03850
**普通目兵須知二卷**　李炳之等編　清光緒三十二年（1906）北洋陸軍學堂印書局鉛印本　二册　十二行二十四字小字雙行字白口四周雙邊

450000－2602－0001667　03712
**法言十卷**　（漢）楊雄撰　清刻本　一册　九行二十字小字雙行同白口左右雙邊

450000－2602－0001668　03821
**孫子十家注十三卷**　（清）孫星衍　（清）吳人驥校　**孫子敘錄一卷**　畢以珣撰　**孫子遺說一卷**　鄭友賢撰　清嘉慶二年（1797）刻本　六册　十二行二十四字小字雙行同上下黑口四周單邊

450000－2602－0001669　03849
**練兵實紀九卷**　（明）戚繼光撰　**練兵實紀雜集六卷**　清光緒二十一年（1895）上海醉經慶石印本　四册　十四行三十四字小字雙行同白口四周雙邊　存九卷（練兵實紀九卷）

450000－2602－0001670　03683；03684
**西山真文忠公心政二經**　（宋）真德秀撰　清福建刻本　二册　九行十八字小字雙行同白口四周雙邊

450000－2602－0001671　03807
**近思録十四卷考訂朱子世家一卷**　（清）江永集注　清光緒十九年（1893）刻本　四册　九行二十一字小字雙行同白口四周雙邊

450000－2602－0001672　03835
**湖北防營將弁學堂堂規草案十八章**　吳元澤訂　清光緒二十八年（1902）鉛印本　一册　十行二十五字白口四周雙邊

450000－2602－0001673　03836
**練勇芻言五卷**　（清）王鑫著　清光緒二十四年（1898）江西書局刻本　一册　九行二十字小字雙行同上下黑口左右雙邊

450000－2602－0001674　03808
**近思録十四卷考訂朱子世家一卷**　（清）江永集注　清光緒十九年（1893）刻本　四册　九行二十一字小字雙行同白口四周雙邊

450000－2602－0001675　03822
**草廬經略十二卷**　（明）□□撰　清光緒鉛印申報館叢書本　六册　十一行二十四字白口四周雙邊

450000－2602－0001676　03904
**重刊補註洗冤錄集證六卷**　（清）王又槐增輯　（清）李觀瀾補輯　（清）孫光烈參閲　（清）阮其新補註　清道光二十四年（1844）刻四色套印本　五册　十行十八字小字雙行同白口左右雙邊　存五卷（一至五）

450000－2602－0001677　03906
**重修名法指掌圖四卷**　（清）徐灝纂　清同治九年（1870）湖北崇文書局刻本　四册　白口四周雙邊

450000－2602－0001678　03857
**自强軍西法類編十八卷**　沈敦和纂輯　（清）洪恩波參訂　清光緒二十四年（1898）上海順成書局石印本　十八册　十行二十字上下黑口四周雙邊

450000－2602－0001679　03888
**韓非子集解二十卷首一卷**　（清）王先慎撰　清光緒二十二年（1896）刻本　六册　十一行

二十四字小字雙行同上下黑口左右雙邊

450000－2602－0001680　03889
**韓非子集解二十卷首一卷**　（清）王先慎撰　清光緒二十二年（1896）刻本　馮振批　六册　十一行二十四字小字雙行同上下黑口左右雙邊

450000－2602－0001681　03873
**管子二十四卷**　（春秋）管仲撰　（唐）房玄齡注　（明）劉績補　清光緒三年（1877）浙江書局刻二十二子本　陳柱過錄　六册　九行二十一字小字雙行同白口左右雙邊

450000－2602－0001682　03905
**重刊補註洗冤録集證五卷**　（清）王又槐增輯（清）李觀瀾補輯　（清）阮其新補註　（清）張錫蕃重訂　**續增洗冤録辨正三卷**　（清）李璋煜重訂　清光緒三年（1877）浙江書局刻朱墨藍黄紫五色套印刻本　五册　十行十八字小字雙行同白口左右雙邊

450000－2602－0001683　03854
**兵法史略學二卷**　（清）陳慶年纂　清光緒二十五年（1899）兩湖書院刻本　二册　十行二十一字小字雙行同下黑口四周雙邊

450000－2602－0001684　03855
**訓練操法詳晰圖説不分卷**　袁世凱纂　清光緒二十五年（1899）石印本　十二册　十行二十字白口四周雙邊

450000－2602－0001685　03829
**兵武聞見録一卷**　（清）壁昌撰　清咸豐三年（1853）刻壁勤襄公遺書本　一册　十行二十一字小字雙行同白口四周雙邊

450000－2602－0001686　03913
**山居瑣言一卷**　（清）王晉之撰　清光緒七年（1881）陳氏強本居滬江鉛印本　一册　十行二十三字小字雙行同白口四周雙邊

450000－2602－0001687　03887
**韓非子集解二十卷首一卷**　（清）王先慎撰　清光緒二十二年（1896）刻本　佚名批　六册　十一行二十四字小字雙行同上下黑口左右雙邊

450000－2602－0001688　03914
**蕘壤管見一卷**　（清）黄文成著　清刻本　一册　八行二十二字小字雙行同白口四周雙邊

450000－2602－0001689　03896
**商君書五卷**　（清）嚴萬里校　清光緒二年（1876）浙江書局刻二十二子本　羅尔刚題　一册　九行二十一字小字雙行同白口左右雙邊

450000－2602－0001690　03899
**商君書五卷**　（清）嚴萬里校　清光緒二年（1876）浙江書局刻二十二子本　一册　九行二十一字小字雙行同白口左右雙邊

450000－2602－0001691　03649
**荀子三卷**　（戰國）荀況撰　清光緒元年（1875）湖北崇文書局刻子書百家本　二册　十二行十四字小字雙行二十四字上下黑口四周雙邊

450000－2602－0001692　03871
**管子二十四卷**　（春秋）管仲撰　（唐）房玄齡注　（明）劉績補　清光緒三年（1877）浙江書局刻二十二子本　六册　九行二十一字小字雙行同白口左右雙邊

450000－2602－0001693　03900
**汪雙池先生叢書二十種二百五十四卷附二種五卷**　（清）汪紱撰　清道光至光緒間刻光緒二十三年（1897）長安趙舒翹等彙印本　十二册　十行二十二字小字雙行同白口四周雙邊　存三種十六卷（戊笈談兵十卷首一卷、四翼附編四卷、奇門遁甲啟悟一卷）

450000－2602－0001694　03869
**紀效新書十八卷首一卷**　（明）戚繼光撰　清道光二十一年（1841）虎林西宗氏刻本　六册　八行二十一字小字雙行同白口四周單邊

450000－2602－0001695　03883
**韓非子二十卷總評一卷**　（戰國）韓非撰　清嘉慶九年（1804）竇慶經綸堂刻本　佚名批　四册　十一行二十一字小字雙行同上下黑口

四周單邊

450000－2602－0001696　03872
**管子二十四卷**　(春秋)管仲撰　(唐)房玄齡注釋　(唐)劉績增註　(明)朱長春通演　(明)朱養和輯訂　清嘉慶九年(1804)姑蘇聚文堂刻十子全書本　六冊　九行二十字小字雙行同白口四周單邊

450000－2602－0001697　03865
**淮軍武毅各軍課程十卷**　清末石印本　十冊　八行二十四字白口四周雙邊

450000－2602－0001698　03884
**韓非子識誤三卷**　(清)顧廣圻撰　清嘉慶二十四年(1819)刻本　一冊　九行二十一字小字雙行同白口左右雙邊

450000－2602－0001699　03866
**北洋海軍章程不分卷**　(清)總理海軍事務衙門編　清光緒鉛印本　六冊　九行二十一字小字雙行四十二字白口四周雙邊

450000－2602－0001700　03882
**韓非子二十卷**　(戰國)韓非撰　**識誤三卷**　(清)顧廣圻撰　清光緒元年(1875)浙江書局刻二十二子本　六冊　九行二十一字小字雙行同白口左右雙邊

450000－2602－0001701　03915
**農候襍占四卷**　(清)梁章鉅撰　(清)梁恭辰校刊　清同治十二年(1873)浙江書局刻二思堂叢書本　四冊　九行二十二字小字雙行同白口左右雙邊

450000－2602－0001702　03811
**宋元學案一百卷首一卷攷畧一卷**　(清)黃宗羲撰　(清)黃百家纂輯　(清)全祖望修定　清光緒五年(1879)刻本　四十冊　十一行二十四字小字雙行同上下黑口左右雙邊

450000－2602－0001703　03837
**兵書三種七卷**　(清)湖北官書處輯　清光緒二十一年(1895)湖北官書處刻本　一冊　九行二十字上下黑口左右雙邊

450000－2602－0001704　12146
**後漢書一百二十卷附考證**　(南朝宋)范曄撰　(唐)李賢注　清刻本　三冊　十五行三十二字小字雙行同白口左右雙邊　存二十四卷(五十六至七十三、一百五至一百十)

450000－2602－0001705　03870
**[兵鏡三種]十六卷**　(清)鄧廷羅纂輯　清張鵬飛來鹿堂刻本　二十冊　九行二十字白口四周雙邊

450000－2602－0001706　03834
**奏定陸軍部官制附現行辦法不分卷**　奕劻等撰　清光緒三十二年(1906)鉛印本　一冊　十二行三十二字白口四周雙邊

450000－2602－0001707　03833
**奏定陸軍小學堂章程一卷**　奕劻等擬定　清光緒三十一年(1905)鉛印本　一冊　十二行二十六字小字雙行同下黑口四周雙邊

450000－2602－0001708　03703
**新序十卷**　(漢)劉向撰　清初刻本　二冊　九行二十字白口左右雙邊

450000－2602－0001709　03828
**戎政芻言一卷**　(清)陳階平輯　清嘉慶二十五年(1820)刻本　一冊　六行二十字小字雙行同白口左右雙邊

450000－2602－0001710　03714
**新纂門目五臣音註揚子法言十卷**　(晉)李軌　(唐)柳宗元注　(宋)宋咸重等添註　清刻本　一冊　十一行二十一字小字雙行同上下黑口四周單邊

450000－2602－0001711　00950
**御製全史詩□□卷**　(清)文明書局輯　清光緒上海文明書局鉛印本　一冊　十二行二十八字白口四周雙邊　存一卷(上)

450000－2602－0001712　03715
**新纂門目五臣音註揚子法言十卷**　(晉)李軌　(唐)柳宗元注　(宋)宋咸重等添註　清刻本　二冊　十一行二十一字小字雙行同上下黑口四周單邊

450000－2602－0001713　03830
**洴澼百金方十四卷**　（清）惠麓酒民編次　（清）玉卮居士重訂　清道光刻本　五册　九行二十四字白口四周單邊

450000－2602－0001714　03919
**欽定授時通考七十八卷**　（清）鄂尔泰等撰　清同治江西書局刻本　二十册　十一行二十一字小字雙行同白口四周雙邊　存六十三卷（五至六十七）

450000－2602－0001715　03704
**新序十卷**　（漢）劉向著　清初刻本　一册　九行二十字白口左右雙邊　存五卷（一至五）

450000－2602－0001716　03643
**荀子二十卷**　（戰國）荀況著　（唐）楊倞注　清光緒十年（1884）刻古逸叢書本　四册　八行十六字小字雙行不等白口左右雙邊

450000－2602－0001717　02622
**中外地輿圖説集成一百三十卷首三卷**　（清）俞正燮著　清光緒二十年（1894）上海順成書局石印本　二十一册　二十五行五十四字小字雙行同白口四周單邊

450000－2602－0001718　00925
**四裔編年表四卷**　（美國）林樂知譯　嚴良勛譯　（清）李鳳苞彙編　清同治刻本　四册　白口左右雙邊

450000－2602－0001719　03885
**韓非子二十卷**　（戰國）韓非撰　**識誤三卷**　（清）顧廣圻撰　清刻本　六册　九行二十一字小字雙行同白口左右雙邊

450000－2602－0001720　03769
**慈溪黄氏日抄分類九十七卷**　（宋）黄震編輯　清刻本　二册　十四行二十六字白口四周雙邊　存九卷（八至十一、二十至二十四）

450000－2602－0001721　03634
**孔子家語十卷附札記**　（三國魏）王肅注　清光緒刻玉海堂景宋元本叢書本　二册　九行十七字小字雙行不等上下黑口左右雙邊

450000－2602－0001722　04033
**傷寒論注四卷**　（漢）張機原文　（清）柯琴編註　清金閶緑慎堂刻本　三册　十行二十一字白口左右雙邊

450000－2602－0001723　15755
**傷寒論淺注補正七卷首一卷**　（漢）張機原文　（清）陳念祖淺註　（清）唐宗海補正　清光緒三十四年（1908）上海千頃堂書局石印中西匯通醫書五種本　一册　十三行三十六字小字雙行同白口四周雙邊

450000－2602－0001724　04004
**本草綱目拾遺十卷首一卷**　（清）趙學敏輯　清同治十年（1871）張應昌吉心堂刻本　八册　十行二十字小字雙行同白口左右雙邊

450000－2602－0001725　04013；04019
**中西匯通醫書五種二十九卷**　（清）唐宗海撰　清光緒三十四年（1908）上海千頃堂書局石印本　三册　十三行三十六字小字雙行同白口四周雙邊　存三種二十五卷

450000－2602－0001726　04003
**湯液本草三卷**　（元）王好古輯　清刻本　一册　十行二十字白口四周雙邊　存二卷（上、中）

450000－2602－0001727　04021
**傷寒醫訣串解六卷傷寒真方歌括六卷**　（清）陳念祖著　清咸豐上海錦章書局石印本　一册　二十一行四十四字小字雙行同白口四周雙邊

450000－2602－0001728　04035
**沈氏尊生書五種七十二卷**　（清）沈金鰲撰　清光緒二十一年（1895）圖書集成局石印本　十九册　十三行四十字小字雙行四十字白口四周單邊　存四種六十二卷

450000－2602－0001729　04011
**金匱方歌括六卷**　（清）陳念祖著　清刻本　二册　八行十八字小字雙行同白口四周雙邊　存四卷（一至四）

450000－2602－0001730　04012

**金匱方歌括六卷** (清)陳念祖定 清刻本 二册 八行十八字小字雙行同白口四周雙邊 存四卷(一至四)

450000－2602－0001731 04020
**張仲景傷寒論原文淺註六卷** (清)陳念祖集註 清道光佛鎮連元閣刻本 三册 八行十八字小字雙行同白口四周雙邊

450000－2602－0001732 04015
**金匱要畧淺註十卷** (漢)張仲景原文 (清)陳念祖集註 清咸豐五年(1855)重慶閣葉堂刻本 二册 八行十八字小字雙行同白口四周雙邊

450000－2602－0001733 04016
**金匱要畧心典三卷** (漢)張仲景著 (清)尤怡集註 清光緒七年(1881)崇德書院刻本(卷上葉六十三至六十五爲鈔配) 三册 十行二十一字小字雙行同白口左右雙邊

450000－2602－0001734 04041
**徐氏醫書八種十八卷** (清)徐大椿著 清光緒四年(1878)掃葉山房刻本 十二册 九行二十五字小字雙行同白口左右雙邊

450000－2602－0001735 04069
**醫方叢話八卷附鈔一卷** 徐士鑾輯 清光緒十五年(1889)津門徐氏蜨園刻本 四册 九行二十一字小字雙行同上下黑口四周雙邊

450000－2602－0001736 04023
**仲景傷寒補亡論二十卷** (宋)郭雍譔次 清宣統三年(1911)刻武昌醫學館叢書本 四册 九行二十字小字雙行同上下黑口左右雙邊

450000－2602－0001737 04002
**增補醫方本草合編三種三十三卷** (清)汪昂輯 清光緒三十四年(1908)上海章福記書局石印本 四册 十九行四十三字小字雙行同白口四周雙邊

450000－2602－0001738 04005
**重鐫本草醫方合編十五卷** (清)汪昂輯 清蘇州小西山房刻本 六册 十行二十二字小字雙行同白口四周單邊

450000－2602－0001739 04034
**傷寒來蘇全集** (漢)張機原文 (清)柯琴編註 清金閶綠慎堂刻本 八册 十行二十一字小字雙行同白口左右雙邊 存四卷(一至四)

450000－2602－0001740 03961(1);03961(2);03966;03967;03931;03965;03968;03964;03959;03960;03972;03963;03935;03967;03941
**農學叢書七集□□種□□卷** (清)上海農學會譯 清光緒上海農學會石印本 四十八册 十五行三十二字上下黑口四周雙邊 存一百五十一種二百十八卷

450000－2602－0001741 03721
**揚子法言十三卷** (漢)揚雄撰 (晉)李軌等注 **音義一卷** 清嘉慶二十三年(1818)秦氏石硯齋刻本 佚名題記 四册 十行十八字小字雙行二十三字白口左右雙邊

450000－2602－0001742 04032
**傷寒温疫條辯五卷本草類辨一卷** (清)楊璿撰 清同治六年(1867)刻本 六册 九行二十字小字雙行同白口左右雙邊

450000－2602－0001743 S197
**明史稿三百十卷目錄三卷** (清)王鴻緒撰 清雍正敬慎堂刻本 八十册 十一行二十三字白口左右雙邊

450000－2602－0001744 04135
**張氏醫書七種二十七卷** (清)張璐等撰 清光緒二十五年(1899)浙江書局刻本 二十六册 十二行二十三字白口四周雙邊

450000－2602－0001745 04129
**石室秘籙六卷** (清)陳士鐸敬習 清江左書林刻本 六册 十三行二十八字小字雙行同白口左右雙邊

450000－2602－0001746 04113
**長沙方歌括六卷** (清)陳念祖著 清光緒二十九年(1903)湖南益元書局刻本 二册 十行二十六字小字雙行同白口四周單邊雙邊

兼有

450000－2602－0001747　04139
**外科正宗十二卷附録一卷**　（明）陳實功著　（清）徐大椿評　清光緒十九年（1893）上海圖書集成印書局鉛印本　四冊　十三行四十字小字雙行同白口四周單邊

450000－2602－0001748　04167
**産科心法二卷**　（清）汪喆著　**福幼編摘刻一卷**　（清）莊一夔著　（清）拜松居士增訂　清光緒十七年（1891）刻本　一冊　九行二十四字小字雙行同白口左右雙邊

450000－2602－0001749　04112
**長沙方歌括六卷**　（清）陳念祖著　清光緒二十九年（1903）湖南益元書局刻本　二冊　十行二十六字小字雙行同白口四周單邊雙邊兼有

450000－2602－0001750　04141
**外科正宗十二卷附録一卷**　（明）陳實功著　（清）徐大椿評　清咸豐十年（1860）刻本　六冊　九行二十一字小字雙行同上下黑口左右雙邊

450000－2602－0001751　04051
**孫真人千金方衍義三十卷**　（清）張璐著　清嘉慶六年（1801）掃葉山房刻本　三十二冊　十行二十字小字雙行同白口四周單邊

450000－2602－0001752　04045
**黄氏醫書八種七十七卷**　（清）黄元禦撰　清咸豐十一年（1861）燮龢精舍刻本　二十四冊　十二行二十三字小字雙行同白口左右雙邊

450000－2602－0001753　04525
**芳堅館題跋三卷**　（清）郭尚先著　清刻本　一冊　十行十九字小字雙行同白口四周雙邊

450000－2602－0001754　04074
**普濟應驗良方八卷補遺一卷末一卷**　（清）德軒纂輯　清嘉慶二十四年（1819）江寧救主局刻本　一冊　九行二十四字小字雙行同白口左右雙邊

450000－2602－0001755　04133
**醫門棒喝初集四卷二集九卷**　（清）章楠著　（清）王孟英增批評點　清宣統元年（1909）三友益齋石印本　十冊　十三行二十八字小字雙行同白口四周雙邊

450000－2602－0001756　04086
**驗方新編八卷首一卷增補方一卷**　（清）鮑相璈編輯　清光緒三十年（1904）揚州益智社鉛印本　九冊　十三行三十三字小字雙行不等白口四周雙邊

450000－2602－0001757　04072
**醫方集解二十一卷**　（清）汪昂撰　清光緒五年（1879）掃葉山房刻本　六冊　十行二十四字小字雙行同白口左右雙邊

450000－2602－0001758　04142
**外科正宗十二卷附録一卷**　（明）陳實功著　（清）徐大椿評　清咸豐十年（1860）刻本　六冊　九行二十一字小字雙行同上下黑口左右雙邊

450000－2602－0001759　04085
**新增脉學本草醫方全書八種十六卷**　（清）太醫院輯　清光緒三十二年（1906）善成堂刻本　六冊　十一行三十五字小字雙行同白口四周雙邊

450000－2602－0001760　04056
**唐王燾先生外臺秘要方四十卷**　（唐）王燾撰　（明）陸錫明校閲　（明）程衍道訂梓　清同治十三年（1874）廣東翰墨園刻本　四十二冊　十行二十二字小字雙行同白口四周單邊雙邊兼有

450000－2602－0001761　04132
**醫學從衆録八卷**　（清）陳念祖著　清南雅堂刻本　四冊　九行十八字小字雙行同白口四周雙邊

450000－2602－0001762　04109
**葉案括要八卷**　（清）潘名熊纂　清同治十三年（1874）刻本　一冊　九行二十一字小字雙行同白口左右雙邊　存二卷（一至二）

450000－2602－0001763　04125

**陳修園先生晚餘三書四種九卷**　(清)陳念祖著　清光緒十五年(1889)江左書林刻本　二冊　九行二十一字小字雙行同白口左右雙邊

450000－2602－0001764　04127

**醫宗必讀十卷**　(清)李中梓著　清善成堂刻本　六冊　十一行二十六字小字雙行同白口左右雙邊

450000－2602－0001765　04128

**石室秘籙六卷**　(清)陳士鐸撰　清本澄堂刻本　三冊　十行二十五字小字雙行同白口左右雙邊

450000－2602－0001766　02497

**兩漢金石記二十二卷**　(清)翁方綱撰　清乾隆五十四年(1789)南昌使院刻蘇齋叢書本　三冊　十行二十字小字雙行同白口左右雙邊　存十七卷(一至五、十一至二十二)

450000－2602－0001767　04057

**唐王燾先生外臺秘要方四十卷**　(唐)王燾撰　(明)陸錫明校閱　(明)程衍道訂梓　清同治十三年(1874)廣東翰墨園刻本　四十冊　十行二十二字小字雙行同白口四周單邊雙邊兼有

450000－2602－0001768　04275

**醫效秘傳三卷**　(清)葉桂述　(清)吳金壽校　清道光十一年(1831)貯春仙館吳氏刻本　三冊　八行二十一字小字雙行同白口左右雙邊

450000－2602－0001769　04118

**中西匯通醫經精義二卷**　(清)唐宗海著　清光緒三十四年(1908)上海千頃堂書局石印中西匯通醫書五種本　一冊　十三行三十六字小字雙行同白口四周雙邊

450000－2602－0001770　04250

**大生要旨五卷**　(清)唐千頃撰　清同治九年(1870)陂影山房刻本　一冊　九行二十字小字雙行同白口四周雙邊

450000－2602－0001771　04265

**增補秘傳痘疹玉髓金鏡録真本四卷圖像一卷**　(清)翁仲仁輯著　(清)仇天一參閲　清道光二十年(1840)刻埽葉山房印本　佚名批　二冊　十行二十四字小字雙行同白口左右雙邊

450000－2602－0001772　04270

**女科輯要二卷**　(清)沈堯封輯　(清)徐政杰補注　清同治元年(1862)刻本　二冊　十行二十字白口四周雙邊

450000－2602－0001773　04207

**仲景歸真七卷**　(清)陳煥堂纂輯　(清)王賢佐批點　清道光二十九年(1849)光華堂刻本　三冊　九行二十字小字雙行同白口四周雙邊　存三卷(一、六至七)

450000－2602－0001774　04180

**錢氏小兒藥證直訣三卷**　(宋)錢乙撰　(宋)閻孝忠輯　**附方一卷**　(宋)閻孝忠撰　**錢仲陽傳一卷**　(宋)劉跂撰　清光緒十八年(1892)黄氏五桂樓刻本　二冊　八行十六字小字雙行同白口左右雙邊

450000－2602－0001775　04217

**串雅内編四卷**　(清)趙學敏纂輯　(清)吳庚生補注　清光緒十四年(1888)榆園刻本　二冊　十行二十二字小字雙行同白口左右雙邊

450000－2602－0001776　04100

**珍珠囊指掌補遺藥性賦四卷**　(金)李杲編輯　清宣統三年(1911)上海會文堂書局石印本　一冊　十三行三十二字小字雙行不等白口左右雙邊

450000－2602－0001777　12086

**春秋公羊傳二十八卷**　(清)何休撰　(唐)陸德明音義　清浙江刻本　一冊　九行二十五字小字雙行同上下黑口左右雙邊　存八卷(一至八)

450000－2602－0001778　00987

**讀史論斷二十卷**　(清)洪亮吉著　清末石印本　三冊　十六行四十二字白口四周單邊

450000－2602－0001779　00902

**中外大事彙記十二卷首四卷末一卷**　(清)倚劍生撰　清光緒二十四年(1898)廣智報局鉛印本　十四册　十四行三十五字白口四周雙邊

450000－2602－0001780　04089

**瘰癧花柳良方錄要一卷**　清光緒二十年(1894)廣東守經堂刻本　一册　九行二十五字小字雙行同白口四周雙邊

450000－2602－0001781　04218

**串雅内編四卷**　(清)趙學敏纂輯　(清)吳庚生補注　清光緒十四年(1888)榆園刻本　二册　十行二十二字小字雙行同白口左右雙邊

450000－2602－0001782　04271

**胎産心法三卷**　(清)閻純璽著　清道光二十四年(1844)廣州聚錦堂刻本　一册　九行二十二字小字雙行同白口四周雙邊

450000－2602－0001783　04179

**小兒月内出痘神方一卷**　□□撰　清道光十八年(1838)刻本　一册　六行十八字小字雙行同白口左右雙邊

450000－2602－0001784　04183

**小兒推拿廣意三卷**　(清)陳世凱重訂　清澹雅局刻本　二册　十行二十三字小字雙行同白口四周雙邊

450000－2602－0001785　04272

**瘡瘍經驗全書六卷**　(宋)竇漢卿輯著　清大文堂刻本　六册　十一行二十六字小字雙行同白口四周單邊

450000－2602－0001786　04055

**唐王燾先生外臺秘要方四十卷**　(唐)王燾撰　(明)陸錫明校閱　(明)程衍道訂梓　明崇禎經餘居刻本　三十二册　十行二十二字小字雙行同白口四周單邊雙邊兼有

450000－2602－0001787　04199

**臨證指南醫案十卷種福堂公選溫熱論醫案四卷**　(清)葉桂著　清同治三年(1864)刻本　十二册　十行二十二字小字雙行同白口左右雙邊

450000－2602－0001788　S229

**南越遊記三卷**　(清)陳微言撰　清咸豐七年(1857)刻本　一册　十一行二十三字上下黑口左右雙邊

450000－2602－0001789　04219

**温熱經緯五卷**　(清)王士雄撰　清光緒十一年(1885)松韻閣刻本　四册　九行二十五字小字雙行同白口左右雙邊

450000－2602－0001790　04046

**當歸草堂醫學叢書初編十種四十卷**　(清)丁丙輯　清光緒四年(1878)錢塘丁氏當歸草堂刻本　十册　十行二十字小字雙行同上下黑口四周雙邊

450000－2602－0001791　04311

**微積通詮十六卷**　(清)黄啟明學　清光緒三十一年(1905)菁華閣刻本　清佚名題記　七册　十行二十五字小字雙行同白口四周雙邊　存十四卷(一至六、九至十六)

450000－2602－0001792　04290

**談天四卷首一卷**　(英國)侯失勒撰　(英國)偉烈亞力口譯　(清)李善蘭删述　(清)徐建寅續述　清光緒二十二年(1896)上海著易堂石印本　一册　十行二十二字小字雙行同白口四周雙邊

450000－2602－0001793　04310

**五經算術二卷**　(北周)甄鸞撰　(唐)李淳風注　清同治十三年(1874)江西書局刻武英殿聚珍版書本　一册　九行二十一字小字雙行同白口四周雙邊

450000－2602－0001794　04291

**天星選擇纂要三卷**　(清)呂士清參訂　(明)夏席珍校　清同治五年(1866)刻本　三册　九行二十字小字雙行同白口四周雙邊

450000－2602－0001795　04300

**圜天圖說二卷**　(清)阮元鑒定　(清)李明徹述　清嘉慶二十四年(1819)松梅軒刻本　二册　九行二十字小字雙行二十字白口四周雙邊

450000－2602－0001796　04300
**圜天圖説三卷續編二卷**　(清)阮元鑒定　(清)李明徹述　清嘉慶二十四年(1819)松梅軒刻道光元年(1821)增刻本　二册　九行二十字小字雙行同白口四周雙邊

450000－2602－0001797　04285
**翼梅八卷**　(清)江永著　清道光二十七年(1847)番禺潘氏刻海山仙館叢書本　二册　九行二十一字小字雙行同上下黑口左右雙邊

450000－2602－0001798　04301
**淮南天文訓補注二卷**　(清)錢塘述　清光緒元年(1875)湖北崇文書局刻本　一册　十二行二十四字小字雙行二十一字上下黑口四周雙邊　存一卷(下)

450000－2602－0001799　04257
**鼠疫彙編一卷**　(清)羅汝蘭纂　清光緒二十三年(1897)羊垣雙門底寶經閣刻本　一册　九行二十三字小字雙行同白口左右雙邊

450000－2602－0001800　04171
**外科正宗十二卷**　(明)陳實功著　(清)徐大椿評　清光緒三十一年(1905)石印本　四册　二十行45至四十六字小字雙行45至四十六字白口四周單邊

450000－2602－0001801　00920
**支那五千年大事一覽表不分卷**　(□)□□撰　清末杭州浙西書林鉛印本　二十册　十五行三十二字上下黑口四周雙邊

450000－2602－0001802　04293
**天學入門一卷**　(清)徐朝俊纂　清嘉慶十二年(1807)雲徐氏刻本　一册　十行二十一字小字雙行同白口四周單邊

450000－2602－0001803　04257
**惡核良方釋疑一卷**　(清)勞守慎撰　清光緒三十二年(1906)明經閣鉛印本　與450000－2602－0001799合册　十四行三十一字小字雙行不等白口四周雙邊

450000－2602－0001804　04259
**歐蠱燃犀録一卷**　(清)燃犀道人著　清光緒十九年(1893)寶鏡山房刻本　一册　八行二十二字小字雙行不等白口左右雙邊

450000－2602－0001805　04192;04193
**圖註脉訣難經二種九卷附三種三卷**　清掃葉山房刻本　四册　九行二十字小字雙行同白口四周單邊　存二種八卷(圖註八十一難經辨真四卷、圖註脉訣辨真四卷)

450000－2602－0001806　04304
**三統術詳説四卷弧三角平視法一卷**　(清)陳澧撰　清光緒廣雅書局刻本　一册　十二行二十八字小字雙行同上下黑口四周單邊

450000－2602－0001807　04306
**重學二十卷圓錐曲線説三卷**　(英國)胡威立撰　(英國)艾約瑟譯　(清)李善蘭述　清同治五年(1866)刻本　五册　十行二十二字小字雙行字黑口左右雙邊　存二十卷(重學二十卷)

450000－2602－0001808　04308
**數學上編十三卷附答數一卷**　曹汝英學　(清)章啟瑞等校字　清光緒二十九年(1903)羊城刻本　四册　十行二十五字小字雙行同白口四周雙邊

450000－2602－0001809　04267
**産後編二卷**　(清)傅山撰　清刻本　二册　八行十九字小字雙行同白口四周單邊

450000－2602－0001810　04302
**六經天文編二卷**　(元)王應麟撰　清光緒浙江書局刻玉海本　一册　十行二十字小字雙行同白口左右雙邊

450000－2602－0001811　01358
**清史攬要六卷**　(日本)增田貢著　清光緒二十五年(1899)上洋興學書會鉛印本　二册　十八行三十二字白口四周雙邊

450000－2602－0001812　04309
**數學上編卅卷二卷**　曹汝英學　清光緒三十年(1904)刻本　二册　十行二十五字小字雙行同白口四周雙邊

450000－2602－0001813　04194
**刪註脈訣規正二卷**　(清)沈鏡刪註　清光緒十八年(1892)寶慶經世書局刻本　二冊　十行二十四字小字雙行同白口左右雙邊

450000－2602－0001814　04235
**痧脹玉衡書三卷後卷一卷**　(清)郭志邃著　清康熙刻本　二冊　九行二十字小字雙行同白口左右雙邊

450000－2602－0001815　04294
**光學圖說二卷**　(英國)傅蘭雅譯　清光緒十六年(1890)上海益智書會刻本　一冊　十行二十二字小字雙行同上下黑口左右雙邊

450000－2602－0001816　04278
**理瀹駢文摘要不分卷**　(清)吳尚先撰　清光緒三年(1877)吳縣潘敏德堂刻本　二冊　六行二十二字小字雙行同白口左右雙邊

450000－2602－0001817　04307
**數學上編十三卷答數一卷**　曹汝英編　清光緒三十年(1904)上海德新書局石印本　四冊　十行二十五字小字雙行同白口四周單邊

450000－2602－0001818　04266
**鼎鍥幼幼集成六卷**　(清)陳複正輯訂　(清)劉勷校正　(清)周宗頤恭定　清翰墨園刻本　六冊　九行二十字小字雙行同白口左右雙邊

450000－2602－0001819　04298
**光學二卷視學諸器圖說一卷**　(英國)田大里輯　(美國)金楷理口譯　(清)趙元益筆述　清同治九年(1870)江南機器製造總局刻本　二冊　十行二十二字小字雙行同上下黑口左右雙邊

450000－2602－0001820　04191
**醫學金鍼八卷**　(清)陳念祖原本　(清)潘霨增輯　清光緒四年(1878)吳縣敏德堂潘氏刻韡園醫書六種本　四冊　八行十八字小字雙行同白口左右雙邊

450000－2602－0001821　04195
**新刊補注銅人腧穴針灸圖經五卷**　(宋)王惟一撰　清宣統元年(1909)貴池劉氏影刻玉海堂景宋叢書本　二冊　十行二十一字小字雙行同上下黑口左右雙邊

450000－2602－0001822　04299
**廣雅書局叢書**　(清)廣雅書局輯　清光緒廣雅書局刻本　一冊　十一行二十八字小字雙行同上下黑口四周單邊　存二種二卷(毛詩天文考一卷、禮記天算釋一卷)

450000－2602－0001823　04297
**測候叢談四卷**　(美國)金楷理口譯　(清)趙元益筆述　(清)趙宏繪圖　清刻本　二冊　十行二十二字小字雙行同上下黑口左右雙邊

450000－2602－0001824　04295
**星影二卷**　(清)姚大源著　清刻本　一冊　九行二十一字上下黑口四周雙邊

450000－2602－0001825　04196
**鍼灸大成十卷**　(明)楊繼洲撰　(清)章廷珪重修　清刻本　十冊　十行二十二字小字雙行不等白口左右雙邊

450000－2602－0001826　04360
**山洋指迷原本四卷**　(明)周景一著　(清)俞歸璞增注　(清)吳卿瞻增注　清咸豐七年(1857)刻本　二冊　九行二十一字小字雙行同白口四周單邊　存二卷(二至三)

450000－2602－0001827　04361
**地理陰陽合纂二卷**　(清)鄧士松纂輯　(清)王景章校訂　(清)黃熙泰參校　清道光十年(1830)刻本　一冊　十行二十一字小字雙行同白口四周雙邊

450000－2602－0001828　04323
**代數術補式二十六卷首一卷**　(英國)華里司輯　(清)華衡芳筆述　(英國)傅蘭雅口譯　(清)解崇輝學　清光緒二十六年(1900)上海順成書局石印本　八冊　十二行二十四字小字雙行同白口四周雙邊

450000－2602－0001829　03920
**栽桑捷法一卷**　(日本)岩田次郎撰　黎炳文譯　(清)李駿聲繪圖　清光緒二十九年

(1903)天津官報局石印本　一冊　八行二十字小字雙行同白口無版框

450000－2602－0001830　03921
**蠶桑簡明輯説一卷**　(清)黄世本撰　清光緒十四年(1888)江蘇書局刻本　一冊　九行二十二字小字雙行同白口四周雙邊

450000－2602－0001831　04321
**四元玉鑑細草三卷附增一卷四附一卷**　(元)朱世傑編述　(清)羅士琳補草　清道光十六年(1836)刻本　十二冊　八行二十四字上下黑口四周雙邊

450000－2602－0001832　04234
**東垣十書**　(元)朱震亨撰　清刻本　一冊　十行二十字白口四周雙邊　存二種二卷(格致餘論一卷、局方發揮一卷)

450000－2602－0001833　03926
**釋穀四卷**　(清)劉寶楠撰　清光緒十四年(1888)廣雅書局刻本　一冊　十一行二十四字小字雙行同上下黑口四周單邊

450000－2602－0001834　04362
**地理辨正疏五卷首一卷末一卷**　(清)張心言著　清同治十一年(1872)刻本　一冊　九行二十一字小字雙行同白口四周單邊　存四卷(一至三、首一卷)

450000－2602－0001835　03922
**蠶桑簡明輯説一卷**　(清)黄世本撰　清光緒十四年(1888)江蘇書局刻本　一冊　九行二十二字小字雙行同白口四周雙邊

450000－2602－0001836　04062
**江陰柳氏醫學叢書**　(清)柳寶詒選評　清刻本　五冊　十行二十一字小字雙行同白口左右雙邊　存三種六卷

450000－2602－0001837　03923
**蠶桑輯要三卷**　(清)沈秉成輯　**蠶桑輯要樂府一卷**　(清)沈炳震撰　清光緒九年(1883)金陵書局刻本　一冊　十一行二十一字小字雙行同黑口左右雙邊

450000－2602－0001838　03838
**兵書三種七卷**　(清)湖北官書處輯　清光緒二十一年(1895)湖北官書處刻本　一冊　九行二十字上下黑口左右雙邊

450000－2602－0001839　04324
**普通新代數教科書六卷**　徐虎臣譯　清光緒三十一年(1905)刻本　六冊　十行二十二字小字雙行同上下黑口左右雙邊

450000－2602－0001840　04274
**外科精義二卷**　(清)齊德之纂集　清刻本　一冊　十行二十字白口左右雙邊

450000－2602－0001841　04343
**太玄經十卷**　(漢)楊雄撰　(宋)司馬光集注　清光緒元年(1875)湖北崇文書局刻子書百家本　佚名批　二冊　十二行二十四字小字雙行同上下黑口四周雙邊

450000－2602－0001842　04314
**衡齋算學七卷**　(清)汪萊著　清光緒十八年(1892)汪廷棟聞梅舊塾刻衡齋算學遺書合刻本　一冊　十一行二十六字小字雙行同上下黑口四周雙邊

450000－2602－0001843　04216
**溫病條辨六卷首一卷**　(清)吳塘撰　清甯波羣玉山房刻本　四冊　九行十九字小字雙行同白口四周雙邊

450000－2602－0001844　03924
**蠶桑輯要三卷**　(清)沈秉成輯　**蠶桑輯要樂府一卷**　(清)沈炳震撰　清光緒九年(1883)金陵書局刻本　一冊　十一行二十一字小字雙行同黑口左右雙邊

450000－2602－0001845　04334
**御製數理精蘊上編五卷下編四十卷表八卷**　(清)圣祖玄燁撰　清光緒八年(1882)江甯藩署刻本　三十九冊　九行二十字小字雙行同白口四周雙邊　存五十二卷(上編五卷、下編二至四十、表八卷)

450000－2602－0001846　03925
**蠶桑輯要合編一卷**　清刻本　一冊　十行二

十五字小字雙行同白口左右雙邊

450000－2602－0001847　04315
**則古昔齋算學十三種二十四卷**　(清)李善蘭學　清同治六年(1867)海寧李善蘭金陵刻本　一冊　十行二十二字小字雙行同上下黑口左右雙邊

450000－2602－0001848　04312
**則古昔齋算學十三種二十四卷**　(清)李善蘭學　清同治六年(1867)海寧李善蘭金陵刻本　五冊　十行二十二字小字雙行同上下黑口左右雙邊　存九種二十卷

450000－2602－0001849　04313
**圓錐曲線說三卷**　(英國)艾約瑟口譯　(清)李善蘭筆述　清金陵刻本　一冊　十行二十二字小字雙行同上下黑口左右雙邊

450000－2602－0001850　04342
**太玄闡祕十卷首一卷附編一卷外編一卷**　(清)陳本禮纂　清光緒貴池劉氏刻聚學軒叢書本　四冊　十一行二十一字小字雙行同上下黑口左右雙邊

450000－2602－0001851　04344
**集注太玄四卷**　(漢)揚雄撰　(宋)司馬光　(宋)許翰集　(清)孫澍增補　清道光十一年(1831)刻本　四冊　十行二十字小字雙行同白口四周雙邊

450000－2602－0001852　04328;04329;04322;06532;07634;10953
**海山仙館叢書五十六種四百八十四卷**　(清)潘仕成輯　清道光、咸豐間番禺潘氏刻光緒中補刻本　八冊　九行二十一字小字雙行同上下黑口左右雙邊　存十一種七十二卷(同文算指前編一至二、通編一至八、幾何原本一至六、圜容較義、測量法義、測量異同、勾股義、桂苑筆耕一至二十、青藤書屋文集一至二十四、尚書注考、讀詩拙言、六書逸箋一至六)

450000－2602－0001853　04345
**紀慎齋先生祈雨全書二卷附木郎祈雨咒一卷**　(清)紀大奎撰　清光緒二年(1876)直隸藩署刻本　一冊　十一行二十四字小字雙行同白口四周雙邊

450000－2602－0001854　00952/2
**史案二十卷首一卷**　(清)吳裕垂撰　清光緒六年(1880)大成堂刻本　一冊　十一行二十二字小字雙行同白口左右雙邊　存五卷(五至九)

450000－2602－0001855　04325
**梅氏叢書輯要三十種六十卷首一卷附二種二卷**　(清)梅文鼎著　清光緒十四年(1888)上海龍文書局石印本　六冊　二十二行四十八字小字雙行同白口四周雙邊

450000－2602－0001856　07809
**遜學齋文續鈔五卷**　(清)孫衣言撰　清光緒刻本　二冊　十一行二十三字小字雙行同上下黑口左右雙邊

450000－2602－0001857　02240
**書畫題跋記十二卷**　(明)郁逢慶編　清宣統三年(1911)順德鄧氏風雨樓鉛印本　一冊　十行三十二字小字雙行不等上下黑口四周單邊　存三卷(一至三)

450000－2602－0001858　04335
**御製數理精蘊上編五卷下編四十卷表八卷**　(清)圣祖玄燁撰　清光緒八年(1882)廣東藩司刻本　三十二冊　九行二十字小字雙行同白口四周雙邊

450000－2602－0001859　03950;03951;03952;03971
**農學叢書七集□□種□□卷**　(清)上海農學會編譯　清光緒江南總農會石印本　一冊　十五行三十二字上下黑口四周雙邊　存十六種二十一卷

450000－2602－0001860　04346
**乾坤兩卦解一卷**　(清)湯潛庵著　清刻本　一冊　十行十九字小字雙行同下黑口左右雙邊

450000－2602－0001861　06244
**增補事類統編□□卷**　(清)黃葆真輯　清刻

本　十八册　九行二十一字小字雙行同白口四周雙邊　存四十七卷（三十三至四十、四十三至六十五、六十八至七十四、八十至八十五、八十九至九十一）

450000－2602－0001862　04333
**御製數理精藴上編五卷下編四十卷表八卷**　（清）圣祖玄燁撰　清光緒十四年（1888）上海大同書局石印本　十七册　十八行四十字小字雙行同白口四周雙邊

450000－2602－0001863　04358
**司馬頭陀鐵案五卷**　（清）郭錫疇輯註　清刻本　一册　八行二十字白口左右雙邊　存三卷（三至五）

450000－2602－0001864　04148
**脉訣指掌一卷**　（元）朱丹溪著　清末上海千頃堂書局石印本　一册　九行二十一字小字雙行同白口四周雙邊

450000－2602－0001865　04519
**平津館鑒藏書畫記一卷**　（清）孫星衍撰　（清）陳宗彝編校　清道光二十一年（1841）刻本　一册　十行二十一字小字雙行同上下黑口左右雙邊

450000－2602－0001866　04371
**卜筮正宗十四卷**　（清）王維德輯　清道光十六年（1836）務本堂刻本（卷十四有抄配）　六册　九行二十字小字雙行同白口四周單邊

450000－2602－0001867　04528
**嶽雪樓書畫録五卷**　（清）孔廣鏞閱　（清）孔廣陶編　清光緒十五年（1889）三十有三萬卷堂廣州刻本　五册　九行二十一字小字雙行同白口左右雙邊

450000－2602－0001868　04497
**詩中畫一卷**　（清）馬濤畫　清光緒十一年（1885）石印本　一册

450000－2602－0001869　04147
**脉訣指掌一卷**　（元）朱丹溪著　清末上海千頃堂書局石印本　一册　九行二十一字小字雙行同白口四周雙邊

450000－2602－0001870　03918
**農政全書六十卷**　（明）徐光啟纂輯　（清）張國維鑒定　清道光刻本　三十八册　九行二十字小字雙行同白口四周單邊　存五十六卷（一至二十四、二十七至五十四、五十七至六十）

450000－2602－0001871　04114
**瘍醫大全四十卷**　（清）顧世澄輯　清光緒二十七年（1901）圖書集成印書局鉛印本　十六册　十四行四十二字小字雙行同白口四周雙邊

450000－2602－0001872　04498
**詩品畫譜一卷**　（清）諸乃方撰　清光緒晚翠草堂刻本　一册

450000－2602－0001873　04544
**習苦齋畫絮十卷**　（清）戴熙記　（清）惠年編　清光緒十九年（1893）刻本　四册　十行二十二字小字雙行同上下黑口左右雙邊

450000－2602－0001874　04370
**易林補遺四集十二卷**　（清）張世寶著　（清）黄裳　（清）毛士來校閱　清書林自厚堂刻本　四册　九行二十字小字雙行同白口四周單邊

450000－2602－0001875　04500
**秦淮八艷圖詠一卷**　（清）葉衍蘭編繪　清光緒十八年（1892）羊城越華講院刻本　一册　行字不等白口四周花邊

450000－2602－0001876　04504
**十竹齋書畫譜八卷**　（清）胡正言摹古　（清）張學畊重校　清光緒五年（1879）刻彩色套印本　八册

450000－2602－0001877　04450
**紅樓夢圖詠不分卷**　（清）改琦繪　清光緒刻本　四册　行字不等白口四周單邊

450000－2602－0001878　04524
**無益有益齋論畫詩二卷**　李葆恂撰　清宣統元年（1909）刻本　一册　十行二十字小字雙行同上下黑口左右雙邊

450000－2602－0001879　04540
**墨法集要一卷**　(明)沈繼孫撰　清同治十三年(1874)江西書局刻武英殿聚珍版書本　一册　九行二十一字小字雙行同白口四周雙邊

450000－2602－0001880　04532
**繪圖啼猩淚四十六章**　蔣景緘譯　清宣統元年(1909)時事報社石印本　一册　十五行三十七字白口四周花邊

450000－2602－0001881　04531
**繪圖黑寶星二十四章**　蔣景緘譯　清宣統元年(1909)時事報社石印本　一册　十五行三十六字白口四周花邊

450000－2602－0001882　04533
**繪圖費娥劍二十四章**　蔣景緘著　清宣統元年(1909)時事報社石印本　一册　十四行35至三十六字白口四周花邊

450000－2602－0001883　04509
**美術叢書十集一百三種一百九卷**　鄧實輯　清宣統三年(1911)上海神州國光社鉛印本　七册　十行二十九字小字雙行同上下黑口四周單邊　存七集六十六種七十六卷

450000－2602－0001884　04534
**繪圖自由鏡三十四章繪圖短篇小説博徒恨一章**　蔣景緘著　清宣統二年(1910)時事報社石印本　二册　十四行三十七字白口四周花邊

450000－2602－0001885　04523
**青霞館論畫絕句一卷**　(清)吳修撰　清光緒二年(1876)葛氏嘯園刻本　一册　九行十九字上下黑口左右雙邊

450000－2602－0001886　04527
**國朝書畫家筆録四卷**　竇鎮輯　清宣統三年(1911)文學山房木活字印本　八册　十行二十五字小字雙行同白口四周雙邊

450000－2602－0001887　04522
**青霞館論畫絕句一卷**　(清)吳修撰　清光緒二年(1876)葛氏嘯園刻本　一册　九行十九字上下黑口左右雙邊

450000－2602－0001888　04535
**繪圖蘆花棒喝記十八章**　蔣景緘著　清宣統二年(1910)時事報社石印本　二册　十三行三十六字白口四周花邊

450000－2602－0001889　04539
**甌鉢羅室書畫過目考四卷首一卷附一卷**　(清)李玉棻編輯　清光緒二十三年(1897)刻本　四册　十一行二十五字小字雙行同白口四周雙邊

450000－2602－0001890　04537
**繪圖彤管清芬録海外奇談不分卷**　蔣景緘譯　清宣統二年(1910)時事報社石印本　四册　白口四周花邊

450000－2602－0001891　04514
**虚齋名畫録十六卷**　龐元濟撰　清宣統元年(1909)烏程龐氏刻本　十六册　九行二十一字小字雙行同下黑口四周雙邊

450000－2602－0001892　04536
**每日古事畫國朝名人政績圖不分卷**　清宣統元年(1909)時事報館石印本　六册　白口四周花邊

450000－2602－0001893　04317
**白芙堂算學叢書二十二種八十九卷**　(清)丁取忠輯　清光緒二十三年(1897)上海紹文書局石印本　四册　二十行四十四字小字雙行同白口四周雙邊　存八種四十五卷

450000－2602－0001894　04530
**點石齋畫報(甲集至卯集)**　(清)尊聞閣主人輯　清光緒十年(1884)上海點石齋石印本　十四册　白口四周單邊

450000－2602－0001895　04846
**廣藝舟雙楫三卷首一卷**　康有為撰　清光緒十九年(1893)南海康有為萬木草堂刻本　一册　十行二十字小字雙行同上下黑口左右雙邊

450000－2602－0001896　04849
**琵琶譜三卷**　(清)華文桂撰　清光緒二年(1876)文琳書屋刻本　三册　十二行十八字

白口左右雙邊

450000－2602－0001897　04852
**琴學入門二卷**　(清)張鶴輯　清同治四年(1865)心嚮往齋刻本　四冊　十行二十一字小字雙行同白口左右雙邊

450000－2602－0001898　04844
**千家詩草法二卷**　(清)董其昌書　清咸豐七年(1857)青雲樓刻本　一冊　五行字不等白口左右雙邊

450000－2602－0001899　04880
**吉金所見錄十六卷首一卷末一卷**　(清)初尚齡輯　清嘉慶二十四年(1819)萊陽初氏刻道光七年(1827)補刻本　一冊　十行二十五字小字雙行同白口四周雙邊

450000－2602－0001900　04879
**古泉匯首集四卷元集十四卷亨集十四卷利集十八卷貞集十四卷**　(清)李佐賢撰　清同治三年(1864)利津李氏刻石泉書屋全集本　十八冊　九行二十四字小字雙行同白口四周雙邊

450000－2602－0001901　04870
**鄧石如印存□□卷**　鄧石如刻　清光緒三十二年(1906)上海有正書局石印本　一冊　存一卷(下)

450000－2602－0001902　04874
**益智圖二卷**　(清)童葉庚撰　清光緒四年(1878)童葉庚刻本　二冊　上下黑口四周雙邊

450000－2602－0001903　04879
**續泉匯十四卷補遺二卷**　(清)鮑康　(清)李佐賢編　清光緒元年(1875)刻本　六冊　九行二十四字小字雙行同白口左右雙邊

450000－2602－0001904　04848
**辛丑銷夏記五卷**　(清)吳榮光撰　清光緒三十一年(1905)長沙葉德輝刻本　五冊　九行二十一字小字雙行同下黑口左右雙邊

450000－2602－0001905　04860
**琴鶴堂印譜不分卷**　(清)繼良輯　清光緒二十七年(1901)鈐印本　八冊　白口四周單邊

450000－2602－0001906　04538
**圖畫新聞不分卷**　(清)輿論時事報社編　清宣統元年至二年(1909－1910)輿論時事報社石印本　十二冊　白口四周花邊

450000－2602－0001907　04917
**秘傳花鏡六卷圖一卷**　(清)陳淏子輯　清同治八年(1869)刻本　六冊　九行二十字小字雙行同白口四周單邊

450000－2602－0001908　S166
**漢魏名文乘不分卷**　(明)張運泰　(明)余元熹輯　明刻本　六十四冊　十行二十七字白口四周單邊

450000－2602－0001909　04906
**遠西奇器圖説録最三卷**　(瑞士)鄧玉函口授　(明)王徵譯繪　**新製諸器圖說一卷**　(明)王徵撰　清嘉慶二十一年(1816)刻本　四冊　九行二十字小字雙行同白口左右雙邊

450000－2602－0001910　04380
**性命圭旨四卷**　(□)尹真人秘授　清一山房刻本　二冊　十一行十八字白口左右雙邊

450000－2602－0001911　04369
**焦氏易林四卷**　(漢)焦延壽撰　清光緒元年(1875)湖北崇文書局刻子書百家本　四冊　十二行二十四字小字雙行同上下黑口四周雙邊

450000－2602－0001912　04935
**墨子十五卷目一卷墨子篇目考一卷**　(清)畢沅校注　清光緒二年(1876)浙江書局刻二十二子本　四冊　九行二十一字小字雙行同白口左右雙邊

450000－2602－0001913　04936
**墨子十五卷目一卷墨子篇目考一卷**　(清)畢沅校注　清光緒元年(1875)湖北崇文書局刻子書百家本　四冊　十二行二十四字小字雙行同上下黑口四周雙邊

450000－2602－0001914　04922
**陔餘叢考四十三卷**　（清）趙翼撰　清刻本　十六册　十一行二十一字小字雙行三十一字白口四周單邊

450000－2602－0001915　04867
**篆學瑣著二十八種四十卷**　（清）顧湘輯　清道光二十年（1840）海虞顧氏刻本　十二册　九行二十一字小字雙行同上下黑口四周雙邊

450000－2602－0001916　04937
**墨子六卷**　（清）王念孫撰　清同治九年（1870）金陵書局刻讀書雜志本　二册　十行二十一字小字雙行同白口四周雙邊

450000－2602－0001917　04909
**論墨絶句詩一卷**　（清）謝崧岱撰　清光緒十九年（1893）湘鄉謝氏譽經榭刻本　一册　九行二十一字小字雙行同上黑口左右雙邊

450000－2602－0001918　04316
**白芙堂算學叢書二十二種八十九卷**　（清）丁取忠輯　清光緒十四年（1888）上海龍文書局石印本　四册　二十行四十四字小字雙行同白口四周雙邊　存十二種五十一卷

450000－2602－0001919　04934
**墨子閒詁十五卷目録一卷附録一卷後語二卷**　（清）孫詒讓撰　清宣統二年（1910）瑞安孫氏刻本　八册　十二行二十字小字雙行同上下黑口左右雙邊

450000－2602－0001920　04868
**篆學瑣著二十八種四十卷**　（清）顧湘輯　清道光二十年（1840）海虞顧氏刻本　十一册　九行二十一字小字雙行同上下黑口四周雙邊　存二十五種三十七卷

450000－2602－0001921　04966
**顔氏家訓二卷**　（北齊）顔之推撰　清光緒元年（1875）湖北崇文書局刻子書百家本　一册　十二行二十四字小字雙行同上下黑口四周雙邊

450000－2602－0001922　04990
**天演論二卷**　（英國）赫胥黎著　嚴復譯　清光緒二十四年（1898）侯官嗜奇精舍石印本　一册　十五行三十二字上下黑口四周單邊

450000－2602－0001923　04505
**十竹齋書畫譜八卷**　（清）胡正言摹古　（清）張學畊重校　清末石印本　十六册

450000－2602－0001924　04991
**社會通詮不分卷**　（英國）甄克思著　嚴復譯　清光緒三十年（1904）商務印書館鉛印本　二册　十三行三十四字小字雙行同白口四周雙邊

450000－2602－0001925　04985
**尸子二卷存疑一卷**　（周）尸校撰　（清）汪繼培輯　清光緒三年（1877）浙江書局刻本　一册　九行二十一字小字雙行同白口左右雙邊

450000－2602－0001926　04994
**原富三卷**　（英國）斯密亞丹撰　嚴復譯　清光緒二十八年（1902）南洋公學譯書院商務印書館鉛印本　七册　十二行三十二字上下黑口四周雙邊

450000－2602－0001927　04995
**原富三卷**　（英國）斯密亞丹撰　嚴復譯　清光緒二十八年（1902）南洋公學譯書院商務印書館鉛印本　七册　十二行三十二字上下黑口四周雙邊

450000－2602－0001928　04996
**原富三卷**　（英國）斯密亞丹撰　嚴復譯　清光緒二十八年（1902）南洋公學譯書院商務印書館鉛印本　七册　十二行三十二字上下黑口四周雙邊

450000－2602－0001929　04916
**醒園録一卷**　（清）李化楠手抄　清刻本　一册　九行字不等白口左右雙邊

450000－2602－0001930　04899
**景德鎮陶録十卷**　（清）藍浦著　（清）鄭廷桂補輯　清光緒十七年（1891）書業堂刻本　四册　八行二十字小字雙行同白口四周雙邊

450000－2602－0001931　04920

**二如亭群芳譜二十八卷首一卷**　(清)王象晉纂輯　(明)陳繼儒等較　清刻本　二十八册　八行十八字小字雙行同白口左右雙邊

450000－2602－0001932　04988
**劉子二卷**　(北齊)劉晝撰　清光緒元年(1875)湖北崇文書局刻百子全書本　一册　十二行二十四字上下黑口四周雙邊

450000－2602－0001933　04992
**羣學肄言不分卷**　(英國)斯賓塞爾造論　嚴複翻譯　清光緒二十九年(1903)上海文明編譯書局鉛印本　四册　十一行二十七字小字雙行同白口四周雙邊

450000－2602－0001934　04943
**呂氏春秋二十六卷附攷一卷**　(漢)高誘注　清光緒元年(1875)浙江書局刻二十二子本　六册　九行二十一字小字雙行同白口左右雙邊

450000－2602－0001935　04993
**原富贍義一卷**　(清)周仁撰　清光緒三十二年(1906)木活字印本　一册　九行二十五字白口四周單邊

450000－2602－0001936　05011
**援鶉堂筆記五十卷**　(清)姚範撰　**栞誤一卷栞誤補遺一卷**　(清)方東樹撰　清道光刻本　十六册　十一行二十三字小字雙行同上下黑口左右雙邊

450000－2602－0001937　04912
**美味求真一卷**　(清)紅杏主人編　清末麟書閣影印本　一册　十二行二十五字白口四周單邊

450000－2602－0001938　04979
**鶡冠子三卷**　(宋)陸佃解　清光緒元年(1875)湖北崇文書局刻子書百家本　一册　十二行十四字小字雙行二十四字上下黑口四周雙邊

450000－2602－0001939　04913
**美味求真一卷**　(清)紅杏主人編　清末麟書閣影印本　一册　十二行二十五字白口四周單邊

450000－2602－0001940　04997
**群學肄言不分卷**　(英國)斯賓塞爾造論　嚴複翻譯　清光緒二十九年(1903)上海文明書局鉛印本　四册　十一行二十七字白口四周雙邊

450000－2602－0001941　04951
**淮南子二十一卷**　(漢)劉安撰　(漢)高誘注　清光緒二年(1876)浙江書局刻二十二子本　六册　九行二十一字小字雙行同白口左右雙邊

450000－2602－0001942　04908
**長安獲古編二卷補一卷**　(清)劉喜海撰　清東武劉氏刻本　二册　白口四周單邊

450000－2602－0001943　07334
**劬書室遺集十四卷理學庸言二卷**　(清)金錫齡撰　清光緒二十一年(1895)刻本　六册　十行二十字小字雙行同白口四周雙邊

450000－2602－0001944　07258
**定盦全集十五卷**　(清)龔自珍撰　**[龔自珍]年譜一卷**　吳昌綬撰　清宣統元年(1909)上海國學扶輪社鉛印本　五册　十二行三十字小字雙行同上下黑口四周雙邊

450000－2602－0001945　07359
**俞俞齋文稿初集四卷詩稿初集二卷**　(清)史念祖撰　清光緒十八年(1892)滇南刻本　佚名批　六册　十行二十五字白口四周雙邊

450000－2602－0001946　07257
**定盦全集十五卷**　(清)龔自珍撰　**[龔自珍]年譜一卷**　吳昌綬撰　清宣統元年(1909)上海國學扶輪社鉛印本　七册　十二行三十字小字雙行同上下黑口四周雙邊

450000－2602－0001947　07358
**俞俞齋文稿初集四卷詩稿初集二卷**　(清)史念祖撰　清光緒十八年(1892)滇南刻本　六册　十行二十五字白口四周雙邊

450000－2602－0001948　07439

**嘯古堂詩集八卷** （清）蔣敦復著 清光緒十一年（1885）王濤淞隱廬刻本 二册 十一行二十四字小字雙行同上下黑口左右雙邊

450000－2602－0001949 07382；07386；08825

**尚絅堂集五十六卷** （清）劉嗣綰撰 清同治八年（1869）刻本 九册 十一行二十二字小字雙行同上下黑口左右雙邊

450000－2602－0001950 07438

**鐵橋漫稿八卷** （清）嚴可均撰 清光緒十一年（1885）長洲蔣氏心矩齋刻本 二册 十一行二十一字小字雙行同上下黑口左右雙邊

450000－2602－0001951 07335

**有正味齋駢體文箋二十四卷** （清）吳錫麒著 （清）王廣業箋 清咸豐九年（1859）青箱塾刻本 七册 十二行二十五字小字雙行三十五字上下黑口四周雙邊 存二十一卷（一至六、十至二十四）

450000－2602－0001952 07391

**湘綺樓全集三十卷** 王闓運著 清光緒三十三年（1907）墨莊劉氏長沙刻本 四册 十行二十一字小字雙行同上下黑口左右雙邊 存十四卷（詩集一至十四）

450000－2602－0001953 07394

**湘綺樓全集三十卷** 王闓運撰 清宣統二年（1910）國學扶輪社石印本 十二册 十四行三十一字小字雙行同上下黑口四周雙邊

450000－2602－0001954 07111

**高子遺書十二卷** （明）高攀龍撰 （清）陳龍正編定 **高子坿錄一卷** **高忠憲公［攀龍］年譜一卷** （清）華允誠述 清光緒二年（1876）刻本 八册 九行十九字白口四周雙邊

450000－2602－0001955 07401

**柈湖文集十二卷首一卷** （清）吳敏樹著 清光緒十九年（1893）思賢講舍刻本 四册 十三行二十二字小字雙行同白口左右雙邊

450000－2602－0001956 07378

**鋤月山房文鈔二卷** （清）何仁山撰 清光緒十六年（1890）豫章臬署刻本 二册 九行二十二字白口四周雙邊

450000－2602－0001957 07390

**湘綺樓箋啟八卷** 王闓運撰 清光緒三十三年（1907）墨莊劉氏長沙刻湘綺樓全集本 四册 十行二十一字小字雙行同上下黑口左右雙邊

450000－2602－0001958 07389

**湘綺樓文集八卷** 王闓運撰 清光緒三十三年（1907）墨莊劉氏長沙刻本 四册 十行二十一字小字雙行同上下黑口左右雙邊

450000－2602－0001959 07395

**湘綺樓全集三十卷** 王闓運撰 清宣統二年（1910）國學扶輪社石印本 十二册 十四行三十一字小字雙行同上下黑口四周雙邊

450000－2602－0001960 07392

**湘綺樓全集三十卷** 王闓運撰 清光緒三十三年（1907）墨莊劉氏長沙刻本 十六册 十行二十一字小字雙行同上下黑口左右雙邊

450000－2602－0001961 07402

**柈湖文集十二卷首一卷** （清）吳敏樹著 清光緒十九年（1893）思賢講舍刻本 四册 十三行二十二字小字雙行同白口左右雙邊

450000－2602－0001962 07406

**東塾集六卷附申範一卷** （清）陳澧撰 清光緒十八年（1892）菊坡精舍刻本 三册 十二行二十四字小字雙行同白口四周單邊

450000－2602－0001963 07424

**五百四峯堂詩鈔二十五卷** （清）黎簡撰 清同治十三年（1874）南海陳氏刻本 八册 九行十九字小字雙行同上下黑口四周雙邊

450000－2602－0001964 07371

**壯懷堂詩初稿十卷** （清）林直撰 清咸豐六年（1856）福州刻本 二册 十行二十一字小字雙行同上下黑口左右雙邊

450000－2602－0001965 07425

**五百四峯堂詩鈔二十五卷** （清）黎簡撰 清

光緒六年(1880)順德黎氏教忠堂刻本　八冊　十一行二十四字小字雙行同上下黑口左右雙邊

450000－2602－0001966　07407
**褎遺草堂詩鈔八卷**　(清)楊翰撰　清同治十年(1871)刻本　四冊　九行十九字小字雙行同白口四周雙邊

450000－2602－0001967　07371
**壯懷堂詩二集四卷三集十四卷**　(清)林直撰　清光緒三十一年(1905)羊城刻本　四冊　十行二十一字小字雙行同上下黑口左右雙邊

450000－2602－0001968　07422
**制義叢話二十四卷題名一卷**　(清)梁章鉅撰　清咸豐九年(1859)知足知不足齋刻本　八冊　十二行二十五字上下黑口左右雙邊

450000－2602－0001969　07229
**吳詩集覽二十卷談藪二卷補注二十卷**　(清)靳榮潘輯　清乾隆凌雲亭刻本　十四冊　九行二十一字小字雙行同下黑口四周雙邊

450000－2602－0001970　07365
**碧城詩鈔十二卷雜著三卷**　(清)俞功懋撰　清光緒十三年(1887)仙城刻粤東富文齋印本　五冊　九行二十一字小字雙行同上下黑口四周雙邊

450000－2602－0001971　07445
**十駕齋養新録二十卷餘録三卷**　(清)錢大昕撰　**錢辛楣[大昕]年譜一卷**　(清)錢大昕撰　(清)錢慶曾　清光緒二年(1876)浙江書局刻本　八冊　十行二十三字白口左右雙邊

450000－2602－0001972　07532
**庸盦海外文編四卷**　(清)薛福成撰　清光緒二十一年(1895)刻本　四冊　十行二十一字小字雙行同白口左右雙邊

450000－2602－0001973　07387
**尚絅堂集五十四卷**　(清)劉嗣綰撰　清道光六年(1826)陽湖劉氏大樹園刻本　八冊　十一行二十二字小字雙行同上下黑口左右雙邊

450000－2602－0001974　07524
**庸庵文編四卷文續編二卷文外編四卷**　(清)薛福成撰　清光緒二十三年(1897)醉六堂石印庸庵全集本　六冊　十四行二十五字小字雙行同上下黑口四周單邊

450000－2602－0001975　07522
**倭文端公遺書八卷首二卷末一卷**　(清)倭仁輯　清光緒元年(1875)六安求我齋刻本　四冊　十行二十一字小字雙行同白口四周雙邊

450000－2602－0001976　07523
**倭文端公遺書十一卷首二卷**　(清)倭仁輯　清同治刻本　八冊　十行二十一字小字雙行同白口四周雙邊

450000－2602－0001977　07512
**弢園文錄外編十卷**　(清)王韜撰　清光緒二十三年(1897)上海財務學社刻本　五冊　十二行二十三字下黑口四周雙邊

450000－2602－0001978　07511
**弢園文錄外編十二卷**　(清)王韜撰　清光緒九年(1883)長沙王氏香海鉛印本　六冊　十二行二十六字小字雙行同下黑口四周雙邊

450000－2602－0001979　07525
**庸庵文編四卷文續編二卷文外編四卷**　(清)薛福成撰　清光緒二十三年(1897)醉六堂石印庸庵全集本　五冊　十四行二十五字小字雙行同上下黑口四周單邊　存九卷(文編四卷、文續編二卷、文外編一至三)

450000－2602－0001980　07521
**白華山人詩集十六卷詩説二卷**　(清)厲志著　清光緒九年(1883)刻本　四冊　十行二十一字小字雙行同白口左右雙邊

450000－2602－0001981　07357
**俞俞齋文稿初集四卷**　(清)史念祖撰　清光緒十八年(1892)滇南刻本　四冊　十行二十五字白口四周雙邊

450000－2602－0001982　07520
**聊齋先生文集二卷**　(清)蒲松齡著　清宣統元年(1909)上海國學扶輪社鉛印本　二冊

十三行三十字小字雙行同上下黑口四周雙邊

450000－2602－0001983　07516

**朱蓉生侍御論學遺札摭存一卷**　(清)朱蓉生(朱一新)撰　清光緒二十一年(1895)菁華閣刻本　一冊　十行二十二字上下黑口左右雙邊

450000－2602－0001984　07487

**簡學齋詩存四卷**　(清)陳沆撰　清咸豐二年(1852)刻本　一冊　九行十九字小字雙行同白口四周雙邊

450000－2602－0001985　07517

**訒齋文鈔二卷詩鈔一卷**　(清)褚維垕撰　清光緒二十七年(1901)刻本　一冊　十一行二十三字小字雙行同上下黑口左右雙邊

450000－2602－0001986　07526

**庸庵文編四卷文續編二卷文外編四卷海外文編四卷**　(清)薛福成撰　清光緒刻本　八冊　十行二十一字小字雙行同白口左右雙邊　存十卷(庸庵文編四卷、文續編二卷、文外編四卷)

450000－2602－0001987　07535

**硯壽堂詩鈔八卷詩餘一卷續鈔二卷**　(清)吳存楷著　清光緒十二年(1886)吳同堉刻本　二冊　十行二十一字白口左右雙邊

450000－2602－0001988　06932

**柯山集五十卷**　(宋)張耒撰　清福建刻武英殿聚珍版書本　十冊　九行二十一字小字雙行同白口四周雙邊

450000－2602－0001989　07527

**庸庵文編四卷文續編二卷文外編四卷海外文編四卷**　(清)薛福成撰　清光緒刻本　八冊　十行二十一字小字雙行同白口左右雙邊　存八卷(庸庵文編四卷、文續編二卷、文外編一至二)

450000－2602－0001990　07488

**詩比興箋四卷**　(清)陳沆譔　清光緒九年(1883)長洲彭祖賢刻本　二冊　十行二十二字小字雙行同白口左右雙邊

450000－2602－0001991　07537

**鬻字齋詩畧四卷復盦公牘四卷**　曹允源撰　清光緒二十二年(1896)刻本　一冊　十行二十字小字雙行同上下黑口左右雙邊

450000－2602－0001992　07531

**庸庵文編四卷文續編二卷文外編四卷海外文編四卷**　(清)薛福成撰　清光緒刻本　六冊　十行二十一字小字雙行同白口左右雙邊　存六卷(文外編四卷、海外文編一至二)

450000－2602－0001993　07432

**樂志堂詩集十二卷**　(清)譚瑩撰　清咸豐十年(1860)吏隱園刻本　三冊　十行二十一字小字雙行同上下黑口左右雙邊　存十卷(一至十)

450000－2602－0001994　07528

**庸庵文編四卷文續編二卷文外編四卷海外文編四卷**　(清)薛福成撰　清光緒刻本　四冊　十行二十一字小字雙行同白口左右雙邊　存四卷(文編四卷)

450000－2602－0001995　07431

**樂志堂文集十八卷續集二卷**　(清)譚瑩撰　清咸豐九年(1859)吏隱園刻同治增刻本　八冊　十行二十一字小字雙行同上下黑口左右雙邊

450000－2602－0001996　07529

**庸庵文編四卷文續編二卷文外編四卷海外文編四卷**　(清)薛福成撰　清光緒刻本　二冊　十行二十一字小字雙行同白口左右雙邊　存二卷(文續編二卷)

450000－2602－0001997　07369

**拙尊園叢稿六卷**　(清)黎庶昌撰　清光緒十九年(1893)上海醉六堂石印本　二冊　十行二十五字小字雙行不等上下黑口左右雙邊

450000－2602－0001998　07534

**汪梅村先生集十二卷外集一卷**　(清)汪士鐸撰　清光緒七年(1881)刻本　四冊　十二行二十四字小字雙行同上下黑口左右雙邊

450000－2602－0001999　06294

**楚辭十七卷** （漢）劉向集輯 （漢）王逸章句 （宋）洪興祖補注 清同治十一年(1872)金陵書局刻本 陳柱批 四册 九行十五字小字雙行二十字白口左右雙邊

450000－2602－0002000 07457

**有正味齋駢文箋注十六卷** （清）吳錫麒撰 清同治七年(1868)慈北葉氏刻本 八册 九行二十字小字雙行同上下黑口左右雙邊

450000－2602－0002001 07476

**十悔齋詩鈔四卷** （清）吳炳南著 （清）吳伯彦校 清光緒四年(1878)佛山多寶堂刻本 一册 十行二十字上下黑口四周雙邊

450000－2602－0002002 07536

**甘泉鄉人稿二十四卷餘稿二卷附録一卷** （清）錢泰吉撰 **警石府君[錢泰吉]年譜一卷** （清）錢應溥撰 清同治十一年(1872)刻本 五册 十行二十一字小字雙行同上下黑口左右雙邊 存二十三卷(甘泉鄉人稿一至二十、餘稿二卷、年譜一卷)

450000－2602－0002003 07121

**壯悔堂文集十卷首一卷遺稿一卷四憶堂詩集六卷遺稿一卷** （清）侯方域著 （清）賈開宗等評點 清宣統元年(1909)中國圖書公司鉛印本 四册 十行二十五字小字雙行同白口四周單邊

450000－2602－0002004 07480

**錢南園先生遺集五卷** （清）錢灃撰 清同治十一年(1872)刻本 二册 十行二十一字小字雙行同白口左右雙邊

450000－2602－0002005 07157

**楊椒山先生集四卷椒山先生[繼盛]自著年譜一卷** （明）楊繼盛撰 清刻本 二册 十行二十字小字雙行同白口左右雙邊

450000－2602－0002006 07223

**吳梅村詩集箋註十八卷** （清）吳偉業撰 （清）吳翌鳳箋注 清嘉慶十九年(1814)滄浪吟榭刻本 八册 十行二十一字小字雙行同白口左右雙邊

450000－2602－0002007 07458

**補學軒文甲集四卷文乙集二卷** （清）鄭獻甫撰 清咸豐十一年(1861)刻本 六册 十一行二十三字小字雙行同白口四周雙邊

450000－2602－0002008 07495

**愼盦文鈔二卷** （清）左宗植著 清光緒元年(1875)刻本 二册 十行二十二字小字雙行同上下黑口四周雙邊

450000－2602－0002009 07222

**吳梅村詩集箋註十八卷** （清）吳偉業撰 （清）吳翌鳳箋注 清嘉慶十九年(1814)滄浪吟榭刻本 八册 十行二十一字小字雙行同白口左右雙邊

450000－2602－0002010 07486

**希古堂文集八卷** （清）譚宗浚撰 清光緒十六年(1890)廣州刻本 四册 十行二十一字小字雙行同字黑口左右雙邊

450000－2602－0002011 07518

**太鶴山人集十三卷** （清）端木國瑚撰 清道光二十年(1840)洪坤刻本 佚名圈點 六册 九行二十二字小字雙行同白口左右雙邊

450000－2602－0002012 07502

**心嚮往齋詩集二卷** （清）孔繼鑅撰 清道光二十九年(1849)王相刻本 一册 十行二十一字小字雙行同白口左右雙邊

450000－2602－0002013 07519

**帥文毅公遺集五卷** （清）帥遠燡撰 清光緒二十三年(1897)黄梅縣署刻本 二册 九行二十一字小字雙行同下黑口四周單邊

450000－2602－0002014 S228

**廣東新語二十八卷** （清）屈大均譔 清康熙水天閣刻本 九册 十一行十九字白口四周單邊 存二十四卷(一至八、十三至二十八)

450000－2602－0002015 07501

**嶽雪樓詩存四卷** （清）孔繼勳撰 清咸豐十年(1860)刻本 一册 十一行二十四字小字雙行同上下黑口四周單邊

450000－2602－0002016　07491
**瞻園詞二卷**　張仲炘撰　清光緒三十一年(1905)刻鶴南蜚館雜著本　一册　十行二十字下黑口四周雙邊

450000－2602－0002017　07362
**頤巢類藁三卷文一卷**　(清)陶邵學撰　清宣統三年(1911)刻本　二册　十行二十一字小字雙行同上下黑口左右雙邊

450000－2602－0002018　07452
**天根詩鈔二卷**　(清)何家琪著　清光緒三十二年(1906)封丘何氏大梁刻本　二册　十一行二十一字小字雙行同白口左右雙邊

450000－2602－0002019　07481
**錢南園先生遺集五卷**　(清)錢灃撰　清同治十一年(1872)刻本　二册　十行二十一字小字雙行同白口左右雙邊

450000－2602－0002020　07426
**思無邪室遺集六卷**　(清)顧蒪撰　清道光十九年(1839)刻本　五册　九行二十一字小字雙行同白口左右雙邊

450000－2602－0002021　07468
**耐菴文存六卷**　(清)賀長齡著　清咸豐十一年(1861)刻本　八册　十行二十一字小字雙行同下黑口左右雙邊

450000－2602－0002022　07453
**李氏三先生詩鈔三十卷**　(清)李懷民等撰　清光緒十二年(1886)李氏西安郡齋刻本　四册　十行二十二字小字雙行同白口四周雙邊　存三種十五卷

450000－2602－0002023　07560
**楹聯續話四卷**　(清)梁章鉅輯　清道光二十三年(1843)梁章鉅南浦廙齋刻本　二册　九行二十二字小字雙行同下黑口左右雙邊

450000－2602－0002024　07507
**藝風堂文集七卷外篇一卷**　繆荃孫撰　清光緒二十六年(1900)刻二十七年(1901)印藝風堂彙刻本　佚名題記　一册　十一行二十三字小字雙行同上下黑口左右雙邊

450000－2602－0002025　07478
**粵軺集四卷**　徐琪撰　清光緒二十年(1894)刻本　二册　十行二十一字小字雙行同上下黑口左右雙邊

450000－2602－0002026　07500
**鐵畫樓詩續鈔二卷**　(清)張蔭桓撰　清光緒二十八年(1902)觀復齋刻本　一册　十四行二十五字小字雙行同上下黑口四周雙邊

450000－2602－0002027　07459
**古香閣詩集二卷**　葉璧華著　清光緒二十九年(1903)奇珍閣刻本　彭精一題記　二册　九行二十五字小字雙行同白口四周雙邊

450000－2602－0002028　07460
**愼盦文鈔二卷**　(清)左宗植著　清光緒元年(1875)刻本　二册　十行二十二字小字雙行同上下黑口四周雙邊

450000－2602－0002029　07193
**胡文忠公遺集十卷首一卷**　(清)胡林翼撰　(清)閻敬銘等輯　清同治刻本　六册　九行二十字小字雙行同下黑口四周雙邊　存十卷(二至十、首一卷)

450000－2602－0002030　07461
**愼盦詩鈔二卷**　(清)左宗植著　清光緒元年(1875)刻本　二册　十行二十二字小字雙行同上下黑口四周雙邊

450000－2602－0002031　07277
**巢經巢詩鈔九卷後集四卷**　(清)鄭珍撰　清末北京松筠閣刻本　四册　十行二十一字小字雙行同白口左右雙邊

450000－2602－0002032　07273
**巢經巢詩鈔九卷**　(清)鄭珍撰　清咸豐四年(1854)刻本　二册　十行二十一字小字雙行同上下黑口左右雙邊

450000－2602－0002033　07038
**余忠宣青陽山房集五卷附錄一卷**　(元)余闕撰　清光緒元年(1875)合肥張氏毓秀堂刻廬陽三賢集本　一册　十行二十一字小字雙行同上下黑口四周雙邊

450000－2602－0002034　07238

**曝書亭集八十卷附錄一卷**　(清)朱彝尊撰

**笛漁小稾十卷**　(清)朱昆田撰　清刻本　十六册　十二行二十三字小字雙行同白口左右雙邊

450000－2602－0002035　07248

**漁洋山人詩集續集十六卷**　(清)王士禛撰　清康熙二十三年(1684)刻本　四册　十行十八字上下黑口左右雙邊

450000－2602－0002036　06901

**東坡集四十卷後集二十卷奏議十五卷續集十二卷校記二卷**　(宋)蘇軾撰　(明)程氏編　清宣統寶華盦影印本　二十六册　十行二十字小字雙行同上下黑口四周雙邊　存六十八卷(東坡集四十卷,後集二十卷,奏議七至八、十一至十二,續集六、十一,校勘記二卷)

450000－2602－0002037　07265

**望溪先生文集十八卷集外文十卷集外文補遺二卷**　(清)方苞　(清)戴鈞衡重編　**[方苞]年譜一卷附錄一卷**　(清)蘇惇元輯　清咸豐元年(1851)戴鈞衡刻咸豐二年(1852)增刻本　十册　十一行二十一字小字雙行同白口四周雙邊

450000－2602－0002038　07250

**漁洋山人詩集續集十六卷**　(清)王士禛撰　清康熙二十三年(1684)刻本　四册　十行十八字上下黑口左右雙邊

450000－2602－0002039　06922

**廬陵歐陽文忠公全集一百五十三卷附錄五卷首一卷目錄一卷**　(宋)歐陽修撰　清嘉慶刻本　二十八册　十行二十四字小字雙行同白口左右雙邊

450000－2602－0002040　07243

**漁洋山人精華録箋注十二卷補注一卷[王士禛]年譜一卷**　(清)王士禛著　(清)金榮箋注　(清)岱陽纂輯　清刻本　三册　十一行二十字小字雙行三十字白口左右雙邊

450000－2602－0002041　07115

**張蒼水全集十二卷附錄四卷補遺一卷題詠一卷冰槎集題中人物攷略一卷傳略補一卷**　(清)張煌言撰　清宣統元年(1909)鉛印國粹叢書本　二册　十三行三十三字小字雙行同下黑口四周雙邊　存十三卷(張蒼水全集一至七、附錄三至四、補遺一卷、題詠一卷、冰槎集題中人物攷略一卷、傳略補一卷)

450000－2602－0002042　07169

**瓊臺會稿二十四卷**　(明)邱濬撰　清光緒五年(1879)雁峯書院刻本　十四册　九行二十字小字雙行同白口四周雙邊

450000－2602－0002043　07195

**胡文忠公遺集三十四卷**　(清)胡林翼撰　(清)鄭敦謹　(清)曾國荃編輯　清刻本　佚名勘誤　八册　十二行二十二字小字雙行同上下黑口左右雙邊

450000－2602－0002044　07317

**佩弦齋文存二卷首一卷駢文存一卷詩存一卷試帖存一卷律賦存一卷雜存二卷**　(清)朱一新撰　清光緒二十二年(1896)順德龍氏葆真堂刻拙盦叢稿本　四册　十二行二十五字小字雙行同上下黑口四周單邊

450000－2602－0002045　07344

**鑑止水齋集二十卷**　(清)許宗彥撰　清咸豐八年(1858)刻本　四册　十行二十字小字雙行同上下黑口左右雙邊　存十四卷(一至三、七至十七)

450000－2602－0002046　07316

**孫文定全集十三卷**　(清)孫嘉淦撰　(清)孫鑄校對　清嘉慶十年(1805)孫鑄敦和堂刻本　六册　九行十八字小字雙行同白口四周雙邊

450000－2602－0002047　07327;07328

**清修閣稿八卷文草續編一卷詩文續編一卷**　(清)張品楨撰　清刻本　七册　八行二十二字小字雙行同下黑口四周雙邊　存九卷(清修閣稿二至八、文草續編一卷、詩文續編一卷)

450000－2602－0002048　07499

**止齋文鈔二卷**　（清）馬福安撰　清光緒十二年（1886）刻學海堂叢刻本　一册　十行二十二字小字雙行同白口左右雙邊

450000－2602－0002049　07341

**棣垞集四卷外集三卷首一卷**　（清）朱啟連撰　清刻本　二册　十一行二十一字上下黑口左右雙邊

450000－2602－0002050　07342

**醉吟草六卷**　（清）劉大容著　（清）孫鍾選　清咸豐元年（1851）刻本　一册　九行二十一字小字雙行同白口四周單邊

450000－2602－0002051　06457

**昌黎先生詩集注十一卷**　（唐）韓愈撰　（清）顧嗣立删補　（清）朱彝尊評　（清）何焯評　**昌黎先生［韓愈］年譜一卷**　清光緒九年（1883）廣州翰墨園刻三色套印本　四册　十一行二十字小字雙行三十字白口左右雙邊

450000－2602－0002052　06459

**昌黎先生詩集注十一卷**　（唐）韓愈撰　（清）顧嗣立删補　（清）朱彝尊評　（清）何焯評　**昌黎先生［韓愈］年譜一卷**　清光緒九年（1883）廣州翰墨園刻三色套印本　四册　十一行二十字小字雙行三十字白口左右雙邊

450000－2602－0002053　07343

**守默齋雜著一卷**　（清）何應祺著　清同治十年（1871）刻本　一册　十行二十一字白口四周雙邊

450000－2602－0002054　07345

**鑑止水齋集二十卷**　（清）許宗彦撰　清咸豐八年（1858）刻本　六册　十行二十字小字雙行同上下黑口左右雙邊

450000－2602－0002055　07315

**板橋集四卷**　（清）鄭燮撰　清刻本　一册　八行字不等白口左右雙邊

450000－2602－0002056　07318

**佩弦齋文存二卷首一卷駢文存一卷詩存一卷試帖存一卷律賦存一卷雜存二卷**　（清）朱一新撰　清光緒二十二年（1896）順德龍氏葆真堂刻拙盦叢稿本　五册　十二行二十五字小字雙行同上下黑口四周單邊

450000－2602－0002057　07319

**佩弦齋文存二卷首一卷駢文存一卷詩存一卷試帖存一卷律賦存一卷雜存二卷**　（清）朱一新撰　清光緒二十二年（1896）順德龍氏葆真堂刻拙盦叢稿本　四册　十二行二十五字小字雙行同上下黑口四周單邊

450000－2602－0002058　07313

**板橋集六卷**　（清）鄭燮著　清宣統元年（1909）埽葉山房石印本　四册　十行十九字小字雙行同白口左右雙邊

450000－2602－0002059　07312

**板橋集六卷**　（清）鄭燮著　清宣統元年（1909）埽葉山房石印本　四册　十行十九字小字雙行同白口左右雙邊

450000－2602－0002060　05556

**因明入正理論疏八卷**　（唐）釋窺基撰　清光緒二十二年（1896）金陵刻經處刻本　二册　十行二十字上下黑口左右雙邊

450000－2602－0002061　07309

**隨山館全集三十二卷**　（清）汪瑔撰　清光緒刻本　五册　九行二十一字小字雙行同上下黑口左右雙邊　存十五卷（隨山館猥稾卷一至十、隨山館續稾上下、隨山館詞稾一卷、隨山館詞續稾一卷、無聞子一卷）

450000－2602－0002062　07325

**讀我書齋詩草二十五卷**　（清）唐李杜詩輔　清咸豐十一年（1861）刻本　十四册　九行二十二字小字雙行同白口四周雙邊

450000－2602－0002063　07411

**小謨觴館詩集八卷詩續集二卷詩餘附録二卷文集四卷文續集二卷**　（清）彭兆蓀撰　清同治十三年（1874）吳縣潘氏滂喜齋刻小謨觴館全集本　四册　十二行二十三字小字雙行同白口左右雙邊

450000－2602－0002064　07366

**紘詩塾詩六卷**　(清)姚清華撰　清光緒六年(1880)金山程氏補讀書齋刻金山姚程三先生遺集本　二册　十二行二十四字小字雙行同白口四周單邊

450000－2602－0002065　07412

**小謨觴館詩集八卷詩續集二卷詩餘附録二卷文集四卷文續集二卷**　(清)彭兆蓀撰　清同治十三年(1874)吴縣潘氏滂喜齋刻小謨觴館全集本　六册　十二行二十三字小字雙行同白口左右雙邊

450000－2602－0002066　05555

**相宗八要直解八卷**　(清)釋智旭撰　清同治九年(1870)金陵刻書處刻本　二册　十行二十字上下黑口左右雙邊

450000－2602－0002067　07367

**賜墨齋詩集二卷附詞一卷**　(清)姚念曾撰　清光緒金山程氏補讀書齋刻本　一册　十二行二十四字小字雙行同白口四周單邊

450000－2602－0002068　07380

**館課存藁□□卷**　(清)紀昀撰　清刻本　二册　九行十八字小字雙行同白口左右雙邊

450000－2602－0002069　07385

**春華集二卷**　(清)龍元任撰　清光緒十九年(1893)刻本　一册　十行二十一字小字雙行同上下黑口左右雙邊

450000－2602－0002070　07446

**思伯子堂詩集三十二卷**　(清)張際亮撰　清同治八年(1869)刻本　十册　十行二十一字小字雙行同白口左右雙邊

450000－2602－0002071　07383

**春華集二卷**　(清)龍元任撰　清光緒十九年(1893)刻本　一册　十行二十一字小字雙行同上下黑口左右雙邊

450000－2602－0002072　07384

**春華集二卷**　(清)龍元任撰　清光緒十九年(1893)刻本　一册　十行二十一字小字雙行同上下黑口左右雙邊

450000－2602－0002073　07408

**德州田氏叢書**　(清)田同之編　清康熙至乾隆間田氏家刻彙印本　六册　十一行二十一字小字雙行同上下黑口左右雙邊　存二種二十三卷(古歡堂集二十二卷、蒙齋年譜一卷)

450000－2602－0002074　07368

**益神智室詩集二卷**　(清)程秉格撰　清光緒九年(1883)金山程氏補讀書齋刻本　一册　九行二十一字白口四周單邊

450000－2602－0002075　05554

**御選語録一卷**　(清)世宗胤禛選　清刻本　一册　十行二十一字上下黑口左右雙邊

450000－2602－0002076　07281

**霜紅龕全集**　(清)傅山撰　(清)王晉榮增訂　清光緒三十二年至宣統二年(1906－1910)刻本　清王晉榮記　十二册　九行二十一字小字雙行同白口四周雙邊

450000－2602－0002077　07414

**心吾子詩鈔九卷**　(清)程尚濂撰　清刻本　四册　十行十九字小字雙行同白口四周雙邊

450000－2602－0002078　07436

**潁南詩選一卷**　(清)朱清華著　(清)石秋鵬選　(清)盧光翼校　清宣統二年(1910)學務公所鉛印本　一册　十二行三十字小字雙行同下黑口四周雙邊

450000－2602－0002079　02583

**歷代輿地沿革險要圖説**　楊守敬撰　(清)饒敦秩撰　(清)王尚德繪　清光緒二十四年(1898)石印本　一册　白口四周單邊

450000－2602－0002080　05002

**新約聖經**　清光緒十八年(1892)美華書館鉛印本　一册　十三行三十五字白口左右雙邊

450000－2602－0002081　06355

**庾子山集十六卷**　(北周)庾信撰　(清)倪璠註釋　**庾子山[信]年譜一卷庾集總釋一卷**　(清)倪璠編　清同治八年(1869)刻本　十册　十行二十字小字雙行同白口左右雙邊

450000－2602－0002082　06353
**庾子山集十六卷**　（北周）庾信撰　（清）倪璠註釋　**庾子山[信]年譜一卷庾集總釋一卷**（清）倪璠編　清光緒二十年（1894）儒雅堂刻本　陳柱批　十二冊　十行二十字小字雙行同下黑口左右雙邊

450000－2602－0002083　06354
**庾子山集十六卷**　（北周）庾信撰　（清）倪璠註釋　**庾子山[信]年譜一卷庾集總釋一卷**（清）倪璠編　清光緒二十年（1894）儒雅堂刻本　十二冊　十行二十字小字雙行同下黑口左右雙邊

450000－2602－0002084　06007
**仙佛合宗一卷**　（明）伍守陽譔　清宣統二年（1910）善成堂刻本　一冊　八行二十字白口左右雙邊

450000－2602－0002085　06156
**文子纘義十二卷**　（元）杜道堅撰　清光緒三年（1877）浙江書局刻二十二子本　二冊　九行二十一字小字雙行同白口左右雙邊

450000－2602－0002086　06350
**陶淵明集八卷首一卷末一卷**　（晉）陶潛著　清光緒五年（1879）廣州翰墨園朱墨套印本　二冊　九行二十一字小字雙行同白口四周雙邊

450000－2602－0002087　06349
**陶淵明集八卷首一卷末一卷**　（晉）陶潛著　清光緒五年（1879）廣州翰墨園朱墨套印本　二冊　九行二十一字小字雙行同白口四周雙邊

450000－2602－0002088　06351
**陶淵明集八卷首一卷末一卷**　（晉）陶潛著　清光緒五年（1879）廣州翰墨園朱墨套印本　二冊　九行二十一字小字雙行同白口四周雙邊

450000－2602－0002089　05676
**六祖大師法寶壇經一卷**　（唐）釋慧能撰（唐）釋法海編集　**六祖大師緣起外紀一卷**　清康熙三十四年（1695）刻光緒六年（1880）修補刻本　一冊　九行十八字白口左右雙邊

450000－2602－0002090　06347
**陶淵明詩一卷雜文一卷**　（晉）陶潛著　清光緒元年（1875）據宋本影印本　一冊　十行十六字小字雙行同白口左右雙邊

450000－2602－0002091　05038
**東塾讀書記二十五卷**　（清）陳澧撰　清光緒二十七年（1901）邵州勸學書舍刻本　五冊　十一行二十四字小字雙行同上下黑口左右雙邊　存十五卷（一至十二、十五至十六、二十一）

450000－2602－0002092　06516
**王子安集註二十卷首一卷末一卷**　（唐）王勃撰　（清）蔣清翊注　清光緒九年（1883）吳縣蔣氏雙唐碑館刻本　六冊　十一行二十五字小字雙行三十三字白口左右雙邊

450000－2602－0002093　06956
**曾南豐文集四卷**　（宋）曾鞏撰　清宣統二年（1910）上海會文堂石印本　二冊　十三行二十八字白口四周雙邊

450000－2602－0002094　05041
**東塾讀書記二十五卷**　（清）陳澧撰　清光緒刻本　五冊　十二行二十四字小字雙行同上下黑口四周單邊　存十五卷（一至十二、十五至十六、二十一）

450000－2602－0002095　S223
**太湖備考十六卷首一卷**　（清）金友理纂述（清）金友琯等校　**湖程紀略一卷**　（清）吳曾撰　清乾隆十五年（1750）藝蘭圃刻本　八冊　十行二十一字小字雙行三十一字白口左右雙邊

450000－2602－0002096　06824
**劍南詩鈔六卷**　（宋）陸遊撰　（宋）楊大鶴選　清光緒五年（1879）善成堂刻本　六冊　十行十八字白口左右雙邊

450000－2602－0002097　06478
**杜詩鏡銓二十卷附錄一卷**　（唐）杜甫著

(清)楊倫編輯 **讀書堂杜工部文集註解二卷** (清)張溍評註 清光緒十八年(1892)鉛印本 六册 十三行三十一字小字雙行同白口四周雙邊

450000－2602－0002098 06878
**學易集八卷** (宋)劉跂撰 清同治十三年(1874)江西書局刻武英殿聚珍版書本 二册 九行二十一字小字雙行同白口四周雙邊

450000－2602－0002099 07435
**弢園詞一卷** (清)史念祖撰 清光緒三十一年(1905)鐵嶺趙爾巽刻補廠叢書本 一册 十行二十一字小字雙行同白口左右雙邊

450000－2602－0002100 07442;07443
**三魚堂文集十二卷附録一卷外集六卷附録一卷** (清)陸隴其著 清老掃葉山房刻本 八册 九行二十字小字雙行同白口左右雙邊

450000－2602－0002101 05472
**占察善惡業報經行法一卷** (清)釋智旭集
**占察善惡業報經玄義一卷** (清)釋智旭述 清同治七年(1868)清芬堂刻本 一册 十二行二十四字上下黑口左右雙邊

450000－2602－0002102 05473
**占察善惡業報經疏二卷** (隋)釋菩提登譯 (清)釋智旭述 清同治七年(1868)清芬堂刻本 一册 十二行二十四字上下黑口左右雙邊

450000－2602－0002103 07409
**桐城吴先生全書六種十八卷附二種二卷** (清)吴汝綸撰 清光緒三十年(1904)刻本 四册 九行二十一字小字雙行同上下黑口左右雙邊 存二種五卷(桐城吴先生文集四卷、詩集一卷)

450000－2602－0002104 06724
**蘇子美集十卷** (宋)蘇舜欽撰 清同治六年(1867)刻本 四册 十行二十一字小字雙行同白口四周單邊

450000－2602－0002105 06727
**龍川文集三十卷附録二卷** (宋)陳亮著 **辨譌考異二卷** (清)胡丹鳳撰 清光緒元年(1875)湖北崇文書局刻本 八册 十行二十字小字雙行同白口四周雙邊

450000－2602－0002106 05577
**百論序疏十四卷** (晉)釋僧肇序 (隋)釋吉藏疏 清刻本 四册 十行二十字上下黑口左右雙邊 存十卷(一至十)

450000－2602－0002107 06899
**東坡先生經義一卷** (宋)蘇軾撰 清光緒二十四年(1898)松竹山房刻本 一册 十行二十字上下黑口左右雙邊

450000－2602－0002108 07428
**樂志堂詩略二卷文略四卷附録一卷** (清)譚瑩撰 清光緒元年(1875)刻本 二册 十一行二十二字小字雙行同白口左右雙邊 存四卷(文略四卷)

450000－2602－0002109 07430;07433
**樂志堂文略四卷詩略二卷** (清)譚瑩撰 清光緒元年(1875)刻本 二册 十一行二十二字小字雙行同白口左右雙邊 存五卷(文略四卷、詩略一)

450000－2602－0002110 07429
**樂志堂文略四卷附録一卷** (清)譚瑩撰 清光緒十二年(1886)刻學海堂叢刻本 二册 十行二十一字小字雙行同白口左右雙邊

450000－2602－0002111 05573
**關帝桃園明聖經一卷靈籤圖一卷** 清末廣州麟書閣刻朱墨套印本 一册 六行十八字白口四周雙邊

450000－2602－0002112 06742
**呂東萊先生遺集二十卷首一卷** (宋)呂祖謙撰 (清)王崇炳編輯 (清)陳思臚校梓 清敬勝堂刻本 五册 十行二十四字小字雙行同白口左右雙邊 存十三卷(八至二十)

450000－2602－0002113 05443
**佛説梵網經二卷** (晉)釋鳩摩羅什譯 清華山律堂刻本 一册 九行十八字小字雙行同上下黑口左右雙邊

450000－2602－0002114　07403
**固始吴氏文存一卷**　(清)吴晉昌著　清光緒七年(1881)鉛印本　一册　十行二十四字小字雙行同白口四周雙邊

450000－2602－0002115　05355
**新刻劍嘯閣批評西漢演義傳八卷**　(明)甄偉撰　**東漢演義傳十卷**　(清)謝詔撰　清啟元堂刻本　十四册　十行二十二字小字雙行同白口四周單邊

450000－2602－0002116　05397
**禪關策進一卷**　(明)釋袾宏輯　清刻本　一册　十行二十字白口四周單邊

450000－2602－0002117　07404
**吴氏遺著五卷**　(清)吴夌雲撰　**附録一卷**　(清)王宗涑撰　清光緒十七年(1891)廣雅書局刻本　二册　十一行二十四字小字雙行同上下黑口四周單邊

450000－2602－0002118　06715
**雪山集十六卷**　(宋)王質撰　清刻本　四册　九行二十一字小字雙行同白口四周單邊　存十一卷(三至十三)

450000－2602－0002119　07399
**揅經室集一集十四卷二集八卷三集五卷四集二卷四集詩十一卷續集十一卷外集五卷**　(清)阮元撰　清道光三年(1823)刻本　二十五册　十行二十字小字雙行同白口四周雙邊

450000－2602－0002120　05378
**維摩詰所説經十卷**　(晉)釋鳩摩羅什譯　(晉)釋僧肇註　清乾隆三十七年(1772)廣州海幢寺刻本　二册　十行二十字小字雙行同白口四周雙邊

450000－2602－0002121　07397
**揅經室集六十二卷**　(清)阮元撰　清道光三年(1823)刻文選樓叢書本　二十四册　十行二十字小字雙行同白口四周雙邊

450000－2602－0002122　05145
**履園叢話二十四卷**　(清)錢泳撰　清同治九年(1870)刻本　六册　九行二十二字小字雙行同上下黑口四周單邊

450000－2602－0002123　07423
**紀文達公遺集文十六卷詩十六卷**　(清)紀昀撰　(清)紀樹馨編校　清嘉慶十七年(1812)紀樹馥刻本　十册　十行二十一字小字雙行同白口四周雙邊　存二十八卷(文一至十二、詩十六卷)

450000－2602－0002124　S225
**西湖志四十八卷**　(清)李衛等修　(清)傅王露纂　清乾隆刻本　二十四册　九行二十一字小字雙行同白口四周雙邊

450000－2602－0002125　07405
**吴氏遺著五卷**　(清)吴夌雲撰　**附録一卷**　(清)王宗涑撰　清光緒十七年(1891)廣雅書局刻本　二册　十一行二十四字小字雙行同黑口四周單邊

450000－2602－0002126　06909
**蘇文忠公詩集五十卷目録二卷**　(宋)蘇軾撰　(清)紀昀評點　清同治八年(1869)韻玉山房粵東省城刻朱墨套印本　十二册　十行二十一字小字雙行同白口左右雙邊

450000－2602－0002127　06316
**離騷彙訂不分卷**　(清)王邦采彙輯　清光緒二十六年(1900)刻廣雅書局叢書本　二册　十一行二十四字小字雙行同上下黑口四周單邊

450000－2602－0002128　06560
**沈下賢文集十二卷**　(唐)沈亞之撰　清光緒二十一年(1895)刻本　二册　十一行二十二字小字雙行同上下黑口左右雙邊

450000－2602－0002129　07400
**秋笳集八卷補遺一卷**　(清)吴兆騫撰　清宣統三年(1911)順德鄧氏鉛印風雨樓叢書本　三册　十行二十八字上下黑口四周單邊

450000－2602－0002130　06876
**祠部集三十五卷**　(宋)强至撰　清刻武英殿聚珍版書本　十册　九行二十一字小字雙行同白口四周雙邊

450000－2602－0002131　06875
**祠部集三十五卷**　（宋）强至撰　清刻武英殿聚珍版書本　十册　九行二十一字小字雙行同白口四周雙邊

450000－2602－0002132　06870
**元憲集三十六卷**　（宋）宋庠撰　清刻武英殿聚珍版書本　八册　九行二十一字小字雙行同白口四周雙邊

450000－2602－0002133　06789
**楊龜山先生集四十二卷首一卷末一卷**　（宋）楊時撰　清光緒九年（1883）張國正刻本　十册　九行二十字小字雙行同白口左右雙邊　存四十三卷（四十二卷、首一卷）

450000－2602－0002134　06633
**公是集五十四卷**　（宋）劉敞撰　清道光福建刻武英殿聚珍版書本　十二册　九行二十一字小字雙行同黑口四周雙邊

450000－2602－0002135　07308
**寶綸堂文鈔八卷**　（清）齊召南撰　清刻本　四册　九行二十一字小字雙行同上下黑口左右雙邊

450000－2602－0002136　06743
**文恭集四十卷**　（宋）胡宿撰　清刻武英殿聚珍版書本　八册　九行二十一字小字雙行同白口四周雙邊

450000－2602－0002137　06879
**絜齋集二十四卷**　（宋）袁燮撰　清同治十三年（1874）江西書局刻武英殿聚珍版書本　十册　九行二十一字小字雙行同白口四周雙邊

450000－2602－0002138　06858
**石湖詞一卷補遺一卷**　（宋）范成大著　**和石湖詞一卷**　（宋）陳三聘撰　清味菜廬木活字印本　一册　九行十七字小字雙行同上下黑口四周雙邊

450000－2602－0002139　06907
**蘇文忠公詩集擇粹十八卷**　（清）紀昀評點　（清）趙古農擇　清嘉慶二十二年（1817）芸香堂刻本　四册　八行二十字上下黑口四周雙邊

450000－2602－0002140　07079
**周忠介公燼餘集三卷**　（明）周順昌著　**周吏部［順昌］年譜一卷**　（明）殷獻臣述　**忠介遺事一卷**　清光緒二十九年（1903）唐文治刻本　二册　十行二十字白口左右雙邊

450000－2602－0002141　06782
**山谷詩内集注二十卷**　（宋）黄庭堅撰　（宋）任淵注　**外集注十七卷**　（宋）黄庭堅撰　（宋）史容注　清乾隆刻本　十六册　十二行二十三字白口左右雙邊

450000－2602－0002142　07039
**郝文忠公陵川文集三十九卷首一卷附錄一卷**　（元）郝經撰　（清）王鏐訂　清嘉慶三年（1798）刻本　十册　十行二十二字小字雙行同白口左右雙邊

450000－2602－0002143　06448
**韓昌黎詩集編年箋注十二卷**　（清）方世舉考訂　清宣統二年（1910）海寧陳氏石印本　十二册　十行二十三字小字雙行同白口四周單邊

450000－2602－0002144　06864
**西山真文忠公文集五十五卷目錄二卷**　（宋）真德秀撰　（明）楊鶚重修　（明）丁辛重較　清同治四年（1865）蒲城真氏拱極堂刻本（卷五十一原缺）　二十七册　十行二十字小字雙行同白口左右雙邊

450000－2602－0002145　07076
**石淙詩鈔十五卷**　（明）楊一清著　（明）李夢陽　（明）康海編輯　**輔臣贊和詩集一卷**　清嘉慶二十一年（1816）刻本（輔臣贊和詩集抄配）　清方樹海　四册　十行二十一字白口左右雙邊

450000－2602－0002146　07058
**增訂徐文定公集六卷首二卷**　（明）徐光啟撰　清宣統元年（1909）鉛印本　四册　九行二十三字小字雙行三十六字白口四周雙邊

450000－2602－0002147　07083

**白沙子全集六卷首一卷附錄一卷** (明)陳獻章撰 (清)顧嗣協校正 (清)何九疇重編 清康熙刻理堂印本 六册 十一行二十一字小字雙行同上下黑口左右雙邊

450000－2602－0002148 07086
**新刻張太岳先生詩文集四十七卷** (明)張居正著 清刻本 十六册 十行二十字小字雙行同白口四周單邊

450000－2602－0002149 06717
**式訓堂叢書三集四十一種一百六十二卷** (清)章壽康輯 清光緒刻本 二册 十一行二十一字小字雙行同上下黑口四周單邊 存二種五卷(陶邕州小集一卷、南江札記四卷)

450000－2602－0002150 06624
**誠齋詩集十六卷** (宋)楊萬里撰 (清)徐達源校 清嘉慶徐達源刻本 十册 十行二十一字小字雙行同白口左右雙邊

450000－2602－0002151 07085
**新刻張太岳先生詩文集四十七卷** (明)張居正著 清刻本 十册 十行二十字小字雙行同白口四周單邊

450000－2602－0002152 06954
**南豐先生元豐類稿五十三卷** (宋)曾鞏撰 清影印本 十二册 十行二十一字白口四周雙邊

450000－2602－0002153 06779
**山谷詩内集注二十卷** (宋)黄庭堅撰 (宋)任淵注 **外集注十七卷** (宋)黄庭堅撰 (宋)史容注 清乾隆刻本 二十册 十二行二十三字白口左右雙邊

450000－2602－0002154 06503
**玉谿生詩詳注三卷首一卷** (唐)李商隱撰 (清)馮浩編 (清)胡重等參校 清乾隆四十五年(1780)德聚堂刻同治七年(1868)補刻本 四册 十一行二十五字小字雙行三十三字白口左右雙邊

450000－2602－0002155 06766
**王臨川全集一百卷** (宋)王安石著 清刻本 二十册 十一行二十二字小字雙行同上下黑口左右雙邊

450000－2602－0002156 07059
**嶠雅二卷** (清)鄺露纂 清影印本 二册 八行十五字小字雙行同白口四周雙邊

450000－2602－0002157 06873
**鐔津文集十九卷首一卷** (宋)釋契嵩撰 清光緒二十八年(1902)揚州藏經院刻本 四册 十行二十字小字雙行同上下黑口左右雙邊

450000－2602－0002158 06916
**斜川集六卷** (宋)蘇過撰 清道光七年(1827)眉州三蘇祠刻三蘇全集本 三册 九行二十五字小字雙行同上下黑口左右雙邊

450000－2602－0002159 05244
**新編分門古今類事二十卷** (宋)□□撰 清刻本 六册 九行二十字小字雙行同上下黑口四周雙邊

450000－2602－0002160 06512
**白香山詩長慶集二十卷後集十七卷別集一卷補遺二卷** (唐)白居易撰 (清)汪立名編訂 **白香山[居易]年譜舊本一卷** (宋)陳振孫編 **白香山[居易]年譜一卷** (清)汪立名撰 清康熙四十一年至四十二年(1702－1703)汪立名一隅草堂刻本 十册 十二行二十一字小字雙行三十二字白口左右雙邊

450000－2602－0002161 06500
**玉谿生詩詳注三卷首一卷樊南文集詳注八卷首一卷** (唐)李商隱撰 (清)馮浩編 清乾隆四十五年(1780)德聚堂刻同治七年(1868)補刻本 八册 十一行二十五字小字雙行三十三字白口左右雙邊

450000－2602－0002162 05916
**成唯識論十卷** (唐)釋玄奘譯 清光緒二十二年(1896)金陵刻經處刻本 二册 十行二十字小字雙行同上下黑口左右雙邊

450000－2602－0002163 06509
**白香山詩長慶集二十卷後集十七卷別集一卷補遺二卷** (唐)白居易撰 (清)汪立名編訂

**白香山[居易]年譜舊本一卷** (宋)陳振孫編 **白香山[居易]年譜一卷** (清)汪立名撰 清康熙四十一年至四十二年(1702－1703)汪立名一隅草堂刻本 十冊 十二行二十一字小字雙行三十二字白口左右雙邊

450000－2602－0002164 05309
**太平廣記五百卷目錄十卷** (宋)李昉等編 清刻本 二十冊 十二行二十二字小字雙行同白口四周雙邊 存二百五十四卷(五十九至一百五十二、一百六十六至一百七十六、二百三至二百五十四、二百六十八至三百三、三百十七至三百二十八、四百六十二至五百,目錄十卷)

450000－2602－0002165 05914
**成唯識論述記六十卷** (唐)釋窺基撰 清光緒二十七年(1901)金陵刻經處刻本 二冊 十行二十字小字雙行同上下黑口左右雙邊 存六卷(十九至二十四)

450000－2602－0002166 05915
**成唯識論十卷** (唐)釋玄奘譯 清光緒二十二年(1896)金陵刻經處刻本 二冊 十行二十字小字雙行同上下黑口左右雙邊

450000－2602－0002167 06327
**韓詩外傳十卷** (漢)韓嬰撰 清乾隆刻本 陳柱朱筆録鍾惺批點 二冊 九行二十字小字雙行同白口左右雙邊

450000－2602－0002168 06472
**杜工部草堂詩箋二十二卷** (唐)杜甫撰 (宋)魯訔編次 (宋)蔡夢弼會箋 **杜工部草堂詩話二卷** (宋)蔡夢弼輯錄 **杜工部草堂詩[杜甫]年譜二卷** (宋)趙子櫟 (宋)魯訔譔 清光緒元年(1875)巴陵方氏碧琳瑯館刻本 四冊 十二行二十六字小字雙行同上下黑口左右雙邊

450000－2602－0002169 05276
**青樓夢六十四回** (清)慕真山人 (俞達)著 瀟湘館侍者 (鄒弢)評 清光緒上海申報館鉛印本 十冊 十一行二十七字小字雙行同白口四周雙邊

450000－2602－0002170 06302
**楚辭燈四卷** (清)林雲銘論述 清三讓堂刻本 四冊 八行二十字小字雙行同白口四周單邊

450000－2602－0002171 06822
**劍南詩鈔六卷** (宋)陸游著 (清)楊大鶴選 清康熙二十四年(1685)愛日堂刻本 八冊 十行十八字小字雙行同白口左右雙邊

450000－2602－0002172 05857
**天仙正理直論增注二卷** (明)伍守陽譔 (明)伍守虛註 清嘉慶九年(1804)善成堂刻本 二冊 八行二十字小字雙行同白口左右雙邊

450000－2602－0002173 07019
**貞素齋集八卷附錄一卷家藏集四卷附錄二卷** (元)舒頔著 清道光二十六年(1846)舒氏刻本 十冊 十行二十一字小字雙行同白口左右雙邊

450000－2602－0002174 06407
**樊川詩集四卷別集一卷外集一卷補遺一卷** (唐)杜牧撰 (清)馮集梧注 清嘉慶六年(1801)德裕堂刻本 四冊 十行二十一字小字雙行同白口左右雙邊

450000－2602－0002175 06917
**角山樓蘇詩評注彙鈔二十卷目錄二卷附録三卷** (宋)蘇軾撰 (清)趙克宜輯訂 清咸豐二年(1852)刻本 八冊 十行二十一字小字雙行同白口四周雙邊

450000－2602－0002176 05852
**佛說觀無量壽佛經疏妙宗鈔四卷** (宋)釋知禮鈔 清刻本 二冊 十行二十字上下黑口四周雙邊

450000－2602－0002177 06352
**陶淵明文集十卷** (晉)陶潛著 清光緒五年(1879)番禺俞氏影印本 四冊 九行十五字小字雙行同白口左右雙邊

450000－2602－0002178 06322
**蔡中郎文集十卷外傳一卷** (漢)蔡邕撰 清

光緒七年(1881)刻十萬卷樓叢書本　一冊　七行十三字小字雙行同白口左右雙邊

450000－2602－0002179　06335
**曹子建集十卷**　(三國魏)曹植撰　明刻本　一冊　九行十八字小字雙行同白口左右雙邊　存六卷(一至六)

450000－2602－0002180　05090
**南野堂筆記十二卷**　(清)吳文溥撰　清刻本　四冊　十行十九字白口左右雙邊

450000－2602－0002181　06889
**陸象山先生文集三十六卷校勘畧一卷**　(宋)陸九淵撰　(清)李紱點次　清光緒七年(1881)義里素位堂刻本　十冊　九行二十字白口四周單邊

450000－2602－0002182　07056
**黃漳浦集五十卷首一卷目錄二卷**　(清)黃道周撰　(清)陳壽祺重編　**漳浦黃先生[道周]年譜二卷**　(清)莊起儔編　清道光刻本　三十冊　十二行二十四字小字雙行同上下黑口左右雙邊

450000－2602－0002183　05847
**楞伽阿跋多羅寶經四卷**　(南朝宋)释求那跋陀羅譯　(清)釋智旭疏義　**玄義一卷**　(清)釋智旭撰述　清宣統元年(1909)刻本　五冊　十行二十字上下黑口左右雙邊

450000－2602－0002184　05824
**釋禪波羅蜜次第法門十卷**　(隋)釋智顗說　(隋)釋法慎記　(隋)釋灌頂再治　清光緒三十四年(1908)揚州藏經院刻本　四冊　十行二十字上下黑口左右雙邊

450000－2602－0002185　12863
**沙河逸老小稿六卷嶰谷詞一卷**　(清)馬曰琯撰　清咸豐元年(1851)刻粵雅堂叢書本　與450000－2602－0004328合冊　九行二十一字小字雙行同上下黑口左右雙邊

450000－2602－0002186　07060
**顧亭林先生遺書十種二十七卷**　(清)顧炎武撰　清蓬瀛閣刻吳縣朱記榮增刻本　八冊　十一行二十字小字雙行三十字白口左右雙邊

450000－2602－0002187　05839
**藥師琉璃光如來本願功德經一卷**　(唐)釋玄奘譯　清同治十一年(1872)如皋刻經處刻本　一冊　十行二十字上下黑口左右雙邊

450000－2602－0002188　02012
**長江圖說十二卷首一卷**　(清)馬徵麟撰　清同治十年(1871)湖北崇文書局刻本　五冊　白口四周單邊

450000－2602－0002189　05019
**鄺齋雜記八卷**　(清)陳曇著　(清)陳汝亨校　清光緒十年(1884)廣雅堂刻本　一冊　八行十七字小字雙行同白口四周雙邊　存四卷(一至四)

450000－2602－0002190　06597
**張燕公集二十五卷**　(唐)張說撰　清光緒二十五年(1899)廣雅書局刻武英殿聚珍版書本　五冊　九行二十一字小字雙行同白口四周雙邊

450000－2602－0002191　06476
**杜詩詳註二十五卷諸家詠杜附錄二卷首一卷**　(清)仇兆鰲輯註　清刻本　二十冊　十行二十二字小字雙行同下黑口左右雙邊

450000－2602－0002192　05835
**妙法蓮華經七卷**　(晉)釋鳩摩羅什譯　清同治、光緒間刻本　四冊　七行十七字小字雙行同白口四周雙邊

450000－2602－0002193　05067
**浪跡三談六卷**　(清)梁章鉅撰　清咸豐七年(1857)福州梁氏刻本　一冊　十行二十二字小字雙行同下黑口左右雙邊

450000－2602－0002194　04897
**雲林石譜三卷**　(宋)杜綰撰　清嘉慶十九年(1814)刻知不足齋叢書本　一冊　九行二十一字小字雙行同上下黑口左右雙邊

450000－2602－0002195　05354
**水滸後傳八卷四十回**　(明)古宋遺民撰

(□)雁宕山樵評　清刻本　五冊　九行二十字白口四周單邊

450000－2602－0002196　06504
**玉谿生詩詳注三卷首一卷**　(唐)李商隱撰　(清)馮浩編　(清)胡重等參校　清乾隆四十五年(1780)德聚堂刻同治七年(1868)補刻本　四冊　十一行二十五字小字雙行三十三字白口左右雙邊

450000－2602－0002197　05087
**芸簏偶存二卷**　(清)王汝璧述　清嘉慶刻本　一冊　十行十九字白口四周雙邊

450000－2602－0002198　06505
**玉谿生詩詳注三卷首一卷**　(唐)李商隱撰　(清)馮浩編　(清)胡重等參校　清乾隆四十五年(1780)德聚堂刻同治七年(1868)補刻本　一冊　十一行二十五字小字雙行三十三字白口左右雙邊

450000－2602－0002199　04840
**石渠隨筆八卷**　(清)阮元撰　清咸豐四年(1854)南海伍氏刻粤雅堂叢書本　二冊　九行二十一字小字雙行同白口左右雙邊

450000－2602－0002200　05347
**酉陽雜俎二十卷**　(唐)段成式撰　清光緒三年(1877)崇文書局匯刻書刻本　三冊　十二行二十四字小字雙行同黑口四周雙邊

450000－2602－0002201　06764
**水心先生文集二十九卷補遺一卷**　(宋)葉適撰　清光緒八年(1882)瑞安孫氏刻本　八冊　十三行二十二字上下黑口左右雙邊

450000－2602－0002202　06765
**水心先生文集二十九卷補遺一卷**　(宋)葉適撰　清光緒八年(1882)瑞安孫氏刻本　七冊　十三行二十二字上下黑口左右雙邊　存二十六卷(一至十四、十九至二十九,補遺一卷)

450000－2602－0002203　05068
**靈鶼閣叢書**　(清)江標輯　清光緒元和江氏湖南使院刻本　一冊　十一行二十三字小字雙行同上下黑口左右雙邊　存二種二卷(德國議院章程一卷、英軺私記一卷)

450000－2602－0002204　04865
**觀自得齋徐氏所藏印存不分卷**　(清)徐士愷藏並輯　吴昌碩刻　清光緒二十八年(1902)鈐印本　十二冊　白口四周單邊

450000－2602－0002205　S235
**資治通鑑二百九十四卷**　(宋)司馬光編集　(元)胡三省音註　**釋文辨誤十二卷**　(元)胡三省撰　清嘉慶二十一年(1816)胡克家刻同治八年(1869)江蘇書局修補本　一百冊　十行二十字小字雙行同上下黑口四周雙邊

450000－2602－0002206　04894
**西清續鑒甲編二十卷附錄一卷**　(清)王傑等輯　清宣統三年(1911)上海商務印書館石印本　四十二冊　十行十八字白口四周雙邊

450000－2602－0002207　05082
**閒情偶寄十六卷**　(清)李漁著　(清)沈心友訂　清康熙翼聖堂刻本　八冊　九行二十字小字雙行同白口四周單邊

450000－2602－0002208　05176
**薈蕞編二十卷**　(清)俞樾撰　清光緒七年(1881)上海申報館鉛印本　二冊　十二行二十七字小字雙行不等白口四周雙邊

450000－2602－0002209　06341;06868;06926
**正誼堂全書六十八種**　(清)張伯行輯　清同治五年(1866)福州正誼書院刻八年至九年(1869－1870)續刻本　十二冊　十行二十二字小字雙行同白口左右雙邊　存三種二十六卷(諸葛武侯文集四卷、張横渠先生文集十二卷、司馬温公文集一至十)

450000－2602－0002210　05043
**東塾讀書記二十五卷**　(清)陳澧撰　清光緒刻本　四冊　十二行二十四字小字雙行同上下黑口四周單邊　存十五卷(一至十二、十五至十六、二十一)

450000－2602－0002211　05158
**解酲語四卷**　(清)泖濱野客著　清光緒十四年(1888)上海申報館鉛印本　二冊　十二行

二十四字白口左右雙邊

450000－2602－0002212　05058

**白虎通四卷附校勘補遺一卷闕文一卷**　（漢）班固撰　清刻本　陳柱過録　二册　十行二十字小字雙行同白口左右雙邊

450000－2602－0002213　05131

**畫禪室隨筆四卷**　（明）董其昌著　（清）楊補編次　（清）陳王賓校訂　清康熙五十九年（1720）大魁堂刻本　一册　八行十八字白口左右雙邊

450000－2602－0002214　05053

**癸巳存稿十五卷**　（清）俞正燮撰　清光緒十年（1884）刻本　七册　十二行二十四字白口四周雙邊

450000－2602－0002215　06159

**參同契一卷**　（漢）魏伯陽著　（明）朱長春點　清刻本　一册　九行二十字白口左右雙邊

450000－2602－0002216　05135

**子書百家**　（清）崇文書局輯　清光緒元年（1875）湖北崇文書局刻子書百家本　一册　十二行二十四字小字雙行同上下黑口四周雙邊　存三種七卷（鬱離子一卷、空同子一卷、海沂子五卷）

450000－2602－0002217　05159

**俗話爽心四卷**　（清）邵紀棠評輯　清末廣州守經堂石印本　一册　十二行二十三字小字雙行同白口四周單邊

450000－2602－0002218　06161

**性命圭旨四卷**　（□）尹真人秘授　清刻本　二册　十一行十八字白口左右雙邊

450000－2602－0002219　05115

**三岡識略十卷**　（清）董含撰　清光緒申報館鉛印申報館叢書本　二册　十二行二十四字小字雙行字不等白口四周雙邊

450000－2602－0002220　06162

**列子沖虚真經二卷**　（宋）劉辰翁點校　清刻本　二册　九行二十字白口四周單邊

450000－2602－0002221　05123

**閩雜記十二卷**　（清）施鴻保輯　清光緒四年（1878）上海申報館鉛印申報館叢書本　二册　十二行二十四字白口四周雙邊

450000－2602－0002222　06163

**陰符經發隱一卷道德經發隱一卷沖虚經發隱一卷南華經發隱一卷**　（清）楊文會注　清刻本　一册　十行二十字小字雙行同上下黑口左右雙邊

450000－2602－0002223　06166

**陰符經發隱一卷道德經發隱一卷沖虚經發隱一卷南華經發隱一卷**　（清）楊文會注　清刻本　一册　十行二十字小字雙行同上下黑口左右雙邊

450000－2602－0002224　05112

**池北偶談二十六卷**　（清）王士禛著　清康熙三十年（1691）三槐堂刻本　八册　十一行二十三字小字雙行同上下黑口左右雙邊

450000－2602－0002225　05125

**醒睡録初集十卷**　（清）鄧文濱輯　清光緒上海申報館鉛印申報館叢書本　六册　十二行二十七字小字雙行同白口四周雙邊

450000－2602－0002226　05138

**池上草堂筆記六卷續録六卷三録六卷四録六卷**　（清）梁恭辰撰　清咸豐元年（1851）羊城味經堂刻本　八册　九行二十二字小字雙行同上下黑口左右雙邊

450000－2602－0002227　05122

**甕牖餘談八卷**　（清）王韜撰　清光緒元年（1875）申報館鉛印申報館叢書本　四册　十二行二十四字白口四周雙邊

450000－2602－0002228　05116

**三借廬贅譚十二卷**　鄒弢撰　清光緒申報館鉛印申報館叢書本　六册　十一行二十七字白口四周雙邊

450000－2602－0002229　05337

**醉茶誌怪四卷**　（清）李慶辰著　清光緒十八年（1892）津門刻本　四册　十行二十二字小

字雙行同白口四周雙邊

450000－2602－0002230　05117
**藝林伐山二十卷**　（明）楊慎著　清光緒鉛印申報館叢書本　二册　十二行二十四字小字雙行不等白口四周雙邊

450000－2602－0002231　05119
**閒談消夏錄十二卷續六卷**　（清）外史氏著　清翠筠山房刻本　十四册　十行二十一字小字雙行同白口左右雙邊

450000－2602－0002232　05118
**藝林伐山二十卷**　（明）楊慎著　清光緒鉛印申報館叢書本　四册　十二行二十四字小字雙行不等白口四周雙邊

450000－2602－0002233　05114
**夜雨秋燈錄八卷**　（清）宣鼎撰　清光緒三年（1877）鉛印申報館叢書本　八册　十二行二十四字白口四周雙邊

450000－2602－0002234　06027
**集一切福德三昧經一卷**　（晉）釋鳩摩羅什譯　清光緒十四年（1888）江北刻經處刻本　一册　十行二十字小字雙行同白口左右雙邊

450000－2602－0002235　05174
**前塵夢影錄二卷**　（清）徐康撰　清光緒二十三年（1897）元和江氏刻靈鶼閣叢書本　二册　十一行二十三字小字雙行同黑口左右雙邊

450000－2602－0002236　06051
**占察善惡業報經玄義一卷**　（清）釋智旭述　**占察善惡業報經疏二卷**　（隋）釋菩提登譯　（清）釋智旭述　**占察善惡業報經行法一卷**　（清）釋智旭集　清同治七年（1868）邵陽信女魏繡君刻本　二册　十二行二十四字小字雙行二十四字上下黑口左右雙邊

450000－2602－0002237　05120
**思益堂日札五卷**　（清）周壽昌撰　清末鉛印本　二册　十一行二十七字小字雙行三十四字白口四周雙邊

450000－2602－0002238　S264
**居易錄三十四卷**　（清）王士禛撰　清康熙刻本　八册　十行二十字小字雙行同上下黑口左右雙邊　存八卷（一至四、三十一至三十四）

450000－2602－0002239　06044
**肇論三卷寶藏論一卷**　（晉）釋僧肇作　清同治九年（1870）杭省刻經處刻本　一册　十行二十字小字雙行同上下黑口左右雙邊

450000－2602－0002240　05124
**閩雜記十二卷**　（清）施鴻保輯　清光緒四年（1878）上海申報館鉛印申報館叢書本　四册　十二行二十四字白口四周雙邊

450000－2602－0002241　05188
**翼教叢編六卷附一卷**　蘇輿輯　清光緒二十四年（1898）刻本　三册　十二行二十四字小字雙行同下黑口左右雙邊

450000－2602－0002242　S253
**桐陰論畫二卷首一卷附錄一卷桐陰畫訣一卷續桐陰論畫一卷二編二卷三編二卷**　（清）秦祖永撰　清同治五年至光緒八年（1866－1882）刻朱墨套印本　八册　八行十八字小字雙行同上下黑口左右雙邊

450000－2602－0002243　05566
**大佛頂如來密因脩證了義諸菩薩萬行首楞嚴經集註十卷**　（唐）釋般剌密諦譯　（唐）釋彌伽釋迦譯語　（唐）房融筆受　（清）釋傳晟集註　清道光二十年（1840）海幢寺刻本　五册　九行二十字小字雙行同下黑口四周雙邊

450000－2602－0002244　06176
**十子全書一百二十九卷**　（清）王子興輯　清嘉慶九年（1804）寶慶經綸堂刻本　四十册　十一行二十一字小字雙行同上下黑口四周單邊

450000－2602－0002245　05565
**大佛頂如來密因脩證了義諸菩薩萬行首楞嚴經集註十卷**　（唐）釋般剌密諦譯　（唐）釋彌伽釋迦譯語　（唐）房融筆受　（清）釋傳晟集註　清道光二十年（1840）海幢寺刻本　四册

九行二十字小字雙行同下黑口四周雙邊　存八卷(三至十)

450000－2602－0002246　05121
**雲間據目抄五卷**　(明)范濂識　清光緒鉛印申報館叢書本　二冊　十二行二十四字白口四周雙邊

450000－2602－0002247　06181
**子書二十八種三百二十一卷**　(清)上海育文書局輯　清宣統元年(1909)上海育文書局石印本　佚名批　三十二冊　十八行四十二字小字雙行同白口四周雙邊

450000－2602－0002248　05126
**欣賞錄八卷**　(清)尚友齋輯　清佐賢堂刻本　四冊　十行二十一字白口四周雙邊

450000－2602－0002249　06179
**二十二子二十二種三百三十九卷**　(清)浙江書局輯　清光緒浙江書局刻本　八十二冊　九行二十一字小字雙行同白口左右雙邊

450000－2602－0002250　06050
**大乘理趣六波羅密多經十卷**　(唐)釋般若譯　清光緒十九年(1893)金陵刻經處刻本　一冊　十行二十字小字雙行同上下黑口左右雙邊　存五卷(六至十)

450000－2602－0002251　06141
**道德經評註二卷**　(漢)河上公註　(明)歸有光批閱　明天啟四年(1624)文氏竺塢刻道德南華二經評註合刻本　三冊　九行十八字小字雙行同白口四周單邊

450000－2602－0002252　06043
**楞嚴經勢至念佛圓通章疏鈔二卷**　(清)釋續法譯　**大佛頂首楞嚴經大勢至菩薩念佛圓通章一卷**　(唐)釋般剌密帝譯　清刻本　一冊　十行二十字上下黑口左右雙邊

450000－2602－0002253　特991.06/0112/1
**善邑大塘龔氏四修宗譜十二卷首一卷**　(清)龔玉生督修　(清)龔慶云纂修　清光緒三十四年(1908)武陵堂木活字印本　十五冊　九行二十字小字雙行字不等白口四周雙邊　存十二卷(一至六、八至十二,首一卷)

450000－2602－0002254　06140
**道經五種**　(清)李明徹輯　清純陽觀刻本　二冊　九行二十一字小字雙行同白口四周單邊　存四種八卷

450000－2602－0002255　06178
**二十二子二十二種三百三十九卷**　(清)浙江書局輯　清光緒浙江書局刻本　八十三冊　九行二十一字小字雙行同白口左右雙邊

450000－2602－0002256　06201
**子史精華一百六十卷**　(清)允祿等監脩　(清)吳襄等纂脩　清光緒十五年(1889)上海蜚英館石印本　八冊　十六行四十八字小字雙行同白口四周雙邊

450000－2602－0002257　06177
**十子全書一百二十九卷**　(清)王子興輯　清嘉慶九年(1804)姑蘇王氏聚文堂刻本　二十二冊　十一行二十一字小字雙行同上下黑口四周單邊

450000－2602－0002258　06200
**子史精華一百六十卷**　(清)允祿等監脩　(清)吳襄等纂脩　清雍正刻本　三十六冊　八行二十三字小字雙行同白口四周雙邊　存一百四十六卷(一至十七、二十二至三十九、四十四至一百十三、一百二十至一百六十)

450000－2602－0002259　06180
**子書二十三種三百四十二卷**　(清)浙江書局輯　清光緒二十三年(1897)上海圖書集成局鉛印本　三十九冊　十三行四十字小字雙行同白口四周單邊

450000－2602－0002260　06208
**北堂書鈔一百六十卷首一卷**　(唐)虞世南輯　(清)孔廣陶校注　清光緒十四年(1888)南海孔氏三十有三萬卷堂刻本　二十冊　十二行二十二字小字雙行同上下黑口四周單邊

450000－2602－0002261　06213
**元和姓纂十卷**　(唐)林寶撰　(清)孫星衍　(清)歙洪瑩校　清光緒六年(1880)金陵書局

刻本　四冊　十二行二十四字小字雙行同上下黑口左右雙邊

450000－2602－0002262　06214
**元和姓纂十卷**　（唐）林寶撰　（清）孫星衍（清）歙洪瑩校　清光緒六年（1880）金陵書局刻本　四冊　十二行二十四字小字雙行同上下黑口左右雙邊

450000－2602－0002263　06212
**廣東新語二十八卷**　（清）屈大均譔　清康熙水天閣刻本　九冊　十一行十九字白口四周單邊

450000－2602－0002264　06192
**諸子評議三十五卷**　（清）俞樾撰　清光緒二十一年（1895）上海鴻文書局石印本　二冊　二十行五十七字小字雙行同白口四周雙邊

450000－2602－0002265　06209
**姓氏急就篇二卷**　（元）王應麟撰　清光緒十年（1884）成都志古堂刻本　一冊　十行二十字小字雙行同白口四周單邊

450000－2602－0002266　06205
**御定駢字類編二百四十卷**　（清）吳士玉等撰　清光緒十三年（1887）上海同文書局石印本　四十二冊　二十行四十二字小字雙行同白口四周雙邊　存二百九卷（一至七十一、七十八至九十二、九十九至一百八、一百十三至一百四十七、一百五十四至一百七十五、一百八十一至二百二十四、二百二十九至二百四十）

450000－2602－0002267　06270
**淵鑑類函四百五十卷目錄四卷**　（清）張英等纂輯　清康熙四十九年（1710）刻本　一百四十冊　十行二十一字小字雙行同上下黑口四周雙邊

450000－2602－0002268　06196
**諸子通攷三卷**　孫德謙撰　清末江蘇存古學堂鉛印本　一冊　九行二十三字小字雙行同白口四周雙邊

450000－2602－0002269　06169
**道書全集二十四種九十四卷**　（明）閻鶴洲輯　（清）周在延重修　明萬曆十九年（1591）刻清康熙二十一年（1682）大樑周在延重修本　二十册　十一行二十二字白口左右雙邊　存九種五十四卷

450000－2602－0002270　05328
**山海經十八卷圖一卷**　（晉）郭璞注　（清）畢沅校　清刻本　八冊　九行二十一字小字雙行同白口左右雙邊

450000－2602－0002271　06268
**淵鑑類函四百五十卷**　（清）張英　（清）王士禛總裁　清光緒二十三年（1897）上海點石齋石印本　十冊　三十行六十三字小字雙行同白口四周單邊

450000－2602－0002272　06269
**淵鑑類函四百五十卷**　（清）張英　（清）王士禛總裁　清光緒二十年（1894）上海點石齋石印本　十冊　三十行六十三字小字雙行同白口四周單邊

450000－2602－0002273　06271
**淵鑑類函四百五十卷目錄四卷**　（清）張英等纂輯　清康熙四十九年（1710）刻本　一百六十冊　十行二十一字小字雙行同上下黑口四周雙邊

450000－2602－0002274　06905
**蘇文忠公詩集五十卷目錄二卷**　（宋）蘇軾撰（清）紀昀評點　清同治八年（1869）韻玉山房粵東省城刻朱墨套印本　十二冊　十行二十一字小字雙行同白口左右雙邊

450000－2602－0002275　06266
**古香齋新刻袖珍淵鑑類函四百五十卷目錄四卷**　（清）張英　（清）王士正總裁　清光緒六年（1880）孔氏三十有三萬卷堂刻古香齋袖珍十種本　一百六十冊　十行二十一字小字雙行同白口四周雙邊

450000－2602－0002276　07244
**漁洋山人精華錄訓纂十卷總目二卷漁洋山人[王士禛]自撰年谱二卷附録一卷訓纂補十卷**　（清）王士禛撰　（清）惠棟撰　清光緒十七

年(1891)會稽徐氏述史樓刻本　十二冊　十行二十一字小字雙行同白口四周雙邊

450000－2602－0002277　06267

**古香齋新刻袖珍淵鑑類函四百五十卷目録四卷**　(清)張英　(清)王士正總裁　清光緒六年(1880)孔氏三十有三萬卷堂刻古香齋袖珍十種本　一百五冊　十行二十一字小字雙行同白口四周雙邊　存四百四卷(一至二十七、六十七至三百、三百五至三百三十五、三百三十九至四百五十)

450000－2602－0002278　06273

**格致鏡原一百卷**　(清)陳元龍撰　清康熙五十六年(1717)刻雍正十三年(1735)印本　二十四冊　十一行二十一字小字雙行同上下黑口左右雙邊

450000－2602－0002279　06284

**佩文韻府一百六卷**　(清)張玉書彙閲　(清)蔡升元等纂修　清嶺南潘氏海山仙館刻本　一百六十冊　十二行二十五字小字雙行同白口四周雙邊

450000－2602－0002280　06279

**玉海二百卷附刻十三種六十一卷辭學指南四卷**　(元)王應麟撰　清嘉慶十一年(1806)刻本　一百二十冊　十行二十字小字雙行同白口四周單邊

450000－2602－0002281　06277

**冊府元龜一千卷目録十卷**　(宋)王欽若等輯　清道光二十六年(1846)片善堂刻本　二百二十二冊　十行二十字小字雙行同白口四周單邊

450000－2602－0002282　06285

**佩文韻府一百六卷**　(清)張玉書彙閲　(清)蔡升元等纂修　**韻府拾遺一百六卷**　(清)張廷玉校勘　(清)汪灝纂修　清嶺南潘氏海山仙館刻本　一百六十冊　十二行二十五字小字雙行同白口四周雙邊

450000－2602－0002283　06282

**佩文韻府一百六卷**　(清)張玉書彙閲　(清)蔡升元等纂修　**韻府拾遺一百六卷**　(清)張廷玉校勘　(清)汪灝纂修　清光緒十九年(1893)上海點石齋石印本　二十四冊　三十六行七十五字小字雙行同白口四周雙邊

450000－2602－0002284　06286

**佩文韻府一百六卷**　(清)張玉書彙閲　(清)蔡升元等纂修　**韻府拾遺一百六卷**　(清)張廷玉校勘　(清)汪灝纂修　清嶺南潘氏海山仙館刻本　一百六十冊　十二行二十五字小字雙行同白口四周雙邊

450000－2602－0002285　06250

**古事比五十二卷**　(清)方中德著　(明)王梓校　清光緒十三年(1887)上海點石齋石印本　六冊　十八行三十六字小字雙行同白口四周雙邊

450000－2602－0002286　06245

**小嫏嬛山館彙刊類書十二種二十三卷**　(清)小嫏嬛山館編　清連元閣刻本　八冊　十行二十字小字雙行同白口左右雙邊

450000－2602－0002287　06249

**古事比五十二卷**　(清)方中德著　(明)王梓校　清光緒十三年(1887)上海點石齋石印本　五冊　十八行三十六字小字雙行同白口四周雙邊　存四十三卷(一至二十六、三十六至五十二)

450000－2602－0002288　06248

**楹聯續話四卷**　(清)梁章鉅輯　(清)吕恩湛續輯　清道光二十三年(1843)吴三讓堂刻本　二冊　九行二十二字小字雙行同白口四周雙邊

450000－2602－0002289　06244/1

**增補事類統編□□卷**　(清)王鳳階譔註　清刻本　二十四冊　九行二十三字小字雙行同白口四周雙邊　存十卷(十七、二十至二十一、二十五至二十九、三十二至三十三)

450000－2602－0002290　06256

**中外經世策論合纂六十三卷**　(清)□□輯　清光緒二十八年(1902)石印本　十二冊　十

六行四十字白口四周雙邊

450000－2602－0002291　06251

**初學記三十卷校勘記補遺一卷**　（唐）徐堅撰　清刻本　十二册　九行十八字小字雙行同上下黑口四周單邊

450000－2602－0002292　06253

**中外策問大觀二十八卷**　雷瑨編輯　清光緒二十九年（1903）硯耕山莊石印本　十册　十八行四十字白口四周雙邊

450000－2602－0002293　06278

**玉海二百卷附刻十三種六十一卷辭學指南四卷**　（元）王應麟撰　清光緒成都王氏刻本　二十三册　十一行二十字小字雙行同白口四周單邊　存六十六卷（一至八、十四至十八、三十四至三十六、四十至四十二、四十六至四十七、五十一至五十三、六十六至六十八、九十六至九十七、一百一至一百三、一百十一至一百十二、一百十八至一百二十、一百二十三至一百二十七、一百三十一至一百三十九、一百五十五至一百五十九、一百七十一至一百七十二、一百七十六至一百八十三）

450000－2602－0002294　06257

**增訂格物入門七卷**　（美國）丁韙良著　清光緒十五年（1889）同文館京師鉛印本　六册　九行二十一字小字雙行同白口四周雙邊　存六卷（一至六）

450000－2602－0002295　06258

**東西學書録總敘二卷**　沈桐生述　（清）繆紹徵　（清）張之梁校　清光緒二十三年（1897）讀有用書齋刻本　二册　十一行二十五字上下黑口左右雙邊

450000－2602－0002296　06242

**廣博物志五十卷**　（明）董斯張纂　（明）楊鶴訂　清光緒五年（1879）學海堂刻本　十六册　九行十八字小字雙行同白口四周單邊

450000－2602－0002297　06283

**韻府拾遺一百六卷**　（清）張廷玉校勘　（清）汪灝纂修　清廣東嶺南潘氏海山仙館刻本　二十册　十二行二十五字小字雙行同白口四周雙邊

450000－2602－0002298　06260

**策府統宗六十五卷**　（清）劉昌齡輯　清光緒十五年（1889）鴻文書局石印本　十八册　二十六行四十七字白口四周雙邊　存六十卷（一至六、八至十六、二十一至六十五）

450000－2602－0002299　06254

**策學備纂三十二卷首一卷**　（清）蔡啟盛輯　（清）吳潁炎輯　清光緒十三年（1887）點石齋石印本　三十九册　二十四行五十五字小字雙行同白口四周單邊　存三十卷（一至二、四至二十四、二十六至二十八、三十至三十二，首一卷）

450000－2602－0002300　07562

**補校袁文箋正七卷首一卷**　（清）袁枚撰　（清）汗漫山人補校　（清）石韞玉箋　清嶺南叢雅居刻本　八册　九行二十五字小字雙行同白口四周雙邊

450000－2602－0002301　04972

**格言聯璧不分卷**　（清）金纓輯　清刻本　一册　九行二十一字小字雙行同白口四周雙邊

450000－2602－0002302　06232

**小嫏嬛山館彙刊類書十二種二十三卷**　（清）小嫏嬛山館編　清咸豐元年（1851）刻本　八册　十行二十字小字雙行同白口左右雙邊

450000－2602－0002303　06234

**事類統編九十三卷首一卷**　（清）林意誠輯　清光緒十年（1884）腹笥山房影印本　十二册　十五行四十二字小字雙行同白口四周雙邊

450000－2602－0002304　06233

**五洲事類匯表五十卷**　（清）趙士元　（清）孔昭紱編輯　（清）汪厚昌恭訂　（清）張廷彥校勘　清光緒二十九年（1903）上海仁記書局石印本　二十册　十四行三十二字小字雙行同白口四周單邊

450000－2602－0002305　06238

**分類試帖連珠六卷**　（清）楊菘圃輯　清同治

十一年(1872)揮毫吟館刻本　五册　二十行二十八字白口四周單邊　存四卷(一至三、六)

450000－2602－0002306　06241
**事物原會四十卷**　(清)汪汲錄　清嘉慶元年(1796)刻古愚老人消夏錄本　七册　九行二十四字小字雙行同白口四周雙邊

450000－2602－0002307　06231
**事類賦三十卷**　(宋)吳淑撰註　(明)華麟祥校刊　清劍光閣刻本　六册　十二行二十字小字雙行同白口左右雙邊

450000－2602－0002308　06235
**增補事類統編九十三卷首一卷**　(清)黄葆真增輯　清光緒十四年(1888)上海積山書局石印本　十二册　十五行四十二字小字雙行同白口四周單邊

450000－2602－0002309　06240
**四書人物類典串珠四十卷**　(清)臧志仁輯　清嘉慶六年(1801)萃經樓刻本　六册　十行二十五字小字雙行同白口四周單邊

450000－2602－0002310　06237
**類類聯珠初編三十二卷二編十二卷**　(清)李堃編　(清)李椿林增補　清光緒三年(1877)京都琉璃廠刻本　六册　十二行二十四字小字雙行同白口四周單邊

450000－2602－0002311　06223
**通俗編三十八卷**　(清)翟灝撰　清乾隆無不宜齋刻本　十二册　十二行二十二字白口左右雙邊

450000－2602－0002312　06239
**資深集補編註釋四卷**　(清)黄蘭全編輯　(清)唐吉人補注　清光緒元年(1875)連元閣刻本　二册　十行二十四字小字雙行同白口四周單邊

450000－2602－0002313　07541
**顯志堂稿十二卷**　(清)馮桂芬著　清光緒二年(1876)吳縣馮氏校邠廬刻本　四册　十一行二十三字小字雙行同下黑口左右雙邊

450000－2602－0002314　07538
**顯志堂稿十二卷夢柰詩稿一卷**　(清)馮桂芬著　清光緒二年(1876)吳縣馮氏校邠廬刻本　五册　十一行二十三字小字雙行同下黑口左右雙邊

450000－2602－0002315　07557
**楹聯叢話十二卷**　(清)梁章鉅輯　清道光二十年(1840)環碧軒刻本　四册　九行二十二字小字雙行同下黑口左右雙邊

450000－2602－0002316　07539
**顯志堂稿十二卷夢柰詩稿一卷**　(清)馮桂芬著　清光緒二年(1876)吳縣馮氏校邠廬刻本　十二册　十一行二十三字小字雙行同下黑口左右雙邊

450000－2602－0002317　07557
**楹聯續話四卷**　(清)梁章鉅輯　清道光二十三年(1843)梁章鉅南浦㢈齋刻本　二册　九行二十二字小字雙行同下黑口左右雙邊

450000－2602－0002318　07542
**校邠廬抗議二卷**　(清)馮桂芬著　(清)潘霨校刊　清光緒二十三年(1897)求是齋刻本　二册　十一行二十三字小字雙行同上下黑口四周雙邊

450000－2602－0002319　07558
**楹聯叢話十二卷續話四卷**　(清)梁章鉅輯　清道光二十年(1840)環碧軒刻本　六册　九行二十二字小字雙行同下黑口左右雙邊　存十四卷(叢話十二卷、續話一至二)

450000－2602－0002320　07540
**顯志堂稿十二卷夢柰詩稿一卷**　(清)馮桂芬著　清光緒二年(1876)吳縣馮氏校邠廬刻本　十册　十一行二十三字小字雙行同下黑口左右雙邊

450000－2602－0002321　07566
**蕉雨軒稾一卷**　(清)龍唫薌撰　清光緒三十四年(1908)刻本　一册　九行十九字小字雙行同上下黑口左右雙邊

450000－2602－0002322　07560

**楹聯叢話十二卷**　(清)梁章鉅輯　清道光二十年(1840)桂林署齋刻本　四冊　九行二十二字小字雙行同下黑口左右雙邊

450000－2602－0002323　07543
**朱九江先生集十卷首一卷**　(清)朱次琦撰　清光緒二十三年(1897)讀書草堂刻本　四冊　十一行二十四字小字雙行同白口左右雙邊

450000－2602－0002324　07571
**古歡室詩集三卷詞集一卷**　曾懿撰　清光緒三十年(1904)刻本　二冊　十行二十一字小字雙行同白口四周雙邊

450000－2602－0002325　07549
**登雲山房文稿四卷**　(清)溫訓著　(清)潘正理編　清光緒刻本　三冊　十行二十一字小字雙行同白口四周雙邊

450000－2602－0002326　07559
**楹聯叢話十二卷坿續話四卷巧對錄八卷**　(清)梁章鉅輯　清光緒十四年(1888)成都志古堂刻本　三冊　九行二十二字小字雙行同下黑口左右雙邊　存十六卷(楹聯叢話十二卷、續話四卷)

450000－2602－0002327　07544
**朱九江先生集十卷首一卷**　(清)朱次琦撰　清光緒二十三年(1897)讀書草堂刻本　四冊　十一行二十四字小字雙行同白口左右雙邊

450000－2602－0002328　07545
**朱九江先生集十卷首一卷**　(清)朱次琦撰　清光緒二十三年(1897)讀書草堂刻本　四冊　十一行二十四字小字雙行同白口左右雙邊

450000－2602－0002329　07550
**小隱山房詩十九卷新樂府一卷駢體文二卷**　(清)劉溱撰　清光緒十三年(1887)刻本　六冊　九行二十二字小字雙行同上下黑口四周單邊

450000－2602－0002330　06275
**太平御覽一千卷目錄十五卷**　(宋)李昉等輯　(清)鮑崇城重校　清南海李氏刻本　三十一冊　十三行二十二字小字雙行同白口左右雙邊　存三百十四卷(五十一至六十一、八十三至八十九、一百八至一百十五、一百二十五至一百三十三、二百至二百十、二百二十二至二百八十五、三百四十七至四百四十四、四百五十五至四百六十五、四百七十五至四百八十四、八百六十至八百九十一、九百四至九百四十六、九百九十一至一千)

450000－2602－0002331　07546
**孤圓山莊詩賸十種**　(清)陳瀏撰　清宣統二年(1910)鉛印寂園叢書本　一冊　十一行三十字小字雙行同白口四周雙邊　存五種五卷(菰村集、香影廊集、横江集、思樓集、振雅堂集)

450000－2602－0002332　07552
**憺園草二卷補遺一卷外集一卷**　(清)王錚藁　清道光八年(1828)王氏家刻本　一冊　十行二十一字小字雙行同白口左右雙邊

450000－2602－0002333　07556
**四餘偶錄文集二卷**　(清)楊仲興撰　清宣統二年(1910)刻本　彭精一題記　一冊　十行二十一字小字雙行同白口左右雙邊

450000－2602－0002334　06228
**四書典林三十卷四書古人典林十二卷**　(清)江永新編　清小西山房刻本　二十二冊　八行二十四字小字雙行同白口四周單邊

450000－2602－0002335　07589
**增評寄嶽雲齋試體詩選四卷**　(清)聶銑敏著　(清)朱兆鳳評　清光緒四年(1878)翰寶樓刻本　二冊　八行十九字小字雙行同白口四周雙邊

450000－2602－0002336　06276/1
**太平御覽一千卷目錄十五卷**　(宋)李昉等輯　(清)鮑崇城重校　清嘉慶鮑崇城刻本　二十四冊　十三行二十二字小字雙行同白口左右雙邊　存二百二十三卷(七十二至七十九、一百三十二至一百三十八、一百九十三至一百九十九、二百十五至二百二十二、二百七十六至二百八十三、三百十六至三百三十一、四百五至四百三十、四百四十七至四百五十五、五百十四至五百三十一、六百七十三至七百十一、七百三十七至七百四十五、七百七十九至七百八十七、八百十四至八百二十、八百四十四至八百六十、八百七十二至八百七十八、八百九十二至九百十、九百四十一至九百四十九）

450000 － 2602 － 0002337　07590；07591；07592；07593；07594；07595；04970

**鹿洲全集七種四十二卷**　（清）藍鼎元著　清刻本　十八冊　十行二十二字白口左右雙邊

450000 － 2602 － 0002338　07601

**養一齋文集二十卷**　（清）李兆洛著　清光緒四年（1878）刻本　八冊　二十二行二十二字小字雙行同下黑口左右雙邊

450000 － 2602 － 0002339　07561

**袁文箋正十六卷袁文補注一卷**　（清）袁枚撰（清）石韞玉箋　清光緒二十九年（1903）松壽山房刻本　四冊　十一行二十二字小字雙行同下黑口四周雙邊

450000 － 2602 － 0002340　07602

**嶺南集七卷嶺南續集一卷山左集一卷山左續集一卷中州集一卷**　（清）程含章撰　清道光元年（1821）刻本　八冊　九行二十一字小字雙行同白口左右雙邊

450000 － 2602 － 0002341　06276/2

**太平御覽一千卷目錄十五卷**　（宋）李昉撰（清）鮑崇城重校　清嘉慶鮑崇城刻本　十九冊　十三行二十二字小字雙行同白口左右雙邊　存一百七十五卷（七百七至七百三十一、七百六十一至七百八十一、七百九十二至八百三十八、八百六十八至八百七十五、八百八十五至九百十、九百五十三至一千）

450000 － 2602 － 0002342　07658

**秋水軒尺牘詳注四卷**　（清）許思湄著　（清）婁世瑞注　清光緒七年（1881）紫石山房朱墨套印本　四冊　八行十七字上下黑口四周雙邊

450000 － 2602 － 0002343　07684

**王文敏公經進稿二卷**　（清）王懿榮撰　清宣統三年（1911）江寧印刷廠鉛印本　一冊　九行二十四字小字雙行同白口四周單邊

450000 － 2602 － 0002344　07604

**嶺南集八卷**　（清）杭世駿撰　清光緒七年（1881）刻本　二冊　十行十九字小字雙行同白口左右雙邊

450000 － 2602 － 0002345　07622

**鬱華閣遺集四卷**　（清）盛昱撰　清光緒刻本一冊　八行十九字上下黑口左右雙邊

450000 － 2602 － 0002346　07638

**壓線編四卷**　（清）繆艮撰　（清）趙古農選　清道光十年（1830）如此草堂刻本　佚名批　二冊　十行十九字小字雙行同白口左右雙邊

450000 － 2602 － 0002347　07642

**湘中草六卷**　（明）湯傳楹撰　清刻本　二冊　十行二十一字小字雙行同白口四周單邊　存四卷（一至四）

450000 － 2602 － 0002348　07612

**袁忠節公遺詩補刻三卷**　（清）袁昶撰　清宣統元年（1909）上海時中書局、上海中國圖書公司、松江益智書社鉛印本　一冊　十四行三十五字小字雙行三十六字上黑口四周雙邊

450000 － 2602 － 0002349　07585

**雪門詩草十四卷**　（清）許瑤光著　清同治十三年（1874）刻本　五冊　九行二十一字小字雙行同白口四周雙邊　存十一卷（一至十一）

450000 － 2602 － 0002350　07623

**韻山堂詩集七卷補遺一卷**　（清）王文誥撰　清光緒十四年（1888）浙江書局刻本　一冊　十一行三十字小字雙行同白口左右雙邊

450000 － 2602 － 0002351　07643

**湘中草六卷**　（明）湯傳楹撰　清刻本　二冊　十行二十一字小字雙行同白口四周單邊

450000 － 2602 － 0002352　07607

**湛園未定藁六卷**　（清）姜宸英撰　清宣統二年（1910）石印本　六冊　十四行三十一字小

字雙行同白口四周雙邊

450000－2602－0002353　07581
**龍莊遺書四種十五卷**　（清）汪輝祖纂　清光緒江蘇書局刻本　六冊　十行二十一字小字雙行同上下黑口左右雙邊

450000－2602－0002354　07608
**小南山堂文集二卷詩集五卷**　（清）徐延翰撰　清刻本　三冊　九行二十二字小字雙行同白口四周單邊

450000－2602－0002355　07618
**樂善堂全集定本三十卷**　（清）高宗弘曆撰　清同治六年（1867）永州寶文堂刻本　八冊　九行十七字小字雙行同白口四周雙邊

450000－2602－0002356　07610
**竹軒詩稿四卷述職吟二卷公餘集五卷**　（清）劉秉恬著　清刻本　四冊　八行十七字小字雙行同白口四周雙邊

450000－2602－0002357　07605
**虛受堂文集十六卷**　王先謙撰　清宣統二年（1910）上海國學書社石印本　六冊　十四行三十字小字雙行同白口四周雙邊

450000－2602－0002358　07617
**秋江集注六卷**　（清）黄任撰　（清）王元麟（清）王芝田注　清道光二十三年（1843）長樂王氏東山家塾刻本　六冊　十行二十四字小字雙行同白口四周雙邊

450000－2602－0002359　07606
**蒲編訓蒙草詳註一卷**　（清）路德撰　（清）譚駿聲注　清光緒四年（1878）醰醰書屋刻本　一冊　九行二十五字小字雙行同白口四周雙邊

450000－2602－0002360　07582
**汪龍莊先生遺書四種十五卷**　（清）汪輝祖纂　清光緒八年至十二年（1882－1886）山東書局刻本　六冊　十行二十四字小字雙行同上下黑口左右雙邊

450000－2602－0002361　05722
**摩訶止觀貫義科二卷**　（清）釋天溪和尚說（清）釋靈耀補定　清刻本　一冊　行字不等白口四周雙邊

450000－2602－0002362　07700
**耕煙草堂詩鈔二卷**　（清）平疇撰　清同治十年（1871）安越堂刻本　一冊　十二行二十四字小字雙行同上下黑口四周雙邊

450000－2602－0002363　07644
**未灰齋文集八卷外集一卷**　（清）徐鼒撰　清咸豐刻敝帚齋遺書本　四冊　十一行二十三字小字雙行同白口四周雙邊

450000－2602－0002364　07705；07704；07706；07703；07702；07701
**左海全集九種三十七卷**　（清）陳壽祺撰　清嘉慶、道光間刻陳紹墉補刻本　十四冊　十行二十字小字雙行同上下黑口左右雙邊　存五種十七卷

450000－2602－0002365　07645
**紫石泉山房文集十二卷**　（清）吳定撰　清光緒十三年（1887）黟縣李氏刻本　三冊　九行二十一字小字雙行同白口左右雙邊　存九卷（一至九）

450000－2602－0002366　06219
**玉堂芽四卷**　（清）孫顏輯　清道光二十四年（1844）誦芬堂刻本　四冊　九行十八字小字雙行同白口左右雙邊

450000－2602－0002367　05675
**六祖大師法寶壇經一卷**　（唐）釋法海編集
**佛爾雅一卷**　（清）周春撰　清光緒六年（1880）刻本　一冊　九行十八字小字雙行同白口四周雙邊

450000－2602－0002368　05868
**大薩遮尼乾子受記經十卷**　（印度）釋菩提留支譯　清光緒十九年（1893）江北刻經處刻本　二冊　十行二十字小字雙行同上下黑口左右雙邊

450000－2602－0002369　06220
**增廣尚友錄統編二十二卷**　應祖錫編輯　清

光緒二十八年(1902)鴻寶齋石印本　十一冊　十六行二十五字小字雙行50字白口四周雙邊　存二十卷(一至七、十至二十二)

450000-2602-0002370　07665
**恪靖侯盾鼻餘瀋一卷**　(清)左宗棠撰　(清)柳葆元　(清)易策謙録刊　(清)石本清覆校　清光緒七年(1881)刻光緒八年(1882)補刻本　一冊　十行二十字小字雙行同白口四周雙邊

450000-2602-0002371　07646
**紅杏山房詩鈔六卷漢書摘詠一卷後漢書摘詠一卷紅杏山房試詩一卷紅杏山房試帖詩一卷同館賦鈔一卷不易居齋集一卷豐湖漫草一卷**　(清)宋湘撰　清嘉慶刻同治補刻本　四冊　九行十九字小字雙行同白口四周雙邊

450000-2602-0002372　07666
**恪靖侯盾鼻餘瀋一卷**　(清)左宗棠撰　(清)柳葆元　(清)易策謙録刊　(清)石本清覆校　清光緒八年(1882)刻本　佚名批　二冊　十行二十字小字雙行同白口四周雙邊

450000-2602-0002373　06216
**類腋四部五十四卷補遺一卷**　(清)姚培謙集　清六雅齋刻本　十一冊　九行二十四字小字雙行同白口左右雙邊

450000-2602-0002374　07669
**湘上詩緣録四卷新安詩萃一卷**　(清)張修府輯　(清)張修濬　(清)陸乃大參訂　清光緒十四年(1888)長沙刻本　四冊　九行二十一字小字雙行同字白口四周雙邊

450000-2602-0002375　05863
**大清重刻龍藏彙記一卷**　(清)釋趙盛等輯　清同治九年(1870)金陵刻經處刻本　一冊　十行二十字小字雙行同上下黑口左右雙邊

450000-2602-0002376　07637
**求闕齋弟子記三十二卷**　(清)王定安譔　清光緒二年(1876)都門龍文齋刻本　十六冊　十行二十四字小字雙行同白口左右雙邊

450000-2602-0002377　07670
**海峰先生文十卷詩六卷**　(清)劉大櫆撰　清同治十三年(1874)刻本　五冊　十一行二十三字上下黑口左右雙邊　存十三卷(文十卷、詩一至三)

450000-2602-0002378　07613
**御製文集十卷**　(清)德宗載湉撰　清光緒刻本　五冊　九行十七字小字雙行字白口四周雙邊

450000-2602-0002379　07630
**錢牧齋全集一百六十三卷**　(清)錢謙益撰　(清)錢曾箋註　清宣統二年(1910)上海文明書局鉛印本　四十冊　十二行三十字小字雙行同白口四周單邊

450000-2602-0002380　07635
**都梁草二卷補遺一卷**　(清)于養源著　**和竹如意齋唱和集一卷　都梁草題詞一卷**　于樹滋輯　清光緒三十二年(1906)刻本　二冊　九行二十一字小字雙行同下黑口四周雙邊

450000-2602-0002381　05864
**大清重刻龍藏彙記一卷**　(清)釋趙盛等輯　清同治九年(1870)金陵刻經處刻本　一冊　十行二十字小字雙行同上下黑口左右雙邊

450000-2602-0002382　07568
**粵遊草不分卷**　(清)陸敦倫撰　清光緒刻本　一冊　十行二十一字小字雙行同白口左右雙邊

450000-2602-0002383　05859
**佛說梵網經二卷**　(晉)釋鳩摩羅什譯　清光緒十年(1884)金陵刻經處刻釋氏十三經本　一冊　十行二十字上下黑口左右雙邊

450000-2602-0002384　07682
**明宮雜詠四卷**　(清)毛遇順撰　清道光十九年(1839)龍潭老屋刻本　二冊　十行二十一字小字雙行同白口左右雙邊

450000-2602-0002385　05854
**大方等大集賢護經五卷**　(隋)釋闍那崛多譯　(隋)笈釋多譯　清同治十二年(1873)江北刻經處刻本　一冊　十行二十字小字雙行同

上下黑口左右雙邊

450000－2602－0002386　07681
**使粤吟三卷**　(清)何桂清撰　清道光二十四年(1844)廣東正文堂刻本　二册　九行二十二字小字雙行同白口左右雙邊

450000－2602－0002387　07647
**子良詩存四卷**　(清)馮詢撰　清道光二十一年(1841)覺園刻本　二册　九行二十一字小字雙行同下黑口四周雙邊

450000－2602－0002388　05855
**御選雲棲蓮池袾宏大師語錄一卷**　(明)釋袾宏語　(清)世宗胤禛選　清光緒刻本　一册　十行二十一字上下黑口左右雙邊

450000－2602－0002389　07673
**向湖邨舍詩初集十二卷**　趙藩撰　清光緒十四年(1888)長沙刻本　二册　九行二十一字小字雙行同白口四周雙邊

450000－2602－0002390　07674
**天根文鈔續集一卷文補遺一卷**　(清)何家琪撰　清光緒三十二年(1906)刻本　一册　十一行二十一字小字雙行同白口左右雙邊

450000－2602－0002391　05818
**正法華經十卷**　(晉)釋竺法護譯　清宣統元年(1909)常州天寧寺刻經處刻本　四册　十行二十字上下黑口左右雙邊

450000－2602－0002392　07675
**知白軒遺稿四卷末一卷附詩一卷**　(清)楊景程撰　清光緒十一年(1885)知白軒刻本　一册　十行二十三字小字雙行同白口四周雙邊

450000－2602－0002393　07633
**笠翁一家言全集十六卷**　(清)李漁著　(清)沈心友訂　(清)李將舒訂　清道光刻本　十二册　十行二十字小字雙行同白口四周單邊　存十二卷(一至六、八至九、十二、十四至十六)

450000－2602－0002394　05829
**禪宗諸祖歌頌二卷**　(清)釋智弼輯　清同治八年(1869)抄本　一册　八行二十字

450000－2602－0002395　07693
**澹香齋詠史詩一卷**　(清)王廷紹撰　清光緒十七年(1891)桂垣書局刻本　一册　九行二十一字小字雙行同下黑口四周雙邊

450000－2602－0002396　07677
**靈洲山人詩録六卷**　(清)徐灝撰　清同治三年(1864)粤東萃文堂刻本　一册　十一行二十一字小字雙行同白口左右雙邊

450000－2602－0002397　07694
**觀香室遺稿四卷**　(清)李星漁撰　清同治刻本　一册　十行二十一字小字雙行同白口四周單邊

450000－2602－0002398　07683
**柏梘山房集三十一卷**　(清)梅曾亮撰　清咸豐六年(1856)刻本　三册　十行二十一字小字雙行同白口四周雙邊

450000－2602－0002399　05836
**佛説十二頭陀經一卷佛説樹提伽經一卷**　(南朝宋)釋求那跋陀羅譯　**佛説長壽王經一卷**　清刻本　一册　十行二十字白口左右雙邊

450000－2602－0002400　07547
**羅文恪公試律一卷**　(清)羅惇衍撰　清刻本　一册　九行二十一字小字雙行同白口左右雙邊

450000－2602－0002401　07697
**陳鈞堂時文一卷**　(清)陳康琪撰　清同治十年(1871)經韻樓刻本　一册　九行二十五字小字雙行同白口左右雙邊

450000－2602－0002402　07603
**嶺南雜事詩鈔八卷**　(清)陳坤著　清光緒二年(1876)錢塘陳氏粤東刻如不及齋叢書本　朱光題記　二册　九行二十二字小字雙行同上下黑口左右雙邊

450000－2602－0002403　07690
**吴摯甫文集四卷附鈔深州風土記一卷**　(清)

吳汝綸撰　清宣統二年(1910)國學扶輪社石印本　五冊　十二行二十五字小字雙行同白口四周雙邊

450000－2602－0002404　07711
**翁山詩外二十卷**　(清)屈大均撰　清宣統二年(1910)上海國學扶輪社鉛印本　十二冊　十一行三十字上下黑口四周雙邊　存十九卷(一至十九)

450000－2602－0002405　07687
**澹香齋詠史詩一卷**　(清)王廷紹撰　清光緒十七年(1891)桂垣書局刻本　一冊　九行二十一字小字雙行同下黑口四周雙邊

450000－2602－0002406　07720
**犖雅堂詩十一卷**　(清)張景祁撰　清光緒二十三年(1897)福州吳玉田刻增修本　二冊　十二行二十三字小字雙行同白口左右雙邊

450000－2602－0002407　06226
**詩學含英十四卷**　(清)劉文蔚輯　清光緒十一年(1885)禪山近文堂刻本　二冊　九行十三字小字雙行二十六字白口左右雙邊

450000－2602－0002408　07723
**雙白燕堂文集二卷外集八卷**　(清)陸耀遹撰　清光緒四年(1878)興國州署刻本　四冊　十一行二十一字小字雙行同上下黑口四周雙邊

450000－2602－0002409　07721
**四憶堂詩集六卷遺稿一卷**　(清)侯方域著　清刻本　二冊　九行十八字小字雙行同白口左右雙邊

450000－2602－0002410　06227
**詩韻集成十卷**　(清)余照輯　**詞林典腋不分卷**　清道光十八年(1838)善美堂刻本　一冊　九行十二字小字雙行二十五字白口四周單邊　存四卷(一至四)

450000－2602－0002411　07725
**綠雪堂遺集二十卷**　(清)王衍梅撰　清道光二十九年(1849)刻本　六冊　十二行二十三字小字雙行同白口左右雙邊

450000－2602－0002412　06224
**典林博覽十二卷**　(清)鐘運堯編輯　清光緒二年(1876)文富堂刻本　六冊　十一行三十字小字雙行同白口左右雙邊

450000－2602－0002413　07653
**喜聞過齋文集十二卷**　(清)李文耕撰　(清)楊勲等編　清光緒二十三年(1897)雲南經正書院刻本　四冊　十行二十二字小字雙行同白口四周雙邊

450000－2602－0002414　07724
**寶奎堂集十二卷**　(清)陸錫熊撰　清道光二十九年(1849)刻本　四冊　九行二十一字小字雙行同白口左右雙邊

450000－2602－0002415　S226
**西湖志纂十五卷首一卷**　(清)沈德潛　(清)傅王露輯　(清)梁詩正纂　清乾隆二十年(1755)賜經堂刻二十七年(1762)增刻本　十二冊　九行二十一字小字雙行同白口四周雙邊

450000－2602－0002416　07548
**掣鯨堂詩集九卷**　(清)費錫璜撰　清道光中刻古棠書屋叢書本　一冊　十一行二十一字小字雙行同上下黑口四周雙邊　存四卷(一至四)

450000－2602－0002417　06481
**李翰林集三十卷**　(唐)李白撰　清光緒三十二年(1906)刻本　六冊　十行二十字小字雙行同白口四周單邊

450000－2602－0002418　05054
**癸巳存稿十五卷**　(清)俞正燮撰　清光緒十年(1884)刻本　八冊　十二行二十四字白口四周雙邊

450000－2602－0002419　05055
**癸巳存稿十五卷**　(清)俞正燮撰　清光緒十年(1884)刻本　六冊　十二行二十四字白口四周雙邊

450000－2602－0002420　05071
**敬齋古今黈八卷**　(元)李冶撰　清同治十三

年(1874)江西書局刻武英殿聚珍版書本　二冊　九行二十一字小字雙行同白口四周雙邊

450000－2602－0002421　07567

**滂喜齋叢書五十種九十六卷**　(清)潘祖蔭輯　清同治、光緒間吳縣潘氏京師刻本　一冊　存二種二卷(徐元歎先生殘稾一卷、萬卷書屋詩存一卷)

450000－2602－0002422　07695

**笛漁小稿十卷**　(清)朱昆田撰　清刻本　一冊　十二行二十三字小字雙行同白口左右雙邊

450000－2602－0002423　07680

**鴛鴦湖櫂歌五種五卷**　(清)朱彝尊撰　清中期刻本　二冊　九行二十字小字雙行同下黑口四周單邊

450000－2602－0002424　07573

**愼其餘齋文集二十卷末一卷**　(清)王贈芳撰　清咸豐四年(1854)留香書屋刻本　六冊　十行二十三字小字雙行同白口四周雙邊

450000－2602－0002425　05686

**慈悲冥府十王懺法三卷**　清乾隆五十六年(1791)刻本　三冊　五行十五字

450000－2602－0002426　07707

**拙盦叢稿九種二十卷附一卷**　(清)朱一新撰　清光緒二十二年(1896)葆真堂刻本　四冊　十二行二十五字小字雙行同上下黑口四周單邊　存六種九卷附一卷(佩弦齋文存一至二、首,佩弦齋駢文存,佩弦齋詩存,佩弦齋試帖存,佩弦齋律賦存,佩弦齋雜存一至二、附)

450000－2602－0002427　07726

**養晦堂文集十卷詩集二卷**　(清)劉蓉著　清光緒三年(1877)思賢講舍刻本　六冊　十行二十四字小字雙行同上下黑口左右雙邊

450000－2602－0002428　07748

**韞山堂文集八卷詩集十六卷**　(清)管世銘撰　清光緒二十年(1894)讀雪山房刻本　六冊　十一行二十三字上下黑口左右雙邊

450000－2602－0002429　07741

**曝書亭集八十卷附錄一卷**　(清)朱彝尊撰　**笛漁小稾十卷**　(清)朱昆田撰　清刻本　十六冊　十二行二十三字小字雙行同白口左右雙邊

450000－2602－0002430　05687

**三劫三千佛名經三卷**　(南朝宋)釋畺良耶舍釋　**佛說佛名經一卷**　(北魏)釋菩提流支釋　清刻本　三冊　五行十五字

450000－2602－0002431　07729

**忠雅堂集三十卷**　(清)蔣士銓撰　清刻本　八冊　九行二十一字小字雙行不等上下黑口四周單邊

450000－2602－0002432　07740

**南園文存一卷詩存二卷**　(清)錢灃撰　清光緒七年(1881)刻本　四冊　九行二十一字小字雙行同白口左右雙邊

450000－2602－0002433　05685

**佛說梵網經二卷**　(晉)釋鳩摩羅什譯　清刻本　一冊　五行十五字小字雙行同　存一卷(上)

450000－2602－0002434　05683

**佛說梵網經菩薩心地品二卷**　(晉)釋鳩摩羅什譯　清乾隆刻本　一冊　五行十五字小字雙行同　存一卷(下)

450000－2602－0002435　07734

**獨漉堂詩集十五卷文集十五卷續編一卷**　(清)陳恭尹撰　清刻本　八冊　十行二十一字小字雙行同上下黑口左右雙邊

450000－2602－0002436　07730

**忠雅堂文集十二卷詩集二十七卷補遺二卷詞集二卷**　(清)蔣士銓撰　清咸豐刻蔣氏四種本　四冊　十行十四字小字雙行同白口四周雙邊　存八卷(文集一至四、九至十二)

450000－2602－0002437　05684

**地藏菩薩本願經二卷**　(唐)釋實叉難陀譯　清刻本　二冊　五行十五字

450000－2602－0002438　07732

**獨漉堂詩集十五卷文集十五卷續編一卷**　(清)陳恭尹撰　清刻本　三冊　十行二十一字小字雙行同上下黑口左右雙邊　存十六卷(文集十五卷、續編一卷)

450000－2602－0002439　07739

**退一步齋文集四卷詩集十六卷**　(清)方濬師著　(清)呂景端編校　清光緒刻本　十冊　九行二十一字小字雙行同上下黑口四周雙邊

450000－2602－0002440　07731

**忠雅堂文集十二卷詩集二十七卷補遺二卷詞集二卷**　(清)蔣士銓撰　清咸豐刻蔣氏四種本　十六冊　十行十四字小字雙行同白口四周雙邊

450000－2602－0002441　07728

**萃錦唫七卷**　(清)奕訢撰　清光緒十六年(1890)刻本　四冊　九行二十一字小字雙行同白口左右雙邊

450000－2602－0002442　05029

**日知錄三十二卷首一卷**　(清)顧炎武撰　(清)黄汝成輯　**策學纂要十六卷首一卷**　(清)萬南保原本　(清)戴良圃原本　**日知錄刊誤二卷日知錄續刊誤二卷**　(清)黄汝成撰　清光緒十三年(1887)上海大同書局石印本　四冊　二十二行三十六字白口四周雙邊

450000－2602－0002443　07754

**樓山詩集六卷**　(清)王恕撰　清光緒二十年(1894)京師刻本　二冊　十行十九字小字雙行同白口四周雙邊

450000－2602－0002444　07753

**甌北詩鈔不分卷**　(清)趙翼撰　清乾隆湛貽堂補刻本　六冊　十行二十一字白口左右雙邊

450000－2602－0002445　07755

**銅梁山人詩集二十五卷詞四卷**　(清)王汝璧撰　清光緒二十年(1894)京師刻本　五冊　十行十九字小字雙行同白口四周雙邊

450000－2602－0002446　07757

**石笥山房集二十四卷**　(清)胡天游著　清咸豐二年(1852)刻本　七冊　十行二十字白口四周雙邊　存二十卷(文集一至六、補遺一、詩集一至十一、詩集續補遺一至二)

450000－2602－0002447　07727

**道古堂文集四十八卷詩集二十六卷集外文一卷集外詩一卷**　(清)杭世駿撰　清乾隆四十一年(1776)刻光緒十四年(1888)汪氏振綺堂增修本　十六冊　十行二十一字小字雙行同白口左右雙邊

450000－2602－0002448　07756

**心白日齋集六卷**　(清)尹耕雲著　清光緒二十一年(1895)刻本　四冊　十行二十二字小字雙行同白口左右雙邊

450000－2602－0002449　07733

**獨漉堂詩集十五卷**　(清)陳恭尹撰　清刻本　五冊　十行二十一字小字雙行同上下黑口左右雙邊

450000－2602－0002450　07817

**楚粤吟二卷**　(清)劉伊著　(清)劉喻義(清)龐洵選　清乾隆四十二年(1777)傳經閣刻道光三十年(1850)印本　一冊　九行十九字小字雙行同白口四周雙邊

450000－2602－0002451　07758

**熊襄愍公集十卷首一卷末一卷**　(明)熊廷弼撰　清同治三年(1864)熊氏祠堂刻本　十冊　九行二十四字白口四周單邊

450000－2602－0002452　07570

**燕泉何先生遺稿十卷**　(明)何孟春撰　(清)仲方輯　清乾隆二十四年(1759)刻修補刻本　四冊　九行二十字白口四周雙邊

450000－2602－0002453　06229

**通俗編三十八卷**　(清)翟灝撰　清乾隆無不宜齋刻本　十冊　十二行二十二字白口左右雙邊

450000－2602－0002454　07760

**知退齋稿七卷**　(清)張瑛撰　清光緒二十四年(1898)刻本　三冊　十行二十一字上下黑

口左右雙邊

450000－2602－0002455　07636
**黄葉邨莊詩集八卷後集一卷續集一卷**　（清）吳之振撰　清光緒四年（1878）吳康壽刻本　四册　十行十九字小字雙行不等上下黑口左右雙邊

450000－2602－0002456　07761
**英軺日記十二卷（光緒二十七年至二十八年）**　載振撰　清光緒二十九年（1903）上海文明書局鉛印本　四册　九行二十九字小字雙行同白口四周雙邊

450000－2602－0002457　07583
**太乙舟文集八卷**　（清）陳用光撰　**觀象居詩鈔二卷**　（清）陳蘭瑞撰　清道光二十三年（1843）刻本　十二册　九行十九字上下黑口四周單邊

450000－2602－0002458　06255
**西學大成五十六種**　（清）王西清　（清）盧梯青編　清光緒二十一年（1895）上海醉六堂書坊石印本　十册　二十四行五十五字小字雙行同白口四周雙邊

450000－2602－0002459　07777
**古香山館存稾十六卷**　（清）彭洋中撰　清同治十三年（1874）湘鄉彭氏刻本　四册　十行二十二字上下黑口四周雙邊　存十二卷（文存一至九、詩存一至三）

450000－2602－0002460　07698
**西漚外集八卷**　（清）李惺撰　（清）童棫輯　清同治刻本　八册　九行二十三字小字雙行同白口左右雙邊

450000－2602－0002461　07772
**閨榻先生集三十卷**　（清）張望著　清嘉慶十六年（1811）刻本　九册　八行十八字小字雙行同白口四周雙邊　存二十八卷（三至三十）

450000－2602－0002462　07735
**雪峰如幻禪師瘦松集八卷首一卷**　（明）釋雪峰撰　（清）釋照拙錄　（清）釋海印重編　清光緒十八年（1892）石印本　四册　十行二十字下黑口四周雙邊

450000－2602－0002463　07824；07826；07825
**樹經堂集**　（清）謝啟昆撰　清乾隆、嘉慶間刻本　十册　九行二十一字小字雙行同白口四周雙邊　存二種二十七卷

450000－2602－0002464　06225
**干支集錦二十四卷**　（清）秦嘉謨輯　清嘉慶文奎堂刻本　二册　九行二十字小字雙行同上下黑口四周單邊

450000－2602－0002465　07813
**二水樓詩集十八卷**　（清）李茹旻撰　清光緒十七年（1891）味憇廬刻本　五册　九行二十字小字雙行同上下黑口左右雙邊

450000－2602－0002466　07814
**嘯雲軒文集六卷附錄一卷**　（清）程畹撰　清光緒十三年（1887）刻本　二册　十行二十四字白口左右雙邊

450000－2602－0002467　07789
**四憶堂詩集六卷**　（清）賈開宗等選註　清宣統元年（1909）掃葉山房石印本　一册　十四行三十一字小字雙行同白口四周雙邊　存三卷（一至三）

450000－2602－0002468　07822
**兩當軒詩鈔十四卷悔存詞鈔二卷**　（清）黄景仁著　（清）趙希璜校　清嘉慶四年（1799）刻二十二年（1817）補刻本　二册　十一行二十三字小字雙行同白口左右雙邊

450000－2602－0002469　07801
**威信公詩集四卷**　（清）岳鍾琪撰　清光緒十年（1884）嶽維垚刻本　二册　八行二十二字上下黑口左右雙邊

450000－2602－0002470　07804
**不慊齋漫存七卷**　（清）徐賡陛撰　清光緒八年（1882）刻本　六册　十行二十一字小字雙行同上下黑口左右雙邊

450000－2602－0002471　07797
**聽園西疆雜述詩四卷**　（清）蕭雄撰　清光緒

二十一年(1895)湖南提學署刻靈鶴閣叢書本　三冊　十一行二十三字小字雙行同上下黑口左右雙邊

450000－2602－0002472　07775
**抗懷山房詩抄賦草合編六卷**　(清)林棟撰　清光緒六年(1880)高州富文樓刻本　二冊　九行二十一字小字雙行同白口四周雙邊

450000－2602－0002473　07783
**長興縣學文牘一卷學齋庸訓一卷**　(清)孫德祖輯　清光緒十六年(1890)山陰許氏刻本　一冊　九行二十一字白口左右雙邊

450000－2602－0002474　07803
**有懷堂文稿二十二卷**　(清)韓菼撰　清康熙四十二年(1703)刻本　五冊　十一行二十一字白口四周單邊　存十二卷(一至十二)

450000－2602－0002475　07805
**不慊齋漫存七卷**　(清)徐賡陛撰　清光緒八年(1882)刻本　六冊　十行二十一字小字雙行同上下黑口左右雙邊

450000－2602－0002476　07806
**不慊齋漫存七卷**　(清)徐賡陛撰　清光緒八年(1882)刻本　五冊　十行二十一字小字雙行同上下黑口左右雙邊　存六卷(二至七)

450000－2602－0002477　07796
**呂晚村詩集不分卷**　(清)呂留良撰　清末石印本　四冊　十一行二十五字小字雙行同白口四周雙邊

450000－2602－0002478　07780
**兩壘軒尺牘十二卷**　(清)吳雲撰　清宣統二年(1910)上海時中書局石印本　一冊　二十行四十字小字雙行同白口四周單邊

450000－2602－0002479　07768
**江忠烈公遺集二卷首一卷附録一卷**　(清)江忠源撰　**江忠烈公[忠源]行狀一卷**　(清)左宗棠　(清)郭嵩燾譔　**江壯節公[忠濟]行狀一卷**　(清)鄧瑤撰　清同治十二年(1873)刻本　三冊　十行二十一字白口左右雙邊

450000－2602－0002480　07769
**江忠烈公遺集二卷首一卷附録一卷**　(清)江忠源撰　**江忠烈公[忠源]行狀一卷**　(清)左宗棠　(清)郭嵩燾譔　**江壯節公[忠濟]行狀一卷**　(清)鄧瑤撰　清同治十二年(1873)刻本　三冊　十行二十一字白口左右雙邊

450000－2602－0002481　07786
**隱居通議三十一卷**　(元)劉壎著　清嘉慶六年(1801)刻本　六冊　十行二十二字小字雙行同白口左右雙邊

450000－2602－0002482　07830
**拙尊園叢稿六卷**　(清)黎庶昌撰　清光緒二十一年(1895)金陵狀元閣刻本　四冊　十一行二十五字小字雙行同上下黑口左右雙邊

450000－2602－0002483　07785
**縵舫亭集三十二卷後集十二卷**　(清)祁寯藻撰　清刻本　六冊　十一行二十二字小字雙行同白口四周雙邊

450000－2602－0002484　07833
**松桂堂全集三十七卷南淮集三卷延露詞三卷**　(清)彭孫遹撰　清宣統三年(1911)掃葉山房石印本　八冊　十四行三十二字白口四周雙邊

450000－2602－0002485　08080
**文選六十卷**　(南朝梁)蕭統撰　(唐)李善注　**文選考異十卷**　(清)胡克家撰　清同治八年(1869)廣州萃文堂刻本　二十四冊　十行二十一字小字雙行同白口左右雙邊

450000－2602－0002486　08096
**文選六十卷**　(南朝梁)蕭統撰　(清)何焯評點　(清)葉樹藩參訂　清羊城翰墨園刻朱墨套印本　十二冊　十二行二十五字小字雙行三十七字白口左右雙邊

450000－2602－0002487　07834
**松桂堂全集三十七卷南淮集三卷延露詞三卷**　(清)彭孫遹撰　清宣統三年(1911)掃葉山房石印本　十二冊　十四行三十二字白口四周雙邊

450000－2602－0002488　07807
**知止齋遺編三卷外編一卷**　(清)任重光著　清光緒十八年(1892)刻本　四册　九行二十字小字雙行同白口四周雙邊

450000－2602－0002489　07808
**遜學齋詩鈔十卷續鈔五卷**　(清)孫衣言撰　清同治三年(1864)刻本　四册　十一行二十三字小字雙行同上下黑口左右雙邊

450000－2602－0002490　08093
**文選六十卷**　(南朝梁)蕭統撰　(清)何焯評點　(清)葉樹藩參訂　清羊城翰墨園刻朱墨套印本　十二册　十二行三十字小字雙行同白口左右雙邊

450000－2602－0002491　08088
**文選六十卷**　(南朝梁)蕭統撰　(唐)李善注　**文選考異十卷**　(清)胡克家撰　清同治八年(1869)廣州萃文堂刻本　二十四册　十行二十一字小字雙行同白口左右雙邊

450000－2602－0002492　07809
**遜學齋文鈔十二卷**　(清)孫衣言撰　清同治十二年(1873)刻本　六册　十一行二十三字小字雙行同上下黑口左右雙邊

450000－2602－0002493　08081
**文選六十卷**　(南朝梁)蕭統撰　(唐)李善注　**文選考異十卷**　(清)胡克家撰　清同治八年(1869)廣州萃文堂刻本　十三册　十行二十一字小字雙行同白口左右雙邊　存三十八卷(一至三十八)

450000－2602－0002494　07829
**静軒集唐合編十八卷**　(清)唐存一撰　清光緒四年(1878)刻本　六册　十行二十二字小字雙行同白口左右雙邊

450000－2602－0002495　08099
**文選六十卷**　(南朝梁)蕭統撰　(唐)李善注　清同治八年(1869)金陵書局刻本　陳柱批　十册　十二行二十五字小字雙行三十七字白口左右雙邊

450000－2602－0002496　08095
**文選六十卷**　(南朝梁)蕭統撰　(清)何焯評點　(清)葉樹藩參訂　清羊城翰墨園刻朱墨套印本　十二册　十二行二十五字小字雙行三十七字白口左右雙邊

450000－2602－0002497　08077
**文選課虚四卷**　(清)杭世駿編　清光緒十年(1884)上海同文書局石印本　一册　十行二十字小字雙行同白口四周單邊

450000－2602－0002498　07812
**經韻樓集十二卷**　(清)段玉裁撰　清光緒十年(1884)鎮海張氏刻戴段合刻本　五册　十行二十一字小字雙行同白口左右雙邊　存十卷(一至十)

450000－2602－0002499　07811
**來雲閣詩六卷**　(清)金和撰　清光緒十八年(1892)丹陽束允泰杭州刻本　二册　十行二十三字小字雙行同白口左右雙邊

450000－2602－0002500　07836
**百柱堂全集五十三卷**　(清)王柏心撰　**彤雲閣遺稿一卷**　(清)王家仕著　清光緒二十四年(1898)成山唐氏貴陽刻本　二十册　十二行二十一字小字雙行同白口四周單邊

450000－2602－0002501　08098
**重訂文選集評十五卷首一卷末一卷**　(清)于光華編次　清同治十一年(1872)江蘇書局刻本　八册　十行二十四字小字雙行不等白口左右雙邊

450000－2602－0002502　08085
**文選六十卷**　(南朝梁)蕭統撰　(南朝梁)李善撰　**文選考異十卷**　(清)胡克家撰　清宣統三年(1911)上海會文堂石印本　十六册　十三行二十六字小字雙行不等上下黑口左右雙邊

450000－2602－0002503　07778
**頤道堂詩選三十卷**　(清)陳文述撰　清刻本　十二册　十一行二十二字上下黑口左右雙邊

450000－2602－0002504　08071

**樊山集五十一種八十三卷**　樊增祥撰　清光緒刻本　二十四册　十二行二十三字小字雙行同上下黑口左右雙邊

450000－2602－0002505　08102
**漢魏六朝一百三家集一百三種一百十八卷**　(明)張溥輯　清光緒滇南唐氏壽考堂刻本　一百册　九行十八字小字雙行同白口左右雙邊

450000－2602－0002506　07930
**六朝唐賦讀本不分卷**　(清)馬傳庚選注　清同治十三年(1874)刻本　二册　八行二十字小字雙行同白口左右雙邊

450000－2602－0002507　08097
**重訂文選集評十五卷首一卷末一卷**　(清)于光華編次　清同治九年(1870)刻本　十六册　十行二十四字小字雙行不等白口左右雙邊

450000－2602－0002508　08092
**文選六十卷**　(南朝梁)蕭統撰　(唐)李善注　(清)葉樹藩參訂　清乾隆三十七年(1772)海錄軒刻朱墨套印本　十二册　十二行二十五字小字雙行三十七字白口左右雙邊

450000－2602－0002509　08107
**漢魏六朝名家集初刻四十種附一種**　丁福保輯　清宣統三年(1911)無錫丁氏鉛印本　三十册　十四行三十一字小字雙行同下黑口四周雙邊

450000－2602－0002510　07764
**蕉雨軒稿一卷**　(清)龍唫薌撰　清光緒三十四年(1908)刻本　一册　九行十九字小字雙行同上下黑口左右雙邊

450000－2602－0002511　08086
**文選六十卷**　(南朝梁)蕭統撰　(唐)李善注　**文選考異十卷**　(清)胡克家撰　清同治八年(1869)湖北崇文書局刻本　二十四册　十行二十一字小字雙行同白口左右雙邊

450000－2602－0002512　07770
**吴學士文集四卷詩集五卷**　(清)吴鼒撰　(清)梁肇煌　(清)薛時雨編　清光緒八年(1882)梁肇煌江寧藩署刻本　四册　十一行二十四字小字雙行同白口左右雙邊　存五卷(文集一、三至四,詩集一至二)

450000－2602－0002513　08094
**文選六十卷**　(南朝梁)蕭統撰　(唐)李善注　(清)葉樹藩參訂　清乾隆三十七年(1772)海錄軒刻朱墨套印本　十二册　十二行二十五字小字雙行三十七字白口左右雙邊

450000－2602－0002514　08090
**文選六十卷**　(南朝梁)蕭統撰　(唐)李善注　(清)葉樹藩參訂　清刻朱墨套印本　十二册　十二行二十五字小字雙行三十七字白口左右雙邊

450000－2602－0002515　08091
**文選六十卷**　(南朝梁)蕭統撰　(唐)李善注　(清)葉樹藩參訂　清文彬堂刻朱墨套印本　十二册　十二行二十五字小字雙行三十七字白口左右雙邊

450000－2602－0002516　08110
**古文辭類纂七十四卷**　(清)姚鼐輯　清同治八年(1869)江蘇書局刻本　十二册　十三行二十二字小字雙行同上下黑口左右雙邊

450000－2602－0002517　08087
**文選六十卷**　(南朝梁)蕭統撰　(唐)李善注　**文選考異十卷**　(清)胡克家撰　清同治八年(1869)湖北崇文書局刻本　十七册　十行二十一字小字雙行同白口左右雙邊　存四十九卷(一至三十五、四十五至四十七、五十二至五十四,文選考異三至十)

450000－2602－0002518　08111
**古文辭類纂七十五卷**　(清)姚鼐輯　**校勘記一卷**　(清)李承淵撰　清光緒二十七年(1901)滁州李氏求要堂刻本　十二册　十二行二十五字小字雙行三十九字白口左右雙邊

450000－2602－0002519　08089
**昭明文選集成六十卷首二卷**　(南朝梁)蕭統輯　(清)方言珪評點　清乾隆倣范軒刻本　三十二册　九行二十四字白口四周單邊

450000－2602－0002520　08123

**古文淵鑒六十四卷**　（清）徐乾學編注　清宣統二年(1910)學部圖書局石印本　二十四册　九行二十字小字雙行同上下黑口四周單邊

450000－2602－0002521　06588

**唐丞相曲江張文獻公集十二卷附錄一卷首一卷千秋金鑑錄五卷**　（唐）張九齡撰　清光緒十六年(1890)鏡芙精舍刻本　六册　九行十八字白口四周雙邊

450000－2602－0002522　07182

**曾文正公雜著二卷**　（清）曾國藩著　清光緒二年(1876)傳忠書屋刻曾文正公全集本　二册　十行二十四字小字雙行同上下黑口左右雙邊

450000－2602－0002523　07183

**曾文正公祠百詠一卷**　朱孔彰撰　清光緒十三年(1887)金陵刻本　一册　八行十七字上下黑口四周雙邊

450000－2602－0002524　07080

**賜誠堂文集十六卷**　（明）管紹寧撰　清光緒三年(1877)刻本　四册　十一行二十二字小字雙行同上下黑口左右雙邊

450000－2602－0002525　08131

**經史百家雜鈔二十六卷**　（清）曾國藩纂（清）李鴻章校刊　清光緒二年(1876)傳忠書局刻曾文正公全集本　二十六册　十行二十四字下黑口左右雙邊

450000－2602－0002526　08141

**古文七種三十四卷**　（清）儲欣評　清光緒九年(1883)靜遠堂刻本　十四册　九行二十五字小字雙行同白口四周雙邊　存六種三十卷

450000－2602－0002527　08130

**經史百家簡編二卷**　（清）曾國藩纂　（清）曾國荃審訂　清同治十三年(1874)傳忠書局刻曾文正公全集本　二册　十行二十四字小字雙行同下黑口左右雙邊

450000－2602－0002528　08125

**涵芬樓古今文鈔一百卷**　吳曾祺纂錄　清宣統三年(1911)商務印書館鉛印本(卷八十七補配)　一百册　十二行三十一字小字雙行同下黑口四周雙邊

450000－2602－0002529　08137

**鳴原堂論文二卷**　（清）曾國藩撰　（清）曾國荃審訂　清同治十二年(1873)勸志齋刻本　二册　十行二十四字小字雙行同白口左右雙邊

450000－2602－0002530　08164

**重編留青新集二十四卷**　（清）馮善長編　清光緒三十四年(1908)上海廣益書局鉛印本　八册　十四行四十字小字雙行同白口四周雙邊　存十四卷(一至十四)

450000－2602－0002531　08144

**古文集宜四卷**　（清）魏起泰編　清緯文堂刻本　二册　九行二十五字白口左右雙邊

450000－2602－0002532　08079

**文選旁證四十六卷**　（清）梁章鉅撰　清道光十八年(1838)刻本　十二册　十二行二十四字下黑口左右雙邊

450000－2602－0002533　08154

**文章游戲初編八卷二編八卷三編八卷四編八卷**　（清）繆艮編選　清緯文堂刻本　十六册　九行二十字小字雙行同白口左右雙邊

450000－2602－0002534　08163

**憑山閣增輯留青新集三十卷**　（清）陳枚選（清）陳德裕增輯　清經綸堂刻本　十八册　十行二十四字小字雙行同白口四周單邊　存二十六卷(一至十四、十九至三十)

450000－2602－0002535　08170

**集聯不分卷**　（清）張世準錄　清刻本　一册　九行二十字白口四周雙邊

450000－2602－0002536　08155

**文章游戲初編八卷二編八卷三編八卷四編八卷**　（清）繆艮編選　清緯文堂刻本　十五册　九行二十字小字雙行同白口左右雙邊　存三十卷(初編八卷、二編一至六、三編八卷、四編八卷)

450000－2602－0002537　06904

**蘇文忠公詩集五十卷目錄二卷**　(宋)蘇軾撰　(清)紀昀評點　清同治八年(1869)韻玉山房粤東省城刻朱墨套印本　十二册　十行二十一字小字雙行同白口左右雙邊

450000－2602－0002538　08142

**參訂古文詳解八卷**　(清)陳宏謀輯　(清)陳蘭森編校　清光緒翰文堂刻本　四册　十行二十六字小字雙行同白口四周單邊

450000－2602－0002539　07091

**滄溟詩集十四卷附録一卷**　(明)李攀龍撰　清光緒二十一年(1895)長沙張氏湘雨樓刻本　四册　十一行二十二字上下黑口左右雙邊

450000－2602－0002540　08143

**續古文苑二十卷**　(清)孫星衍編　清光緒九年(1883)江蘇書局刻本　六册　十一行二十字小字雙行同白口左右雙邊

450000－2602－0002541　08124

**古香齋新刻袖珍御選古文淵鑒六十四卷**　(清)聖祖玄燁選　(清)徐乾學編注　清光緒十一年(1885)孔氏三十有三萬卷堂刻五色套印古香齋袖珍十種本　三十六册　九行二十字小字雙行同白口四周雙邊

450000－2602－0002542　07093

**空同詩集三十四卷**　(明)李夢陽撰　清光緒十五年(1889)渭南嚴氏刻本　六册　十行二十二字白口左右雙邊

450000－2602－0002543　07073

**龍太常全集四十六卷首一卷**　(明)龍膺撰　清光緒十三年(1887)刻本　十一册　十行二十一字小字雙行同白口四周雙邊　存四十二卷(文集一至二十七、詩集一至十四,首一卷)

450000－2602－0002544　06780

**宋黄文節公全集正集三十二卷首四卷外集二十四卷别集十九卷續集十卷詞一卷**　(宋)黄庭堅撰　清光緒二十年(1894)義寧州署刻本　二十八册　十行二十二字小字雙行同白口左右雙邊

450000－2602－0002545　08172

**經史百家序録不分卷**　湯壽潛輯　清光緒二十九年(1903)石印本　七册　十四行三十六字白口四周雙邊

450000－2602－0002546　08184

**忠雅堂評選四六法海八卷**　(清)蔣士銓評選　清光緒十五年(1889)嶺南雲林閣刻朱墨套印本　八册　九行二十字小字雙行同白口四周雙邊

450000－2602－0002547　08109

**全上古三代秦漢三國六朝文七百四十六卷**　(清)嚴可均輯　清光緒二十年(1894)黄岡王毓藻刻本　九十六册　十三行二十五字小字雙行同上下黑口四周單邊　存七百十三卷(全上古三代文一至十六,全秦文一卷,全漢文一至十四、二十三至六十三,全後漢文一至七十、八十一至一百六,全三國文一至七十五,全晉文一至一百六十七,全宋文一至四十九、五十八至六十四,全齊文一至二十六,全梁文一至七十四,全陳文一至十八,全後魏文一至六十,全北齊文一至十,全後周文一至二十四,全隋文一至二十二、三十至三十六,先唐文)

450000－2602－0002548　08152

**文館詞林殘十四卷**　(唐)許敬宗輯　清光緒十年(1884)遵義黎氏影刻古逸叢書本　四册　七行十一字白口四周單邊　存十一卷(一百五十六至一百五十八、三百四十七、四百五十二至四百五十三、四百五十七、四百五十九、六百六十五、六百九十九、六百九十一)

450000－2602－0002549　08179

**菊坡精舍集二十卷**　(清)陳澧編　清光緒二十三年(1897)刻本　七册　十行二十一字黑口左右雙邊

450000－2602－0002550　08185

**宋七家四六七卷**　(清)□□輯　清初抄本　十册　行字不等

450000－2602－0002551　08191

**賦學正鵠十卷**　(清)李元度輯　清同治十二

年(1873)爽溪書院刻本　四册　九行二十一字小字雙行同白口四周單邊

450000－2602－0002552　08207
**玉臺新詠十卷**　(南朝陳)徐陵編　(清)吳兆宜原注　(清)程琰删補　清光緒五年(1879)宏達堂刻本　六册　十行二十一字小字雙行同白口四周雙邊

450000－2602－0002553　08208
**玉臺新詠十卷**　(南朝陳)徐陵編　(清)吳兆宜原注　(清)程琰删補　清光緒五年(1879)宏達堂刻本　六册　十行二十一字小字雙行同白口四周雙邊

450000－2602－0002554　08181
**忠雅堂評選四六法海八卷**　(清)蔣士銓評選　清光緒元年(1875)寄螺齋刻本　八册　九行二十字小字雙行同白口四周雙邊

450000－2602－0002555　08182
**忠雅堂評選四六法海八卷**　(清)蔣士銓評選　清同治十年(1871)藏園刻朱墨套印刻本　七册　九行二十字小字雙行同白口四周雙邊　存七卷(一至七)

450000－2602－0002556　08189
**國朝常州駢體文録三十一卷結一宧駢體文一卷**　屠寄輯　清光緒十六年(1890)廣州富文齋刻本　七册　十三行二十二字小字雙行同上下黑口左右雙邊　存二十七卷(一至二十二、二十八至三十一,結一宧駢體文一卷)

450000－2602－0002557　08108
**漢魏六朝名家集**　(明)張溥輯　清述古山莊刻本　二十九册　九行十八字小字雙行同白口四周單邊　存四十三種四十七卷

450000－2602－0002558　08203
**蜀秀集九卷**　(清)譚宗浚輯　清光緒五年(1879)成都試院刻本　八册　十行十字下黑口左右雙邊

450000－2602－0002559　08198
**經心書院續集十二卷**　(清)譚獻輯　清光緒二十一年(1895)湖北官書處刻本　六册　十一行二十四字小字雙行同白口左右雙邊

450000－2602－0002560　08197
**江漢炳靈集二卷**　(清)張之洞輯　清末羊城雙門底上街刻本　四册　九行二十四字小字雙行同白口四周單邊

450000－2602－0002561　08212
**止園叢書二十三種一百四十九卷**　(清)史夢蘭撰　清道光至光緒間刻本　四册　十行二十三字小字雙行同上下黑口四周雙邊　存二種十二卷(古今風謠拾遺四卷古今諺拾遺六卷、古今風謠一卷古今諺一卷

450000－2602－0002562　08216
**五言詩十七卷**　(清)王士禎選　清同治七年(1868)湘鄉曾氏刻本　四册　十行二十二字小字雙行同上下黑口左右雙邊

450000－2602－0002563　08218
**七言詩歌行鈔十五卷**　(清)王士禎選　清同治五年(1866)金陵書局刻本　三册　十行二十二字小字雙行二十二字上下黑口左右雙邊　存十一卷(一至十一)

450000－2602－0002564　08221
**五言今體詩鈔九卷**　(清)姚鼐輯　清刻本　一册　十行二十二字小字雙行同上下黑口左右雙邊

450000－2602－0002565　08192
**資深集補編註釋四卷**　(清)黄蘭全輯　(清)唐吉人補註　清近文堂刻本　二册　十行二十四字小字雙行同白口左右雙邊

450000－2602－0002566　08190
**賦海大觀三十二卷**　(清)鴻寶齋書局輯　清光緒十六年(1890)鴻寶齋石印本　二十八册　二十五行六十字小字雙行同白口四周雙邊

450000－2602－0002567　08278
**半厂叢書初編十種**　(清)譚獻輯　清同治、光緒間仁和譚氏刻本　一册　十一行二十四字小字雙行同上下黑口四周雙邊　存四種五卷(肥三家詩録二卷、池上題襟小集一卷、非見齋審定六朝正書碑目一卷、待堂文一卷)

450000－2602－0002568　08225
**古唐詩合解唐詩十二卷古詩四卷**　（清）王堯衢註　清光緒十八年（1892）學庫山房刻本　六册　十行二十一字小字雙行同白口四周雙邊

450000－2602－0002569　08226
**古唐詩合解唐詩十二卷古詩四卷**　（清）王堯衢註　清光緒十八年（1892）江西兩儀堂刻本　六册　十行二十一字小字雙行同白口四周雙邊

450000－2602－0002570　08288
**六朝文絜箋注十二卷**　（清）許槤評選　清光緒十五年（1889）枕溢書屋刻本　四册　十行二十字小字雙行同白口左右雙邊

450000－2602－0002571　08260
**粵十三家集一百九十一卷**　（清）伍元薇輯　清道光二十年（1840）南海伍氏詩雪軒刻本　四十册　九行二十一字小字雙行同上下黑口左右雙邊

450000－2602－0002572　08252
**林琴南手抄古詩一卷**　清抄本　二册　行字不等白口四周雙邊

450000－2602－0002573　08269
**黔詩紀略三十三卷**　（清）唐樹義審例　（清）黎兆勛採詩　（清）莫友芝傳證　清同治十二年（1873）金陵遵義唐氏夢研齋刻本　八册　十一行二十三字小字雙行二十三字白口左右雙邊

450000－2602－0002574　08268
**黔詩紀略三十三卷**　（清）唐樹義審例　（清）黎兆勛採詩　（清）莫友芝傳證　清同治十二年（1873）金陵遵義唐氏夢研齋刻本　八册　十一行二十三字小字雙行二十三字白口左右雙邊

450000－2602－0002575　08267
**黔詩紀略三十三卷**　（清）唐樹義審例　（清）黎兆勛採詩　（清）莫友芝傳證　清同治十二年（1873）金陵遵義唐氏夢研齋刻本　八册　十一行二十三字小字雙行同白口左右雙邊

450000－2602－0002576　08276
**徐州詩征八卷**　（清）桂中行輯　清光緒十七年（1891）刻本　四册　十行二十二字小字雙行同上下黑口四周雙邊

450000－2602－0002577　08266
**黔詩紀略後編三十卷補編三卷**　（清）莫庭芝　（清）黎汝謙採詩　（清）陳田傳證　清宣統三年（1911）京師筱石氏刻本　十册　十一行二十三字小字雙行同白口左右雙邊

450000－2602－0002578　08270
**黔詩紀略三十三卷**　（清）唐樹義審例　（清）黎兆勳採詩　（清）莫友芝傳證　清同治十二年（1873）金陵遵義唐氏夢研齋刻本　八册　十一行二十三字小字雙行二十三字上下黑口左右雙邊

450000－2602－0002579　08261
**粵十三家集一百九十一卷**　（清）伍元薇輯　清道光二十年（1840）南海伍氏詩雪軒刻本　三十六册　九行二十一字小字雙行同上下黑口左右雙邊　存十一種一百六十八卷

450000－2602－0002580　08297
**文粹一百卷**　（宋）姚鉉纂　（清）許增校　**文粹補遺二十六卷**　（清）郭麐纂　清光緒十六年（1890）杭州許增榆園刻本　二十四册　十四行二十五字小字雙行同上下黑口左右雙邊

450000－2602－0002581　08308
**初唐四傑文集二十一卷**　（清）□□編　清光緒五年（1879）淮南書局刻本　四册　十二行二十二字小字雙行同白口左右雙邊

450000－2602－0002582　08290
**六朝文絜四卷**　（清）許槤評選　清光緒三年（1877）讀有用書齋刻朱墨套印本　一册　九行十八字小字雙行同上下黑口左右雙邊

450000－2602－0002583　08291
**六朝文絜四卷**　（清）許槤評選　清光緒三年（1877）讀有用書齋刻朱墨套印本　一册　九行十八字小字雙行同上下黑口左右雙邊

450000－2602－0002584　08289

**六朝文絜四卷**　(清)許槤評選　清刻朱墨套印本　四册　九行十八字小字雙行同上下黑口左右雙邊

450000－2602－0002585　08259

**風雅逸篇十卷**　(明)楊慎輯　清刻本　二册　十行二十字小字雙行同白口四周雙邊

450000－2602－0002586　08295

**唐文粹一百卷**　(宋)姚鉉纂　清光緒九年(1883)江蘇書局刻本　十六册　十四行二十五字小字雙行同白口左右雙邊

450000－2602－0002587　08246

**四家咏史樂府六種十五卷**　(清)宋澤元輯　清光緒十二年(1886)懺花盦刻懺花盦叢書本　六册　十行二十一字小字雙行同白口左右雙邊

450000－2602－0002588　08294

**六朝唐賦讀本不分卷**　(清)馬傳庚選註　清光緒二年(1876)清秘閣刻本　一册　八行二十字小字雙行同白口左右雙邊

450000－2602－0002589　08241

**歷朝名媛詩詞十二卷**　(清)陸昶評選　清宣統三年(1911)掃葉山房石印本　四册　十四行二十八字白口四周雙邊

450000－2602－0002590　08247

**八代詩選二十卷**　王闓運撰　清光緒十六年(1890)江蘇書局刻本　八册　十行二十二字小字雙行同下黑口左右雙邊

450000－2602－0002591　08309

**全唐詩九百卷目錄十二卷**　(清)聖祖玄燁輯　清光緒元年(1875)撫州饒玉成雙峰書屋刻本　一百二十册　十一行二十一字小字雙行四十二字白口左右雙邊

450000－2602－0002592　08302

**唐駢體文鈔十七卷**　(清)陳均輯　清刻本　四册　十一行二十四字小字雙行同白口左右雙邊

450000－2602－0002593　08217

**五言詩十七卷七言詩歌行鈔十五卷**　(清)王士禛選　清刻本　六册　十行二十一字小字雙行同上下黑口左右雙邊

450000－2602－0002594　08193

**大題羣玉府不分卷**　(清)織墨齋主人輯　清光緒十一年(1885)海墨齋石印本　十二册　三十三二十四字白口四周單邊

450000－2602－0002595　07192

**曾文正公書札三十三卷**　(清)曾國藩撰　清光緒二年(1876)傳忠書屋刻曾文正公全集本　佚名批　十八册　十行二十四字上下黑口左右雙邊

450000－2602－0002596　08296

**唐文粹補遺二十六卷**　(清)郭麐纂　(清)金勇校　清光緒十一年(1885)江蘇書局刻本　四册　十四行二十五字小字雙行同白口左右雙邊

450000－2602－0002597　07214

**船山詩草二十卷**　(清)張問陶撰　清嘉慶二十年(1815)刻本　佚名批　七册　十行二十字小字雙行同白口左右雙邊

450000－2602－0002598　07214

**船山詩草補遺六卷**　(清)張問陶撰　清道光二十九年(1849)刻本　一册　十行二十字小字雙行同白口左右雙邊

450000－2602－0002599　07245

**漁洋詩話二卷**　(清)王士禛著　清宣統元年(1909)上海掃葉山房石印本　一册　十四行三十一字白口四周雙邊

450000－2602－0002600　08256

**新年雜咏一卷**　(清)吳錫麒輯　清刻本　一册　十一行二十三字小字雙行同白口左右雙邊

450000－2602－0002601　08224

**樂府詩集一百卷目錄二卷**　(宋)郭茂倩編次　清同治十三年(1874)湖北崇文書局刻本　十五册　十一行二十一字小字雙行同上下黑

口四周雙邊　存九十三卷(一至二十一、三十一至一百,目錄二卷)

450000－2602－0002602　08303
**唐人五十家小集七十二卷**　(清)江標輯　清光緒二十一年(1895)元和江氏靈鶼閣刻本　十六册　十行十八字小字雙行同白口左右雙邊

450000－2602－0002603　08333
**唐詩三百首註疏六卷**　(清)蘅塘退士編　(清)章燮注　(清)孫孝根校正　清近文堂刻本　三册　八行二十字小字雙行同白口左右雙邊

450000－2602－0002604　08332
**唐詩三百首註疏六卷**　(清)蘅塘退士編　(清)章燮注　(清)孫孝根校正　清道光麟玉山房刻本　佚名批　六册　八行二十字小字雙行同白口左右雙邊

450000－2602－0002605　08328
**唐人萬首絶句選七卷**　(宋)洪邁輯　(清)王士禎選　清光緒二十年(1894)廣州新甯明善社刻本　二册　十行二十一字小字雙行同上下黑口左右雙邊

450000－2602－0002606　08338
**唐賢三昧集三卷**　(清)王士禎選　(清)吴煊　(清)胡棠輯注　(清)黄培芳評　清光緒九年(1883)廣州翰墨園刻朱墨套印本　三册　十行二十一字小字雙行同白口四周雙邊

450000－2602－0002607　08340
**唐宋文醇五十八卷**　(清)高宗弘曆編　清光緒十年(1884)刻本　十二册　十行二十二字白口四周雙邊

450000－2602－0002608　08248
**三通序三卷**　清光緒二十四年(1898)上海書局石印本　一册　十行二十四字上下黑口左右雙邊

450000－2602－0002609　08323
**才調集補注十卷**　(清)殷元勛注　(清)宋邦綏補注　清光緒二十年(1894)江蘇書局刻本　四册　十行二十一字小字雙行同白口四周雙邊

450000－2602－0002610　08339
**御選唐宋文醇五十八卷**　(清)高宗弘曆選　清光緒三年(1877)浙江書局刻本　二十册　九行二十二字白口左右雙邊

450000－2602－0002611　08367
**三蘇全集四種二百五卷**　(宋)蘇洵等撰　(清)弓翊清校　清道光十二年(1832)眉州三蘇祠刻本　六十四册　九行二十五字上下黑口左右雙邊

450000－2602－0002612　08313
**瀛奎律髓刊誤四十九卷**　(宋)方虛穀選　(清)紀曉嵐批點　清光緒六年(1880)懺花盦刻本　十二册　十行十九字小字雙行二十八字白口左右雙邊

450000－2602－0002613　08321
**唐人三家集二十八卷**　(清)秦恩復輯　清道光十年(1830)江都秦氏石研齋影宋刻本　四册　十一行二十字小字雙行同白口左右雙邊

450000－2602－0002614　08350
**陳太僕批選八家文鈔九卷**　(清)陳兆崙批點　清光緒二十六年(1900)天津文美齋石印本　六册　小字雙行不等白口無版框

450000－2602－0002615　08360
**南宋文範七十卷外編四卷作者考二卷**　(清)莊仲方編　清光緒十四年(1888)江蘇書局刻本　十六册　十四行二十五字小字雙行同白口左右雙邊

450000－2602－0002616　08342
**御選唐宋文醇五十八卷**　(清)高宗弘曆選　清光緒三年(1877)浙江書局刻本　二十册　九行二十二字白口左右雙邊

450000－2602－0002617　08312
**瀛奎律髓刊誤四十九卷**　(宋)方回選　(清)紀昀批點　清光緒六年(1880)懺花盦刻本　九册　十行十九字小字雙行二十八字白口左右雙邊　存四十五卷(一至十五、二十至四十

九）

450000－2602－0002618　07218

**戴東原集十二卷**　（清）戴震譔　清光緒十年（1884）鎮海張壽榮秋樹根齋刻戴段合刻本　四冊　十行二十一字小字雙行同白口左右雙邊

450000－2602－0002619　07280

**天岳山館文鈔四十卷**　（清）李元度撰　清光緒六年（1880）爽谿精舍刻本　十冊　十行二十五字下黑口左右雙邊　存三十二卷（一至十二、二十一至四十）

450000－2602－0002620　08364

**宋四六選二十四卷**　（清）彭元瑞撰　（清）曹振鏞編　清同治九年（1870）刻本　八冊　九行十九字白口四周單邊

450000－2602－0002621　08330

**唐人萬首絕句選七卷**　（宋）洪邁元本　（清）王士禎選本　清光緒二十三年（1897）金陵書局刻本　二冊　十行十九字小字雙行同上下黑口左右雙邊

450000－2602－0002622　08434

**皇朝經世文編一百二十卷姓名總目二卷**　（清）賀長齡輯　清道光七年（1827）刻本　清佚名題記　六十四冊　十一行二十四字小字雙行同白口左右雙邊

450000－2602－0002623　08377

**忠義集十卷首一卷**　（元）趙景良編輯　清道光南通徐宗幹刻本　二冊　八行二十字小字雙行同白口四周雙邊

450000－2602－0002624　08433

**皇朝經世文編一百二十卷姓名總目二卷**　（清）賀長齡輯　清道光七年（1827）刻本　七十一冊　十一行二十四字小字雙行同白口左右雙邊　存一百十八卷（一至五十二、五十四至八十二、八十五至九十一、九十三至一百二十，總目二卷）

450000－2602－0002625　08354

**五朝詩別裁八十一卷**　（清）□□輯　清宏德堂刻本　二十九冊　八行十六字小字雙行同白口四周單邊

450000－2602－0002626　08345

**御選唐宋詩醇四十七卷目錄二卷**　（清）高宗弘曆選評　清光緒七年（1881）浙江書局刻本　十九冊　九行十九字小字雙行同白口左右雙邊　存四十六卷（一至二十、二十四至四十七，目錄二卷）

450000－2602－0002627　08431

**國朝文匯甲前集二十卷甲集六十卷乙集七十卷丙集三十卷丁集二十卷姓氏目錄一卷**　（清）上海國學扶輪社編　清宣統元年（1909）上海國學扶輪社石印本　一百冊　十五行三十二字小字雙行同下黑口四周雙邊

450000－2602－0002628　08353

**五朝詩別裁八十一卷**　（清）□□輯　清經綸堂刻本　三十六冊　八行十六字小字雙行同白口四周單邊

450000－2602－0002629　08346

**御選唐宋詩醇四十七卷目錄二卷**　（清）高宗弘曆選評　清光緒七年（1881）浙江書局刻本　十七冊　九行十九字小字雙行同白口左右雙邊　存四十三卷（一至六、九至十、十三至四十五，目錄二卷）

450000－2602－0002630　08423

**滇詩拾遺六卷**　（清）陳榮昌輯　清宣統元年（1909）昆明刻本　六冊　十行二十三字小字雙行同白口左右雙邊

450000－2602－0002631　08432

**國朝文匯甲前集二十卷甲集六十卷乙集七十卷丙集三十卷丁集二十卷姓氏目錄一卷**　（清）上海國學扶輪社編　清宣統元年（1909）上海國學扶輪社石印本　一百一冊　十五行三十二字小字雙行同下黑口四周雙邊

450000－2602－0002632　08422

**滇詩拾遺六卷**　（清）陳榮昌輯　清宣統元年（1909）昆明刻本　四冊　十行二十三字小字雙行同白口左右雙邊　存四卷（一至四）

450000－2602－0002633　08430

**朱氏傳芳集八卷首一卷**　（清）朱子襄輯　清刻本　五册　十一行二十四字小字雙行同白口左右雙邊

450000－2602－0002634　08371

**宋詩紀事一百卷**　（清）厲鶚　（清）馬曰琯緝　清乾隆十一年（1746）樊榭山房刻本　十二册　十一行二十二字小字雙行三十二字上下黑口左右雙邊　存五十六卷（一至十九、二十八至三十二、四十五至四十八、五十七至七十二、七十九至八十三、九十四至一百）

450000－2602－0002635　08374

**濂洛風雅九卷**　（清）張伯行輯　（清）魏廖徵校　清同治五年（1866）福州正誼書局刻正誼堂全書本　三册　十行二十二字小字雙行同白口左右雙邊

450000－2602－0002636　08244

**佩文齋詠物詩選四百八十六卷**　（清）張玉書編　清刻本　四十册　十一行二十四字小字雙行同上下黑口左右雙邊

450000－2602－0002637　08373

**南宋群賢小集七十三種一百六十九卷**　（宋）陳起　（清）顧修重輯　清嘉慶六年（1801）石門顧氏讀畫齋刻本　二十四册　九行十八字小字雙行同上下黑口左右雙邊　存六十三種一百一卷

450000－2602－0002638　08406

**元詩别裁八卷補遺一卷**　（清）沈德潛選　清末緯文堂刻袖珍本　二册　七行十五字小字雙行同白口左右雙邊

450000－2602－0002639　08378

**宋詩别裁八卷**　（清）沈德潛選　清緯文堂刻本　二册　七行十五字小字雙行同白口左右雙邊

450000－2602－0002640　08404

**元詩選六卷補遺一卷**　（清）顧奎光選輯　（清）陶翰　（清）陶玉禾參評　清乾隆十六年（1751）刻本　佚名批　六册　十行十九字小字雙行同白口左右雙邊

450000－2602－0002641　08375

**宋四名家詩六卷**　（清）周之鱗　（清）柴升選　清同治五年（1866）長沙經濟堂刻本　陳柱批　六册　十行二十二字小字雙行同白口四周雙邊

450000－2602－0002642　08357

**宋文鑑一百五十卷目録三卷**　（宋）吕祖謙輯　清光緒十二年（1886）江蘇書局刻本　二十四册　十四行二十五字小字雙行同白口左右雙邊

450000－2602－0002643　08424

**蜀詩十五卷**　（明）費經虞輯　（清）孫澍校訂　清道光十三年（1833）鵝溪孫氏古棠書屋刻本　四册　十一行二十一字上下黑口四周雙邊

450000－2602－0002644　08468

**得月樓賦鈔甲編一卷乙編一卷丙編一卷丁編一卷**　（清）張元灝選評　清刻本　四册　九行二十五字白口左右雙邊

450000－2602－0002645　08451

**國朝駢體正宗十二卷**　（清）曾燠輯　清嘉慶十一年（1806）曾氏賞雨茆屋刻本　六册　十一行二十二字小字雙行同白口左右雙邊

450000－2602－0002646　08452

**國朝駢體正宗十二卷**　（清）曾燠輯　清嘉慶十一年（1806）曾氏賞雨茆屋刻本　六册　十一行二十二字小字雙行同白口左右雙邊

450000－2602－0002647　08479

**初學靈犀四卷**　（清）吴登輯　清同治連元閣刻本　四册　九行二十五字小字雙行同白口左右雙邊

450000－2602－0002648　08469

**館賦精選四卷**　（清）綺蒽樓主人評注　清道光二十七年（1847）雅經堂刻本　二册　九行十九字白口四周單邊　存二卷（一至二）

450000－2602－0002649　08467

**普天忠憤全集十四卷**　(清)孔廣德編定　(清)魯陽生編　清光緒二十四年(1898)經濟書莊石印本　五册　十六行三十六字白口四周雙邊

450000－2602－0002650　08343
**御選唐宋文醇五十八卷**　(清)高宗弘曆選　清刻本　十二册　九行二十二字白口左右雙邊

450000－2602－0002651　08482
**鐵網珊瑚初集不分卷二集不分卷**　(清)沈鏡堂編　清光緒九年(1883)羊城十八甫森寶閣刻本　四册　九行二十五字小字白口左右雙邊

450000－2602－0002652　08486
**成均課士錄不分卷**　(清)汪柳門選　清光緒十二年(1886)載文堂刻本　一册　十三行三十二字白口四周雙邊

450000－2602－0002653　08341
**御選唐宋文醇五十八卷**　(清)高宗弘曆選　清光緒三年(1877)浙江書局刻本　二十册　九行二十二字白口左右雙邊

450000－2602－0002654　08466
**三方合藁一卷**　(清)胡韞川選評　清三友山房刻本　一册　九行二十五字白口四周單邊

450000－2602－0002655　08450
**國朝駢體正宗十二卷**　(清)曾燠輯　清嘉慶十一年(1806)曾氏賞雨茆屋刻本　陳柱批　六册　十一行二十二字小字雙行同白口左右雙邊

450000－2602－0002656　08465
**京師大學堂羣經講義三卷**　清光緒琉璃廠石印本　一册　十四行三十一字白口四周單邊

450000－2602－0002657　08487
**[光緒三十年]廣東校士錄續集二卷**　(清)朱宗師鑒定　清光緒三十年(1904)會文書局石印本　一册　十五行三十二字小字雙行同白口四周單邊

450000－2602－0002658　08446
**八旗文經六十卷**　(清)盛昱　楊鍾羲輯　清光緒二十八年(1902)刻本　十二册　十二行二十三字上下黑口左右雙邊

450000－2602－0002659　08495
**江西校士錄六卷**　盛炳緯選定　清光緒二十年(1894)刻本　六册　十一行二十二字小字雙行同下黑口四周單邊

450000－2602－0002660　08496
**感舊集十六卷**　(清)漁洋山人(王士禛)選　(清)盧見曾補傳　清末鉛印本　八册　十行三十二字小字雙行四十二字上下黑口四周單邊

450000－2602－0002661　08449
**項城袁氏家集七種六十六卷**　丁振鐸輯　清宣統三年(1911)清芬閣鉛印本　五十六册　十行二十四字小字雙行同下黑口四周雙邊

450000－2602－0002662　08475
**兩章題文集成四卷**　(清)馮譽驥輯　清同治十二年(1873)見山齋刻本　二册　九行二十五字白口四周單邊

450000－2602－0002663　08461
**新學彙編四卷**　(美國)林樂知著　(美國)蔡爾康編　清光緒二十四年(1898)上海廣學會鉛印本　四册　十三行四十字小字雙行同白口四周單邊

450000－2602－0002664　S227
**臥龍崗志二卷**　(清)羅景輯　(清)羅鎬校　清康熙五十一年(1712)刻本　二册　八行二十字白口左右雙邊

450000－2602－0002665　08470
**小滄浪筆談四卷**　(清)阮元撰　清嘉慶七年(1802)浙江節院刻本　二册　十行二十字白口四周雙邊

450000－2602－0002666　08447
**昭代名人尺牘續集二十四卷**　陶湘輯　清宣統三年(1911)石印本　二十四册　白口四周單邊

450000－2602－0002667　08488
**江左校士錄□□卷**　李殿林選　清光緒二十九年(1903)上海書局石印本　一冊　十六行三十六字小字雙行同白口四周雙邊　存二卷(一至二)

450000－2602－0002668　01864
**大清宣統四年歲次壬子時憲書一卷**　(清)欽天監編　清宣統三年(1911)刻朱墨套印本　一冊　行字不等上下黑口四周雙邊

450000－2602－0002669　08472
**欽定明朝四書文不分卷**　(清)方苞選　清光緒二年(1876)崇文書局刻本　五冊　九行二十五字白口左右雙邊

450000－2602－0002670　08489
**湖南試牘二卷**　(清)溫忠翰鑒定　清同治九年(1870)長沙提學署刻本　二冊　九行二十五字小字雙行同白口四周雙邊

450000－2602－0002671　08453
**湖海文傳七十五卷**　(清)王昶輯　清道光十九年(1839)經訓堂刻同治五年(1866)重修本　十二冊　十二行二十三字小字雙行同上下黑口左右雙邊

450000－2602－0002672　05057
**白虎通疏證十二卷**　(漢)班固撰　(清)陳立證　清光緒元年(1875)淮南書局刻本　二冊　十二行二十四字小字雙行同白口左右雙邊

450000－2602－0002673　08310
**全唐詩九百卷目錄十二卷**　(清)聖祖玄燁輯　清刻本　一百二十冊　十一行二十一字小字雙行不等上下黑口左右雙邊

450000－2602－0002674　08533
**國朝閨秀正始集二十卷附錄一卷補遺一卷題詞一卷**　(清)完顏惲珠輯　清道光十一年(1831)紅香館刻本　六冊　九行十九字小字雙行同白口四周單邊

450000－2602－0002675　08483
**大題文府不分卷**　(清)同文書局輯　清光緒十二年(1886)上海同文書局石印本　二十冊　三十二行七十五字白口四周單邊

450000－2602－0002676　08529
**七家試帖詩選七卷**　(清)張熙宇輯評　(清)張昶編輯　清道光十二年(1832)刻本　四冊　十行二十字白口左右雙邊

450000－2602－0002677　08459
**文學興國策二卷**　(日本)森有禮編　(美國)林樂知譯　**廣學會記一卷**　(美國)林樂知譯　**中東戰紀本末初續編附文學興國策總跋一卷**　蔡爾康撰　清光緒二十二年(1896)上海圖書集成書局鉛印本　一冊　十三行四十字小字雙行同白口四周單邊

450000－2602－0002678　08311
**全唐詩九百卷目錄十二卷**　(清)聖祖玄燁輯　清康熙刻本　一百二十冊　十一行二十一字小字雙行不等上下黑口左右雙邊

450000－2602－0002679　08484
**小題文府不分卷**　(清)同文書局輯　清光緒十二年(1886)上海同文書局石印本　二十冊　三十一行七十二字白口四周單邊

450000－2602－0002680　08534
**國朝閨秀正始續集十卷附錄一卷補遺一卷輓詞一卷**　(清)完顏惲珠輯　清道光十六年(1836)紅香館刻本　四冊　九行十九字小字雙行同白口四周單邊

450000－2602－0002681　08540
**嶺南三大家詩選二十四卷**　(清)王隼選　清同治七年(1868)南海陳氏刻本　六冊　十行十九字小字雙行同上下黑口左右雙邊

450000－2602－0002682　08527/1
**四友遺詩四種十三卷**　(清)黎庶昌輯　清光緒二十年(1894)遵義黎氏刻本　三冊　十行二十一字白口左右雙邊　存二種九卷(歸樸齋詩鈔戊集二卷己集二卷、陶堂志微錄五卷)

450000－2602－0002683　08480
**應試小題及鋒集八卷**　(清)余之俊選　清道光二十一年(1841)同文堂刻本　四冊　九行二十五字小字雙行同白口左右雙邊

450000－2602－0002684　08542
**蓮湖吟社稿二卷**　（清）楊高德　（清）朱庭珍輯　清光緒十四年（1888）集翠軒刻本　二册　十行二十二字小字雙行同白口左右雙邊

450000－2602－0002685　08539
**嶺南三大家詩選二十四卷**　（清）王隼選　清同治七年（1868）南海陳氏刻本　三册　十行十九字小字雙行同上下黑口左右雙邊

450000－2602－0002686　08458
**粟香室叢書**　金武祥輯　清光緒刻本　一册　存三種五卷（傳忠堂學古文一卷、鷗堂賸藁一卷補遺一卷、東鷗草堂詞二卷）

450000－2602－0002687　08541
**國朝滇南詩選□□卷**　（清）趙本敭　（清）張履程輯　清刻本　二册　九行二十一字小字雙行同白口左右雙邊　存四卷（三至六）

450000－2602－0002688　08536
**湘潭郭氏閨秀集五種附三種**　（清）郭潤玉輯　（清）芋香山館合訂　清道光十七年（1837）刻本　四册　十行二十一字小字雙行同白口四周雙邊

450000－2602－0002689　08476
**試帖指南四卷**　（清）鄧汝康選注　清光緒十三年（1887）粵東翰文堂刻本　四册　九行二十二字小字雙行同白口左右雙邊

450000－2602－0002690　08454
**八家四六文註八卷**　（清）孫星衍等著　（清）許貞幹註　**補註一卷**　（清）陳衍註　清光緒十八年（1892）上海圖書集成印書局鉛印本　八册　十三行四十字小字雙行同白口四周單邊

450000－2602－0002691　08532
**隨園女弟子詩選六卷**　（清）袁枚輯　清嘉慶元年（1796）隨園刻隨園三十種本　二册　十一行二十四字小字雙行同白口四周單邊

450000－2602－0002692　08527/2
**陶堂志微録四卷形影龕續集一卷**　（清）高心夔撰　（清）李鴻裔刪定　清光緒二十年（1894）遵義黎氏刻四友遺詩本　一册　十行二十一字白口左右雙邊　存三卷（陶堂志微録卷一至三）

450000－2602－0002693　08477
**小題指南三卷**　（清）吳次歐選　清咸豐八年（1858）右文堂刻本　五册　九行二十五字小字雙行同白口左右雙邊

450000－2602－0002694　08535
**豫章閨秀詩鈔不分卷**　（清）蔡壽祺選輯　（清）魯世保編次　清同治十三年（1874）京師刻本　四册　八行八字上下黑口四周雙邊

450000－2602－0002695　08481
**擷英堂課藝□□卷**　（清）梁夔譜選　清光緒刻本　一册　九行二十五字小字雙行同白口四周雙邊　存一卷（下）

450000－2602－0002696　08524
**紅樓夢絕句不分卷**　清光緒二十五年（1899）粵東一經堂刻本　一册　十行二十四字小字雙行同白口四周雙邊

450000－2602－0002697　08478
**應元書院課藝不分卷續編不分卷**　（清）王凱泰輯　清同治十三年（1874）聚文堂刻本　五册　九行二十五字小字雙行同白口左右雙邊

450000－2602－0002698　07765
**每懷唫草二卷**　（越南）阮述學　清末抄本　二册　七行十五字小字雙行不等　存一卷（一）

450000－2602－0002699　08493
**得月樓搭截文鈔不分卷**　（清）張元灝評次　清咸豐四年（1854）金玉樓刻本　一册　九行二十五字小字雙行同白口左右雙邊

450000－2602－0002700　08491
**小搭清真一卷**　（清）李崇忠輯　清道光廣東刻本　一册　九行二十五字白口四周雙邊

450000－2602－0002701　08494
**擬墨一卷廣東闈墨光緒壬午科一卷**　（清）□□輯　清光緒刻本　一册　九行二十五字

小字雙行同白口四周雙邊

450000－2602－0002702　08485

**新增大題文府正續編不分卷**　（清）墨癡氏輯　清光緒十四年（1888）粤東鏡珠樓石印本　十六册　三十五行六十六字白口四周單邊

450000－2602－0002703　08492

**巧搭十則文鈔不分卷**　（清）蔡仙航編次　清道光二十年（1840）廣東近文堂刻本　一册　九行二十五字白口左右雙邊

450000－2602－0002704　08490

**小試文約選一卷**　（清）錢評選　清末抄本　一册　九行二十五字白口

450000－2602－0002705　08505

**道咸同光四朝詩史甲集八卷首一卷**　孫雄輯　清宣統二年（1910）刻本　五册　十二行二十二字小字雙行同白口四周單邊

450000－2602－0002706　03667

**西山先生真文忠公讀書記四十卷**　（宋）真德秀考證　清同治三年（1864）建州真氏刻本　三十册　十行二十一字白口四周雙邊

450000－2602－0002707　05085

**味道集一卷**　（清）段楨齡著　清光緒十七年（1891）貴築縣署刻本　一册　七行十八字小字雙行同白口四周雙邊

450000－2602－0002708　08619

**文心雕龍十卷**　（南朝梁）劉勰撰　清咸豐、同治間刻本　二册　十二行二十四字小字雙行同上下黑口四周雙邊

450000－2602－0002709　08553

**江蘇詩徵一百八十三卷**　（清）王豫輯　清道光元年（1821）焦山詩徵閣刻本　四十册　十一行二十三字小字雙行同白口四周單邊

450000－2602－0002710　08512

**七家試帖輯注彙鈔七卷**　（清）張熙宇輯評　（清）張昶編輯　清同治十一年（1872）刻本　二册　九行二十二字小字雙行同上下黑口四周雙邊　存四卷（澹香齋試帖輯注、修竹齋試帖輯注一卷、尚絅堂試帖輯注一卷、樫花館試帖輯注一卷）

450000－2602－0002711　08639

**带經堂詩話三十卷首一卷**　（清）王士禛撰　（清）張宗枬編　清同治十二年（1873）廣州藏脩堂刻本　八册　十二行二十三字小字雙行同上下黑口左右雙邊

450000－2602－0002712　08615

**文心雕龍十卷**　（南朝梁）劉勰撰　（清）黄叔琳注　（清）紀昀評　清道光十三年（1833）兩廣節署刻朱墨套印本　四册　十行二十一字小字雙行同白口左右雙邊

450000－2602－0002713　08554

**續金陵詩徵六卷首一卷**　陳作霖等輯校　清光緒二十年（1894）刻本　六册　十二行二十三字小字雙行同上下黑口左右雙邊

450000－2602－0002714　08616

**文心雕龍十卷**　（南朝梁）劉勰撰　（清）黄叔琳注　（清）紀昀評　清道光十三年（1833）兩廣節署刻朱墨套印本　四册　十行二十一字小字雙行同白口左右雙邊

450000－2602－0002715　08653

**春草堂詩話八卷**　（清）謝堃撰　清道光刻本　四册　八行二十字下黑口左右雙邊

450000－2602－0002716　08617

**文心雕龍十卷**　（南朝梁）劉勰撰　（清）黄叔琳注　（清）紀昀評　清道光十三年（1833）兩廣節署刻朱墨套印本　四册　十行二十一字小字雙行同白口左右雙邊

450000－2602－0002717　08550

**國朝杭郡詩輯三十二卷姓氏韻編一卷**　（清）吳顥輯　（清）吳振棫重編　清同治十三年（1874）錢塘丁氏刻本　十六册　十二行二十三字小字雙行同白口左右雙邊

450000－2602－0002718　08606

**談藝珠叢二十七種四十五卷**　（清）王啟原輯　清光緒十一年（1885）長沙玉尺山房刻本　十册　八行二十一字小字雙行同白口四周

雙邊

450000－2602－0002719　08654
**伯山詩話後集二卷續集二卷三續集二卷四續集二卷**　（清）康發祥編輯　清道光、咸豐間刻伯山全集本　四册　十一行二十四字小字雙行同上下黑口左右雙邊

450000－2602－0002720　08613
**文心雕龍十卷**　（南朝梁）劉勰撰　（清）黄叔琳注　（清）紀昀評　清光緒二十年（1894）學院前麟書閣昌記刻朱墨套印本　四册　十行二十一字小字雙行同白口四周雙邊

450000－2602－0002721　08640
**屏麓草堂詩話十六卷**　（清）莫友棠著　（清）黄鶴齡校刊　清道光二十八年（1848）刻本　清丁芸序　清丁芸書　清丁芸批　四册　九行二十一字白口左右雙邊

450000－2602－0002722　08644
**小匏庵詩話十卷**　（清）吴仰賢輯　清光緒八年（1882）刻本　三册　十二行二十四字小字雙行同上下黑口左右雙邊

450000－2602－0002723　08561
**湘水懷清集一卷**　（清）□□撰　清光緒二十九年（1903）刻本　一册　九行二十一字黑口左右雙邊

450000－2602－0002724　08645
**筱園詩話四卷**　（清）朱庭珍撰　清光緒十年（1884）滇省王氏務本堂刻本　四册　九行二十字白口四周單邊

450000－2602－0002725　08650
**退菴詩話十二卷**　（清）何曰愈撰　清光緒九年（1883）刻本　四册　十一行二十四字白口左右雙邊

450000－2602－0002726　08641
**吟林綴語不分卷**　（清）戴文選撰　清光緒三年（1877）錢塘朱觀樓且齋刻本　四册　八行十九字小字雙行同白口四周雙邊

450000－2602－0002727　08555
**寧都三魏全集六種八十三卷**　（清）林時益輯　清刻本　六十四册　九行二十字小字雙行同白口左右雙邊

450000－2602－0002728　08656
**詩藪内編六卷詩藪外編四卷詩藪雜編六卷**　（明）胡應麟撰　清光緒廣雅書局刻廣雅書局叢書本　四册　十一行二十四字小字雙行同上下黑口四周單邊

450000－2602－0002729　08643
**柳亭詩話三十卷**　（清）宋長白撰　（清）宋澤元校刊　清光緒八年（1882）刻懺花盦叢書本　八册　十行二十一字小字雙行同白口左右雙邊

450000－2602－0002730　08648
**達觀堂詩話八卷**　（清）張晉本著　清同治十二年（1873）芊園刻本　四册　九行二十一字小字雙行同白口左右雙邊

450000－2602－0002731　08562
**蘭言集二十卷**　（清）謝堃選　清道光三年（1823）揚州藝古堂書坊刻本　五册　十行十九字上下黑口左右雙邊

450000－2602－0002732　08652
**滇南草堂詩話十四卷**　（清）檀萃輯　清嘉慶五年（1800）刻本　八册　十行二十字小字雙行同白口四周單邊

450000－2602－0002733　05061
**句溪褋筆六卷**　（清）陳立撰　清光緒十四年（1888）刻廣雅書局叢書本　二册　十一行二十五字小字雙行同上下黑口四周單邊

450000－2602－0002734　08557
**國朝蜀詩略十二卷**　（清）張沆輯　（清）蔡壽祺刪訂　清咸豐七年（1857）京師刻本　佚名題記　六册　九行二十一字小字雙行同上下黑口四周雙邊

450000－2602－0002735　08664
**芳菲菲堂詩話一卷**　（清）畢希卓撰　清宣統元年（1909）海上娜嬛社鉛印本　一册　十二行三十字白口四周雙邊

450000－2602－0002736　08683
**東泉詩話□□卷**　(清)馬星翼著　清道光二十一年(1841)刻本　四册　十行二十四字黑口左右雙邊　存四卷(一至四)

450000－2602－0002737　08662
**出戍詩話四卷**　(清)玉堂居士(袁潔)誌　清道光二年(1822)刻本　二册　八行十六字白口四周雙邊

450000－2602－0002738　08632
**苕溪漁隱叢話前集六十卷後集四十卷**　(宋)胡仔纂集　清乾隆五年至六年(1740－1741)楊佑啟耘經樓刻本　八册　十三行21至二十三字上下黑口左右雙邊

450000－2602－0002739　08607
**談藝珠叢二十七種四十五卷**　(清)王啟原輯　清光緒十一年(1885)長沙玉尺山房刻本　十册　八行二十一字小字雙行同白口四周雙邊　存二十六種四十一卷

450000－2602－0002740　08684
**停雲閣詩話十六卷**　(清)李家瑞纂　清咸豐五年(1855)刻本　四册　十二行二十三字小字雙行同白口四周雙邊

450000－2602－0002741　08689
**詩家直說四卷**　(明)謝榛撰　清刻本　二册　八行二十一字白口四周雙邊

450000－2602－0002742　08669
**罨畫樓詩話八卷**　(清)廖景文撰　清光緒元年(1875)刻本　四册　八行十二字小字雙行同白口左右雙邊

450000－2602－0002743　08593
**崑崙集一卷續一卷附一卷**　葉德輝輯　清光緒二十五年(1899)長沙葉氏刻觀古堂彙刻書本　一册　十一行二十二字小字雙行同上下黑口左右雙邊

450000－2602－0002744　08658
**養自然齋詩話十卷**　(清)鍾駿聲輯　清同治十三年(1874)刻本　五册　九行二十一字小字雙行同上下黑口四周雙邊

450000－2602－0002745　08659
**養自然齋詩話十卷**　(清)鍾駿聲輯　清同治十三年(1874)刻本　五册　九行二十一字小字雙行同上下黑口四周雙邊

450000－2602－0002746　08685
**竹溪詩話二卷**　(清)李少白撰　清光緒三年(1877)粒氏刻本　二册　九行二十三字白口四周雙邊

450000－2602－0002747　08633
**歲寒堂詩話二卷**　(宋)張戒撰　清刻武英殿聚珍版書本　一册　九行二十一字小字雙行同白口四周雙邊

450000－2602－0002748　08657
**樵隱詩話十三卷**　(清)林鈞撰　清光緒二年(1876)刻本　六册　九行二十一字小字雙行同上下黑口左右雙邊

450000－2602－0002749　08686
**雨村詩話十六卷**　(清)李調元撰　清九經堂刻本　六册　十行二十一字白口左右雙邊

450000－2602－0002750　08527
**批點增註七家詩選七卷**　(清)王廷紹著　(清)張熙宇輯　清咸豐十年(1860)文林閣刻本　四册　八行二十字小字雙行二十字白口四周單邊

450000－2602－0002751　08660
**挹翠樓詩話四卷**　(清)潘清撰　清同治二年(1863)刻本　二册　九行二十一字白口左右雙邊

450000－2602－0002752　08581
**軍人淚不分卷**　清宣統二年(1910)石印本　一册　十二行二十八字小字雙行同白口四周雙邊

450000－2602－0002753　08687
**蠡莊詩話十卷**　(清)袁潔撰　清嘉慶刻本　八册　八行十六字白口四周雙邊

450000－2602－0002754　08692
**飲冰室詩話五卷**　梁啟超著　清宣統二年

(1910)上海書局石印本　五冊　十二行二十六字小字雙行同白口四周雙邊

450000－2602－0002755　08602
**聲調譜彙刻五種十一卷**　(清)王懿榮輯　清刻天壤閣叢書本　一冊　十行二十二字小字雙行同上下黑口四周單邊

450000－2602－0002756　08673
**聲調前譜一卷續譜一卷後譜一卷談龍録一卷**　(清)趙執信撰　清光緒四年(1878)刻本　一冊　十行十九字小字雙行同上下黑口四周雙邊

450000－2602－0002757　08531
**飣餖吟十二卷**　(清)石贊清集　(清)黄丙森註釋　清咸豐刻本　四冊　九行二十一字小字雙行同白口四周雙邊

450000－2602－0002758　08556
**國朝全蜀詩鈔六十四卷**　(清)孫桐生輯　清光緒五年(1879)刻本　二十冊　九行二十一字小字雙行同白口左右雙邊

450000－2602－0002759　08699
**試律叢話八卷**　(清)梁章鉅撰　清同治八年(1869)高安縣署刻本　四冊　十行二十二字小字雙行同白口四周雙邊

450000－2602－0002760　08674
**白嶽盦詩話二卷**　(清)余楙著　清宣統三年(1911)國學扶輪社鉛印張氏適園叢書本　一冊　十一行二十九字小字雙行同白口四周雙邊

450000－2602－0002761　03320
**蠻書十卷**　(唐)樊綽撰　清光緒刻漸西村舍匯刊本　一冊　十行二十二字小字雙行同白口左右雙邊

450000－2602－0002762　08693/1
**眉韻樓詩話八卷**　孫雄輯　清光緒三十四年(1908)鉛印晨風閣叢書本　四冊　十二行二十九字小字雙行同白口四周雙邊

450000－2602－0002763　08551
**國朝杭郡詩續輯四十六卷姓氏韻編一卷**　(清)吳振棫編　清光緒二年(1876)錢唐丁氏刻本　二十四冊　十二行二十三字小字雙行同白口左右雙邊

450000－2602－0002764　08474
**歷科鄉會元魁大成不分卷**　(清)褎海山房主人輯　清光緒十五年(1889)上海鴻寶齋書局石印本　十一冊　十七行50字上黑口四周單邊

450000－2602－0002765　08530
**國朝試律淺説靈通解二卷新鍥應試唐詩淺説靈通解二卷**　(清)任福祐輯　清同治四年(1865)連元閣刻本　一冊　九行二十四字小字雙行同下黑口四周單邊

450000－2602－0002766　08693/2
**眉韻樓詩話續編四卷**　孫雄輯　清宣統二年(1910)北洋官報局鉛印詩史閣叢書本　二冊　十二行二十九字小字雙行同白口四周雙邊

450000－2602－0002767　08670
**塞患詩話二卷**　張翼廷輯　清宣統二年(1910)鉛印本　二冊　十一行二十二字白口四周雙邊

450000－2602－0002768　S254
**德音堂琴譜十卷**　(清)吳之振鑒定　(清)吳寶芝　(清)汪天榮校　清康熙三十年(1691)刻本　八冊　八行十八字小字雙行同白口左右雙邊

450000－2602－0002769　08473
**經藝聯奎□□卷**　清刻本　十一冊　十三行二十七字小字雙行同白口四周雙邊　存二十二卷(十三至十六、十九至二十、二十三至二十四、二十七至二十八、三十九至四十、四十三至四十六、五十三至五十四、五十七至六十)

450000－2602－0002770　08826
**秋夢盦詞鈔二卷**　(清)葉衍蘭著　清光緒十六年(1890)刻十八年(1892)增刻本　清張鳴珂題記　一冊　九行二十一字上下黑口四周

雙邊

450000－2602－0002771　08803
**彈指詞三卷**　（清）顧貞觀著　清光緒四年（1878）枕經葄史齋刻本　一册　九行十九字小字雙行同上下黑口四周雙邊

450000－2602－0002772　08780
**吴氏石蓮庵刻山左人詞十七種四十九卷附一種一卷**　吴重憙輯　清光緒二十七年（1901）吴氏金陵刻本　一册　十一行二十一字小字雙行同上下黑口左右雙邊　存二種九卷（姑溪詞三卷、琴趣外篇六卷）

450000－2602－0002773　08794
**曝書亭集詞註七卷**　（清）朱彝尊撰　（清）李富孫　（清）嚴榮參注　清嘉慶十九年（1814）校經廎刻本　四册　十一行二十三字小字雙行同白口左右雙邊

450000－2602－0002774　08436
**皇朝經世文編一百二十卷姓名總目二卷**　（清）賀長齡輯　清光緒二十八年（1902）上海寶善書局石印本　二十册　二十四行五十二字白口四周雙邊

450000－2602－0002775　08867
**全史宫詞二十卷**　（清）史夢蘭撰　清咸豐六年（1856）樂亭史氏刻本　四册　九行二十三字小字雙行同白口四周雙邊

450000－2602－0002776　08828
**秋夢盦詞鈔二卷續一卷**　（清）葉衍蘭著　清光緒十六年（1890）羊城刻本　一册　九行二十一字上下黑口四周雙邊

450000－2602－0002777　08437
**皇朝經世文續編一百二十卷**　（清）葛士濬輯　清光緒十四年（1888）圖書集成局鉛印本　三十二册　十三行四十字小字雙行同白口四周單邊

450000－2602－0002778　08745；08815；08818；08805；08799；08809；08749
**榆園叢刻十五種附一種**　（清）許增輯　清同治、光緒間刻本　八册　十二行二十三字小字雙行同白口左右雙邊　存十種四十六卷

450000－2602－0002779　08435
**皇朝經世文編一百二十卷姓名總目二卷**　（清）賀長齡輯　清光緒十四年（1888）上海廣百宋齋鉛印本　二十四册　十六行四十二字白口四周雙邊

450000－2602－0002780　08439
**皇朝經世文三編八十卷**　（清）陳忠倚輯　清光緒二十八年（1902）上海書局石印本　十六册　二十四行五十字小字雙行同白口四周雙邊

450000－2602－0002781　08827
**秋夢盦詞鈔二卷續一卷再續一卷**　（清）葉衍蘭著　清光緒十六年（1890）刻二十年（1894）增刻本　一册　九行二十一字上下黑口四周雙邊

450000－2602－0002782　08438
**皇朝經世文續編一百二十卷**　（清）葛士濬輯　清光緒十七年（1891）廣百宋齋鉛印本　二十四册　十七行四十二字小字雙行同白口四周雙邊

450000－2602－0002783　08443
**皇朝經世文新編二十一卷**　麥仲華輯　清光緒二十四年（1898）上海譯書局石印本　十二册　十五行三十二字小字雙行同上下黑口四周單邊

450000－2602－0002784　08868
**全史宫詞二十卷**　（清）史夢蘭撰　清咸豐六年（1856）樂亭史氏刻本　四册　九行二十三字小字雙行同白口四周雙邊

450000－2602－0002785　08680
**緝雅堂詩話二卷**　（清）潘衍桐撰　清光緒十七年（1891）杭州刻本　二册　十行二十字小字雙行同上下黑口四周雙邊

450000－2602－0002786　08854
**弟一生修梅花館詞六卷附存悔詞一卷香海棠館詞話一卷**　況周儀（況周頤）撰　清光緒十八年（1892）刻本　一册　十行二十字小字雙

行同上下黑口左右雙邊

450000－2602－0002787　08442
**皇朝經世文新編二十一卷**　麥仲華輯　清光緒二十七年(1901)上海書局石印本　十二册　二十二行四十八字白口四周雙邊

450000－2602－0002788　08810
**花影吹笙詞鈔二卷小遊僊詞一卷**　(清)葉英華撰　清光緒三年(1877)羊城刻本　一册　十行二十一字小字雙行同上下黑口四周雙邊

450000－2602－0002789　08732
**全唐文紀事一百二十二卷首一卷**　(清)陳鴻墀撰　清同治十二年(1873)巴陵方功惠廣州刻本　七册　九行二十一字小字雙行同白口四周雙邊　存二十四卷(三十三至五十六)

450000－2602－0002790　08440
**皇朝經世文三編八十卷**　(清)陳忠倚輯　清光緒二十七年(1901)上海書局石印本　十六册　二十行四十五字小字雙行同白口四周雙邊

450000－2602－0002791　08811
**花影吹笙詞鈔二卷小遊僊詞一卷**　(清)葉英華撰　清光緒三年(1877)羊城刻本　一册　十行二十一字小字雙行同上下黑口四周雙邊

450000－2602－0002792　08798
**憶雲詞甲稾一卷乙稾一卷丙稾一卷丁稾一卷刪存一卷補遺一卷**　(清)項廷紀撰　清光緒二十五年(1899)思賢書局刻本　一册　十一行二十字小字雙行同上下黑口左右雙邊

450000－2602－0002793　08829
**説劍堂詩集三卷詞集一卷**　潘飛聲撰　清光緒十七年(1891)羊城富文齋刻本　一册　十二行二十四字小字雙行同白口左右雙邊

450000－2602－0002794　08746
**花外集一卷**　(宋)王沂孫撰　**漱玉詞一卷**　(宋)李清照撰　清光緒七年(1881)四印齋刻本　一册　十行二十字小字雙行同上下黑口左右雙邊

450000－2602－0002795　08800
**眉綠樓詞八卷**　(清)顧文彬撰　清光緒十年(1884)刻本　四册　九行二十一字小字雙行同白口左右雙邊

450000－2602－0002796　08441
**皇朝經世文四編五十二卷**　(清)何良棟輯　清光緒二十八年(1902)鴻寶書局石印本　十一册　二十二行四十六字小字雙行同白口四周雙邊　存四十九卷(一至四十九)

450000－2602－0002797　08830
**清夢盦二白詞五卷**　(清)沈傳桂撰　**附刻一卷**　清道光二十五年(1845)刻本　一册　十行二十二字白口四周雙邊

450000－2602－0002798　08865
**詞選二卷茗柯詞一卷**　(清)張惠言錄　**立山詞一卷**　(清)張琦撰　清光緒四年(1878)刻本　一册　十一行二十三字小字雙行同白口左右雙邊

450000－2602－0002799　08831
**清夢盦二白詞五卷**　(清)沈傳桂撰　**附刻一卷**　清道光二十五年(1845)刻本　一册　十行二十二字白口四周雙邊

450000－2602－0002800　08866
**續詞選二卷附錄一卷**　(清)董毅錄　清光緒四年(1878)鄂渚刻本　一册　十一行二十三字小字雙行同白口左右雙邊

450000－2602－0002801　08832
**樂府補亡一卷**　曹元忠撰　清光緒二十七年(1901)刻箋經室叢書本　一册　六行十六字白口四周單邊

450000－2602－0002802　07069
**垂光集一卷附錄一卷**　(明)周璽撰　清光緒元年(1875)合肥張氏毓秀堂刻廬陽三賢集本　一册　十行二十一字小字雙行同上下黑口四周雙邊

450000－2602－0002803　08864
**詞選二卷**　(清)張惠言錄　**附錄一卷**　(清)鄭善長輯　**續詞選二卷**　(清)董毅錄　清同

治六年(1867)刻本　一册　十一行二十三字小字雙行同白口左右雙邊

450000－2602－0002804　05018
**石渠餘記六卷**　(清)王慶雲述　清光緒十六年(1890)攸縣龍璋刻本　六册　十行二十二字小字雙行同上下黑口左右雙邊

450000－2602－0002805　05088
**藝概六卷**　(清)劉熙載撰　清光緒三年(1877)嶺南刻本　六册　十一行二十一字白口左右雙邊

450000－2602－0002806　06860
**范石湖詩集注三卷**　(宋)沈欽韓撰　清光緒十九年(1893)刻廣雅書局叢書本　一册　十一行二十四字小字雙行同上下黑口四周單邊

450000－2602－0002807　06600
**王摩詰詩集十卷**　(唐)王維撰　(宋)劉辰翁(明)顧璘評　清光緒五年(1879)碧琳瑯館刻朱墨套印本　二册　八行十九字小字雙行同白口左右雙邊　存七卷(一至七)

450000－2602－0002808　05330
**詳注聊齋志異圖詠十六卷首一卷**　(清)蒲松齡撰　(清)呂湛恩注　(清)徐潤編　清光緒十二年(1886)上海同文書局石印本　八册十四行三十六字小字雙行同白口四周花邊

450000－2602－0002809　06774
**陳野巖先生全集四卷**　(清)陳邦彦撰　(清)温汝能校輯　清嘉慶十年(1805)聽松閣刻本　四册　十行二十二字小字雙行同白口四周雙邊

450000－2602－0002810　05229
**涑水紀聞十六卷**　(宋)司馬光撰　清光緒三年(1877)湖北崇文書局刻本　一册　十二行二十四字小字雙行同上下黑口四周雙邊　存四卷(一至四)

450000－2602－0002811　06772
**宋李忠定公文集三十九卷**　(宋)李綱撰　清光緒三十四年(1908)湘鄉愛日堂刻本　八册　九行二十字小字雙行同上下黑口左右雙邊

450000－2602－0002812　05460
**札迻十二卷**　(清)孫詒讓撰　清光緒二十年(1894)籀廎刻本　四册　十二行二十三字小字雙行同上下黑口左右雙邊

450000－2602－0002813　08833
**養默山房詩餘三卷**　(清)謝元淮撰　清道光二十八年(1848)朱墨套印刻本　一册　六行十五字白口左右雙邊　存二卷(填詞淺說一卷、海天秋角詞一卷)

450000－2602－0002814　08938
**皇朝詞林典故六十四卷**　(清)□□輯　清刻本　三十二册　七行十七字白口四周雙邊

450000－2602－0002815　09014
**桃花扇傳奇二卷**　(清)雲亭山人編　清康熙西園刻本　四册　十行二十字白口四周單邊

450000－2602－0002816　09011
**鳴鳳記二卷**　清刻本　二册　九行十九字小字雙行同下黑口左右雙邊

450000－2602－0002817　08921
**粤東三家詞鈔三卷**　(清)葉衍蘭輯　清光緒二十一年(1895)刻本　一册　九行二十一字小字雙行同白口四周雙邊

450000－2602－0002818　S231
**山東運河備覽十二卷圖一卷**　(清)陸耀等纂　清乾隆四十一年(1776)陸耀切問齋刻本　六册　十一行二十五字小字雙行同白口左右雙邊

450000－2602－0002819　08911
**國朝詞綜二集八卷**　(清)王昶輯　清刻本　二册　十行二十一字小字雙行同上下黑口左右雙邊

450000－2602－0002820　09015
**桃花扇傳奇四卷首一卷**　(清)雲亭山人編　清光緒二十一年(1895)合肥李氏蘭雪堂刻本　五册　九行二十字小字雙行同白口四周單邊

450000－2602－0002821　08888

唐五代詞選三卷　(清)成肇麐輯　清光緒十三年(1887)刻本　一冊　十一行二十字小字雙行同上下黑口左右雙邊

450000－2602－0002822　08795

江東詞稿一卷　(清)尹恭保著　清光緒七年(1881)刻本　一冊　十行二十五字小字雙行同白口四周雙邊

450000－2602－0002823　08889

唐五代詞選三卷　(清)成肇麐輯　清光緒十三年(1887)刻本　一冊　十一行二十字小字雙行同上下黑口左右雙邊

450000－2602－0002824　08915

天籟軒詞選六卷　(清)葉申薌輯　清道光十九年(1839)刻天籟軒五種本　四冊　十行二十一字白口四周雙邊　存二卷(五至六)

450000－2602－0002825　08836

彊邨詞三卷　朱祖謀撰　清光緒三十一年(1905)刻本　一冊　十行十七字小字雙行同上下黑口左右雙邊

450000－2602－0002826　08890

宋四家詞選一卷　(清)周濟輯　清光緒刻本　一冊　十一行二十字小字雙行同上下黑口左右雙邊

450000－2602－0002827　09010

西樓記二卷　清刻本　二冊　九行十九字小字雙行同下黑口左右雙邊

450000－2602－0002828　08910

國朝詞綜四十八卷　(清)王昶輯　清同治四年(1865)亦西齋刻本　九冊　十行二十一字上下黑口左右雙邊　存四十二卷(一至四十二)

450000－2602－0002829　08898

[宋詞四種]四卷　(清)□□抄　清抄本　二冊　十行十八字無版框

450000－2602－0002830　08984

詞林韻釋一卷　(宋)□□撰　清嘉慶十五年(1810)秦氏享帚精舍刻詞學叢書本　一冊　八行十六字白口左右雙邊

450000－2602－0002831　08869

樂府新編陽春白雪前集五卷後集五卷　(元)楊朝英選集　清光緒三十一年(1905)徐乃昌影元刻本　一冊　十六行二十七字小字雙行同白口左右雙邊

450000－2602－0002832　08923

國朝金陵詞鈔八卷坿一卷　陳作霖輯　清光緒二十八年(1902)刻本　四冊　十二行二十三字小字雙行同白口四周雙邊

450000－2602－0002833　08870

皖詞紀勝一卷　徐乃昌集　清光緒南陵徐氏小檀欒室刻隨盦所著書本　一冊　十一行二十一字小字雙行同上下黑口左右雙邊

450000－2602－0002834　09013

納書楹紫釵記全譜二卷　(清)葉堂訂譜　(清)王文治恭訂　清刻本　四冊　十二行十八字小字雙行不等白口四周雙邊

450000－2602－0002835　08924

湖州詞徵二十四卷附一卷　朱祖謀輯校　清宣統三年(1911)章震福刻本　四冊　十二行二十二字小字雙行同上下黑口左右雙邊

450000－2602－0002836　08978

詞鏡平仄圖譜三卷　(清)賴以邠著　(清)查繼超輯　清光緒八年(1882)刻朱墨套印本　一冊　七行十八字小字雙行同白口四周雙邊

450000－2602－0002837　08920

閨秀詞鈔十六卷補遺一卷　徐乃昌譔錄　清宣統元年(1909)刻小檀欒室彙刻閨秀詞本　八冊　十一行二十一字小字雙行同上下黑口左右雙邊

450000－2602－0002838　08894

四印齋所刻詞　(清)王鵬運輯　清光緒臨桂王氏四印齋刻本　四冊　十行十八字小字雙行同白口左右雙邊　存二種九卷

450000－2602－0002839　08980

詞律校勘記二十卷　(清)杜文瀾撰　清咸豐

十一年(1861)刻曼陀羅花閣叢書本　二册　九行二十一字小字雙行同白口左右雙邊

450000－2602－0002840　08786

**廿一史彈詞註十一卷**　(明)楊慎編著　(清)張三異增定　(清)張仲璜註　清乾隆資善堂刻本　清佚名標點　八册　十一行二十一字小字雙行同白口四周單邊

450000－2602－0002841　08930

**皖詞紀勝一卷**　徐乃昌纂集　清光緒南陵徐氏小檀欒室刻隨盦所著書本　一册　十一行二十一字小字雙行同上下黑口左右雙邊

450000－2602－0002842　08997

**紅雪樓九種曲十三卷**　(清)蔣士銓撰　清紅雪樓刻本　十册　九行二十二字小字雙行同白口四周單邊

450000－2602－0002843　08971

**天籟軒詞譜六卷**　(清)葉申薌輯　清道光十一年(1831)刻天籟軒五種本　十二册　十行二十一字小字雙行同白口四周雙邊

450000－2602－0002844　08931

**名家詞十七種二十四卷**　繆荃孫輯　清光緒江陰繆氏刻雲自在龕叢書本　二册　十一行二十三字小字雙行同上下黑口左右雙邊　存九種十一卷(立山詞一卷、竹鄰詞一卷、齊物論齋詞一卷、柳下詞一卷、萬善花室詞一卷、汀鷺詩餘水雲樓詞二卷續一卷、蘭紉詞一卷、瓠落詞一卷)

450000－2602－0002845　08812

**隨園三十八種**　(清)袁枚撰　清光緒隨園刻本　一册　十行二十一字小字雙行同上下黑口左右雙邊　存三種四卷

450000－2602－0002846　07194

**胡文忠公遺集十卷首一卷**　(清)胡林翼撰　清同治五年(1866)山左刻本　八册　九行二十三字小字雙行同下黑口四周雙邊

450000－2602－0002847　06938

**元遺山詩集箋注十四卷首一卷末一卷**　(金)元好問撰　(元)張德輝類次　(清)施國祁箋注　清道光二年(1822)南潯蔣氏瑞松堂刻本　三册　十二行二十三字小字雙行三十四字上下黑口左右雙邊　存十二卷(一至十一、首一卷)

450000－2602－0002848　06943

**文山别集四種十四卷**　(宋)文天祥撰　清宣統二年(1910)東吳范氏皕海棠東雅社鉛印本　四册　十二行三十字小字雙行同上下黑口四周雙邊

450000－2602－0002849　09024

**庚子國變彈詞四十回**　(清)上海世界繁華報館編　清光緒二十八年(1902)上海世界繁華報館鉛印本　六册　十二行二十三字白口左右雙邊

450000－2602－0002850　06942

**文山别集四種十四卷**　(宋)文天祥撰　清宣統二年(1910)東吳范氏皕海棠東雅社鉛印本　陳柱題跋　一册　十二行三十字小字雙行同上下黑口四周雙邊　存四卷(指南後録三卷、指南後録附一卷)

450000－2602－0002851　09017

**長生殿傳奇二卷**　(清)洪昇撰　清文林堂板袖珍本　四册　九行十八字小字雙行同白口四周雙邊

450000－2602－0002852　09064

**新編玉鴛鴦初集四卷二集四卷三集四卷四集四卷**　(清)□□撰　清碧梧亭刻本　五册　十一行二十八字白口四周單邊

450000－2602－0002853　09004

**吳吳山三婦合評牡丹亭還魂記二卷附録一卷**　(明)湯義仍　(湯顯祖)元本　(清)陳同評點　(清)錢宜參評　**或問一卷**　(清)吳儀一撰　清同治九年(1870)刻本　四册　十行二十字小字雙行同白口左右雙邊

450000－2602－0002854　08720

**讀書作文譜十二卷**　(清)唐彪輯　清嘉慶二十四年(1819)羊城古經閣刻讀書作文譜父師善誘法合刻本　五册　八行二十字白口四周

單邊

450000－2602－0002855　09018

**梅花韻全傳十卷**　（清）□□撰　清道光元年（1821）刻本　五冊　十行二十字小字雙行同白口左右雙邊

450000－2602－0002856　07067

**返生香一卷**　（明）葉小鸞著　**附集一卷窈聞一卷續窈聞一卷**　（清）葉紹袁等撰　清光緒二十二年（1896）廣州刻本　二冊　九行二十一字小字雙行同白口四周單邊

450000－2602－0002857　09019

**西堂樂府七卷**　（清）尤侗撰　清刻本　一冊　十行二十一字白口四周單邊　存三卷（桃花源一卷、黑白衛一卷、李白登科記一卷）

450000－2602－0002858　09059

**何仙姑寶卷二卷**　清光緒三十二年（1906）粵東河南中和堂刻本　一冊　九行不等小字雙行不等白口左右雙邊

450000－2602－0002859　09040

**遏雲閣曲譜不分卷**　（清）王錫純輯　（清）李秀雲拍正　清光緒十九年（1893）鉛印本　八冊　行字不等白口四周雙邊

450000－2602－0002860　08996

**紅雪樓九種曲十三卷**　（清）蔣士銓撰　清紅雪樓刻本　十二冊　九行二十二字小字雙行同白口四周單邊

450000－2602－0002861　09065

**海山仙館叢書五十六種四百八十四卷**　（清）潘仕成輯　清道光、咸豐間番禺潘氏刻光緒中補刻本　一百二十冊　九行二十一字小字雙行同上下黑口左右雙邊　存五十六種四百七十九卷

450000－2602－0002862　08708

**臥園詩話八卷**　（清）潘煥龍著　清刻本　四冊　九行二十字小字雙行同白口左右雙邊

450000－2602－0002863　08965

**詞律二十卷首一卷**　（清）萬樹編次　清光緒二年（1876）吳下刻本　十一冊　七行二十一字小字雙行同白口左右雙邊

450000－2602－0002864　08943

**詞名集解六卷**　（清）汪汲撰　清乾隆刻古愚老人消夏錄本　二冊　九行二十四字小字雙行同白口四周單邊

450000－2602－0002865　09046

**六也曲譜初集不分卷**　張芬輯　清光緒三十四年（1908）蘇州振新書社石印本　四冊　行字不等白口四周花邊

450000－2602－0002866　08958

**樂府侍兒小名一卷通話二卷**　（清）李調元撰　清刻本　一冊　十行二十字小字雙行同白口四周雙邊

450000－2602－0002867　08733

**四六叢話三十三卷選詩叢話一卷**　（清）孫梅輯　清光緒七年（1881）吳下刻本　十二冊　十行二十一字小字雙行同上下黑口左右雙邊

450000－2602－0002868　08962

**詞律二十卷首一卷**　（清）萬樹編次　清光緒二年（1876）吳下刻本　十二冊　七行二十一字小字雙行同白口左右雙邊　存十九卷（三至二十、首一卷）

450000－2602－0002869　02454

**潛研堂金石文跋尾二十卷**　（清）錢大昕撰　清光緒長沙龍氏家塾刻嘉定錢氏潛研堂全書本　七冊　十行二十二字小字雙行同上下黑口左右雙邊

450000－2602－0002870　09070

**漢魏六十名家八十四卷**　（明）張運泰　（明）何允中輯　清嘉慶八年（1803）刻本　三十八冊　十行二十七字白口四周單邊

450000－2602－0002871　08979

**詞學全書四種十七卷**　（清）查培繼編　清刻本　三冊　九行二十字小字雙行同白口四周單邊　存二種五卷（填詞圖譜卷一至四、古今詞論一卷）

450000－2602－0002872　09083

**士禮居黄氏叢書**　(清)黄丕烈輯　清光緒十三年(1887)上海蜚英館石印本　三十冊　十行二十字小字雙行同白口左右雙邊　存二十種一百九十四卷

450000－2602－0002873　09075

**正誼堂全書六十八種**　(清)張伯行輯　清同治五年(1866)福州正誼書院刻八年至九年(1869－1870)續刻本　二百二十冊　十行二十二字小字雙行同白口左右雙邊　存五十八種四百二十九卷

450000－2602－0002874　09081

**涉聞梓舊二十五種一百十九卷**　(清)蔣光煦輯　清咸豐元年(1851)海昌蔣氏宜年堂刻本　二十四冊　十一行二十一字上下黑口左右雙邊

450000－2602－0002875　09062

**新選梅李争花全本四卷**　(清)□□撰　清丹柱堂刻本　一冊　十一行二十八字小字雙行同白口四周單邊

450000－2602－0002876　09085

**功順堂叢書十八種八十一卷**　(清)潘祖蔭輯　清光緒吳縣潘氏刻本　三十二冊　九行二十二字小字雙行同上下黑口左右雙邊　存十八種七十七卷

450000－2602－0002877　05037

**日知録集釋三十二卷刊誤二卷續刊誤二卷**　(清)顧炎武著　(清)黄汝成集釋　清同治八年(1869)廣州述古堂刻本　十六冊　十一行二十二字小字雙行同上下黑口左右雙邊

450000－2602－0002878　05040

**東塾讀書記二十五卷**　(清)陳澧撰　清光緒刻本　五冊　十二行二十四字小字雙行同上下黑口四周單邊　存十五卷(一至十二、十五至十六、二十一)

450000－2602－0002879　07134

**張文忠公文集十一卷詩集六卷**　(明)張居正撰　清宣統三年(1911)醉古堂石印本　三冊　十四行三十字白口左右雙邊　存十四卷(文集一至八、詩集六卷)

450000－2602－0002880　05310

**續太平廣記八卷**　(清)陸壽名輯　清嘉慶三年(1798)懷德堂刻本　八冊　九行二十六字上下黑口四周雙邊

450000－2602－0002881　09094

**張氏適園叢書七種三十三卷**　張鈞衡輯　清宣統三年(1911)上海國學扶輪社鉛印本　十冊　十一行二十九字小字雙行同上下黑口四周雙邊

450000－2602－0002882　09095

**張氏適園叢書七種三十三卷**　張鈞衡輯　清宣統三年(1911)上海國學扶輪社鉛印本　十冊　十一行二十九字小字雙行同上下黑口四周雙邊

450000－2602－0002883　08939

**詞苑叢談十二卷**　(清)徐釚編輯　清道光二十七年(1847)番禺潘氏刻海山仙館叢書本　四冊　九行二十一字小字雙行同上下黑口左右雙邊

450000－2602－0002884　09066

**海山仙館叢書五十六種四百八十四卷**　(清)潘仕成輯　清道光、咸豐間番禺潘氏刻光緒中補刻本　一百九冊　九行二十一字小字雙行同上下黑口左右雙邊　存五十五種四百六十五卷

450000－2602－0002885　09088

**藕香零拾三十九種一百二卷**　繆荃孫輯　清光緒二十二年至宣統二年(1896－1910)刻本　三十二冊　十四行二十一字小字雙行同上下黑口左右雙邊

450000－2602－0002886　09105

**半厂叢書初編十種八十四卷**　(清)譚獻輯　清同治、光緒間仁和譚氏刻本　十六冊　十一行二十一字小字雙行同白口左右雙邊

450000－2602－0002887　09084

**南菁書院叢書四十一種一百三十六卷**　王先

謙　繆荃孫輯　清光緒十四年(1888)江陰南菁書院刻本　三十二冊　九行二十五字小字雙行同白口左右雙邊

450000－2602－0002888　09090

**滂喜齋叢書五十種九十六卷**　(清)潘祖蔭輯　清同治、光緒間吳縣潘氏京師刻本　三十二冊

450000－2602－0002889　09096

**咫進齋叢書三十七種九十三卷**　(清)姚覲元輯　清光緒九年(1883)歸安姚氏刻本　二十四冊　十三行二十二字小字雙行同上黑口左右雙邊

450000－2602－0002890　09136

**時務粹精四種五卷**　(清)魏源撰　清光緒二十四年(1898)知學軒刻本　六冊　十二行二十七字小字雙行同白口左右雙邊

450000－2602－0002891　09130

**鐵華館叢書六種四十五卷**　(清)蔣鳳藻輯　清光緒九年至十年(1883－1884)長洲蔣氏影刻本　四冊　十四行二十六字小字雙行不等白口左右雙邊

450000－2602－0002892　09129

**晨風閣叢書二十二種四十八卷**　沈宗畸輯　清宣統元年(1909)番禺沈氏刻本　十六冊　十一行二十一字小字雙行同上下黑口四周單邊

450000－2602－0002893　09069

**增訂漢魏叢書八十六種四百四十四卷**　(清)王謨輯　清乾隆五十六年(1791)金谿王氏刻本　六十一冊　九行二十字小字雙行同白口左右雙邊　存六十三種三百五十一卷

450000－2602－0002894　09112

**娛園叢刻十一種十五卷**　(清)許增輯　清光緒十五年(1889)刻榆園叢刻本　六冊　十二行二十三字小字雙行同白口左右雙邊

450000－2602－0002895　09134

**國朝名人著述叢編十三種十六卷**　(清)□□輯　清光緒五年(1879)上海淞隱閣鉛印本　八冊　九行二十一字小字雙行同上下黑口四周雙邊

450000－2602－0002896　15800

**咫進齋叢書三十七種九十三卷**　(清)姚覲元輯　清光緒九年(1883)歸安姚氏刻本　三十二冊　十三行二十二字小字雙行同上黑口左右雙邊

450000－2602－0002897　06428

**李長吉歌詩四卷首一卷外集一卷**　(唐)李賀撰　(清)王琦彙解　清光緒四年(1878)宏達堂刻宏達堂叢書本　四冊　十行二十字小字雙行同白口左右雙邊

450000－2602－0002898　09086

**昭代叢書五十種五十卷乙集四十種四十卷**　(清)張潮輯　清埽葉山房刻本　十二冊　九行二十字小字雙行同白口四周單邊

450000－2602－0002899　09098

**說鈴五十三種七十一卷**　(清)吳震方輯　清道光五年(1825)聚秀堂刻本　三十二冊　九行二十一字小字雙行同上下黑口左右雙邊

450000－2602－0002900　06719

**秋浦雙忠錄五種**　劉世珩輯　清光緒二十六年至二十八年(1900－1902)貴池劉氏唐石簃刻貴池先哲遺書本　六冊　十三行二十三字小字雙行同黑口左右雙邊

450000－2602－0002901　09071

**守山閣叢書**　(清)錢熙祚輯　清光緒十五年(1889)上海鴻文書局石印本　六十五冊　十一行二十三字小字雙行同上下黑口左右雙邊　存七十一種四百三十卷

450000－2602－0002902　09093

**讀畫齋叢書四十六種二百一卷**　(清)顧修輯　清嘉慶四年至十六年(1799－1811)桐川顧氏刻本　六十四冊　九行二十一字小字雙行同上下黑口左右雙邊　存四十六種一百九十五卷

450000－2602－0002903　05391

**高僧傳十三卷**　(南朝梁)釋慧皎撰　清道光

十七年(1837)番禺潘氏刻海山仙館叢書本　一冊　九行二十一字小字雙行同上下黑口左右雙邊　存三卷(一至三)

450000－2602－0002904　05465

**高僧傳十三卷**　(南朝梁)釋慧皎撰　清道光十七年(1837)番禺潘氏刻海山仙館叢書本　四冊　九行二十一字小字雙行同上下黑口左右雙邊

450000－2602－0002905　09144

**粤雅堂叢書一百八十四種一千三百五十三卷**　(清)伍崇曜輯　清道光二十九年至光緒十一年(1849－1885)南海伍氏刻彙印本　三百二冊　九行二十一字小字雙行同左右雙邊　存一百四十二種一千二十卷

450000－2602－0002906　06017

**大乘造像功德經二卷**　(唐)釋提曇般若等譯　**佛說作佛形像經一卷**　**佛說造立形像福報經一卷**　**佛說灌洗佛經一卷**　(晉)釋聖堅譯　**佛說灌佛經一卷**　(晉)釋法炬譯　**佛說浴像功德經一卷**　(唐)釋寶思惟譯　**浴像功德經一卷**　(唐)釋義淨譯　**曼殊室利咒藏中校量數珠功德經一卷**　(唐)釋義淨譯　**佛說校量數珠功德經一卷**　(唐)釋寶思惟譯　**佛說龍施女經一卷**　(三國吳)釋支謙譯　**佛說龍施菩薩本起經一卷**　(晉)釋竺法護譯　**佛說八吉祥神咒經一卷**　(三國吳)釋支謙譯　**佛說八陽神咒經一卷**　(晉)釋竺法護譯　**佛說八佛名號經一卷**　(隋)釋闍那崛多譯　**佛說盂蘭盆經一卷**　(晉)釋竺法護譯　**佛說報恩奉盆經一卷**　佚名譯　**佛說觀藥王藥上二菩薩經一卷**　(南朝宋)釋畺良耶舍譯　清同治十一年(1872)常熟刻經處刻本　一冊　十行二十字上下黑口左右雙邊

450000－2602－0002907　05463

**省庵法師語錄二卷**　(清)釋實賢撰　(清)彭際清重訂　清光緒二十六年(1900)揚州藏經院刻本　二冊　十行二十字上下黑口左右雙邊

450000－2602－0002908　06171

**增訂漢魏叢書**　(清)王謨輯　清乾隆五十六年(1791)刻本　一冊　九行二十字小字雙行同白口左右雙邊　存三種三卷(陰符經一卷、黃石公素書一卷、新書一卷)

450000－2602－0002909　06003

**大方廣圓覺修多羅了義經略疏二卷**　(唐)釋宗密述　清光緒三十年(1904)揚州藏經院刻本　二冊　八行二十字小字雙行同上下黑口左右雙邊

450000－2602－0002910　05872

**佛說四諦七經七卷**　清光緒六年(1880)金陵刻經處刻本　一冊　十行二十字上下黑口左右雙邊

450000－2602－0002911　05874

**佛說無量壽經義疏六卷**　(三國魏)釋康僧鎧譯　(隋)釋慧遠撰疏　清光緒二十年(1894)金陵刻經處刻本　二冊　十行二十字上下黑口左右雙邊

450000－2602－0002912　05875

**相宗八要直解八卷**　(清)釋智旭解　清同治九年(1870)金陵刻經處刻本　二冊　十行二十字上下黑口左右雙邊

450000－2602－0002913　09097

**說鈴五十三種六十九卷**　(清)吳震方輯　清嘉慶五年(1800)明新堂刻本　二十三冊　九行二十一字小字雙行同上下黑口左右雙邊

450000－2602－0002914　05904

**唯識二十論一卷**　(印度)世親菩薩造　(唐)釋玄奘譯　**唯識二十論述記四卷**　(唐)釋窺基撰　清宣統二年(1910)江西刻經處刻本　二冊　十行二十字上下黑口左右雙邊

450000－2602－0002915　09178

**函海一百五十種八百五十三卷**　(清)李調元編　清乾隆錦州李氏萬卷樓刻道光五年(1825)李朝夔補刻本　一百九十九冊　十行二十字小字雙行不等白口左右雙邊　存一百四十八種八百四十一卷

450000－2602－0002916　05905

**唯識二十論一卷**　(印度)世親菩薩造　(唐)釋玄奘譯　**唯識二十論述記四卷**　(唐)釋窺基撰　清宣統二年(1910)江西刻經處刻本　二册　十行二十字上下黑口左右雙邊

450000－2602－0002917　05902
**唯識開蒙問答二卷**　(元)釋雲峰集　清宣統三年(1911)揚州藏經院刻本　二册　十行二十字上下黑口左右雙邊

450000－2602－0002918　09131
**功順堂叢書十八種八十一卷**　(清)潘祖蔭輯　清光緒吳縣潘氏刻本　二十四册　九行二十二字小字雙行同上下黑口左右雙邊　存十八種七十七卷

450000－2602－0002919　05995
**大方廣圓覺經大疏十六卷首一卷**　(唐)釋宗密述　清宣統元年(1909)金陵刻經處刻本　四册　十行二十字小字雙行同上下黑口左右雙邊

450000－2602－0002920　05906
**唯識二十論一卷**　(印度)世親菩薩造　(唐)釋玄奘譯　**唯識二十論述記四卷**　(唐)釋窺基撰　清宣統二年(1910)江西刻經處刻本　二册　十行二十字上下黑口左右雙邊

450000－2602－0002921　05402
**八宗綱要二卷**　(日本)釋凝然大德述　清宣統三年(1911)揚州藏經院刻本　一册　十行二十字上下黑口左右雙邊

450000－2602－0002922　05825
**菩薩戒本經一卷**　(□)釋曇無讖譯　**菩薩戒本經箋要一卷**　(□)釋曇無讖譯　(清)釋智旭箋　清同治九年至光緒六年(1870－1880)金陵刻經處刻本　一册　十行二十字上下黑口左右雙邊

450000－2602－0002923　09186
**富強齋叢書正全集八十一種四百四卷**　(清)袁俊德輯　清光緒二十五年(1899)小倉山房石印本　三十八册　二十行四十四字小字雙行同下黑口四周雙邊

450000－2602－0002924　05869
**法海觀瀾五卷**　(清)釋智旭輯　清光緒二十三年(1897)揚州藏經禪院刻本　二册　十行二十字上下黑口左右雙邊

450000－2602－0002925　09154
**國朝名人著述叢編十三種十六卷**　(清)□□輯　清光緒五年(1879)上海淞隱閣鉛印本　六册　九行二十一字小字雙行同上下黑口四周雙邊

450000－2602－0002926　05316
**劍俠傳四卷**　(清)鄭官應校　清光緒七年(1881)刻本　一册　八行十八字白口四周單邊

450000－2602－0002927　05317
**劍俠傳四卷續劍俠傳四卷劍俠圖傳一卷**　(清)鄭官應校　清光緒七年(1881)刻本　三册　八行十八字白口四周單邊

450000－2602－0002928　07175；07174；07016；06340；06929；06931；06933；06940；07444；06776；06545；06745；07118；07155；07162；06871；06760；06863；06621
**正誼堂全書六十八種**　(清)張伯行輯　清同治五年(1866)福州正誼書院刻八年至九年(1869－1870)續刻本　三十四册　十行二十二字小字雙行同白口左右雙邊　存十九種九十三卷

450000－2602－0002929　09155
**硯雲甲編八種二十八卷乙編八種三十四卷**　(清)金忠淳輯　清光緒鉛印申報館叢書本　十二册　十二行二十四字小字雙行同白口四周雙邊

450000－2602－0002930　09172
**粟香室叢書**　金武祥輯　清光緒刻本　十三册　存十五種四十卷

450000－2602－0002931　05826
**大智度論一百卷**　(印度)龍樹菩薩造　(晉)釋鳩摩羅什譯　清光緒九年(1883)姑蘇刻經處刻本　十一册　十行二十字上下黑口左右

雙邊　存四十三卷(一至四、二十一至三十二、四十五至四十八、五十三至五十六、七十三至八十、八十五至八十七、八十九至九十二、九十七至一百)

450000－2602－0002932　05521
**心經注解一卷**　(清)無垢子注　清光緒四年(1878)刻本　一冊　九行二十一字白口左右雙邊

450000－2602－0002933　05511
**妙法蓮華經七卷**　(晉)釋鳩摩羅什譯　清康熙二十五年(1686)端州金溪瑞園精舍刻本　三冊　八行十七字小字雙行同白口四周雙邊

450000－2602－0002934　09184
**守約篇叢書六十二種一百六十七卷**　(清)李光廷輯　清同治粵東富文齋刻本　四十七冊　十行二十一字小字雙行同上下黑口左右雙邊

450000－2602－0002935　09158
**望三益齋叢書十一種三十二卷**　(清)郭傳璞輯　清光緒八年至十六年(1882－1890)鄞郭氏刻二十年(1894)鎮海卲氏彙印本　六冊　十行二十一字小字雙行同上下黑口左右雙邊　存八種二十四卷

450000－2602－0002936　05512
**妙法蓮華經七卷**　(晉)釋鳩摩羅什譯　清同治十年(1871)金陵刻經處刻本　三冊　十行二十字上下黑口左右雙邊

450000－2602－0002937　05406
**禪源諸詮集都序四卷**　(唐)釋宗密述　清光緒十八年(1892)金陵刻經處刻本　一冊　十行二十字上下黑口左右雙邊

450000－2602－0002938　09160
**懷豳雜俎十二種十七卷**　徐乃昌輯　清宣統南陵徐氏刻本　一冊　十行二十字小字雙行同上下黑口左右雙邊

450000－2602－0002939　05430
**金剛般若經六譯本六卷**　(晉)釋鳩摩羅什等譯　清同治十一年(1872)金陵刻書處刻本　一冊　十行二十字上下黑口左右雙邊

450000－2602－0002940　05462
**佛説觀無量壽佛經疏四卷**　(南朝宋)释畺良耶舍譯　(唐)釋善導集記　清光緒二十年(1894)金陵刻書處刻本　二冊　十行二十字小字雙行同上下黑口左右雙邊

450000－2602－0002941　05461
**般若燈論十五卷**　(印度)龍樹菩薩偈本　(印度)分别明菩薩釋論　(唐)釋波羅頗蜜多羅譯　清光緒二十四年(1898)金陵刻經處刻本　三冊　十行二十字小字雙行同上下黑口左右雙邊

450000－2602－0002942　05404
**毗尼珍敬錄二卷**　(明)釋廣承輯錄　(明)釋廣鎬　(明)釋大真參訂　(清)釋智旭會補　清光緒二年(1876)維揚藏經禪院刻本　二冊　十行二十字上下黑口左右雙邊

450000－2602－0002943　S234
**經義考三百卷目錄二卷**　(清)朱彝尊恭錄　(清)李濤恭校　清康熙刻乾隆二十年(1755)盧見曾續刻本　四十八冊　十二行二十三字小字雙行同白口四周單邊　存三百卷(一至二百九十八,目錄二卷)

450000－2602－0002944　06458
**昌黎先生詩集注十一卷**　(唐)韓愈撰　(清)顧嗣立删補　(清)朱彝尊評　(清)何焯評　**昌黎先生[韓愈]年譜一卷**　清光緒九年(1883)廣州翰墨園刻三色套印本　四冊　十一行二十字小字雙行三十字白口左右雙邊

450000－2602－0002945　07015
**剡源集三十卷**　(元)戴表元撰　**重刻剡源集札記一卷**　(清)郁松年撰　清道光二十年(1840)上海郁氏刻宜稼堂叢書本　六冊　十一行二十二字小字雙行同上下黑口左右雙邊

450000－2602－0002946　06456
**昌黎先生詩集注十一卷**　(唐)韓愈撰　(清)顧嗣立删補　(清)朱彝尊評　(清)何焯評　**昌黎先生[韓愈]年譜一卷**　清光緒九年

(1883)廣州翰墨園刻三色套印本　四冊　十一行二十字小字雙行三十字白口左右雙邊

450000－2602－0002947　09159
**觀古堂彙刻書二十二種**　葉德輝輯　清光緒二十一年至三十三年(1895－1907)湘潭葉氏刻本　十四冊　十一行二十二字小字雙行同上下黑口左右雙邊　存十八種五十二卷

450000－2602－0002948　06580
**駱賓王文集十卷**　(唐)駱賓王撰　**考異一卷**　(清)顧廣圻撰　清宣統三年(1911)上海文瑞樓石印本　陳柱題記　二冊　十四行三十字下黑口四周雙邊

450000－2602－0002949　06602
**岑嘉州集八卷**　(唐)岑參撰　清光緒十年(1884)上海同文書局石印唐四家集本　一冊　十行十八字白口左右雙邊

450000－2602－0002950　05454
**高王觀世音菩薩真經一卷**　清末抄本　一冊　八行二十字無框

450000－2602－0002951　09192
**十種古逸書三十卷**　(清)茆泮林輯　清道光十四年(1834)梅瑞軒刻本　張壽鏞題記　六冊　十行二十一字小字雙行同白口左右雙邊

450000－2602－0002952　05477
**善女人傳二卷**　(清)彭際清撰　清同治十一年(1872)常熟刻經處刻本　一冊　十行二十字上下黑口左右雙邊

450000－2602－0002953　09216
**船山遺書**　(清)王夫之撰　清同治四年(1865)湘鄉曾氏金陵刻本　九十九冊　十行二十二字小字雙行同上下黑口左右雙邊　存六十二種二百九十九卷附一種二卷

450000－2602－0002954　05478
**孔雀明王經三卷**　(唐)釋不空譯　清光緒十四年(1888)常熟刻經處刻本　一冊　十行二十字上下黑口左右雙邊

450000－2602－0002955　05479
**三劫三千佛名經三卷**　(南朝宋)釋畺良耶舍譯　清光緒元年(1875)金陵刻經處刻本　一冊　十行二十字上下黑口左右雙邊

450000－2602－0002956　15765
**陳克齋先生集五卷**　(宋)陳文蔚撰　(清)張伯行訂　清同治五年(1866)福州正誼書局刻正誼堂全書本　一冊　十行二十二字小字雙行同白口左右雙邊

450000－2602－0002957　05375
**維摩詰所説經注八卷**　(晉)釋鳩摩羅什譯　清光緒十三年(1887)金陵刻經處刻本　二冊　八行二十字小字雙行同上下黑口左右雙邊

450000－2602－0002958　05376
**維摩詰所説經注八卷**　(晉)釋鳩摩羅什譯　清光緒十三年(1887)金陵刻經處刻本　二冊　八行二十字小字雙行同上下黑口左右雙邊

450000－2602－0002959　05374
**維摩詰所説經注八卷**　(晉)釋鳩摩羅什譯　清光緒十三年(1887)金陵刻經處刻本　二冊　八行二十字小字雙行同上下黑口左右雙邊

450000－2602－0002960　05305
**新鎸玉茗堂批點按鑑參補楊家將傳十卷五十回**　(明)研石山樵訂正　清刻本　八冊　十二行二十四字白口左右雙邊

450000－2602－0002961　S206
**國朝歷科館選錄二卷特授**　(清)沈廷芳原輯　(清)陸費墀重訂　(清)沈世煒重訂　清乾隆十一年至光緒六年(1746－1880)翰林院遞刻本　二冊　八行十九字小字雙行同白口四周雙邊

450000－2602－0002962　09217
**王船山先生經史論八種七十三卷**　(清)王夫之譔　清光緒二十五年(1899)公記書莊石印本　八冊　十七行三十八字白口四周雙邊

450000－2602－0002963　09193
**二酉堂叢書二十一種三十一卷**　(清)張澍輯　清道光元年(1821)武威張氏二酉堂刻本　十二冊　十行二十四字小字雙行同白口左右

雙邊

450000－2602－0002964　05429

**金剛般若波羅蜜經一卷太上感應篇纘義一卷**　（清）俞樾注　清刻本　一冊　十行二十一字小字雙行同白口左右雙邊

450000－2602－0002965　09194

**二酉堂叢書二十一種三十一卷**　（清）張澍輯　清道光元年(1821)武威張氏二酉堂刻本　二冊　十行二十四字小字雙行同白口左右雙邊　存二十種二十九卷

450000－2602－0002966　09211

**台州叢書**　（清）宋世犖輯　清嘉慶、道光間臨海宋氏刻本　二十冊　十行二十一字小字雙行同白口左右雙邊　存七種八十卷

450000－2602－0002967　06707

**后山詩十二卷**　（宋）陳師道撰　（清）任淵注　清刻武英殿聚珍版書本　三冊　九行二十一字小字雙行同白口四周雙邊

450000－2602－0002968　09223

**洪北江全集二十一種二百十四卷附二種九卷**　（清）洪亮吉撰　清光緒洪用懃授經堂刻本　六十二冊　十一行二十二字小字雙行同上下黑口左右雙邊

450000－2602－0002969　05261

**西湖佳話古今遺跡十六卷圖一卷**　（清）墨浪子搜輯　清同治四年(1865)緯文堂刻本　六冊　十行二十二字白口左右雙邊

450000－2602－0002970　06867

**張橫渠先生文集十二卷**　（宋）張載撰　清同治五年(1866)福州正誼書院刻正誼堂全書本　三冊　十行二十二字小字雙行同白口左右雙邊

450000－2602－0002971　05369

**大乘起信論纂註二卷**　（南朝梁）釋真諦譯　**菩薩戒本經箋要一卷**　（清）釋智旭箋　**壇經一卷**　（唐）釋慧能說　**佛說阿彌陀經要解一卷**　（晉）釋鳩摩羅什譯　（清）釋智旭解　清刻本　四冊　十行二十字上下黑口左右雙邊

450000－2602－0002972　09239

**安吳四種三十六卷首一卷尾一卷**　（清）包世臣撰　清道光二十六年(1846)白門倦遊閣木活字印本　十六冊　十行二十一字小字雙行同白口左右雙邊　存三十八卷(中衢一勺三卷附録四卷、藝舟雙楫六卷附録三卷、管情三義賦三卷詩三卷詞一卷濁泉編一卷、齊民四術農三卷禮三卷刑二卷兵四卷、首一卷、尾一卷)

450000－2602－0002973　09240

**安吳四種三十六卷首一卷**　（清）包世臣著　清同治十一年(1872)包誠刻本　二十冊　十行二十二字小字雙行同白口左右雙邊　存三十七卷(中衢一勺一至三、附録一至四,藝舟雙楫一至六、附録一至三,管情三義賦一至三、詩一至三、詞、濁泉編,齊民四術農一至三、禮一至三、刑一至二、兵一至四,首一卷)

450000－2602－0002974　05480

**佛說造塔功德經一卷**　（唐）释地婆訶羅譯　**右繞佛塔功德經一卷**　（唐）釋實叉難陀等譯　**佛說不增不減經一卷**　（印度）释菩提流支譯　**佛說金剛三昧本性清淨不壞不滅經一卷**　**佛說妙色王因緣經一卷**　（唐）釋義淨譯　清刻本　一冊　十行二十字上下黑口左右雙邊

450000－2602－0002975　09226

**番禺陳氏東塾叢書初函四種附一種三十四卷**　（清）陳澧撰　清咸豐至光緒間刻本　九冊　十行二十字白口左右雙邊

450000－2602－0002976　09238

**焦氏遺書十種一百二十四卷附二種二卷**　（清）焦循撰　清嘉慶、道光間江都焦氏雕菰樓刻光緒二年(1876)衡陽魏氏補刻本　四十冊　十行二十一字小字雙行同上下黑口左右雙邊

450000－2602－0002977　09227

**羅忠節公遺集八種十八卷**　（清）羅澤南撰　清咸豐、同治間刻本　八冊　八行二十四字小字雙行同白口四周雙邊　存七種十七卷

450000－2602－0002978　09234

**番禺陳氏東塾叢書初函四種附一種三十四卷**　（清）陳澧撰　清咸豐至光緒間刻本　九册　十行二十字小字雙行同上下黑口左右雙邊

450000－2602－0002979　01306

**荆駝逸史五十二種附二種八十五卷**　（清）陳湖逸士輯　清木活字印本（原缺二卷）　三十二册　八行十七字白口四周雙邊

450000－2602－0002980　09236

**番禺陳氏東塾叢書初函四種附一種三十四卷**　（清）陳澧撰　清咸豐至光緒間刻本　四册　十行二十字小字雙行同白口左右雙邊

450000－2602－0002981　09225

**曾文正公全集十五種一百八十四卷首一卷**　（清）曾國藩撰　清同治、光緒間傳忠書局刻本　一百三十七册　十行二十四字小字雙行同上下黑口左右雙邊　存十五種一百八十三卷首一卷

450000－2602－0002982　09267

**曾惠敏公全集四種十七卷**　（清）曾紀澤撰　清光緒二十年（1894）上海石印本　四册　十四行四十字小字雙行同白口四周單邊

450000－2602－0002983　09235

**番禺陳氏東塾叢書**　（清）陳澧撰　清咸豐至光緒間刻本　五册　十行二十字小字雙行同上下黑口左右雙邊　存三種二十四卷附一種一卷

450000－2602－0002984　09277

**重訂楊園先生全集五十四卷**　（清）張履祥撰　（清）姚璉原輯　（清）萬斛泉編次　**張楊園先生［履祥］年譜一卷**　（清）蘇惇元纂訂重編　清同治十年（1871）江蘇書局刻本　十二册　十行二十二字白口四周雙邊　存三十七卷（一至十九、三十、三十九至五十四，年譜一卷）

450000－2602－0002985　09268

**曾惠敏公全集四種十七卷**　（清）曾紀澤撰　清光緒二十年（1894）上海石印本　四册　十四行四十字小字雙行同白口四周單邊

450000－2602－0002986　09246

**持雅堂全集三種二十六卷**　（清）尚鎔著　清光緒五年（1879）盱南三餘書屋刻本　六册　十行二十一字小字雙行同白口左右雙邊　存二種二十卷

450000－2602－0002987　09262

**惜抱軒全集十種八十八卷**　（清）姚鼐撰　清同治五年（1866）省心閣刻本　十二册　十行二十一字小字雙行同白口左右雙邊

450000－2602－0002988　09278

**重訂楊園先生全集五十四卷**　（清）張履祥撰　（清）姚璉原輯　（清）萬斛泉編次　**張楊園先生［履祥］年譜一卷**　（清）蘇惇元纂訂重編　清同治十年（1871）江蘇書局刻本　十六册　十行二十二字小字雙行字白口四周雙邊

450000－2602－0002989　09260

**惜抱軒全集十種八十八卷**　（清）姚鼐撰　清同治五年（1866）省心閣刻本　十六册　十行二十一字小字雙行同白口左右雙邊

450000－2602－0002990　09247

**春暉堂叢書十二種**　（清）徐謂仁輯　清道光、咸豐間上海徐氏刻同治中補刻本　十二册　九行二十二字小字雙行同上下黑口左右雙邊　存十一種三十六卷

450000－2602－0002991　05918

**大方廣佛華嚴經八十卷**　（唐）釋實叉難陀譯　**華嚴經普賢行願品一卷**　（唐）釋般若譯　**復菴和尚華嚴綸貫一卷**　清乾隆三十四年（1769）海幢經坊刻道光二十二年（1842）補刻本　十六册　十行二十字下黑口四周雙邊

450000－2602－0002992　09273

**黄梨洲遺書十種四十卷**　（清）黄宗羲撰　清光緒三十一年（1905）杭州群學社石印本　十三册　十五行三十三字小字雙行同白口左右雙邊

450000－2602－0002993　09276

**左文襄公全集七種一百二十卷附二種十四卷**

（清）左宗棠撰　清光緒刻本　一百二十八冊　十行二十五字小字雙行同上下黑口左右雙邊

450000－2602－0002994　09228
**隨園三十種二百五十五卷**　（清）袁枚撰　清同治五年（1866）三讓睦記刻本　八十冊　十行二十一字小字雙行同上下黑口左右雙邊　存三十種二百四十四卷

450000－2602－0002995　09281
**西政叢書三十二種**　梁啟超輯　清光緒二十三年（1897）慎記書莊石印本　十五冊　十八行四十字小字雙行同字白口四周雙邊　存二十九種八十九卷

450000－2602－0002996　09317
**弟一樓蘐書九種三十卷**　（清）俞樾撰　清同治十年（1871）刻本　八冊　十行二十一字小字雙行同白口左右雙邊

450000－2602－0002997　09313
**群書拾補初編三十七種三十七卷**　（清）盧文弨撰　清光緒十三年（1887）上海蜚英館石印本　八冊　十行二十一字小字雙行同白口左右雙邊

450000－2602－0002998　09321
**前漢書一百卷**　（漢）班固撰　（唐）顏師古注　清同治十二年（1873）嶺東使署刊本　十六冊　十二行二十五字小字雙行三十七字白口左右雙邊

450000－2602－0002999　09323
**前漢書一百卷**　（漢）班固撰　（唐）顏師古注　清同治十二年（1873）嶺東使署刊本　十六冊　十二行二十五字小字雙行三十七字白口左右雙邊

450000－2602－0003000　09322
**前漢書一百卷**　（漢）班固撰　（唐）顏師古注　清同治十二年（1873）嶺東使署刊本　十五冊　十二行二十五字小字雙行三十七字白口左右雙邊　存九十五卷（一至二十七、三十三至一百）

450000－2602－0003001　09354
**詩本誼一卷**　（清）龔橙撰　清光緒十五年（1889）刻半厂叢書初編本　一冊　十一行二十一字小字雙行同白口左右雙邊

450000－2602－0003002　09328
**藝海珠塵二百六種**　（清）吳省蘭輯　清嘉慶南匯吳氏聽彝堂刻本　六十四冊　十行二十一字小字雙行同白口左右雙邊　存一百四十三種二百七十八卷

450000－2602－0003003　09329
**湯文正公全集七種四十一卷**　（清）湯斌著　清同治九年（1870）刻本　二十四冊　十行十九字小字雙行同下黑口左右雙邊

450000－2602－0003004　09284
**十萬卷樓叢書**　（清）陸心源輯　清光緒歸安陸氏刻本　四十冊　十行十九字小字雙行不等上下黑口四周雙邊　存十六種一百八十一卷

450000－2602－0003005　09358
**絜齋毛詩經筵講義四卷**　（宋）袁爕撰　清同治十三年（1874）江西書局刻武英殿聚珍版書本　一冊　九行二十一字小字雙行同白口四周雙邊

450000－2602－0003006　09352
**禹貢指南四卷**　（宋）毛晃撰　清同治十三年（1874）江西書局刻武英殿聚珍版書本　一冊　九行二十一字小字雙行同白口四周雙邊

450000－2602－0003007　09250
**觀古堂所著書十六種三十二卷**　葉德輝撰　清光緒長沙葉氏刻本　十六冊　十一行二十二字小字雙行同上下黑口左右雙邊

450000－2602－0003008　09357
**續呂氏家塾讀詩記三卷**　（宋）戴溪撰　清同治十三年（1874）江西書局刻武英殿聚珍版書本　二冊　九行二十一字小字雙行同白口四周雙邊

450000－2602－0003009　09261
**西堂全集四種一百二十七卷附一種六卷**

(清)尤侗譔　清光緒刻本　清文明氏題記　十一册　十行二十一字白口四周單邊　存三種五十一卷附一種六卷

450000－2602－0003010　09146
**知不足齋叢書一百九十七種八百二十五卷**　(清)鮑廷博輯　(清)鮑志祖續輯　清乾隆至道光間長塘鮑氏刻本　二百四十册　九行二十一字上下黑口左右雙邊

450000－2602－0003011　09280
**西堂全集四種一百二十七卷附一種六卷**　(清)尤侗譔　清康熙刻本　十一册　十行二十一字白口四周單邊　存二種四十一卷

450000－2602－0003012　02474
**粵東金石略九卷首一卷附二卷**　(清)翁方綱著　清光緒十七年(1891)廣州石經堂書局石印本　四册　十行二十二字小字雙行不等白口左右雙邊

450000－2602－0003013　09359
**評點周禮政要二卷**　(清)孫詒讓撰　清光緒二十九年(1903)上海書局石印本　一册　十四行三十六字白口四周雙邊

450000－2602－0003014　09264
**陸桴亭先生遺書二十二種附一種**　(清)陸世儀著　(清)唐受祺編　清光緒二十五年(1899)太倉唐受祺京師刻宣統三年(1911)補刻本　二十八册　十行二十字小字雙行同白口左右雙邊　存二十一種七十三卷附一種三卷

450000－2602－0003015　09362
**儀禮識誤三卷**　(宋)張淳撰　清同治十三年(1874)江西書局刻武英殿聚珍版書本　一册　九行二十一字小字雙行同白口四周雙邊

450000－2602－0003016　09345
**伊川易傳四卷**　(宋)程頤撰　清木活字印本　四册　十二行二十二字小字雙行同黑口左右雙邊

450000－2602－0003017　09325
**揅經室集一集十四卷二集八卷三集五卷四集二卷四集詩十一卷續集十一卷再續集七卷外集五卷**　(清)阮元撰　清道光三年(1823)刻本　十二册　十行二十字小字雙行同白口四周雙邊　存三十三卷(一集一至五,二集三至四,四集一至二,四集詩一至八,續集一、三至十一,再續集一至三,外集三至五)

450000－2602－0003018　09374
**四書集注十九卷**　(宋)朱熹集注　清刻本　六册　九行十七字小字雙行同白口四周單邊

450000－2602－0003019　09353
**御纂詩義折中二十卷**　(清)陳兆崙纂修　(清)傅恒總裁　清末京都打磨廠文成堂刻本　六册　九行二十字小字雙行同白口四周雙邊

450000－2602－0003020　09385
**説文聲母歌□□卷**　(清)宣澍甘編輯　清宣統元年(1909)石印本　一册　九行字不等小字雙行不等白口四周雙邊

450000－2602－0003021　09191
**玉函山房輯佚書六百二十二種附一種**　(清)馬國翰輯　清光緒九年(1883)長沙嫏嬛館刻本　一百册　九行二十字小字雙行同白口四周雙邊　存五百九十四種七百三十八卷

450000－2602－0003022　09380
**越諺三卷越諺賸語二卷**　(清)范寅輯稿　(清)黄以周審定　清光緒八年(1882)谷應山房刻本　三册　十行二十五字小字雙行同白口四周雙邊

450000－2602－0003023　09370
**春秋辨疑四卷**　(宋)蕭楚撰　清同治十三年(1874)江西書局刻武英殿聚珍版書本　二册　九行二十一字小字雙行同白口四周雙邊

450000－2602－0003024　09372
**鄭志三卷**　(三國魏)鄭小同撰　清同治十三年(1874)江西書局刻武英殿聚珍版書本　一册　九行二十一字小字雙行同白口四周雙邊

450000－2602－0003025　09360
**九旗古義述一卷**　(清)孫詒讓撰　清光緒二

十八年(1902)刻本　一册　十二行二十三字小字雙行同上下黑口左右雙邊

450000－2602－0003026　09376

**聲律通考十卷**　(清)陳澧撰　清咸豐十年(1860)刻番禺陳氏東塾叢書本　二册　十一行二十八字小字雙行同上下黑口左右雙邊

450000－2602－0003027　09308

**海山仙館叢書五十六種四百八十四卷**　(清)潘仕成輯　清道光、咸豐間番禺潘氏刻光緒中補刻本　一百十八册　九行二十一字小字雙行同上下黑口左右雙邊　存五十四種四百四十九卷

450000－2602－0003028　09377

**邵武徐氏叢書**　(清)徐幹輯　清光緒刻本　一册　九行二十二字小字雙行同白口左右雙邊　存二種六卷

450000－2602－0003029　09307

**湖北叢書三十種**　(清)趙尚輔輯　清光緒十七年(1891)三餘草堂刻本　一百册　行字不等上下黑口四周單邊　存二十八種二百七十卷

450000－2602－0003030　09381

**越諺三卷越諺賸語二卷**　(清)范寅輯稿　(清)黄以周審定　清光緒八年(1882)谷應山房刻本　三册　十行二十五字小字雙行同白口四周雙邊

450000－2602－0003031　09389

**切韻考六卷外篇三卷**　(清)陳澧撰　清光緒八年(1882)刻番禺陳氏東塾叢書本　三册　十一行二十八字上下黑口左右雙邊

450000　－　2602　－　0003032　　09338；09344；09361；09368

**船山遺書四十五種補遺一種補刊三種**　(清)王夫之撰　清同治四年(1865)湘鄉曾氏金陵刻本　四十册　十行二十二字小字雙行同上下黑口左右雙邊　存十五種九十九卷

450000－2602－0003033　09390

**古籒拾遺三卷坿宋政和禮器文字攷一卷**　(清)孫詒讓記　清光緒十四年至十六年(1888－1890)瑞安孫氏刻經微室箸書本　一册　十一行二十二字小字雙行同白口左右雙邊

450000－2602－0003034　09346

**郭氏傳家易說十一卷總論一卷**　(宋)郭雍著　清同治十三年(1874)江西書局刻武英殿聚珍版書本　五册　九行二十一字小字雙行同白口四周雙邊　存九卷(一、五至十一，總論一卷)

450000－2602－0003035　09347；09348；09363

**武英殿聚珍版書**　清同治十三年(1874)江西書局刻本　四册　九行二十一字小字雙行同白口四周雙邊　存四種十五卷

450000－2602－0003036　09387

**古籒餘論三卷**　(清)孫詒讓記　(清)張揚校訂　清籒經樓刻本　二册　十行二十二字小字雙行同上下黑口左右雙邊

450000－2602－0003037　09350

**融堂書解二十卷**　(宋)錢時撰　清同治十三年(1874)江西書局刻武英殿聚珍版書本　四册　九行二十一字小字雙行同白口四周雙邊

450000－2602－0003038　09318

**重刊校正笠澤叢書四卷**　(唐)陸龜蒙撰　清刻本　二册　十行二十字上下黑口四周雙邊

450000－2602－0003039　09394

**文選錦字錄二十一卷**　(明)淩迪知輯　清光緒十一年(1885)融經館刻融經館叢書本　八册　八行十七字小字雙行同白口左右雙邊

450000－2602－0003040　09349

**來瞿唐先生易註十五卷首一卷末一卷圖一卷**　(明)來知德注　清刻本　十册　九行二十二字小字雙行同白口四周雙邊　存十卷(八至十五、末一卷、圖一卷)

450000－2602－0003041　09416

**御批歷代通鑑輯覽一百二十卷**　(清)傅恒等撰　清同治十三年(1874)文星書局刻本　四十八册　十一行二十二字小字雙行同白口四

周雙邊

450000－2602－0003042　09417

**九通分類總纂二百四十卷**　汪鍾霖纂校　清光緒二十八年（1902）上海文瀾書局石印本　八十册　二十行四十四字小字雙行同白口四周單邊

450000－2602－0003043　09401

**紀事約言二卷**　（清）夏勤墉稿　清光緒七年（1881）刻本　一册　九行十八字白口左右雙邊

450000－2602－0003044　09410

**資治通鑑地理今釋十六卷**　（清）吴熙載饌　清光緒八年（1882）江蘇書局刻本　三册　十行二十字小字雙行同上下黑口四周雙邊

450000－2602－0003045　09295

**仰止子詳考古今名家潤色詩林正宗十八卷**　（明）余象斗輯　清刻本　八册　九行二十四字小字雙行同白口左右雙邊　存十四卷（三至六、九至十八）

450000－2602－0003046　09409

**史略六卷**　（清）高似孫撰　清光緒九年（1883）虞山鮑氏刻後知不足齋叢書本　一册　十行二十字小字雙行同白口左右雙邊　存二卷（一至二）

450000－2602－0003047　15759

**海山仙館叢書五十六種四百八十四卷**　（清）潘仕成輯　清道光、咸豐間番禺潘氏刻光緒中補刻本　三册　九行二十一字小字雙行同上下黑口左右雙邊　存二種二十九卷（桂苑筆耕集十五至二十、漁隱叢話二十九至五十一）

450000－2602－0003048　09399

**字學舉隅續編不分卷**　清光緒六年（1880）京都松竺齋刻本　一册　八行字不等白口左右雙邊

450000－2602－0003049　09406

**兩廣速成師範館歷史講義不分卷**　何淦輝講述　清光緒三十一年（1905）兩廣學務處鉛印本　一册　十三行三十七字小字雙行同下黑口四周雙邊

450000－2602－0003050　05260

**耳食錄初編十二卷二編八卷**　（清）樂鈞撰　清同治十年（1871）刻本　十册　八行十六字白口四周單邊

450000－2602－0003051　05264

**續小五義六卷一百二十四回**　清光緒二十二年（1896）上海廣百宋齋鉛印本　七册　十八行三十二字白口四周雙邊

450000－2602－0003052　05044

**鄉黨圖考十卷**　（清）江永編　清乾隆五十九年（1794）匯源堂刻本　四册　九行二十五字小字雙行同白口左右雙邊

450000－2602－0003053　S207

**國朝虞陽科名錄四卷首一卷補遺一卷**　（清）王元鐘撰　（清）王慶芝增輯　清道光三十年（1850）刻咸豐增刻宣統三年（1911）補刻本　四册　十行二十四字小字雙行同白口左右雙邊

450000－2602－0003054　09402

**考古質疑六卷**　（宋）葉大慶撰　清道光二十九年（1849）刻海山仙館叢書本　一册　九行二十一字小字雙行同上下黑口左右雙邊

450000－2602－0003055　09418

**鼎鍥葉太史彙纂玉堂鑑綱七十二卷**　（宋）劉恕外紀　（宋）金履祥前編　（明）葉向高彙纂　（明）李京訂義　（明）劉朝箴精校　明刻本　三十册　十二行二十五字小字雙行同白口四周單邊

450000－2602－0003056　09403

**考古質疑六卷**　（宋）葉大慶撰　清道光二十九年（1849）刻海山仙館叢書本　一册　九行二十一字小字雙行同上下黑口左右雙邊

450000－2602－0003057　05177

**異聞益智叢錄三十四卷**　（清）種蕉藝蘭生撰　清光緒二十六年（1900）江南書局鉛印本　八册　十二行三十字小字雙行同白口四周

雙邊

450000－2602－0003058　09279

**德清俞蔭甫所箸書三十三種三百九十三卷**　(清)俞樾撰　清光緒十五年(1889)刻本　一百册　十行二十一字小字雙行同白口左右雙邊

450000－2602－0003059　05127

**客窗閒話八卷**　(清)吳熾昌撰　清光緒二年(1876)刻本　八册　八行二十字白口左右雙邊

450000－2602－0003060　05099

**熙朝新語十六卷**　(清)余金輯　清道光十二年(1832)忠信堂刻本　八册　九行二十字白口左右雙邊

450000－2602－0003061　06759

**平齋文集三十二卷**　(宋)洪咨夔撰　**拾遺一卷附録一卷**　(宋)晦木齋編輯　**空洞集一卷**　(宋)洪璞撰　清同治十二年(1873)杉直槐清館刻本　四册　十行二十一字小字雙行同白口左右雙邊

450000－2602－0003062　07071

**明大司馬盧公集十二卷首一卷**　(明)盧象升撰　(清)盧安節輯　清光緒元年(1875)刻本　八册　十行二十一字下黑口左右雙邊

450000－2602－0003063　09398

**字學舉隅續編不分卷**　清光緒六年(1880)京都松竺齋刻本　一册　八行字不等白口左右雙邊

450000－2602－0003064　09400

**古韻通說二十卷**　(清)龍啟瑞撰　清同治六年(1867)富文齋刻本　四册　十一行二十八字小字雙行同上下黑口左右雙邊

450000－2602－0003065　06866

**河東先生集十五卷**　(宋)柳開撰　**行狀一卷**　(宋)張景撰　清光緒六年(1880)巴陵方氏碧琳瑯館刻三宋人集本　二册　十行二十一字小字雙行同上下黑口左右雙邊

450000－2602－0003066　06874

**河南先生文集二十七卷附録一卷**　(宋)尹洙撰　清光緒六年(1880)巴陵方氏碧琳瑯館刻三宋人集本　三册　十行二十一字小字雙行同上下黑口左右雙邊

450000－2602－0003067　06412

**樊南文集詳註八卷**　(唐)李商隱撰　(清)馮浩編訂　清同治七年(1868)上海意聚堂刻本　四册　十一行二十五字小字雙行三十三字白口左右雙邊

450000－2602－0003068　09397

**臨文便覽二種**　(清)龍啟瑞輯　清光緒二年(1876)京都松竹垒刻本　一册　七行字不等白口左右雙邊

450000－2602－0003069　09396

**臨文便覽二種**　(清)龍啟瑞輯　清光緒二年(1876)京都松竹垒刻本　一册　七行字不等白口左右雙邊

450000－2602－0003070　09430

**兩漢策要十二卷**　(宋)陶叔獻編　清乾隆五十六年(1791)如皋張朝樂刻本　八册　六行十三字小字雙行不等黑口四周雙邊　存十一卷(一至二、四至十二)

450000－2602－0003071　09316

**曲園褉纂五十卷**　(清)俞樾撰　清光緒十五年(1889)刻本　八册　十行二十一字小字雙行同白口左右雙邊

450000－2602－0003072　09426

**史記别鈔二卷**　(清)吳樹敏鈔　清同治刻本　二册　十行二十一字白口四周雙邊

450000－2602－0003073　09427

**歸方評點史記合筆六卷**　(清)王拯纂　清同治五年(1866)廣州刻本　四册　十一行二十二字小字雙行同上下黑口左右雙邊

450000－2602－0003074　09428

**歸方評點史記合筆六卷**　(清)王拯纂　清同治五年(1866)廣州刻本　四册　十一行二十二字小字雙行同上下黑口左右雙邊

450000－2602－0003075　09424

**通志二百卷**　（宋）鄭樵撰　清咸豐九年（1859）崇仁謝氏刻三通本　三十四册　十行二十一字小字雙行同白口左右雙邊　存一百七十四卷（五下、六下、七、十上至四十五、五十八至八十五、九十四至二百）

450000－2602－0003076　09435

**宋瑣語不分卷**　（清）郝懿行撰　清刻本　六册　十行二十一字小字雙行同白口四周雙邊

450000－2602－0003077　09453

**明紀六十卷**　（明）陳鶴纂　（清）陳克家訂　清同治十年（1871）江蘇書局刻本　二十册　十一行二十四字小字雙行同上下黑口四周雙邊

450000－2602－0003078　09447

**南宋古蹟考二卷**　（清）朱彭輯　清光緒七年（1881）武林丁氏刻武林掌故叢編本　二册　十行二十字小字雙行同白口四周雙邊

450000－2602－0003079　09454

**潛菴先生擬明史稿二十卷**　（清）湯斌撰　清同治九年（1870）刻本　十二册　十行十九字下黑口四周單邊

450000－2602－0003080　09309

**經訓堂叢書二十一種一百六十八卷**　（清）畢沅輯　清光緒十三年（1887）上海大同書局石印本　二十册　十四行三十三字小字雙行同白口四周雙邊

450000－2602－0003081　09451

**明季稗史彙編十六種二十七卷**　（清）留雲居士輯　清光緒二十二年（1896）上海圖書集成印書局鉛印本　六册　十三行四十字小字雙行同白口四周單邊

450000－2602－0003082　09442

**歷朝紀事本末九種**　（清）陳如升　（清）朱記榮輯　清光緒二十八年（1902）上海捷記書局石印本　二十六册　二十二行不等小字雙行不等白口四周單邊

450000－2602－0003083　09419

**歷朝紀事本末九種**　（清）陳如升　（清）朱記榮輯　清光緒二十五年（1899）慎記書莊石印本　二十七册　十八行三十六字小字雙行同白口四周單邊　存七種五百九十七卷

450000－2602－0003084　06952

**南豐先生全集錄二卷**　（宋）曾鞏撰　清光緒八年（1882）江蘇書局刻唐宋十大家全集錄本　一册　九行二十五字小字雙行同上下黑口左右雙邊

450000－2602－0003085　06944

**廬陵宋丞相信國公文忠烈先生全集十六卷**　（宋）文天祥撰　（宋）文有焕等輯　**文忠烈公從祀原案錄一卷**　清光緒十三年（1887）仕江周氏穀詒堂刻本　十六册　十行二十字白口四周雙邊

450000－2602－0003086　09293

**聚學軒叢書六十種附一種**　劉世珩輯　清光緒貴池劉世珩刻本　一百册　十一行二十一字上下黑口左右雙邊

450000－2602－0003087　09487

**曾文正公手書日記不分卷（清道光二十一年至同治十一年）**　（清）曾國藩撰　清宣統元年（1909）上海中國圖書公司影印本　四十册　十行字不等無格

450000－2602－0003088　09486

**曾文正公手書日記不分卷（清道光二十一年至同治十一年）**　（清）曾國藩撰　清宣統元年（1909）上海中國圖書公司影印本　三十九册　十行字不等無格

450000－2602－0003089　09488

**曾文正公手書日記不分卷（清道光二十一年至同治十一年）**　（清）曾國藩撰　清宣統元年（1909）上海中國圖書公司影印本　四十册　十行字不等無格

450000－2602－0003090　09464

**皇清開國方略三十二卷首一卷**　（清）阿桂彙閱　（清）伯麟　（清）彭紹觀纂修　清光緒十三年（1887）廣百宋齋鉛印本　六册　十三行

三十一字小字雙行同白口四周雙邊

450000－2602－0003091　09495

**藤陰雜記十二卷**　(清)戴璐撰　清光緒三年(1877)吳興會館刻本　二冊　十行二十二字小字雙行同白口左右雙邊

450000－2602－0003092　09491

**古今孝子所見錄十二卷**　(清)李燕昌輯　(清)唐廷樞　(清)唐廷庚校刊　清道光十四年(1834)刻本　四冊　九行二十二字小字雙行同白口四周雙邊

450000－2602－0003093　09496

**病榻夢痕錄二卷錄餘一卷**　(清)汪輝祖撰　清同治十一年(1872)刻本　三冊　十行二十一字小字雙行同上下黑口左右雙邊

450000－2602－0003094　09498

**麗情集一卷㡿麗情集一卷**　(明)楊慎撰　清刻本　一冊　十行二十字小字雙行同白口左右雙邊

450000－2602－0003095　09489

**唐陸宣公奏議讀本四卷首一卷**　(清)汪銘謙編輯　(清)馬傳庚評點　清光緒二十六年(1900)上海著易堂書局石印本　一冊　十四行二十八字小字雙行同上下黑口四周雙邊

450000－2602－0003096　09474

**香草齋詩注六卷**　(清)黄任撰　(清)陳應魁注　清嘉慶十九年(1814)永陽戇寫刻本　六冊　十行二十二字小字雙行同白口四周雙邊

450000－2602－0003097　09470

**野記四卷**　(明)祝允明纂　清同治十三年(1874)元和祝氏刻本　二冊　十二行二十二字小字雙行同白口左右雙邊

450000－2602－0003098　09511

**聖諭像解二十卷**　(清)梁延年編輯　清光緒二十八年(1902)江蘇撫署石印本　十冊　十行二十一字小字雙行同白口四周單邊

450000－2602－0003099　09567

**庸盦筆記六卷**　(清)薛福成撰　清光緒二十三年(1897)蕭山陳氏遺經樓刻本　六冊　九行二十一字小字雙行同上下黑口左右雙邊

450000－2602－0003100　09568

**庸盦筆記六卷**　(清)薛福成撰　清光緒二十三年(1897)蕭山陳氏遺經樓刻本　六冊　九行二十一字小字雙行同上下黑口左右雙邊

450000－2602－0003101　09569

**庸盦筆記六卷**　(清)薛福成撰　清光緒二十三年(1897)蕭山陳氏遺經樓刻本　六冊　九行二十一字小字雙行同上下黑口左右雙邊

450000－2602－0003102　09557

**[乙酉秋季]爵秩全函不分卷**　清光緒十一年(1885)刻本　六冊　十四行三十二字小字雙行同白口四周雙邊

450000－2602－0003103　09542

**三續疑年録十卷**　(清)陸心源編　清光緒五年(1879)刻本　二冊　十行二十字小字雙行同白口四周雙邊

450000－2602－0003104　09573

**中國六十年戰史十三章**　(英國)愛特華斯著　史悠明　程履祥譯校　清光緒二十九年(1903)上海美華書館鉛印本　六冊　十三行三十一字小字雙行不等白口四周雙邊

450000－2602－0003105　09544

**普法戰紀二十卷**　(清)張宗良口譯　(清)王韜撰輯　清光緒十二年(1886)弢園王氏刻本　十冊　十行二十一字小字雙行同上下黑口左右雙邊

450000－2602－0003106　09561

**歷代服制考原二卷圖一卷**　(清)蔡笣卿撰　清光緒十四年(1888)西山草堂石印本　二冊　十行二十字小字雙行同白口四周雙邊

450000－2602－0003107　09559;09560

**增補貢舉考畧六卷**　(清)黄崇蘭輯　(清)趙學曾續輯　清光緒五年(1879)金陵文英堂刻本　三冊　十二行三十字小字雙行同白口左右雙邊

450000－2602－0003108　00417
**三傳異同考一卷左傳杜注勘譌一卷說文注辨段一卷**　(清)林昌彝撰　清同治十年(1871)刻本　一册　十行二十字白口左右雙邊

450000－2602－0003109　09537
**廣雅書院同舍錄一卷**　清光緒刻本　一册　十二行二十四字小字雙行同上下黑口四周雙邊

450000－2602－0003110　09513
**論海一百七十二卷**　(清)蔡和鏘輯　清光緒二十八年(1902)石印本　四十册　十八行四十字白口四周單邊

450000－2602－0003111　09572
**欽定大清會典一百卷欽定大清會典事例一千二百二十卷目錄八卷欽定大清會典圖二百七十卷**　(清)崑岡等纂修　清光緒二十五年(1899)石印本　四百九十五册　十行二十字小字雙行同白口四周雙邊

450000－2602－0003112　09562
**聽黃鸝館外篇一卷附一卷**　(清)魏邦翰撰　清光緒十年(1884)刻本　一册　九行二十二字小字雙行同下黑口四周雙邊

450000－2602－0003113　09582
**善本書室藏書志四十卷附錄一卷**　(清)丁丙輯　清光緒二十七年(1901)錢唐丁氏刻本　二册　十三行二十六字小字雙行同白口四周雙邊　存五卷(一至五)

450000－2602－0003114　15757
**聽黃鸝館外篇一卷附一卷**　(清)魏邦翰撰　清光緒十年(1884)刻本　一册　九行二十二字小字雙行同下黑口四周雙邊

450000－2602－0003115　09612
**地球韻言四卷**　(清)張之洞　(清)張士瀛撰　清光緒二十四年(1898)鄂垣務急書館刻本　一册　九行十九字小字雙行同上黑口左右雙邊

450000－2602－0003116　09549
**國朝館選爵里諡法考八卷**　(清)吳鼎雯輯　(清)勞崇光等續修　清刻本(卷七至八補配抄本)　二册　九行二十一字小字雙行同白口四周雙邊

450000－2602－0003117　09545
**吳門畫舫錄二卷**　(清)西溪山人輯　清同治十三年(1874)上海申報館鉛印申報館叢書本　二册　十一行二十四字白口四周雙邊

450000－2602－0003118　09558
**平平言四卷**　(清)方大湜著　清刻本　四册　九行二十二字小字雙行同白口四周雙邊

450000－2602－0003119　09617
**北戶錄三卷**　(唐)段公路纂　(唐)崔龜圖注　**校勘記一卷**　(清)陸心源勘　清光緒六年(1880)刻十萬卷樓叢書本　一册　九行十八字小字雙行同白口四周雙邊

450000－2602－0003120　09550
**增訂南詔野史二卷**　(明)楊愼編輯　(清)胡蔚訂正　清刻本　二册　九行二十二字小字雙行同白口四周雙邊

450000－2602－0003121　09551
**爵秩全覽不分卷**　清宣統元年(1909)刻本　四册　十六行白口四周雙邊

450000－2602－0003122　09505
**增補泰西名人傳六卷**　(清)徐匯報館原本　(清)徐心境增訂　清光緒二十九年(1903)石印本　四册　十五行三十八字白口四周雙邊

450000－2602－0003123　09522
**通鑑紀事本末二百三十九卷**　(宋)袁樞編輯　(明)張溥論正　清光緒十四年(1888)上洋書業公所鉛印歷朝紀事本末本　二十四册　十五行四十字小字雙行同白口四周雙邊

450000－2602－0003124　09613
**李氏五種二十八卷**　(清)李兆洛輯　清同治九年至十一年(1870－1872)李鴻章刻本　十册　八行二十二字小字雙行同白口四周雙邊

450000－2602－0003125　09556
**皇朝政典挈要八卷**　(日本)增田貢撰　(清)

毛滏補編　汪厚昌　(清)顧梓田訂正　清光緒二十八年(1902)鉛印本　四册　十七行三十三字白口四周雙邊

450000－2602－0003126　09539
**續後漢儒林傳補逸一卷**　徐乃昌撰　清光緒二十二年(1896)刻隨盦所著書本　一册　十一行二十一字上下黑口左右雙邊

450000－2602－0003127　09610
**蠻司合誌十五卷**　(清)毛奇齡撰　清刻本　四册　十行二十字小字雙行同白口四周單邊

450000－2602－0003128　09484
**東華錄一百九十五卷(天命朝至雍正朝)東華續錄一百七十卷(乾隆朝至嘉慶朝)**　王先謙編　清光緒十三年(1887)廣百宋齋鉛印本　二十四册　十四行四十字小字雙行同白口四周雙邊　存二百三十六卷(天命朝四卷,天聰朝十一卷,崇德朝八卷,康熙朝二十五至三十七、五十四至九十,雍正朝一至二十六,乾隆朝一至五十八、七十六至九十一、一百八至一百二十,嘉慶朝一至五十)

450000－2602－0003129　09517
**漢書地理志水道圖說七卷**　(清)陳澧撰　**考正德清胡氏禹貢圖一卷**　(清)陳宗誼編　清同治二年(1863)刻番禺陳氏東塾叢書本　二册　十一行二十八字小字雙行同上下黑口左右雙邊

450000－2602－0003130　09632
**湖南考古畧十二卷**　(清)盧峻　(清)成業襄纂　清光緒五年(1879)守墨書齋刻本　一册　十行三十字小字雙行同白口四周雙邊　存二卷(一至二)

450000－2602－0003131　09658
**探杏譜一卷**　(清)□□輯　清光緒十一年(1885)刻本　一册　八行二十字小字雙行同白口左右雙邊

450000－2602－0003132　09654
**吴山伍公廟志六卷首一卷附錄一卷**　(清)金文淳纂輯　清光緒二年(1876)刻本　一册　十行二十一字小字雙行同白口左右雙邊

450000－2602－0003133　09655
**瀛壖雜志六卷**　(清)王韜撰　(清)錢徵校字　清光緒元年(1875)刻本　二册　十二行二十三字小字雙行同白口左右雙邊

450000－2602－0003134　09634
**歐洲族類源流略五卷**　王樹枬撰　清光緒二十八年(1902)中衛縣署刻陶廬叢刻本　二册　十行二十一字小字雙行同上下黑口左右雙邊

450000－2602－0003135　09663
**鴻雪因緣圖記三集六卷**　(清)麟慶著　清光緒二十二年(1896)上海點石齋石印本　六册　十八行三十六字小字雙行同白口四周雙邊

450000－2602－0003136　09732
**南陵縣建置沿革表一卷**　徐乃昌撰　清光緒十八年(1892)刻積學齋叢書本　一册　十一行二十一字小字雙行同上下黑口左右雙邊

450000－2602－0003137　09656
**春融堂集三種七十八卷**　(清)王昶譔　清光緒十八年(1892)刻本　四册　十二行二十三字小字雙行同上下黑口左右雙邊　存二種十卷

450000－2602－0003138　09621
**夢粱錄二十卷**　(清)吴自牧撰　清光緒十六年(1890)錢塘丁氏嘉惠堂刻武林掌故叢編本　四册　十行二十一字小字雙行同白口四周雙邊

450000－2602－0003139　09653
**振綺堂叢刊八種**　清嘉慶至光緒間汪氏振綺堂刻本　一册　十行二十一字白口左右雙邊　存二種三卷(北隅掌錄二卷、湖船錄一卷)

450000－2602－0003140　09721
**壬癸志稿二十八卷**　(清)錢寶琛輯　清光緒六年(1880)存素堂刻本　四册　十行二十一字小字雙行同白口左右雙邊

450000－2602－0003141　09588

**金石索十二卷首一卷** (清)馮雲鵬 (清)馮雲鵷輯 清道光十五年(1835)雙桐書屋刻本 十二册 行字不等白口四周單邊

450000 – 2602 – 0003142 05214

**世説新語三卷釋名一卷佚文一卷考證一卷校勘小識一卷校勘小識補一卷引用書目一卷** (南朝宋)劉義慶撰 清光緒十七年(1891)思賢講舍刻本 六册 十一行二十四字小字雙行同上下黑口左右雙邊

450000 – 2602 – 0003143 05215

**世説新語三卷釋名一卷佚文一卷考證一卷校勘小識一卷引用書目一卷** (南朝宋)劉義慶撰 清光緒十七年(1891)思賢講舍刻本 四册 十一行二十四字小字雙行同上下黑口左右雙邊

450000 – 2602 – 0003144 09618

**資治新書初集十四卷首一卷二集二十卷** (清)李漁輯 清光緒二十年(1894)上海圖書集成印書局鉛印本 十二册 十二行四十字小字雙行同白口四周單邊

450000 – 2602 – 0003145 09806;09805;09807;09810;09811

**紀事本末五種五百八十九卷** (清)□□輯 清光緒二十四年(1898)湖南思賢書局刻本 一百二十册 十一行二十字小字雙行同上下黑口左右雙邊

450000 – 2602 – 0003146 09657

**望炊樓叢書五種十一卷附二種二卷** (清)謝家福輯 清光緒刻本 二册 十行二十四字小字雙行同白口左右雙邊 存三種四卷(吳中舊事一卷、平江記事一卷、爐餘錄二卷)

450000 – 2602 – 0003147 09531

**太保朱公榮哀錄五卷首一卷** (明)朱斌輯 清刻本 二册 十行二十二字小字雙行同白口四周雙邊

450000 – 2602 – 0003148 09589

**金石索十二卷首一卷** (清)馮雲鵬輯 (清)馮雲鵷輯 清道光十五年(1835)雙桐書屋刻本 十二册 行字不等白口四周單邊

450000 – 2602 – 0003149 09648

**黔史四卷** (清)猶法賢編 清光緒十四年(1888)貴陽熊湛英刻黔志四種本 一册 十一行二十四字小字雙行同上下黑口左右雙邊

450000 – 2602 – 0003150 09808

**遼史紀事本末四十卷首一卷末一卷** (清)李有棠編纂 清光緒二十九年(1903)李移鄂樓刻本 八册 十行二十字小字雙行同上黑口左右雙邊

450000 – 2602 – 0003151 09664

**鴻雪因緣圖記三集六卷** (清)麟慶著 清光緒十年(1884)上海點石齋石印本 六册 十八行三十六字小字雙行同白口四周雙邊

450000 – 2602 – 0003152 09809

**金史紀事本末五十二卷首一卷末一卷** (清)李有棠編纂 清光緒二十九年(1903)李移鄂樓刻本 十二册 十行二十字小字雙行同上黑口左右雙邊

450000 – 2602 – 0003153 05216

**世説新語六卷** (南朝宋)劉義慶撰 (南朝梁)劉孝標注 清光緒三年(1877)湖北崇文書局刻本 四册 十二行二十四字小字雙行同上下黑口四周雙邊

450000 – 2602 – 0003154 05217

**世説新語六卷** (南朝宋)劉義慶撰 (南朝梁)劉孝標注 清光緒三年(1877)湖北崇文書局刻本 四册 十二行二十四字小字雙行同上下黑口四周雙邊

450000 – 2602 – 0003155 05300

**埃司蘭情俠傳二卷** (英國)哈葛特著 林紓 魏易譯 清光緒三十年(1904)刻本 二册 十行二十七字白口四周雙邊

450000 – 2602 – 0003156 09532

**漢丞相諸葛忠武侯列傳一卷** (宋)張栻撰 清末木活字印本 一册 九行二十一字小字雙行同白口左右雙邊

450000－2602－0003157　09485

**東華續錄六十九卷(咸豐朝)**　(清)潘頤福編　清光緒十八年(1892)上海圖書集成印書局鉛印本　十六册　十三行四十字小字雙行四十字白口四周單邊

450000－2602－0003158　05288

**圖像鏡花緣二十卷首一卷**　(清)□□撰　清光緒十六年(1890)上海廣百宋齋鉛印本　六册　十六行四十字白口花邊

450000－2602－0003159　09863

**歐洲十九世紀史不分卷**　(美國)軒利普格質頓著　麥鼎華譯　清光緒二十八年(1902)上海廣智書局鉛印本　一册　十三行三十六字白口四周雙邊

450000－2602－0003160　09878

**希臘史二卷**　(日本)桑原啟一纂譯　(清)中國國民叢書社重譯　清光緒二十九年(1903)商務印書館鉛印本　一册　十五行三十二字小字雙行同上下黑口四周單邊

450000－2602－0003161　09879

**駐粤八旗志二十四卷首一卷**　(清)長善主纂　(清)樊封總纂　清光緒五年(1879)翰文堂刻本　十六册　十一行二十一字小字雙行同白口左右雙邊

450000－2602－0003162　09877

**萬國近政考略十六卷**　鄒弢編輯　清光緒二十二年(1896)刻本　四册　十四行四十字白口四周單邊

450000－2602－0003163　09870

**水經注釋四十卷首一卷附錄二卷水經注箋刊誤十二卷**　(清)趙一清錄　清光緒六年(1880)蛟川張氏花雨樓刻本　二十册　十行二十二字小字雙行同白口左右雙邊

450000－2602－0003164　09886

**十六國春秋一百卷**　(魏)崔鴻撰　(清)汪日桂重訂　清光緒十二年(1886)湖北官書處刻本　十二册　十一行二十三字小字雙行同白口四周雙邊

450000－2602－0003165　09881

**聖武紀十四卷**　(清)魏源譔　清道光二十六年(1846)刻本　六册　十四行三十字小字雙行同白口四周單邊

450000－2602－0003166　S208

**詞科掌錄十七卷詞科餘話七卷**　(清)杭世駿編輯　清乾隆仁和杭氏道古堂刻本　八册　十一行二十一字小字雙行同上下黑口左右雙邊

450000－2602－0003167　09646

**蜀故二十七卷**　(清)彭遵泗纂　清光緒二十四年(1898)至元堂刻本　六册　九行二十二字小字雙行同黑口四周雙邊

450000－2602－0003168　09864

**大唐西域記十二卷**　(唐)釋玄奘譯　(唐)釋辯機撰　清宣統元年(1909)常州天寧寺刻本　四册　十行二十字小字雙行同白口左右雙邊

450000－2602－0003169　09853

**歷代輿地沿革險要圖不分卷**　楊守敬　(清)饒敦秩撰　清光緒五年(1879)饒氏刻朱墨套印本　一册　小字雙行不等白口四周單邊

450000－2602－0003170　09866

**[道光]高要縣志二十二卷首一卷**　(清)韓際飛監修　(清)何元等纂輯　清道光六年(1826)刻本　十册　十行二十一字小字雙行同白口四周雙邊

450000－2602－0003171　09552

**富強齋叢書**　(清)袁俊德輯　清石印本　一册　二十行四十四字上黑口四周雙邊　存二種十四卷(海塘輯要十卷首一卷、行軍鐵路工程二卷圖一卷)

450000－2602－0003172　09876

**列國政要一百三十二卷首一卷譯文對照表一卷**　(清)戴鴻慈　(清)端方撰　清光緒三十三年(1907)商務印書館石印本　三十二册　十行二十八字小字雙行同白口四周雙邊

450000－2602－0003173　09943

**傷寒微旨論二卷**　（宋）韓祇和撰　清咸豐四年（1854）新昌莊肇麟校刊本　一册　十一行二十三字小字雙行同上下黑口左右雙邊

450000－2602－0003174　09913

**輶軒語一卷**　（清）張之洞撰　清光緒二年（1876）退補齋刻本　一册　九行二十一字小字雙行同白口四周雙邊

450000－2602－0003175　09911

**顔氏學記十卷**　（清）戴望述　清光緒二十年（1894）刻本　四册　十二行二十四字上下黑口左右雙邊

450000－2602－0003176　09933

**補註洗冤録集證四卷撿骨圖格一卷**　（清）王又槐輯　**作吏要言一卷**　（清）葉鎮著　（清）朱椿增　清道光二十三年（1843）江都鍾淮刻三色套印本　四册　十行十八字小字雙行同白口左右雙邊

450000－2602－0003177　09946

**素問靈樞類纂約注三卷**　（清）汪昂輯　清光緒十四年（1888）鎮江文成堂刻本　三册　八行二十二字小字雙行同白口四周單邊

450000－2602－0003178　09891

**水經注四十卷首一卷**　（北魏）酈道元撰　清光緒三年（1877）湖北崇文書局刻本　十二册　十二行二十四字小字雙行同字上下黑口四周雙邊

450000－2602－0003179　09941

**素問靈樞類纂約注三卷**　（清）汪昂輯　清光緒六年（1880）紫文閣刻本　一册　八行二十二字小字雙行同白口四周單邊

450000－2602－0003180　09637

**蠻書十卷**　（唐）樊綽撰　清光緒刻漸西村舍彙刊本　一册　十行二十二字小字雙行同白口左右雙邊

450000－2602－0003181　09720

**［咸豐］重修興化縣志十卷**　（清）梁園棣總修　（清）鄭之僑　（清）趙彥俞協修　清咸豐二年（1852）刻本　八册　十行二十一字小字雙行同白口左右雙邊

450000－2602－0003182　09807

**勸學篇二卷**　（清）張之洞撰　清光緒二十四年（1898）兩湖書院刻本　一册　十行二十三字小字雙行同黑口左右雙邊

450000－2602－0003183　09939

**臨證指南醫案十卷**　（清）葉桂著　清光緒十年（1884）文富堂刻本　十册　十行二十二字小字雙行同白口四周單邊

450000－2602－0003184　09899

**院試金針課不分卷**　（清）朱鴻儒著　**延經堂塾課不分卷**　（清）朱鴻儒著　清道光二十年（1840）筆花書屋刻本　四册　九行二十五字小字雙行同白口四周單邊

450000－2602－0003185　09909

**薛子條貫篇十三卷**　（清）戴楫撰次　清光緒十九年（1893）廣州府署刻本　一册　十行二十一字小字雙行同白口四周雙邊

450000－2602－0003186　05274

**繡像西漢演義八卷圖一卷**　清光緒十八年（1892）上海廣百宋齋鉛印本　四册　十七行三十二字小字雙行不等白口四周雙邊

450000－2602－0003187　09696

**［康熙］海豐縣志十二卷首一卷**　（清）胡公著修　（清）張克家纂葺　清康熙九年（1670）刻本　四册　九行二十字小字雙行同白口四周單邊　存十一卷（一至八、十至十一、十三）

450000－2602－0003188　05273

**精訂綱鑑廿四史通俗衍義二十六卷**　（清）吕撫輯　清光緒十五年（1889）上海廣百宋齋鉛印本　六册　十二行三十三字白口四周雙邊

450000－2602－0003189　09906

**儒門法語輯要一卷**　（清）彭定求原編　（清）湯金釗輯要　清光緒七年（1881）鄂垣撫署刻長洲彭氏家集本　一册　十行二十一字小字雙行同白口四周雙邊

450000－2602－0003190　09985

**達生遂生福幼合編四卷**　(清)莊一夔撰　清光緒元年(1875)壁經堂刻本　一冊　十行二十六字小字雙行同白口左右雙邊

450000－2602－0003191　09905
**儒門法語輯要一卷**　(清)彭定求原編　(清)湯金釗輯要　清光緒七年(1881)鄂垣撫署刻長洲彭氏家集本　一冊　十行二十一字小字雙行同白口四周雙邊

450000－2602－0003192　09986
**喉牙口舌各科秘旨一卷**　(清)□□撰　清光緒五年(1879)廣東藩署西齋刻本　一冊　十一行二十四字小字雙行同白口左右雙邊

450000－2602－0003193　09984
**醫效秘傳三卷**　(清)葉桂述　(清)吳金壽校　清刻本　佚名批　三冊　八行二十一字小字雙行同白口左右雙邊

450000－2602－0003194　09869
**洗冤錄詳義四卷首一卷**　(清)許槤編校　**洗冤錄摭遺二卷**　(清)葛元煦撰　清光緒二年(1876)刻本　陳毓璿釋文過錄　五冊　九行二十三字小字雙行同白口四周雙邊

450000－2602－0003195　09979
**沈氏麻科一卷**　(清)趙開泰輯　清光緒二年(1876)刻本　一冊　十行二十五字小字雙行同白口左右雙邊

450000－2602－0003196　09506
**練川名人畫像四卷坿二卷續編三卷**　(清)程祖慶撰　清道光二十九年至三十年(1849－1850)嘉定程氏刻本　三冊　十二行二十六字小字雙行三十六字白口四周單邊

450000－2602－0003197　09978
**醫學心悟六卷**　(清)程國彭著　清光緒二十八年(1902)學庫山房刻本　六冊　十行二十四字小字雙行同白口左右雙邊

450000－2602－0003198　09932
**洗冤錄詳義四卷首一卷**　(清)許梿校　**洗冤錄摭遺二卷**　(清)葛元煦撰　**洗冤錄摭遺補一卷**　(清)張開運輯　清光緒十六年(1890)湖北官書處刻本　四冊　九行十四字小字雙行同白口左右雙邊

450000－2602－0003199　09327
**春在堂全書**　(清)俞樾撰　清光緒八年(1882)刻本　二十二冊　十行二十一字小字雙行同上下黑口左右雙邊　存二種七十卷

450000－2602－0003200　09983
**吳門治驗錄四卷**　(清)顧金壽著　清道光五年(1825)澄懷堂刻本　四冊　九行二十二字小字雙行同白口左右雙邊

450000－2602－0003201　09922
**江南陸師學堂武備課程八種二十八卷附課藝一卷**　(清)錢德培纂輯　清光緒二十五年(1899)江南陸師學堂刻本　十五冊　十行二十五字小字雙行同白口左右雙邊

450000－2602－0003202　09954
**注解傷寒論十卷論圖一卷**　(漢)張仲景(張機)述　(晉)王叔和撰次　(金)成無己注解　**傷寒明理論四卷**　(金)成無己撰　清同治九年(1870)常郡雙白燕堂陸氏刻本　六冊　十行二十字小字雙行同白口左右雙邊

450000－2602－0003203　09948
**增輯傷寒類方四卷**　(清)徐大椿編釋　(清)潘霨增輯　**長沙方歌括一卷**　(清)陳念祖原本　(清)蕭庭滋　(清)潘霨增輯　清同治五年(1866)蘇州振新書社刻韡園醫學六種本　四冊　六行十六字小字雙行同白口四周雙邊

450000－2602－0003204　09944
**醫方歌括一卷**　(清)王泰林撰　清抄本　一冊　十行二十四字小字雙行同白口四周雙邊

450000－2602－0003205　09927
**武備輯要六卷**　(清)曾國藩撰　清同治八年(1869)刻本　二冊　十行二十一字小字雙行同上下黑口左右雙邊

450000－2602－0003206　06404
**樊川文集二十卷外集一卷别集一卷**　(唐)杜牧撰　清光緒二十二年(1896)景蘇園影宋刻本　六冊　十行十八字白口左右雙邊

450000－2602－0003207　09928

**水師操練十八卷首一卷**　（英國）戰船部原書　（英國）傅蘭雅口譯　（清）徐建寅筆述　清刻本　二冊　十行二十二字小字雙行同上下黑口左右雙邊

450000－2602－0003208　09963

**注解傷寒論十卷論圖一卷**　（漢）張仲景述　（晉）王叔和撰次　（金）成無己注解　**傷寒明理論四卷**　（金）成無己撰　清光緒二十二年（1896）湖南書局刻本　佚名批　六冊　十行二十字小字雙行同白口左右雙邊

450000－2602－0003209　09953

**問齋醫案五卷**　（清）蔣寶素撰　清道光三十年（1850）鎮江快志堂刻本　六冊　十行二十二字白口左右雙邊

450000－2602－0003210　09924

**歷代名將事略二卷**　（清）北洋陸軍編譯局編　清宣統元年（1909）武學印書局鉛印本　二冊　十行二十五字白口四周雙邊

450000－2602－0003211　01305

**明季三朝野史四卷**　（清）顧炎武輯　清光緒三十四年（1908）上海石印本　一冊　十行不等小字雙行不等白口四周單邊

450000－2602－0003212　09967

**便易經驗集一卷濟世養生集一卷養生經驗補遺一卷續刊經驗集一卷**　（清）毛世洪輯　清道光十二年（1832）刻本　一冊　十一行二十四字小字雙行同白口四周單邊

450000－2602－0003213　09951

**醫宗說約六卷**　（清）蔣示吉纂述　清光緒十四年（1888）上海江左書林昌記刻本　佚名批　六冊　九行二十四字小字雙行同白口四周單邊

450000－2602－0003214　09925

**草廬經畧十二卷**　（明）□□撰　清光緒粵雅堂刻粵雅堂叢書本　二冊　九行二十一字小字雙行同上下黑口左右雙邊　存六卷（一至六）

450000－2602－0003215　09660

**淞隱漫錄十二卷續錄四卷漫遊隨錄□□卷**　（清）王韜撰　清光緒石印本　二冊　二十行四十四字白口四周單邊　存七卷（淞隱漫錄十至十二、續錄一至三、漫遊隨錄一卷）

450000－2602－0003216　09970

**瘍科臨證心得集三卷瘍科心得集方彙一卷**　（清）高秉鈞纂輯　（清）吳辰燦參訂　（清）高觀海校　清嘉慶十一年（1806）刻本　三冊　九行二十字白口左右雙邊

450000－2602－0003217　09955

**黃帝內經素問九卷**　（清）張志聰集註　清光緒刻本　佚名批點　八冊　九行二十字小字雙行同白口四周雙邊

450000－2602－0003218　09956

**傷寒舌鑑不分卷**　（清）張登彙纂　清光緒四年（1878）浙紹徐墨潤堂刻本　二冊　九行二十字小字雙行同白口四周單邊

450000－2602－0003219　09969

**金匱心典三卷**　（漢）張仲景著　（清）尤怡集註　清刻本　三冊　十行二十一字小字雙行同白口左右雙邊

450000－2602－0003220　09972

**金匱要畧方論本義二十二卷**　（漢）張仲景著　（清）魏荔彤釋義　清金閶綠蔭堂刻本　六冊　九行二十一字小字雙行同白口左右雙邊

450000－2602－0003221　09973

**傷寒論三註十六卷**　（清）周揚俊輯　清刻本　六冊　九行二十一字小字雙行同白口四周單邊　存十五卷（一至十五）

450000－2602－0003222　10014

**證治彙補八卷**　（清）李惺菴（李用粹）著　清光緒十八年（1892）簡玉山房刻本　八冊　十行二十字小字雙行同白口左右雙邊

450000－2602－0003223　10008

**醫效秘傳三卷**　（清）葉桂述　（清）吳金壽校　清道光十一年（1831）貯春仙館吳氏刻本　三冊　八行二十一字小字雙行同白口左右

雙邊

450000－2602－0003224　10023
**痘疹活幼心法不分卷**　(明)聶尚恒著　清文奎堂刻本　一册　十行十九字小字雙行同白口左右雙邊

450000－2602－0003225　09949
**欽定授時通考七十八卷**　(清)鄂爾泰等撰　清道光二年(1822)四川藩署刻本　二十八册　十一行二十一字小字雙行同白口四周雙邊

450000－2602－0003226　09998
**寓意草一卷**　(清)喻昌著　清乾隆二十八年(1763)嵩秀堂刻喻氏醫書三種本　一册　十行二十字小字雙行同白口左右雙邊

450000－2602－0003227　10035
**西醫略論三卷**　(英國)合信氏著　(清)管茂材撰　清咸豐七年(1857)江蘇上海仁濟醫館刻本　二册　十行二十四字小字雙行同白口四周雙邊

450000－2602－0003228　09958
**陶節庵傷寒全生集四卷**　(明)陶華撰　(清)葉天士評　清眉壽堂刻本　四册　九行二十字白口左右雙邊

450000－2602－0003229　09999
**隨息居重訂霍亂論四卷**　(清)王世雄纂　清光緒十八年(1892)上海醉六堂刻潛齋醫書五種本　二册　十行二十四字小字雙行白口左右雙邊

450000－2602－0003230　10018
**内科新説二卷**　(英國)合信氏著　(清)管茂材撰　清咸豐八年(1858)上海仁濟醫館刻本　一册　十行二十四字小字雙行同白口四周雙邊

450000－2602－0003231　10009
**溫熱贅言一卷**　(清)寄瓢子述　清道光吳江吳氏靈鶴山房刻本　一册　八行二十一字小字雙行同白口左右雙邊

450000－2602－0003232　10015
**鍼灸甲乙經十二卷**　(晉)皇甫謐輯　清光緒十三年(1887)行素草堂刻本　六册　十二行二十字小字雙行同白口左右雙邊

450000－2602－0003233　10036
**古今名醫彙粹八卷**　(清)羅美輯　清埽葉山房刻本　八册　十行二十字小字雙行同白口四周單邊

450000－2602－0003234　10017
**集驗良方二卷**　清刻本　一册　九行二十字白口左右雙邊

450000－2602－0003235　10012
**隨息居飲食譜不分卷**　(清)王士雄纂　清光緒十八年(1892)上海醉六堂刻本　二册　十行二十四字小字雙行同白口左右雙邊

450000－2602－0003236　10019
**產孕集二卷**　(清)張曜孫篹輯　**補遺一卷**　(清)包誠增訂　清同治七年(1868)蘊璞齋刻本　一册　十一行二十三字小字雙行同白口四周雙邊

450000－2602－0003237　10013
**產科心法二卷**　(清)汪喆著　**福幼編摘刻一卷**　(清)莊一夔著　(清)拜松居士增訂　清光緒十七年(1891)刻本　二册　九行二十四字小字雙行同白口左右雙邊

450000－2602－0003238　09960
**增補痘疹金鏡錄三卷首一卷**　(清)翁仲仁著　清道光七年(1827)大酉堂刻本　一册　十行二十四字小字雙行通白口左右雙邊

450000－2602－0003239　10025
**鍼灸大成十卷**　(明)楊繼洲撰　清光緒元年(1875)經國堂刻本　十册　十行二十二字小字雙行同白口左右雙邊

450000－2602－0003240　10020
**雷公炮製藥性解六卷**　(清)李仲梓編輯　(清)王子接重訂　清刻本　二册　十二行二十四字小字雙行同白口四周單邊

450000－2602－0003241　09959

**素問靈樞類纂約注三卷**　(清)汪昂纂輯　清同治十年(1871)掃葉山房刻本　一冊　八行二十二字小字雙行同白口四周單邊

450000－2602－0003242　10021
**痘疹定論四卷**　(清)朱純嘏編輯　清道光三十年(1850)刻本　四冊　十行二十字白口四周單邊

450000－2602－0003243　10002
**幼科鐵鏡六卷**　(清)夏鼎著　清刻本　二冊　十一行二十四字小字雙行同白口四周單邊

450000－2602－0003244　09996
**本草從新六卷**　(清)吴儀洛輯　清大文堂刻本　五冊　九行二十二字小字雙行同白口四周單邊

450000－2602－0003245　06371
**徐孝穆全集六卷**　(南朝陳)徐陵撰　(清)吴兆宜箋注　清光緒二年(1876)廣東翰墨園刻本　三冊　十行二十字小字雙行同上下黑口左右雙邊

450000－2602－0003246　09910
**新序十卷**　(漢)劉向撰　清刻增訂漢魏叢書本　二冊　九行二十字小字雙行同白口左右雙邊

450000－2602－0003247　09991
**經驗選秘六卷**　(清)胡增彬輯訂　清同治十年(1871)刻本　一冊　十一行二十五字小字雙行同白口左右雙邊

450000－2602－0003248　10007
**珍珠囊藥性賦醫方捷徑合編□□卷**　(明)羅必煒參訂　清文星堂刻本　一冊　十行二十四字白口四周單邊　存二卷(太醫院增補青囊藥性賦直解卷上、醫方捷徑)

450000－2602－0003249　09994
**補註黄帝内經素問二十四卷靈樞十二卷**　(唐)王冰注　(宋)林億等校正　(宋)孫兆改誤　**素問遺編一卷**　(宋)劉溫舒原本　清光緒三年(1877)浙江書局刻二十二子本　十冊　九行二十一字小字雙行同白口左右雙邊

450000－2602－0003250　09995
**胎產秘書三卷附保嬰要訣一卷經驗各方一卷**　(清)錢□□原本　(清)翁元鈞增刊　清同治元年(1862)六桂堂刻本　二冊　行字不等白口左右雙邊

450000－2602－0003251　09997
**陶節庵傷寒全生集四卷**　(明)陶華撰　(清)葉天士評　清眉壽堂刻本　四冊　九行二十字白口左右雙邊

450000－2602－0003252　09993
**三家醫案合刻三卷**　(清)吴金壽纂　清道光十二年(1832)笠澤吴氏刻本　二冊　八行二十一字小字雙行同白口左右雙邊

450000－2602－0003253　09990
**筆花醫鏡四卷**　(清)江涵暾著　清光緒十一年(1885)刻墨潤堂印本　佚名過錄　二冊　九行二十字小字雙行同白口四周單邊

450000－2602－0003254　10034
**本草三家合注六卷神農本草經百種錄**　(清)郭汝驄集注　清聚經閣刻本　六冊　十行二十字小字雙行同白口四周雙邊

450000－2602－0003255　09615
**皇朝藩屬輿地叢書六集二十八種一百四十六卷**　(清)浦□輯　清光緒二十九年(1903)金匱浦氏靜寄東軒石印本　十一冊　十行二十一字白口左右雙邊　存十二種五十四卷(西藏圖考首、一至八,西招圖畧一卷,越史略一至三,西域水道記一至五,漢書西域傳補注一至二,東北邊防輯要一至二,東三省輿地圖說一卷、附錄一卷,滇緬劃界圖說一卷,平定羅刹方略一卷,元朝徵緬錄一卷,元朝秘史一至十五,元秘史山川地名攷一至十二)

450000－2602－0003256　10027
**林氏眼科簡便驗方□□卷**　(清)林世倫撰　清光緒十九年(1893)刻本　一冊　八行十七字小字雙行同白口四周雙邊　存一卷(上)

450000－2602－0003257　09964
**食物本草會纂十二卷**　(清)沈李龍撰　清康

熙三十年(1691)刻本　六册　九行二十二字小字雙行同白口四周單邊

450000－2602－0003258　06370

**徐孝穆全集六卷**　(南朝陳)徐陵撰　(清)吴兆宜箋注　清光緒二年(1876)廣東翰墨園刻本　三册　十行二十字小字雙行同上下黑口左右雙邊

450000－2602－0003259　05459

**藥師琉璃光如來本願功德經直解二卷**　(清)靈耀撰　清宣統二年(1910)刻本　一册　十行二十字白口左右雙邊

450000－2602－0003260　05428

**金剛經注解一卷**　(清)□□撰　清嘉慶刻本　一册　八行二十一字小字雙行同白口左右雙邊

450000－2602－0003261　05306

**巴黎茶花女遺事一卷**　(法國)小仲馬撰　清光緒二十七年(1901)玉情瑤怨館石印本　榕章識　一册　十六行二十八字白口四周雙邊

450000－2602－0003262　05367

**淨土四經四卷**　(清)魏源輯　清同治五年(1866)金陵書局刻本　一册　十行二十字小字雙行同白口左右雙邊

450000－2602－0003263　10043

**傷寒尋源三卷**　(清)吕震名著　清光緒七年(1881)刻本　三册　十行二十五字小字雙行同上下黑口左右雙邊

450000－2602－0003264　10041

**當歸草堂醫學叢書初編十種四十一卷附二種十七卷**　(清)丁丙輯　清光緒四年(1878)錢塘丁氏當歸草堂刻本　一册　十行二十一字小字雙行同上下黑口四周雙邊　存附二種十七卷(銅人鍼灸經七卷校勘記一卷、西方子明堂灸經八卷校勘記一卷)

450000－2602－0003265　10003

**眼科錦囊四卷續二卷**　(日本)本庄俊篤著　清光緒十一年(1885)上海福瀛書局刻本　六册　十行二十字小字雙行同白口左右雙邊

450000－2602－0003266　09971

**本經序疏要八卷本經續疏六卷**　(清)鄒澍撰　清常郡韓文焕齋刻本　六册　十一行二十一字小字雙行同白口左右雙邊

450000－2602－0003267　10039

**壽世彙編五種十二卷**　(清)祝韻梅輯　清光緒十一年(1885)清江楊鍾琛刻本　佚名批　一册　十行二十五字小字雙行同白口左右雙邊

450000－2602－0003268　10001

**金匱方歌括六卷**　(清)陳念祖定　清道光十六年(1836)南雅堂刻本　三册　八行十八字小字雙行同白口四周雙邊

450000－2602－0003269　09992

**傷寒纘論二卷**　(清)張璐撰　清康熙刻張氏醫書七種本　三册　九行二十字小字雙行同白口四周單邊

450000－2602－0003270　10004

**胡慶餘堂丸散膏丹全集不分卷**　(清)胡光墉輯　清光緒三年(1877)胡慶餘堂石印本　鄭鳳英題記　一册　十行二十字小字雙行同白口四周雙邊

450000－2602－0003271　10006

**珍珠囊指掌補遺藥性賦四卷**　(金)李杲編
**雷公藥性解六卷**　(明)李仲梓編　清刻本　四册　十一行二十四字小字雙行同白口四周單邊

450000－2602－0003272　10026

**内經靈樞素問□□卷**　(清)張志聰集註　清光緒三年(1877)刻本　八册　九行二十二字小字雙行同白口四周雙邊　存十卷(黄帝内經靈樞一至十)

450000－2602－0003273　09988

**雷公炮製藥性解六卷**　(明)李仲梓編輯　(清)王子接重訂　清羣玉山房刻本　二册　十二行二十四字小字雙行同白口四周雙邊

450000－2602－0003274　09903

**國朝漢學師承記八卷國朝宋學淵源記二卷附**

記一卷國朝經師經義目錄一卷 （清）江藩纂 清咸豐四年（1854）刻粤雅堂叢書本 四冊 九行二十一字小字雙行同白口左右雙邊

450000－2602－0003275 09974
**東醫寶鑑二十三卷目錄二卷** （朝鮮）許浚撰 清道光十一年（1831）資善堂刻本 二十五冊 八行二十一字小字雙行同白口左右雙邊

450000－2602－0003276 09712
**東三省政略十二卷** 徐世昌撰 清宣統三年（1911）鉛印本 四十冊 十三行三十五字小字雙行同下黑口四周單邊

450000－2602－0003277 10055
**醫門補要三卷採集先哲察生死秘法一卷** （清）趙濂編輯 **青囊立效秘方二卷** 清光緒刻本 四冊 九行二十二字小字雙行同白口左右雙邊

450000－2602－0003278 10051
**醫方湯頭歌訣一卷** （清）汪昂編輯 清光緒四年（1878）書業堂刻本 一冊 十行二十八字小字雙行同白口四周單邊

450000－2602－0003279 S209
**帝鑑圖說不分卷** （明）張居正輯 （明）呂調陽輯 清純忠堂刻本 四冊 九行十九字白口四周雙邊

450000－2602－0003280 10063
**治蠱新方不分卷** （清）應侯氏手輯 清刻本 一冊 九行二十四字小字雙行同白口左右雙邊

450000－2602－0003281 10052
**理瀹駢文摘要不分卷** （清）吴尚先著 清光緒十八年（1892）濰縣張蘐壽堂刻本 二冊 六行二十二字小字雙行同白口左右雙邊

450000－2602－0003282 09987
**圖註脉訣難經二種九卷附三種三卷** 清浙西亦西齋刊本 五冊 十行二十一字小字雙行同白口四周單邊 存十二卷（圖註脉訣辨真四卷、圖註脉訣辨真四卷、瀕湖脉學、脉訣故證、脉訣附方、奇經八脉考）

450000－2602－0003283 10059；10119
**醫宗己任編四種八卷** （清）楊乘六輯 清道光十年（1830）涵古堂刻本 碧梧居士題記 碧梧居士過錄 四冊 九行十八字小字雙行同白口四周單邊

450000－2602－0003284 10065
**洄溪醫案一卷** （清）徐大椿著 （清）王士雄編 清咸豐七年（1857）海昌蔣氏衍芬草堂刻徐氏遺書八種本 一冊 九行二十一字小字雙行同上下黑口左右雙邊

450000－2602－0003285 10068
**圖註八十一難經辨真四卷** （明）張世賢圖注 清光緒二十六年（1900）通州西山堂刻訣本 三冊 十行二十四字小字雙行同白口四周單邊

450000－2602－0003286 10058
**傷寒辨證錄十四卷洞垣全書脉訣闡微一卷** （清）陳士鐸著述 清咸豐四年（1854）新華齋刻本 十二冊 九行二十二字小字雙行同白口四周單邊

450000－2602－0003287 09950
**圖註脉訣難經二種九卷附三種三卷** 清埽葉山房刻本 六冊 十行二十一字小字雙行同白口四周單邊

450000－2602－0003288 10069
**温疫論補註二卷** （清）吳有性著 （清）鄭重光補注 清同治三年（1864）樊川文成堂刻本 二冊 九行十九字白口左右雙邊

450000－2602－0003289 10061
**嵩厓尊生書十五卷** （清）景日昣纂著 清古吳三讓堂刻本 八冊 十行二十四字小字雙行同白口左右雙邊

450000－2602－0003290 10060
**本經逢原四卷** （清）張璐纂述 清明德堂刻本 四冊 十一行二十字白口四周單邊

450000－2602－0003291 10100
**喉症全科紫珍集方本二卷** （清）朱翔宇輯 清咸豐十一年（1861）雲陽文會堂刻本 清楊

啟葆刊　一册　九行二十二字小字雙行同白口左右雙邊

450000－2602－0003292　10101
**幼科證治準繩九卷**　(明)王肯堂輯　清刻本　十六册　十一行二十四字小字雙行同白口四周單邊

450000－2602－0003293　10070
**筆花醫鏡四卷附新增奇方一卷**　(清)江涵暾著　清光緒十七年(1891)刻京城龍光齋印本　二册　十行二十字小字雙行同白口四周單邊

450000－2602－0003294　09975
**瘍醫大全四十卷**　(清)顧世澄撰　清光緒二十年(1894)北京善成堂刻本　二十二册　九行二十字小字雙行同白口左右雙邊

450000－2602－0003295　10098
**喉科摘要一卷**　(清)□□撰　清光緒十年(1884)抄本　一册　八行十六字小字雙行不等白口無版框

450000－2602－0003296　10090
**葛仙翁肘後方八卷**　(晉)葛洪撰　清光緒二十二年(1896)上海圖書集成印書局鉛印本　題記　過錄　四册　十三行四十字小字雙行四十字白口四周單邊

450000－2602－0003297　10066
**濟陰綱目十四卷**　(清)武之望著　**保生碎事一卷**　(清)汪淇箋釋　清雍正六年(1728)貴文堂刻本　八册　十一行二十五字小字雙行同白口左右雙邊

450000－2602－0003298　10067
**銀海精微四卷**　(唐)孫思邈輯　(清)周亮節較正　清文盛堂刻本　二册　十行二十五字小字雙行同白口四周單邊

450000－2602－0003299　10075
**白喉證治通考一卷**　(清)張采田撰　清光緒二十九年(1903)刻多伽羅香館叢書本　一册　八行十八字小字雙行同白口四周單邊

450000－2602－0003300　10072
**衛生鴻寶一卷**　(清)古瀛西溪外史編　清道光二十六年(1846)袁續薪堂刻本　一册　九行二十一字小字雙行同白口四周雙邊

450000－2602－0003301　10076
**重訂增補陶朱公致富全書四卷**　清刻本　一册　十二行二十五字小字雙行同白口四周單邊

450000－2602－0003302　10010
**婦嬰至寶六卷**　(清)亟齋居士原編　(清)三農老人附註　(清)拜松居士增訂　清刻本　一册　十行二十二字小字雙行同下黑口左右雙邊

450000－2602－0003303　10102
**唐王燾先生外臺秘要方四十卷**　(唐)王燾撰　(明)陸錫明校閲　(明)程衍道訂梓　清同治十三年(1874)廣東翰墨園刻本　四十册　十行二十二字小字雙行同白口四周單邊雙邊兼有

450000－2602－0003304　10011
**傅氏眼科審視瑶函六卷首一卷**　(明)傅仁宇纂輯　(明)林長生較補　清醉畊堂刻本(卷一至三補配清刻本)　佚名批　六册　九行二十字小字雙行同白口四周單邊

450000－2602－0003305　09961
**瀕湖脉學一卷**　(明)李時珍撰　清刻本　一册　九行二十字小字雙行同白口四周雙邊

450000－2602－0003306　09952
**潛齋醫書五種二十一卷**　(清)王士雄撰　清光緒十八年(1892)上海醉六堂刻本　十册　十行二十四字白口四周雙邊　存四種十九卷

450000－2602－0003307　10071
**慎疾芻言一卷**　(清)徐大椿撰　清刻本　一册　十行二十二字小字雙行同白口左右雙邊

450000－2602－0003308　10134
**金瘡鐵扇散方一卷**　(清)沈大潤述　清光緒三十四年(1908)揚州務本堂刻本　一册　九行二十字小字雙行同白口四周雙邊

450000－2602－0003309　10127
**西藥略釋四卷總論一卷**　(清)孔繼良撰　(英國)嘉約翰正　清光緒十二年(1886)羊城博濟醫局刻本　四冊　十行二十四字白口四周雙邊

450000－2602－0003310　10133
**痧證指微一卷**　(□)釋普淨著　(清)奚佳棟述　(清)邱天序輯　清光緒三十四年(1908)刻本　一冊　十行二十一字小字雙行同白口左右雙邊

450000－2602－0003311　10132
**鼠疫抉微不分卷**　余德壎輯　清宣統二年(1910)滬瀆素盦鉛印本　一冊　十二行二十四字小字雙行不等白口四周雙邊

450000－2602－0003312　10121
**胡慶餘堂丸散膏丹全集不分卷續增不分卷**　(清)胡光墉輯　清光緒三年(1877)胡慶餘堂石印本　一冊　十行二十字小字雙行同白口四周雙邊

450000－2602－0003313　10113
**醫學從衆錄八卷**　(清)陳念祖著　清光緒二十九年(1903)新化三味書室刻本　孫兆槐批　孫兆槐過錄　二冊　十行二十六字小字雙行同白口左右雙邊

450000－2602－0003314　10129
**衛濟餘編十八卷**　(清)王纕堂編　清道光二十一年(1841)刻本　四冊　九行二十二字小字雙行同黑口左右雙邊

450000－2602－0003315　09652
**水經注四十卷附御製文一卷**　(北魏)酈道元撰　清刻武英殿聚珍版書本　十一冊　九行二十一字小字雙行同白口四周雙邊　存二十八卷(十三至四十)

450000－2602－0003316　10107
**本草從新六卷**　(清)吳儀洛撰　清刻本　二冊　九行十九字小字雙行同白口左右雙邊

450000－2602－0003317　10050
**滙刊經驗方不分卷**　清咸豐九年(1859)杭州三元集刻本　二冊　十一行二十四字小字雙行同白口四周單邊

450000－2602－0003318　10145
**徐氏醫書八種十八卷**　(清)徐大椿撰　清光緒十五年(1889)上海掃葉山房刻本　十冊　九行二十五字小字雙行同白口左右雙邊

450000－2602－0003319　10106
**問心堂溫病條辨六卷首一卷**　(清)吳鞠通撰　清光緒三十一年(1905)掃葉山房刻本　五冊　九行十九字小字雙行同白口四周雙邊

450000－2602－0003320　10135
**儒門醫學三卷附一卷**　(英國)海得蘭撰　(英國)傅蘭雅口譯　(清)趙元益筆述　清末上海江南製造總局刻本　一冊　十行二十二字小字雙行同上下黑口左右雙邊

450000－2602－0003321　10141
**丹溪心法附餘二十四卷首一卷**　(元)朱震亨撰　(明)方廣類集　清大文堂刻本　十六冊　十一行二十六字小字雙行同白口四周單邊

450000－2602－0003322　10145
**徐靈胎先生雜著五種六卷**　(清)徐大椿注　清光緒十四年(1888)江左書林刻本　二冊　九行二十二字小字雙行同白口左右雙邊

450000－2602－0003323　10169
**產科秘要二卷**　(清)周復初輯　清道光二十六年(1846)姑蘇杭綫會館刻本　一冊　十行二十字小字雙行同白口左右雙邊

450000－2602－0003324　10105
**張仲景傷寒論貫珠集八卷**　(清)尤怡註　(清)朱陶性校　清嘉慶十五年(1810)朱陶性木活字印本　四冊　十行二十字白口四周單邊

450000－2602－0003325　10143
**洄溪醫案一卷**　(清)徐大椿著　(清)王士雄編　清咸豐七年(1857)海昌蔣氏衍芬草堂刻徐氏遺書八種本　一冊　九行二十一字小字雙行同上下黑口左右雙邊

450000－2602－0003326　10143
**徐靈胎先生雜著五種六卷**　（清）徐大椿注　清光緒十四年（1888）江左書林刻本　一册　九行二十二字小字雙行同白口左右雙邊

450000－2602－0003327　09614
**天下郡國利病書一百二十卷**　（清）顧炎武輯　（清）龍萬育訂　清光緒慎記書莊石印本　二十四册　二十行四十四字小字雙行同白口四周雙邊

450000－2602－0003328　10138
**勉學堂鍼灸集成四卷**　（清）□□撰　清光緒五年（1879）琉璃廠文寶堂刻本　四册　十行二十字小字雙行同白口四周雙邊

450000－2602－0003329　10104
**傷寒論注四卷**　（漢）張機撰　（清）柯琴編注　（清）馬中驊較訂　（清）葉天士評　**附翼二卷**　（清）柯琴撰　（清）馬中驊較　清掃葉山房刻本　六册　十行二十一字白口左右雙邊

450000－2602－0003330　10143
**徐氏醫書六種十六卷**　（清）徐大椿撰　清同治十二年（1873）刻本　十册　九行二十五字小字雙行同白口左右雙邊

450000－2602－0003331　10139
**古本難經闡注二卷**　（戰國）秦越人撰　（清）丁錦集注　清同治三年（1864）刻本　二册　十行二十字小字雙行同上下黑口左右雙邊

450000－2602－0003332　10165
**胎産金針三卷**　（清）何榮撰　**胎産續要一卷**　（清）劉萊輯　清光緒七年（1881）刻本　二册　八行二十二字小字雙行同白口左右雙邊

450000－2602－0003333　10172
**麻疹闡註三卷謝心陽瘖子家傳一卷**　（清）張霞溪著　清道光二十八年（1848）三新堂刻本　一册　九行二十五字小字雙行同白口四周單邊

450000－2602－0003334　10154
**快志堂醫案不分卷**　清合義成抄本　四册　八行字不等白口四周雙邊

450000－2602－0003335　10229
**畫學心印八卷**　（清）秦祖永評輯　清光緒四年（1878）梁溪秦氏刻朱墨套印本　四册　八行十八字小字雙行同上下黑口左右雙邊

450000－2602－0003336　10111
**福幼編一卷遂生編一卷**　（清）莊一夔著　（清）謝霖訂　**幼幼集成一卷**　（清）陳復正著　清同治十三年（1874）刻本　一册　九行二十字小字雙行同下黑口左右雙邊

450000－2602－0003337　10162
**宛鄰書屋叢書十三種**　（清）張琦編　清道光十年至十二年（1830－1832）宛鄰書屋刻本　一册　十一行二十三字小字雙行同白口左右雙邊　存二種五卷（素靈微蘊四卷、莊氏慈幼二書一卷）

450000－2602－0003338　10110
**目疾總論一卷**　清末抄本　一册　十行二十字白口

450000－2602－0003339　10103
**類經三十二卷類經附翼四卷類經圖翼十一卷**　（明）張介賓類注　清嘉慶四年（1799）金閶萃英堂刻本　三十二册　八行十八字小字雙行同白口左右雙邊

450000－2602－0003340　10228
**澄蘭室古緣萃録十八卷**　邵松年輯　清光緒三十年（1904）上海鴻文書局石印本　六册　九行二十四字小字雙行同白口四周雙邊

450000－2602－0003341　10142
**古今醫統正脈全書**　（明）王肯堂編　明萬曆二十九年（1601）吴勉學刻清初映旭齋重修本　十一册　十行二十二字小字雙行同白口四周單邊　存七種二十八卷

450000－2602－0003342　10196
**楷法溯源十四卷目録一卷**　（清）潘存輯　楊守敬編　（清）饒敦秩校　清光緒四年（1878）刻本　十五册　小字雙行不等白口四周雙邊

450000－2602－0003343　10161
**增注類證活人書二十二卷釋音一卷藥性一卷**

（宋）朱肱撰　（明）吳勉學校　清光緒刻本　四册　十行二十字小字雙行同上下黑口左右雙邊

450000－2602－0003344　05252
**儒林外史五十六回**　（清）吳敬梓撰　清光緒七年（1881）上海申報館鉛印本　十册　十一行二十七字小字雙行三十五字白口四周雙邊

450000－2602－0003345　10170
**婦科秘方一卷**　清同治五年（1866）刻曼陀羅華閣叢書本　一册　九行二十一字小字雙行同白口左右雙邊

450000－2602－0003346　10171
**傷寒懸解十四卷首一卷末一卷**　（清）黄元御著　（清）徐樹銘校　清咸豐十年（1860）長沙燮和精舍刻黄氏醫書八種本　五册　十二行二十三字小字雙行同白口左右雙邊

450000－2602－0003347　06957
**元豐類稿五十卷首一卷**　（宋）曾鞏撰　清光緒十六年（1890）慈利漁浦書院刻本　十册　十行二十字白口四周雙邊

450000－2602－0003348　06953
**元豐類稿五十卷首一卷**　（宋）曾鞏撰　清光緒十六年（1890）慈利漁浦書院刻本　九册　十行二十字白口四周雙邊　存四十六卷（一至四十五、首一卷）

450000－2602－0003349　10199；11523
**國朝名人詞翰二卷**　（清）洪頤煊輯　清末小停雲山館刻本　二册　十一行二十字小字雙行同上下黑口左右雙邊

450000－2602－0003350　10108
**瀕湖脉學一卷脉訣攷證一卷奇經八脉攷一卷**　（明）李時珍撰　清光緒五年（1879）刻本　二册　九行二十字小字雙行同白口四周單邊

450000－2602－0003351　10292
**無邪堂答問五卷**　（清）朱一新撰　清光緒二十一年（1895）廣雅書局刻廣雅書局叢書本　五册　十一行二十四字小字雙行同上下黑口四周雙邊

450000－2602－0003352　10225
**紉齋畫賸不分卷**　（清）陳允升繪　清光緒二年（1876）甬上陳氏得古歡室刻本　四册　行字不等白口四周單邊

450000－2602－0003353　10291
**無邪堂答問五卷**　（清）朱一新撰　清光緒二十一年（1895）廣雅書局刻廣雅書局叢書本　五册　十一行二十四字小字雙行同上下黑口四周雙邊

450000－2602－0003354　10179
**雪心賦正解四卷**　（唐）卜應天撰　（清）孟浩注　**辯論三十篇一卷**　（清）孟浩撰　清益元堂刻本　一册　九行二十字小字雙行同白口四周單邊　存二卷（雪心賦正解一、辯論三十篇一卷）

450000－2602－0003355　10195
**同文千字文二卷**　（明）汪以成輯　清道光三十年（1850）琴川俞氏刻本　四册　五行十字小字雙行二十字白口四周單邊

450000－2602－0003356　10281
**十萬卷樓叢書五十一種**　（清）陸心源編　清光緒歸安陸氏刻本　一册　十行二十一字上下黑口四周雙邊　存二種二卷

450000－2602－0003357　10283
**點勘記二卷省堂筆記一卷**　（清）歐陽泉撰　清光緒九年（1883）資中官舍刻本　二册　十一行二十四字小字雙行同上下黑口左右雙邊

450000－2602－0003358　10174
**廣雅書局叢書**　（清）廣雅書局輯　清光緒廣雅書局刻本　一册　十一行二十八字小字雙行同上下黑口左右雙邊　存三種五卷（弧三角平視法一卷、摹印述一卷、水經注西南諸水攷三卷）

450000－2602－0003359　10168
**胎産護生篇一卷補遺一卷**　（清）李長科輯　清同治五年（1866）刻曼陀羅華閣叢書本　一册　九行二十一字小字雙行同白口左右雙邊

450000－2602－0003360　10288

札樸十卷　(清)桂馥撰　清光緒九年(1883)長洲蔣氏刻心榘齋叢書本　四冊　十一行二十一字小字雙行同上下黑口左右雙邊

450000－2602－0003361　10286
**札樸十卷**　(清)桂馥撰　清光緒九年(1883)長洲蔣氏刻心榘齋叢書本　六冊　十一行二十一字小字雙行同上下黑口左右雙邊

450000－2602－0003362　10167
**小耕石齋醫書四種五卷**　(清)金德鑑輯　清同治七年(1868)金雲齋刻本　一冊　十行二十二字小字雙行同白口四周雙邊

450000－2602－0003363　10302
**困學紀聞注二十卷**　(清)翁元圻輯　清道光五年(1825)翁氏守福堂刻本　十一冊　十一行二十字小字雙行同白口左右雙邊　存十八卷(一至十四、十七至二十)

450000－2602－0003364　10295
**蕉軒隨錄十二卷**　(清)方濬師撰　清同治十一年(1872)退一步齋刻本　十二冊　九行二十一字小字雙行同白口四周雙邊

450000－2602－0003365　10284
**札迻十二卷**　(清)孫詒讓撰　清光緒二十年(1894)籀高刻二十一年(1895)重修本　四冊　十二行二十三字小字雙行同上下黑口左右雙邊

450000－2602－0003366　10176
**三統術詳説四卷**　(清)陳澧撰　清光緒廣雅書局刻本　一冊　十一行二十八字小字雙行同上下黑口四周單邊

450000－2602－0003367　10300
**日知錄集釋三十二卷首一卷刊誤二卷續刊誤二卷**　(清)顧炎武著　(清)黄汝成集釋　清光緒十二年(1886)上海點石斋石印本　三冊　二十行四十一字小字雙行同白口四周單邊　存二十六卷(一至二十六)

450000－2602－0003368　10261
**鶡冠子三卷**　(宋)陸佃解　清嘉慶九年(1804)姑蘇王氏聚文堂刻十子全書本　一冊　九行二十字小字雙行同白口四周單邊

450000－2602－0003369　10175
**三統術詳説四卷**　(清)陳澧撰　清光緒廣雅書局刻本　一冊　十一行二十八字小字雙行同上下黑口四周單邊

450000－2602－0003370　10298
**説唐薛家府傳六卷四十二回**　(清)如蓮居士編次　清光緒元年(1875)羊城古經閣刻本　六冊　十二行二十七字白口四周單邊

450000－2602－0003371　10282
**精校斷句獨斷一卷**　(漢)蔡邕撰　清掃葉山房石印本　一冊　十二行二十八字小字雙行同上下黑口四周雙邊

450000－2602－0003372　10299
**聲學八卷**　(英國)田大里著　(英國)傅蘭雅口譯　(清)徐建寅筆述　清末江南製造總局刻江南製造局叢書本　八冊　十行二十二字小字雙行同上下黑口左右雙邊

450000－2602－0003373　10242
**御纂性理精義十二卷**　(清)李光地纂修　清康熙五十六年(1717)武英殿刻本　八冊　八行十八字小字雙行二十二字白口四周雙邊

450000－2602－0003374　10294
**桃溪客語五卷**　(清)吳騫撰　清刻本　一冊　十行二十字小字雙行同上下黑口左右雙邊

450000－2602－0003375　10276
**陔餘叢考四十三卷**　(清)趙翼撰　清乾隆五十五年(1790)壽考堂刻本　十六冊　十一行二十一字小字雙行三十一字白口左右雙邊

450000－2602－0003376　10273
**繡像義妖前傳六卷五十三回後傳二卷十六回**　(清)陳遇乾原稿　清末石印本　八冊　十八行四十五字白口四周雙邊

450000－2602－0003377　10266
**餘墨偶談十六卷**　(清)孫樗編　清同治十三年(1874)刻本　八冊　八行十六字小字雙行同下黑口左右雙邊

450000－2602－0003378　10173

**證治準繩六種四十四卷**　（明）王肯堂輯　（清）程永培校　清光緒十八年（1892）廣州石經堂刻本　一百冊　十行二十字小字雙行同白口左右雙邊

450000－2602－0003379　10274

**雲谷雜紀四卷首一卷末一卷**　（宋）張淏撰　清道光二十九年（1849）刻海山仙館叢書本　一冊　九行二十一字小字雙行同上下黑口左右雙邊　存五卷（雲谷雜紀四卷、末一卷）

450000－2602－0003380　10275

**隱居通議三十一卷**　（元）劉壎著　清道光二十九年（1849）刻海山仙館叢書本　三冊　九行二十一字小字雙行同上下黑口左右雙邊　存二十四卷（一至十七、二十五至三十一）

450000－2602－0003381　10241

**校正勸善因果惡報錄八卷**　（清）海芝濤撰　清光緒三十年（1904）石印本　八冊　十八行四十一字白口四周雙邊

450000－2602－0003382　10290

**日知錄之餘四卷**　（清）顧炎武述　清宣統二年（1910）鉛印風雨樓叢書本　二冊　十行三十二字小字雙行同上下黑口四周單邊

450000－2602－0003383　10289

**信摭一卷**　（清）章學誠著　清宣統順德鄧氏鉛印風雨樓叢書本　一冊　十行二十八字小字雙行同上下黑口四周單邊

450000－2602－0003384　10249

**邵武徐氏叢書**　（清）徐榦輯　清光緒刻本　一冊　九行二十二字小字雙行同黑口左右雙邊　存二種六卷

450000－2602－0003385　10147

**歷代畫史彙傳七十二卷首一卷引證書目一卷目錄三卷附錄二卷**　（清）彭蘊璨輯　清光緒八年（1882）上海埽葉山房刻本　三十二冊　八行二十字小字雙行同上下黑口四周雙邊

450000－2602－0003386　10240

**篆學叢書二十八種四十卷**　（清）顧湘輯　清道光二十年（1840）海虞顧氏刻本　一冊　九行二十一字小字雙行同上下黑口四周雙邊　存三種三卷

450000－2602－0003387　10269

**甑峯先生遺稿二卷**　（清）何輝寧著　清刻本　一冊　十行二十二字小字雙行同上下黑口四周雙邊

450000－2602－0003388　10268

**札樸十卷**　（清）桂馥撰　清光緒九年（1883）長洲蔣氏刻心榘齋叢書本　六冊　十一行二十一字小字雙行同上下黑口左右雙邊

450000－2602－0003389　10259

**最樂編六卷**　（明）高道淳輯　清同治二年（1863）宿遷碧山堂刻本　一冊　十行二十一字上黑口左右雙邊

450000－2602－0003390　10297

**讀書雜志八十二卷餘編二卷**　（清）王念孫撰　清同治九年（1870）金陵書局刻本　二十四冊　十行二十一字小字雙行同白口四周雙邊

450000－2602－0003391　10322

**藹春堂文賸一卷補遺一卷**　（清）周舫著　清光緒十年（1884）刻本　二冊　九行二十五字小字雙行同白口四周雙邊

450000－2602－0003392　10324

**海天琴思續錄八卷**　（清）林昌彝輯　清同治八年（1869）廣州富文齋刻本　四冊　九行二十一字小字雙行同白口左右雙邊

450000－2602－0003393　10304

**墐户錄一卷**　（明）楊慎撰　（清）李調元校定　清刻本　一冊　十行二十字小字雙行同白口四周雙邊

450000－2602－0003394　10316

**浪跡續談八卷**　（清）梁章鉅撰　清道光二十八年（1848）亦東園刻本　二冊　十行二十二字小字雙行同下黑口左右雙邊

450000－2602－0003395　10237

**點石齋畫報四集**　（清）尊聞閣主人輯　清光

緒十三年(1887)上海申報館石印本　四册　白口四周單邊

450000－2602－0003396　10312
**浪跡叢談十一卷續談八卷**　(清)梁章鉅撰　清刻本　四册　九行二十二字小字雙行同白口四周雙邊　存十二卷(一至四、續八卷)

450000－2602－0003397　10323
**人海記二卷**　(清)查慎行編輯　(清)張士寬校刊　清宣統二年(1910)掃葉山房石印本　一册　十四行二十八字小字雙行同白口左右雙邊

450000－2602－0003398　10335
**粵東筆記十六卷附羊城八景全圖一卷**　(清)李調元輯　清文畬堂刻本　四册　十行二十字小字雙行同上下黑口四周雙邊

450000－2602－0003399　10319
**人海記二卷**　(清)查慎行編輯　(清)張士寬校刊　清咸豐刻本　一册　九行十八字小字雙行同白口左右雙邊

450000－2602－0003400　10278
**繪圖騙術奇談四卷**　(清)華亭雷編　清宣統元年(1909)上海掃葉山房石印本　四册　十四行三十一字白口四周雙邊

450000－2602－0003401　10313
**茶香室續鈔二十五卷目錄一卷**　(清)俞樾撰　清光緒十一年(1885)刻本　六册　十行二十一字小字雙行同白口左右雙邊

450000－2602－0003402　10329
**表異錄二十卷**　(明)王志堅輯　清光緒二年(1876)陳氏庸閒齋刻陳刻二種本　二册　十一行二十一字小字雙行同上下黑口左右雙邊

450000－2602－0003403　10336
**精選黄眉故事十卷**　(明)鄧志謨編　清經濟堂刻本　六册　十行二十字小字雙行同白口四周單邊

450000－2602－0003404　10308
**群書拾補初編三十七卷**　(清)盧文弨撰　清光緒十三年(1887)上海蜚英館石印本　八册　十行二十一字小字雙行同白口左右雙邊

450000－2602－0003405　10305
**困學紀聞二十卷**　(元)王應麟撰　清同治九年(1870)揚州書局刻本　六册　十一行二十字小字雙行三十一字白口左右雙邊

450000－2602－0003406　10359
**聖朝鼎盛八集十六卷七十六回**　(清)□□撰　清光緒三十年(1904)上海日新書局石印本　八册　十八行四十字白口四周雙邊

450000－2602－0003407　10392
**圖像鏡花緣全傳六卷一百回**　(清)李汝珍撰　清宣統元年(1909)上海章福記書局石印本　六册　二十六行五十六字白口四周單邊

450000－2602－0003408　10503;10248
**自怡軒印集不分卷**　(清)王綗堂輯　清光緒鈐印本　二十九册　白口四周雙邊

450000－2602－0003409　10370
**智囊補二十八卷**　(明)馮夢龍輯　清同文堂刻本　九册　十一行二十字白口左右雙邊　存二十五卷(一至十二、十六至二十八)

450000－2602－0003410　10357
**新鐫校正詳註分類百子金丹全書十卷**　(明)郭偉選注　(明)王星聚校訂　(明)郭中吉編次　清光緒二十年(1894)袖海山房石印本　六册　十三行三十二字小字雙行同白口四周雙邊

450000－2602－0003411　10405
**錦香亭四卷十六回**　(清)素庵主人撰　清刻本　四册　十行二十八字白口四周單邊

450000－2602－0003412　10431
**詞林海錯類選四卷**　(明)夏樹芳輯　清道光十年(1830)刻本　一册　九行二十字小字雙行同白口左右雙邊　存三卷(一至三)

450000－2602－0003413　10388
**新刊繡像節義奇情全傳四卷四十回**　(清)□□撰　清光緒三十年(1904)上海紫來閣書

局石印本　四冊　十六行三十五字白口四周雙邊

450000－2602－0003414　10437
**通鑑摘録十四卷**　（清）春帆彙輯　清光緒三十一年（1905）松雲書屋刻本　十冊　九行二十四字小字雙行同白口左右雙邊

450000－2602－0003415　10402
**繡像六月雪全傳二十卷一百十三回**　清光緒三十三年（1907）上海鍊石書局石印本　三冊　十六行三十八字白口四周雙邊

450000－2602－0003416　10350
**小知録十二卷**　（清）陸鳳藻著　清同治十二年（1873）淮南書局刻本　四冊　十行二十五字小字雙行同白口左右雙邊

450000－2602－0003417　10426
**黑奴籲天録四卷**　（美國）斯土活著　林紓等譯　清光緒二十七年（1901）武林魏氏刻本　四冊　十行三十字下黑口四周雙邊

450000－2602－0003418　10396
**新刻玉訓緣全傳三十二卷**　（清）西湖居士撰　清石印本　二十四冊　二十二行四十七字小字雙行同白口四周雙邊

450000－2602－0003419　10360
**批評增像野叟曝言二十卷一百五十四回**　（清）夏敬渠撰　清光緒石印本　二十冊　二十二行三十五字白口四周雙邊

450000－2602－0003420　10397
**新齊諧二十四卷**　（清）袁枚撰　清刻本　八冊　十行二十一字上下黑口左右雙邊

450000－2602－0003421　10320
**隨園隨筆二十八卷**　（清）袁枚撰　清隨園刻本　七冊　十行二十一字上下黑口左右雙邊

450000－2602－0003422　10393
**科場異聞録五種□□卷**　（清）吕相燮輯　（清）俞增光校刊　清光緒二十四年（1898）順成書局石印本　三冊　十六行三十五字小字雙行同白口四周雙邊　存三種十七卷

450000－2602－0003423　10415
**華陽金仙證論二十卷**　（清）柳華陽真人譔　清光緒三十二年（1906）善成堂刻本　一冊　八行二十一字小字雙行同白口四周雙邊　存八卷（一至八）

450000－2602－0003424　10517
**玉芝堂文集六卷**　（清）邵齊壽撰　清光緒八年（1882）寧波群玉山房刻本　二冊　九行二十字小字雙行同上下黑口左右雙邊

450000－2602－0003425　10427
**列仙傳四卷**　（漢）劉向撰　清光緒十三年（1887）掃葉山房刻本　四冊　九行十八字小字雙行同白口四周單邊

450000－2602－0003426　10330
**巾經纂二十卷**　（清）宋宗元撰　清同治七年（1868）嘉孚堂刻本　五冊　十行二十一字白口左右雙邊

450000－2602－0003427　10532
**湖山類稿五卷附録一卷水雲集一卷附録三卷**　（宋）汪元量撰　清光緒二十三年（1897）刻本　一冊　十行十九字小字雙行同白口四周雙邊

450000－2602－0003428　10444
**繪圖四千字文一卷**　（清）□□撰　清光緒三十一年（1905）浙江紹興奎照樓石印本　一冊　十四行八字小字雙行十六字白口四周單邊

450000－2602－0003429　10433
**龍文鞭影二卷**　（明）蕭良有著　（清）楊臣諍增訂　清文苑樓刻本　二冊　十六行二十五字白口四周單邊

450000－2602－0003430　10528
**經韻樓集十二卷**　（清）段玉裁撰　清光緒十年（1884）鎮海張氏刻戴段合刻本　八冊　十行二十一字小字雙行同白口左右雙邊

450000－2602－0003431　10414
**神仙傳十卷**　（晉）葛洪編　（清）徐仁毓閲
**高士傳三卷**　（晉）皇甫謐著　清乾隆五十六年（1791）金谿王氏刻增訂漢魏叢書本　三冊

九行二十字小字雙行同白口左右雙邊

450000－2602－0003432　10433
**龍文鞭影二集二卷**　（明）蕭良有著　（清）李暉吉輯　（清）徐瓚輯　清光緒二十三年（1897）寶經閣刻本　二册　十六行二十五字白口四周單邊

450000－2602－0003433　10501
**郎潛紀聞初筆七卷二筆八卷三筆六卷**　（清）陳康祺著　清宣統二年（1910）掃葉山房石印本　十册　十四行二十八字小字雙行同白口四周雙邊

450000－2602－0003434　10476
**策學備纂三十二卷首一卷**　（清）蔡啟盛集（清）吳潁炎輯　清光緒二十年（1894）袖海山房石印本　三十二册　四十二行七十五字白口四周單邊

450000－2602－0003435　10552
**詞名集解續編二卷**　（清）汪汲錄　清乾隆刻古愚老人消夏錄本　一册　九行二十四字小字雙行同白口四周單邊

450000－2602－0003436　10377
**説部精華十二卷**　（清）王士禛撰　（清）劉堅類次　清光緒五年（1879）仁和葛氏刻嘯園叢書本　六册　九行二十字小字雙行同白口四周雙邊

450000－2602－0003437　10443
**佩文詩韻釋要五卷**　（清）周蓮塘撰　（清）周兆基輯　陸潤庠重校　清宣統三年（1911）商務印書館影印本　二册　九行字不等白口四周雙邊

450000－2602－0003438　10438
**衛濟餘編五卷**　（清）王松溪輯　清同治八年（1869）近文堂刻本　四册　十二行二十二字小字雙行同下黑口四周單邊　存四卷（一至四）

450000－2602－0003439　10355
**續疑年錄四卷**　（清）吳修編　清同治元年（1862）福山王氏天壤閣刻天壤閣叢書本　一册　九行二十一字小字雙行同上下黑口左右雙邊

450000－2602－0003440　10534
**味靈華館詩六卷**　（清）商廷煥撰　清宣統二年（1910）石印本　一册　十行二十一字小字雙行同白口四周單邊

450000－2602－0003441　10511
**山谷詩集注二十卷**　（宋）黄庭堅撰　**山谷外集詩注十七卷**　（宋）黄庭堅撰　（宋）史容注　**山谷别集詩注二卷**　（宋）黄庭堅撰　清光緒刻本　二十册　九行十六字小字雙行同上下黑口左右雙邊

450000－2602－0003442　10545
**古文詞略二十四卷**　（清）梅曾亮選　清同治六年（1867）合肥李氏刻本　佚名識　五册　十行二十五字白口四周雙邊

450000－2602－0003443　03856
**自強軍創制公言二卷**　沈敦和編次　（清）洪恩波參校　清石印本　二册　十行二十字小字雙行不等上下黑口四周雙邊

450000－2602－0003444　10474
**試律大觀三十二卷續七卷**　（清）竹屏居士輯　清咸豐三年（1853）刻本　十一册　十三行二十四字小字雙行同白口四周單邊　存三十三卷（一至四、八至三十二，續二至四、七）

450000－2602－0003445　10424
**悟性窮原一卷**　（清）涵谷子著　清道光二十四年（1844）刻本　一册　九行二十二字上下黑口四周單邊

450000－2602－0003446　10354
**疑年錄四卷**　（清）吳修編　清同治元年（1862）福山王氏刻天壤閣叢書本　一册　九行二十一字小字雙行同上下黑口左右雙邊

450000－2602－0003447　10309
**羣書拾補初編三十七卷**　（清）盧文弨撰　清光緒石印本　十八册　十行二十一字小字雙行同白口左右雙邊

450000－2602－0003448　10551
**函雅堂集□□卷**　王詠霓撰　清光緒刻本　佚名批　一册　十行二十四字小字雙行同上下黑口四周單邊　存四卷(一至四)

450000－2602－0003449　10351
**廿二史感應錄二卷緒論一卷**　(清)彭希涑輯　清嘉慶二十年(1815)刻本　二册　十行二十一字小字雙行同白口四周雙邊

450000－2602－0003450　10524
**甫田集三十六卷**　(明)文徵明撰　明刻清補刻本　八册　十一行二十一字小字雙行同白口左右雙邊

450000－2602－0003451　10504
**里橥十卷**　(清)許奉恩撰　清同治十三年(1874)刻本　十册　九行二十一字小字雙行同白口四周雙邊

450000－2602－0003452　10526
**秣陵集六卷金陵歷代紀年事表一卷歷代互見圖考一卷**　(清)陳文述撰　清道光三年(1823)刻本　三册　十一行二十二字小字雙行同上下黑口左右雙邊

450000－2602－0003453　10550
**紅杏山房試詩一卷豐湖漫草一卷豐湖續草一卷不易居齋集一卷**　(清)宋湘撰　清嘉慶刻本　一册　九行十九字小字雙行同白口四周雙邊

450000－2602－0003454　10529
**許魯齋集六卷**　(元)許衡撰　(清)張伯行輯　清同治五年(1866)刻正誼堂全書本　一册　十行二十二字小字雙行同上下黑口四周雙邊

450000－2602－0003455　10539
**磵東詩鈔十卷**　(清)歐陽輅輯　清道光十年(1830)刻本　二册　十行二十二字小字雙行同白口左右雙邊

450000－2602－0003456　10516
**邱文莊公集十卷**　(明)邱濬撰　(清)焦映漢輯　清乾隆十八年(1753)刻嘉慶修補同治印邱海二公合集本　四册　十行二十二字白口四周雙邊　存六卷(一至二、七至十)

450000－2602－0003457　10554
**陳檢討集二十卷**　(清)陳維崧譔　(清)程師恭注　清康熙刻本　六册　十行二十二字小字雙行同上下黑口左右雙邊

450000－2602－0003458　10555
**後山先生集二十四卷**　(宋)陳師道撰　(清)陶福祥校刊　清光緒十一年(1885)番禺陶氏愛廬刻本　四册　十行二十一字小字雙行同上下黑口左右雙邊

450000－2602－0003459　10513
**張太岳詩文集四十六卷行實一卷目錄一卷**　(明)張居正著　清江陵鄧氏刻本　十六册　十行二十字白口四周單邊

450000－2602－0003460　10610
**龔定盦全集十六卷**　(清)龔自珍撰　清光緒二十三年(1897)萬本書堂刻本　六册　十二行二十四字小字雙行同白口左右雙邊

450000－2602－0003461　10449
**萬國分類時務大成四十卷首一卷**　(清)錢豐輯　清光緒二十三年(1897)申江袖海山房石印本　二十八册　十八行四十四字小字雙行同上下黑口四周雙邊

450000－2602－0003462　10535
**沈隱侯集二卷**　(南朝梁)沈約著　(明)張溥閱　清刻本　三册　九行十八字小字雙行同白口左右雙邊

450000－2602－0003463　10556
**重刊文信國公全集十七卷首一卷**　(宋)文天祥撰　清道光二十五年(1845)文柱刻本　十六册　十行二十二字小字雙行同白口左右雙邊

450000－2602－0003464　10548
**宋邵康節先生伊川擊壤集十卷三世名賢行實圖系一卷康節先生漁樵對問一卷康節先生訓世孝弟詩一卷無名公傳一卷**　(宋)邵雍撰　**邵康節先生傳一卷**　清道光刻本　六册　九

行十八字白口四周單邊

450000－2602－0003465　10447
**館選試帖詩海三十四卷**　(清)織墨齋主人輯　清光緒十年(1884)石印本　八冊　二十四行四十三字白口四周雙邊

450000－2602－0003466　10544
**天真閣集五十四卷外集六卷**　(清)孫原湘撰　**長真閣集七卷詩餘一卷**　(清)席佩蘭學　清光緒二十一年(1895)刻本　十五冊　十二行二十四字小字雙行同上下黑口四周單邊

450000－2602－0003467　S210
**帝鑑圖說不分卷**　(明)張居正輯　(明)呂調陽輯　清純忠堂刻本　六冊　九行十九字白口四周雙邊

450000－2602－0003468　10448
**新增詩句題解彙編二十二卷**　(清)陳劍芝輯　(清)葉湘秋輯　清光緒二年(1876)刻本　十二冊　九行二十四字小字雙行同白口四周單邊

450000－2602－0003469　10630
**李義山詩集三卷李義山詩譜一卷諸家詩評一卷**　(唐)李商隱撰　(清)朱鶴齡箋注　清同治九年(1870)廣州倅署三色套印刻本　四冊　十行二十一字小字雙行同白口左右雙邊

450000－2602－0003470　10570
**天弢閣詩鈔四卷**　(清)李寶翰著　清光緒十四年(1888)刻本　二冊　九行二十一字小字雙行同白口四周單邊

450000－2602－0003471　10568
**春草軒詩存一卷**　(清)楊掄撰　**寄漚外集詩一卷**　(清)劉繼增撰　清光緒十年(1884)萱蔭堂刻本　佚名釋文　一冊　十行二十二字小字雙行同上下黑口左右雙邊

450000－2602－0003472　10572
**壯懷堂詩初稿十卷**　(清)林直撰　清咸豐六年(1856)福州刻本　二冊　十行二十一字小字雙行同上下黑口左右雙邊

450000－2602－0003473　10569
**本朝應制和聲集六卷首三卷**　(清)沈德潛　(清)王居正評定　(清)劉鳴珂校　**二集三卷首一卷補編一卷**　(清)沈德潛　(清)王居正評定　清乾隆二十四年(1759)琉璃廠鴻遠堂刻本　八冊　十行十九字小字雙行同白口四周單邊

450000－2602－0003474　10632
**樊南文集詳註八卷**　(唐)李商隱撰　(清)馮浩編訂　清乾隆四十五年(1780)德聚堂刻同治七年(1868)冯寶圻修補本　四冊　十一行二十五字小字雙行三十三字白口四周單邊

450000－2602－0003475　10589
**韞山堂時文初集一卷二集一卷三集一卷**　(清)管世銘撰　清光緒七年(1881)業經堂刻本　三冊　九行二十五字白口四周單邊

450000－2602－0003476　10609
**清異錄二卷**　(宋)陶穀撰　清光緒元年(1875)陳氏庸閒齋刻本　二冊　十一行二十一字小字雙行同上下黑口左右雙邊

450000－2602－0003477　10590
**蠶尾集十卷後集二卷續集二卷**　(清)王士禎撰　清宣統三年(1911)上海集成圖書公司石印本　四冊　十四行三十字小字雙行同白口四周雙邊

450000－2602－0003478　10631
**樊南文集詳註八卷**　(唐)李商隱撰　(清)馮浩編訂　清乾隆四十五年(1780)德聚堂刻同治七年(1868)冯寶圻修補本　四冊　十一行二十五字小字雙行三十三字白口四周單邊

450000－2602－0003479　10601
**胡文忠公遺集十卷首一卷**　(清)胡林翼撰　(清)盛康等輯　清同治七年(1868)醉六堂刻本　八冊　九行二十字小字雙行同下黑口四周雙邊

450000－2602－0003480　地00005
**[嘉慶]廣西通志二百七十九卷首一卷**　(清)謝啟昆總裁　(清)胡虔編纂　清嘉慶六年

(1801)刻同治四年(1865)補刻光緒十七年(1891)桂垣書局再補刻本　十四册　十一行二十一字小字雙行同上下黑口四周雙邊　存四十八卷(二百九至二百十四、二百十九至二百二十九、二百三十四至二百四十七、二百五十六至二百六十三、二百七十一至二百七十九)

450000－2602－0003481　10602
**怡志堂文初編六卷**　(清)朱琦撰　清同治四年(1865)朱氏運甓軒京師刻本　一册　十行二十一字白口四周雙邊　存三卷(一至三)

450000－2602－0003482　10582
**吟香室詩草二卷續刻一卷附刻一卷**　(清)楊蘊輝撰　清光緒二十三年(1897)南海縣署刻本　二册　十一行二十二字小字雙行同上下黑口左右雙邊

450000－2602－0003483　10564
**石笥山房集二十三卷**　(清)胡天游著　清咸豐二年(1852)刻本　八册　十行二十字白口四周雙邊

450000－2602－0003484　10628
**國朝文録八十二卷**　(清)姚椿撰　清光緒二十六年(1900)掃葉山房石印本　十六册　十九行三十七字白口四周雙邊

450000－2602－0003485　10633
**胡文忠公遺集八十六卷首一卷**　(清)胡林翼撰　(清)曾國荃編　清同治六年(1867)黄鶴樓刻本　三十二册　十行二十字小字雙行同上下黑口四周雙邊

450000－2602－0003486　10603
**庾子山集十六卷**　(北周)庾信撰　**註釋庾集題辭一卷庾子山[信]年譜一卷庾集總釋一卷庾氏世系圖一卷庾信本傳一卷原序一卷**　(清)倪璠撰　清光緒十六年(1890)成都試院刻本　十二册　十行二十字小字雙行同白口左右雙邊

450000－2602－0003487　10596
**忠雅堂評選四六法海八卷**　(清)蔣士銓評選　清同治十年(1871)藏園刻朱墨套印刻本　八册　九行二十字小字雙行同白口四周雙邊

450000－2602－0003488　10512
**薛文清公集九種五十八卷**　(明)薛瑄撰　清雍正、乾隆間刻本　十六册　十行二十字白口四周雙邊　存五種三十二卷(文清公薛先生文集二十四卷、薛文清公手稿一卷、薛文清公策問一卷、薛文清公年譜一卷、行實録五卷)

450000－2602－0003489　10608
**目耕齋讀本不分卷二刻不分卷三刻不分卷**　(清)徐楷評註　(清)沈叔眉選刊　清光緒十七年(1891)文賢書屋刻朱墨套印本　五册　九行二十五字白口左右雙邊

450000－2602－0003490　10502
**履園叢話二十四卷**　(清)錢泳輯　清同治九年(1870)述德堂刻本　七册　九行二十二字小字雙行同上下黑口四周單邊　存二十一卷(一至二十一)

450000－2602－0003491　10672
**胡文忠公遺集八十六卷首一卷**　(清)胡林翼撰　(清)曾國荃編　清同治六年(1867)黄鶴樓刻本　四十册　十行二十字小字雙行同上下黑口四周雙邊

450000－2602－0003492　10679
**亨甫詩選八卷**　(清)張際亮著　(清)徐幹選　清光緒八年(1882)刻邵武徐氏叢書本　四册　九行二十二字小字雙行同上黑口左右雙邊

450000－2602－0003493　10680
**藍山詩集六卷**　(明)藍仁撰　清咸豐七年(1857)刻光緒十四年(1888)補刻二藍集本　三册　十行二十一字白口四周雙邊

450000－2602－0003494　10662
**翠螺閣詩稾四卷詞一卷**　(清)凌祉媛撰　**舞鏡集一卷**　(清)丁丙撰　清咸豐四年(1854)延慶堂丁氏刻本　一册　九行十八字小字雙行同白口左右雙邊

450000－2602－0003495　10648
**拙修集十卷**　(清)吴廷楝撰　清同治十年(1871)六安求我齋刻本　四册　十一行二十一字小字雙行同上下黑口左右雙邊

450000－2602－0003496　10681
**藍澗詩集六卷**　(明)藍智撰　(明)程嗣祖編集　清咸豐七年(1857)刻光緒十四年(1888)補刻二藍集本　三册　十行二十一字白口四周雙邊

450000－2602－0003497　03081
**浙江全省輿圖並水陸道里記不分卷**　(清)宗源瀚等纂　清光緒二十年(1894)石印本　二十册　十四行三十六字小字雙行同白口左右雙邊

450000－2602－0003498　10678
**瓶水齋詩集十七卷瓶水齋别集二卷瓶水齋詩話一卷**　(清)舒位撰　清光緒十二年(1886)刻本　八册　十二行二十三字白口四周單邊

450000－2602－0003499　10658
**東洲艸堂詩鈔二十七卷詩餘一卷**　(清)何紹基撰　清同治六年(1867)長沙無園刻本　八册　十二行二十四字小字雙行同上下黑口四周單邊

450000－2602－0003500　10642
**明張文忠公全集四十六卷附録二卷**　(明)張居正撰　清光緒二十七年(1901)紅藤碧樹山館刻本　十六册　十行二十三字下黑口左右雙邊

450000－2602－0003501　10565
**湘綺樓全集三十卷**　王闓運撰　清光緒三十三年(1907)墨莊劉氏長沙刻本　二十册　十行二十一字小字雙行同字上下黑口左右雙邊

450000－2602－0003502　10673
**紅樓夢評贊五種**　(清)王雪香撰　清光緒二年(1876)刻本　一册　九行二十字白口四周雙邊　存二種二卷(紅樓夢竹枝詞一卷、讀紅樓夢雜記一卷)

450000－2602－0003503　10657
**伏敔堂詩録十五卷續録四卷首一卷**　(清)江湜撰　清同治五年(1866)刻本　四册　九行二十字小字雙行同下黑口左右雙邊

450000－2602－0003504　05236
**輟畊録三十卷**　(明)陶宗儀撰　清光緒十一年(1885)上海福瀛書局刻本　八册　十行二十一字小字雙行同白口左右雙邊

450000－2602－0003505　05237
**輟畊録三十卷**　(明)陶宗儀撰　清光緒十一年(1885)上海福瀛書局刻本　十册　十行二十一字小字雙行同白口左右雙邊

450000－2602－0003506　10665;10670;10669;10666;10667;10668
**粤十三家集**　(清)伍元薇輯　清道光二十年(1840)南海伍氏詩雪軒刻本　十九册　九行二十一字小字雙行同上下黑口左右雙邊　存五種八十五卷

450000－2602－0003507　10659
**李文忠公朋僚函稿二十四卷**　(清)李鴻章撰　(清)吴汝綸編輯　清光緒二十八年(1902)蓮池書社鉛印本　十二册　十二行二十八字小字雙行同上下黑口四周雙邊

450000－2602－0003508　10475
**新學大叢書一百二十卷**　(清)俞樾輯　清光緒二十九年(1903)上海積山喬記書局石印本　三十二册　十四行三十五字小字雙行同白口四周雙邊

450000－2602－0003509　10683
**讀雪山房唐詩三十四卷**　(清)管世銘輯　清光緒十二年(1886)湖北官書處刻本　十二册　十一行二十三字上下黑口四周雙邊

450000－2602－0003510　10768
**胡文忠公遺集八十六卷首一卷**　(清)胡林翼撰　(清)曾國荃編　清同治六年(1867)黄鶴樓刻本　三十二册　十行二十字小字雙行同上下黑口四周雙邊

450000－2602－0003511　10655
**定香亭筆談四卷**　(清)阮元記　(清)吴文溥

錄　清光緒十年(1884)花雨樓刻花雨樓叢鈔本　四冊　九行二十字小字雙行同上下黑口左右雙邊

450000－2602－0003512　10773

**古唐詩合解唐詩十二卷古詩四卷**　(清)王堯衢註　清文英堂刻本　三冊　十行二十一字小字雙行同白口四周雙邊

450000－2602－0003513　10756

**甌北詩鈔不分卷**　(清)趙翼撰　清乾隆湛貽堂刻本　十二冊　十行二十一字白口左右雙邊

450000－2602－0003514　10644

**習之先生文集二卷**　(唐)李翺著　清宣統三年(1911)上海會文堂石印本　二冊　十三行二十八字小字雙行同白口四周雙邊

450000－2602－0003515　10701

**御製圓明園詩二卷**　(清)世宗胤禛撰　清光緒十三年(1887)天津石印書屋石印本　二冊　六行十六字小字雙行同白口四周雙邊

450000－2602－0003516　10774

**古唐詩合解唐詩十二卷古詩四卷**　(清)王堯衢註　清光緒十一年(1885)膠州成文堂刻本　六冊　十行二十一字小字雙行同白口四周雙邊

450000－2602－0003517　特991.33/2254

**岑襄勤公勛德介福圖一卷**　(清)岑春蓂等輯　清光緒十七年(1891)石印本　一冊　行字不等

450000－2602－0003518　10636

**浪跡叢談十一卷**　(清)梁章鉅撰　清道光刻本　四冊　九行二十二字小字雙行同白口四周雙邊

450000－2602－0003519　10725

**格致書院課藝不分卷**　(清)王韜鑒定　清光緒二十四年(1898)上海富強齋書局石印本　七冊　十八行三十八字小字雙行同白口四周雙邊

450000－2602－0003520　10742

**五七言今體詩鈔十八卷**　(清)姚鼐選　清同治五年(1866)金陵書局刻本　二冊　十行二十二字小字雙行同上下黑口左右雙邊

450000－2602－0003521　10637

**歸田瑣記八卷**　(清)梁章鉅撰　清刻本　四冊　九行二十二字小字雙行同白口四周雙邊

450000－2602－0003522　10726

**陶廬雜憶一卷續詠一卷續憶補詠一卷後憶一卷**　金武祥撰　清光緒至宣統間江陰金氏刻本　四冊　八行二十一字小字雙行同白口左右雙邊

450000－2602－0003523　10740

**漁洋山人古詩選五言詩十七卷七言詩歌行鈔十五卷**　(清)王士禛選　清同治五年(1866)金陵書局刻本　八冊　十行二十二字小字雙行同上下黑口左右雙邊

450000－2602－0003524　10638

**艮齋先生薛常州浪語集三十五卷**　(宋)薛季宣撰　清同治十年(1871)金陵書局刻本　六冊　十三行二十二字上下黑口左右雙邊

450000－2602－0003525　10629

**羅鄂州小集六卷**　(宋)羅願撰　(清)程哲纂　**羅郢州遺文一卷**　(宋)羅頌撰　清光緒十九年(1893)黟縣李氏刻本　三冊　十一行二十一字上下黑口四周雙邊

450000－2602－0003526　10739

**五言詩十七卷七言詩歌行鈔十五卷**　(清)王士禛選　清刻本　一冊　十行二十一字小字雙行同上下黑口左右雙邊　存三卷(五言詩十三至十五)

450000－2602－0003527　10736

**丹魁堂詩集七卷[季芝昌]自訂年譜一卷感遇錄一卷**　(清)季芝昌撰　**茗韻軒遺詩一卷**　(清)王堋稙撰　清咸豐十一年(1861)刻本　四冊　十行二十一字小字雙行同下黑口左右雙邊

450000－2602－0003528　10743

**悅心集四卷** (清)世宗胤禛輯 清末鉛印本 二册 九行二十二字小字雙行同白口四周雙邊

450000－2602－0003529 10639

**蘇文忠公詩編註集成四十六卷集成總案四十五卷諸家雜綴酌存一卷蘇海識餘四卷牋詩圖一卷** (清)王文誥輯訂 (清)王霖圻較 (清)倪茹等校 清光緒十四年(1888)浙江書局刻本 二十四册 十一行三十字小字雙行同白口左右雙邊

450000－2602－0003530 10752

**五言詩十七卷** (清)王士禛選 清同治五年(1866)金陵書局刻本 馬駒譽批 三册 十行二十二字小字雙行同上下黑口左右雙邊

450000－2602－0003531 10746

**謝疊山先生文章軌範七卷** (宋)謝枋得原本 (清)邱維屏評定 清謝氏家塾刻本 二册 八行二十字小字雙行同上下黑口左右雙邊

450000－2602－0003532 10749

**徐孝穆全集六卷** (南朝陳)徐陵撰 (清)吳兆宜箋注 清善化經濟書堂刻本 四册 十行二十字小字雙行同上下黑口左右雙邊

450000－2602－0003533 10753

**七言詩歌行鈔十五卷** (清)王士禛選 清同治五年(1866)金陵書局刻本 馬駒譽批 三册 十行二十二字小字雙行同上下黑口左右雙邊

450000－2602－0003534 10754

**歷朝詩約選九十二卷** (清)劉大櫆編 清光緒二十一年至二十三年(1895－1897)文徵閣刻本 十四册 十行二十二字小字雙行同白口左右雙邊

450000－2602－0003535 10671

**憨山大師夢遊全集二十卷** (明)釋德清撰 (明)釋福善日錄 (清)濟孫編輯 **憨山老人[釋德清]年譜自敘實錄二卷** (明)釋福善記錄 (明)釋福徵述疏 清宣統二年(1910)端州鼎湖山刻本 二十一册 十行二十字小字雙行同下黑口四周雙邊 存二十一卷(全集二十卷、年譜自敘實錄一)

450000－2602－0003536 06143

**列子八卷** (戰國)列禦寇撰 (晉)張湛注 清光緒二年(1876)浙江書局刻二十二子本 二册 九行二十一字小字雙行同白口左右雙邊

450000－2602－0003537 10509

**佩文韻府一百六卷** (清)張玉書彙閱 (清)蔡升元等纂修 **韻府拾遺一百六卷** (清)張廷玉校勘 (清)汪灝纂修 清光緒八年(1882)上海點石齋石印本 九册 三十六行二十五字小字雙行同白口四周雙邊 存一百四卷(佩文韻府一至三十、四十九至一百六,拾遺一至十六)

450000－2602－0003538 10769

**文選六十卷** (南朝梁)蕭統撰輯 (唐)李善注 (清)何焯評 清羊城翰墨園刻朱墨套印本 十二册 十二行二十五字小字雙行三十七字白口左右雙邊

450000－2602－0003539 10787

**國朝二十四家文鈔二十四卷** (清)徐斐然輯評 (清)徐秉愿參訂 清乾隆六十年(1795)刻本 佚名批 八册 十行二十一字白口左右雙邊

450000－2602－0003540 10778

**國朝畿輔詩傳六十卷** (清)陶樑輯 清道光十九年(1839)紅豆樹館刻本 十六册 十行二十一字小字雙行同白口左右雙邊

450000－2602－0003541 10748

**七十家賦鈔六卷** (清)張德言輯 清光緒八年(1882)廣東載文堂刻本 四册 十三行二十二字小字雙行同上下黑口左右雙邊

450000－2602－0003542 10772

**文粹一百卷** (宋)姚鉉篹 (清)許增校 **文粹補遺二十六卷** (清)郭麐篹 清光緒十六年(1890)杭州許增榆園刻本 二十册 十四行二十五字小字雙行同上下黑口左右雙邊

450000－2602－0003543　10776

**唐文粹一百卷**　(宋)姚鉉纂　清光緒九年(1883)江蘇書局刻本　十六册　十四行二十五字小字雙行同白口左右雙邊

450000－2602－0003544　10595

**鮚埼亭集三十八卷首一卷經史問答十卷鮚埼亭集外編五十卷**　(清)全祖望撰　(清)史夢蛟校　清嘉慶刻同治十一年(1872)印本　三册　十行二十一字小字雙行同白口左右雙邊

450000－2602－0003545　10788

**新安先集二十卷附國史館列傳一卷崇祀録一卷**　(清)朱之榛撰　清同治十三年(1874)刻本　七册　十行二十五字小字雙行同上下黑口左右雙邊

450000－2602－0003546　10782

**國朝十家四六文鈔十一卷**　王先謙輯　清光緒二十一年(1895)上海書局石印本　一册　十五行三十八字小字雙行同白口四周單邊

450000－2602－0003547　10779

**學海堂集十六卷**　(清)阮元等輯　清道光五年(1825)啟秀山房刻本　六册　十行二十字小字雙行同白口左右雙邊

450000－2602－0003548　10757

**甌北詩話十二卷**　(清)趙翼撰　清嘉慶刻本　四册　十一行二十一字小字雙行不等白口左右雙邊

450000－2602－0003549　10786

**國朝嶺海詩鈔二十四卷**　(清)凌揚藻評輯　清道光六年(1826)狎鷗亭刻本　八册　十行十九字小字雙行二十七字白口四周單邊

450000－2602－0003550　06049

**淡園全集四種七卷**　(清)馬徵麐撰　清光緒十五年(1889)金陵清涼山半日讀書齋刻本　一册　十行二十五字小字雙行同下黑口四周雙邊　存三種六卷(大衍筮法直解一卷、仙源礪士參語一卷、夏小正箋疏四卷)

450000－2602－0003551　10784

**五十名家書札十二卷**　(清)陸心源輯　清光緒十九年(1893)上海學有根柢齋石印本　四册　行字不等白口四周花邊

450000－2602－0003552　06598

**王摩詰集六卷**　(唐)王维撰　清光緒十年(1884)上海同文書局石印唐四家詩集本　佚名批　一册　十行十八字白口左右雙邊

450000－2602－0003553　S212

**國朝館選爵里謚法考一卷館職補選考一卷**　清末抄本　佚名題識并校　四册

450000－2602－0003554　06144

**列子八卷**　(戰國)列禦寇撰　(晉)張湛注　清光緒二年(1876)浙江書局刻二十二子本　二册　九行二十一字小字雙行同白口左右雙邊

450000－2602－0003555　06146

**沖虛至德真經八卷**　(戰國)列禦寇撰　(晉)張湛註　清嘉慶九年(1804)寶慶經綸堂刻本　二册　十一行二十一字小字雙行同上下黑口四周雙邊

450000－2602－0003556　06047

**佛說菩薩内戒經一卷**　(南朝宋)釋求那跋摩譯　清光緒十六年(1890)江北刻經處刻本　一册　十行二十字小字雙行同上下黑口左右雙邊

450000－2602－0003557　04907

**恒軒所見所藏吉金録不分卷**　(清)吳大澂輯　清光緒十一年(1885)刻本　二册　八行十字白口四周單邊

450000－2602－0003558　10770

**文選六十卷**　(南朝梁)蕭統撰　(唐)李善注　(清)葉樹藩參訂　清乾隆三十七年(1772)葉氏海録軒刻朱墨套印本　十二册　十二行二十五字小字雙行三十七字白口左右雙邊

450000－2602－0003559　04503

**卅劍客圖一卷**　(清)任熊繪　清咸豐六年(1856)石印本　二册

450000－2602－0003560　10783

**南宋雜事詩七卷首一卷**　(清)沈嘉轍等撰　清道光九年(1829)扶荔山房刻本　四册　十行二十一字小字雙行同白口左右雙邊

450000－2602－0003561　05052
**癸巳類稿十五卷**　(清)俞正燮撰　清道光十三年(1833)求日益齋刻本　八册　十二行二十四字白口四周雙邊

450000－2602－0003562　05674
**廬山蓮宗寶鑑十卷**　(元)釋普度撰　清光緒五年(1879)刻本　三册　十行二十字上下黑口四周雙邊

450000－2602－0003563　06036
**勝鬘獅子吼經一卷**　(南朝宋)釋求那跋陀譯　清光緒六年(1880)常熟刻經處刻本　一册　十行二十字上下黑口左右雙邊

450000－2602－0003564　07356
**俞俞齋文稿初集四卷**　(清)史念祖撰　清光緒二十二年(1896)桂林刻本　四册　十行二十五字白口左右雙邊

450000－2602－0003565　06046
**仁王護國般若經疏五卷**　(隋)釋智者說　(唐)釋灌頂記　清光緒十一年(1885)江北刻經處刻本　一册　十行二十字上下黑口左右雙邊

450000－2602－0003566　10777
**金文最六十卷**　(清)張金吾輯　清光緒二十一年(1895)江蘇書局刻本　十六册　十四行二十五字小字雙行同白口左右雙邊

450000－2602－0003567　06460
**杜詩詳註二十五卷諸家詠杜附錄二卷首一卷**　(清)仇兆鰲輯註　清刻本　十四册　十行二十二字小字雙行同下黑口左右雙邊

450000－2602－0003568　10887
**庸庵全集**　(清)薛福成撰　清光緒二十七年(1901)上海書局石印本　六册　十四行二十五字小字雙行同上下黑口四周單邊　存二種十八卷(文編一至四、續編上下、外編一至四、海外文編一至四,出使英法義比四國日記三至六)

450000－2602－0003569　10829
**增廣繡像十美圖傳二十卷四十回**　清光緒二十年(1894)上海書局鉛印本　四册　十行二十字白口四周單邊

450000－2602－0003570　10916
**五禮通考二百六十二卷首四卷總目二卷**　(清)秦蕙田編輯　清光緒六年(1880)江蘇書局刻本　三十三册　十三行二十一字小字雙行不等白口左右雙邊　存九十卷(一至八十四、首四卷、總目二卷)

450000－2602－0003571　10896
**林文忠公政書三集二十七卷**　(清)林則徐撰　清光緒二年(1876)鉛印本　八册　十一行三十字小字雙行同白口四周雙邊

450000－2602－0003572　10889
**湘綺樓文集八卷**　王闓運撰　清光緒二十六年(1900)刻本　四册　十行二十一字小字雙行同上下黑口左右雙邊

450000－2602－0003573　10886
**出使英法義比四國日記六卷**　(清)薛福成撰　清光緒十八年(1892)石印本　二册　十四行三十字上下黑口四周單邊

450000－2602－0003574　S356
**漁洋山人精華錄十卷**　(清)王士禛撰　(清)林佶編　清康熙三十九年(1700)林佶寫刻本　四册　十一行二十字小字雙行三十字白口左右雙邊

450000－2602－0003575　10830
**綉像義俠九絲絛全傳十二卷**　清光緒二十三年(1897)上海書局石印本　八册　十六行三十二字白口四周雙邊

450000－2602－0003576　10826
**新鐫繡像描金鳳十二卷四十六回**　□□撰　清光緒二年(1876)刻本　十二册　十二行二十四字下黑口四周單邊

450000－2602－0003577　10804

**羅忠節公遺集八卷**　(清)羅澤南撰　清咸豐、同治間刻羅忠節公遺集本　三冊　八行二十四字白口左右雙邊

450000－2602－0003578　10823

**繡像落金扇全傳八卷**　(清)吹竽先生撰　清同治十二年(1873)刻本　八冊　十行二十字白口四周單邊

450000－2602－0003579　10888

**庸庵文編四卷文續編二卷文外編四卷**　(清)薛福成撰　清光緒刻本　十冊　十行二十一字小字雙行同白口左右雙邊

450000－2602－0003580　10934

**重刊宋本十三經注疏附校勘記**　(清)阮元撰　清光緒十三年(1887)上海脈望仙館石印本　一冊　二十行三十四字小字雙行四十六字白口四周單邊　存二種九十卷(儀禮疏一至二十四、校勘記一至五十,附釋音周禮注疏二十三至三十八)

450000－2602－0003581　10890

**國朝嶺南文鈔十八卷**　(清)陳在謙輯評　清道光學海堂刻本　六冊　十行二十一字小字雙行同白口四周雙邊

450000－2602－0003582　00411;10931

**春秋屬辭辨例編六十卷首二卷**　(清)張應昌學　清刻本　十八冊　十二行二十六字小字雙行同下黑口左右雙邊　存三十五卷(三至十、十四至十五、十八至十九、二十二至三十二、三十五、三十八至四十六,首二卷)

450000－2602－0003583　10891

**尊經書院初集十二卷**　王闓運輯　清光緒十四年(1888)刻本　十二冊　九行二十一字上下黑口四周單邊

450000－2602－0003584　10924

**春秋精義彙鈔四十卷**　(清)陸錫璞輯　清咸豐四年(1854)萃元堂刻本　八冊　十行二十八字小字雙行同下黑口四周雙邊

450000－2602－0003585　10971

**讀通鑑論三十卷**　(清)王夫之譔　清光緒二十七年(1901)簡青書局石印本　一冊　二十二行四十九字白口四周雙邊　存一卷(一)

450000－2602－0003586　10943

**經字正蒙八卷**　(清)李文沂著　清刻本　一冊　十二行字不等上下黑口四周單邊　存二卷(五至六)

450000－2602－0003587　10825

**新編繡像福壽大紅袍十四卷一百回**　(清)馬永清撰　清光緒八年(1882)刻本　十四冊　十行二十字白口四周單邊

450000－2602－0003588　10968

**通鑑紀事本末二百三十九卷**　(宋)袁樞撰　(明)張溥論正　清光緒二十一年(1895)積山書局石印本　三冊　十八行三十六字白口四周單邊　存三十二卷(一至二十、三十一至四十二)

450000－2602－0003589　10978

**增評加批歷史綱鑑補三十九卷首一卷**　(明)王世貞　(明)袁黄編纂　清光緒二十八年(1902)上海富强齋石印本　十冊　二十二行五十八字小字雙行同白口四周雙邊

450000－2602－0003590　10828

**玉搔頭二卷三十齣**　(清)湖上笠翁撰　清刻本　二冊　九行十八字小字雙行同白口四周雙邊

450000－2602－0003591　10946

**説文解字注三十卷附六書音均表二卷**　(清)段玉裁注　**説文通檢十四卷首一卷末一卷**　(清)黎永椿編　**説文解字注匡謬八卷**　(清)徐承慶撰　清宣統二年(1910)上海江左書林石印本　八冊　十八行四十四字小字雙行同白口四周雙邊

450000－2602－0003592　10975

**御批增補了凡綱鑑四十卷首一卷御撰通鑑綱目三編六卷**　(明)袁黄輯　清光緒三十年(1904)上海同文升記書局鉛印本　二十冊　十九行四十三字小字雙行五十七字下黑口四周雙邊

450000－2602－0003593　10967

**資治通鑑外紀十卷**　(宋)劉恕撰　(清)胡克家注補　清光緒十六年(1890)積山書局石印本　一册　二十行四十四字小字雙行同白口四周雙邊

450000－2602－0003594　11003

**歷朝紀事本末九種**　(清)陳如升　(清)朱記榮輯　清宣統二年(1910)上海文盛書局石印本　三册　二十二行不等小字雙行不等白口四周雙邊　存二種五十八卷

450000－2602－0003595　10966

**評鑑闡要十二卷**　(清)劉統勛等纂　清光緒十年(1884)皖省聚文書坊木活字印本　四册　八行二十二字白口四周雙邊　存八卷(一至八)

450000－2602－0003596　11004

**左傳紀事本末五十三卷**　(清)高士奇編輯　(清)閔萃祥點勘　清光緒十四年(1888)上海書業公所鉛印歷朝紀事本末本　三册　十五行四十字小字雙行同白口四周雙邊

450000－2602－0003597　10817

**薇省詞鈔十卷附錄一卷**　況周儀撰　清光緒二十四年(1898)廣陵刻本　一册　十行二十一字小字雙行同字上下黑口四周單邊　存三卷(一至三)

450000－2602－0003598　10955

**四書纂言四十卷**　(清)宋翔鳳輯　(清)李祖榮校刊　清光緒八年(1882)古吳峕嵣山房木活字印本　十二册　九行二十一字小字雙行同白口四周雙邊

450000－2602－0003599　10935

**十三經注疏附考證十三種四百十六卷**　(魏)王弼注　(唐)陸德明音義　(唐)孔穎達疏　清同治十年(1871)刻本　二十二册　十行二十一字小字雙行同白口四周雙邊　存四種五十三卷(周易注疏十三卷附考證、周易略例一卷、毛詩注疏三十卷附考證、周禮注疏九卷附考證)

450000－2602－0003600　10976

**袁王綱鑑合編三十九卷首一卷**　(明)袁黄輯　(明)王世貞編　**御撰明紀綱目二十卷**　(清)張廷玉撰　清光緒三十年(1904)上海商務印書館鉛印本　十二册　十九行四十三字小字雙行五十六字白口四周單邊

450000－2602－0003601　10827

**邯鄲夢傳奇二卷三十齣**　(明)湯若士　(湯顯祖)撰　清刻本　二册　九行十八字小字雙行同白口左右雙邊

450000－2602－0003602　10811

**紅雪樓九種曲十三卷**　(清)蔣士銓撰　清紅雪樓刻本(四弦秋、香祖樓、一片石、雪中人、第二碑、桂林霜補配清刻本)　十册　九行二十二字白口四周單邊

450000－2602－0003603　10977

**袁王綱鑑合編三十九卷首一卷**　(明)袁黄輯　(明)王世貞編　**御撰明紀綱目二十卷**　(清)張廷玉撰　清光緒三十年(1904)上海商務印書館鉛印本　十二册　十九行四十三字小字雙行五十六字白口四周單邊

450000－2602－0003604　10897

**十一朝東華約錄二百三十卷(天命朝至同治朝)**　(清)王祖顯輯　清光緒二十八年(1902)石印本　二十册　二十二行四十四字小字雙行同白口四周雙邊

450000－2602－0003605　10991

**歷朝紀事本末九種六百十一卷**　(清)陳如升　(清)朱記榮輯　(清)閔萃祥點勘　清光緒鉛印本　四册　十五行四十字小字雙行同白口四周雙邊　存九種六百十一卷

450000－2602－0003606　11014

**重訂國語國策合註□□卷**　(三國吳)韋昭解　(宋)宋庠補音　清光緒十五年(1889)經國堂刻本　二册　十行二十一字小字雙行同白口四周單邊　存九卷(國語一至九)

450000－2602－0003607　10949

**説文解字校錄十五卷説文玉篇校錄一卷**

（漢）許慎記　（清）鈕樹玉撰　清光緒十一年（1885）江蘇書局刻本　十三冊　七行二十二字小字雙行同上下黑口左右雙邊　存十五卷（一至四、六至十五，玉篇校錄一卷）

450000－2602－0003608　10987
**諸史拾遺五卷**　（清）錢大昕撰　清嘉慶十二年（1807）刻本　一冊　十行二十一字小字雙行同白口左右雙邊　存三卷（一至三）

450000－2602－0003609　10824
**繡像玉連環八卷**　（清）朱素仙撰　清道光三年（1823）亦芸書屋刻本　八冊　十一行二十一字小字雙行白口左右雙邊

450000－2602－0003610　10986
**歷代帝王年表一卷紀元同異攷略一卷**　（清）黄大華撰　清光緒二十六年（1900）浙江省官書局刻本　一冊　十二行二十七字小字雙行同白口左右雙邊

450000－2602－0003611　10907
**寄傲山房塾課纂輯書經備旨蔡註捷錄七卷**　（清）鄒聖脉纂輯　清刻本　二冊　十一行二十字小字雙行三十字白口四周單邊　存五卷（三至七）

450000－2602－0003612　11016
**前漢書一百卷**　（漢）班固撰　（唐）顔師古注　清光緒三十一年（1905）上海久敬齋石印本　十冊　二十三行四十八字小字雙行同白口四周雙邊　存九十卷（一至九十）

450000－2602－0003613　11015
**史存三十卷**　（清）劉沅輯　清刻本　七冊　九行二十三字上下黑口左右雙邊　存十一卷（十一至十二、二十一至二十六、二十八至三十）

450000－2602－0003614　10988
**諸史攷異十八卷**　（清）洪頤煊撰　清光緒十五年（1889）刻廣雅書局叢書本　二冊　十一行二十四字小字雙行同上下黑口四周單邊　存十四卷（一至十四）

450000－2602－0003615　10807
**再生緣全傳二十卷**　（清）陳瑞生撰　清光緒二年（1876）世德堂刻本　二十冊　十行二十二字白口四周單邊

450000－2602－0003616　10964
**御撰資治通鑑綱目三編四十卷**　（清）舒赫德等撰　清同治十一年（1872）江西書局刻本　十二冊　十一行二十二字小字雙行同下黑口四周雙邊

450000－2602－0003617　10959
**御纂詩義折中二十卷**　（清）傅恒撰　清末浙江書局刻本　六冊　十一行二十四字小字雙行同白口左右雙邊

450000－2602－0003618　10992
**芸居樓綱鑑易知錄九十二卷**　（清）吳乘權等輯　清光緒四年（1878）羊城芸居樓刻本　三十冊　九行二十字小字雙行同白口四周單邊　存八十九卷（一至八十九）

450000－2602－0003619　11019
**前漢書一百卷附考證**　（漢）班固撰　（漢）班昭續　（唐）顔師古注　清光緒十八年（1892）竹簡齋石印二十四史附考證本　八冊　二十行四十二字小字雙行同白口左右雙邊

450000－2602－0003620　10958
**校正馬氏文通十卷**　（清）馬建宗撰　清光緒二十八年（1902）上海文林石印本　五冊　十六行三十二字小字雙行不等上下黑口四周雙邊

450000－2602－0003621　11051
**晉書一百三十卷**　（唐）太宗李世民撰　**晉書音義三卷**　（唐）何超撰　清同治十年（1871）金陵書局刻二十四史本　二十冊　十二行二十五字小字雙行不等白口左右雙邊

450000－2602－0003622　11018
**前漢書一百卷附考證**　（漢）班固撰　（唐）顔師古注　清光緒十年（1884）上海同文書局石印二十四史附考證本　三十二冊　十行二十一字小字雙行同白口左右雙邊

450000－2602－0003623　10899

**國朝詞綜補五十八卷**　(清)丁紹儀輯　清光緒二十四年(1898)刻本　十六冊　十行二十一字小字雙行同上下黑口四周雙邊

450000－2602－0003624　11053
**十六國春秋一百卷**　(北魏)崔鴻撰　(清)汪日桂重訂　清湖北官書局刻本　八冊　十一行二十三字白口四周雙邊　存八十一卷(一至八十一)

450000－2602－0003625　10997
**史記一百三十卷附考證**　(漢)司馬遷撰　(南朝宋)裴駰集解　(唐)司馬貞索隱　(唐)張守節正義　**史記補一卷**　(唐)司馬貞補并註　清光緒二十年(1894)嶺南培遠堂刻本　二十六冊　十行二十一字小字雙行同白口左右雙邊

450000－2602－0003626　11024;11025
**前漢書一百卷**　(漢)班固撰　(唐)顏師古注　**後漢書九十卷**　(南朝宋)范曄撰　(晉)司馬彪續纂　**續漢書三十卷**　(晉)司馬彪撰　(南朝梁)劉昭補并注　清同治十二年(1873)嶺東使署刻本　三十二冊　十二行二十五字小字雙行三十七字白口左右雙邊

450000－2602－0003627　11031
**後漢書一百二十卷**　(南朝宋)范曄撰　(唐)李賢注　(南朝梁)劉昭補志　清光緒二十六年(1900)煥文書局石印本　八冊　二十二行四十二字小字雙行同白口四周雙邊

450000－2602－0003628　10996
**史記集解索隱正義合刻一百三十卷**　(漢)司馬遷撰　(南朝宋)裴駰集解　(唐)司馬貞索隱　(唐)張守節正義　清末羊城駱氏翰墨園刻本　三十冊　十一行二十二字小字雙行同上下黑口四周雙邊

450000－2602－0003629　11057
**南史八十卷附考證**　(唐)李延壽撰　清光緒二十八年(1902)武林竹簡齋石印二十四史附考證本　六冊　二十行四十二字小字雙行同白口四周雙邊

450000－2602－0003630　11020
**前漢書一百卷附考證**　(漢)班固撰　(唐)顏師古注　清光緒十八年(1892)竹簡齋石印二十四史附考證本　十二冊　二十行四十二字小字雙行同白口左右雙邊

450000－2602－0003631　10805
**全唐文紀事一百二十二卷首一卷**　(清)陳鴻墀撰　清同治十二年(1873)巴陵方功惠廣州刻本　九冊　九行二十一字小字雙行同白口四周雙邊　存三十三卷(一至三十二、首一卷)

450000－2602－0003632　11021
**前漢書一百卷附考證**　(漢)班固撰　(唐)顏師古注　清光緒二十一年(1895)上海畊餘主人石印本　十四冊　十九行四十字小字雙行同白口左右雙邊

450000－2602－0003633　11063
**北史一百卷附考證**　(唐)李延壽撰　清光緒二十八年(1902)武林竹簡齋石印二十四史附考證本　八冊　二十行四十二字白口左右雙邊

450000－2602－0003634　11029
**後漢書一百二十卷附考證**　(南朝宋)范曄　(南朝梁)劉昭撰　清光緒二十九年(1903)上海五洲同文書局石印二十四史附考證本　二十七冊　十行二十一字小字雙行同上下黑口左右雙邊　存一百十七卷(一至一百、一百四至一百二十)

450000－2602－0003635　11027
**後漢書九十卷**　(南朝宋)范曄撰　(唐)李賢注　**續漢書三十卷**　(晉)司馬彪撰　(南朝梁)劉昭補并注　清同治十二年(1873)嶺東使署刻本　十六冊　十二行二十五字小字雙行不等白口左右雙邊

450000－2602－0003636　10995
**史記一百三十卷**　(漢)司馬遷撰　(南朝宋)裴駰集解　(唐)司馬貞索隱　(唐)張守節正義　清刻本　十二冊　十行十八字小字雙行二十三字白口四周雙邊　存六十一卷(八至

六十、九十五至一百二）

450000－2602－0003637　11065

**北史一百卷**　（唐）李延壽撰　清同治十一年(1872)金陵書局刻二十四史本　十六册　十二行二十五字小字雙行同白口左右雙邊　存八十四卷(四至七十、八十四至一百)

450000－2602－0003638　11056

**南史八十卷附考證**　（唐）李延壽撰　清光緒二十九年(1903)上海五洲同文局石印二十四史附考證本　十六册　十行二十一字小字雙行同白口左右雙邊　存六十四卷(一至六、十一至六十四、七十三至七十六)

450000－2602－0003639　11072

**南齊書五十九卷**　（南朝梁）蕭子顯撰　清同治十三年(1874)金陵書局刻二十四史本　二册　十二行二十五字小字雙行不等白口左右雙邊　存十六卷(九至二十四)

450000－2602－0003640　02584

**歷代輿地沿革險要圖**　楊守敬撰　（清）饒敦秩纂　清光緒五年(1879)东湖饶氏朱墨套印本　一册　白口四周單邊

450000－2602－0003641　11050

**晋書一百三十卷附考證**　（唐）太宗李世民撰　**晋書音義三卷**　（唐）何超撰　清光緒十四年(1888)上海圖書集成印書局鉛印二十四史附考證本　十四册　十三行四十字小字雙行同白口四周單邊　存一百十七卷(晋書一至七、十四至一百二十三)

450000－2602－0003642　11070

**宋書一百卷附考證**　（南朝梁）沈約撰　清光緒三十四年(1908)上海集成公司鉛印二十四史附考證本　十二册　十三行四十字小字雙行同白口四周單邊

450000－2602－0003643　11071

**宋書一百卷附考證**　（南朝梁）沈約撰　清光緒三十四年(1908)上海集成公司鉛印二十四史附考證本　五册　十三行四十字小字雙行同白口四周單邊　存三十一卷(一至二十七、三十四至三十七)

450000－2602－0003644　11111

**明史紀事本末八十卷**　（清）谷應泰撰　清光緒二十四年(1898)湖南思賢書局刻紀事本末五種本　二十册　十一行二十字小字雙行同上下黑口左右雙邊

450000－2602－0003645　10895

**御選唐宋文醇五十八卷**　（清）高宗弘曆輯　清光緒三年(1877)浙江書局刻本　二十册　九行二十二字白口左右雙邊

450000－2602－0003646　11082

**隋書八十五卷**　（唐）魏徵撰　清光緒二十八年(1902)上海文瀾書局石印本　二册　三十行六十三字小字雙行同白口四周雙邊

450000－2602－0003647　11084

**舊唐書二百卷附考證**　（五代）劉昫等撰　清光緒二十八年(1902)武林竹簡齋石印二十四史附考證本　十五册　二十行四十二字小字雙行同白口左右雙邊　存一百九十一卷(一至四十一、五十一至二百)

450000－2602－0003648　11116

**潛菴先生遺稿五卷**　（清）湯斌著　（清）閻興邦評　清刻本　一册　九行二十字小字雙行同白口四周單邊　存二卷(四至五)

450000－2602－0003649　11095

**遼史紀事本末四十卷**　（清）李有棠編纂　清光緒二十八年(1902)上海捷記書局石印歷朝紀事本末本　二册　二十一行四十四字小字雙行同白口四周雙邊

450000－2602－0003650　11047

**晋書一百三十卷附考證**　（唐）房玄齡等撰　**晋書音義三卷**　（唐）何超纂　清光緒十年(1884)同文書局影印二十四史附考證本　三十册　十行二十一字白口左右雙邊　存八十五卷(一至十二、三十一至一百,音義三卷)

450000－2602－0003651　11089

**五代史七十四卷附考證**　（宋）歐陽修撰　（宋）徐無黨注　清光緒十五年(1889)湖南大

同書局刻本　十二册　十行二十一字小字雙行同白口左右雙邊

450000－2602－0003652　11087

**舊五代史一百五十卷附考證**　（宋）薛居正等撰　清光緒二十八年（1902）武林竹簡齋石印二十四史附考證本　六册　二十行四十二字小字雙行同白口左右雙邊　存一百九十一卷（一至四十一、五十一至二百）

450000－2602－0003653　11088

**五代史七十四卷附考證**　（宋）歐陽修撰（宋）徐無黨注　清光緒十年（1884）上海同文書局影印二十四史附考證本　十册　十行二十一字小字雙行同白口左右雙邊

450000－2602－0003654　11098；11103；11106；11112

**歷朝紀事本末七種**　（清）陳如升　（清）朱記榮輯　清光緒十四年（1888）上海書業公所鉛印本　二十册　十五行四十字白口四周雙邊　存四種二百五十四卷

450000－2602－0003655　11110

**明史三百三十二卷目錄四卷附考證**　（清）張廷玉等撰　清光緒二十九年（1903）五洲同文局石印二十四史附考證本　五十六册　十行二十一字上下黑口左右雙邊

450000－2602－0003656　11033

**後漢紀三十卷**　（晉）袁宏撰　清光緒二年（1876）嶺南學海堂刻本　五册　十行二十字白口左右雙邊

450000－2602－0003657　11113

**御批資治通鑑綱目三編六卷**　（明）張廷玉撰　清光緒二十八年（1902）上海富强齋石印本　二册　二十二行五十八字小字雙行同白口四周雙邊

450000－2602－0003658　11092

**宋史四百九十六卷附考證**　（元）脱脱等修　清光緒上海圖書集成印書局鉛印二十四史附考證本　五十六册　十三行四十字小字雙行同白口四周單邊　存四百八十卷（一至二百二十五、二百三十二至四百八十六）

450000－2602－0003659　11105

**西夏紀事本末三十六卷首二卷**　（清）張鑒著（清）朱記榮校　清宣統二年（1910）上海文盛書局石印歷朝紀事本末本　一册　二十二行四十四字小字雙行同白口四周雙邊

450000－2602－0003660　11028

**後漢書一百二十卷附考證**　（南朝宋）范曄撰（唐）李賢注　清刻本　十一册　十行二十一字小字雙行同白口左右雙邊　存三十九卷（五十八至六十五、九十至一百二十）

450000－2602－0003661　11093

**宋史四百九十六卷**　（元）脱脱等修　清光緒浙江書局刻二十四史本　六十四册　十二行二十五字小字雙行三十七字白口左右雙邊　存三百七卷（一百七十七至三百十三、三百二十七至四百九十六）

450000－2602－0003662　11178

**欽定四庫全書總目二百卷首一卷**　（清）永瑢等修　（清）紀昀等纂　清同治七年（1868）廣東書局刻本　十九册　九行二十一字白口左右雙邊　存五十五卷（五十九至七十八、八十二至八十四、九十一至一百二、一百十至一百十一、一百二十二至一百二十四、一百三十一至一百三十九、一百四十二至一百四十七）

450000－2602－0003663　11165

**約章分類輯要三十八卷首一卷**　蔡乃煌纂清光緒二十六年（1900）湖南商務局刻本　三十册　十一行二十三字下黑口左右雙邊

450000－2602－0003664　11117

**三藩紀事本末二十二卷**　（清）楊陸榮撰　清光緒二十八年（1902）捷記書局石印歷朝紀事本末本　一册　二十一行四十四字小字雙行同白口四周單邊

450000－2602－0003665　11170

**嘯亭雜錄八卷續録二卷**　（清）昭槤撰　清光緒二十七年（1901）掃葉山房石印本　六册十五行三十五字下黑口四周雙邊

450000－2602－0003666　11134

**國朝名臣言行錄十六卷**　(清)王炳燮撰　清光緒十一年(1885)刻津河廣仁堂所刻書本　六冊　十行二十三字小字雙行同白口四周雙邊

450000－2602－0003667　11164

**新化學田志十卷**　(清)王惕菴　(清)鄧直卿編輯　清光緒二十二年(1896)刻本　一冊　十行二十二字小字雙行同下黑口左右雙邊　存三卷(一至三)

450000－2602－0003668　11150

**歷代職官表六卷**　(清)永瑢等修　清光緒二十二年(1896)新寧明善社刻本　三冊　九行字不等小字雙行二十一字上下黑口左右雙邊

450000－2602－0003669　11151

**歷代職官表六卷**　(清)永瑢等修　清光緒二十二年(1896)新寧明善社刻本　三冊　九行字不等小字雙行二十一字上下黑口左右雙邊

450000－2602－0003670　11171

**辦理廣東軍政計畫案不分卷**　(清)兩廣督練公所撰　清刻本　一冊　八行二十五字小字雙行同白口四周單邊

450000－2602－0003671　11121

**中西紀事二十四卷**　(清)夏燮撰　清刻本　八冊　十行二十二字白口四周雙邊

450000－2602－0003672　11175

**大清現行刑律講義八卷**　吉同鈞纂輯　清宣統二年(1910)法部律學館石印本　七冊　十三行三十字小字雙行同白口四周雙邊　存七卷(一至六、八)

450000－2602－0003673　11161

**二十四史九通政典類要合編三百二十卷**　黄書霖輯　清光緒二十八年(1902)約雅堂石印本　六十冊　十五行三十八字小字雙行同白口四周雙邊

450000－2602－0003674　11118

**三藩紀事本末二十二卷**　(清)楊陸榮撰　清光緒十四年(1888)上海書業公所崇德堂鉛印歷朝紀事本末本　一冊　十五行四十字小字雙行同白口四周雙邊

450000－2602－0003675　11152

**欽定大清會典一百卷**　(清)張廷玉輯　清光緒二十五年(1899)上海書局石印本　六冊　十八行四十字小字雙行同白口四周雙邊

450000－2602－0003676　11119

**三藩紀事本末二十二卷**　(清)楊陸榮　朱記榮撰　清末石印本　一冊　十八行二十六字白口四周單邊

450000－2602－0003677　11023

**前漢書一百卷附考證**　(漢)班固撰　(漢)班昭續　(唐)顏師古注　清光緒十年(1884)同文書局影印二十四史本　二十九冊　十行二十一字小字雙行同白口左右雙邊　存八十五卷(一至二十七上、二十七下至二十九、四十六至一百)

450000－2602－0003678　11167

**籌濟編三十二卷首一卷**　(清)楊景仁輯　清光緒九年(1883)武昌書局刻本　八冊　九行二十五字小字雙行同白口左右雙邊

450000－2602－0003679　11147

**湖北官報不分卷**　(清)湖北官報館編　清光緒三十一年(1905)刻本　七冊　十行二十五字白口左右雙邊

450000－2602－0003680　11130

**歷代名人小簡二卷**　吳曾祺輯　清宣統元年(1909)商務印書館鉛印本　二冊　十四行三十四字下黑口四周雙邊

450000－2602－0003681　11026

**後漢書九十卷**　(南朝宋)范曄撰　(唐)李賢注　**續漢書三十卷**　(晉)司馬彪撰　(南朝梁)劉昭補并注　清同治十二年(1873)嶺東使署刻本　十六冊　十二行二十五字小字雙行不等白口左右雙邊

450000－2602－0003682　11145

**四川教育官報不分卷**　清宣統二年(1910)鉛印本　一冊　十二行三十字白口四周雙邊

450000－2602－0003683　11097
**宋史紀事本末一百九卷**　(明)馮琦撰　(明)陳邦瞻編輯　(明)張溥論正　清光緒二十五年(1899)慎記書莊石印歷朝紀事本末本　七冊　十八行三十六字小字雙行同白口四周雙邊　存九十二卷(一至九十二)

450000－2602－0003684　11132
**紫光閣功臣小像一卷湘軍平定粤匪戰圖一卷**　(清)彭鴻年撰　(清)吴友如等繪畫　清光緒二十七年(1901)上海點石齋石印本　一冊　二十行二十四字白口四周單邊

450000－2602－0003685　11256
**輶軒語一卷**　(清)張之洞撰　清刻本　一冊　九行二十二字小字雙行同白口四周單邊

450000－2602－0003686　11221
**地學淺釋三十八卷**　(英國)雷俠兒撰　(美國)瑪高溫口譯　(清)華蘅芳筆述　清石印本　一冊　二十行四十四字白口四周雙邊　存八卷(二十一至二十八)

450000－2602－0003687　11265
**軍隊符號不分卷**　(清)北洋陸軍編譯局撰　清光緒三十三年(1907)北洋陸軍編譯局石印本　一冊　八行字不等白口四周雙邊

450000－2602－0003688　11220
**日本歷史二卷歷代表畧一卷**　(日本)萩野由之著　(清)劉大猷譯　清光緒二十七年(1901)教育世界社石印本　一冊　十二行二十五字小字雙行同上下黑口四周雙邊　存二卷(上、歷代表畧一卷)

450000－2602－0003689　11263
**草廬經畧十二卷**　(明)□□撰　清道光三十年(1850)刻粤雅堂叢書本　四冊　九行二十一字小字雙行同上下黑口左右雙邊

450000－2602－0003690　11102
**西夏紀事本末三十六卷首二卷**　(清)張鑑著　清光緒二十五年(1899)上海慎記書莊石印歷朝紀事本末本　二冊　十八行三十六字小字雙行同白口四周雙邊

450000－2602－0003691　11267
**諸葛忠武侯行兵遁甲金函玉鏡海底眼六卷首一卷**　(三國蜀)諸葛亮撰　清刻本　一冊　九行二十四字小字雙行同白口四周雙邊　存四卷(一至三、首一卷)

450000－2602－0003692　11264
**草廬經畧十二卷**　(明)□□撰　清道光三十年(1850)刻粤雅堂叢書本　二冊　九行二十一字小字雙行同上下黑口左右雙邊　存六卷(七至十二)

450000－2602－0003693　11226
**日本國志四十卷首一卷**　(清)黄遵憲撰　清光緒二十七年(1901)上海書局石印本　五冊　十八行四十字小字雙行同白口四周雙邊

450000－2602－0003694　11210
**蜀水攷四卷**　(清)陳登龍述　(清)朱錫穀補注　(清)陳一津疏　清刻本　一冊　十二行二十六字白口四周雙邊　存二卷(三至四)

450000－2602－0003695　11273
**兵法史略學二卷**　(清)陳慶年纂　清光緒二十五年(1899)兩湖書院刻本　一冊　十行二十一字小字雙行同下黑口四周雙邊　存一卷(一)

450000－2602－0003696　11257
**輶軒語一卷**　(清)張之洞撰　清光緒十九年(1893)桂垣書局刻本　一冊　九行二十一字小字雙行同白口四周雙邊

450000－2602－0003697　11274
**重刊武經七書彙解七卷首一卷末一卷**　(清)朱墉纂輯　清光緒二年(1876)刻本　一冊　十行二十一字小字雙行同白口左右雙邊　存一卷(二)

450000－2602－0003698　11180
**欽定四庫全書簡明目錄二十卷**　(清)紀昀等撰　清光緒十四年(1888)暢懷書屋鉛印本　四冊　十七行三十六字白口四周單邊

450000－2602－0003699　11209
**[光緒]江西通志一百八十卷首五卷**　(清)劉

坤一等修　（清）趙之謙等纂　清光緒七年(1881)刻本　一冊　十二行二十三字小字雙行同上下黑口四周雙邊　存一卷(一百五十六)

450000－2602－0003700　11253
**漢學商兑四卷**　（清）方東樹撰　清光緒二十六年(1900)浙江書局刻本　一冊　十行二十三字小字雙行同上下黑口左右雙邊　存一卷(上)

450000－2602－0003701　11191
**歷代鐘鼎彝器款識法帖二十卷**　（宋）薛尚功撰　清末影印本　四冊　十二行二十二字白口四周單邊　存十六卷(五至二十)

450000－2602－0003702　11128
**國朝先正事略六十卷**　（清）李元度纂　（清）許時庚校　清光緒十三年(1887)上海廣百宋齋鉛印本　二冊　十四行四十二字小字雙行同白口四周雙邊　存十七卷(九至二十五)

450000－2602－0003703　11244
**蜀中名勝記三十卷**　（清）曹學佺撰　清光緒元年(1875)南海伍氏刻粵雅堂叢書本　一冊　九行二十一字小字雙行同上下黑口左右雙邊　存四卷(五至八)

450000－2602－0003704　11245
**李氏五種二十八卷**　（清）李兆洛編　清光緒二十四年(1898)上海掃葉山房石印本　一冊　行字不等白口四周雙邊　存二種五卷

450000－2602－0003705　11104
**西夏紀事本末三十六卷首二卷**　（清）張鑑著　（清）朱記榮校　清光緒二十一年(1895)上海積山書局石印本　二冊　十八行三十六字小字雙行同白口四周單邊

450000－2602－0003706　10936
**重刊宋本十三經注疏附校勘記**　（清）阮元撰　（清）盧宣旬摘錄　清嘉慶南昌府學刻本　二十五冊　十行十七字小字雙行二十三字黑口左右雙邊　存二種一百五十八卷(儀禮疏二十四至五十、校勘記二十四至五十,附釋音禮記注疏一至五十二、校勘記一至五十二)

450000－2602－0003707　11269;11268
**忠武侯諸葛孔明先生全集五種二十二卷**　（清）張澍輯　清同治元年(1862)聚珍齋木活字印本　三冊　九行二十四字小字雙行同白口四周單邊　存三種八卷

450000－2602－0003708　11235
**支那通史四卷**　（日本）那珂通世編　清光緒二十五年(1899)東文學社石印本　一冊　十三行二十五字白口左右雙邊　存一卷(一)

450000－2602－0003709　10998
**史記一百三十卷**　（漢）司馬遷撰　（南朝宋）裴駰集解　（唐）司馬貞索隱　（唐）張守節正義　（明）徐孚遠　（明）陳子龍測議　**史記補一卷**　清碧清堂刻本　三十冊　九行二十字小字雙行同白口左右雙邊

450000－2602－0003710　S213
**資治新書十四卷首一卷**　（清）李漁輯　清康熙芥子園刻本　七冊　十行二十字白口四周單邊　存十三卷(一至三、六至十四,首一卷)

450000－2602－0003711　11280
**荀子二十卷校勘補遺一卷**　（戰國）荀況撰　（唐）楊倞注　清刻本　四冊　十行二十字小字雙行同白口左右雙邊　存十七卷(五至二十、校勘補遺一卷)

450000－2602－0003712　11293
**欽定授時通考七十八卷**　（清）鄂爾泰　（清）張廷玉總裁　清同治江西書局刻本　二十二冊　十一行二十一字小字雙行同白口四周雙邊　存七十一卷(一至三十九、四十四至六十七、七十一至七十八)

450000－2602－0003713　11227
**日本維新史十二編附錄一編**　（日本）博文館編輯　羅孝高譯　清光緒二十八年(1902)鉛印本　一冊　十三行三十四字白口左右雙邊　存三編(一至三)

450000－2602－0003714　11294
**長沙方歌括六卷**　（清）陳念祖著　清刻本

一冊　八行十八字小字雙行同白口四周雙邊　存二卷(五至六)

450000－2602－0003715　11199
**天下郡國利病書一百二十卷**　(清)顧炎武輯　(清)萬龍育訂　清光緒慎記書莊石印本　五冊　二十行四十四字白口四周雙邊　存二十八卷(二十九至三十一、五十至五十七、六十五至七十一、九十七至一百二、二百九至二百十二)

450000－2602－0003716　11297
**瘟疫論三卷**　(清)吴有性著　清同文堂刻本　二冊　九行十八字小字雙行同白口四周單邊

450000－2602－0003717　11243
**學治一得編一卷**　(清)何耿繩撰　清同治十三年(1874)湖北崇文書局刻牧令書四種本　一冊　十行二十一字小字雙行同白口四周雙邊

450000－2602－0003718　11200
**天下郡國利病書一百二十卷**　(清)顧炎武輯　(清)龍萬育訂　清刻本　六冊　十行二十一字小字雙行同白口左右雙邊　存十七卷(十至十二、十五至十六、三十九至四十一、六十八至七十、八十五至八十七、一百至一百二)

450000－2602－0003719　11298
**理醫冰鑑一卷**　(□)姚櫆著　清寧遠堂刻本　一冊　八行二十字小字雙行同白口四周雙邊

450000－2602－0003720　11330
**驚風辨證必讀書二種二卷**　(清)劉德馨輯　清光緒十八年(1892)漢川劉氏刻本　一冊　九行二十一字小字雙行同白口左右雙邊

450000－2602－0003721　11223
**水經注四十卷首一卷**　(漢)桑欽撰　(北魏)酈道元注　(清)戴震校　清刻本　一冊　九行二十一字小字雙行同白口四周雙邊　存三卷(一至二、首一卷)

450000－2602－0003722　11260
**大學衍義四十三卷**　(宋)真德秀彙輯　(明)陳仁錫評閱　清刻本　二冊　十行二十字小字雙行同白口四周雙邊　存十二卷(二十五至三十六)

450000－2602－0003723　11194
**大清宣統新法令不分卷**　(清)上海商務印書館編譯所編纂　清宣統三年(1911)上海商務印書館鉛印本　一冊　十六行三十三字小字雙行同白口四周雙邊

450000－2602－0003724　11122
**硃批諭旨不分卷**　(清)鄂爾泰等輯　清光緒十三年(1887)上海點石齋石印本　四冊　十五行三十三字白口四周雙邊

450000－2602－0003725　11129
**廣名將傳二十卷**　(清)黄道周注斷　清道光二十九年(1849)番禺潘氏刻海山仙館叢書本　四冊　九行二十一字小字雙行同上下黑口左右雙邊　存十三卷(一至三、八至十四、十八至二十)

450000－2602－0003726　11261
**大學衍義補一百六十卷首一卷**　(明)丘濬進呈　(明)陳仁錫評閱　清刻本　六冊　十行二十字小字雙行同白口四周單邊　存二十四卷(二十至二十三、九十七至一百、一百二十至一百三十一、一百五十三至一百五十六)

450000－2602－0003727　11259
**大學衍義四十三卷**　(宋)真德秀撰　清光緒二十年(1894)桂垣書局刻本　九冊　十行二十字小字雙行同下黑口左右雙邊

450000－2602－0003728　11470
**滂喜齋叢書五十種九十六卷**　(清)潘祖蔭輯　清同治、光緒間吳縣潘氏京師刻本　一冊　存五種六卷(百塼考一卷、簠齋傳古別録一卷、陳簠齋仗筆記一卷附手記一卷、鮑臆園丈手札一卷、幽夢續影一卷

450000－2602－0003729　00945
**史學叢書四十三種三百十七卷**　(清)□□輯

清光緒二十八年(1902)上海文瀾書局石印本　三十册　二十二行四十八字小字雙行同下黑口四周單邊　存四十三種二百九十六卷

450000－2602－0003730　11512
**花間笑語五卷**　(清)釀花使者撰　清咸豐九年(1859)刻本　四册　九行二十字上下黑口左右雙邊

450000－2602－0003731　11498
**直省科場異聞錄四卷小試異聞錄一卷科名佳話一卷梓里紀聞一卷**　(清)吕相爕輯　**教學微言一卷**　(清)程氏求無愧我心齋著　(清)悟前非居士述　清石印本　一册　十六行三十五字小字雙行同白口四周雙邊

450000－2602－0003732　11469
**癸巳類稿十五卷**　(清)俞正燮撰　清道光十三年(1833)求日益齋刻本　一册　十二行二十四字白口四周雙邊　存二卷(一至二)

450000－2602－0003733　11468
**癸巳存稿十五卷**　(清)俞正燮撰　清光緒十年(1884)刻本　二册　十二行二十四字白口四周雙邊　存四卷(一至二、十二至十三)

450000－2602－0003734　11456
**墨子十六卷**　(清)畢沅校注　清乾隆四十九年(1784)畢氏靈巖山館刻經訓堂叢書本　二册　十一行二十二字小字雙行同上下黑口四周單邊　存八卷(十六、九至十五)

450000－2602－0003735　11558
**莊子南華真經三卷**　(戰國)莊周撰　**莊子闕誤一卷**　(明)楊慎撰　清光緒元年(1875)湖北崇文書局刻二十二子本　二册　十二行二十四字小字雙行同上下黑口四周雙邊

450000－2602－0003736　11557
**莊子南華真經三卷**　(戰國)莊周撰　清光緒元年(1875)湖北崇文書局刻二十二子本　一册　十二行二十四字小字雙行同上下黑口四周雙邊　存二卷(上、中)

450000－2602－0003737　11556
**列子二卷**　(戰國)列禦寇撰　清光緒元年(1875)湖北崇文書局刻百子全書本　一册　十二行二十四字上下黑口四周雙邊

450000－2602－0003738　11228
**日本維新史十二編附錄一編**　(日本)博文館編　清光緒二十八年(1902)廣智書局鉛印本　六册　十三行三十四字小字雙行同白口左右雙邊

450000－2602－0003739　11457
**鶡冠子三卷**　(宋)陸佃解　清光緒元年(1875)湖北崇文書局刻子書百家本　一册　十二行十四字小字雙行二十四字上下黑口四周雙邊

450000－2602－0003740　11454
**淮南鴻烈解二十一卷**　(漢)劉安撰　清光緒元年(1875)湖北崇文書局刻子書百家本　四册　十二行十四字小字雙行二十四字上下黑口四周雙邊

450000－2602－0003741　11196
**讀史方輿紀要一百三十卷輿圖要覽四卷**　(清)顧祖禹撰　清末石印本　十三册　二十行四十四字小字雙行同白口四周雙邊　存四十九卷(一至十四、二十二至二十九、三十四至四十五、六十至六十五、七十五至七十七、八十九至九十四)

450000－2602－0003742　11939
**國朝金陵詩徵四十八卷**　(清)朱緒曾編　清刻本　七册　十二行二十三字小字雙行同上下黑口左右雙邊　存二十三卷(六至十一、十八至二十一、二十四至二十六、三十至三十二、三十六至三十八、四十二至四十五)

450000－2602－0003743　01240
**金史一百三十五卷**　(元)脱脱等修　清同治十三年(1874)江蘇書局刻二十四史本　二十册　十二行二十五字小字雙行同白口左右雙邊

450000－2602－0003744　11192
**金石萃編一百六十卷**　(清)王昶譔　清嘉慶刻本　一册　十行二十一字小字雙行同上下

黑口左右雙邊　存三卷(八十八至九十)

450000－2602－0003745　11504
**紅樓夢一百二十回**　(清)曹霑撰　(清)王希廉評　清刻本　四册　十行二十二字白口四周雙邊　存二十七回(七至十四、二十一至二十七、三十四至三十九、五十七至六十二)

450000－2602－0003746　11452
**工程致富論略十三卷首一卷**　(英國)瑪體生撰　(英國)傅蘭雅　(清)鍾天緯譯　清光緒四年(1878)江南製造總局鉛印本　一册　十行二十二字白口四周雙邊　存三卷(一至二、首一卷)

450000－2602－0003747　11446
**廣雅書局叢書**　(清)廣雅書局輯　清光緒廣雅書局刻本　一册　十一行二十八字小字雙行同上下黑口四周單邊　存二種四卷(摹印述一卷、水經注西南諸水考三卷)

450000－2602－0003748　11479
**沅湘通藝錄八卷四書文二卷**　(清)江標編校　清光緒二十三年(1897)長沙使院刻靈鶼閣叢書本　八册　十一行二十三字小字雙行同上下黑口左右雙邊　存八卷(二至五、七至八,四書文二卷)

450000－2602－0003749　11195
**吾學錄初編二十四卷**　(清)吴榮光述　清同治九年(1870)江蘇書局刻本　六册　九行二十一字小字雙行同下黑口左右雙邊

450000－2602－0003750　11197
**輿地沿革表四十卷**　(清)楊丕復著　清光緒十四年(1888)刻本　二十四册　十行二十一字小字雙行同白口四周雙邊

450000－2602－0003751　11472
**論衡三十卷**　(漢)王充撰　清光緒元年(1875)湖北崇文書局刻子書百家本　六册　十二行二十四字小字雙行同上下黑口四周雙邊

450000－2602－0003752　11522
**酉陽雜俎續集十卷**　(唐)段成式撰　清光緒三年(1877)刻崇文書局匯刻書本　二册　十二行二十四字小字雙行同黑口四周雙邊

450000－2602－0003753　11521
**酉陽雜俎二十卷**　(唐)段成式撰　清光緒三年(1877)湖刻崇文書局匯刻書本　四册　十二行二十四字小字雙行同黑口四周雙邊

450000－2602－0003754　11474
**衡齋遺書九卷**　(清)汪萊撰　清光緒十八年(1892)汪廷棟聞梅舊塾刻衡齋算學遺書合刻本　一册　十一行二十六字小字雙行同上下黑口四周雙邊

450000－2602－0003755　11480
**閒情偶寄十六卷**　(清)李漁撰　清康熙翼聖堂刻本　六册　九行二十字小字雙行同白口四周單邊

450000－2602－0003756　11519
**廣漢魏叢書**　(明)何允中輯　清嘉慶刻本　一册　九行二十字小字雙行同白口左右雙邊　存五種十卷(穆天子傳一至六、漢武帝內傳一卷、飛燕外傳一卷、雜事秘辛一卷、群輔錄一卷)

450000－2602－0003757　11239
**三國志六十五卷**　(晉)陳壽撰　(南朝宋)裴松之註　清光緒七年(1881)文雅齋刻本　十二册　十二行二十五字小字雙行不等白口左右雙邊

450000－2602－0003758　11334
**欽定協紀辨方書三十六卷**　(清)允祿等纂　清刻本　四册　九行二十字白口四周雙邊　存十卷(二至三、十至十二、二十一至二十三、三十五至三十六)

450000－2602－0003759　11238
**三國志六十五卷**　(晉)陳壽撰　(南朝宋)裴松之註　清光緒七年(1881)文雅齋刻本　八册　十二行二十五字小字雙行不等白口左右雙邊　存四十八卷(四至七、二十二至六十五)

450000－2602－0003760　11201

**天下郡國利病書一百二十卷**　(清)顧炎武輯　(清)龍萬育訂　清刻本　二十二册　十行二十一字小字雙行同白口左右雙邊　存五十二卷(六十九至一百二十)

450000－2602－0003761　11555
**南華真經副墨八卷**　(明)陸西星撰　(明)李齋芳等校　清光緒十一年(1885)傳薪書室刻本　一册　十行二十一字白口左右雙邊　存二卷(七至八)

450000－2602－0003762　11198
**天下郡國利病書一百二十卷**　(清)顧炎武輯　(清)龍萬育訂　清刻本　十三册　十行二十一字小字雙行同白口左右雙邊　存四十卷(二十至二十一、二十九至三十一、三十五至四十四、四十八至五十四、六十至六十七、七十九至八十四、一百三、一百七至一百九)

450000－2602－0003763　11491
**四大奇書第一種五十一卷一百二十四回**　(明)羅本著　(清)毛宗崗評　清刻本　二册　十一行二十五字小字雙行同白口四周單邊　存六卷(三十六至三十八、四十五至四十七)

450000－2602－0003764　11547
**禪門日誦一卷**　(清)釋默持輯　清刻本　一册　九行十九字小字雙行同下黑口四周雙邊

450000－2602－0003765　11577
**雙桂軒尺牘一卷**　(清)丁善儀撰　清光緒三年(1877)刻本　一册　十二行二十四字白口四周雙邊

450000－2602－0003766　11571
**時務通攷三十一卷**　(清)杞廬主人輯　清光緒二十三年(1897)上海點石齋石印本　十五册　二十行四十五字小字雙行同下黑口四周雙邊　存二十七卷(二至九、十二至二十一、二十三至三十一)

450000－2602－0003767　11445
**抒懷操一卷**　(清)程雄編　清刻本　一册　六行十二字小字雙行十二字上下黑口四周單邊

450000－2602－0003768　15764
**時務通攷三十一卷**　(清)杞廬主人輯　清光緒二十三年(1897)上海點石齋石印本　二册　二十行四十五字小字雙行同下黑口四周雙邊　存七卷(十三至十六、二十六至二十八)

450000－2602－0003769　11566
**古香齋新刻袖珍淵鑑類函四百五十卷目錄四卷**　(清)王士正等編　清光緒六年(1880)孔氏三十有三萬卷堂刻古香齋袖珍十種本　二十六册　十行二十一字小字雙行同白口四周雙邊　存一百四十五卷(一百四十五至二百八十九)

450000－2602－0003770　11229
**日本維新三十年史十二編附錄一編**　(日本)博文館編　清刻本　一册　十三行三十四字小字雙行同白口左右雙邊　存二編(三至四)

450000－2602－0003771　11572
**時務通攷三十一卷**　(清)杞廬主人輯　清光緒二十三年(1897)上海點石齋石印本　二十一册　二十行四十五字小字雙行同下黑口四周雙邊

450000－2602－0003772　11395
**書法摘要善本三卷**　(清)□□撰輯　清嘉慶十八年(1813)刻本　一册　行字不等白口四周單邊　存二卷(上、中)

450000－2602－0003773　11607
**龍文鞭影二卷**　(明)蕭良有著　(清)楊臣諍增訂　清道光二十九年(1849)刻本　二册　十六行二十五字白口四周單邊

450000－2602－0003774　11299
**洞天奥旨十六卷圖一卷**　(清)陳士鐸著　清乾隆五十五年(1790)大雅堂刻本　一册　十一行二十四字白口左右雙邊

450000－2602－0003775　11607
**龍文鞭影二集二卷**　(明)蕭良有著　(清)李暉吉輯　(清)徐瓚輯　清咸豐二年(1852)刻本　二册　十六行二十五字白口四周單邊

450000－2602－0003776　11190

**金石萃編一百六十卷**　(清)王昶譔　**續編二十一卷**　(清)陸耀遹纂　清光緒十九年(1893)上海醉六堂石印本　二十四册　二十行字不等小字雙行不等下黑口四周單邊

450000－2602－0003777　11466

**癸巳類稿十五卷**　(清)俞正燮撰　清刻本　二册　十二行二十四字小字雙行同白口四周雙邊　存四卷(六至七、十二至十三)

450000－2602－0003778　11583

**佩文韻府一百六卷**　(清)張玉書彙閱　(清)蔡升元等纂修　清光緒二十一年(1895)上海鴻寶齋石印本　二十二册　三十六行二十五字小字雙行同白口四周雙邊　存九十六卷(一至十五、二十至三十、三十七至一百六)

450000－2602－0003779　11582

**詩韻集成十卷**　(清)余照輯　**詞林典腋不分卷**　清同治七年(1868)粵東三元堂刻本　三册　九行十二字小字雙行二十五字白口四周單邊　存七卷(一至七)

450000－2602－0003780　11593

**駢林摘艷五十卷首一卷**　(清)胡又安編　清光緒十八年(1892)石經堂石印本　二册　十六行三十六字白口四周單邊　存二十七卷(一至十、三十五至五十,首一卷)

450000－2602－0003781　11564

**二十二子二十二種三百三十九卷**　(清)浙江書局輯　清光緒浙江書局刻本　二十七册　九行二十一字小字雙行同白口左右雙邊　存七種一百四卷

450000－2602－0003782　11215

**行水金鑑一百七十五卷首一卷**　(清)傅澤洪録　清雍正三年(1725)淮揚官署刻本　三十六册　十一行二十一字小字雙行三十二字上下黑口左右雙邊

450000－2602－0003783　11591

**策府統宗六十五卷目錄一卷**　(清)劉昌齡輯　清光緒十九年(1893)石印本　二十册　二十九行六十六字白口四周雙邊

450000－2602－0003784　11624

**俗言一卷**　(清)劉沅著　清咸豐四年(1854)玉成堂刻本　一册　九行二十二字小字雙行同白口左右雙邊

450000－2602－0003785　11616

**村學究語一卷**　(清)稻香齋村學究撰　清同治三年(1864)刻槐軒全集本　一册　九行二十二字上下黑口左右雙邊

450000－2602－0003786　11177

**欽定四庫全書總目二百卷首一卷**　(清)永瑢等修　(清)紀昀等纂　清同治七年(1868)廣東書局刻本　三十册　九行二十一字白口左右雙邊　存五十二卷(一至四十七、六十三至六十六,首一卷)

450000－2602－0003787　11232

**列國政要續編九十四卷首一卷**　(清)戴鴻慈　(清)端方撰　清宣統三年(1911)商務印書館石印本　一册　十行二十八字小字雙行同白口四周雙邊　存三卷(四十六至四十八)

450000－2602－0003788　11625

**論衡三十卷**　(漢)王充撰　清光緒元年(1875)湖北崇文書局刻子書百家本　六册　十二行二十四字小字雙行同上下黑口四周雙邊

450000－2602－0003789　11569

**時務分類興國策八卷**　(清)李鳳儀編輯　(清)王先禮校字　清光緒二十三年(1897)上海書局石印本　十二册　十五行三十二字白口四周雙邊

450000－2602－0003790　11614

**血河經一卷**　清光緒三十二年(1906)粵東中和堂刻本　一册　六行十五字白口四周雙邊

450000－2602－0003791　11615

**石渠餘記六卷**　(清)王慶雲述　清刻本　五册　十一行二十三字小字雙行同上下黑口左右雙邊　存五卷(二至六)

450000－2602－0003792　11619
**清嘉錄十二卷**　(清)顧錄撰　清刻本　四册　九行二十字下黑口四周雙邊

450000－2602－0003793　11559
**二十五子彙函**　(清)鴻文書局輯　清光緒十九年(1893)上海鴻文書局石印本　十二册　二十四行五十八字小字雙行同上下黑口左右雙邊　存十五種二百五十三卷

450000－2602－0003794　11584
**新學大叢書一百二十卷**　(清)俞樾輯　清光緒二十九年(1903)上海積山喬記書局石印本　九册　十四行三十五字小字雙行同白口四周雙邊　存三十三卷(一至三、十九至二十一、五十五至五十八、七十至七十六、八十一至八十四、九十三至九十六、一百十三至一百二十)

450000－2602－0003795　11622
**浪跡叢談十一卷**　(清)梁章鉅撰　清道光二十七年(1847)刻本　一册　十行二十二字小字雙行同下黑口左右雙邊　存五卷(七至十一)

450000－2602－0003796　11580
**佩文詩韻五卷**　清同治九年(1870)刻本　二册　八行字不等小字雙行三十字白口四周雙邊

450000－2602－0003797　11626
**右台仙館筆記十六卷**　(清)曲園居士(俞樾)撰　清光緒刻本　六册　十行二十一字白口左右雙邊

450000－2602－0003798　11397
**行書三卷**　清刻本　一册　行字不等白口四周雙邊　存一卷(二)

450000－2602－0003799　11627
**春在堂尺牘五卷**　(清)俞樾撰　清光緒刻本　二册　十行二十一字小字雙行同白口左右雙邊

450000－2602－0003800　11628
**賓萌集五卷外集四卷**　(清)俞樾撰　清同治刻本　三册　十行二十一字白口左右雙邊

450000－2602－0003801　11599
**新增幼學故事瓊林二卷**　(清)程允升撰　(清)鄒聖脈增補　清光緒六年(1880)禪山近文堂刻本　一册　十行二十六字小字雙行同白口左右雙邊

450000－2602－0003802　11144
**京報不分卷**　清末鉛印本　二册　三十行五十二字小字雙行六十七字白口四周雙邊

450000－2602－0003803　11783
**壯悔堂文集十卷首一卷遺稿一卷四憶堂詩集六卷遺稿一卷**　(清)侯方域著　(清)賈開宗等評點　清宣統元年(1909)中國圖書公司鉛印本　四册　十行二十五字小字雙行同白口四周單邊

450000－2602－0003804　11586
**佩文韻府一百六卷**　(清)張玉書彙閱　(清)蔡升元等纂修　清嶺南潘氏海山仙館刻本　四十五册　十二行二十五字小字雙行同白口四周雙邊　存二十五卷(十六上、十七、二十上下、二十二至二十六、六十六下、六十七至八十二)

450000－2602－0003805　11629
**春在堂文襍文二卷續編五卷三編四卷**　(清)俞樾撰　清光緒刻本　五册　十行二十一字小字雙行同白口左右雙邊

450000－2602－0003806　11631
**春在堂詞錄三卷**　(清)俞樾撰　清光緒刻本　一册　十行二十一字小字雙行同白口左右雙邊

450000－2602－0003807　11632
**春在堂詩編十卷**　(清)俞樾撰　清光緒刻本　三册　十行二十一字小字雙行同白口左右雙邊　存九卷(一至九)

450000－2602－0003808　11179
**欽定四庫全書總目二百卷首一卷附存目□□卷簡明目錄二十卷**　(清)永瑢等修　(清)紀昀等纂　清同治七年(1868)廣東書局刻本

六十四册　九行二十一字白口左右雙邊　存五十一卷(一百四至一百八、一百十六至一百二十五、一百四十一至一百四十二、一百四十五至一百四十六、一百五十一、二百一,存目一至十,簡明目録二十卷)

450000－2602－0003809　11633

**春在堂隨筆十卷**　(清)俞樾撰　清光緒刻本　三册　十行二十一字小字雙行同白口左右雙邊　存八卷(一至八)

450000－2602－0003810　11576

**分類時務通纂三百卷**　陳昌紳輯　清光緒二十八年(1902)上海文瀾書局石印本　十七册　二十二行四十七字白口四周雙邊　存九十一卷(五至二十三、四十一至四十三、一百一至一百十、一百五十八至一百六十一、一百七十八至二百九、二百三十八至二百五十三、二百九十四至三百)

450000－2602－0003811　11634

**楹聯録存三卷**　(清)俞樾撰　清光緒刻本　一册　十行二十一字白口左右雙邊

450000－2602－0003812　11635

**太上感應篇纘義二卷**　(清)俞樾撰　清同治、光緒間刻春在堂全書本　一册　十行二十一字小字雙行同白口左右雙邊

450000－2602－0003813　11636

**游藝録六卷**　(清)俞樾撰　清光緒間刻德清俞蔭甫所箸書本　一册　十行二十一字小字雙行同白口左右雙邊

450000－2602－0003814　11630

**俞樓襍纂五十卷**　(清)俞樾撰　清光緒刻本　十册　十行二十一字小字雙行同白口左右雙邊

450000－2602－0003815　11827

**龍莊遺書四種十五卷**　(清)汪輝祖撰　清光緒江蘇書局刻本　五册　十行二十一字小字雙行同上下黑口左右雙邊　存三種九卷

450000－2602－0003816　11803

**曾文正公家訓二卷**　(清)曾國藩撰　清光緒十二年(1886)著易堂鉛印本　一册　十一行二十七字小字雙行不等白口四周雙邊

450000－2602－0003817　11717

**孟浩然集四卷**　(唐)孟浩然撰　清光緒十年(1884)同文書局石印唐四家詩本　一册　十行十八字白口左右雙邊

450000－2602－0003818　11711

**杜詩鏡銓二十卷**　(唐)杜甫撰　(清)楊倫輯　清光緒十八年(1892)鉛印本　二册　十三行三十一字小字雙行同白口四周雙邊　存七卷(十二至十八)

450000－2602－0003819　11707

**高常侍集十卷**　(唐)高適撰　清光緒十年(1884)上海同文書局石印唐四家詩集本　一册　十行十八字白口左右雙邊

450000－2602－0003820　11682

**昌黎先生集四十卷外集十卷遺文一卷**　(唐)韓愈撰　(唐)李漢編　**朱子校昌黎先生集傳一卷**　(宋)朱熹撰　**韓集點勘四卷**　(清)陳景雲撰　清宣統三年(1911)石印本　十册　十二行二十八字小字雙行同白口四周雙邊

450000－2602－0003821　11795

**子良詩存□□卷**　(清)馮詢撰　清刻本　二册　九行二十一字小字雙行同下黑口四周雙邊　存五卷(三至七)

450000－2602－0003822　11646

**烏窠禪師度白侍郎一卷**　清光緒五年(1879)刻本　一册　九行二十一字白口四周雙邊

450000－2602－0003823　P03459;P03460;P03461;P03462;P03463;P03464;P03465;P03466

**海上花列傳六十四回**　(清)花也憐儂著　清光緒二十年(1894)石印本　八册　十二行二十九字白口四周單邊

450000－2602－0003824　11806

**船山詩草二十卷補遺六卷**　(清)張問陶撰　清同治十三年(1874)敦仁堂刻本　十册　十行二十字小字雙行同白口左右雙邊

450000－2602－0003825　11663

**天文圖說四卷附天球南北極並赤道諸星宿表**　（英國）柯雅各撰　（美國）摩嘉立　薛承恩譯　清光緒九年（1883）益智書會刻本　一册　十行二十二字小字雙行同上下黑口左右雙邊

450000－2602－0003826　11724

**韓昌黎詩集編年箋注十二卷**　（清）方世舉考訂　**舊唐書本傳一卷**　清乾隆二十三年（1758）盧見曾雅雨堂刻本　一册　十行二十三字小字雙行同白口四周單邊　存二卷（一至二）

450000－2602－0003827　11728

**歐陽文忠公全集一百五十三卷首一卷**　（宋）歐陽修撰　清光緒十九年（1893）澹雅書局刻本　七册　十行二十四字小字雙行同白口左右雙邊　存三十九卷（五十七至六十二、八十至八十五、九十二至一百一、一百十一至一百十五、一百二十三至一百三十四）

450000－2602－0003828　11809

**瓶水齋詩集十七卷別集二卷詩話一卷**　（清）舒位撰　清光緒十二年（1886）刻本　八册　十二行二十三字小字雙行二十三字白口四周單邊

450000－2602－0003829　11822

**松心十錄四十七卷**　（清）張維屏撰　清道光二十年（1840）刻本　一册　十二行二十三字小字雙行同上下黑口左右雙邊　存十六卷（經義錄六，史鑑錄一卷，倫常錄二至五，政治錄一至二、四，天象錄一卷，地輿錄一卷，藝談錄一卷，物產錄一卷，尚論錄一卷，雜陳錄一、八）

450000－2602－0003830　11650

**增補註釋故事白眉十卷**　（明）許以忠集　清光緒二年（1876）經濟堂刻本　六册　十一行二十字小字雙行同白口四周單邊

450000－2602－0003831　11758

**岳忠武王文集八卷首一卷末一卷**　（宋）岳飛撰　（清）黃邦寧纂修　清光緒十二年（1886）上海簡玉山房刻本　四册　十行二十字小字雙行同白口四周雙邊

450000－2602－0003832　11824

**子良試帖一卷江西秋闈分校擬作一卷**　（清）馮詢撰　清道光刻本　一册　七行十七字小字雙行同下黑口四周雙邊

450000－2602－0003833　11677

**漢魏六朝名家集初刻**　丁福保輯　清宣統三年（1911）無錫丁氏鉛印本　一册　十四行三十一字小字雙行同下黑口四周雙邊　存二種七卷

450000－2602－0003834　11900

**續古文苑二十卷**　（清）孫星衍撰　清光緒九年（1883）江蘇書局刻本　五册　十一行二十字小字雙行同白口左右雙邊　存十七卷（四至二十）

450000－2602－0003835　11883

**閨秀詩評一卷**　（清）棣華園主人編　清光緒三年（1877）鉛印申報館叢書本　一册　十二行二十四字小字雙行同白口四周雙邊

450000－2602－0003836　11856

**湘綺樓文集八卷**　王闓運撰　清光緒三十三年（1907）墨莊劉氏長沙刻本　三册　十行二十一字小字雙行同上下黑口左右雙邊　存六卷（三至八）

450000－2602－0003837　11845

**林嚴文鈔四卷**　林紓撰　嚴復撰　清宣統元年（1909）上海國學扶輪社鉛印本　一册　十三行三十字小字雙行同上下黑口四周雙邊

450000－2602－0003838　11875

**春遊唱和詩一卷**　（清）張維屏輯　清道光二十六年（1846）刻張南山全集本　一册　十行二十一字小字雙行同上下黑口四周雙邊

450000－2602－0003839　11843

**湯子遺書十卷續編二卷**　（清）湯斌撰　清同治十年（1871）刻本　十一册　十行十九字小字雙行同下黑口左右雙邊　存六卷（七至十、續二卷）

450000－2602－0003840　11889

**賦學正鵠十卷**　(清)李元度編　清光緒二十年(1894)澹雅書局刻本　三册　九行二十一字小字雙行同白口左右雙邊　存七卷(一、五至十)

450000－2602－0003841　11897

**西夏紀事本末三十六卷首二卷**　(清)張鑒著　(明)朱記榮校定　清光緒十四年(1888)上海書業公所鉛印歷朝紀事本末本　一册　十五行四十字小字雙行同白口四周雙邊　存十九卷(一至十七、首二卷)

450000－2602－0003842　11842

**朱九江先生集十卷首一卷**　(清)朱次琦撰　清光緒二十三年(1897)讀書草堂刻本　四册　十一行二十四字小字雙行同白口左右雙邊

450000－2602－0003843　11878

**高涼耆舊文鈔二十二卷**　(清)許汝韶編輯　(清)吳宣崇參訂　清刻本　一册　九行二十一字小字雙行同上下黑口左右雙邊　存三種三卷(夢庵文鈔一卷、癖草文鈔一卷、種芝山房文鈔一卷)

450000－2602－0003844　11841

**嘉定錢氏潛研堂全書**　(清)錢大昕撰　清光緒十年(1884)長沙龍氏家塾刻本　十六册　十行二十二字小字雙行同上下黑口左右雙邊　存八種六十一卷

450000－2602－0003845　11929

**宋四名家詩二十八卷**　(清)周之鱗　(清)柴升選輯　清刻本　二册　十行二十二字小字雙行同白口四周雙邊　存三卷(石湖詩選四、放翁詩選五至六)

450000－2602－0003846　11930

**南宋文範七十卷**　(清)莊仲方編　清光緒十四年(1888)江蘇書局刻本　九册　十四行二十五字小字雙行同白口左右雙邊　存四十二卷(四至三十五、六十一至七十)

450000－2602－0003847　11799

**吳詩集覽二十卷**　(清)吳偉業撰　(清)顧湄　(清)許旭原編　(清)靳榮藩集覽　清乾隆四十年(1775)凌雲亭刻本　八册　九行二十一字小字雙行同下黑口四周雙邊　存八卷(一至八)

450000－2602－0003848　11836

**嘉定錢氏潛研堂全書**　(清)錢大昕撰　清光緒十年(1884)長沙龍氏家塾刻本　八册　十行二十二字小字雙行同上下黑口左右雙邊　存四種四十三卷

450000－2602－0003849　11642

**臨川夢二卷**　(清)明新正譜　(清)蔣士銓填詞　(清)錢世錫評校　清乾隆蔣氏紅雪樓刻紅雪樓九種曲本　二册　九行二十二字小字雙行同白口四周單邊

450000－2602－0003850　11885

**重刊拜經樓叢書七種二十四卷**　(清)吳騫撰　清光緒十一年(1885)會稽章氏鄂渚刻本　一册　十行二十二字小字雙行同上下黑口左右雙邊　存二種六卷(詩譜補亡後訂一卷,陶靖節詩注一至四、附録一卷)

450000－2602－0003851　11820

**增訂張曉樓太史稿六卷**　(清)張江撰　(清)王步青評選　清三元堂刻本　四册　九行二十四字白口左右雙邊

450000－2602－0003852　11931

**宋文鑑一百五十卷目録三卷**　(宋)呂祖謙輯　清光緒十二年(1886)江蘇書局刻本　二十二册　十四行二十五字白口左右雙邊　存一百三十八卷(一至一百二十三、一百三十九至一百五十,目録三卷)

450000－2602－0003853　11956

**白石道人歌曲六卷**　(宋)姜夔撰　清乾隆十四年(1749)張奕樞松桂讀書堂刻本　清陳朗題記　陈曾言題記批　一册　十一行十九字小字雙行同上下黑口左右雙邊　存三卷(一至三)

450000－2602－0003854　11905

**昭明文選六臣彙注疏解三十九卷**　(清)顧施

禎纂輯　清嘉慶刻本　一册　九行二十四字小字雙行同白口左右雙邊　存二卷(二十八至二十九)

450000－2602－0003855　11760;11753

**絜齋集二十四卷**　(宋)袁燮撰　清刻武英殿聚珍版書本　二册　九行二十一字小字雙行同白口四周雙邊　存七卷(一至四、十五至十七)

450000－2602－0003856　11868

**新鐫五言千家詩箋注二卷諸名家百花詩一卷百花詩引一卷**　(清)王相選注　清鄭漢刻本　一册　十行十五字小字雙行同白口四周單邊　存三卷(千家詩卷下、諸名家百花詩一卷、百花詩引一卷)

450000－2602－0003857　11943

**四書文一卷袖中書二卷**　(清)俞樾撰　清刻本　一册　十行二十一字白口左右雙邊

450000－2602－0003858　11898

**東華續錄二百二十卷(光緒朝)**　(清)朱壽朋編　清宣統元年(1909)上海集成圖書公司鉛印本　一册　十三行四十字小字雙行同白口四周雙邊　存四卷(一百八十一至一百八十四)

450000－2602－0003859　11970

**巧團圓傳奇二卷**　(清)李漁編次　清刻本　二册　九行十八字小字雙行十九字白口左右雙邊

450000－2602－0003860　11834

**施愚山先生全集六種一百二卷**　(清)施閏章撰　清康熙至乾隆間刻本　六册　十一行二十一字小字雙行同白口四周雙邊　存四種四十卷(施愚山先生學餘文集一至二十八,施愚山先生別集一至四,施氏家風述略、施氏家風述略續編,隨郙先生遺集一至六)

450000－2602－0003861　12006

**涵芬樓古今文鈔一百卷**　吳曾祺纂錄　清宣統三年(1911)商務印書館鉛印本　八十九册　十二行三十一字小字雙行同下黑口四周雙邊　存八十九卷(二至九、十三至十四、十六至二十九、三十二至三十八、四十至九十一、九十三至九十七、一百)

450000－2602－0003862　11921

**全唐詩三十二卷**　(清)聖祖玄燁輯　清光緒十三年(1887)上海同文書局石印本　二十八册　二十二行四十二字小字雙行同白口左右雙邊　存二十八卷(一至七、九至十三、十五至二十四、二十六至二十九、三十一至三十二)

450000－2602－0003863　12007

**涵芬樓古今文鈔一百卷**　吳曾祺纂錄　清宣統三年(1911)商務印書館鉛印本　四十七册　十二行三十一字小字雙行同下黑口四周雙邊　存四十七卷(二至三、十六、十八至二十七、三十二、三十四至三十五、三十七至三十八、四十二至四十五、五十至五十二、五十五、五十七、六十二、六十四至六十六、六十八至六十九、七十一至七十二、七十四至七十九、八十一至八十三、八十八至九十)

450000－2602－0003864　11982

**增像西湖緣圖詠四卷**　(清)浦左退居野人校訂　清末石印本　二册　十八行四十字小字雙行同白口四周單邊　存三卷(二至四)

450000－2602－0003865　11944

**國朝山左詩續鈔三十二卷**　(清)張鵬展纂　清嘉慶十八年(1813)四照樓刻本　十六册　十行二十一字小字雙行同白口四周雙邊

450000－2602－0003866　11985

**空谷香二卷**　(清)蔣士銓撰　清紅雪樓刻本　二册　九行二十二字小字雙行同白口四周單邊

450000－2602－0003867　11936

**國朝六家詩鈔六種八卷**　(清)劉執玉選　清光緒刻本　二册　十行二十一字小字雙行同白口左右雙邊　存三種四卷(荔裳詩選一卷、愚山詩選一卷、初白詩選上下)

450000－2602－0003868　12023

**竹雲題跋四卷**　（清）王澍著　（清）錢人龍訂　清道光二十七年（1847）番禺潘氏刻海山仙館叢書　二冊　九行二十一字小字雙行同上下黑口左右雙邊

450000－2602－0003869　11922

**唐宋八家文讀本三十卷**　（唐）韓愈等著　（清）沈德潛評點　清刻本　十二冊　十行二十字白口左右雙邊

450000－2602－0003870　12027

**讀書敏求記四卷**　（清）錢曾撰　清道光二十七年（1847）番禺潘氏刻海山仙館叢書本　二冊　九行二十一字小字雙行同上下黑口左右雙邊

450000－2602－0003871　12046

**動物學啓蒙八卷**　（英國）艾約瑟譯　（英國）赫德輯　清光緒二十二年（1896）上海著易堂鉛印西學啟蒙本　一冊　十三行二十八字白口四周雙邊

450000－2602－0003872　12009

**增訂漢魏叢書八十六種四百四十四卷**　（清）王謨輯　清乾隆五十六年（1791）金谿王氏刻本　二十三冊　九行二十字小字雙行同白口左右雙邊　存三十二種一百三十卷

450000－2602－0003873　12039

**顔氏家藏尺牘四卷姓氏考一卷**　（清）顔光敏撰　清道光二十七年（1847）番禺潘氏刻海山仙館叢書本　一冊　九行二十一字小字雙行同上下黑口左右雙邊　存一卷（姓氏考一卷）

450000－2602－0003874　12029

**四書逸箋六卷**　（清）程大中撰　清道光二十六年（1846）刻海山仙館叢書本　一冊　九行二十一字小字雙行同上下黑口左右雙邊

450000－2602－0003875　12031

**二十二史感應錄二卷**　（清）彭希涑輯　清道光二十九年（1849）刻海山仙館叢書本　一冊　九行二十一字小字雙行同上下黑口左右雙邊

450000－2602－0003876　12033

**敬齋古今黈八卷**　（元）李冶撰　清道光二十九年（1849）番禺潘氏刻海山仙館叢書本　一冊　九行二十一字小字雙行同上下黑口左右雙邊　存四卷（五至八）

450000－2602－0003877　11893

**仰止子詳考古今名家潤色詩林正宗十八卷**　（明）余象斗輯　清刻本　一冊　九行二十四字小字雙行同白口左右雙邊　存二卷（五至六）

450000－2602－0003878　12016

**藝海珠塵**　（清）吳省蘭輯　清松江鄭文萃堂書坊刻本　十二冊　十行二十一字小字雙行同白口左右雙邊　存三十三種七十卷

450000－2602－0003879　12032

**慎守要錄九卷**　（清）韓霖著　清道光二十九年（1849）番禺潘氏刻海山仙館叢書本　二冊　九行二十一字小字雙行同上下黑口左右雙邊

450000－2602－0003880　11894

**三國志六十五卷**　（晉）陳壽撰　（南朝宋）裴松之注　明崇禎十七年（1644）毛氏汲古閣刻十七史本　二冊　十二行二十五字小字雙行不等白口左右雙邊　存十四卷（五十二至六十五）

450000－2602－0003881　12034

**女科二卷產後編二卷**　（清）傅山著　清道光二十七年（1847）番禺潘氏刻海山仙館叢書本　一冊　九行二十一字小字雙行同上下黑口左右雙邊　存二卷（產後編二卷）

450000－2602－0003882　12018

**中西新學大全十九卷**　（意大利）利瑪竇撰　（清）求志齋主人輯　清光緒二十三年（1897）上海鴻文書局石印本　十一冊　二十四行五十五字上下黑口四周雙邊　存十六卷（一至五、九至十九）

450000－2602－0003883　12035

**全體新論十卷**　（英國）合信氏注　清咸豐元年（1851）番禺潘氏刻海山仙館叢書本　二冊

九行二十一字小字雙行同上下黑口左右雙邊

450000－2602－0003884　12036

**翼梅八卷**　（清）江永著　清道光二十七年（1847）番禺潘氏刻海山仙館叢書本　三册　九行二十一字小字雙行同上下黑口左右雙邊

450000－2602－0003885　12037

**幾何原本六卷**　（意大利）利瑪竇口譯　（明）徐光啟筆受　清道光二十七年（1847）番禺潘氏刻光緒中補刻海山仙館叢書本　一册　九行二十一字小字雙行同上下黑口左右雙邊　存一卷（六）

450000－2602－0003886　12024

**桂苑筆耕集二十卷**　（唐）崔致遠撰　清道光二十七年（1847）刻海山仙館叢書本　三册　九行二十一字小字雙行同上下黑口左右雙邊　存十八卷（一至十四、十七至二十）

450000－2602－0003887　12017

**國魂叢編**　（清）國魂報社編　清光緒三十四年（1908）鉛印本　五册　十一行三十九字白口四周雙邊　存十種（个道人賸墨、石簡溪灣詞、小說、秋懷唱和集、無競廬叢談、蘭夢因、麗則吟社課藝、碎錦集、麗則吟社詩輯、麗則吟社詞選）

450000－2602－0003888　12025

**古史輯要六卷首一卷**　（清）□□撰　清道光二十五年（1845）番禺潘氏刻海山仙館叢書本　二册　九行二十一字小字雙行同上下黑口左右雙邊　存五卷（一至四、首一卷）

450000－2602－0003889　12019

**玉函山房輯佚書六百二十二種附一種**　（清）馬國翰輯　清光緒十年（1884）楚南湘遠堂刻本　四十二册　九行二十字小字雙行同上下黑口四周雙邊　存二百六十五種三百八十卷

450000－2602－0003890　11887

**憑山閣增輯留青新集三十卷**　（清）陳枚訂（清）陳德裕輯　清刻本　一册　十一行二十四字小字雙行同白口左右雙邊　存一卷（六）

450000－2602－0003891　12026

**同文算指前編二卷通編八卷**　（意大利）利瑪竇授　（明）李之藻演　清道光二十九年（1849）番禺潘氏刻海山仙館叢書本　四册　九行二十一字小字雙行同上下黑口左右雙邊　存八卷（前編二卷、通編一至六）

450000－2602－0003892　12038；12028；12030

**海山仙館叢書**　（清）潘仕成輯　清道光、咸豐間番禺潘氏刻光緒中補刻本　四册　九行二十一字小字雙行同上下黑口左右雙邊　存九種十四卷（測量異同一卷、句股義一卷、圜容較義一卷、測量法義一卷、易大義一卷、讀詩拙言一卷、尚書註考一卷、順宗實錄五卷、史記短長說二卷）

450000－2602－0003893　11971

**繪像第六才子書八卷**　（清）金人瑞書　**才子西厢文一卷**　（清）陳維崧訂　清刻朱墨套印本　四册　九行十六字小字雙行同白口四周雙邊　存六卷（第六才子書四至八、才子西厢文一卷）

450000－2602－0003894　03978

**補注黃帝内經素問二十四卷遺編一卷**　（唐）王冰注　清光緒三年（1877）浙江書局刻本　八册　九行二十一字小字雙行同白口左右雙邊

450000－2602－0003895　02010

**頤情館聞過集十二卷**　（清）宗源瀚撰　清光緒三年（1877）刻本　七册　十行二十四字小字雙行同白口左右雙邊　存十一卷（一至十一）

450000－2602－0003896　12067

**雙節堂庸訓六卷**　（清）汪輝祖纂　清光緒江蘇書局刻汪龍莊遺書本　一册　十行二十一字小字雙行同上下黑口左右雙邊

450000－2602－0003897　12077

**論語後案二十卷**　（清）黃式三學　清光緒九年（1883）浙江書局刻儆居遺書本　一册　九行二十二字小字雙行同白口左右雙邊　存二卷（七至八）

450000－2602－0003898　12020
**許學叢書三集十四種六十三卷**　（清）張炳翔輯　清光緒長洲張炳翔儀鄦廬刻本　十六冊　九行二十字小字雙行同上下黑口四周雙邊　存十二種四十四卷

450000－2602－0003899　12064
**屑玉叢譚四集九種十一卷**　（清）錢徵　蔡爾康輯　清光緒六年（1880）上海申報館鉛印申報館叢書本　六冊　十二行二十四字小字雙行不等白口四周雙邊

450000－2602－0003900　12057
**壹是紀始二十二卷補遺一卷總目一卷**　（清）魏崧著　清光緒十四年（1888）甬北寄廬刻本　八冊　九行二十四字小字雙行同白口四周單邊雙邊兼有

450000－2602－0003901　12022
**西堂全集四種一百二十七卷附一種六卷**（清）尤侗譔　清文理堂刻本　十六冊　十行二十一字白口四周單邊　存三種五十卷附一種六卷

450000－2602－0003902　12012
**增訂漢魏叢書九十六種**　（清）王謨輯　清光緒二十一年（1895）上海大通書局石印本　十三冊　十八行四十四字小字雙行同白口四周單邊　存三十七種二百十九卷

450000－2602－0003903　12008
**西學富强叢書七十八種三百九十八卷**　（清）袁俊德輯　清光緒二十七年（1901）上海寶善齋石印本（補配光緒二十三年小倉山房石印本）　六十四冊　二十行四十四字小字雙行同下黑口四周雙邊

450000－2602－0003904　12056
**詳註管稿時文初集□□卷二集□□卷三集□□卷**　（清）管世銘撰　清刻本　四冊　九行二十五字小字雙行同白口左右雙邊　存四卷（初集二、二集三至四、三集七）

450000－2602－0003905　12137
**南江書錄一卷**　（清）邵晉涵撰　清光緒貴池劉氏刻聚學軒叢書本　一冊　十一行二十一字小字雙行同上下黑口左右雙邊

450000－2602－0003906　12135
**管註合刻雪鴻軒尺牘二卷**　（清）龔萼著（清）管斯駿重訂　清光緒上海錦章書局石印本　二冊　十八行四十字小字雙行同白口四周雙邊

450000－2602－0003907　12136
**增註秋水軒尺牘四卷**　（清）許思湄著　（清）管斯駿注　清光緒九年（1883）上海錦章書局石印本　二冊　十八行四十字小字雙行同白口四周雙邊

450000－2602－0003908　12109
**梁書五十六卷附考證**　（唐）姚思廉撰　清光緒十年（1884）上海同文書局石印二十四史附考證本　八冊　十行二十一字白口左右雙邊

450000－2602－0003909　12126
**讒書五卷**　（唐）羅隱撰　清嘉慶十二年（1807）刻本　一冊　十行二十字小字雙行同上下黑口左右雙邊

450000－2602－0003910　12103
**御批通鑑輯覽一百二十卷**　（清）傅恒正總裁（清）楊述曾纂修　清同治十一年（1872）湖北崇文書局刻本　一冊　十一行二十二字小字雙行同白口四周雙邊　存一卷（一）

450000－2602－0003911　12107
**國語二十一卷**　（三國吳）韋昭解　清刻本　三冊　十行二十一字小字雙行同白口左右雙邊　存十八卷（四至二十一）

450000－2602－0003912　12125
**謝宣城詩集五卷**　（南朝齊）謝眺撰　清嘉慶二年（1797）刻拜經樓叢書本　一冊　十行二十字小字雙行同上下黑口左右雙邊

450000－2602－0003913　12010
**增訂漢魏叢書九十六種四百七十二卷**　（清）王謨輯　清光緒二十一年（1895）石印本　十六冊　二十三行六十字白口四周單邊

450000－2602－0003914　12084

**詩經精華十卷**　（清）薛嘉穎撰　清刻本　一冊　十三行十五字小字雙行三十字白口四周單邊　存三卷（五至七）

450000－2602－0003915　12015

**富强叢書十一種一百六卷**　（清）袁俊德輯　清光緒二十三年（1897）小倉山房石印本　十一冊　二十行四十四字小字雙行同下黑口四周雙邊

450000－2602－0003916　12089

**中庸衍義十七卷**　（明）夏良勝撰　清同治十年（1871）江西刻本　二冊　十行二十字小字雙行同白口四周單邊　存三卷（十五至十七）

450000－2602－0003917　12165

**平定粵寇紀畧十八卷附記四卷**　（清）杜文瀾撰　清光緒元年（1875）詒穀堂刻曼陀羅華閣叢書本　八冊　九行二十一字小字雙行同白口左右雙邊

450000－2602－0003918　12167

**香南精舍金石契不分卷**　（清）崇恩譔　清光緒二十六年（1900）石印本　二冊　八行字不等白口四周雙邊

450000－2602－0003919　12157

**聖諭像解二十卷**　（清）梁延年編輯　清光緒二十九年（1903）山東官印書局石印本　十冊　十行二十一字小字雙行同白口四周單邊

450000－2602－0003920　12172

**點石齋畫報（壬集、巳集）**　（清）尊聞閣主人輯　清光緒十二年（1886）上海申報館石印本　二冊　白口四周單邊

450000－2602－0003921　12088

**皇清經解一百七十二種一千四百八卷**　（清）阮元輯　清道光九年（1829）廣東學海堂刻咸豐十一年（1861）補刻本　三十冊　十一行二十四字小字雙行同白口左右雙邊　存十四種一百十二卷

450000－2602－0003922　12087

**皇清經解續編二百九種二百九卷**　王先謙輯　清光緒十五年（1889）上海蜚英館石印本　六冊　三十三行七十二字小字雙行同白口四周單邊　存二十四卷（三、七至八、三十四至三十五、四十六至四十七、七十五至七十六、八十七、一百十四至一百十八、一百二十六、一百二十八、一百五十二、一百五十九至一百六十二、一百八十三、二百七）

450000－2602－0003923　12184

**七家詩選七卷**　（清）張熙宇輯評　清道光三十年（1850）曲江書屋刻本　四冊　九行二十一字小字雙行同白口四周雙邊

450000－2602－0003924　12197

**四述奇十六卷**　張德彝撰　清光緒九年（1883）著易堂鉛印本　八冊　十一行三十三字小字雙行同白口左右雙邊

450000－2602－0003925　12186

**古唐詩合解唐詩十二卷古詩四卷**　（清）王堯衢註　（清）李模　（清）李桓校　清光緒七年（1881）京都聚文堂刻本　六冊　十行二十四字小字雙行同白口四周單邊

450000－2602－0003926　12195

**歷代名將事略二卷**　（清）北洋陸軍編譯局編　清光緒三十二年（1906）北洋陸軍編譯局鉛印本　二冊　十行二十五字白口四周雙邊

450000－2602－0003927　12199

**古唐詩合解唐詩十二卷古詩四卷**　（清）王堯衢注　清光緒十九年（1893）文運書局刻本　六冊　十行二十一字小字雙行同白口四周單邊

450000－2602－0003928　12180

**南宋雜事詩七卷**　（清）沈嘉轍等撰　清同治十一年（1872）淮南書局刻本　四冊　十一行二十一字小字雙行同白口左右雙邊

450000－2602－0003929　12182

**靖節先生集十卷首一卷末二卷**　（晉）陶潛撰　（清）陶澍注　清光緒九年（1883）江蘇書局刻本　四冊　十行十九字小字雙行同白口四周雙邊

450000－2602－0003930　12185
**七家詩詳註七卷**　(清)張熙宇評選　(清)石暉甲箋註　清光緒十六年(1890)湖南曉雲山房刻本　八冊　九行二十二字小字雙行同白口四周單邊

450000－2602－0003931　12188
**三十家詩鈔六卷首一卷末一卷**　(清)曾國藩纂　(清)王定安增輯　清同治十三年(1874)都門刻本　六冊　十行二十五字小字雙行同下黑口左右雙邊

450000－2602－0003932　12211
**甌鉢羅室書畫過目考四卷首一卷附一卷**　(清)李玉棻編輯　清宣統三年(1911)北京晉華書局石印本　四冊　十二行二十六字白口四周雙邊

450000－2602－0003933　12231
**胡慶餘堂丸散膏丹全集不分卷**　(清)胡光墉輯　清光緒三年(1877)胡慶餘堂石印本　一冊　十行二十字小字雙行同白口四周雙邊

450000－2602－0003934　12207
**庚子銷夏記八卷閒者軒帖考一卷**　(清)孫承澤著　清乾隆二十六年(1761)鮑廷博、鄭竺刻本　四冊　十行二十字小字雙行不等上下黑口左右雙邊

450000－2602－0003935　12236
**御批歷代通鑑輯覽一百二十卷**　(清)傅恒正總裁　(清)楊述曾纂修官　清同治十三年(1874)湖南書局刻本(卷十三至十四補配抄本)　四十八冊　十一行二十二字小字雙行同白口四周雙邊

450000－2602－0003936　12206
**駁案彙編四十一卷**　(清)朱梅臣輯　清光緒九年(1883)圖書集成局鉛印本　十二冊　十三行四十字白口四周單邊

450000－2602－0003937　12221
**宋名臣言行錄前集十卷後集十四卷續集八卷別集二十六卷外集十七卷**　(宋)□□輯　清同治七年(1868)臨川桂氏刻本　十二冊　十二行二十三字小字雙行同上下黑口左右雙邊

450000－2602－0003938　12158
**漁洋山人古詩選五言詩十七卷七言詩歌行鈔十五卷**　(清)王士禛選　清同治五年(1866)金陵書局刻本　清佚名題識　八冊　十行二十二字小字雙行同上下黑口左右雙邊

450000－2602－0003939　12181
**嘉定屠城紀畧一卷**　(清)朱子素撰　**幸存錄二卷**　(明)夏允彝述　清刻本　一冊　九行十九字上黑口左右雙邊

450000－2602－0003940　12196
**萬國史記二十卷**　(日本)岡本監輔著　(日本)中村正直閱　清光緒申報館鉛印申報館叢書本　十冊　十一行二十七字白口四周雙邊

450000－2602－0003941　12200
**庚子銷夏記八卷**　(清)孫承澤撰　清龍威閣刻本　諸肖鞠批　覃溪批　一冊　十行二十字小字雙行同白口左右雙邊

450000－2602－0003942　12189
**歷代畫史彙傳七十二卷首一卷總目三卷書目一卷附錄二卷**　(清)彭蘊璨編　清道光五年(1825)彭氏尚志堂刻本　二十四冊　八行二十字小字雙行同上下黑口四周雙邊

450000－2602－0003943　12201
**古逸叢書二十六種二百七卷附一種一卷**　(清)黎庶昌輯　清光緒遵義黎氏日本東京使署影刻本　四十二冊　八行十六字小字雙行二十一字白口左右雙邊

450000－2602－0003944　12224
**皇朝經世文三編八十卷**　(清)陳忠倚輯　清光緒二十八年(1902)上海書局石印本　十六冊　二十四行50字白口四周雙邊

450000－2602－0003945　12226
**皇朝經世文新編二十一卷**　麥仲華輯　清光緒二十四年(1898)上海譯書局石印本　二十四冊　十五行三十二字小字雙行同上下黑口四周單邊

450000－2602－0003946　12225

**皇朝經世文續編一百二十卷**　(清)葛士濬輯　清光緒二十二年(1896)寶善書局石印本　二十册　二十二行四十八字白口四周雙邊

450000－2602－0003947　11509

**西遊真詮二十卷一百回**　(清)陳士斌詮解　清刻本　十二册　十行二十四字白口左右雙邊　存十二卷(一至二、四至六、八至九、十二、十五至十七、十九)

450000－2602－0003948　12227

**皇朝經世文編一百二十卷姓名總目二卷**　(清)賀長齡輯　清光緒十五年(1889)上海廣百宋齋鉛印本　二十四册　十六行四十二字白口四周雙邊

450000－2602－0003949　12560

**秋夢盦詞鈔二卷續一卷再續一卷**　(清)葉衍蘭著　清光緒十六年(1890)羊城刻本　一册　九行二十一字小字雙行同上下黑口四周雙邊

450000－2602－0003950　12250

**[光緒]常昭合志稿四十八卷首一卷末一卷**　(清)張瀛監修　(清)龐鴻文　邵松年纂修　清光緒三十年(1904)木活字印本　十六册　十行二十四字小字雙行同白口四周單邊

450000－2602－0003951　12264

**[同治]黃縣志十四卷首一卷末一卷**　(清)尹繼美纂修　清同治十年(1871)刻本　四册　十行二十四字小字雙行同字白口四周雙邊

450000－2602－0003952　12246

**[宣統]建德縣志二十卷首一卷**　張贇巽監修　周學銘總修　清宣統二年(1910)湖北官刷印局鉛印本　十册　九行二十五字小字雙行同白口四周雙邊

450000－2602－0003953　12316

**國朝駢體正宗十二卷**　(清)曾燠輯　清嘉慶十一年(1806)曾氏賞雨茆屋刻本　六册　十一行二十二字小字雙行同白口左右雙邊

450000－2602－0003954　12228

**湖墅小志四卷**　(清)高鵬年撰　清光緒二十二年(1896)石印本　一册　十行二十四字上下黑口左右雙邊

450000－2602－0003955　12282

**[光緒]蔚州志二十卷首一卷**　(清)慶之金纂輯　(清)楊篤纂輯　清光緒三年(1877)刻本　八册　十行二十三字小字雙行同白口四周雙邊

450000－2602－0003956　12472;12473

**二馮詩集二種九卷**　胡思敬輯　清光緒三十四年(1908)問影樓鉛印本　二册　十二行二十八字小字雙行同白口四周單邊

450000－2602－0003957　11502

**花月痕全書十六卷**　(清)魏秀仁撰　(清)棲霞居士評　清光緒著易堂鉛印本　二册　十六行四十字小字雙行同白口四周雙邊　存九卷(八至十六)

450000－2602－0003958　12334

**述學内篇三卷補遺一卷外編一卷别録一卷附録一卷校勘記一卷**　(清)汪中撰　清同治八年(1869)揚州書局刻本　二册　十三行三十字小字雙行同白口左右雙邊

450000－2602－0003959　12474

**兩當軒詩鈔十四卷悔存詞鈔二卷**　(清)黃景仁著　(清)趙希璜校　清嘉慶二十二年(1817)蓓古山房刻本　四册　十一行二十三字小字雙行同白口左右雙邊

450000－2602－0003960　12475

**正誼堂文集十二卷續集八卷**　(清)張伯行著　清同治五年(1866)福州正誼書局刻正誼堂全書本　業啟芳題記　五册　十行二十二字小字雙行同白口左右雙邊

450000－2602－0003961　12278

**[同治]深州風土記二十二卷附表五卷**　(清)吳汝綸修　清光緒二十六年(1900)深州文瑞書院刻本　八册　十行二十二字小字雙行同上下黑口四周雙邊

450000－2602－0003962　12867

**湘綺樓全集三十卷**　王闓運撰　清宣統二年(1910)國學扶輪社石印本　六册　十四行三十一字小字雙行同上下黑口左右雙邊

450000－2602－0003963　12686
**皇清經解一百七十八種一百九十卷首一卷**　(清)阮元輯　**正譌記一卷**　**皇清經解縮版編目十六卷**　(清)陶治元編輯　清光緒十七年(1891)上海鴻寶齋石印本　二十五册　三十三七十二字小字雙行同白口四周單邊

450000－2602－0003964　12875
**梧溪集七卷補遺一卷困學齋雜錄一卷**　(元)王逢撰　清同治十三年(1874)思補樓木活字印本　八册　九行二十一字小字雙行同上下黑口左右雙邊

450000－2602－0003965　12739
**式古堂目錄十七卷**　(清)尤瑩編　清光緒十九年(1893)石印本　一册　二十四行六十六字小字雙行同白口四周單邊

450000－2602－0003966　12893
**弢園尺牘十二卷**　(清)王韜撰　清光緒十三年(1887)大文書局鉛印本　四册　十三行三十字小字雙行同白口四周雙邊

450000－2602－0003967　12739
**皇清經解續編二百九種二百九卷**　王先謙輯　清光緒十五年(1889)上海蜚英館石印十八年(1892)重印本　二十七册　三十三七十二字小字雙行同白口四周單邊

450000－2602－0003968　12960
**虹橋老屋遺稿文四卷詩五卷**　(清)秦緗業撰　清光緒十五年(1889)刻本　三册　十行二十二字小字雙行同上下黑口左右雙邊

450000－2602－0003969　12331
**海峰先生文十卷**　(清)劉大櫆撰　清同治十三年(1874)刻本　佚名批校　四册　十一行二十三字上下黑口左右雙邊

450000－2602－0003970　12434
**右台仙館筆記十六卷**　(清)俞樾著　清宣統二年(1910)上海朝記書莊石印本　八册　十四行三十二字白口四周雙邊

450000－2602－0003971　12850
**國朝常州駢體文錄三十一卷結一宧駢體文一卷**　屠寄輯　清光緒十六年(1890)廣州富文齋刻本　佚名題記　八册　十三行二十二字小字雙行同上下黑口左右雙邊

450000－2602－0003972　12909
**風雨樓叢書**　鄧實輯　清宣統順德鄧氏鉛印本　二册　十行二十八字小字雙行同上下黑口四周單邊　存四種六卷(龔定盦別集一卷、定盦詩集定本二卷、定盦詞定本一卷、集外未刻詩一卷、集外未刻詞一卷)

450000－2602－0003973　12959
**校經廎文稿十八卷**　(清)李富孫撰　清道光元年(1821)讀書臺刻本　四册　十行二十三字小字雙行同上下黑口左右雙邊

450000－2602－0003974　12877
**安般簃集詩續十卷春闈雜詠一卷**　(清)袁昶撰　清光緒小漚巢刻本　三册　十行二十二字小字雙行同上黑口左右雙邊

450000－2602－0003975　12252
**[光緒]上虞縣志四十八卷首一卷末一卷**　(清)唐煦春主修　(清)王葆初　(清)童章預修　(清)朱士黻總纂　(清)錢繼曾等分纂　(清)陳彬華　(清)谷肇寅參纂兼總校　(清)徐智光總校　清光緒十七年(1891)刻本　二十册　九行二十二字小字雙行同白口左右雙邊

450000－2602－0003976　12820
**小倉山房文集三十五卷外集八卷**　(清)袁枚撰　清光緒十八年(1892)上海著易堂鉛印本　六册　十九行四十字小字雙行同白口四周雙邊

450000－2602－0003977　12438
**四六叢話三十三卷選詩叢話一卷**　(清)孫梅輯　清光緒七年(1881)吳下刻本　十二册　十行二十一字小字雙行同上下黑口左右雙邊

450000－2602－0003978　12968

**雙溪醉隱集六卷**　（元）耶律鑄撰　（清）李文田箋　清光緒十八年（1892）順德龍氏知服齋刻知服齋叢書本　二冊　十三行二十二字小字雙行同上下黑口左右雙邊

450000－2602－0003979　07324
**讀書叢錄二十四卷**　（清）洪頤煊撰　清光緒十三年（1887）吴氏醉六堂刻本　四冊　十一行二十字上下黑口四周單邊

450000－2602－0003980　12796
**文溪集二十卷首一卷**　（宋）李昴英著　清道光二十年（1840）南海伍氏詩雪軒刻粤十三家集本　四冊　九行二十一字小字雙行同上下黑口左右雙邊

450000－2602－0003981　07330
**讀書脞錄七卷**　（清）孫志祖撰　清光緒十三年（1887）醉六堂刻本　二冊　十行二十一字小字雙行同白口左右雙邊

450000－2602－0003982　13050
**湘綺樓全集三十卷**　王闓運撰　清宣統二年（1910）上海國學扶輪社石印本　佚名批　十二冊　十四行三十一字小字雙行同上下黑口四周雙邊

450000－2602－0003983　12842
**駱賓王文集十卷**　（唐）駱賓王撰　**考異一卷**　（清）顧廣圻撰　清宣統三年（1911）景印唐人三家集本　二冊　十一行二十字小字雙行同白口左右雙邊

450000－2602－0003984　13051
**鴻雪因緣圖記三集**　（清）麟慶撰　清光緒十二年（1886）上海同文書局石印本　三冊　十五行三十一字小字雙行同白口四周雙邊

450000－2602－0003985　13029
**錢牧齋尺牘三卷補遺一卷**　（清）錢謙益撰　清宣統二年（1910）順德鄧氏風雨樓鉛印本　二冊　十行二十八字小字雙行同上下黑口四周單邊

450000－2602－0003986　13081
**靈素集注節要十二卷**　（清）陳念祖撰　清漁古山房刻本　六冊　八行十八字小字雙行同白口四周單邊

450000－2602－0003987　13085
**洛學編四卷**　（清）湯斌輯　（清）湯定祥重校　**續編一卷**　（清）尹會一輯　清同治九年（1870）刻湯文正公全集本　一冊　十行二十字小字雙行同白口左右雙邊

450000－2602－0003988　13019
**華陽散稿二卷**　（清）史震林撰　清光緒九年（1883）弢園老民王韜鉛印本　佚名題記　一冊　十二行二十三字小字雙行同白口四周雙邊

450000－2602－0003989　13004
**國朝古文所見集十三卷**　（清）陳仰韓原選（清）朱鍾玉校刊　清光緒十四年（1888）植桂軒刻本　二冊　九行二十字白口四周雙邊

450000－2602－0003990　S252
**鐵網珊瑚二十卷**　（明）都穆撰　清乾隆刻本　二冊　十行二十二字白口左右雙邊

450000－2602－0003991　12437
**三賢文集十二卷**　（清）張斐然撰　清光緒刻本　十二冊　十行二十字小字雙行同白口四周雙邊

450000－2602－0003992　13032
**戴南山文鈔六卷**　（清）戴名世撰　清宣統二年（1910）上海國學扶輪社鉛印本　佚名題記　三冊　十三行三十字上下黑口四周雙邊

450000－2602－0003993　13033
**吴摯甫文集四卷附鈔深州風土記四篇一卷**　（清）吴汝綸撰　清宣統二年（1910）國學扶輪社石印本　五冊　十二行二十五字小字雙行同上下黑口四周雙邊

450000－2602－0003994　13036
**靜庵文集一卷**　王國維著　清光緒三十一年（1905）鉛印本　一冊　十二行三十二字小字雙行同上下黑口四周雙邊

450000－2602－0003995　13062

**曾惠敏公遺集四種十七卷** （清）曾紀澤撰 清光緒十九年（1893）江南製造總局鉛印本 八冊 十行二十四字上黑口四周雙邊

450000－2602－0003996 13058
**小檀欒室匯刻閨秀詞十集一百種一百十二卷附一種十七卷** 徐乃昌輯 清光緒二十一年至二十二年（1895－1896）南陵徐氏刻本 八冊 十一行二十一字白口左右雙邊 存四種四十八卷

450000－2602－0003997 13064
**札樸十卷** （清）桂馥撰 清光緒七年（1881）刻曲阜桂氏遺書本 五冊 十行二十一字上下黑口左右雙邊

450000－2602－0003998 12882
**國朝文錄八十二卷** （清）姚椿撰 清光緒二十六年（1900）掃葉山房石印本 十六冊 十九行三十七字白口四周雙邊

450000－2602－0003999 13070
**歷代畫史彙傳七十二卷首一卷引證書目一卷目錄三卷附錄二卷** （清）彭蘊璨編 清光緒八年（1882）上海掃葉山房刻本 二十四冊 八行二十字小字雙行同上下黑口四周雙邊

450000－2602－0004000 13005
**松崖文鈔二卷** （清）惠棟撰 劉世珩輯 清光緒劉氏刻聚學軒叢書本 一冊 十一行二十一字小字雙行同上下黑口左右雙邊

450000－2602－0004001 07329
**讀書偶筆二十卷** （清）董桂新撰 清同治五年（1866）刻本 四冊 十一行二十五字小字雙行同白口四周雙邊

450000－2602－0004002 13086；13087；13088？
**湯文正公全集七種四十一卷** （清）湯斌著 清同治九年（1870）刻本 二十九冊 十行十九字小字雙行同下黑口左右雙邊 存三種三十二卷

450000－2602－0004003 07185
**曾文正公文集四卷** （清）曾國藩著 清光緒二年（1876）傳忠書屋刻曾文正公全集本 四冊 十行二十四字下黑口左右雙邊

450000－2602－0004004 07066
**重刻秫坡先生詩集八卷首一卷** （明）黎貞撰 清光緒元年（1875）黎氏刻都會三賢居書屋印本 四冊 九行十九字小字雙行不等白口四周單邊

450000－2602－0004005 07219
**戴東原集十二卷** （清）戴震撰 **東原先生［戴震］年譜一卷札記一卷** （清）段玉裁撰 清宣統二年（1910）渭南嚴氏孝義家塾成都刻本 六冊 十行二十一字小字雙行同上下黑口左右雙邊

450000－2602－0004006 13059
**新刻重校增補圓機活法詩學全書二十四卷** （明）王世貞校正 （明）楊淙參閱 （清）蔣先庚重訂 **新刊校正增補圓機詩韻活法全書十四卷** （明）王世貞增校 清刻本 十六冊 十二行二十五字小字雙行同白口左右雙邊 存三十三卷（詩學全書一至七、十至十七、二十一至二十四，詩韻活法全書十四卷）

450000－2602－0004007 13034；13035
**稗海四十八種續集二十三種** （明）商濬輯 明萬曆會稽商氏半埜堂刻清修補本 二冊 九行二十字白口四周單邊 存四種十四卷（述異記二卷、搜神記八卷、東觀奏記三卷、玉泉子一卷）

450000－2602－0004008 00834
**硃批史略八十七卷** （清）朱堃輯 清光緒二十五年（1899）萬本書局刻朱墨套印本 十六冊 十三行二十八字白口左右雙邊

450000－2602－0004009 13053
**白眉故事六卷** （清）呰窳子輯 （清）萬君甫繡梓 清嘉慶十年（1805）同德堂刻本 五冊 十一行二十六字小字雙行同白口四周單邊

450000－2602－0004010 13039
**楊忠愍公集□□卷首一卷** （明）楊繼盛撰 清光緒二十三年（1897）刻知服齋叢書本 一冊 十三行二十二字上下黑口左右雙邊 存

四卷（一至三、首一卷）

450000－2602－0004011　13107

**三公奏議二十一卷**　盛宣懷輯　清光緒二年（1876）武進盛氏思補樓木活字印本　二十册　九行二十一字小字雙行同上下黑口左右雙邊

450000－2602－0004012　13109

**鼎鍥趙田了凡袁先生編纂古本歷史大方綱鑑補三十九卷首一卷**　（明）袁黄輯　**御撰資治通鑑綱目三編二十二卷**　（清）張廷玉撰　清光緒二十九年（1903）上海博文書館石印本　十册　二十六行五十一字小字雙行同白口四周雙邊

450000－2602－0004013　13120

**疫痧草辨論章一卷見象章一卷湯藥章一卷**　陳耕道　襆鳳荎撰　清宣統元年（1909）集成圖書局鉛印本　一册　十二行三十二字小字雙行不等白口四周雙邊

450000－2602－0004014　13098

**寰宇訪碑錄十二卷**　（清）孫星衍　（清）邢澍撰　清光緒九年（1883）江蘇書局刻本　四册　十一行二十一字小字雙行同白口左右雙邊

450000－2602－0004015　13097

**沈文肅公政書七卷首一卷**　（清）沈葆楨撰　清光緒六年（1880）吳門節署鉛印本　八册　十行二十四字小字雙行同白口四周雙邊

450000－2602－0004016　13100

**兩漢金石記二十二卷**　（清）翁方綱撰　清乾隆五十四年（1789）南昌使院刻蘇齋叢書本　八册　十行二十字白口左右雙邊

450000－2602－0004017　13092

**讀書雜志八十二卷餘編二卷**　（清）王念孫撰　清同治九年（1870）金陵書局刻本　二十四册　十行二十一字小字雙行同白口四周雙邊

450000－2602－0004018　13115

**中西匯通醫書五種二十九卷**　（清）唐宗海撰　清光緒三十四年（1908）上海千頃堂書局石印本　十二册　十三行三十六字小字雙行同白口四周雙邊

450000－2602－0004019　13108

**史姓韻編二十四卷**　（清）汪輝祖輯　清光緒二十九年（1903）上海文瀾書局石印本　八册　十四行字不等白口四周單邊

450000－2602－0004020　13110

**古泉匯首集四卷元集十四卷亨集十四卷利集十八卷貞集十四卷**　（清）李佐賢撰　清同治三年（1864）利津李氏刻石泉書屋全集本　十六册　九行二十四字小字雙行同白口四周雙邊

450000－2602－0004021　13060

**元遺山先生全集九種六十七卷首一卷**　（金）元好問撰　清光緒七年（1881）讀書山房刻本　十七册　十行二十二字小字雙行同上下黑口四周單邊　存七種五十八卷（元遺山先生集一至四十、附錄一卷、補載一卷，元遺山先生新樂府一至四，續夷堅志一至四，元遺山先生年譜一至二，元遺山先生年譜二卷，元遺山先生集考證一至三，首一卷）

450000－2602－0004022　13110

**續泉匯十四卷補遺二卷**　（清）鮑康　（清）李佐賢編　清光緒元年（1875）刻本　四册　九行二十四字小字雙行同白口左右雙邊

450000－2602－0004023　13054

**施註蘇詩四十二卷總目二卷**　（宋）蘇軾撰　（宋）施元之注　（宋）顧嗣立等删補　**王注正譌一卷**　（清）邵長蘅撰　**東坡先生［蘇軾］年譜一卷**　（清）王宗稷編　**蘇詩續補遺二卷**　（清）馮景補注　清康熙刻本　十二册　十行二十一字小字雙行三十一字上下黑口四周單邊

450000－2602－0004024　13126

**全地五大洲女俗通考十集二十一卷首一卷**　（美國）林樂知輯　（清）任保羅譯　清光緒二十九年（1903）上海華美書局鉛印本　二十一册　十五行四十字小字雙行字不等白口四周雙邊

450000－2602－0004025　13063
**太史升菴全集八十一卷目录二卷**　（明）楊慎著　清乾隆六十年（1795）養拙山房刻本　二十册　九行十九字小字雙行同白口四周雙邊

450000－2602－0004026　13079
**水道提綱二十八卷**　（清）齊召南編錄　清光緒十七年（1891）湖南崇慝書局刻本　八册　十行二十二字小字雙行同白口左右雙邊

450000－2602－0004027　13082
**萬國輿地韻編十二卷**　齊忠甲編輯　清光緒二十九年（1903）京都刻本　十二册　十行二十八字上下黑口左右雙邊

450000－2602－0004028　13055
**昭代名人尺牘續集二十四卷**　陶湘輯　清宣統三年（1911）石印本　二十三册　白口四周單邊　存二十三卷（一至二十三）

450000－2602－0004029　13089
**大清律例增修彙纂集成四十卷督捕則例附纂二卷**　（清）姚潤纂輯　（清）胡璋增修　清道光二十二年（1842）刻本　二十四册　行字不等白口四周單邊

450000－2602－0004030　13094
**隨園三十八種二百七十三卷**　（清）袁枚撰　清光緒十八年（1892）勤裕堂鉛印本　四十册　十九行四十字小字雙行同白口四周雙邊

450000－2602－0004031　13114
**廣治平畧三十六卷**　（清）蔡方炳定本　清刻本　六册　十二行三十字白口四周單邊　存十八卷（一至十八）

450000－2602－0004032　13122
**欽定周官義疏四十八卷首一卷**　（清）鄂爾泰總裁　清同治十年（1871）湖北崇文書局刻御纂七經本　二十八册　八行二十二字小字雙行同白口四周雙邊

450000－2602－0004033　13117
**西政叢書**　梁啟超輯　清光緒二十三年（1897）慎記書莊石印本　八册　十八行四十字小字雙行同字白口四周雙邊　存七種二十三卷

450000－2602－0004034　12011
**增訂漢魏叢書八十六種附一種**　（清）王謨輯　清乾隆五十六年（1791）金谿王氏刻本　十五册　九行二十字小字雙行同白口左右雙邊　存三十五種一百十七卷

450000－2602－0004035　13030
**梅村文集二十卷**　（清）吳偉業撰　清宣統二年（1910）鉛印風雨樓叢書本　二册　十行三十二字小字雙行同上下黑口四周單邊　存十卷（十一至二十）

450000－2602－0004036　12435
**熙朝新語十六卷**　（清）余金輯　清嘉慶二十五年（1820）貴文堂刻本　八册　九行二十字小字雙行同白口四周單邊

450000－2602－0004037　13074
**史學叢書四十一種三百十二卷**　（清）□□輯　清光緒二十八年（1902）上海煥文書局點石齋仝校石印本　三十二册　二十四行四十八字白口四周單邊

450000－2602－0004038　12330
**宋四六話十二卷**　（清）彭元瑞定本　清道光二十六年（1846）刻海山仙館叢書本　四册　九行二十一字小字雙行同上下黑口左右雙邊

450000－2602－0004039　13113
**角山樓增補類腋六十七卷**　（清）姚培謙原本　（清）趙克宜增輯　清咸豐九年（1859）角山樓刻本　二十册　九行二十四字小字雙行同白口左右雙邊

450000－2602－0004040　13145
**古文詞略二十四卷**　（清）梅曾亮輯　清光緒三十四年（1908）學部圖書局鉛印本　五册　十一行二十七字小字雙行同白口四周雙邊

450000－2602－0004041　13143
**大雲山房文稿初集四卷二集四卷**　（清）惲敬著　清光緒十四年（1888）刻本　耕石批　八册　十行二十二字上下黑口四周雙邊

450000－2602－0004042　13149

**孫子十家註十三卷**　（清）孫星衍　（清）吳人驥校　**孫子遺說一卷**　鄭友賢撰　**孫子敘錄一卷**　（清）畢以珣撰　清光緒三年（1877）浙江書局刻二十二子本　六册　九行二十一字小字雙行同白口左右雙邊

450000－2602－0004043　13132

**費氏古易訂文十二卷**　（漢）費直撰　王樹枏輯　清光緒十七年（1891）四川青神刻本　四册　十行二十一字小字雙行同上下黑口左右雙邊

450000－2602－0004044　13140

**南宋文録録二十四卷**　（清）董兆熊輯　清光緒十七年（1891）蘇州書局刻本　六册　十四行二十五字小字雙行同白口左右雙邊

450000－2602－0004045　13139

**南宋文範七十卷外編四卷作者考二卷**　（清）莊仲方編　清光緒十四年（1888）江蘇書局刻本　十六册　十四行二十五字小字雙行同白口左右雙邊

450000－2602－0004046　13133

**宋名臣言行錄前集十卷後集十四卷續集八卷別集二十六卷外集十七卷**　（宋）□□輯　清同治七年（1868）臨川桂氏刻本　十二册　十二行二十三字小字雙行同上下黑口左右雙邊

450000－2602－0004047　13007

**是汝師齋遺詩一卷附傳一卷**　（清）朱次琦撰　清光緒十二年（1886）刻學海堂叢刻本　一册　十行二十一字小字雙行同白口四周雙邊

450000－2602－0004048　13172

**本草述鉤元三十二卷**　（清）楊時泰輯　清同治十一年（1872）木活字印本　十册　九行二十二字小字雙行同白口左右雙邊

450000－2602－0004049　13171

**尚論張仲景傷寒論重編三百九十七法四卷首一卷尚論後篇四卷**　（清）喻昌撰　清乾隆十六年（1751）博古堂刻本　四册　十行二十字白口四周單邊

450000－2602－0004050　13257

**角山樓增補類腋六十七卷**　（清）姚培謙原本（清）趙克宜增輯　清光緒十二年（1886）上海同文書局石印本　六册　十九行四十八字小字雙行同白口四周單邊

450000－2602－0004051　13180

**鈍翁文集十六卷**　（清）汪琬著　清宣統二年（1910）國學扶輪社石印本　八册　十四行三十一字小字雙行同上下黑口四周雙邊

450000－2602－0004052　13151

**讀史大畧六十卷首一卷**　（清）沙張白撰　**小沙子史略一卷**　（清）沙晉著　清咸豐七年（1857）刻本　十二册　十二行二十二字小字雙行同白口四周雙邊

450000－2602－0004053　13166

**王先生十七史蒙求十六卷**　（宋）王令著　清道光二十八年（1848）大文堂刻本　三册　十一行二十一字白口左右雙邊

450000－2602－0004054　13181

**海虞文徵三十卷目錄二卷**　邵松年編輯　清光緒三十一年（1905）上海鴻文書局石印本　十六册　十行二十四字上下黑口四周單邊

450000－2602－0004055　13167

**保甲書輯要四卷**　（清）徐棟輯　（清）丁日昌重校　清同治七年（1868）江蘇書局刻牧令全書本　一册　十一行二十一字小字雙行同白口左右雙邊

450000－2602－0004056　13173

**履園叢話二十四卷**　（清）錢泳輯　清同治九年（1870）刻本　十二册　九行二十二字上下黑口四周單邊

450000－2602－0004057　13168

**牧令書輯要十卷**　（清）徐棟編　（清）丁日昌選評　清同治七年（1868）江蘇書局刻牧令全書本　五册　十一行二十一字小字雙行同白口左右雙邊

450000－2602－0004058　13258

**宋四六選二十四卷**　（清）彭元瑞撰　（清）曹

振鏞編　清同治四年(1865)青雲樓刻本　六冊　十一行二十五字小字雙行同白口四周雙邊

450000－2602－0004059　13268
**十駕齋養新錄二十卷**　(清)錢大昕撰　清光緒二年(1876)浙江書局刻本　八冊　十行二十三字白口左右雙邊

450000－2602－0004060　13131
**西堂全集四種一百二十七卷附一種六卷**　(清)尤侗譔　清刻本　二十四冊　十行二十一字白口四周單邊　存三種五十四卷附一種六卷

450000－2602－0004061　13161
**苗氏説文四種四十五卷**　(清)苗夔撰　清道光、咸豐間刻本　八冊　七行字不等下黑口四周雙邊

450000－2602－0004062　13190
**春暉草堂詩存四卷春暉草堂續刻一卷**　(清)費履堅撰　清同治三年(1864)刻本　二冊　九行十九字小字雙行同白口左右雙邊

450000－2602－0004063　13269
**寒松堂全集十二卷附[魏象樞]年譜一卷**　(清)魏象樞著　清嘉慶十六年(1811)刻本　十三冊　十行二十字下黑口左右雙邊

450000－2602－0004064　13193
**湖海文傳七十五卷**　(清)王昶輯　清道光十九年(1839)經訓堂刻同治五年(1866)重修本　十六冊　十二行二十三字小字雙行同上下黑口左右雙邊

450000－2602－0004065　13271
**求闕齋日記類鈔二卷**　(清)曾國藩撰　(清)王啟原輯　清光緒二年(1876)傳忠書局刻曾文正公全集本　二冊　十行二十四字小字雙行同上下黑口左右雙邊

450000－2602－0004066　13500
**章江遊草一卷**　(清)周鑌撰　清道光二十七年(1847)刻本　一冊　九行二十一字小字雙行同上下黑口左右雙邊

450000－2602－0004067　13272
**求闕齋讀書錄二卷**　(清)曾國藩撰　(清)王啟原輯　清光緒二年(1876)傳忠書局刻曾文正公全集本　四冊　十行二十四字小字雙行同上下黑口左右雙邊

450000－2602－0004068　13492
**歸震川先生別集十卷**　(明)歸有光撰　清光緒六年(1880)常熟歸氏刻本　五冊　十行二十字小字雙行同白口左右雙邊

450000－2602－0004069　13476
**楊忠愍公遺書一卷**　(明)楊繼盛撰　清同治八年(1869)永壽堂刻本　一冊　十行二十字小字雙行同上下黑口四周雙邊

450000－2602－0004070　13490;13491
**震川先生集三十卷別集十卷附錄一卷補編一卷**　(明)歸有光撰　(清)歸莊較勘　(清)歸玠編輯　清光緒六年(1880)常熟歸氏刻本　十六冊　十行二十字小字雙行同白口左右雙邊

450000－2602－0004071　13507
**陶淵明詩一卷雜文一卷**　(晉)陶潛著　清光緒元年(1875)據宋本影刻本　一冊　十行十六字小字雙行同白口左右雙邊

450000－2602－0004072　13503
**滋蘭室遺稿一卷**　王嗣暉撰　清宣統鉛印本　一冊　七行二十一字小字雙行同白口四周單邊

450000－2602－0004073　13522
**煮藥漫鈔二卷**　(清)葉煒撰　清光緒十七年(1891)金陵刻本　一冊　九行二十字白口左右雙邊

450000－2602－0004074　13493
**知止齋詩集十六卷**　(清)翁心存撰　清光緒三年(1877)刻本　四冊　十行二十一字小字雙行同上下黑口左右雙邊

450000－2602－0004075　13525
**蒙廬詩存四卷外集一卷**　(清)沈景脩撰　清光緒二十一年(1895)刻本　一冊　十二行二

十三字小字雙行同白口左右雙邊

450000－2602－0004076　13506

**四憶堂詩集六卷遺稿一卷**　(清)侯方域著　(清)賈開宗選註　(清)徐作肅選註　清刻本　二册　九行十八字小字雙行同白口左右雙邊

450000－2602－0004077　13524

**黃楊集三卷**　(元)華幼武著　清無錫華氏存裕堂木活字印本　二册　九行二十五字小字雙行同白口四周單邊

450000－2602－0004078　13192

**重刊補註洗冤録集證四卷附刊檢骨圖格一卷附刊寶鑑編一卷附刊急救方一卷附刊石香秘録一卷**　(宋)宋慈撰　(清)王又槐輯　清道光刻朱墨套印本　四册　十行十八字小字雙行同白口左右雙邊

450000－2602－0004079　13275

**帶經堂詩話三十卷首一卷**　(清)王士禛撰　(清)張宗柟編　清同治十二年(1873)廣州藏脩堂刻本　十册　十二行二十三字小字雙行同上下黑口左右雙邊

450000－2602－0004080　13509

**金蓋山志四卷首一卷**　(清)李宗蓮編輯　清光緒二十二年(1896)古書隱樓刻本　二册　十行二十一字小字雙行同上下黑口四周雙邊

450000－2602－0004081　13264

**紀文達公遺集十六卷**　(清)紀昀撰　(清)紀樹馨編校　清嘉慶十七年(1812)紀樹馥刻本　十册　十行二十一字小字雙行同白口四周雙邊

450000－2602－0004082　13453

**寄園寄所寄十二卷**　(清)趙起士輯　清宣統三年(1911)文盛書局石印本　八册　十五行三十四字小字雙行同白口四周雙邊

450000－2602－0004083　13485

**定盦文集三卷定盦文集補四種五卷定盦續集四卷**　(清)龔自珍撰　清同治七年(1868)刻本　四册　十二行二十四字小字雙行同白口左右雙邊

450000－2602－0004084　13162

**二曲集四十六卷**　(清)李顒撰　清光緒三年(1877)刻本　十六册　九行二十字小字雙行同白口四周雙邊

450000－2602－0004085　13454

**支那通史四卷**　(日本)那珂通世編　清光緒二十五年(1899)東文學社石印本　五册　十三行二十五字白口左右雙邊

450000－2602－0004086　13484

**菜香書屋詩草一卷**　(清)陸以耕著　清光緒鉛印本　一册　十二行三十二字小字雙行同白口四周雙邊

450000－2602－0004087　13165

**李氏蒙求補注六卷**　(唐)李瀚撰　(清)金三俊輯　清刻本　三册　十一行二十一字小字雙行同白口四周單邊

450000－2602－0004088　13478

**太師誠意伯劉文成公集二十卷首一卷**　(明)劉基著　清光緒元年(1875)刻本　十六册　十行二十三字小字雙行同白口左右雙邊

450000－2602－0004089　13186

**退菴隨筆二十二卷**　(清)梁章鉅編　清同治十一年(1872)刻本　八册　九行二十二字小字雙行同白口左右雙邊

450000－2602－0004090　13487

**湖海詩傳四十六卷**　(清)王昶輯　清同治四年(1865)蘇州綠蔭堂刻本　十六册　十二行二十三字小字雙行三十四字上下黑口左右雙邊

450000－2602－0004091　13481

**余支湖圖志一卷**　蔣懷清編繪　清光緒二十三年(1897)石印本　一册　十行二十四字白口四周雙邊

450000－2602－0004092　13480

**瑤華僊館遺稿一卷**　(清)唐紫珠著　清光緒上海商務印書館鉛印本　一册　十二行三十

二字白口四周雙邊

450000－2602－0004093　13482
**望溪集不分卷**　(清)方苞撰　(清)王兆符輯　清乾隆刻本　八册　九行十九字小字雙行同白口左右雙邊

450000－2602－0004094　13187
**金梁夢月詞二卷懷夢詞一卷**　(清)周之琦撰　清刻本　一册　十行二十一字小字雙行同白口左右雙邊　存一卷(金梁夢月詞卷上)

450000－2602－0004095　13188
**制義叢話二十四卷題名一卷**　(清)梁章鉅撰　清埽葉山房刻本　八册　十二行二十五字上下黑口左右雙邊

450000－2602－0004096　13486
**越輶采風録四卷**　瞿鴻禨輯　清光緒十四年(1888)刻本　四册　九行二十三字上下黑口四周雙邊

450000－2602－0004097　13528
**巾箱小品十三種十三卷**　(清)□□撰　清華韻軒刻本　四册　八行十六字小字雙行同上下黑口四周雙邊

450000－2602－0004098　13513
**古陶瑣萃一卷**　清宣統元年(1909)蓬萊張氏樂陶齋拓印本　一册　白口四周單邊

450000－2602－0004099　13728
**庾子山集十六卷**　(北周)庾信撰　**庾子山[信]年譜一卷庾集總釋一卷**　(清)倪璠撰并注　清道光十九年(1839)善成堂刻本　十二册　十行二十字小字雙行同白口左右雙邊

450000－2602－0004100　13741
**原富三卷**　(英國)斯密亞丹原本　嚴復翻譯　清光緒二十八年(1902)南洋公學譯書院商務印書館鉛印本　八册　十二行三十二字上下黑口四周雙邊

450000－2602－0004101　13742
**宛陵先生文集六十卷**　(宋)梅堯臣撰　清宣統二年(1910)上海影印本　十册　十一行二十一字小字雙行不等白口左右雙邊

450000－2602－0004102　13757
**廬陵歐陽文忠公全集一百五十三卷附錄五卷首一卷目錄一卷**　(宋)歐陽修撰　清嘉慶刻本　二十四册　十行二十四字小字雙行同白口左右雙邊

450000－2602－0004103　13732
**樊南文集補編十二卷**　(唐)李商隱著　(清)錢振倫箋并撰　(清)錢振常注　(清)袁長清校字　清同治五年(1866)吳氏望三益齋刻本　四册　十一行二十五字小字雙行三十三字白口左右雙邊

450000－2602－0004104　15743
**繪圖綴白裘十二集四十八卷**　(清)玩花主人輯　清光緒二十一年(1895)上海書局石印本　十二册　十八行四十六字小字雙行同白口四周雙邊

450000－2602－0004105　13729
**癸巳存稿十五卷**　(清)俞正燮撰　清光緒十年(1884)刻本　八册　十二行二十四字白口四周雙邊

450000－2602－0004106　06546
**制詔集二十卷**　(唐)常衮撰　(清)郭柏蒼校刊　清光緒七年(1881)閩郭伯蒼沁泉山館刻本　四册　九行二十一字小字雙行同下黑口左右雙邊

450000－2602－0004107　S256
**五知齋琴譜八卷**　(清)周魯封輯　(清)徐祺鑒定　(清)黃鎮衾訂　(清)徐俊校　清乾隆十一年(1746)懷德堂刻本　七册　八行十八字小字雙行同白口左右雙邊

450000－2602－0004108　14950
**重刊宋本十三經注疏附校勘記十三種八百三十二卷**　(清)阮元撰　(清)盧宣旬摘錄　清光緒十三年(1887)上海脈望仙館石印本　六册　二十行三十六字小字雙行四十八字白口四周單邊　存二種一百三十五卷

450000－2602－0004109　15742

**東華録三十二卷**　(清)蔣良騏撰　清京都琉璃厰刻本　八册　九行二十二字小字雙行同白口四周雙邊

450000－2602－0004110　06892

**樵歌三卷補遺一卷**　(宋)朱敦儒撰　清光緒二十六年(1900)王鵬運四印齋刻本　三册　十行十八字小字雙行不等白口四周單邊

450000－2602－0004111　06877

**南海百詠一卷**　(宋)方信儒撰　清光緒八年(1882)學海堂刻本　一册　十一行二十字小字雙行同上下黑口左右雙邊

450000－2602－0004112　06317

**屈原賦注七卷通釋二卷音義三卷**　(清)戴震撰　清光緒十七年(1891)廣雅書局刻本　一册　十一行二十四字小字雙行同上下黑口四周單邊

450000－2602－0004113　12436

**戊申全年畫報**　(清)時事報館編輯部編輯　(清)時事報館圖畫部繪圖　清宣統元年(1909)時事報館石印本　二十五册　二十行四十字小字雙行同白口四周花邊　存八種二十五卷

450000－2602－0004114　S023

**五代史七十四卷**　(宋)歐陽修撰　(宋)徐無黨注　明崇禎三年(1630)毛氏汲古閣刻十七史本　六册　十二行二十五字小字雙行不等白口左右雙邊

450000－2602－0004115　S067

**丹溪心法五卷附録一卷**　(元)朱丹溪(朱震亨)撰　(明)吳中珩校　明刻本　五册　十行二十字小字雙行同白口四周雙邊

450000－2602－0004116　S199

**御撰資治通鑑綱目三編二十卷**　(清)張廷玉撰　清乾隆刻本　四册　十一行二十二字小字雙行同下黑口四周雙邊

450000－2602－0004117　S127

**楚辭八卷附覽二卷辯證二卷後語八卷**　(宋)朱熹集註　(明)蔣之翹評校　明天啟六年(1626)蔣之翹刻本　佚名朱墨兩筆批校題跋　十二册　九行二十一字小字雙行同白口四周單邊

450000－2602－0004118　S128

**蔡中郎集二卷**　(漢)蔡邕著　(明)張溥評　明刻漢魏六朝百三名家集本　佚名朱筆圈點　二册　九行十八字小字雙行同白口左右雙邊

450000－2602－0004119　S129

**曹子建集十卷**　(三國魏)曹植撰　明嘉靖二十一年(1542)郭雲鵬刻本　四册　九行十七字小字雙行同白口左右雙邊

450000－2602－0004120　S130

**嵇中散集十卷**　(三國魏)嵇康著　(明)程榮校　明程榮刻本　二册　九行二十字白口左右雙邊

450000－2602－0004121　S131

**箋注陶淵明集六卷總論一卷**　(晉)陶淵明撰　(清)張自烈評　**和陶一卷**　(宋)東坡居士(蘇軾)撰　**律陶一卷**　(明)謔菴居士撰　**敦好齋律陶纂**　(明)黄槐開纂　明末敦化堂刻本　佚名朱筆圈點　一册　九行十八字小字雙行同白口四周單邊

450000－2602－0004122　S132

**李詩選五卷**　(唐)李白撰　(明)楊慎　(明)張愈光批　(明)劉須漢　(明)程天祥圈點　(明)凌濛初編　明萬曆凌濛初朱墨套印本　二册　八行十八字白口四周單邊

450000－2602－0004123　S133

**分類補註李太白詩二十五卷**　(唐)李白撰　(宋)楊齊賢集註　(元)蕭士贇補註　(明)郭雲鵬校刻　**分類編次李太白文五卷**　(唐)李白撰　(明)郭雲鵬編次　明嘉靖二十二年(1543)吳會郭雲鵬寶善堂刻本　十册　八行十七字小字雙行同白口左右雙邊

450000－2602－0004124　S193

**弘簡録二百五十四卷**　(明)邵經邦學　(清)邵遠平校　清乾隆刻本　六十二册　十二行

二十四字小字雙行同白口四周單邊

450000－2602－0004125　S198

**元經薛氏傳十卷**　(隋)王通撰經　(唐)薛收傳　(宋)阮逸注　清乾隆刻本　三冊　九行二十字小字雙行同白口左右雙邊

450000－2602－0004126　S117

**重校正唐文粹一百卷**　(宋)姚鉉纂　(明)尤桂校正　(明)朱整校正　明刻本　三十二冊　十四行二十五字小字雙行同白口左右雙邊

450000－2602－0004127　S239

**赤水玄珠三十卷醫案五卷醫旨緒餘二卷**　(明)孫一奎著輯　(明)黃廉等校閱　(明)王甘節等校梓　清康熙刻本　三十一冊　九行十九字小字雙行同白口四周單邊　存三十六卷(赤水玄珠三十卷、醫案二至五、醫旨緒餘二卷)

450000－2602－0004128　S245

**廣瘟疫論四卷末一卷**　(清)戴天章著　清乾隆四十八年(1783)戴氏存存書屋刻本　一冊　十行二十二字小字雙行同白口左右雙邊

450000－2602－0004129　S242

**成方切用十二卷首一卷末一卷**　(清)吴儀洛撰　清乾隆二十六年(1761)硤川利濟堂刻本　十二冊　九行十九字小字雙行同白口左右雙邊

450000－2602－0004130　S246

**溫熱暑疫全書四卷**　(清)周揚俊輯　(清)薛雪　(清)吴蒙重校　清乾隆十九年(1754)庸德堂刻本　二冊　十行二十字小字雙行同白口左右雙邊

450000－2602－0004131　S243

**類證普濟本事方十卷**　(清)葉桂釋義　清嘉慶刻本　五冊　十行二十一字小字雙行同下黑口左右雙邊

450000－2602－0004132　S247

**傷寒論後條辨十五卷**　(清)程應旄註　(清)王式鈺校　清乾隆九年(1744)致和堂刻本　八冊　十行二十字小字雙行同白口左右雙邊

450000－2602－0004133　S135

**杜子美詩集二十卷**　(唐)杜甫撰　(宋)劉辰翁評點　明天啟刻本　十冊　九行二十字小字雙行同白口四周單邊

450000－2602－0004134　S240

**千金翼方三十卷**　(唐)孫思邈撰　(宋)林億等校正　清乾隆二十八年(1763)華希閎刻本　二十册　十行二十字小字雙行同白口四周單邊

450000－2602－0004135　S248

**幼科醫學指南四卷**　(清)周震著　清宜興道生堂刻本　四冊　八行二十字小字雙行同白口左右雙邊

450000－2602－0004136　S139

**王摩詰詩集六卷**　(唐)王維撰　(宋)劉辰翁評點　明刻本　佚名圈點　四冊　九行二十字小字雙行同白口四周單邊

450000－2602－0004137　S140

**昌黎先生集四十卷外集十卷遺文一卷**　(唐)韓愈撰　(唐)李漢編　**朱子校昌黎先生集傳一卷**　(宋)朱熹撰　明東吳徐氏東雅堂刻本　十二冊　九行十七字小字雙行同上下黑口四周雙邊

450000－2602－0004138　S141

**朱文公校昌黎先生集四十卷外集十卷集傳一卷遺文一卷**　(唐)韓愈撰　(唐)李漢編集　(宋)朱熹考異　(宋)王伯大音釋　明初刻本　十六冊　九行十八字小字雙行同上下黑口四周雙邊

450000－2602－0004139　S142

**歐陽文忠公全集一百五十三卷附錄五卷**　(宋)歐陽修撰　**[歐陽修]年譜一卷**　(宋)胡柯撰　明天順六年(1462)程宗刻遞修本　六十四冊　十行二十字小字雙行同上下黑口四周雙邊

450000－2602－0004140　S143

**歐陽先生文粹二十卷**　(宋)歐陽修撰　(宋)陳亮輯　**遺粹十卷**　(宋)歐陽修撰　(明)郭

云鵬輯　明嘉靖二十六年(1547)郭雲鵬寶善堂刻本　胡貞樾朱筆批校　十冊　十一行二十一字白口左右雙邊

450000－2602－0004141　S144
**司馬文正公集略三十一卷詩集七卷**　(宋)司馬光撰　明嘉靖四年(1525)吕枏刻本　二十四冊　十一行二十二字白口左右雙邊

450000－2602－0004142　S146
**宋大家蘇文定公文鈔二十卷**　(宋)蘇轍撰　(明)茅坤輯評　明崇禎刻八大家文鈔本　六冊　九行二十字白口四周單邊

450000－2602－0004143　S147
**東坡先生詩集註三十二卷**　(宋)蘇軾著　(宋)王十朋纂　(明)王永積閱　明刻本　十二冊　十行二十一字小字雙行同白口左右雙邊

450000－2602－0004144　S265
**貯香小品十卷**　(清)萬後賢輯　清道光二年(1822)刻本　清黄裳題記　三冊　七行十七字小字雙行同白口四周單邊　存九卷(一至四、六至十)

450000－2602－0004145　S241
**絳雪園古方選註不分卷**　(清)王子接註　(清)葉桂校　**得宜本草一卷**　(清)王子接集　(清)吳蒙校　清雍正刻本　清朱士龍批　四冊　十行二十二字小字雙行同白口左右雙邊

450000－2602－0004146　S149
**剪綃集二卷**　(宋)李龏撰　明天啓、崇禎間毛氏汲古閣刻詩詞雜俎本　一冊　八行十九字小字雙行同白口左右雙邊

450000－2602－0004147　S150
**遺山先生詩集二十卷**　(金)元好問撰　明崇禎毛氏汲古閣刻元人十種詩本　十二冊　九行十九字白口左右雙邊

450000－2602－0004148　S151
**鐵崖先生古樂府十卷鐵崖樂府補六卷**　(元)楊維楨撰　明末毛晉汲古閣刻本　三冊　八行十九字白口左右雙邊

450000－2602－0004149　S152
**鐵崖先生復古詩集六卷麗則遺音四卷附錄一卷**　(元)楊維楨撰　(元)章琬輯　明末毛晉汲古閣刻本　一冊　八行十九字白口左右雙邊

450000－2602－0004150　S153
**龍輔女紅餘志二卷**　(元)龍輔撰　明崇禎毛氏汲古閣刻詩詞雜俎本　一冊　八行十九字白口左右雙邊

450000－2602－0004151　S154
**龍輔女紅餘志二卷**　(元)龍輔撰　明崇禎毛氏汲古閣刻詩詞雜俎本　一冊　八行十九字白口左右雙邊

450000－2602－0004152　S266
**文房肆考圖説八卷**　(清)唐秉鈞纂　(清)康愷繪圖　清乾隆四十三年(1778)竹暎山莊刻本　四冊　九行二十字上下黑口左右雙邊

450000－2602－0004153　S262
**三魚堂賸言十二卷**　(清)陸隴其撰　(清)陳濟校　清乾隆八年(1743)刻十五年(1750)陳寶麟補修本　一冊　九行十九字小字雙行同上下黑口左右雙邊

450000－2602－0004154　S261
**癸巳類稿十五卷**　(清)俞正燮撰　清道光十三年(1833)求日益齋刻本　五冊　十二行二十四字小字雙行同白口四周雙邊

450000－2602－0004155　S156
**歸先生文集三十二卷**　(明)歸有光著　(明)王執禮校　**附錄一卷**　(明)歸子祜　(明)歸子寧編次　明萬曆四年(1576)書林翁良瑜雨金堂刻本清增補抄本　清陳其年批跋　十二冊　十行二十字小字雙行同白口四周雙邊

450000－2602－0004156　S244
**傷寒證治準繩八卷**　(明)王肯堂輯　(清)程永培校　清脩敬堂刻本　八冊　十行二十一字小字雙行同白口左右雙邊

450000－2602－0004157　06373
**江文通集八卷**　(南朝梁)江淹著　清宣統三年(1911)無錫丁氏鉛印漢魏六朝名家集初刻本　一冊　十四行三十一字小字雙行同下黑口四周雙邊

450000－2602－0004158　S159
**衆妙集一卷**　(宋)趙師秀編　明崇禎毛氏汲古閣刻本　二冊　八行十九字小字雙行同白口左右雙邊

450000－2602－0004159　S160
**唐宋元明酒詞二卷**　(明)周履靖編　(明)陳繼儒校　明萬曆金陵荊山書堂刻夷門廣牘本　一冊　九行十八字白口四周單邊

450000－2602－0004160　S161
**詩余譜四卷**　(明)程明善輯　明末刻本(有補配)　佚名圈點　三冊　九行二十字小字雙行同白口四周單邊

450000－2602－0004161　S162
**山谷詞一卷**　(宋)黃庭堅撰　明末毛氏汲古閣刻宋名家詞本(有抄配)　一冊　八行十八字小字雙行同白口左右雙邊

450000－2602－0004162　S163
**宋名家詞六十一種九十一卷**　(清)毛晉輯　明海虞毛氏汲古閣刻本　一冊　八行十八字小字雙行同白口左右雙邊　存二種二卷

450000－2602－0004163　S164
**懷遠堂批燕子箋二卷四十二齣**　(清)阮大鋮撰繪　清初刻本　一冊　九行二十四字白口四周雙邊

450000－2602－0004164　S165
**楊升菴先生批點文心雕龍十卷**　(南朝梁)劉勰撰　(明)梅慶生音注　(明)楊慎批點　明萬曆三十七年(1609)梅慶生刻天啟二年(1622)重修本　佚名批點　四冊　九行十八字小字雙行同白口左右雙邊

450000－2602－0004165　特920.4/1057
**歸方評點史記合筆六卷**　(清)王拯纂　清同治五年(1866)廣州刻本　四冊　十一行二十二字小字雙行同上下黑口左右雙邊

450000－2602－0004166　S167
**呂新吾全集六十卷**　(明)呂坤撰　明萬曆呂氏家刻清同治光緒遞修本　五十冊　八行二十字白口四周雙邊　存五十八卷(四禮疑五卷喪禮餘言一卷、四禮翼八卷、呂新吾先生閨範圖說四卷、呻吟語六卷、小兒語二卷演一卷續三卷、交泰韻一卷、宗約歌一卷、黃帝陰符經一卷、反輓歌一卷、新吾呂君墓誌銘一卷、救命書一卷、河工書一卷、省心紀一卷、天日一卷、展城或問一卷、疹科一卷、文集十卷、實政錄七卷)

450000－2602－0004167　S249
**佩文齋書畫譜一百卷**　(清)孫岳頒等纂輯　清康熙四十八年(1709)長洲宋静永堂刻本　六十四冊　十一行二十一字小字雙行不等白口左右雙邊

450000－2602－0004168　S267
**廣治平略四十四卷**　(清)蔡方炳纂定　清康熙刻本　八冊　九行二十五字小字雙行同白口四周單邊

450000－2602－0004169　S271
**占察善惡業報經玄義一卷**　(清)釋智旭述　清初刻本　一冊　九行二十字白口四周單邊

450000－2602－0004170　S268
**北夢瑣言二十卷**　(宋)孫光憲纂集　清乾隆二十一年(1756)德州盧氏刻雅雨堂藏書本　佚名批　八冊　十行二十一字小字雙行同白口四周單邊

450000－2602－0004171　S270
**世說新語補二十卷**　(南朝宋)劉義慶撰　(明)何良俊增補　(清)黃汝琳補訂　清乾隆二十七年(1762)刻本　十二冊　九行十八字小字雙行同白口左右雙邊

450000－2602－0004172　S250
**佩文齋書畫譜一百卷**　(清)孫岳頒等纂輯　清康熙四十八年(1709)長洲宋静永堂刻本　四十八冊　十一行二十一字小字雙行不等白

口左右雙邊

450000－2602－0004173　S272
**大佛頂如來密因修證了義諸菩薩萬行首楞嚴經觀心定解十卷**　(清)釋靈耀述　清初刻本　六冊　十行二十字白口四周雙邊　存六卷(一、四、六至七、九至十)

450000－2602－0004174　S274
**靈峰蕅益大師宗論十卷首一卷**　(清)釋智旭撰　(清)釋成時編輯　清順治刻本　二冊　十行二十字小字雙行同白口四周單邊　存三卷(一至二、首一卷)

450000－2602－0004175　S195
**宋史四百九十六卷目錄三卷**　(元)脫脫等修　(清)常錫布重校修　清康熙刻本　一百冊　十行二十一字小字雙行同白口左右雙邊

450000－2602－0004176　S273
**妙法蓮華經七卷**　(晉)釋鳩摩羅什譯　清乾隆九年(1744)刻本　一冊　九行十八字小字雙行不等白口四周雙邊　存三卷(五至七)

450000－2602－0004177　S269
**世說新語補二十卷**　(南朝宋)劉義慶撰　(明)何良俊增補　(清)黃汝琳補訂　清乾隆二十七年(1762)刻本　十冊　九行十八字小字雙行同白口左右雙邊

450000－2602－0004178　S277
**起信論直解二卷**　(明)釋德清直解　清刻本　一冊　九行十八字白口四周雙邊　存一卷(下)

450000－2602－0004179　S278
**妙法蓮華經台宗會義十六卷**　(清)釋智旭述　清初刻本　三冊　九行二十字小字雙行同白口四周單邊　存六卷(一至二、五至六、十三至十四)

450000－2602－0004180　S279
**成唯識論觀心法要十卷**　(清)釋智旭述　清順治四年(1647)刻本　二冊　九行二十字小字雙行同白口四周單邊　存四卷(五至六、九至十)

450000－2602－0004181　S280
**無依道人錄二卷**　(清)徐昌治著　(清)釋僧鑑刪定　(清)釋超悟錄　清康熙六年(1667)刻本　一冊　九行二十字小字雙行同白口左右雙邊

450000－2602－0004182　S284
**格致鏡原一百卷**　(清)陳元龍輯　清乾隆四十二年(1777)刻本　二十四冊　十一行二十一字小字雙行同上下黑口左右雙邊

450000－2602－0004183　S275
**佛果圜悟禪師碧嚴集十卷**　(宋)释圜悟撰　(清)吳自弘校　(清)釋性湛閱　清順治十一年(1654)嘉興楞嚴寺刻本　二冊　八行十八字小字雙行同下黑口四周雙邊　存五卷(六至十)

450000－2602－0004184　S263
**藜牀囈語六卷**　(清)程瑞祊記　(清)程世綏錄　清康熙五十九年(1720)一峰閣刻本　二冊　十行二十一字白口左右雙邊

450000－2602－0004185　S276
**宗符華禪師語錄四卷首一卷**　(清)釋元覺編　(清)釋元海編　清康熙三十二年(1693)刻本　一冊　九行十八字小字雙行同白口四周雙邊　存三卷(一至二、首一卷)

450000－2602－0004186　S285
**新增說文韻府羣玉二十卷**　(元)陰時夫編輯　(元)陰中夫編注　(明)王元貞校正　明萬曆刻文光堂重修本　二十冊　十一行二十二字小字雙行同白口左右雙邊

450000－2602－0004187　S283
**事類賦三十卷**　(宋)吳淑撰註　(明)華麟祥校刊　清乾隆三十五年(1770)劍光閣刻本　六冊　十二行二十字小字雙行同上下黑口左右雙邊

450000－2602－0004188　S282
**廣事類賦四十卷**　(清)華希閔原著　(清)鄒兆升參　清康熙刻本　六冊　十二行二十字小字雙行同下黑口左右雙邊

450000－2602－0004189　S288
**佩文齋詠物詩選四百八十六卷**　（清）楊瑄等輯　清康熙刻本　三十六册　十一行二十一字小字雙行同上下黑口左右雙邊

450000－2602－0004190　S291
**古文眉詮七十九卷首一卷**　（清）浦起龍論次　（清）程鍾　（清）方懋福彙糸　清乾隆九年(1744)三吳書院刻本　二十四册　九行二十二字小字雙行同白口左右雙邊

450000－2602－0004191　S281
**玉海二百卷附刻辭學指南四卷詩攷一卷地理攷六卷漢藝文志考證十卷通鑑地理通釋十四卷周書王會一卷漢制攷四卷踐作篇一卷急就篇四卷姓氏急就篇二卷小學紺珠十卷六經天文編二卷周易鄭康成注一卷通鑑答問五卷**　（元）王應麟撰　清嘉慶十一年(1806)江寧藩署刻本　一百二十册　十行二十字小字雙行同白口四周單邊

450000－2602－0004192　S287
**文苑英華辨證十卷**　（宋）彭叔夏撰　（清）陸錫熊校　（清）紀昀校　清乾隆武英殿木活字印武英殿聚珍版書本　二册　九行二十一字小字雙行同白口四周雙邊

450000－2602－0004193　S290
**回文類聚四卷首一卷**　（宋）桑世昌纂次　**織錦回文圖一卷回文類聚續編十卷首一卷**　（清）朱象賢集　清康熙刻本　四册　十行十九字小字雙行不等上下黑口左右雙邊

450000－2602－0004194　S289
**佩文齋詠物詩選四百八十六卷**　（清）楊瑄等輯　清康熙刻本　三十二册　十一行二十一字小字雙行同上下黑口左右雙邊

450000－2602－0004195　S294
**斯文精萃不分卷**　（清）尹繼善輯　清乾隆二十九年(1764)京都三槐堂書鋪刻本　十二册　八行二十一字白口左右雙邊

450000－2602－0004196　S293
**王阮亭古詩選三十二卷**　（清）王士禛選　清乾隆元年(1736)刻本　十五册　十行二十一字小字雙行同上下黑口左右雙邊　存二十九卷(五言詩一至十七、七言詩歌行鈔一至十二)

450000－2602－0004197　S296
**賦鈔箋畧十五卷**　（清）雷琳　（清）張杏濱箋　清乾隆刻本　六册　九行十九字小字雙行不等白口左右雙邊

450000－2602－0004198　S299
**感舊集十六卷**　（清）王士禛選　（清）盧見曾補傳　清乾隆十七年(1752)盧見曾雅雨堂刻本　佚名題記　八册　十一行二十一字小字雙行三十一字白口左右雙邊

450000－2602－0004199　S300
**感舊集十六卷**　（清）王士禛選　（清）盧見曾補傳　清乾隆十七年(1752)盧見曾雅雨堂刻本　八册　十一行二十一字小字雙行三十一字白口左右雙邊

450000－2602－0004200　S295
**榕村詩選八卷首一卷**　（清）李光地輯　清雍正八年(1730)刻本　八册　九行十九字小字雙行字不等白口左右雙邊

450000－2602－0004201　S302
**金詩選四卷**　（清）顧奎光選輯　（清）陶玉禾參評　清乾隆十六年(1751)刻本　一册　十行十九字小字雙行同白口左右雙邊

450000－2602－0004202　S308
**本朝館閣詩二十卷附錄一卷續附錄一卷**　（清）阮學浩　（清）阮學濬編次　清乾隆刻本　十二册　十行二十一字小字雙行不等上下黑口左右雙邊

450000－2602－0004203　S309
**硃批增注七家詩選七卷**　（清）張熙宇評選　（清）張昶註釋　清咸豐七年(1857)刻朱墨套印本　佚名批　四册　八行二十一字小字雙行同白口四周雙邊

450000－2602－0004204　S297
**文選六十卷**　（南朝梁）蕭統撰　（唐）李善注

**考異十卷**　(清)胡克家撰　清嘉慶十四年(1809)鄱陽胡克家刻本　二十四冊　十行二十一字小字雙行同白口左右雙邊

450000－2602－0004205　S311
**李太白文集三十六卷**　(唐)李白著　(清)王琦輯註　清乾隆二十四年(1759)聚錦堂刻本　十四冊　十行二十字小字雙行同白口左右雙邊

450000－2602－0004206　S301
**南宋雜事詩七卷**　(清)沈嘉轍等撰　清武林芹香齋刻本　二冊　十一行二十一字小字雙行同白口左右雙邊

450000－2602－0004207　S305
**列朝詩集乾集二卷甲集前編十一卷甲集二十二卷乙集八卷丙集十六卷丁集十六卷閏集六卷**　(清)錢謙益撰　清順治九年(1652)刻本　十四冊　十五行二十九字白口四周雙邊　存三十八卷(乾集二卷、甲集前編十一卷、甲集二十二卷、乙集一至三)

450000－2602－0004208　S307
**國朝六家詩鈔六種八卷**　(清)劉執玉選　清乾隆三十二年(1767)劉執玉詒燕樓刻本　六冊　十行二十一字小字雙行31白口左右雙邊

450000－2602－0004209　S306
**欽定國朝詩别裁集三十二卷**　(清)沈德潛纂評　清乾隆二十六年(1761)刻本　十二冊　十行十九字小字雙行二十六字白口左右雙邊

450000－2602－0004210　S312
**李太白文集三十六卷**　(唐)李白著　(清)王琦輯註　清乾隆二十四年(1759)聚錦堂刻本　十六冊　十行二十字小字雙行同白口左右雙邊

450000－2602－0004211　S170
**禹貢錐指二十卷禹貢圖一卷**　(清)胡渭撰　清康熙四十四年(1705)漱六軒刻本　十冊　十一行二十一字小字雙行同白口左右雙邊

450000－2602－0004212　S171
**增修東萊書説三十五卷**　(宋)吕祖謙撰　(宋)時瀾修定　清康熙刻本(卷十八至十九、二十六至二十八補配乾隆通志堂刻本)　十四冊　十一行二十字白口左右雙邊

450000－2602－0004213　S172
**詩經四卷**　(漢)鄭玄等撰　(明)秦鏷訂正
**詩序一卷**　清初刻九經本　陳柱跋　清顧嗣立批校圈點　一冊　十三行二十四字白口四周雙邊

450000－2602－0004214　S173
**詩經四卷**　清江南製造總局刻本　一冊　十二行二十一字黑口左右雙邊

450000－2602－0004215　S174
**毛詩名物圖説九卷**　(清)徐鼎輯　清乾隆三十六年(1771)徐氏遺經書屋刻本　二冊　十四行二十字小字雙行同白口四周單邊

450000－2602－0004216　S175
**文公家禮儀節八卷**　(明)邱濬撰　清振賢堂刻本　四冊　十行二十字小字雙行同白口左右雙邊

450000－2602－0004217　S176
**禮俗權衡二卷**　(清)趙執信撰　清乾隆趙氏因園刻本　一冊　十行二十一字白口左右雙邊

450000－2602－0004218　S218
**大清一統志表不分卷**　清乾隆刻本　五冊　下黑口四周單邊

450000－2602－0004219　S180
**春秋取義測十二卷**　(清)法坤宏撰　清乾隆五十九年(1794)法坤宏六書齋刻本　四冊　十行十九字白口左右雙邊

450000－2602－0004220　S181
**左繡三十卷**　(清)馮李驊　(清)陸浩輯評
**春秋經傳集解三十卷**　(晉)杜預原本　(宋)林堯叟附註　(唐)陸元朗音釋　(清)馮李驊增訂　清存古堂刻本　佚名朱筆圈點　十六冊　十行二十字小字雙行同白口四周單邊

450000－2602－0004221　S182

**欽定春秋傳説彙纂三十八卷首二卷** (清)王掞等撰 清康熙刻本 十一册 八行小字雙行二十字白口四周雙邊

450000－2602－0004222 S183
**孝經疏畧一卷** (清)張沐注 清康熙敦臨堂刻張仲誠遺書本 一册 七行十五字小字雙行同白口四周雙邊

450000－2602－0004223 S184
**四書朱子本義匯參四十三卷首四卷** (清)王步清輯 (清)王士鼇校 清乾隆敦復堂刻本 二十册 九行二十三字小字雙行同白口四周單邊

450000－2602－0004224 S185
**陳明卿先生訂正四書人物備考四十八卷** (明)薛應旂輯 (明)朱煒注 (明)薛寀增補 清康熙五十四年(1715)吴郡綠蔭堂刻本 佚名朱筆校 八册 九行十九字小字雙行同白口四周單邊

450000－2602－0004225 S186
**四書近指二十卷** (清)孫奇逢撰 清康熙中州學署刻本 四册 九行二十字白口四周單邊

450000－2602－0004226 S187
**鄉黨圖考十卷** (清)江永著 清乾隆三十九年(1774)潛德堂刻本 四册 九行二十五字小字雙行同左右雙邊

450000－2602－0004227 S189
**新刊韻學會海十六卷** (清)盧宏啓 (清)徐作林纂補 清乾隆刻本 八册 十行二十九字小字雙行同白口左右雙邊

450000－2602－0004228 S190
**古今韻略五卷** (清)邵長蘅纂 清康熙刻本 二册 九行十四字小字雙行二十八字上下黑口四周單邊

450000－2602－0004229 S191
**説文古籀補十四卷補遺一卷附錄一卷** (清)吳大澂撰 清光緒十二年(1886)刻本 二册 八行字不等白口四周單邊

450000－2602－0004230 S192
**隸法匯纂十卷** (清)項懷述撰 清乾隆四十五年(1780)小西山房刻本 四册 六行字不等小字雙行不等白口四周單邊

450000－2602－0004231 S202
**野獲編三十卷補遺□□卷** (明)沈德符撰 清道光七年(1827)錢塘姚祖恩扶荔山房刻本 二十册 十行二十一字白口四周雙邊 存三十三卷(野獲編三十卷、補遺一至三)

450000－2602－0004232 S203
**歷代名臣傳三十五卷首一卷續編五卷** (清)朱軾 (清)蔡世遠輯 清初刻本 八册 九行二十二字白口左右雙邊 存三十三卷(傳八至三十五、續編五卷)

450000－2602－0004233 S204
**歷代名臣傳三十五卷首一卷續編五卷** (清)朱軾 (清)蔡世遠輯 清雍正刻本 二十四册 九行二十二字白口左右双边

450000－2602－0004234 S315
**全唐詩九百卷目錄十二卷** (清)聖祖玄燁輯 清康熙刻本 八册 十一行二十一字小字雙行三十一字上下黑口左右雙邊 存三十九卷(白居易集一至三十九)

450000－2602－0004235 S316
**王右丞集二十八卷首一卷末一卷** (唐)王維撰 (清)趙殿成箋注 清乾隆刻本 陳柱批 十三册 十行二十字小字雙行同白口左右雙邊

450000－2602－0004236 S317
**王右丞集二十八卷首一卷末一卷** (唐)王維撰 (清)趙殿成箋注 清乾隆刻本 六册 十行二十字小字雙行同白口左右雙邊

450000－2602－0004237 S310
**庾子山集十六卷** (北周)庾信撰 (清)倪璠註釋 **庾子山[信]年譜一卷** (清)倪璠編 **庾集總釋一卷** (清)倪璠撰 清康熙篤慶堂刻本 十二册 十行二十字小字雙行同白口左右雙邊

450000－2602－0004238　S314

**白香山詩長慶集二十卷後集十七卷別集一卷補遺二卷**　(唐)白居易撰　(清)汪立名編訂　**白香山[居易]年譜舊本一卷**　(宋)陳振孫編　**白香山[居易]年譜一卷**　(清)汪立名編　清康熙四十一年至四十二年(1702－1703)汪立名一隅草堂刻本　十四册　十二行二十一字小字雙行三十二字白口左右雙邊

450000－2602－0004239　S313

**李長吉歌詩四卷首一卷外集一卷**　(唐)李賀撰　(清)王琦彙解　清乾隆二十五年(1760)刻本　二册　十行二十字小字雙行同白口左右雙邊

450000－2602－0004240　S322

**誠齋文節先生錦繡策二卷**　(宋)楊萬里撰　清乾隆五十九年(1794)楊氏忠節祠刻本　一册　九行二十四字白口四周單邊

450000－2602－0004241　S321

**姜白石詩詞合集十五卷**　(宋)姜夔撰　清乾隆隨月讀書樓刻本　施保昌題記　四册　十一行十九字小字雙行同白口左右雙邊

450000－2602－0004242　S304

**明詩綜一百卷**　(清)朱彝尊錄　(清)汪森緝評　清康熙刻雍正朱氏六峯閣印本　二十四册　十一行二十一字白口左右雙邊

450000－2602－0004243　S319

**重刊五百家註音辯昌黎先生文集四十卷**　(唐)韓愈撰　清乾隆四十九年(1784)刻本　十册　十行十八字小字雙行二十三字白口左右雙邊

450000－2602－0004244　S326

**施註蘇詩四十二卷總目二卷**　(宋)蘇軾撰　(宋)施元之注　(宋)顧嗣立等删補　**王注正譌一卷**　(清)邵長蘅撰　**東坡先生[蘇軾]年譜一卷**　(清)王宗稷編　**蘇詩續補遺二卷**　(清)馮景補注　清康熙步月樓刻本　十二册　十二行二十一字小字雙行三十一字上下黑口四周單邊

450000－2602－0004245　S318

**温飛卿詩集九卷**　(唐)溫庭筠撰　(明)曾益原注　(明)顧予咸補注　清康熙三十六年(1697)顧氏秀野草堂刻本　二册　十一行二十字小字雙行同白口左右雙邊

450000－2602－0004246　S298

**全唐詩鈔八十卷補遺十六卷**　(清)吳成儀編次　(清)張熙純參　清乾隆二十四年(1759)璜川書屋刻本　二十四册　十一行二十一字上下黑口左右雙邊

450000－2602－0004247　S323

**黄詩全集五十八卷**　(宋)黄庭堅撰　(清)翁方綱校注　(清)謝啟昆等校訂　清乾隆五十四年(1789)南康謝啟昆樹經堂刻本　十五册　十二行二十三字白口左右雙邊

450000－2602－0004248　S327

**施註蘇詩四十二卷總目二卷**　(宋)蘇軾撰　(宋)施元之注　(宋)顧嗣立等删補　**王注正譌一卷**　(清)邵長蘅撰　**東坡先生[蘇軾]年譜一卷**　(清)王宗稷編　**蘇詩續補遺二卷**　(清)馮景補注　清康熙刻本　十二册　十二行二十一字小字雙行三十一字上下黑口四周單邊

450000－2602－0004249　S325

**宋黄文節公文集正集三十二卷首四卷外集二十四卷首一卷別集十九卷首一卷**　(宋)黄庭堅撰　**黄青社先生伐檀集二卷**　(宋)黄庶著　清乾隆三十年(1765)江右寧州緝香堂刻本　二十四册　九行二十字小字雙行同白口左右雙邊

450000－2602－0004250　S328

**蘇文忠詩合註五十卷首一卷目錄一卷**　(宋)蘇軾撰　(清)馮應榴輯訂　**東坡先生[蘇軾]年譜一卷**　(宋)王宗稷編　清乾隆五十八年(1793)桐鄉馮氏踵息齋刻本　二十册　十一行二十六字小字雙行同白口左右雙邊

450000－2602－0004251　S292

**古文眉詮七十九卷首一卷**　(清)浦起龍論次　(清)程鍾　(清)方懋福彙參　清乾隆九年

(1744)三吳書院刻本　二十四册　九行二十二字小字雙行同白口左右雙邊

450000－2602－0004252　S336

**解文毅公集十六卷首一卷附録一卷**　(明)解縉撰　清乾隆三十二年(1767)解氏敦仁堂刻本　六册　十行十九字小字雙行同白口左右雙邊

450000－2602－0004253　S330

**震川先生集三十卷别集十卷**　(明)歸有光著　(清)歸莊較勘　(清)錢謙益選定　(清)歸玠編輯　清康熙十年至十四年(1671－1675)常熟歸莊、歸玠等刻本　十册　十行二十字小字雙行同白口左右雙邊

450000－2602－0004254　S337

**明史雜詠四卷**　(清)嚴遂成撰　清乾隆十二年(1747)刻本　一册　十行二十一字小字雙行同白口四周雙邊

450000－2602－0004255　S334

**遜志齋集二十四卷外紀二卷**　(明)方孝孺撰　明萬曆刻清補刻本　十二册　十行二十字小字雙行同白口四周單邊

450000－2602－0004256　S340

**味和堂詩集六卷**　(清)高其倬撰　(清)高恪　(清)高愿校編　清乾隆十四年(1749)刻本(卷六葉十八至二十三、跋葉一至二爲抄補)　四册　十行十九字小字雙行同白口左右雙邊

450000－2602－0004257　S338

**御製避暑山莊詩二卷**　(清)聖祖玄燁撰　(清)揆敘等註　清康熙五十一年(1712)武英殿刻朱墨套印本　四册　六行十六字小字雙行十九至二十一字白口四周雙邊

450000－2602－0004258　S333

**青邱高季迪先生詩集十八卷遺詩一卷扣舷集一卷鳧藻集五卷**　(明)高啟撰　(清)金檀輯注　**附錄一卷**　(清)金檀輯　**青邱高季迪[啟]年譜一卷**　(清)金檀編　清平湖寶芸堂刻本　八册　十一行二十二字小字雙行三十四字白口左右雙邊

450000－2602－0004259　S303

**明詩綜一百卷**　(清)朱彝尊撰　清康熙刻白蓮涇印本　二十四册　十一行二十一字小字雙行三十一字白口左右雙邊

450000－2602－0004260　S345

**飴山詩集二十卷**　(清)趙執信撰　清乾隆十七年(1752)因園刻本　四册　十行二十一字小字雙行同白口四周單邊

450000－2602－0004261　S343

**揅經室詩錄五卷**　(清)阮元撰　清道光十三年(1833)刻文選樓叢書本　三册　十行十九字小字雙行同白口左右雙邊

450000－2602－0004262　S344

**飴山文集十二卷附錄一卷**　(清)趙執信撰　清乾隆三十九年(1774)因園刻本　四册　十行二十一字小字雙行同白口左右雙邊

450000－2602－0004263　S332

**金正希先生文集輯略九卷**　(清)金聲撰　清初尚志堂刻本　五册　九行二十字小字雙行同白口四周單邊

450000－2602－0004264　S335

**認真子集三卷附錄三卷**　(明)朱英著　清乾隆十六年(1751)朱奕刻本　三册　十行二十二字小字雙行同白口四周單邊

450000－2602－0004265　S331

**玉茗堂全集四十六卷**　(明)湯顯祖著　明刻清康熙三十二年(1693)竹林堂修補本　十二册　七行十八字小字雙行同白口四周單邊　存二十二卷(玉茗堂文集十六卷、尺牘六卷)

450000－2602－0004266　S341

**居業齋詩鈔二十二卷**　(清)金德嘉撰　清康熙五十八年(1719)蔣國祥刻本　六册　十行十九字小字雙行不等白口四周單邊

450000－2602－0004267　S357

**李義山文集箋注十卷**　(唐)李商隱撰　(清)徐樹穀箋　(清)徐炯注　清康熙四十七年

(1708)昆山徐氏花溪草堂刻本　六册　十行二十一字小字雙行不等白口左右雙邊

450000－2602－0004268　S177
**武英殿聚珍版書**　清乾隆武英殿木活字印本　二册　九行二十一字小字雙行同白口四周雙邊　存二種四卷(儀禮識誤三卷、儀禮釋宫一卷)

450000－2602－0004269　S355
**帶經堂集九十二卷**　(清)王士禛撰　(清)程哲校編　清康熙刻本　三册　十行十九字小字雙行不等白口左右雙邊　存十四卷(三十九至五十二)

450000－2602－0004270　S351
**海珊詩鈔十一卷補遺二卷**　(清)嚴遂成撰　清乾隆二十二年(1757)驥溪世綸堂刻本　三册　十行二十一字小字雙行同白口四周雙邊

450000－2602－0004271　S349
**寒松堂全集十二卷**　(清)魏象樞著　清康熙刻本　十二册　十行二十字小字雙行不等下黑口左右雙邊

450000－2602－0004272　S354
**道古堂文集四十八卷詩集二十六卷**　(清)杭世駿撰　清乾隆四十一年(1776)刻本　十六册　十行二十一字小字雙行同白口左右雙邊

450000－2602－0004273　S350
**望溪集不分卷**　(清)方苞撰　(清)王兆符(清)程崟輯　清乾隆十一年(1746)程崟刻本　十二册　九行十九字小字雙行同白口左右雙邊

450000－2602－0004274　S358
**蠶尾文集八卷蠶尾續文集二十卷**　(清)王士禛撰　清康熙刻帶經堂集本　七册　十行十九字小字雙行同白口左右雙邊

450000－2602－0004275　S324
**山谷詩内集注二十卷**　(宋)黄庭堅撰　(宋)任淵注　**外集注十七卷**　(宋)黄庭堅撰(宋)史容注　**别集注二卷**　(宋)黄庭堅撰(宋)史季溫注　**外集補四卷**　**别集補一卷**　**重刻山谷先生[黄庭堅]年譜十四卷**　清光緒刻本　二十二册　十二行二十三字白口左右雙邊

450000－2602－0004276　S359
**秋水集十六卷**　(清)馮如京撰　(清)馮士標評　清乾隆清暉堂刻本　五册　九行二十字白口四周單邊

450000－2602－0004277　S353
**海鷗小譜一卷**　(清)無想道人(趙執信)撰　清乾隆趙氏因園刻本　一册　九行十九字小字雙行不等白口左右雙邊

450000－2602－0004278　S339
**吴詩集覽二十卷談藪二卷**　(清)吴偉業撰(清)顧湄　(清)許旭原編　(清)靳榮藩輯　清乾隆四十年(1775)凌雲亭刻本　六册　九行二十一字小字雙行同下黑口四周雙邊　存二十一卷(吴詩集覽二十卷、談藪一)

450000－2602－0004279　S361
**扶荔詞三卷**　(清)丁澎撰　(清)宋琬(清)嚴沆選　清康熙丁氏家刻本　二册　九行二十一字小字雙行同白口左右雙邊

450000－2602－0004280　S346
**秋谷先生遺文不分卷**　(清)趙執信撰　清乾隆十六年(1751)趙氏因園刻本　二册　九行二十五字小字雙行同白口四周單邊

450000－2602－0004281　S347
**柚堂筆談四卷**　(清)盛百二撰　清乾隆三十四年(1769)刻柚堂全集本　一册　十行二十字小字雙行同白口左右雙邊

450000－2602－0004282　S363
**詞律二十卷**　(清)萬樹撰　清康熙二十六年(1687)萬氏堆絮園刻尺木堂印本　十册　七行二十一字小字雙行同白口左右雙邊

450000－2602－0004283　S359
**翠滴樓詩集六卷**　(清)馮雲驌撰　清刻本　一册　十一行二十二字小字雙行同白口左右雙邊

450000－2602－0004284　S348

**潛庵文正公家書一卷**　（清）湯斌撰　清乾隆十七年（1752）貽安堂刻本　一册　九行十九字小字雙行同下黑口左右雙邊

450000－2602－0004285　S364

**貫華堂第六才子書西厢記八卷**　（元）王實甫撰　（清）金人瑞批　清初貫華堂刻本　佚名批　六册　八行十九字小字雙行同白口左右雙邊

450000－2602－0004286　S371

**詩人玉屑二十卷**　（宋）魏慶之輯　清刻本　八册　十一行二十一字上下黑口四周雙邊

450000－2602－0004287　S367

**西遊真詮一百回**　（清）陳士斌詮解　清翠筠山房刻本　十六册　十一行二十四字白口四周單邊

450000－2602－0004288　S370

**五代詩話十二卷**　（清）王士禛輯　（清）黄叔琳校訂　（清）宋弼編次　（清）陳臚聲參校　清乾隆刻本　佚名批　六册　九行十九字小字雙行同白口左右雙邊

450000－2602－0004289　S342

**鹿洲初集二十卷**　（清）藍鼎元著　（清）曠敏本評　清雍正刻本　十六册　九行二十字白口左右雙邊

450000－2602－0004290　S372

**宋詩紀事一百卷**　（清）厲鶚　（清）馬曰琯輯　清乾隆十一年（1746）樊榭山房刻本　二十四册　十一行二十二字小字雙行三十二字上下黑口左右雙邊

450000－2602－0004291　S369

**東周列國全志二十三卷一百八回**　（清）蔡界評點　清咸豐四年（1854）書成山房刻朱墨套印本　二十四册　十二行二十六字小字雙行同白口四周雙邊

450000－2602－0004292　S368

**臯鶴堂批評第一奇書金瓶梅一百回**　（明）笑笑生撰　（清）張竹坡批評　清康熙三十四年（1695）刻本　十册　十一行二十二字小字雙行同白口四周單邊　存五十回（五十一至一百）

450000－2602－0004293　S366

**吴吴山三婦合評牡丹亭還魂記二卷附錄一卷**　（明）湯義仍（湯顯祖）撰　（清）陳同評點　（清）錢宜參評　**或問一卷**　（清）吴儀一撰　清康熙刻本　二册　十行二十字小字雙行同上下黑口四周單邊

450000－2602－0004294　S365

**笠翁十種曲二十卷**　（清）李漁編　（清）玄洲逸叟批評　清康熙刻本　二十册　十行二十四字白口左右雙邊

450000－2602－0004295　S362

**一笠菴北詞廣正譜十八卷**　（清）徐慶卿原稿　（清）鈕少雅樂句　（清）李玄玉更定　清康熙青蓮書屋刻本　四册　六行二十五字小字雙行同白口左右雙邊

450000－2602－0004296　S352

**御製詩初集四十四卷目錄四卷**　（清）高宗弘曆撰　（清）慶桂等編　清乾隆十四年（1749）武英殿刻本　二十册　九行十七字小字雙行同白口四周雙邊

450000－2602－0004297　S380

**皇輿表十六卷**　（清）喇沙里等纂修　（清）揆敘等增修　清康熙四十三年（1704）内府刻本　二十四册　九行十八字小字雙行同白口四周單邊

450000－2602－0004298　S376

**貸園叢書初集十二種四十九卷**　（清）周永年輯　清乾隆五十四年（1789）周氏竹西書屋刻本　十六册　十一行二十二字小字雙行同上下黑口左右雙邊

450000－2602－0004299　S375

**龍威祕書一百六十九種**　（清）馬俊良輯　（清）馬珮忞校字　（清）高基叅訂　清乾隆五十九年至嘉慶元年（1794－1796）石門馬氏大西山房刻本　八十册　九行二十字小字雙行

同上下黑口左右雙邊

450000－2602－0004300　S374

**雅雨堂藏書十三種一百三十八卷**　(清)盧見曾輯　清乾隆二十一年(1756)德州盧氏刻本　三十二册　十行二十一字小字雙行同白口四周單邊

450000－2602－0004301　S416

**[嘉慶]廣西通志二百七十九卷首一卷**　(清)謝啟昆總裁　(清)胡虔編纂　清嘉慶六年(1801)刻同治四年(1865)補刻本(卷四十五、一百十三、一百九十六、二百四十六至二百五十、二百五十一、二百五十四有抄配)　五十六册　十一行二十一字小字雙行同上下黑口四周雙邊

450000－2602－0004302　S415

**[嘉慶]廣西通志二百七十九卷首一卷**　(清)謝啟昆總裁　(清)胡虔編纂　清嘉慶六年(1801)刻同治四年(1865)補刻光緒十七年(1891)桂垣書局再補刻本　八十册　十一行二十一字小字雙行同上下黑口四周雙邊

450000－2602－0004303　S417

**[同治]潯州府志三十八卷首一卷**　(清)魏篤主修　(清)王俊臣編纂　清同治十三年(1874)刻本　二十册　十行二十一字小字雙行同白口四周雙邊

450000－2602－0004304　S418

**[道光]博白縣志十六卷志餘備覽二卷**　(清)任士謙纂修　(清)朱德華協修　清道光十二年(1832)環玉書院刻本　五册　十行二十一字小字雙行同白口四周雙邊

450000－2602－0004305　S440

**註陸宣公奏議十五卷制誥十卷别集一卷表一卷附校記二十五卷**　(唐)陸贄撰　(宋)郎曄注　**附錄一卷年譜輯畧一卷**　(清)江榕撰　(清)郭夔校　清光緒十一年(1885)淮南書局刻十二年(1886)增刻本　三册　十行二十字小字雙行同上下黑口四周雙邊

450000－2602－0004306　S377

**五禮通考二百六十二卷首四卷目錄二卷**　(清)秦蕙田編輯　(清)方承觀同訂　(清)吳鼎　(清)宋宗元參校　**讀禮通考一百二十卷**　(清)徐乾學撰　清乾隆十八年(1753)味經窩刻本　一百册　十三行二十一字小字雙行同白口左右雙邊

450000－2602－0004307　S429

**法言十卷**　(漢)揚雄著　(明)朱錫綸閲　清刻本　二册　九行二十字小字雙行同白口左右雙邊

450000－2602－0004308　06310

**離騷草木疏四卷**　(宋)吳仁傑撰　清光緒三年(1877)刻崇文書局彙刻書本　一册　十二行二十四字小字雙行同上下黑口四周雙邊

450000－2602－0004309　06312

**離騷集傳一卷**　(宋)錢杲之集傳　清光緒三年(1877)刻崇文書局彙刻書本　一册　十二行二十四字小字雙行同上下黑口四周雙邊

450000－2602－0004310　06311

**離騷集傳一卷**　(宋)錢杲之集傳　清光緒三年(1877)刻崇文書局彙刻書本　一册　十二行二十四字小字雙行同上下黑口四周雙邊

450000－2602－0004311　06313

**離騷箋二卷**　(清)龔景瀚撰　清光緒三年(1877)刻崇文書局彙刻書本　佚名批　二册　十二行二十四字小字雙行同上下黑口四周雙邊

450000－2602－0004312　12936

**李元賓文集六卷**　(唐)李觀撰　(唐)陸希聲編　清咸豐四年(1854)刻粤雅堂叢書本　一册　九行二十一字小字雙行同上下黑口左右雙邊

450000－2602－0004313　12991

**玉山草堂續集六卷**　(清)錢林撰　清道光二十九年(1849)刻粤雅堂叢書本　一册　九行二十一字小字雙行同上下黑口左右雙邊

450000－2602－0004314　07208

**述學内篇三卷補遺一卷外篇一卷别錄一卷校**

**勘記一卷** (清)汪中撰 清同治八年(1869)揚州書局刻本 二冊 十三行三十字小字雙行同白口左右雙邊

450000－2602－0004315 12983

**通志堂經解目録一卷** (清)錢林撰 清咸豐三年(1853)刻粵雅堂叢書本 一冊 九行二十一字小字雙行同上下黑口左右雙邊

450000－2602－0004316 05259

**金蓮仙史四卷** (清)潘昶撰 清光緒三十四年(1908)上海翼化堂刻本 四冊 九行二十二字白口四周單邊

450000－2602－0004317 05206

**顧氏明朝四十家小説四十種四十三卷** (明)顧元慶編 清宣統三年(1911)上海國學扶輪社鉛印本 八冊 十三行三十字小字雙行同上下黑口四周雙邊

450000－2602－0004318 12985

**芻蕘奥論二卷** (宋)張方平撰 清咸豐元年(1851)刻粵雅堂叢書本 一冊 九行二十一字小字雙行同上下黑口左右雙邊

450000－2602－0004319 06339

**忠武侯諸葛孔明先生全集五種二十二卷** (清)張澍輯 清同治元年(1862)聚珍齋木活字印本 十冊 九行二十四字小字雙行同白口四周單邊

450000－2602－0004320 12889;13026

**顧亭林[炎武]年譜四卷附録一卷** (清)張穆編 清咸豐三年(1853)刻粵雅堂叢書本 二冊 九行二十一字小字雙行同上下黑口左右雙邊

450000－2602－0004321 12982

**述古堂藏書目四卷宋板書目一卷** (清)錢曾撰 清道光三十年(1850)刻粵雅堂叢書本 一冊 九行二十一字小字雙行同上下黑口左右雙邊

450000－2602－0004322 12990

**羅鄂州小集六卷** (宋)羅願撰 **羅郢州遺文一卷** (宋)羅頌撰 清咸豐三年(1853)刻粵雅堂叢書本 二冊 九行二十一字小字雙行同上下黑口左右雙邊

450000－2602－0004323 特712.82/0041

**得一山房詩集二卷** (清)唐懋功撰 清光緒十九年(1893)刻本 一冊 十行二十一字小字雙行同白口四周雙邊

450000－2602－0004324 特712.81/8725/2

**鄭小谷先生全集六種四十七卷** (清)鄭獻甫著 清同治、光緒間刻本 二十二冊 九行二十字小字雙行同白口四周雙邊 存三種三十六卷

450000－2602－0004325 12987

**粵雅堂叢書** 清咸豐元年(1851)刻粵雅堂叢書本 一冊 九行二十一字小字雙行同上下黑口左右雙邊 存二種五卷(米海岳年譜一卷、元遺山年譜三卷附墓圖紀略一卷)

450000－2602－0004326 13018

**粵雅堂叢書** 清咸豐四年(1854)刻本 一冊 九行二十一字小字雙行同上下黑口左右雙邊 存二種三卷(中興禦侮録二卷、襄陽守城録一卷)

450000－2602－0004327 特712.82/1033

**養拙齋詩十四卷** (清)王必達撰 **桂隱詩存一卷** (清)王必蕃撰 清光緒十九年(1893)刻本 四冊 十行二十四字小字雙行同上下黑口左右雙邊

450000－2602－0004328 12863

**焦山紀遊集一卷** (清)馬曰琯等輯 清道光三十年(1850)刻粵雅堂叢書本 二冊 九行二十一字小字雙行同上下黑口左右雙邊

450000－2602－0004329 特712.82/3313/1

**曇現詩存一卷** (清)梁承淑著 清同治十二年(1873)刻本 一冊 九行二十二字小字雙行同下黑口左右雙邊

450000－2602－0004330 特712.82/4400;特712.82/3313/2

**夢琴舸吟賸一卷** (清)林文度著 **曇現詩存一卷** (清)梁承淑著 清同治十二年(1873)

刻林師歐梁聖賓合稿本　二册　九行二十二字小字雙行同下黑口左右雙邊

450000－2602－0004331　特712.81/8725/3
**鄭小谷先生全集六種四十七卷**　(清)鄭獻甫著　清同治、光緒間刻本　二十册　九行二十五字白口四周雙邊　存五種三十五卷

450000－2602－0004332　特712.82/4430/3
**味腴軒詩稿初編四卷**　(清)封祝唐撰　清光緒十九年(1893)刻本　一册　九行二十一字小字雙行同白口四周雙邊

450000－2602－0004333　特712.83/4412/1
**空青水碧齋文集八卷**　(清)蔣琦齡撰　清光緒十一年(1885)刻本　六册　九行十九字小字雙行同上下黑口左右雙邊

450000－2602－0004334　特712.82/4412/2
**空青水碧齋詩集□□卷**　(清)蔣琦齡撰　清光緒刻本　一册　九行十九字小字雙行同上下黑口左右雙邊　存二卷(十至十一)

450000－2602－0004335　地50102/15429
**[同治]蒼梧縣志十八卷首一卷**　(清)蒯光煥前等監修　(清)羅勳　(清)嚴寅恭纂修　(清)王棟續纂　清同治十三年(1874)刻本　十二册　十行二十二字小字雙行同白口四周雙邊

450000－2602－0004336　特712.82/4430/2
**味腴軒詩稿初編四卷**　(清)封祝唐撰　清光緒十九年(1893)刻本　一册　九行二十一字小字雙行同白口四周雙邊　存二卷(一至二)

450000－2602－0004337　特712.82/2737/2
**退遂齋詩續集二卷**　(清)倪鴻撰　清光緒十年(1884)濟南刻本　一册　十行二十一字小字雙行同上下黑口左右雙邊

450000－2602－0004338　特712.82/4430/1
**味腴軒詩稿初編四卷**　(清)封祝唐撰　清光緒十九年(1893)刻本　二册　九行二十一字小字雙行同白口四周雙邊

450000－2602－0004339　特712.82/1057/1
**龍壁山房詩草十七卷**　(清)王拯撰　清咸豐九年(1859)桂林楊氏博文堂刻本　六册　十二行二十二字小字雙行同上下黑口四周雙邊

450000－2602－0004340　04529
**點石齋畫報**　(清)尊聞閣主人繪　(清)吳友如繪　清光緒十年至二十四年(1884－1898)上海點石齋石印本　四十一册　白口四周單邊

450000－2602－0004341　地00005/15126
**[嘉慶]廣西通志二百七十九卷首一卷**　(清)謝啟昆總裁　(清)胡虔編纂　清嘉慶六年(1801)刻同治四年(1865)補刻光緒十七年(1891)桂垣書局再補刻本　佚名批　七十一册　十一行二十一字小字雙行同上下黑口四周雙邊　存二百五十卷(二至八十六、九十至一百九、一百十四至一百二十、一百三十至一百三十二、一百三十六至一百七十八、一百八十八至二百七十九)

450000－2602－0004342　地00005/15125
**[嘉慶]廣西通志二百七十九卷首一卷**　(清)謝啟昆總裁　(清)胡虔編纂　清嘉慶六年(1801)刻同治四年(1865)補刻光緒十七年(1891)桂垣書局再補刻本　五十一册　十一行二十一字小字雙行同上下黑口四周雙邊　存一百七十九卷(一至三十九、四十二至五十二、五十六至六十、六十五至一百十一、一百二十一至一百二十三、一百二十六至一百三十九、一百四十四至一百四十六、一百六十六至一百六十八、二百十八至二百二十六、二百三十至二百三十六、二百四十一至二百七十七,首一卷)

450000－2602－0004343　地00006/15129
**廣西通志輯要十七卷首一卷**　(清)蘇宗經原輯　(清)羊復禮增輯　(清)夏敬頤續輯　清光緒十五年(1889)刻十六年(1890)續刻本　十三册　十行二十字小字雙行同白口左右雙邊

450000－2602－0004344　地00006/15128
**廣西通志輯要十七卷首一卷**　(清)蘇宗經原

輯　(清)羊復禮增輯　清光緒十五年(1889)刻本　十二册　十行二十字小字雙行同白口左右雙邊　存十六卷(一至十五、首一卷)

450000－2602－0004345　地00006/15130
**廣西通志輯要十七卷首一卷**　(清)蘇宗經原輯　(清)羊復禮增輯　(清)夏敬頤續輯　清光緒十五年(1889)刻十六年(1890)續刻本　佚名批　十二册　十行二十字小字雙行同白口左右雙邊　存十五卷(三至十七)

450000－2602－0004346　00275
**儀禮章句十七卷**　(清)吳廷華撰　清光緒十九年(1893)益元書局刻本　四册　十行二十一字小字雙行同白口左右雙邊四周單邊兼有

450000－2602－0004347　特025.2/0131
**經籍舉要一卷附錄一卷家塾課程一卷**　(清)龍啟瑞撰　**中江講院添設季課示一卷尊經閣募捐藏書章程一卷祀典錄一卷中江講院建立經誼治事兩齋章程一卷**　(清)袁昶輯　清光緒十九年(1893)中江講院刻本　一册　十一行二十八字小字雙行同上下黑口左右雙邊

450000－2602－0004348　特712.83/3677/1
**阮盦筆記五種八卷**　況周儀撰　清光緒三十三年(1907)白門刻蕙風叢書本　四册　十一行二十二字小字雙行同上下黑口四周單邊

450000－2602－0004349　00327
**春秋公羊禮疏十一卷**　(清)凌曙學　清光緒九年(1883)歸安姚氏刻咫進齋叢書本　三册　十三行二十二字小字雙行同上黑口左右雙邊

450000－2602－0004350　00276
**儀禮識誤三卷**　(宋)張淳撰　清同治十三年(1874)江西書局刻武英殿聚珍版書本　一册　九行二十一字小字雙行同白口四周雙邊

450000－2602－0004351　00279
**儀禮音訓不分卷**　(清)楊國楨撰　清光緒三年(1877)湖北崇文書局刻十一經音訓本　二册　七行二十二字小字雙行同白口四周單邊

450000－2602－0004352　特712.83/3677/2
**阮盦筆記五種八卷**　況周儀撰　清光緒三十三年(1907)白門刻蕙風叢書本　四册　十一行二十二字小字雙行同上下黑口四周單邊

450000－2602－0004353　00328
**公羊問答二卷**　(清)凌曙著　**孝經疑問一卷**　(明)姚舜牧撰　清光緒九年(1883)歸安姚氏刻咫進齋叢書本　一册　十三行二十二字小字雙行同上黑口左右雙邊

450000－2602－0004354　特712.83/3677/3
**阮盦筆記五種八卷**　況周儀撰　清光緒三十三年(1907)白門刻蕙風叢書本　二册　十一行二十二字小字雙行同上下黑口四周單邊　存四卷(蕙風簃隨筆二卷二筆二卷)

450000－2602－0004355　00285
**禮記□□卷**　(漢)鄭玄注　清金陵書局刻本　七册　九行十七字小字雙行同白口左右雙邊　存七卷(三至九)

450000－2602－0004356　00270
**儀禮問津一卷**　(清)孟先穎抄　清道光十五年(1835)恩遇堂刻本　一册　九行二十字小字雙行同白口左右雙邊

450000－2602－0004357　00269
**儀禮注疏校勘記十七卷**　(清)阮元撰　清同治十三年(1874)湖南書局刻本　四册　九行二十一字小字雙同白口左右雙邊

450000－2602－0004358　00268
**儀禮十七卷**　(漢)鄭玄注　(唐)陸德明音義　清光緒十九年(1893)桂垣書局刻本　四册　九行十七字小字雙行同下黑口四周雙邊

450000－2602－0004359　00271
**儀禮圖六卷**　(清)張惠言述　清嘉慶十年(1805)刻本　三册　十六行字不等白口四周雙邊

450000－2602－0004360　特112/8725
**愚一錄十二卷**　(清)鄭獻甫著　清光緒二年(1876)黔南節署刻鄭小谷先生全集本　六册　九行二十字小字雙行同白口四周雙邊

450000－2602－0004361　00297

**大戴禮記解詁十三卷**　(清)王聘珍撰　清光緒十三年(1887)刻廣雅書局叢書本　三冊　十一行二十四字小字雙行同上下黑口四周單邊

450000－2602－0004362　00272

**儀禮注疏五十卷**　(唐)賈公彦等撰　清嘉慶十一年(1806)陽城張敦仁刻本　八冊　十行十七字小字雙行二十三字白口左右雙邊

450000－2602－0004363　特121/2740

**周易貫義六卷**　(清)卿彬註　清咸豐三年(1853)刻本　六冊　九行二十三字小字雙行同白口左右雙邊

450000－2602－0004364　00292

**禮記注疏六十三卷**　(漢)鄭玄注　(唐)孔穎達疏　(唐)陸德明音義　清同治十三年(1874)湖南書局刻重刊宋本十三經注疏附校勘記本　二十一冊　九行二十一字小字雙行同白口左右雙邊

450000－2602－0004365　00267

**儀禮要義五十卷**　(宋)魏了翁撰　清光緒十年(1884)江蘇書局刻五經要義本　十二冊　九行十八字小字雙行同上下黑口左右雙邊

450000－2602－0004366　特188/7530/1

**五種遺規十七卷**　(清)陳宏謀編輯　清同治三年(1864)培遠堂刻本　七冊　十行二十二字小字雙行同白口四周單邊　存四種十四卷(從政遺規二卷、在官法戒錄四卷、訓俗遺規五卷、養正遺規二卷補編一卷)

450000－2602－0004367　00293

**欽定禮記義疏八十二卷首一卷**　(清)高宗弘曆撰　清同治十年(1871)湖北崇文書局刻御纂七經本　四十八冊　八行二十二字小字雙行同字白口四周雙邊

450000－2602－0004368　00310

**謝疊山先生批點檀弓一卷**　(宋)謝枋得批點　清光緒二十二年(1896)桂垣書局刻本　一冊　八行二十字上下黑口左右雙邊

450000－2602－0004369　00294

**欽定禮記義疏八十二卷首一卷**　(清)高宗弘曆撰　清刻本　四十冊　八行二十二字小字雙行同字白口四周雙邊　存七十九卷(一至六、九至三十八、四十一至八十二,首一卷)

450000－2602－0004370　00296

**禮記十卷**　(元)陳澔集説　清光緒十六年(1890)桂垣書局刻本　十冊　九行十七字小字雙行同下黑口四周雙邊

450000－2602－0004371　特188.3/7530/1

**從政遺規二卷**　(清)陳宏謀編輯　清光緒二十一年(1895)浙江書局刻五種遺規本　二冊　九行二十字小字雙行同白口左右雙邊

450000－2602－0004372　00312

**禮記約編十卷**　(清)汪基訂　清刻本　三冊　九行十八字小字雙行同白口四周單邊　存六卷(三至四、七至十)

450000－2602－0004373　特188.3/7530/2

**在官法戒錄摘鈔四卷**　(清)陳宏謀編輯　清光緒十八年(1892)桂垣書局刻本　二冊　十行二十二字小字雙行同白口左右雙邊

450000－2602－0004374　00306

**寄傲山房塾課纂輯禮記全文備旨十一卷**　(清)鄒聖脉纂輯　清光緒五年(1879)文華閣刻本　六冊　十行二十字小字雙行同白口四周單邊

450000－2602－0004375　特188.3/7530/3

**在官法戒録四卷**　(清)陳宏謀編輯　清同治刻本　一冊　十行二十二字小字雙行同白口四周單邊

450000－2602－0004376　00309

**王政三大典考三卷**　(清)崔述著　(清)陳履和校刊　清道光四年(1824)東陽縣署刻崔東壁先生遺書本　一冊　八行二十三字小字雙行同白口四周雙邊

450000－2602－0004377　00307

**禮記精義鈔畧十卷**　(清)陸錫璞輯　清道光二十一年(1841)平南學署刻本　八冊　九行

二十六字小字雙行同下黑口四周雙邊

450000－2602－0004378　00314
**王制箋一卷**　(清)皮錫瑞撰　清光緒三十四年(1908)思賢書局刻本　一册　十二行二十五字小字雙行同白口左右雙邊

450000－2602－0004379　09147
**知不足齋叢書一百九十七種八百二十五卷**　(清)鮑廷博輯　(清)鮑志祖續輯　清同治八年(1869)仿長塘鮑氏刊本　二百四十册　九行二十一字上下黑口左右雙邊

450000－2602－0004380　09152
**武英殿聚珍版書一百四十九種二千八百九十三卷**　清光緒二十五年(1899)廣雅書局刻本　八百册　九行二十一字小字雙行同白口四周雙邊

450000－2602－0004381　00315
**學禮闕疑八卷**　(清)劉青蓮纂　清刻本　四册　十行二十一字小字雙行同上下黑口左右雙邊

450000－2602－0004382　00321
**春秋公羊傳注疏二十八卷**　(漢)何休注　(唐)徐彦疏　(唐)陸德明音義　清同治十三年(1874)湖南書局刻重刊宋本十三經注疏本　八册　九行二十一字小字雙行同白口左右雙邊

450000－2602－0004383　00316
**禮記音訓不分卷**　(清)楊國楨撰　清光緒三年(1877)湖北崇文書局刻十一經音訓本　四册　七行二十二字小字雙行同白口四周單邊

450000－2602－0004384　00320
**春秋公羊傳音訓不分卷**　(清)楊國楨撰　清光緒三年(1877)崇文書局刻十一經音訓本　二册　七行二十二字白口四周單邊

450000－2602－0004385　特188/7530/2
**四種遺規十四卷**　(清)陳弘謀編輯　清光緒十六年至十七年(1890－1891)刻本　八册　十行二十六字小字雙行同白口四周雙邊

450000－2602－0004386　00347
**左傳經世鈔二十三卷**　(清)魏禧評點　(清)彭家屏參訂　清聯墨堂刻本　十册　九行二十一字小字雙行同白口左右雙邊

450000－2602－0004387　00329
**春秋公羊傳音訓不分卷**　(清)楊國楨撰　清光緒三年(1877)崇文書局刻十一經音訓本　二册　七行二十二字小字雙行同白口四周單邊

450000－2602－0004388　00376
**欽定春秋傳説彙纂三十八卷首二卷**　(清)王掞等撰　清同治十年(1871)湖北崇文書局刻本　九册　八行十八字小字雙行二十二字白口四周雙邊　存十七卷(一至十五、首二卷)

450000－2602－0004389　00349
**左傳義法舉要一卷**　(清)方苞口授　(清)王兆符　(清)程崟傳述　清光緒十九年(1893)金匱廉氏刻本　一册　十行二十一字小字雙行同上下黑口左右雙邊

450000－2602－0004390　15763
**欽定春秋傳説彙纂三十八卷首二卷**　(清)王掞等撰　清同治十年(1871)湖北崇文書局刻本　一册　八行十八字小字雙行二十二字白口四周雙邊　存二卷(十四至十五)

450000－2602－0004391　00341
**春秋左氏傳地名補注十二卷**　(清)沈欽韓撰　清光緒長洲蔣氏刻心矩齋叢書本　二册　十一行二十一字小字雙行同上下黑口左右雙邊

450000－2602－0004392　00358
**春秋穀梁傳十二卷附校刊記一卷**　(晉)范甯集解　(唐)陸德明音義　清光緒十七年(1891)湖南思賢書局刻本　四册　九行十七字小字雙行同白口四周單邊

450000－2602－0004393　00359
**春秋穀梁傳音訓不分卷**　(清)楊國楨撰　清光緒三年(1877)崇文書局刻十一經音訓本　二册　七行二十二字小字雙行同白口四周

單邊

450000－2602－0004394　00360

**春秋穀梁傳十二卷**　(晉)范甯集解　(唐)陸德明音義　清光緒二十一年(1895)金陵書局刻本　陳柱批　二册　九行二十二字小字雙行同白口左右雙邊

450000－2602－0004395　00344

**春秋左繡三十卷首一卷**　(清)馮李驊評輯　(清)范允斌等參評　(清)馮張孫等校輯　清刻本　十册　八行二十字小字雙行同白口四周單邊

450000－2602－0004396　00317

**三禮通釋二百八十卷首一卷目錄四卷**　(清)林昌彝撰　清同治三年(1864)廣州刻本　四十八册　十行二十三字小字雙行同白口四周雙邊

450000－2602－0004397　00318

**五禮通考二百六十二卷首四卷總目二卷**　(清)秦蕙田編輯　(清)方觀承同訂　清光緒六年(1880)江蘇書局刻本　一百册　十三行二十一字小字雙行不等白口左右雙邊

450000－2602－0004398　00367

**春秋十六卷首一卷**　清同治三年(1864)浙江撫署刻本　十二册　九行十七字小字雙行同白口四周單邊

450000－2602－0004399　特122/7530

**四書考輯要二十卷**　(清)陳宏謀輯　(清)孫蘭森編校　清乾隆三十四年(1769)培遠堂刻本　八册　十行二十字小字雙行同白口四周雙邊

450000－2602－0004400　00361

**春秋穀梁傳十二卷**　(晉)范甯集解　(唐)陸德明音義　**春秋穀梁傳考異一卷**　楊守敬撰　清光緒遵義黎氏刻古逸叢書本　二册　十一行十九字小字雙行二十七字上下黑口左右雙邊

450000－2602－0004401　00364;00326;00351

**十一經音訓**　(清)楊國楨撰　清道光十年(1830)崇陽楊國楨大梁書院刊本　十二册　七行二十二字白口四周單邊　存三種

450000－2602－0004402　00322

**春秋公羊傳十一卷附校刊記一卷**　(漢)何休學　(唐)陸德明音義　清光緒十七年(1891)湖南思賢書局刻本　六册　九行十七字小字雙行同白口四周單邊

450000－2602－0004403　00325

**公羊注疏校勘記二十八卷**　(清)阮元撰　清同治十三年(1874)湖南書局刻重刊宋本十三經注疏附校勘記本　二册　九行二十一字小字雙行同白口左右雙邊

450000－2602－0004404　00365

**春秋穀梁注疏二十卷**　(晉)范甯集解　(唐)陸德明音義　(唐)楊士勛疏　清同治十三年(1874)湖南書局刻重刊宋本十三經注疏本　五册　九行二十一字小字雙行同白口左右雙邊

450000－2602－0004405　00324

**公羊注疏校勘記二十八卷**　(清)阮元撰　清同治十三年(1874)湖南書局刻重刊宋本十三經注疏附校勘記本　二册　九行二十一字小字雙行同白口左右雙邊

450000－2602－0004406　00323

**春秋公羊經傳解詁十二卷**　(漢)何休註　**重刊宋紹熙公羊傳注附晉本校記一卷**　(清)魏彦校刊　清光緒二十一年(1895)金陵書局刻本　陳柱批　二册　十一行十九字小字雙行二十七字白口左右雙邊

450000－2602－0004407　特188/7530/3

**學仕遺規四卷補四卷**　(清)陳宏謀輯　清光緒五年(1879)江蘇書局刻本　一册　十一行二十一字小字雙行同白口左右雙邊　存七卷(二至四、補四卷)

450000－2602－0004408　00303

**禮記述注二十八卷**　(清)李光坡述註　清光緒八年(1882)刻本　十册　八行二十二字小字雙行同白口左右雙邊

450000－2602－0004409　00355
**左傳紀事本末五十三卷**　(清)高士奇撰　清同治十二年(1873)江西書局刻紀事本末五種本　六冊　十行二十字小字雙行同下黑口左右雙邊　存三十五卷(十至四十四)

450000－2602－0004410　特126/7530
**呂子節録四卷補遺二卷**　(明)呂坤著　(清)陳宏謀評輯　清木活字印本　四冊　九行十八字白口左右雙邊

450000－2602－0004411　00333
**春秋左傳三十卷**　(晉)杜預集解　(明)金蟠較訂　清同治八年(1869)浙江書局刻十三經古注本　十冊　九行二十五字小字雙行同白口左右雙邊

450000－2602－0004412　特298/4674
**文廟祀位考略六卷**　(清)劉榘編録　(清)楊鳳朝輯　(清)曹馴增補　清光緒十八年(1892)刻本　四冊　十行二十二字白口四周雙邊

450000－2602－0004413　00348
**左傳事緯十二卷**　(清)馬驌编論　(清)潘霨校訂　**左傳字釋一卷**　(清)馬驌考定　(清)潘霨重校　清光緒四年(1878)刻本　八冊　九行二十二字小字雙行同下黑口左右雙邊

450000－2602－0004414　特712.82/1057/2
**龍壁山房詩草十七卷**　(清)王拯撰　清咸豐九年(1859)桂林楊氏博文堂刻本　六冊　十二行二十二字小字雙行同上下黑口四周雙邊

450000－2602－0004415　特712.83/0431/1
**醉白堂文集四卷續一卷**　(清)謝良琦撰　清光緒十九年(1893)王鵬運刻本　二冊　十行二十四字上下黑口左右雙邊

450000－2602－0004416　特712.82/4914
**聽松廬詩存一卷**　(清)趙廷楨著　清刻本　香農居士題記　一冊　九行二十字小字雙行同白口四周雙邊

450000－2602－0004417　00421
**則堂先生春秋集傳詳説三十卷綱領一卷**　(宋)家鉉翁撰　清同治十二年(1873)粵東書局刻通志堂經解本　八冊　十一行二十字小字雙行不等白口左右雙邊　存二十八卷(三至三十)

450000－2602－0004418　00408
**春秋繁露十七卷首一卷**　(漢)董仲舒著　清光緒三年(1877)刻崇文書局彙刻書本　二冊　十二行二十四字小字雙行同上下黑口四周雙邊

450000－2602－0004419　00353
**曲江書屋新訂批註左傳快讀十八卷首一卷**　(清)李紹崧選訂　清道光二十九年(1849)刻本　十六冊　十行十六字小字雙行同白口四周雙邊

450000－2602－0004420　特712.83/0431/2
**醉白堂文集四卷續一卷**　(清)謝良琦撰　清光緒十九年(1893)王鵬運刻本　二冊　十行二十四字上下黑口左右雙邊

450000－2602－0004421　00366
**穀梁注疏校勘記二十卷**　(清)阮元撰　清同治十三年(1874)湖南書局刻重刊宋本十三經注疏附校勘記本　一冊　九行二十一字小字雙行同白口左右雙邊

450000－2602－0004422　00357
**春秋左傳注疏六十卷**　(晉)杜預注　(唐)孔穎達疏　(唐)陸德明音義　清同治十三年(1874)湖南書局刻重刊宋本十三經註疏附校勘記本　二十冊　九行二十一字小字雙行同白口左右雙邊

450000－2602－0004423　00402
**春秋詩話五卷**　(清)勞孝輿撰　清道光二十五年(1845)粵雅堂刻嶺南遺書本　一冊　十一行二十二字小字雙行同上下黑口四周單邊

450000－2602－0004424　00410
**春秋春王正月考一卷辨疑一卷**　(明)張以寧述　清刻本　二冊　十一行二十字白口左右雙邊

450000－2602－0004425　特712.83/3677

**考辨隨筆二卷**　(清)黄定宜撰　清道光二十七年(1847)萍鄉文氏刻本　一册　十行二十字小字雙行同白口左右雙邊

450000－2602－0004426　特712.83/4412/3

**空青水碧齋文集八卷**　(清)蔣琦齡撰　清光緒十一年(1885)刻本　一册　九行十九字小字雙行同上下黑口左右雙邊

450000－2602－0004427　00415

**春秋啖趙集傳纂例十卷**　(唐)陸淳纂　清同治十二年(1873)粵東書局刻古經解彙函本　三册　十行二十一字小字雙行同白口左右雙邊

450000－2602－0004428　特712.82/4467/1

**寶墨樓詩册十五卷補錄舊詩一卷**　(清)蘇時學撰　清同治刻本　四册　十行二十二字小字雙行同白口四周雙邊

450000－2602－0004429　特324.1/0016/3

**廣西財政沿革利弊説明書十三卷首一卷**　胡銘槃等鑒定　唐鎧等編輯　清宣統二年(1910)廣西官書局鉛印本　十四册　十一行三十一字小字雙行同白口四周單邊

450000－2602－0004430　00414

**春秋釋例十五卷**　(晉)杜預撰　(清)孫星衍　(清)莊述祖校　清同治十二年(1873)粵東書局刻古經解彙函本　七册　十行二十一字小字雙行同白口左右雙邊

450000－2602－0004431　特712.83/3677

**香東漫筆二卷**　況周儀記　清刻本　一册　十一行二十二字小字雙行同上下黑口四周單邊

450000－2602－0004432　00383

**春秋啖趙二先生集傳辯疑十卷**　(唐)陸淳纂　清同治十二年(1873)粵東書局刻古經解彙函本　二册　十行二十一字小字雙行同白口左右雙邊

450000－2602－0004433　00384

**春秋啖趙二先生集傳辯疑十卷**　(唐)陸淳纂　清同治十二年(1873)粵東書局刻古經解彙函本　二册　十行二十一字小字雙行同白口左右雙邊

450000－2602－0004434　特712.82/4467/2

**寶墨樓詩册十五卷補錄舊詩一卷**　(清)蘇時學撰　清同治刻本　三册　十行二十二字小字雙行同白口四周雙邊　存十一卷(五至十二、十四至十五,補錄舊詩一卷)

450000－2602－0004435　特324.1/0016/1

**廣西財政沿革利弊説明書十三卷首一卷**　胡銘槃等鑒定　唐鎧等編輯　清宣統二年(1910)廣西官書局鉛印本　十四册　十一行三十一字小字雙行同白口四周單邊

450000－2602－0004436　00370

**春秋攷十六卷**　(宋)葉夢得撰　清刻武英殿聚珍版書本　六册　九行二十一字小字雙行同白口四周雙邊

450000－2602－0004437　00405

**春秋繁露十七卷附錄一卷**　(漢)董仲舒撰　清刻古經解彙函本　三册　十行二十一字小字雙行同白口左右雙邊

450000－2602－0004438　02011

**江南製造局記十卷首一卷附一卷**　(清)魏允恭編　清光緒三十一年(1905)文寶書局石印本　十册　十一行二十四字小字雙行同下黑口四周雙邊

450000－2602－0004439　00418

**春秋釋例十五卷**　(晉)杜預撰　(清)莊述祖　(清)孫星衍校　清同治十二年(1873)粵東書局刻古經解彙函本　六册　十行二十一字小字雙行同白口左右雙邊

450000－2602－0004440　特712.82/8725/4

**補學軒詩集八卷**　(清)鄭獻甫撰　清咸豐十年(1860)湖南善化勞氏采菽堂刻本　四册　十一行二十三字小字雙行同白口四周單邊

450000－2602－0004441　00399

**春秋董氏學八卷**　康有為著　清光緒十九年(1893)刻萬木草堂叢書本　五册　十三行二十六字小字雙行同下黑口四周單邊

450000－2602－0004442　特324.1/0016/2
**廣西財政沿革利弊說明書十三卷首一卷**　胡銘槃等鑒定　唐鎧等編輯　清宣統二年(1910)廣西官書局鉛印本　十三冊　十一行三十一字小字雙行同白口四周單邊　存十三卷(一至十二、首一卷)

450000－2602－0004443　00387
**春秋辨疑四卷**　(宋)蕭楚撰　清同治十三年(1874)江西書局刻武英殿聚珍版書本　二冊　九行二十一字小字雙行同白口四周雙邊

450000－2602－0004444　特324.1/0016/4
**廣西財政沿革利弊說明書十三卷首一卷**　胡銘槃等鑒定　唐鎧等編輯　清宣統二年(1910)廣西官書局鉛印本　四冊　十一行三十一字小字雙行同白口四周單邊　存四卷(七、十、十二,首一卷)

450000－2602－0004445　00407
**春秋繁露十七卷題跋附錄一卷**　(漢)董仲舒撰　(清)淩曙注　清刻本　四冊　十行二十一字小字雙行同白口左右雙邊

450000－2602－0004446　00388
**春秋辨疑四卷**　(宋)蕭楚撰　清同治十三年(1874)江西書局刻武英殿聚珍版書本　二冊　九行二十一字小字雙行同白口四周雙邊

450000－2602－0004447　特713.1/1073/1
**四印齋所刻詞**　(清)王鵬運輯　清光緒臨桂王氏四印齋刻本　六冊　十行十八字小字雙行同白口左右雙邊　存八種三十一卷

450000－2602－0004448　00406
**春秋繁露十七卷附錄一卷**　(漢)董仲舒撰　清刻古經解彙函本　三冊　十行二十一字小字雙行同白口左右雙邊

450000－2602－0004449　00385
**春秋啖趙集傳纂例十卷**　(唐)陸淳纂　清同治十二年(1873)粵東書局刻古經解彙函本　三冊　十行二十一字小字雙行同白口左右雙邊

450000－2602－0004450　特713.1/1073/2
**宋元三十一家詞三十一種三十一卷**　(清)王鵬運輯　清光緒十九年(1893)四印齋刻本　四冊　十行二十一字小字雙行同上下黑口左右雙邊

450000－2602－0004451　00419
**武英殿聚珍版書**　清刻武英殿聚珍版書本　十冊　九行二十一字小字雙行同白口四周雙邊　存二種十六卷(春秋傳說例一卷、春秋釋例十五卷)

450000－2602－0004452　00386
**春秋啖趙集傳纂例十卷**　(唐)陸淳纂　清同治十二年(1873)粵東書局刻古經解彙函本　三冊　十行二十一字小字雙行同白口左右雙邊

450000－2602－0004453　00373
**春秋微旨三卷**　(唐)陸淳譔　清同治十二年(1873)粵東書局刻古經解彙函本　一冊　十行二十一字小字雙行同白口左右雙邊

450000－2602－0004454　特328.59/7110
**兩廣鹽法志三十五卷首一卷**　(清)阮元總修　(清)伍長華纂修　清道光十六年(1836)刻本　二十冊　九行二十二字小字雙行同白口四周雙邊

450000－2602－0004455　00374
**春秋集註四十卷**　(宋)高閌撰　清刻武英殿聚珍版書本　十冊　九行二十一字小字雙行同白口四周雙邊

450000－2602－0004456　00369
**春秋左傳注疏校勘記六十卷**　(清)阮元撰　清同治十三年(1874)湖南書局刻重刊宋本十三經註疏附校勘記本　五冊　九行二十一字小字雙行同白口左右雙邊　存四十七卷(一至四十、五十四至六十)

450000－2602－0004457　00368
**春秋十六卷首一卷**　(清)魏綸先輯　清同治三年(1864)浙江撫署刻本　十一冊　九行十七字小字雙行同白口四周單邊　存十五卷(一至十二、十五至十六,首一卷)

450000－2602－0004458　00372
**春秋微旨三卷**　(唐)陸淳撰　清同治十二年(1873)粵東書局刻古經解彙函本　一册　十行二十一字小字雙行同白口左右雙邊

450000－2602－0004459　00427
**孝經注疏九卷附考證**　(唐)玄宗李隆基注　(唐)陸德明音義　(宋)邢昺校　清刻本　一册　十行二十一字小字雙行同白口左右雙邊

450000－2602－0004460　00398
**春秋經解十五卷**　(宋)孫覺撰　清刻武英殿聚珍版書本　八册　九行二十一字小字雙行同白口四周雙邊

450000－2602－0004461　00356
**春秋左傳音訓不分卷**　(清)楊國楨撰　清光緒三年(1877)湖北崇文書局刻十一經音訓本　八册　七行二十二字小字雙行同白口四周單邊

450000－2602－0004462　特 325/0077
**商學不分卷**　(清)□□著　清刻本　一册　十二行二十四字小字雙行同上下黑口左右雙邊

450000－2602－0004463　特 324.21/2728
**督練公所收支章程一卷**　(清)兩廣督練公所訂　清宣統元年(1909)鉛印本　一册　十一行二十二字白口四周雙邊

450000－2602－0004464　00422
**知不足齋叢書一百九十六種**　(漢)鮑廷博編　(清)鮑志祖續編　清刻本　一册　九行十八字小字雙行同上下黑口左右雙邊　存二種三卷(孝經鄭註一卷附補證一卷、孝經鄭氏解一卷)

450000－2602－0004465　特 712.83/7530
**培遠堂偶存稿十卷**　(清)陳宏謀撰　清刻本　清陳枚功題記　十二册　九行二十字小字雙行同白口四周雙邊

450000－2602－0004466　特 337.192/7227/1
**越事備考十二卷首一卷**　(清)劉名譽編輯　清光緒二十一年(1895)桂林慕盦氏刻本　四册　十行二十二字下黑口四周雙邊　存十二卷(奏議一至三、芻言一至六、案略一至二,首一卷)

450000－2602－0004467　00379
**古經解彙函**　(清)鍾謙鈞等輯　清末石印本　一册　十七行三十八字小字雙行同白口左右雙邊　存二種十三卷(春秋微旨三卷、春秋啖趙二先生集傳辯疑十卷)

450000－2602－0004468　00436
**孝經學七卷**　曹元弼學　清刻本　一册　十行二十字小字雙行同白口左右雙邊

450000－2602－0004469　特 337.192/7227/2
**越事備考十二卷首一卷**　(清)劉名譽編輯　清光緒二十一年(1895)桂林慕盦氏刻本　四册　十行二十二字小字雙行同下黑口四周雙邊　存十二卷(奏議一至三、芻言一至六、案略一至二,首一卷)

450000－2602－0004470　特 330.42/2284
**岑襄勤公奏稿三十卷首一卷總目一卷**　(清)岑毓英撰　清光緒二十三年(1897)武昌督糧官署刻本　三十二册　十一行二十一字小字雙行同上下黑口四周雙邊

450000－2602－0004471　特 351.82/8004
**諫垣存稿二卷**　余誠格著　清光緒三十四年(1908)誦清閣鉛印本　一册　九行二十二字小字雙行同白口四周單邊

450000－2602－0004472　特 622/0131/1
**古韻通說二十卷**　(清)龍啟瑞篹　清同治六年(1867)富文齋刻本　四册　十一行二十八字小字雙行同上下黑口左右雙邊

450000－2602－0004473　特 622/0131/2
**爾雅經注集證三卷**　(清)龍啟瑞撰　清咸豐四年(1854)刻本　一册　十一行二十八字小字雙行同上下黑口左右雙邊

450000－2602－0004474　特 712.83/8725
**補學軒文集外編四卷**　(清)鄭獻甫撰　清光緒八年(1882)黔南節署刻本　四册　十行二十一字小字雙行同白口四周雙邊

450000－2602－0004475　特712.82/0182
**聽之草堂詩集二十卷**　（清）龔錫紳撰　清道光三十年(1850)亦政堂刻本　四册　九行二十一字小字雙行同白口左右雙邊

450000－2602－0004476　特711.83/4446
**光緒丁酉科廣西闈墨一卷**　清光緒二十三年(1897)衡鑑堂刻本　佚名批　一册　九行二十五字白口四周雙邊

450000－2602－0004477　特622/3630/1
**六書管見二十卷**　（清）況祥麟撰　清光緒二年(1876)臨桂況氏家刻況氏叢書本　十六册　九行二十一字小字雙行同下黑口四周雙邊

450000－2602－0004478　特712.82/8013
**冰泉唱和集一卷續和一卷再續和一卷附録一卷**　金武祥輯　清光緒十五年(1889)刻粟香室叢書本　一册　八行二十一小字雙行同白口左右雙邊

450000－2602－0004479　特712.71/4460
**重刻蔣文定公湘皋集四十卷**　（明）蔣冕撰（清）俞廷舉編　清嘉慶二十一年(1816)刻本　十二册　十行二十字小字雙行同白口左右雙邊

450000－2602－0004480　特622/3630/2
**六書管見二十卷**　（清）況祥麟撰　清光緒二年(1876)臨桂況氏家刻況氏叢書本　十五册　九行二十一字小字雙行同下黑口四周雙邊　存十八卷(一至五、八至二十)

450000－2602－0004481　特711.82/3137
**樧湖十子詩鈔二十二卷**　（清）張凱嵩輯　清同治六年(1867)江夏張氏刻本　六册　十行二十三字小字雙行同上下黑口左右雙邊　存八種十七卷

450000－2602－0004482　特624/0131
**古韻通說二十卷**　（清）龍啟瑞撰　清光緒九年(1883)四川尊經書局刻本　二册　十一行二十二字小字雙行同上下黑口四周單邊

450000－2602－0004483　特712.82/8284
**修拙齋詩集二卷**　（清）鍾毓奇撰　清光緒十二年(1886)刻本　一册　十行二十二字小字雙行同白口左右雙邊

450000－2602－0004484　特712.81/6645
**瞿忠宣公集十卷**　（清）瞿式耜撰　清光緒十三年(1887)刻本　四册　十二行二十二字小字雙行同下黑口左右雙邊

450000－2602－0004485　特711.83/1128
**同治癸酉科廣西闈墨一卷**　清刻本　一册　九行二十五字小字雙行同白口四周單邊

450000－2602－0004486　特712.2/6071
**芙蓉池館詩草一卷賦草一卷**　（清）羅辰著　清道光刻本　一册　十三行二十七字小字雙行同白口四周雙邊

450000－2602－0004487　特622/4479
**類藻引注四卷**　（清）蔣勵常譔注　清咸豐六年(1856)刻全州蔣氏叢刻本　二册　九行十九字小字雙行同上下黑口四周單邊

450000－2602－0004488　特712.28/4904
**守三詩草二卷附試帖一卷**　（清）趙勷撰　清咸豐八年(1858)好古齋刻本　二册　九行二十一字小字雙行同上下黑口四周雙邊

450000－2602－0004489　特711.72/1177
**嶠西詩鈔二十一卷**　（清）張鵬展纂　清道光二年(1822)清遠樓刻本　佚名批　四册　九行二十一字小字雙行同白口四周雙邊

450000－2602－0004490　特717.7/7530/1
**培遠堂偶存稿十卷**　（清）陳宏謀撰　清刻本　六册　九行二十字小字雙行同白口四周雙邊

450000－2602－0004491　特622/0143/1
**文字發凡四卷**　（清）龍志澤編輯　清光緒三十一年(1905)上海廣智書局鉛印本　二册　行字不等白口四周單邊

450000－2602－0004492　特711.83/3360
**光緒癸卯恩科廣西闈墨一卷**　清光緒二十九年(1903)衡鑑堂刻本　一册　九行二十五字白口左右雙邊

450000－2602－0004493　特 622/0143/2
**文字發凡四卷**　(清)龍志澤編輯　清光緒三十一年(1905)上海廣智書局鉛印本　一冊　行字不等白口四周單邊　存二卷(一至二)

450000－2602－0004494　特 712.81/7530
**司馬文正公傳家集八十卷目録二卷附録一卷[司馬光]年譜一卷**　(宋)司馬光撰　(清)陳弘謀訂　清乾隆六年(1741)培遠堂刻本　三十冊　十一行二十一字上下黑口左右雙邊

450000－2602－0004495　特 717.1/8013
**粟香室叢書**　金武祥輯　清光緒刻本　一冊　存二種二卷(瀧江雜記一卷、瀧江游草一卷)

450000－2602－0004496　特 713.2/1073/1
**半塘定稾二卷**　(清)王鵬運撰　清光緒三十一年(1905)徐鳳銜刻本　二冊　十行十七字小字雙行同上下黑口左右雙邊

450000－2602－0004497　特 713.2/1073/2
**半塘定稾二卷賸稾一卷**　(清)王鵬運撰　清光緒三十二年(1906)小放下庵刻本　一冊　十行十七字小字雙行同上下黑口左右雙邊

450000－2602－0004498　特 717.7/7530/2
**手札節要三卷**　(清)陳宏謀撰　清刻本　一冊　十行二十四字小字雙行同白口四周雙邊

450000－2602－0004499　特 713.2/0131
**漢南春柳詞鈔一卷**　(清)龍啟瑞撰　**梅神吟館詩草一卷詞草一卷**　(清)何慧生撰　清光緒四年(1878)龍繼棟京師刻本　一冊　十一行二十八字上下黑口左右雙邊

450000－2602－0004500　特 713.1/3672/1
**粵西詞見二卷**　況周儀(況周頤)撰録　清光緒二十二年(1896)金陵刻三十三年(1907)揚州聚文齋印蕙風簃所纂書本　一冊　十行二十一字小字雙行同上下黑口四周單邊

450000－2602－0004501　特 717.1/2737/1
**桐陰清話八卷**　(清)倪鴻撰　清同治十三年(1874)申江刻本　二冊　九行二十一字小字雙行同上下黑口四周單邊

450000－2602－0004502　特 717.1/2737/2
**桐陰清話八卷**　(清)倪鴻撰　清同治十三年(1874)申江刻本　四冊　九行二十一字小字雙行同上下黑口四周單邊

450000－2602－0004503　特 713.1/3672/2
**粵西詞見二卷**　況周儀(況周頤)撰録　清光緒二十二年(1896)金陵刻三十三年(1907)揚州聚文齋印蕙風簃所纂書本　一冊　十行二十一字小字雙行同上下黑口四周單邊

450000－2602－0004504　特 717.1/2737/3
**桐陰清話八卷**　(清)倪鴻撰　清同治十三年(1874)申江刻本　二冊　九行二十一字小字雙行同上下黑口四周單邊

450000－2602－0004505　特 714.4/4448/1
**桂林霜二卷**　(清)張三禮評文　(清)蔣士銓填詞　(清)楊迎鶴正譜　清刻本　二冊　九行二十二字小字雙行同白口四周單邊

450000－2602－0004506　特 713.1/3672/3
**粵西詞見二卷**　況周儀　(況周頤)撰録　清光緒二十二年(1896)金陵刻三十三年(1907)揚州聚文齋印蕙風簃所纂書本　一冊　十行二十一字小字雙行同上下黑口四周單邊

450000－2602－0004507　特 713.1/3672/4
**粵西詞見二卷坿玉棋後詞一卷**　況周儀(況周頤)撰録　清光緒二十二年(1896)金陵刻三十三年(1907)揚州聚文齋李姓刻字店印蕙風簃所簒書本　一冊　十行二十一字小字雙行同上下黑口四周單邊

450000－2602－0004508　特 714.4/4448/2
**桂林霜二卷**　(清)張三禮評文　(清)蔣士銓填詞　(清)楊迎鶴正譜　清刻本　二冊　九行二十二字小字雙行同白口四周單邊

450000－2602－0004509　特 713.1/3672/5
**粵西詞見二卷坿玉棋後詞一卷**　況周儀(況周頤)撰録　清光緒二十二年(1896)金陵刻三十三年(1907)揚州聚文齋李姓刻字店印蕙風簃所簒書本　一冊　十行二十一字小字雙行同上下黑口四周單邊

450000－2602－0004510　特717.7/0062/1
**請纓日記十卷**　(清)唐景崧撰　清光緒十九年(1893)臺灣布政使署刻本　四册　十行二十一字小字雙行同白口四周雙邊

450000－2602－0004511　特717.7/7530/3
**培遠堂手札節存三卷**　(清)陳宏謀撰　清同治三年(1864)射雕山館石印本　二册　八行二十字小字雙行同白口四周雙邊

450000－2602－0004512　S108
**徑山藏**　明萬曆十七年(1589)至清乾隆五臺山嘉興徑山等地刻本　六百五十六册　十行二十字小字雙行同白口四周雙邊　存五百三十八種三千二十卷

450000－2602－0004513　特717.7/0062/2
**請纓日記十卷**　(清)唐景崧撰　清光緒十九年(1893)臺灣布政使署刻本　四册　十行二十一字小字雙行同白口四周雙邊

450000－2602－0004514　特713.1/1132
**和珠玉詞一卷**　(清)張祥齡等撰　清光緒二十年(1894)刻本　一册　十行二十字小字雙行同上下黑口左右雙邊

450000－2602－0004515　特717.7/7530/4
**培遠堂存稿摘鈔四卷**　(清)陳宏謀撰　清光緒六年(1880)蜀垣柏署刻本　四册　九行二十字小字雙行同下黑口左右雙邊

450000－2602－0004516　特713.2/1073/3
**味梨集一卷**　(清)王鵬運撰　清光緒二十一年(1895)自刻本　一册　八行十六字小字雙行同上下黑口四周單邊

450000－2602－0004517　特713.2/1073/5
**味梨集一卷**　(清)王鵬運撰　清光緒二十一年(1895)自刻本　一册　八行十六字小字雙行同上下黑口四周單邊

450000－2602－0004518　特713.2/1073/4
**味梨集一卷**　(清)王鵬運撰　清光緒二十一年(1895)自刻本　一册　八行十六字小字雙行同上下黑口四周單邊

450000－2602－0004519　特713.2/3677/1
**薇省詞鈔十卷坿一卷**　況周儀(況周頤)撰録　清光緒二十四年(1898)廣陵刻本　四册　十行二十一字小字雙行同上下黑口四周單邊

450000－2602－0004520　特713.2/3677/2
**薇省詞鈔十卷坿一卷**　況周儀(況周頤)撰録　清光緒二十四年(1898)廣陵刻本　四册　十行二十一字小字雙行同上下黑口四周單邊

450000－2602－0004521　特713.2/3677/3
**薇省詞鈔十卷坿一卷**　況周儀(況周頤)撰録　清光緒二十四年(1898)廣陵刻本　三册　十行二十一字小字雙行同上下黑口四周單邊　存八卷(四至十、坿一卷)

450000－2602－0004522　特713.2/3677/4
**薇省詞鈔十卷坿一卷**　況周儀(況周頤)撰録　清光緒二十四年(1898)廣陵刻本　李微題記　四册　十行二十一字小字雙行同上下黑口四周單邊

450000－2602－0004523　特713.2/1073/6
**半塘丁稿一卷半塘戊稿一卷**　(清)王鵬運撰　清光緒二十五年(1899)刻本　一册　九行十六字小字雙行同上下黑口四周單邊

450000－2602－0004524　特713.2/1073/7
**半塘丁稿一卷半塘戊稿一卷**　(清)王鵬運撰　清光緒二十五年(1899)刻本　一册　九行十六字小字雙行同上下黑口四周單邊

450000－2602－0004525　特717.7/7530/5
**培遠堂手札節存三卷**　(清)陳宏謀撰　清光緒二十五年(1899)浙江官書局刻朱墨套印本　三册　八行十八字下黑口左右雙邊

450000－2602－0004526　特713.2/1073/8
**春蟄吟一卷**　(清)王鵬運撰　清刻本　一册　十行二十字小字雙行同上下黑口左右雙邊

450000－2602－0004527　特815.4/6071
**桂林山水一卷**　(清)羅辰繪　清道光十一年(1831)刻本　一册　行字不等白口四周雙邊

450000－2602－0004528　特713.2/1073/9

**春蟄吟一卷**　(清)王鵬運撰　清刻本　一册　十行二十字小字雙行同上下黑口左右雙邊

450000－2602－0004529　特717.7/7530/6
**培遠堂手札節存三卷**　(清)陳宏謀撰　清同治十一年(1872)江蘇書局刻本　一册　十一行二十一字下黑口左右雙邊

450000－2602－0004530　特713.2/1077
**庚子秋詞二卷**　(清)王鵬運輯　清刻本　一册　十行二十字小字雙行同上下黑口左右雙邊

450000－2602－0004531　特713.2/1132
**和珠玉詞一卷**　(清)張祥齡等撰　清光緒二十年(1894)刻本　一册　十行二十字小字雙行同上下黑口左右雙邊

450000－2602－0004532　特894.6/0062
**謎拾二卷坿謎學一卷**　(清)南注生(唐景崧)譔　清光緒十九年(1893)刻得一山房四種本　一册　十行二十一字小字雙行同白口四周雙邊

450000－2602－0004533　特926/0404
**明季南畧十八卷**　(清)計六奇編輯　清都城琉璃廠半松居士木活字印本　十册　九行二十字小字雙行同白口左右雙邊

450000－2602－0004534　特902.4/3672
**萬邑西南山石刻記二卷坿南浦郡報善寺兩唐碑釋文一卷**　況周儀譔録　清光緒二十九年(1903)刻本　一册　十行二十一字小字雙行同上下黑口四周單邊

450000－2602－0004535　特717.7/7530/7
**培遠堂手札節存三卷**　(清)陳宏謀撰　清同治三年(1864)射雕山館石印本　三册　八行二十字小字雙行同白口四周雙邊

450000－2602－0004536　特921/7530
**綱鑑正史約三十六卷**　(清)顧錫疇原編　(清)陳宏謀增訂　**甲子紀元歷代建都攷附一卷**　(清)陳宏謀輯　清同治八年(1869)浙江書局刻本　二十册　十一行二十字小字雙行同白口左右雙邊

450000－2602－0004537　特926/3410/1
**南天痕二十六卷附録一卷**　(清)凌雪纂修　清宣統二年(1910)復古社鉛印本　六册　十二行三十字白口四周雙邊

450000－2602－0004538　特926/3410/2
**南天痕二十六卷附録一卷**　(清)凌雪纂修　清宣統二年(1910)復古社鉛印本　六册　十二行三十字白口四周雙邊

450000－2602－0004539　08965
**詞律拾遺八卷**　(清)徐本立纂　**詞律補遺一卷**　(清)杜文瀾編　清同治十二年(1873)吳下刻本　四册　七行二十一字小字雙行同白口左右雙邊

450000－2602－0004540　特926/4422;特926/3147
**明季稗史彙編十六種**　(清)留雲居士輯　清刻本　一册　九行十九字小字雙行同上黑口左右雙邊　存五種五卷(兩廣紀畧一卷、東明聞見錄一卷、賜姓始末一卷、粤游見聞一卷、江南聞見錄一卷)

450000－2602－0004541　特927/1134
**金陵省難紀略一卷**　(清)張汝南述　清光緒十六年(1890)上海著易堂書局鉛印本　一册　九行二十五字小字雙行不等白口四周雙邊

450000－2602－0004542　特927/3734
**湘軍志十六卷**　王闓運撰　清光緒十二年(1886)成都墨香書屋刻本　四册　十行二十一字小字雙行同白口四周雙邊

450000－2602－0004543　特927/2145
**征南輯畧八卷**　(清)馮子材撰　清光緒十年(1884)刻粤東聚德堂印本　八册　十二行二十四字小字雙行同白口四周雙邊

450000－2602－0004544　特927/4470
**平桂紀略四卷**　(清)蘇鳳文撰　清光緒十五年(1889)刻本　一册　十行二十字小字雙行同白口四周雙邊

450000－2602－0004545　05032
**日知錄集釋三十二卷刊誤二卷續刊誤二卷**

(清)顧炎武著　(清)黄汝成集釋　清同治八年(1869)廣州述古堂刻本　十六册　十一行二十二字小字雙行同上下黑口左右雙邊

450000－2602－0004546　特927/4403/1
**平定粵匪紀略十八卷附記四卷**　(清)杜文瀾撰　清光緒七年(1881)木活字印本　六册　十二行二十七字白口四周單邊

450000－2602－0004547　特981.56/0710
**赤雅三卷**　(清)鄺露撰　清海雪堂刻本　一册　九行二十字小字雙行同白口左右雙邊

450000－2602－0004548　特927/4403/2
**平定粵寇紀畧十八卷附記四卷**　(清)杜文瀾撰　清光緒元年(1875)詒穀堂刻曼陀羅華閣叢書本　十二册　九行二十一字小字雙行同白口左右雙邊

450000－2602－0004549　特981.56/1133/1
**粵西筆述一卷**　(清)張祥河撰　清光緒二十二年(1896)桂林蔣存遠堂刻本　一册　九行十八字小字雙行同上下黑口左右雙邊

450000－2602－0004550　特927/2612
**蕩平髮逆圖記二十二卷首一卷**　(清)杜文瀾纂輯　(清)白雲山人繪　清光緒十四年(1888)上海漱六山莊石印本　四册　十六行三十六字白口四周雙邊

450000－2602－0004551　特935.2/2834
**越南輯略二卷**　(清)徐延旭編輯　清光緒三年(1877)梧州郡署刻本　一册　十二行二十四字小字雙行同上下黑口四周雙邊　存一卷(一)

450000－2602－0004552　特981.56/1133/2
**粵西筆述一卷**　(清)張祥河撰　清光緒二十二年(1896)桂林蔣存遠堂刻本　一册　九行十八字小字雙行同上下黑口左右雙邊

450000－2602－0004553　05023
**雲谷雜紀四卷首一卷末一卷**　(宋)張淏撰　清同治十三年(1874)江西書局刻武英殿聚珍版書本　二册　九行二十一字小字雙行同白口四周雙邊

450000－2602－0004554　特981.56/1133/3
**粵西筆述一卷**　(清)張祥河撰　清光緒二十二年(1896)桂林蔣存遠堂刻本　一册　九行十八字小字雙行同上下黑口左右雙邊

450000－2602－0004555　05030
**日知録集釋三十二卷刊誤二卷續刊誤二卷**　(清)顧炎武著　(清)黄汝成集釋　清同治八年(1869)廣州述古堂刻本　十六册　十一行二十二字小字雙行同上下黑口左右雙邊

450000－2602－0004556　特981.56/0436
**粵西金石略十五卷**　(清)謝啓昆撰　清嘉慶六年(1801)銅鼓亭刻本　六册　十一行二十三字小字雙行同上下黑口左右雙邊

450000－2602－0004557　05033
**日知録集釋三十二卷刊誤二卷續刊誤二卷**　(清)顧炎武著　(清)黄汝成集釋　清同治八年(1869)廣州述古堂刻本　十六册　十一行二十二字小字雙行同上下黑口左右雙邊

450000－2602－0004558　05034
**日知録集釋三十二卷刊誤二卷續刊誤二卷**　(清)顧炎武著　(清)黄汝成集釋　清同治八年(1869)廣州述古堂刻本　十六册　十一行二十二字小字雙行同上下黑口左右雙邊

450000－2602－0004559　特981.56/1133/4
**粵西筆述一卷**　(清)張祥河撰　清刻本　二册　九行十八字小字雙行同上下黑口左右雙邊

450000－2602－0004560　05077
**盛世危言六卷**　鄭觀應輯著　清光緒二十四年(1898)圖書集成局鉛印本　六册　十八行四十三字白口四周單邊

450000－2602－0004561　05078
**橋西雜記一卷**　(清)葉名澧撰　清同治十年(1871)滂喜齋刻滂喜齋叢書本　一册　十行二十一字小字雙行同上下黑口左右雙邊

450000－2602－0004562　特981.56/1135
**粵遊小識七卷**　(清)張心泰撰　清光緒二十六年(1900)夢楳僊館刻本　一册　十三行二

十二字小字雙行同白口左右雙邊

450000－2602－0004563　特981.56/8013
**灕江雜記一卷**　金武祥撰　清光緒二十三年(1897)刻本　一册　八行二十一字小字雙行同白口左右雙邊

450000－2602－0004564　05080
**麗濾薈録十四卷**　(清)蔣超伯著　清同治五年(1866)翰墨園刻本　六册　十行二十一字白口四周雙邊　存十二卷(一至十二)

450000－2602－0004565　特991/4470/1
**廣西昭忠錄八卷首一卷平桂紀略四卷股匪總録三卷堂匪總錄十二卷廣西道里表一卷**　(清)蘇鳳文撰　清光緒十五年(1889)刻本　八册　十行二十字小字雙行同白口左右雙邊

450000－2602－0004566　05084
**校邠廬抗議二卷**　(清)馮桂芬著　清光緒十八年(1892)敏德堂潘霨刻本　二册　十一行二十三字小字雙行同上下黑口四周雙邊

450000－2602－0004567　05089
**柳隱叢譚四卷**　(清)于源撰　清道光三十年(1850)刻咸豐二年(1852)印本　四册　十行二十一字小字雙行同白口左右雙邊

450000－2602－0004568　05096
**郎潛紀聞十四卷燕下鄉脞錄十六卷**　(清)陳康祺著　清光緒十年至十一年(1884－1885)刻本　八册　十行二十一字小字雙行同白口左右雙邊

450000－2602－0004569　特981.56/4648
**粵西得碑記一卷**　(清)楊翰撰　清光緒二年(1876)涪上息園刻息柯居士全集本　王謇題記　二册　九行十九字小字雙行同白口四周雙邊

450000－2602－0004570　特991/4470/2
**股匪總録三卷**　(清)蘇鳳文撰　清光緒十五年(1889)刻本　一册　十行二十字小字雙行同白口左右雙邊

450000－2602－0004571　特991/4470/3
**股匪總録三卷**　(清)蘇鳳文撰　清光緒十五年(1889)刻本　一册　十行二十字小字雙行同白口左右雙邊

450000－2602－0004572　特991/4470/4
**堂匪總録十二卷廣西道里表一卷**　(清)蘇鳳文撰　清光緒十五年(1889)刻本　二册　十行二十字小字雙行同白口左右雙邊

450000－2602－0004573　特991.03/3140
**鬱林塾師講習所同學錄一卷**　(清)馮式京輯　清光緒三十四年(1908)刻本　一册　六行字不等小字雙行不等白口四周雙邊

450000－2602－0004574　05194
**唐代叢書**　(清)王文誥見　清刻本　三十六册　九行二十一字小字雙行同白口左右雙邊　存一百六十三種一百六十九卷

450000－2602－0004575　05249
**紅樓夢一百二十回**　(清)曹霑撰　(清)王希廉評　清道光十二年(1832)刻本　清夢莽居士題記　二十四册　十行二十二字白口四周雙邊

450000－2602－0004576　特991.01/7742
**百越先賢志四卷**　(明)歐大任撰　清道光文字歡娛室刻嶺南遺書本　二册　十一行二十二字小字雙行同上下黑口四周單邊

450000－2602－0004577　特991.06/0112/2
**善邑大塘龔氏三修宗譜□□卷**　(清)龔雲浦督修　(清)龔竹村纂修　清同治三年(1864)武陵堂木活字印本　三册　九行二十字小字雙行字不等白口四周雙邊　存三卷(二至三、十一)

450000－2602－0004578　05255
**天雨花三十回**　(清)陶貞懷撰　清同治八年(1869)文富堂刻本　三十册　八行二十八字上下黑口左右雙邊

450000－2602－0004579　05327
**山海經十八卷**　(晉)郭璞傳　(清)畢沅校　清光緒三年(1877)浙江書局刻二十二子本　三册　九行二十一字小字雙行同白口左右

雙邊

450000－2602－0004580　特991.03/0012
**[光緒二十七年辛丑科並補行庚子恩科]廣西鄉試題名錄不分卷**　清光緒二十七年(1901)刻本　一册　九行二十字小字雙行同白口四周雙邊

450000－2602－0004581　05333
**聊齋志異新評十六卷**　(清)蒲松齡著　(清)王士正評　(清)但明倫新評　清光緒三年(1877)廣順但氏刻朱墨套印本　十六册　九行二十一字小字雙行同上下黑口左右雙邊

450000－2602－0004582　特991.06/1733
**[湖南]尹氏族譜不分卷**　尹啟家　尹啟寬修　清同治五年(1866)華昌堂木活字印本　三册　行字不等白口四周雙邊

450000－2602－0004583　05344
**清異錄二卷**　(宋)陶穀撰　清光緒元年(1875)陳氏庸閒齋刻本　二册　十一行二十一字小字雙行同上下黑口左右雙邊

450000－2602－0004584　05345
**清異錄二卷**　(宋)陶穀撰　清光緒元年(1875)陳氏庸閒齋刻本　二册　十一行二十一字小字雙行同上下黑口左右雙邊

450000－2602－0004585　06261
**時務通攷三十一卷**　(清)杞廬主人撰　清光緒二十三年(1897)上海點石齋石印本　十八册　二十行四十五字小字雙行同下黑口四周雙邊

450000－2602－0004586　特991.06/1070
**[湖北]王氏六修族譜□□卷首一卷**　清宣統太原堂鉛印本　五册　行字不等白口四周雙邊　存五卷(一至四、首一卷)

450000－2602－0004587　特991.06/4473
**蘇氏家譜□□卷**　清末文瑞堂刻本　三册　九行二十一字小字雙行同白口左右雙邊　存六卷(六至七、十二、十八至二十)

450000－2602－0004588　特991.06/4480
**[廣西容縣]洛村黃氏族譜十六卷**　(清)黃金詔修　清光緒十六年(1890)刻本　二册　九行二十二字小字雙行同白口四周雙邊　存七卷(十至十六)

450000－2602－0004589　特991.06/5013
**[廣西北流]東平梁氏族譜□□卷**　清刻本　佚名批　三册　九行二十五字小字雙行同白口左右雙邊　存三卷(四、六至七)

450000－2602－0004590　特927/4472/1
**平定粵匪功臣戰跡圖附題詠不分卷**　(清)艾颺春輯　清光緒二十年(1894)石印本　一册　行字不等白口四周單邊

450000－2602－0004591　特927/4472/2
**平定粵匪功臣戰跡圖附題詠不分卷**　(清)艾颺春輯　清光緒二十年(1894)石印本　一册　行字不等白口四周單邊

450000－2602－0004592　06262
**校補策學總纂大全正續編四十九卷**　(清)趙宗建撰　清光緒十四年(1888)廣東百城書局石印本　四册　二十四行五十二字白口四周單邊

450000－2602－0004593　06263
**策學總纂大成四十六卷目錄二卷**　(清)蔡壽祺輯　清光緒五年(1879)京都琉璃廠經藝堂刻本　十册　十二行二十六字白口四周單邊

450000－2602－0004594　06338
**忠武侯諸葛孔明先生全集五種二十二卷**　(清)張澍輯　清同治元年(1862)聚珍齋木活字印本　十册　九行二十四字小字雙行同白口四周單邊

450000－2602－0004595　特991.06/8244
**鍾氏族譜十卷**　(清)鍾南極　(清)鍾成德撰　清同治五年(1866)敦本堂刻本　二册　八行二十一字小字雙行同白口四周雙邊　存二卷(一、十)

450000－2602－0004596　特991.33/7581
**先文恭公[陳弘謀]年譜十二卷**　(清)陳鍾珂撰　清刻本　五册　九行二十字白口四周

雙邊

450000－2602－0004597　06444

**昌黎先生集四十卷外集十卷遺文一卷**　（唐）韓愈撰　（唐）李漢編　**朱子校昌黎先生集傳一卷**　（宋）朱熹撰　**韓集點勘四卷**　（清）陳景雲撰　清同治八年（1869）江蘇書局刻本　十冊　九行十七字小字雙行同白口四周雙邊　存五十二卷（昌黎先生集四十卷、外集十卷、遺文一卷、集傳一卷）

450000－2602－0004598　06445

**昌黎先生集四十卷外集十卷遺文一卷**　（唐）韓愈撰　（唐）李漢編　**朱子校昌黎先生集傳一卷**　（宋）朱熹撰　**韓集點勘四卷**　（清）陳景雲撰　清同治八年（1869）江蘇書局刻本　馮振批　十一冊　九行十七字小字雙行同白口四周雙邊

450000－2602－0004599　地 30402/15342

**［同治］象州志不分卷**　（清）李世椿監修　（清）鄭獻甫纂修　清同治九年（1870）桂林鴻文堂刻本　二冊　十行二十三字小字雙行同字白口四周雙邊

450000－2602－0004600　06447

**昌黎先生集四十卷外集十卷遺文一卷**　（唐）韓愈撰　（唐）李漢編　**朱子校昌黎先生集傳一卷**　（宋）朱熹撰　**韓集點勘四卷**　（清）陳景雲撰　清同治八年（1869）江蘇書局刻本　十一冊　九行十七字小字雙行同白口四周雙邊

450000－2602－0004601　06449

**昌黎先生集四十卷外集十卷遺文一卷**　（唐）韓愈撰　（唐）李漢編　**朱子校昌黎先生集傳一卷**　（宋）朱熹撰　**韓集點勘四卷**　（清）陳景雲撰　清同治八年（1869）江蘇書局刻本　十一冊　九行十七字小字雙行同白口四周雙邊

450000－2602－0004602　地 40202/15366

**［光緒］臨桂縣志三十二卷首一卷**　（清）吳徵鼇總裁　（清）黃泌　（清）曹馴總纂　清光緒三十一年（1905）桂林蔣存遠堂刻本　十六冊　十行二十三字小字雙行同上黑口左右雙邊

450000－2602－0004603　06474

**讀杜小箋三卷讀杜二箋二卷**　（清）錢謙益撰　清宣統三年（1911）國學扶輪社石印本　佚名題記　一冊　十四行三十一字小字雙行同上下黑口四周雙邊

450000－2602－0004604　地 60002/15468

**［光緒］鬱林州志二十卷首一卷**　（清）馮德材　（清）全文炳修　清光緒二十年（1894）刻本　十冊　十行二十二字小字雙行同白口左右雙邊

450000－2602－0004605　06550

**韋蘇州集十卷**　（唐）韋應物撰　清宣統三年（1911）上海自強書局石印本　六冊　十一行二十一字白口四周單邊

450000－2602－0004606　06620

**鄱陽集四卷拾遺一卷**　（宋）洪皓撰　**附錄一卷**　清光緒二十一年（1895）刻本　一冊　九行二十一字小字雙行同上下黑口四周雙邊

450000－2602－0004607　地 40603/15382

**［嘉慶］全州志十二卷首一卷末一卷**　（清）溫之誠總裁　（清）曹文深纂修　清嘉慶四年（1799）刻本　十冊　十一行二十二字小字雙行同白口四周雙邊

450000－2602－0004608　S214

**太宗文皇帝聖訓六卷**　（清）世祖福臨撰　清乾隆四年（1739）武英殿刻本　六冊　九行十八字白口四周雙邊

450000－2602－0004609　S200

**三藩紀事本末四卷**　（清）楊陸榮撰　清康熙五十六年（1717）刻本　四冊　九行二十字小字雙行同白口四周單邊

450000－2602－0004610　06726

**龍川文集三十卷首一卷**　（宋）陳亮著　**辨偽考異二卷**　（清）胡鳳丹撰　**附錄二卷**　清宣統三年（1911）掃葉山房石印本　四冊　十四行二十八字小字雙行同白口四周雙邊

450000－2602－0004611　S258

**日知錄三十二卷**　(清)顧炎武撰　清康熙三十四年(1695)潘耒遂初堂刻本　十三册　十一行二十二字小字雙行同白口左右雙邊　存二十九卷(一至二、六至三十二)

450000－2602－0004612　地10005/15194

**[道光]南寧府志五十六卷**　(清)蘇士俊纂修　(清)何鯤增修　清宣統元年(1909)羊城澄天閣石印本　十六册　十行二十字小字雙行同白口四周雙邊

450000－2602－0004613　地50202/15438

**[光緒]富川縣志十二卷**　(清)顧國誥纂修　清光緒十六年(1890)刻本　六册　十二行二十四字小字雙行同白口四周雙邊

450000－2602－0004614　地41201/15417

**[光緒]永甯州志十六卷**　(清)李重發等纂修　(清)聯豐增補　清光緒十一年(1885)桂林楊鴻文堂刻本　佚名批　六册　九行二十一字小字雙行同白口四周雙邊

450000－2602－0004615　S260

**陔餘叢考四十三卷**　(清)趙翼撰　清乾隆五十五年(1790)湛貽堂刻甌北全集本　十二册　十一行二十一字小字雙行三十一字白口左右雙邊

450000－2602－0004616　地10303/15204

**[光緒]武緣縣圖經八卷**　(清)黄君鉅述　黄誠沅編次　清宣統三年(1911)鉛印增補光緒十三年(1887)本　八册　十二行字不等白口四周雙邊

450000－2602－0004617　S257

**封氏聞見記十卷**　(唐)封演撰　清乾隆二十一年(1756)德州盧氏刻雅雨堂藏書本　二册　十行二十一字小字雙行同白口四周單邊

450000－2602－0004618　地50102/15434

**[同治]蒼梧縣志十八卷首一卷**　(清)蒯光煥前等監修　(清)羅勳　(清)嚴寅恭纂修　(清)王棟續纂　清同治十三年(1874)刻本　十二册　十行二十二字小字雙行同白口四周雙邊

450000－2602－0004619　S413

**唐陸宣公翰苑集二十四卷首一卷**　(唐)陸贄撰　(清)張佩芳注釋　(清)汪肇龍等叅訂　清乾隆張氏希音堂刻本　八册　九行二十一字小字雙行同白口左右雙邊

450000－2602－0004620　地10602/15225

**[光緒]賓州志二十四卷**　(清)耿省修總理　(清)楊椿鑒修　(清)張鵬展　(清)陸生蘭總纂　清光緒十二年(1886)刻本　十二册　十行二十一字小字雙行同上下黑口四周雙邊

450000－2602－0004621　S397

**白香山詩長慶集二十卷後集十七卷別集一卷補遺二卷**　(唐)白居易撰　(清)汪立名編訂　**白香山[居易]年譜舊本一卷**　(宋)陳振孫編　**白香山[居易]年譜一卷**　(清)汪立名編　清康熙四十一年至四十二年(1702－1703)汪立名一隅草堂刻本　十二册　十二行二十一字小字雙行三十二字白口左右雙邊

450000－2602－0004622　S396

**石帆詩鈔十卷**　(清)嚴光禄撰　清乾隆刻本　二册　十行十九字小字雙行同白口左右雙邊

450000－2602－0004623　地50102/15430

**[同治]蒼梧縣志十八卷首一卷**　(清)蒯光煥前等監修　(清)羅勳　(清)嚴寅恭纂修　(清)王棟續纂　清同治十三年(1874)刻本　十册　十行二十二字小字雙行同白口四周雙邊

450000－2602－0004624　地10005/15196

**[道光]南寧府志五十六卷**　(清)蘇士俊纂修　(清)何鯤增修　清宣統元年(1909)羊城澄天閣石印本　十一册　十行二十字小字雙行同白口四周雙邊　存三十七卷(一至三十七)

450000－2602－0004625　S395

**黄帝内經素問二十四卷**　(明)吴崐注　(清)江子振参閱　明萬曆三十七年(1609)刻本　體仁題記　六册　九行二十四字小字雙行同

白口四周單邊

450000－2602－0004626　地 80501/15549
**［光緒］歸順直隶州志六卷**　（清）顔嗣徽總修　清光緒二十五年（1899）刻本　六冊　十行二十三字白口四周雙邊

450000－2602－0004627　S420
**王龍唱和詞一卷**　（清）王鵬運撰　（清）龍繼棟撰　清末稿本　龍榆生跋　一冊　行字不等

450000－2602－0004628　地 10005/15197
**［道光］南寧府志五十六卷**　（清）蘇士俊纂修（清）何鯤增修　清宣統元年（1909）羊城澄天閣石印本　四冊　十行二十字小字雙行同白口四周雙邊　存十三卷（七至十二、二十至二十六）

450000－2602－0004629　地 60402/15497
**［光緒］北流縣志二十四卷**　（清）徐作梅等修（清）李士琨等纂　清光緒六年（1880）刻本　十二冊　十行二十字小字雙行同白口四周單邊

450000－2602－0004630　S422
**芥子園畫傳四集四卷**　（清）丁皋等撰并繪
**芥子園圖章會纂一卷**　（清）李漁撰　清嘉慶二十三年（1818）刻本　四冊　十行二十一字白口四周單邊

450000－2602－0004631　S230
**水道提綱二十八卷**　（清）齊召南撰　清乾隆四十一年（1776）刻本　六冊　九行二十二字小字雙行同白口左右雙邊

450000－2602－0004632　地 70801/15634
**廣東輿地圖說十四卷首一卷**　（清）李瀚章修（清）廖廷相總纂　清宣統元年（1909）廣東參謀處鉛印本　三冊　十二行三十二字小字雙行不等白口四周雙邊　存九卷（一至八、首一卷）

450000－2602－0004633　06730
**宛陵先生文集六十卷**　（宋）梅堯臣撰　清宣統二年（1910）上海影印本　十冊　十一行二十一字小字雙行不等白口左右雙邊

450000－2602－0004634　06737
**晦庵先生朱文公文集一百卷續集十一卷別集十卷**　（宋）朱熹撰　清同治十二年（1873）六安涂氏求我齋刻本　六十四冊　十二行二十二字小字雙行同白口左右雙邊

450000－2602－0004635　06738
**晦庵先生朱文公文集一百卷續集十一卷別集十卷**　（宋）朱熹撰　清同治十二年（1873）六安涂氏求我齋刻本　六十四冊　十二行二十二字小字雙行同白口左右雙邊

450000－2602－0004636　06741
**雲谷雜紀四卷首一卷末一卷**　（宋）張淏撰　清同治十三年（1874）江西書局刻武英殿聚珍版書本　二冊　九行二十一字小字雙行同白口四周雙邊

450000－2602－0004637　06744
**南陽集六卷**　（宋）趙湘撰　清同治十三年（1874）江西書局刻武英殿聚珍版書本　二冊　九行二十一字小字雙行同白口四周雙邊

450000－2602－0004638　06783
**宋黃文節公文集正集三十二卷首四卷外集二十四卷別集十九卷**　（宋）黃庭堅撰　**黃青社先生伐檀集二卷**　（宋）黃庶著　清乾隆三十年（1765）江右寧州緝香堂刻本　四冊　九行二十字小字雙行同白口左右雙邊　存十七卷（正集一至十三、首四卷）

450000－2602－0004639　06891
**嘉祐集二十卷**　（宋）蘇洵著　清道光十二年（1832）眉州三蘇祠刻三蘇全集本　四冊　九行二十五字小字雙行同上下黑口左右雙邊

450000－2602－0004640　06908
**東坡和陶合箋四卷附錄一卷**　（宋）蘇軾撰（清）溫汝能纂訂　清嘉慶十二年（1807）聽松閣刻本　二冊　八行十七字小字雙行同白口四周雙邊　存三卷（一至三）

450000－2602－0004641　07100
**鐵厓三種二十六卷**　（明）楊維貞著　清宣統

二年(1910)埽葉山房石印本　十册　十二行二十七字小字雙行同白口四周雙邊

450000－2602－0004642　07164
**陽明先生集要十五卷**　(明)王守仁撰　(明)施邦曜評輯　**[王守仁]年譜一卷**　清光緒三十一年(1905)桂林書局刻本　十册　九行二十字小字雙行同白口左右雙邊

450000－2602－0004643　07178
**李文忠公全集六種一百六十五卷首一卷**　(清)李鴻章撰　(清)吳汝綸編錄　清光緒三十一年(1905)金陵刻本　一百册　十二行二十五字小字雙行同白口左右雙邊

450000－2602－0004644　07231
**吳詩集覽二十卷**　(清)顧湄　(清)許旭原編　(清)靳榮潘輯　清乾隆四十年(1775)凌雲亭刻道光七年(1827)印本　十五册　九行二十一字小字雙行同下黑口四周雙邊　存十八卷(一至十八)

450000－2602－0004645　07230
**吳詩集覽二十卷**　(清)顧湄　(清)許旭原編　(清)靳榮潘輯　清乾隆四十年(1775)凌雲亭刻道光七年(1827)印本　二十一册　九行二十一字小字雙行同下黑口四周雙邊

450000－2602－0004646　07232
**曝書亭集八十卷附錄一卷**　(清)朱彝尊撰　**笛漁小稾十卷**　(清)朱昆田撰　清光緒十五年(1889)寒梅館刻本　十五册　十二行二十三字小字雙行同白口左右雙邊

450000－2602－0004647　15756
**昌黎先生集四十卷外集十卷遺文一卷**　(唐)韓愈撰　(唐)李漢編　**朱子校昌黎先生集傳一卷**　(宋)朱熹撰　**韓集點勘四卷**　(清)陳景雲撰　清宣統三年(1911)石印本　十册　十二行二十八字小字雙行同白口四周雙邊

450000－2602－0004648　06706
**後山先生集二十四卷**　(宋)陳師道撰　(清)陶福祥校刊　清光緒十一年(1885)番禺陶氏愛廬刻本　四册　十行二十一字小字雙行同上下黑口左右雙邊

450000－2602－0004649　05196
**唐人說薈一百六十四種一百六十九卷**　(清)蓮塘居士纂　清宣統三年(1911)掃葉山房石印本　十六册　十五行三十二字白口四周雙邊

450000－2602－0004650　地 60402/15493
**[光緒]北流縣志二十四卷**　(清)徐作梅等修　(清)李士琨等纂　清光緒六年(1880)刻本　十二册　十行二十字小字雙行同白口四周單邊

450000－2602－0004651　S215
**陸宣公集十二卷**　(唐)陸贄撰　(清)王汝驤　(清)張泰基校　清雍正元年(1723)年龔堯刻本　四册　十行二十字白口四周單邊

450000－2602－0004652　S216
**宋李忠定公奏議選十五卷文集選二十九卷首四卷目錄二卷**　(宋)李綱撰　(明)左光先等選　明崇禎十二年(1639)刻清康熙修補本　五册　十行二十字小字雙行同白口四周單邊　存二十卷(奏議選十五卷、文集選首四卷、目錄上)

450000－2602－0004653　S217
**古今類傳歲時類四卷**　(清)董穀士　(清)董炳文輯　(清)金協仍等校　清康熙刻本　四册　十一行二十八字小字雙行同白口左右雙邊

450000－2602－0004654　S219
**重訂廣輿記二十四卷**　(明)陸應暘輯錄　(清)蔡方炳增輯　清嘉慶七年(1802)聚文堂刻本　十四册　十行十九字小字雙行同白口左右雙邊

450000－2602－0004655　S220
**乾隆府廳州縣圖志五十卷**　(清)洪亮吉撰　清乾隆五十三年至嘉慶八年(1788－1803)刻本　十二册　十二行二十四字小字雙行同黑口四周雙邊

450000－2602－0004656　特 188/7530/5

**從政遺規二卷訓俗遺規五卷教女遺規三卷養正遺規二卷補編一卷** （清）陳宏謀輯　清刻本　九册　十行二十二字小字雙行同白口四周單邊

450000－2602－0004657　S221

**日下舊聞四十二卷補遺一卷** （清）朱彝尊撰　（清）朱昆田補遺　清康熙二十七年（1688）六峯閣刻本　二十册　十二行二十一字小字雙行同白口四周單邊

450000－2602－0004658　S222

**羊城古鈔八卷首一卷** （清）仇池石輯　清嘉慶十一年（1806）刻本　五册　十行十九字小字雙行同白口四周雙邊

450000－2602－0004659　S003

**大戴禮記十三卷** （漢）戴德撰　（明）沈泰閲　明末刻本　二册　九行二十字小字雙行同白口左右雙邊

450000－2602－0004660　00439

**皇清經解一百七十二種一千四百八卷** （清）阮元輯　清道光九年（1829）廣東學海堂刻咸豐十一年（1861）補刻本　三百六十册　十一行二十四字小字雙行同白口左右雙邊

450000－2602－0004661　06493

**李義山詩集三卷李義山詩譜一卷諸家詩評一卷** （唐）李商隱撰　（清）朱鶴齡箋注　（清）沈厚塽輯評　清同治九年（1870）廣州倅署刻三色套印本　四册　十行二十一字小字雙行同白口左右雙邊

450000－2602－0004662　06492

**李義山詩集三卷李義山詩譜一卷諸家詩評一卷** （唐）李商隱撰　（清）朱鶴齡箋注　（清）沈厚塽輯評　清同治九年（1870）廣州倅署刻三色套印本　四册　十行二十一字小字雙行同白口左右雙邊

450000－2602－0004663　06467

**杜工部集二十卷首一卷** （唐）杜甫撰　（清）盧坤集注　清光緒二年（1876）粵東翰墨園刻六色套印本　十册　八行二十字小字雙行同上下黑口左右雙邊

450000－2602－0004664　06468

**杜工部集二十卷首一卷** （唐）杜甫撰　（清）盧坤集注　清光緒二年（1876）粵東翰墨園刻六色套印本　五册　八行二十字小字雙行同上下黑口左右雙邊

450000－2602－0004665　00441

**皇清經解縮版編目十六卷** 陶治元編輯　清光緒十七年（1891）上海鴻寶齋石印本　二册　二十四行七十字白口四周單邊

450000－2602－0004666　00444

**重刊宋本十三經注疏附校勘記十三種八百三十二卷** （清）阮元校勘　（清）盧宣旬摘錄　清嘉慶二十年（1815）南昌府學刻同治十二年（1873）江西書局重修印本　一百七十六册　十行二十三字小字雙行同上下黑口左右雙邊　存十三種八百二十八卷

450000－2602－0004667　00440

**皇清經解一百七十八種一百九十卷首一卷** （清）阮元輯　**正訛記一卷**　清光緒十七年（1891）上海鴻寶齋石印本　二十四册　三十三七十二字小字雙行同白口四周單邊

450000－2602－0004668　00443

**皇清經解續編二百七種一千四百三十卷** 王先謙輯　清光緒十四年（1888）南菁書院刻本　三百二十册　十一行二十四字小字雙行同白口左右雙邊

450000－2602－0004669　00442

**皇清經解續編二百九種二百九卷** 王先謙輯　清光緒十五年（1889）上海蜚英館石印本　二十九册　三十三行七十二字小字雙行同白口四周單邊　存一百九十九種一百九十九卷

450000－2602－0004670　00445

**重刊宋本十三經注疏附校勘記十三種七百三十二卷** （清）阮元撰　（清）盧宣旬摘錄　清光緒十三年（1887）上海脈望仙館石印本　二十八册　二十行三十六字小字雙行四十八字白口四周單邊　存十二種六百四十八卷

450000－2602－0004671　00446

**十三經注疏十四種六百八十四卷**　(清)王弼注　清同治十年(1871)廣東書局刻本　一百二十册　十行二十三字小字雙行二十三字上下黑口左右雙邊　存十四種六百八十二卷

450000－2602－0004672　00447

**仿宋刻阮本十三經注疏四百六十卷附十三經注疏校勘記四百六十卷校勘記識語四卷**　(清)阮元撰　(清)盧宣旬摘錄　清末褒海山房石印本　三十三册　十八行三十六字小字雙行四十八字白口四周單邊　存八百四十卷(附釋音毛詩注疏七十卷附校勘記七十卷、周易兼義九卷附音義一卷注疏校勘記九卷釋文校勘記一卷、附釋音周禮注疏四十二卷附校勘記四十二卷、儀禮注疏五十卷附校勘記五十卷、附釋音禮記注疏六十三卷附校勘記六十三卷、附釋音春秋左傳注疏六十卷附校勘記六十卷、附釋音春秋公羊注疏六十卷附校勘記六十卷、監本附音春秋穀梁注疏二十卷附校勘記二十卷、論語注疏解經二十卷附校勘記二十卷、孝經注疏九卷附校勘記九卷、孟子注疏解經十四卷附校勘記十四卷、校勘記識語四卷)

450000－2602－0004673　00460

**五經集字一卷**　(清)黎竹瘦撰　清同治十三年(1874)近文堂刻本　一册　六行十二字小字雙行不等白口四周雙邊

450000－2602－0004674　00453

**十三經集字摹本不分卷**　(清)彭玉雯輯　清道光二十九年(1849)刻本　八册　行字不等上下黑口四周雙邊

450000－2602－0004675　05320

**表異錄二十卷**　(清)王志堅輯　清光緒二年(1876)陳氏庸閒齋刻陳刻二種本　二册　十一行二十一字小字雙行同上下黑口左右雙邊

450000－2602－0004676　00463

**御纂七經二百九十四卷**　(清)李光地撰　清光緒二十九年(1903)上海慎記書莊石印本　二十二册　二十四行五十三字小字雙行五十四字白口四周單邊　存七種二百八十二卷

450000－2602－0004677　00461

**五經文海不分卷**　(清)海墨楼書局編　清光緒十年(1884)廣州海墨樓書局石印本　十二册　行數不等22至二十三字白口四周雙邊

450000－2602－0004678　06519

**河東文集六卷**　(唐)柳宗元著　清宣統二年(1910)上海會文堂石印本　三册　十五行三十二字白口四周雙邊

450000－2602－0004679　06455

**昌黎先生詩增注証訛十一卷**　(唐)韓愈撰　(清)顧嗣立刪補　(清)黄鉞增注證訛　**昌黎先生[韓愈]年譜一卷**　清咸豐七年(1857)四明鮑氏刻本　四册　十一行二十字小字雙行同白口左右雙邊

450000－2602－0004680　06931

**毘陵集十六卷**　(宋)張守撰　清刻本　五册　九行二十一字小字雙行同白口四周雙邊

450000－2602－0004681　07201

**遂甯張文端公全集六卷首一卷末一卷**　(清)張鵬翮撰　清光緒八年(1882)刻本　八册　九行二十二字白口四周雙邊

450000－2602－0004682　07078

**張忠敏公遺集十卷首一卷附錄六卷**　(清)張國維撰　清光緒五年(1879)江蘇書局刻本　六册　十行二十二字小字雙行同白口左右雙邊

450000－2602－0004683　05227

**涑水記聞十六卷**　(宋)司馬光撰　清刻本　四册　九行二十一字小字雙行同白口四周雙邊

450000－2602－0004684　05047

**札迻十二卷**　(清)孫詒讓撰　清光緒二十年(1894)籀高刻二十一年(1895)重修本　五册　十二行二十三字小字雙行同上下黑口左右雙邊　存十卷(三至十二)

450000－2602－0004685　00474

**茶香室經説十六卷** (清)俞樾撰　清光緒十八年(1892)廣東學院刻本　四冊　十行二十一字小字雙行同白口四周單邊

450000－2602－0004686　00475
**通介堂經説十二卷** (清)徐灝撰　清咸豐四年(1854)廣東藝芳齋刻本　五冊　十一行二十一字小字雙行同上下黑口左右雙邊

450000－2602－0004687　06610
**李習之先生文集二卷** (唐)李翱撰　清宣統三年(1911)上海會文堂書局石印本　二冊　十三行二十八字小字雙行同白口四周雙邊

450000－2602－0004688　00462
**篆文六經四書不分卷** (清)李光地撰　清光緒九年(1883)上海同文書局石印本　十冊　十二行十八字白口四周雙邊

450000－2602－0004689　06615
**温飛卿詩集九卷** (唐)温庭筠撰　(清)曾益謙注　清宣統二年(1910)影印本　四冊　十一行二十字小字雙行同白口左右雙邊

450000－2602－0004690　06291
**楚辭章句十七卷** (漢)劉向集　(漢)王逸章句　(宋)洪興祖補注　清光緒九年(1883)長沙書堂山館刻本　五冊　九行十五字小字雙行二十字白口左右雙邊

450000－2602－0004691　07191
**李文忠公外部函稿二十八卷遷移蠶池口教堂函稿二卷** (清)李鴻章撰　(清)吴汝綸編輯　清光緒二十八年(1902)蓮池書社鉛印本　九冊　十二行二十八字小字雙行同上下黑口四周雙邊

450000－2602－0004692　00459
**皇朝五經彙解二百七十卷** (清)朱鏡清纂　清光緒十四年(1888)上海鴻文書局石印本　三十一冊　四十行六十六至六十七字白口四周單邊　存二百六十二卷(一至二百四十一、二百五十至二百七十)

450000－2602－0004693　00465
**七緯三十八卷** (清)趙在翰輯　清嘉慶九年(1804)侯官趙氏小積石山房刻本　陳柱題識　五冊　十行二十三字小字雙行同白口四周雙邊

450000－2602－0004694　00468
**群經平議三十五卷** (清)俞樾撰　清刻本　十五冊　十行二十一字小字雙行同上下黑口左右雙邊

450000－2602－0004695　00469
**群經平議三十五卷** (清)俞樾撰　清刻本　十一冊　十行二十一字小字雙行同上下黑口左右雙邊　存二十五卷(三至二十七)

450000－2602－0004696　07256
**定盦文集三卷定盦文集補四種五卷定盦續集四卷** (清)龔自珍撰　清同治七年(1868)刻本　四冊　十二行二十四字小字雙行同白口左右雙邊

450000－2602－0004697　07220
**戴東原集十二卷** (清)戴震撰　**東原先生[戴震]年譜一卷札記一卷** (清)段玉裁撰　清宣統二年(1910)渭南嚴氏孝義家塾成都刻本　六冊　十行二十一字小字雙行同上下黑口左右雙邊

450000－2602－0004698　06930
**游定夫先生集六卷附録一卷** (宋)游酢撰　**游默齋先生集一卷** (宋)游九言撰　清同治六年(1867)和州官舍刻本　二冊　十行二十字小字雙行同上下黑口四周雙邊

450000－2602－0004699　06450
**韓集補註一卷** (清)沈欽韓注　(清)胡承珙訂　清光緒十七年(1891)廣雅書局刻本　一冊　十行二十九字小字雙行同上下黑口四周單邊

450000－2602－0004700　06414
**樊南文集補編十二卷附録一卷** (唐)李商隱著　(清)錢振倫箋并撰　(清)錢振常注　(清)袁長清校字　清同治五年(1866)望三益齋刻本　四冊　十一行二十五字小字雙行三十三字白口左右雙邊

450000－2602－0004701　06413

**樊南文集補編十二卷附錄一卷**　(唐)李商隱著　(清)錢振倫箋并撰　(清)錢振常注　(清)袁長清校字　清同治五年(1866)吴氏望三益齋刻本　四册　十一行二十五字小字雙行三十三字白口左右雙邊

450000－2602－0004702　06293

**楚辭十七卷**　(漢)劉向集輯　(漢)王逸章句　(宋)洪興祖補注　清同治十一年(1872)金陵書局刻本　四册　九行十五字小字雙行二十字白口左右雙邊

450000－2602－0004703　06292

**楚辭集注八卷首一卷**　(宋)朱熹集注　清光緒三年(1877)崇文書局刻本　二册　十二行二十四字小字雙行同上下黑口四周雙邊

450000－2602－0004704　06299

**楚辭天問箋一卷**　(清)丁晏撰　清光緒刻廣雅書局叢書本　一册　十一行二十四字小字雙行同上下黑口四周單邊

450000－2602－0004705　06333

**曹集銓評十卷逸文一卷魏陳思王[曹植]年譜一卷**　(清)丁晏纂　清同治十一年(1872)金陵書局刻本　二册　九行二十二字小字雙行同白口左右雙邊

450000－2602－0004706　06363;06060

**漢魏六朝名家集初刻四十種附一種**　丁福保輯　清宣統三年(1911)無錫丁氏排印本　二册　十四行三十一字上下黑口四周雙邊　存三種十四卷

450000－2602－0004707　05280

**繪圖大明奇俠傳五十四回**　清光緒二十三年(1897)文宜書局石印本　八册　十三行三十字白口四周雙邊

450000－2602－0004708　05286

**繡像素梅姐全傳四卷二十回**　(清)嗤嗤道人著　(清)蘇潭道人鑒定　清光緒三十四年(1908)上海書局石印本　三册　十六行三十二字白口四周雙邊

450000－2602－0004709　05287

**繡像萬花樓全傳十四卷六十八回**　(清)吴西瑞雲齋原本　清宣統元年(1909)上海晉新書局石印本　五册　行字不等白口四周單邊

450000－2602－0004710　05048

**札迻十二卷**　(清)孫詒讓撰　清光緒二十年(1894)籀高刻二十一年(1895)重修本　四册　十二行二十三字小字雙行同上下黑口左右雙邊

450000－2602－0004711　09153

**武英殿聚珍版書**　清刻本　九十三册　九行二十一字小字雙行同白口四周雙邊　存四十二種三百四十七卷

450000－2602－0004712　05253

**儒林外史五十六回**　(清)吴敬梓撰　清同治十三年(1874)齊省堂刻本　十二册　九行十八字白口四周雙邊

450000－2602－0004713　05189

**巾經纂二十卷**　(清)宋宗元撰　清光緒十六年(1890)刻本　四册　九行二十字小字雙行同白口左右雙邊

450000－2602－0004714　05106

**九九銷夏錄十四卷**　(清)俞樾撰　清光緒十八年(1892)刻本　四册　十行二十一字白口左右雙邊

450000－2602－0004715　05060

**甕牖閒評八卷**　(宋)袁文撰　清同治十三年(1874)江西書局刻武英殿聚珍版書本　二册　九行二十一字小字雙行同白口四周雙邊

450000－2602－0004716　05190

**趨庭瑣語八卷**　(清)史澄著　清光緒八年(1882)繼園刻本　二册　十行二十二字小字雙行同上下黑口左右雙邊

450000－2602－0004717　06405

**樊川詩集四卷别集一卷外集一卷補遺一卷**　(唐)杜牧撰　(清)馮集梧注　清光緒十六年(1890)湘南書局刻本　六册　十行二十一字小字雙行同白口左右雙邊

450000－2602－0004718　05266
**閱微草堂筆記二十四卷**　(清)紀昀撰　清光緒十四年(1888)上海點石齋石印本　四冊　二十一行四十二字白口四周單邊

450000－2602－0004719　06406
**樊川詩集四卷別集一卷外集一卷補遺一卷**　(唐)杜牧撰　(清)馮集梧注　清光緒十六年(1890)湘南書局刻本　五冊　十行二十一字小字雙行同白口左右雙邊

450000－2602－0004720　06491
**李義山詩集三卷李義山詩譜一卷諸家詩評一卷**　(唐)李商隱撰　(清)朱鶴齡箋注　(清)沈厚塽輯評　清同治九年(1870)廣州倅署刻三色套印本　四冊　十行二十一字小字雙行同白口左右雙邊

450000－2602－0004721　06494
**李義山詩集三卷李義山詩譜一卷諸家詩評一卷**　(唐)李商隱撰　(清)朱鶴齡箋注　(清)沈厚塽輯評　清同治九年(1870)廣州倅署刻三色套印本　四冊　十行二十一字小字雙行同白口左右雙邊

450000－2602－0004722　07234
**曝書亭集八十卷附錄一卷**　(清)朱彝尊撰　**笛漁小稾十卷**　(清)朱昆田撰　清光緒十五年(1889)寒梅館刻本　十五冊　十二行二十三字小字雙行同白口左右雙邊　存七十三卷(九至八十、附錄一卷)

450000－2602－0004723　地 20303/15300
**[道光]羅城縣志四卷**　(清)萬文芳　(清)阮正惠總裁　(清)李化人纂輯　清光緒柳州覺非印書社石印本　二冊　十二行二十五字小字雙行同白口四周單邊

450000－2602－0004724　地 40202/15367
**[光緒]臨桂縣志三十二卷首一卷**　(清)吳徵鼇總裁　(清)黄泌　(清)曹馴總纂　清光緒三十一年(1905)桂林蔣存遠堂刻本　十六冊　十行二十三字小字雙行同上黑口左右雙邊　存二十五卷(一至十二、十七至十八、二十三至三十二,首一卷)

450000－2602－0004725　地 80402/15585
**[光緒]鎮安府志二十五卷首一卷**　(清)羊復禮纂修　清光緒十八年(1892)刻本　一冊　十行二十一字小字雙行同上下黑口四周單邊　存三卷(十八至二十)

450000－2602－0004726　06033
**大毘盧遮那成佛神變加持經四卷**　(唐)釋輸波迦羅　(唐)釋一行譯　清刻本　一冊　十行二十字小字雙行同上下黑口左右雙邊

450000－2602－0004727　06037
**仁王護國般若波羅蜜經二卷**　(晉)釋鳩摩羅什譯　清刻本　一冊　十行二十字白口左右雙邊

450000－2602－0004728　特 711.83/7530
**橫山陳氏硃卷不分卷**　(清)陳宏謀輯　清刻本　四冊　九行二十五字小字雙行同白口左右雙邊

450000－2602－0004729　11923
**唐人萬首絕句選七卷**　(宋)洪邁元本　(清)王士禛選　清光緒二十三年(1897)金陵書局刻本　一冊　十行十九字小字雙行同上下黑口左右雙邊　存三卷(五至七)

450000－2602－0004730　複 01237－複 01340
**資治通鑑二百九十四卷**　(宋)司馬光編集　(元)胡三省音注　**釋文辯誤十二卷**　(元)胡三省撰　清同治十年(1871)湖北崇文書局刻本　一百二冊　十行二十字小字雙行同上下黑口四周雙邊　存二百九十九卷(資治通鑒一至一百二十七、一百三十五至二百九十四,辯誤十二卷)

450000－2602－0004731　12862
**甌北集五十卷續增詩集三卷**　(清)趙翼撰　清刻本　十二冊　十一行二十一字小字雙行不等白口左右雙邊

450000－2602－0004732　10164
**吳醫匯講十一卷**　(清)唐大烈輯　(清)沈文爕校訂　清刻本　三冊　九行二十字下黑口四周雙邊

450000－2602－0004733　15780
**畏廬文集一卷**　林紓著　清宣統二年（1910）上海商務印書館鉛印本　一冊　十二行三十二字小字雙行不等上下黑口四周雙邊

450000－2602－0004734　15781
**閻潛邱先生［若璩］年譜四卷**　（清）張穆編　清刻粤雅堂叢書本　一冊　九行二十一字小字雙行同上下黑口左右雙邊　存二卷（三至四）

450000－2602－0004735　07821
**兩當軒集二十二卷**　（清）黄景仁著　清光緒二年（1876）武進黄氏家塾刻本　五冊　十一行二十二字小字雙行同上下黑口四周單邊

450000－2602－0004736　11840
**郘亭遺詩八卷**　（清）莫友芝撰　清光緒元年（1875）莫繩孫刻影山草堂本　一冊　十行二十一字小字雙行同上下黑口左右雙邊

450000－2602－0004737　02171
**直齋書録解題二十二卷**　（宋）陳振孫撰　清刻武英殿聚珍版書本　十二冊　九行二十一字小字雙行同白口四周雙邊

450000－2602－0004738　15782
**太平御覽一千卷目録十五卷引書目一卷**　（清）李昉等輯　（清）鮑崇城重校　清嘉慶十二年至十七年（1807－1812）鮑崇城刻二十三年（1818）印本　五十四冊　十三行二十二字小字雙行同白口左右雙邊　存五百四十八卷（一至二百二十四、二百三十六至二百四十七、五百九十至六百七十四、七百九十至一千，目録十五卷，引書目一卷）

450000－2602－0004739　15783
**後漢書九十卷**　（南朝宋）范曄撰　（唐）李賢注　**續漢書三十卷**　（晉）司馬彪撰　（南朝梁）劉昭補并注　清同治十二年（1873）嶺東使署刻本　十四冊　十二行二十五字小字雙行不等白口左右雙邊　存九十卷（帝后紀一至十、列傳一至八十）

450000－2602－0004740　15784
**學案小識十四卷**　（清）唐鑑撰　清刻本　一冊　十行二十一字上下黑口左右雙邊　存一卷（十一）

450000－2602－0004741　06429
**李長吉歌詩四卷外卷一卷**　（唐）李賀撰　（清）王琦彙解　清光緒十八年（1892）羊城朱墨套印本　二冊　九行二十六字小字雙行不等白口四周單邊

450000－2602－0004742　05326
**山海經十八卷**　（晉）郭璞傳　（清）畢沅校　清光緒三年（1877）浙江書局刻二十二子本　三冊　九行二十一字小字雙行同白口左右雙邊

450000－2602－0004743　06325
**蔡中郎集十卷末一卷外紀一卷外集四卷**　（漢）蔡邕撰　清光緒十六年（1890）番禺陶氏刻本　五冊　九行十七字小字雙行同白口左右雙邊

450000－2602－0004744　06324
**蔡中郎集十卷末一卷外紀一卷外集四卷**　（漢）蔡邕撰　清光緒十六年（1890）番禺陶氏刻本　五冊　九行十七字小字雙行同白口左右雙邊

450000－2602－0004745　06326
**蔡中郎集十卷末一卷外紀一卷外集四卷**　（漢）蔡邕撰　清光緒十六年（1890）番禺陶氏刻本　五冊　九行十七字小字雙行同白口左右雙邊

450000－2602－0004746　特926/5054
**鹿樵紀聞三卷**　（清）吴偉業撰　清宣統三年（1911）商務印書館鉛印痛史本　三冊　十二行三十二字白口四周雙邊

450000－2602－0004747　特927/2574
**欽定剿平粤匪方略四百二十卷**　（清）奕訢等撰　清鉛印本　十三冊　七行二十字小字雙行同上下黑口四周雙邊　存四十三卷（三百七十五至四百七、四百十一至四二十）

450000－2602－0004748　特927/8064

**剿逆圖考一卷李秀成供二卷**　清末石印本　二册　十三行二十八字小字雙行同白口四周雙邊

450000－2602－0004749　特991.06/2140

**［廣西］藤縣白馬何壽謙族譜硃卷不分卷**　清光緒二十七年(1901)刻本　一册　行字不等白口四周雙邊

450000－2602－0004750　特991.334/6096

**景小晴江口殉難記一卷**　清光緒十四年(1888)刻本　一册　行字不等白口四周朱印花邊

450000－2602－0004751　12099

**欽定書經傳説彙纂二十一卷首二卷書序一卷**　(清)王頊齡等撰　清湖北刻本　九册　八行十八字小字雙行同白口左右雙邊　存十八卷(三至十三、十六至二十一,書序一卷)

450000－2602－0004752　特322.5/5143

**駁徐勤等布告書一卷附原書**　廣西振華實業公司謹佈　清宣統鉛印本　一册　十二行三十二字小字雙行同白口四周雙邊

450000－2602－0004753　特329.3/1086

**廣西鐵路教科書八章**　(□)□□撰　清末鉛印本　一册　十行二十四字小字雙行不等白口四周雙邊

450000－2602－0004754　特533.35/5540

**種棉淺説一卷**　清光緒三十四年(1908)刻本　一册　十行二十七字小字雙行同白口四周雙邊

450000－2602－0004755　特352.11/0018

**廣西全省自治籌辦處詳定各種章程表册彙編不分卷**　清宣統鉛印本　一册　十二行字不等小字雙行三十二字白口四周雙邊

450000－2602－0004756　特352.11/0018/2

**廣西全省自治籌辦處詳定各種章程表册彙編不分卷**　清宣統鉛印本　一册　十二行字不等小字雙行三十二字白口四周雙邊

450000－2602－0004757　地00005

**［嘉慶］廣西通志二百七十九卷首一卷**　(清)謝啟昆總裁　(清)胡虔編纂　清嘉慶六年(1801)刻同治四年(1865)補刻光緒十七年(1891)桂垣書局再補刻本　三册　十一行二十一字小字雙行同上下黑口四周雙邊　存十二卷(四至十二、八十至八十二)

450000－2602－0004758　00498

**古經解彙函十六種一百二十五卷小學彙函十四種一百四十五卷續附十二種三十九卷**　(清)鍾謙鈞等輯　清光緒十四年(1888)上海蜚英館石印古經解彙函本　二十册　十七行三十八字白口左右雙邊

450000－2602－0004759　01185

**唐書二百二十五卷附考證**　(宋)歐陽修　(宋)宋祁撰　**唐書釋音二十五卷**　(宋)董衝撰　清石印本　一册　十行二十一字小字雙行同上下黑口左右雙邊　存二十五卷(唐書釋音二十五卷)

450000－2602－0004760　00464

**七經孟子考文併補遺二百卷**　(日本)山井鼎輯　清嘉慶二年(1797)阮元文選樓叢書刻本　十四册　九行二十一字小字雙行同白口左右雙邊

450000－2602－0004761　00623

**方言十三卷**　(漢)揚雄撰　清刻本　一册　九行二十字小字雙行同白口左右雙邊

450000－2602－0004762　00801

**韻學辨中備五卷**　(清)張亨釪撰　清咸豐十年(1860)刻三色套印本　三册　九行十九字小字雙行三十八字下黑口四周雙邊

450000－2602－0004763　00777

**字類標韻分韻撮要合編六卷附應酬須知一卷**　清宣統元年(1909)廣東麟書閣刻本　二册　行字不等白口四周單邊

450000－2602－0004764　00723

**經籍纂詁一百六卷首一卷經籍纂詁補遺一百六卷**　(清)阮元撰　清光緒十四年(1888)鴻文書局石印本　十六册　十六行字不等白口

四周雙邊

450000－2602－0004765　00783
**新編詩韻大全五卷**　(清)湯祥瑟輯　(清)華錕重編　清末石印本　五册　十八行十八字小字雙行三十六字白口四周雙邊

450000－2602－0004766　00906
**中國歷史歌一卷**　袁桐撰　清光緒三十二年(1906)上海群學社鉛印本　一册　十行十二字白口四周雙邊

450000－2602－0004767　00879
**袁王綱鑑合編三十九卷**　(明)袁黄　(明)王世貞編　**首一卷　明紀綱目二十卷**　(清)張廷玉等輯　清光緒三十年(1904)上海商務印書館鉛印本　十六册　十九行四十三字小字雙行不等白口四周單邊

450000－2602－0004768　10779
**學海堂二集二十二卷**　(清)啟秀山房訂　清道光十八年(1838)啟秀山房刻本　十册　十行二十字小字雙行同白口左右雙邊

450000－2602－0004769　05043
**東塾集六卷坿申範一卷**　(清)陳澧撰　清光緒十八年(1892)菊坡精舍刻本　三册　十二行二十四字小字雙行同白口四周單邊

450000－2602－0004770　10779
**學海堂三集二十四卷**　(清)啟秀山房訂　清咸豐九年(1859)啟秀山房刻本　八册　十行二十字小字雙行同白口左右雙邊

450000－2602－0004771　10779
**學海堂四集二十八卷**　(清)啟秀山房訂　清光緒十二年(1886)啟秀山房刻本　十六册　十行二十字小字雙行同下黑口左右雙邊

450000－2602－0004772　03819
**廣漢魏叢書**　(明)何允中輯　清嘉慶刻本　一册　九行二十字小字雙行同白口左右雙邊
存二種四卷(孫子一至二、新語一至二)

450000－2602－0004773　10736
**丹魁堂外集四卷**　(清)季芝昌撰　清咸豐十一年(1861)崇川寓館刻本　二册　十行二十一字小字雙行同下黑口左右雙邊

450000－2602－0004774　08962
**詞律拾遺八卷**　(清)徐本立纂　**詞律補遺一卷**　(清)杜文瀾編　清同治十二年(1873)吳下刻本　五册　七行二十一字小字雙行同白口左右雙邊

450000－2602－0004775　03351
**畿輔河道水利叢書九種十五卷**　(清)吳邦慶輯　清道光四年(1824)益津吳邦慶刻本　十册　九行二十二字小字雙行同白口四周雙邊

450000－2602－0004776　09145
**粵雅堂叢書一百八十四種一千三百五十三卷**　(清)伍崇曜輯　清道光二十九年至光緒十一年(1849－1885)南海伍氏刻彙印本　三十六册　九行二十一字小字雙行同左右雙邊
存二十九種一百二十卷

# 書名筆畫字頭索引

## 一畫



## 二畫



## 三畫



## 四畫

## 五畫



## 六畫

## 七畫

## 八畫

## 九畫

## 十畫

## 十一畫

## 十二畫

## 十三畫

## 十四畫

## 十五畫



## 十六畫

## 十七畫

## 十八畫



## 十九畫



## 二十畫



## 二十一畫



## 二十二畫

## 二十三畫



## 二十四畫



## 二十五畫



## 二十九畫

# 書名筆畫索引

## 一畫



## 二畫

## 三畫

## 四畫

## 五畫

## 六畫

## 七畫

## 八畫

## 九畫

# 十畫

# 十一畫

## 十二畫

## 十三畫

## 十四畫

## 十五畫

## 十六畫

## 十七畫

## 十八畫

## 十九畫

## 二十畫

## 二十一畫



## 二十二畫

## 二十三畫



## 二十四畫



## 二十五畫



## 二十九畫